（原书第3版）

跨文化管理

[美] 苏珊 C. 施奈德（Susan C. Schneider）
[中] 张刚峰
[法] 让–路易·巴苏克斯（Jean-Louis Barsoux）　　著
[奥] 京特 K. 斯塔尔（Günter K. Stahl）

Managing Across Cultures

3rd Edition

机械工业出版社
China Machine Press

图书在版编目（CIP）数据

跨文化管理（原书第 3 版）/（美）苏珊 C. 施奈德（Susan C. Schneider）等著；—北京：机械工业出版社，2019.3

（管理教材译丛）

书名原文：Managing Across Cultures

ISBN 978-7-111-62098-3

I. 跨… II. 苏… III. 企业管理 - 跨文化管理 - 教材 IV. F270

中国版本图书馆 CIP 数据核字（2019）第 034444 号

北京市版权局著作权合同登记 图字：01-2018-2890 号。

Susan C. Schneider, Gangfeng Zhang, Jean-Louis Barsoux, Günter K. Stahl. Managing Across Cultures, 3rd Edition.

ISBN 978-0-273-74632-4

本书系统地阐述了跨文化管理的挑战和机会、存在问题和可行方案，探讨了国家文化如何影响管理者和公司的效率、沟通与谈判、市场营销以及民族文化如何与企业文化或产业文化交互作用，以创造出竞争优势，并从战略、组织和人力资源三个视角讨论文化如何影响管理实践。本书可作为高等院校管理类专业本科生、研究生及 MBA 和 MPA 学生的教材，还可供国际商务活动的人员工作参考。

出版发行：机械工业出版社（北京市西城区百万庄大街 22 号 邮政编码：100037）

责任编辑：施琳琳　　　　　　　　　　　责任校对：殷虹

印　　刷：中国电影出版社印刷厂　　　　版　次：2019 年 3 月第 1 版第 1 次印刷

开　　本：185mm×260mm　1/16　　　　印　张：24

书　　号：ISBN 978-7-111-62098-3　　　定　价：69.00 元

客服电话：（010）88361066　68326294

谨将此书献给我的企业家父亲，他一定会为我给管理者写下此书而骄傲（要不是有一点点吃惊的话）；也将此书献给我的教授母亲，她对学术研究的好奇心、动力和能量一直是驱动我前行的榜样。

——苏珊 C. 施奈德

谨献给我的家人，她们一直是我前行的动力。

——张刚峰

谨献给阿斯特丽德和她的家人，他们让我的文化经历变得更加丰富。

——让 – 路易·巴苏克斯

谨献给多莉特和哈娜，对我来说，她们是整个世界。

——京特 K. 斯塔尔

前　言

　　这是一本有关跨文化管理的书，讨论跨文化管理所面对的威胁和机遇、问题和可能性。当我们讨论引进本书时，就明确了本书不应该是简单的翻译版本，而是一个新的版本，以使其更加适合中国的读者。因此，我们在每一章都增加了一些对中国读者更加有用的内容，包括更多的中西文化比较、东亚文化内部差异及其对管理的影响等内容。另外，考虑到内容上的完整性和当前中国企业走出去的需求，我们增加了两章全新的内容：文化与沟通及谈判（第7章）和文化、市场与营销（第8章）。

　　在日常工作中，文化差异常常在不经意间成为问题，甚至导致灾难。2018年春节联欢晚会上的《同喜同乐》节目，本来编导意欲歌颂中非之间的友谊和中国对非洲发展的帮助，但是节目播出之后遭到了西方媒体的普遍批评，认为这个节目包含了对黑人的"种族主义"描绘。原因就是黑人大妈的扮演者非常夸张地垫高了胸部和臀部，这种角色刻画带有一种强烈的种族刻板印象，更主要的是这种戏剧表现形式在西方曾遭受批评而被抛弃。还有中国的"礼轻情意重"，情意在中国更多地以礼物的贵重程度来衡量的。礼物的贵重程度代表了感谢的程度。不过，这是中国文化，对西方人来说，接受贵重的礼物会有收受贿赂的嫌疑，且经常有超过一定金额的礼物需要上交的规定。比如德国政府规定收到超过10欧元的礼物就要上交，德国西门子公司的员工行为准则规定收到超过20欧元的礼物需要上交。所以，以中国的惯例在国外行事，有时好心可能会办坏事。

　　我们的学生也曾在课堂上分享了他们自己的亲身经历，让我们体会到跨文化差异所带来的问题。一位学生在一家公司负责外贸，他有一位中东地区的客户，数年合作下来关系比较融洽。有一次该客户来访，他们一起去吃饭，结果这位来自中东地区的客户一路牵着这位学生的手去餐馆。被另外一位男人手拉手走在街上，让这位学生感到特别别扭，时刻都想把手抽回，却被客户紧紧地握着。另一位学生在一家非常知名的日资企业工作，有一次他们部门来了一位新的日本经理，中国同事决定组织一次团队建设活动。商量之后，大家决定去泡温泉。当整个团队的男女同事都穿着泳衣泡在温泉里时，这位日本经理一丝不挂地跑了进来。当他看到男女不分浴且大家都穿着泳衣时，顿时也尴尬坏了。

　　虽然文化差异经常给我们带来意想不到的尴尬和问题，但我们并不认为文化差异是需要克服的，而是应该去体验和享受文化差异所带来的丰富内涵。一个组织与其去创建一个文化大熔炉，还不如将组织设计成一个多元文化的拼图，让每个元素都保留并发挥其独特的价值。

　　在过去几十年中，整个社会和企业经营活动经历了快速而强烈的全球化，技术进步令人惊叹，我们生活在一个日新月异的世界，迫使我们必须放弃狭隘的"一板斧打遍天下"或

"一招鲜吃遍天"的管理实践假设，并承认文化不仅塑造了我们的社会互动、组织实践和行为，也决定了我们在工作场所中的态度、感受和行动。

今天，需要关注跨文化管理的人已不再仅仅是那些坐着飞机到全球各国和地区的管理精英、帮助企业解决麻烦的咨询师和满身伤疤的外派管理人员。近年来越来越多的中国企业走向国际化，跨文化管理能力对许多中国企业来说将日益成为一种基本素养。此外，许多国家正在经历从文化同质性到文化异质性的快速转变，这使得创造和维持多元化与包容性工作场所的管理技能变得弥足珍贵。例如，在 2010 年时，外国出生人口就已占加拿大人口的21.3％，美国人口的 13.1％，英国人口的 12.9％，瑞士人口的 27.8％，阿拉伯联合酋长国人口的 82.9％，这种新的状况使管理者迫切需要了解文化差异对组织成员行为的影响。跨国（文化）的联系、沟通、合作、协调和管理在企业内部变得越来越普遍，甚至已经不再需要跨出国门。今天的办公室（明天将更是如此）就有许多来自不同文化的人，面对面或虚拟地在一起工作，欣赏并能够管理国内外的文化差异正日益成为每个人工作的一部分。

本书不仅适合刚要准备跨入国际商务海洋的冲浪新手，也适合那些经验丰富的驾驭过海浪并与海浪做过殊死拼搏的弄潮儿。文化的力量往往来自对过往经历的回顾与反思，那些切身感受过文化影响的人可以借此机会结合理论升华自己的经验，获取知识，从而更好地将其传递给他人。

这种学习不仅可以用于帮助其他国际管理人员发展能力，还可以用于帮助团队和组织在全球商海中更好地驰骋。许多经验丰富的国际管理人员往往对总部，特别是对人力资源管理部门感到非常沮丧，因为他们缺乏对在国际商务活动中取得成效所需要的认识和理解。

在本书中，我们借鉴了跨文化管理领域的文献，汇总了过往的观察和研究，呈现了不同国家之间在管理实践上的差异，实际上，这些差异能够得以呈现是因为它们在过去的不同时期曾引起过人们的关注。近年来，技术进步带来全球虚拟团队的崛起，沸沸扬扬的公司丑闻驱使着公众对更加透明、有担当和负责任的领导风格和管理模式的呼唤，越来越要求企业在决策时考虑绝大多数利益相关者的诉求，表明公司治理和管理的变化与"新"模式永无休止。美国企业的模式关注股东价值的最大化，而中国家族企业的模式则更多地依赖于社会和人际网络，北欧企业的模式关注员工和社会福利，南欧企业的拉丁模式强调灵活性和创造性。

然而，本书的目的不是评判何种模式更佳，而是试图探索这些模式背后的文化假设。通过探索这些假设，我们也许可以明了这些模式能在何种程度上跨出国门适用于其他文化，或者将某种模式和管理实践引入某一文化时，是否应该对其进行本土化调整，以及在多大程度上进行调整。

我们需要认识到这些潜在的、通常是隐性的文化价值观会导致不同的管理实践和模式。这些价值观体现在管理者与员工的行为以及我们的日常工作环境中，从企业的楼宇和园区设计，到办公室内部的布置，再到工作描述、流程、组织架构、战略规划和政策，无不隐含着文化价值观。我们必须认识到行为和实践具有不同的文化含义，这使得它们在一种文化中被接受得多一些而在另外一种文化中可能被接受得少一些。为了达成期望的工作结果，我们需要考虑管理实践与文化的匹配性。

跨文化管理存在两个潜在的陷阱：一是高估相似性，二是高估差异性。第一个陷阱通常发生在文化本身比较相近的情形，比如英国和美国之间的合作，文化相似性在语言相同的基础上常常被高估，而在美国和加拿大之间可能更是如此。另一种情形是曾在世界某地外派任职并成功地与当地人打交道的管理人员可能会认为，其同样的经营管理方式在其他地方也都会成功。第二个陷阱是高估差异性，比如即将前往巴西圣保罗进行谈判的德国经理在离开家之前粗略地了解了一下巴西文化，进而担忧文化太不相同，想象着在巴西到处都弥漫着狂欢节似的气氛。

我们的目的不是按照各个文化维度对国家进行排序，也不会为读者提供在巴黎、上海或里约热内卢开展经营活动的便捷药方。文化对管理的影响是复杂的，我们不能因为这是一家法国公司，就认为一定能在它的总部看到对形式化和等级秩序的更多强调。事实上，一家公司的管理方式不仅仅受到国家文化的影响，还受到区域文化、行业文化和企业文化的影响，而且该公司也可能是非典型或与众不同的。涉及某一具体的人时，他的行为还可能受到他所从事的职业和个性的影响。就像钻石，文化也有多个不同的折射面。我们有必要知道如何分析和评估各种文化对行为和管理效能的潜在综合影响，从而知道如何在不同的综合文化情景下有效地行事和管理。

本书的目的是提高跨国经营管理的有效性，故而聚焦于国家文化。我们将提供一个分析文化的框架，这个框架由一组重要的维度组成，当然它也可以用来诊断其他文化。这一框架也提供了一个路线图或一个指南，让读者知道从哪里着手查看，问什么样的问题，以及如何对得到的答复和观察到的结果进行诠释。只有这样，我们才能知晓和理解文化对组织架构、战略规划和管理、人力资源管理、沟通、消费者行为以及营销的潜在影响，从而帮助面临全球化挑战的个人、团队和公司制定管理文化差异的策略。

我们比较了美国和其他发达国家的管理实践，但同时也将注意力放在了东欧、拉丁美洲、中东、亚洲这些新兴市场的文化和管理实践的差异上。作为先行者，欧美人曾在跨文化管理上犯了很多错误，但这也给我们提供了丰富的学习素材。尽管欧美是我们重要的市场和投资来源国，是我们重要的商业合作伙伴，但在过去这些年，很多人也许在和他们的合作过程中尝遍了酸甜苦辣各种滋味，但随着"一带一路"倡议的展开，我们将越来越频繁地需要和来自东欧、拉美、中东、东南亚国家的企业与个人打交道，在这些市场开展经营管理活动，因此，了解这些国家的文化，避免潜在的文化陷阱，已然是刻不容缓的议题。在本书中，我们对日本文化及其潜在影响也有不少着墨，这一方面是由于地域的临近性，中日之间的经济关系非常密切；另一方面也想让读者去领会尽管中日两国是一衣带水的邻邦，在历史的不同时期两国还曾互相学习，特别是古代的日本曾全面学习和引进中国的儒家文化，但是我们还是可以看到中日文化之间的差异及其对国民的行为和经营管理活动的影响。

文化之于我们，就像水之于鱼儿、空气之于人，往往是"不识庐山真面目，只缘身在此山中"。本书的撰写，既得益于我们个人的跨文化学习、工作和生活的经历——在一个国家出生和成长，却在另一个国家学习、生活或工作，或者与来自不同文化背景的伴侣共同生活；也得益于在大学任教，让我们持续地与来自世界各地的学生、经理人和教授互动。多元文化是我们的一种生活状态，这种经历也经常迫使我们自己反思和质疑关于不同文化的刻板印象，思考我们的文化如何影响我们的行为，并预测他人的反应。

作为跨文化管理领域的教师和研究者，我们希望超然物外，做到尽可能的中立，但事实上并不容易。我们自己的文化痕迹也体现在本书的写作之中，有时候我们会意识到它们的影响，但并非总是如此。它们在我们所给出的处方中尤为明显，例如强调自我意识的重要性、多样性的价值、使文化显性化、当面讨论和磋商分歧，以寻求双赢解决方案，这更多的是一种西方文化的产物。我们尽力做到不偏不倚，但还是难免会留下作者自己的美国、中国、英－法和德国的文化痕迹。

对许多人来说，本书似乎过于工具性，太过于强调文化对组织和管理有效性的影响。事实上，文化是否可以"管理"这个概念本身在不同的文化中也是不一样的。例如，在讨论企业文化时，美国经理倾向于将文化视为组织所"拥有"的东西，而欧洲经理更倾向于将其视为组织所"存乎其中"的东西，因此较为怀疑能否对它进行改变。美国人的文化假设是人能够控制自己的命运并具有"坐而论道不如起而行"的偏好，这一文化特征创造了一个有关成功学和类似于本书这样的跨文化管理图书市场。

面对来自不同国家的读者，我们清晰地意识到不同国家读者的要求和期望之间的差异。例如，与欧洲经理相比，美国经理往往更加务实，想知道其对行动的明确喻示，即"怎么做"。法国经理则希望更多地了解整个背景，包括这些观点背后的历史和理论。那些对英国人来说已经足够明晰的管理喻示，美国人可能会觉得还说得不够明白。因此，我们必须在理论与实践、抽象与具体、隐喻与明示之间进行平衡。

鉴于我们所受到的训练和经验，我们对于提供"怎么做"的药方没有太多兴趣。"授人以鱼不如授人以渔"，我们相信，从观察行为、询问价值观和信仰以及质疑深层次的假设所得出的见解，更能够武装管理者，使得他们能够自己想明白在不同的文化中他们行为的结果，从而更好地构建他们的反应、行为和管理方式。

本书分为三个部分。第一部分阐述了为什么我们需要了解文化，并提供了一个框架，帮助我们整理已经知道的东西（业已发表的跨文化管理文献），它也可以作为探索和分析文化的指南。该框架不仅适用于分析国家文化，也适用于其他文化领域，如区域、行业、职业和企业文化。实际上，任何商业交往背后都存在着数个文化领域的交互影响。例如，跨国合并和跨国战略联盟就是这种情况，除了国家文化之外，不同的行业文化、企业文化也都在直面相遇。对负责合并或战略联盟运作的跨职能团队来说，这一挑战更大！管理者需要评估这些相互作用的文化领域如何提供竞争优势或成为竞争劣势的潜在根源。因此，尽管本书的重点聚焦于国家文化，但也要牢记这些其他文化领域的影响。这有助于我们更好地了解同一国家或同一行业内不同公司之间为什么存在差异。

第二部分讨论了国家文化如何影响管理实践：组织结构、战略管理、人力资源管理、沟通与谈判以及跨国营销。在这里我们结合了来自实证研究的发现，描述这些管理实践在不同国家之间具有怎样的差异，然后解释为什么，即导致这些差异背后的文化根源是什么。我们还讨论了这些文化差异对管理者及所在公司到底有着怎样的意义，比如"最佳实践"在不同国家之间是否可以移植等。

第三部分侧重于讨论如何更有效地管理文化差异。管理者个体、团队和组织必须直面文化差异，从中学习并找到创造性地利用这些文化差异的方法，以充分利用它们潜在的增值能力。在这里，我们强调了管理者和组织作为全球公民在创造更美好世界方面的作用。

我们要意识到一个人的世界观和价值观是从很小的时候就开始形成的，在成长过程中，通过社会化，世界观和价值观逐渐地根植在我们心中。当观测我们面前的世界时，我们是通过我们的"文化眼镜"来观看的，因此不同的人看到的同一个世界也可能是不一样的。只有意识到我们不能把自己看世界的方式当成是理所当然的，我们才有可能认识和欣赏别人对世界的看法，以及这对我们在一起工作可能意味着什么。

资料来源：微信公众号：小花生网。

　　本书旨在培养读者对文化如何影响管理实践的理解，提升读者在管理中的文化敏感性或文化商，也旨在提高人们对文化如何决定管理者看待问题的方式、如何寻找解决方案、如何与他人打交道以及其他人如何做出反应的认识。除了提供对其他文化的探究和洞察之外，跨文化管理还将为管理者提供更宝贵的东西——提高他们对自己文化的认识。它不仅是去发现他人的文化，而且在对他人文化的发现过程中，也是对自我的重新发现。

　　探索文化是一项令人兴奋的事业，文化差异的比较可以给我们带来无尽的乐趣，但它又是一个让人殚精竭虑的事业，因为它是一个永无止境的发现过程。下面是一位当时只有11岁、出生在中国、成长在美国的女孩邵司晨写的《我到底是谁》⊖，我们常说"童言无忌"，她对中美文化差异的描述让我们不禁莞尔，但细想之下，难以让人轻松。

　　我到底是谁？很多时候我真是不明白。在美国小朋友的眼里，我是个中国人，我的皮肤是黄色的，我的头发是黑色的，我会说汉语，我还会写几个汉字。还有我的功课好，是个书呆子。可我在爸爸、妈妈的眼里倒像个美国人，我讲地道的英语，我不肯学中文，我读书不用功。他们老说我就像香蕉那样是黄皮白心，外面看看是个中国人，可骨子里却是个美国人。

　　我喜欢是个中国人，真的，中国很大，也很神秘。老师上课讲到中国时，就会让我上去在黑板上写几个中国字，小朋友们都觉得我很了不起，这个时候我就会很得意。有一次老师说我们那里有一条街修了五年还没修好，中国那么伟大的长城也只用了五年就筑好了，我听了自然很自豪。不过老师又说，为了修长城，死了50万中国人，我听了有点难受。

　　我不喜欢是个中国人，真的。我不喜欢爸爸、妈妈说来说去就是让我好好读书，以后申请奖学金上好大学，找一份有高工资的好工作，做医生，当律师。我的美国小朋友的爸爸、妈妈就从来不这样对他们说。有的小朋友长大了想唱歌，也有的想做运动员，我有一个朋友说她长大了去替人养马，她太喜欢马了。我和妈妈说了，妈妈说这没有出息，还让我以后少和她玩。我还有个朋友说她以后就想做家庭妇女，生很多小孩，她在家带小孩。我没有告诉妈妈，妈妈知道了肯定会说她也是没出息的。我不喜欢上中文学校，每次去都是千篇一律地学一课新课，写生词，背课文，那课文没意思极了，什么王小二的故事、孔融让梨的故事。

　　我喜欢是个美国人，真的。美国读书不是那么累，美国老师也不会用小朋友的成绩来排名次，美国老师不会把小朋友比来比去。美国上学没有那么多升学考，也不用去上那么多补习班。

<hr />

⊖　邵司晨4岁时从上海到美国，在美国长大，这篇《我到底是谁》荣膺《人民日报·海外版》2000年《中国孩子在海外》征文一等奖，略有删减。

美国的家比上海的家大得多，在美国我有自己的房间，我可以在我房间门口贴上纸条，就是爸爸、妈妈进来也要先敲门。美国学校比上海学校的设备好，美国的每个地方都有空调，不怕冷，不怕热。

我不喜欢是个美国人，我讨厌美国小朋友老骂我是书呆子，说我是老师的宠物，就因为我的体育不是很好，就因为我不懂美式足球。我也不喜欢他们总是嘲笑我是妈妈的小宝贝，就因为我的小提琴拉得比他们好一点，还有我每天要练半小时的钢琴，虽然妈妈总是为我不用功练琴而生气。

我到底是谁？很多时候我真是不明白。我是个中国人，可我自己也觉得不太像；我是个美国人，可和真正的美国人又不一样。我天天吃大米饭、中国菜，可我更喜欢吃麦当劳的汉堡包和比萨屋的比萨饼。我不吃爸爸、妈妈爱吃的皮蛋、咸菜，可我也不吃美国人最喜欢的起士。我不能理解爸爸、妈妈为什么喜欢吃带头的鸡，连骨的鱼，我也不明白美国人为什么爱嚼一块一块的奶酪，爱吃一个一个生的蘑菇。我不喜欢爸爸、妈妈老当我是个小孩，什么都要管，就连上学穿什么衣服都要他们说了算；我也不喜欢美国的爸爸、妈妈什么都不管，大冷天穿短裤上学的小朋友也经常会看到。妈妈生我气的时候总是说："我再也不管你了，以后的路是你自己走的，我们做父母的又不能包一辈子。"我想我会走出一条自己的路来的，或许爸爸、妈妈不会太满意，可这是我自己选择的，自己走的。

我到底是谁？很多时候我真是不明白，不过我知道，我就是我，独一无二的我。

致　谢

　　在本书即将付梓之际，有太多人需要感谢。第一作者苏珊 C. 施奈德曾受邀在中国工商银行国际化人才培训项目剑桥大学班讲授跨文化管理课程，为表达对老师的敬意，剑桥班学员、杭州金融研修学院陈华蓉院长倡议，由剑桥班学员与杭州金融研修学院老师共同翻译改编 *Managing Across Cultures* 一书，以实现老师的著作在中国出版的心愿。剑桥班学员、中国工商银行（美国）有限公司总裁兼首席执行官张剑宇女士承担了第 4 章 "文化与组织" 的翻译；剑桥班学员、中国工商银行总行企业文化部（教育部、党委宣传部）总经理宋翰乙先生承担了第 5 章 "文化与战略" 的翻译；剑桥班学员、中国工商银行（亚洲）有限公司副行政总裁顾旋女士承担了第 6 章 "文化与人力资源管理" 的翻译。杭州金融研修学院李昭蓉老师翻译了第 2 章 "探索文化的真谛"、第 9 章 "'国际'经理人" 和第 12 章 "世界公民：商业伦理与社会责任"；向勇老师翻译了第 10 章 "'多元文化'团队" 和第 11 章 "'全球'组织"。他们对本书的完成提供了无价的帮助，在此我们对他们的辛勤付出表示最诚挚的感谢！也非常感谢机械工业出版社华章公司的吴亚军老师，他的宽容、鼓励和催促成就了本书。

　　我们还要感谢我们的同事和学生，在本书的翻译改编过程中，弗里堡大学的 Eric Davoine 教授提供了宝贵的意见和建议，维也纳大学的 Andras Lengyel、Christof Miska、Laura Noval、Verena Patock 和 Julia Kuzmits，以及日内瓦大学的 Guldem Karamustafa 在文献的查找与手稿的准备过程中提供了无私的帮助，浙江大学的张雨曦对部分文字进行了校对和修订，我们在此也表示最诚挚的谢意。

　　最后，我们也要感谢我们的家人和朋友，是他们的支持让本书最终得以付梓。

目　录

前言
致谢

第一部分
文化的含义

第 1 章　文化的潜流 ················ 3

1.1　界定文化 ················ 3

1.2　文化趋同"神话" ············· 5

1.3　文化可以成为竞争的优势也
可以成为劣势 ·········· 11

1.4　认知文化 ··············· 15

注释 ··················· 22

第 2 章　探索文化的真谛 ········ 26

2.1　找寻文化的含义 ········· 27

2.2　器物和行为 ············ 29

2.3　信仰和价值观 ·········· 35

2.4　基本假设 ············· 39

2.5　诠释文化的模式 ········· 53

注释 ··················· 54

第 3 章　相互作用的"文化之球" 58

3.1　两家不同的荷兰企业 ······· 59

3.2　影响经营和管理的"文化
之球" ··············· 61

3.3　创造竞争优势 ··········· 82

注释 ··················· 83

第二部分
文化与管理实践

第 4 章　文化与组织 ·········· 91

4.1　不同的学派不同的文化 ······ 91

4.2　文化与组织结构 ········· 93

4.3　文化和工作流程 ········· 101

4.4　最佳实践的可移植性和
可供选择的方法 ·········· 108

注释 ··················· 110

第 5 章　文化与战略 ·········· 114

5.1　战略的文化之根 ········· 114

5.2　战略的文化模型 ········· 118

5.3　两家银行的故事 ········· 121

5.4　文化的战略隐喻 ········· 125

注释 ··················· 131

第 6 章　文化与人力资源管理 ······ 135

6.1　人力资源管理的文化内涵 ····· 136

6.2　文化与人力资源管理的
基本职能 ············· 138

6.3　让人力资源管理符合
跨文化的要求 ·········· 159

注释 ··················· 162

第 7 章　文化与沟通及谈判 ······ 167

7.1　巴别塔的隐喻 ·········· 167

7.2 什么是跨文化沟通 …………… 169

7.3 语言沟通中的文化 …………… 174

7.4 非言语沟通中的文化 ………… 182

7.5 礼仪、禁忌与习俗 …………… 194

7.6 沟通、冲突与文化 …………… 195

7.7 跨文化商务谈判 ……………… 197

7.8 不是结语的结语 ……………… 201

注释 …………………………… 202

第8章 文化、市场与营销 ……… 206

8.1 消费者行为与购买习惯的
文化根植性 ………………… 208

8.2 文化与促销 ………………… 216

8.3 文化与销售渠道 …………… 227

8.4 文化与定价 ………………… 233

注释 …………………………… 235

第三部分
管理文化差异

第9章 "国际"经理人 …………… 246

9.1 找寻全球领导者 …………… 248

9.2 来自海外的经验教训 ……… 251

9.3 影响外派管理人员成功的
因素 ………………………… 255

9.4 打造全球管理能力 ………… 262

注释 …………………………… 269

第10章 "多元文化"团队 ……… 274

10.1 多元文化团队：挑战与机遇 … 275

10.2 管理多元文化团队 ………… 284

10.3 任务战略 …………………… 286

10.4 过程战略 …………………… 291

10.5 重新织补差异：约瑟夫的
彩衣 ………………………… 299

注释 …………………………… 301

第11章 "全球"组织 …………… 306

11.1 从民族中心到全球中心：
走向全球化 ………………… 306

11.2 平衡全球一体化与当地
响应性 ……………………… 307

11.3 管理文化差异的策略 ……… 310

11.4 让多元文化成为竞争优势的
来源 ………………………… 326

11.5 创造相互学习的机会 ……… 332

11.6 挑战：全球竞争的复杂性 … 333

注释 …………………………… 334

第12章 世界公民：商业伦理与
社会责任 ………………… 339

12.1 企业因何而存在 …………… 340

12.2 追求经济利益还是高尚道德 … 341

12.3 全球化带来的当务之急 …… 346

12.4 什么是腐败 ………………… 347

12.5 呼唤全球公民 ……………… 351

12.6 实施企业社会责任的策略 … 358

12.7 成为世界公民：管理者和
公司的角色 ………………… 360

12.8 走向全球文明 ……………… 365

注释 …………………………… 367

第一部分

文化的含义

一个承认不同国家在烹饪、文学、音乐和艺术方面具有差异且平行存在的管理者，也应该学会接受不同国家间管理艺术上的差异。

——安德烈·劳伦特（Andre Laurent，欧洲工商管理学院终身荣誉教授）

本书第一部分包括3章。第1章说明了文化是影响国际商务经营的强大潜流，虽然有证据表明不同国家之间人们的行为正在趋同，但是以"地球村"和"大熔炉"这两个"神话"来抹杀不同国家之间人们行为模式的差异则是站不住脚的。同时我们也不赞同"生意就是生意"这种说法，这种说法认为管理如同科学和工程学一样是客观的，不受文化所影响，或者说是与文化无关的。最后，我们也想要挑战另外一个经久不散的"神话"，即随着公司的运营越来越全球化，它会变得越来越标准化，这将使其跨越国家和区域的差异，使得文化差异的影响越来越弱。

在第1章中，我们将讨论在经济全球化背景之下跨国经营所面临的挑战，以及文化如何在国家、公司、部门和管理者的有效性中承担着重要的角色。尽管在某种程度上，文化似乎难以察觉，但这并未妨碍它成为一个暗中损害或者驱动事业成功的重要力量。我们所做的就是要让这种影响浮出水面，并能预知其后果，这样才能知彼知己。为此，我们必须养成一种意识，以让我们明了自己的文化是如何影响我们自己的行为的，同时，别人对我们的这些行为又是如何看待和做出反应的。这意味着我们既要承认文化所带来的行为规范，又要超乎其之上，以超然的目光来审视它们。苏轼说"不识庐山真面目，只缘身在此山中"，文化也是如此，人们对自己日复一日的行为往往习以为常，不会意识到事实上它与其他文化是如此的不同，而这很可能会导致"机能失调"或者潜在的冲突。为了避免被文化潜流所吞没，并被拖入文化差异的大海，我们必须把文化差异浮现出来，使其成为显流，可以很容易被人们看到，从而知道如何规避其风险。

　　第2章试图揭示文化的意义，在这一章中，我们提供了一个分析框架，以作为探索文化内涵的向导。这一框架强调了最常用的、在管理学文献中经常被用到和提到的文化维度。这些维度提供了认识和分析文化的框架，或者说视角，从而帮助我们寻找相关的线索，了解我们自己的行为，预测别人的偏好或反应，反思我们所遇到的差异背后的深层次原因。事实上，这个框架提供了一张路线图和一个探索文化差异的方法，既可以是国内的也可以是国家之间的或者是公司之间的，指导我们利用不同的揭示文化的方法：观察、质疑和诠释。

　　尽管本书的重点在于国家文化，但是我们也意识到还存在其他一些影响行为的"文化之球"，包括地区、行业、公司、职业和职能文化。我们可以用第2章中介绍的文化分析框架来诊断这些不同的文化之"球"。这些不同的"文化之球"存在的理由和潜在的相互影响将在第3章中讨论。通过强调文化的重要性以及提供分析不同文化影响之"域"（例如国家的和公司的）的框架，我们可以更好地预见跨文化管理的影响和启示，更加重要的是我们能够寻找到将文化差异作为一种竞争优势之源泉的方法。

第 1 章

文化的潜流

性相近，习相远。

——孔子

本章将阐述文化对管理的影响。我们的论点并非文化是管理最重要的影响因素，而是文化最易被忽略。被忽略的原因一部分可能是对文化的存在与力量的认识的难度。宛如大洋中的潜流（或潮水），文化可以将你拽入一个充满无限机会的海洋，也可以将你拖入万劫不复的危险之中。管理者在一猛子扎入国际经营的海洋之前不仅要考虑到波浪，更重要的是要考虑到潜流的深度与强度，而麻烦的是这种潜流往往不易被察觉。如果意识不到这种潜流的存在，则将会对生存产生严重的威胁。因此，在跨文化管理中，第一步就是要认识到文化的存在和重要性。

在这一章中，我们会对文化在管理实践中的威力，以及忽略它会产生的危害进行简单的探讨。在此，我们从提供一种使文化差异得以浮现的方法开始。首先我们对什么是文化做出定义，然后揭示文化对管理和经营活动的潜在影响，为此，我们不得不挑战三个持久不衰的"神话"。第一个"神话"是由于世界变得越来越小，文化差异正在消失；第二个"神话"是管理就是管理，如同自然科学，管理实践是普适的；第三个"神话"是随着公司的运营越来越全球化，其在不同国家和地区的运营变得更加标准化，文化差异的影响正在减弱。

1.1 界定文化

在如何认知文化对于管理的影响上，问题的一部分导源于文化定义本身的繁多以及探索文化的工具和手段的特殊性。人类学家对文化给出了许许多多的定义，1952 年，克罗伯（Kroeber）和克拉克洪（Kluckhohn）整理出了 164 个关于文化的不同定义。[1] 这些定义有些涵盖了从法律到宗教到艺术等所有内容，[2] 而另外一些则聚焦于特定的"价值导向"上，如个人主义或集体主义。[3] 在一个由数字（投资回报率、资产回报率、资产利润率）驱动的商业语境中，文化常常被看作过"软"，或者说过于模糊，以及太难以领会和把握，这在某种程度上导致了人们对于文化对管理的影响产生了怀疑。

我们似乎感觉文化是在逃避被精确地定义或测量，不过，人们似乎都同意文化拥有下面这些特征：

- 一个多维度相互联系的系统；
- 一系列感知、思考、感觉、行为和评价的方法；

- 为行为和决策提供了一个参照系；
- 多多少少是在群体水平上所共有并被分享的；
- 是通过社会化过程学会的。

大家普遍认为最早对文化做出较为完善的定义的是英国人类学家泰勒，他在 1871 年出版的《原始文化》一书中提出：“文化……是包括知识、信仰、艺术、道德、法律、习惯以及其他人类作为社会的成员而获取的种种能力、习性在内的复合的整体。”[4] 人类学家克拉克洪和斯乔贝克（Strodtbeck）所提出并被麻省理工学院管理学教授埃德加·沙因（Edgar Shein）所采纳的定义是，“……文化也许可以被描述为共享的假设、价值观和行为，从而将一个群体与另外一个区分开来，并且是一代一代传递下去的”。[5] 美国社会学家刘易斯 A. 科塞（Lewis A. Coser）等则认为“文化是由一群人共享的……决定了一个社会的生活方式的一系列的思想，或者是习俗、信仰和知识”。他们认为文化分为三个层次，表层是显见的“事实”，中间层次是“规范”，是人们做事情的潜规则，而深层次则是“价值观”，是人们所共享的关于什么在道德上是正确的和什么是值得追求的信仰。价值观决定了人们的行为规范，而行为规范则决定了人们的行为或表象。[6]

近年的一些研究则突出指出了文化在内涵上的张力或者说二象性。

国家文化至上：绝大部分文化比较和跨文化管理的工作都聚焦于国家文化。有研究者指出，这一以国家文化为中心的范式没有恰当地考虑到人们在其他群体上的归属性（如组织、教会、性别等），[7] 或者忽视了由全球网络及跨国和跨文化机构所创造的“全球文化”的发展所带来的影响。[8]

仅仅聚焦于国家文化的研究传统还有另外一个无法回避的问题，即在实践中，即便不是不可能，也常常难以将交织在一起的国家文化和其他形式的文化区分开来。一个典型的例子就是企业的跨境合并，合并企业双方往往在国家文化和组织文化上都存在显著的差异，并以不同的方式影响着企业的经营绩效，因此，到底是国家文化还是组织文化在经营绩效中起着决定性作用，还是两者同时在起着作用？对此，我们不得而知。所以，在分析具体问题时，我们不能局限于国家文化，还需要考虑其他的文化之“域”，如此一来，文化对管理的影响就可以从不同的“域”来探索，如组织、行业、职业、职能文化等。有时候，对一个企业来说，行业或组织之间的文化差异与国家之间的文化差异一样显著，许多领域（包括跨境知识转移、跨文化团队、国际联盟和跨国并购）的研究都表明管理者忽视了这些差异，从而将自己置于风险之中。此外，将其他文化之“域”的影响包含进来进行分析也有利于我们将国家文化对管理和经营活动的影响剥离出来。

一元论还是多元论：绝大多数的文化概念都反映了一种一元论的假设，忽略了群体内部的文化差异。这事实上在隐约地设定了群体之间的文化差异比群体内的文化差异更加显著、更加重要。这一谬误在管理者中间也相当普遍，并有可能导致他们忽略内部文化差异，而这种内部差异有可能比群体或组织之间的差异还要重要和难以管理。

事实上，有越来越多的证据显示国家内部的差异可能比跨国的差异更加重要。近期，有很多有关文化与跨文化管理的研究关注国家内部（比如说俄罗斯[9]）、组织内[10] 或一个群体内（断层带）[11] 许多不同的子文化⊖。在组织内部，这些子文化可能是支离破碎的、互补的甚至是相对立的。[12]

⊖ 这里对应的英文术语是 subculture，也有人称其为“亚文化”。

与此同时，就像我们在第 3 章将要讨论的例子中看到的那样，组织文化可以被看作反映了不同行业、地区、职业、国家、民族、宗教以及语言的文化。例如，当我们在分析国际红十字委员会的组织文化时，我们会问：该文化在多大程度上反映了国家（瑞士）、地区（日内瓦）、行业（人道主义、非政府组织）、职能（运营）和职业（全科对专科）这样一些文化？以及这些文化可能以何种方式影响到组织成员对变化的环境做出反应？

稳定还是动态：许多学者辩称文化的变迁非常缓慢，就比如说儒家思想，虽然星移斗转两千余年，但其核心价值观直至今日仍被人们所推崇。如此一来，文化就被当作一个相对稳定的特性来对待，反映了一种在价值观、行为规范和行为模式上的差异性减弱之后形成的共享的知识结构。这种假设认为如果没有发生重要的环境变化，文化都会是稳定的。[13] 然而，20 世纪末和新纪元之初，政治的不稳定、社会和经济的变化成为这个时期的标志，无论是在西方还是东方，都引起了价值观的变化。事实上，社会的发展与变化一定会带来社会文化的变化，社会学理论里的代沟就是文化动态变化的一个明证。

英格尔哈特（R. Inglehart）和贝克（W. E. Baker）证明经济发展使得传统的行为规范和价值观转向个人主义、自由主义和享乐主义。[14] 类似价值观的转变也可以在世界的其他部分看到，例如，中国社会在改革之后经历了一些变迁，一些观察家声称中国开始借鉴一些"西方"价值观和思想。[15] 当然，除了将该现象看成是对西方思想的接受，还有一种诠释就是许多文化价值观，比如说中国人的商贸传统和创业精神，在改革开放之后开始重新涌现。[16] 加拿大西蒙弗雷泽大学（Simon Fraser University）的董雪英（Rosalie Tung）教授认为："从这样一个背景来看的话，全球化和外国直接投资作为外部力量释放了这些处于'冬眠'状态的价值观，因此，它们可以和'老'的价值观共存。"[17]

尽管经济发展显示出对文化价值观强有力的影响，宗教传统仍然显示出经久不衰的影响力。根据在过去 30 年每 10 年一次的世界价值观问卷调查，英格尔哈特和贝克得出："新教，或者东正教，或者伊斯兰教，或者儒家传统的历史决定了拥有特定的价值观体系的文化区域，当我们控制了经济发展这一影响因素之后，价值观体系仍然存留。经济发展趋向于将不同的社会推向同一个方向，但是这些文化似乎是在以它们的文化遗产所塑造的平行的轨迹发展，而不是趋同，我们怀疑现代化的力量将在可预见的未来创造出一个同质化的世界文化。"[18]

有关这些张力的一个最明显的例子就是对阿拉伯之春的担忧，人们认为它将带来宗教激进主义的兴起而不是现代化，而宗教激进主义对女性在社会中承担角色采取压制的态度。

上述研究表明，虽然跨文化管理的主要关注点是国家文化，但是我们同时也要关注其他领域的文化对管理和经营的影响。文化是多元的，文化表现为统计意义上的大多数或普遍现象，而不是 0 和 1 之间的选择或切换。在下一节中，我们将详细讨论并质疑与我们在上面讨论的内容不一样却相当流行的一些思想，即关于文化正在趋同的"神话"。

1.2 文化趋同"神话"

1.2.1 趋同"神话"之一：这个世界正在变得越来越小……

我们经常被告知这个世界正在变得越来越小。得益于技术所带来的电视、通信和交通的进步，我们正走在一条通向马歇尔·麦克卢汉所提出的"地球村"[19]的道路。所以在 21 世纪，人们会有相似的服饰与相似的行为：穿着李维斯的牛仔裤、鳄鱼牌的衬衫、阿迪达斯的跑鞋、戴着斯沃琪手表，用三星的电视机看着 CNN 的节目，喝着喜力啤酒，吃着麦当劳，在 KTV 里 K 歌……然而，这个景象对一些人来说是有吸引力的，但是对很多人来说是令人惊讶的。也许，表面上的确是这样，我们会在衣着（牛仔裤和 T 恤衫）和饮食习惯上（快餐）表现得越来越趋同，但是，文化的牵拉常常发生在深层，并且不容易被察觉。

事实上，在消费行为和通俗文化上的趋同对文化的根本性问题如信仰、行为规范以及个体、群体和组织应该如何起作用上似乎只有较小的影响。[20] 例如，很多西方人喜欢吃寿司和驾驶日本汽车，但这并不意味着他们会像日本人那样思考或行为，或者拥有相似的价值观。

对于众所周知的大熔炉理论，我们可以给它下同样的判断。像巴黎、伦敦、多伦多或孟买这样的大城市，吸引着来自世界各地的人们。但是漫步在被誉为大熔炉典范的纽约市的街头，我们可以发现邻居间明显的不同：小意大利区紧挨着唐人街，在东 10 街上的餐厅，菜单使用的是乌克兰语。实际上，与其说是文化被融化了，还不如说我们可以发现文化明显的碎片化现象；其差异是如此的明显，就像法国哲学家让·鲍德里亚（Jean Baudrillard）所说的"在美国，每个人种和族群都在发展一种有竞争力的语言和文化"[21]。

1992 年，随着经济联盟的成立，⊖ 欧洲被期望变成一个大熔炉，所有的商务人士都曾被期望拥有相同的样子与行为；但是，梦幻时刻来了又走了，人们所期望的一个共同的欧洲文化并没有出现。虽然整个欧洲各国之间的围墙被打破了，边防岗哨被撤了，机场也不再查验护照，但是所有关于通用的产品、统一的标准、平等的就业准入与市场准入等承诺更多只是停留在理论上，并没有成为现实，例如，不同形状的电器插头就使得电气设备的跨境使用非常不便。更加戏剧性的是，强烈的抗议与示威阻碍了跨国界的农产品、鱼类和肉类的运输，法国政府通过强硬的谈判以原产地标识来维持对其传统产品的控制，如香槟、葡萄酒、鹅肝、奶酪等。那些要保护"奶酪"纯正定义（什么才可以被当作"奶酪"）的人发起了抗议麦当劳"奶酪"汉堡的食品战，而现在，在大洋彼岸的加利福尼亚州，销售鹅肝则是非法的。

维护政治与经济主权独立以及文化特征及其完整性的压力一直存在，并变得更加强烈，在西班牙、比利时以及巴尔干地区持续的紧张就是例证。在许多国家，那些宣扬反移民的政治党派正在获得越来越多的选票。在遍布欧洲不断增加的欧洲怀疑论之信号下，时任英国首相大卫·卡梅伦在对国会成员所做的一个演讲中说英国"需要更少的欧洲，而不是更多的欧洲"[22]。最近，甚至是欧元的存在和欧共体的续存都受到了带着强烈民族主义口气的质疑，这表现在对管理不善国家的不断增加的批评和憎恨之中（见图 1-1）。[23] 2016 年 6 月，英国举行全民公投，51.9% 的投票者选择脱离欧盟，虽然很多人在统计结果出来之后对选择支持脱离欧盟表示后悔，但这还是表明了英国民众对欧洲一体化深深的怀疑与反对。

即便英语正在成为全球商务活动的通用语言，英国的孩子往往还要学习第二种语言，即他们的祖先所说的语言。在英国，会议纪要往往不仅用英语而且还用威尔士语和盖尔语⊖张榜公布。最近，一个关于是否在学校里引入英语作为第二外语来教授的投票在瑞士引发了强烈的抗议。在瑞士，中小学生必须学习三门瑞士官方语言（德语、法语、意大利语）中的两

⊖　1992 年，作为走向欧洲一体化和欧盟的前奏，欧共体内部关税和边境海关取消。

⊖　盖尔语属于凯尔特语系，在公元 3 世纪前后首先出现于苏格兰，到了 5 世纪，在罗马结束对英国的占领时，盖尔语已成为苏格兰大多数人的语言。盖尔语在 19 世纪和 20 世纪逐渐衰落，也被排斥出学校教育和绝大多数的公众生活领域。

图 1-1 欧洲能生存下来吗

资料来源:《金融时报》，2010 年 2 月 10 日。

门。瑞士最初对加入欧盟的拒绝和后来的持续犹豫就是基于其维护独立和控制自己命运的欲望。事实上，趋同和一体化的压力似乎创造出了同样强烈的（如果没有更加强烈的话）走向差异化和碎片化的压力。[24] 文化的趋同和趋异同时存在。

尽管托马斯·弗里德曼（2005）说"世界是平的"，但是他也强调文化并不一定非要趋同。尽管开始时，人们担心全球化就是"美国化"或者说是美国的文化帝国主义，全球化的影响可能是"令人吃惊的、重要的和自相矛盾的"，事实上，由于"上传"功能，任何能够使用计算机并能够连接上互联网的人都可以将内容放到网络上，这个扁平世界的平台具有促进更大程度的、以前从来没有发生过的多元化的潜力。以这种方式，当地文化可以进行全球性的扩散，显示了一种将"一隅之地"全球化的能力。[25]

这一现象在阿拉伯之春运动中和在各个国家的反政府示威的蔓延中，或者是在遍布世界各国主要城市的反商业化运动（如"占领华尔街"）中变得尤其明显。被认为是侮辱真主安拉的视频在伊斯兰地区的广泛传播导致了反西方社会的大暴动。

不过，尽管世界正在变成一个单一文化的论点似乎站不住脚，然而在某些方面又的确显现出某种全球趋同的迹象。然而，重要的是不要将全球化或者现代化与"西方化"混淆起来。有许多例证表明，很多社会变得现代化了，但是并没有非常"西化"，比如说在亚洲和中东的一些国家。[26]

如果认为全球化是一条道路，被设计用来在全球传播西方的价值观，那就大谬特谬了。由于中国每年增加大量的互联网用户，中文将可能取代英文而成为互联网上最通用的语言。一些经济学家也预测，在下一个 10 年内，一半的跨国空中交通将在亚洲和世界其他国家之间进行，使得我们进入一个东西方文化相互影响而不是西方主导的时代。[27]

宏碁集团的传奇创始人施振荣也许是这一管理的二元文化方法的最佳示例，宏碁集团是总部位于中国台湾的世界上最大的计算机公司之一。[28] 施振荣的总体思想可以说是长期导向的，遵循着不仅要对公司的所有利益相关者有益而且也要对整个社会有益的价值观。他从中国文化得到的影响是耐心、整体性思维、社稷集体导向的价值观，而他从西方管理实践中得到的是决策权下放和充分授权的管理哲学。同时，他也努力避免中国管理传统中不信任、神秘封闭以及父长独裁等特点，而且避免西方企业中常见的短期导向、过于注重利润和铺张浮夸的传统。这样一种似乎是相互矛盾的统一或者说"都 / 和"思维是可以在中国文化里找到根基的。[29]

1.2.2　趋同"神话"之二：管理就是管理

　　许多管理者与管理学领域的学者都坚信管理实践的趋同性和地球村公司的出现。他们的中心论点是"管理就是管理"，管理由一套可以被普遍应用的原则和技艺（就像目标管理）所组成。他们认为，管理就像是工程和自然科学一样，超越国家的界限，具有普适性。但是，即使对于工程和自然科学来说，这个假定恐怕也难以成立。例如，在不同国家，对于谁在环岛路中具有优先通过权有着不同的概念。发生在美国的一起车祸可以说是这种路权文化差异的生动写照：2016 年 7 月 24 日，中国的一家四口开着一辆道奇车在亚利桑那州自驾游，被橄榄球大联盟达拉斯公牛队的宣传巴士撞到，道奇车内的 4 人当场死亡。事故的原因是南向行驶的道奇车未能在停车标识（STOP）前停车，让往北直行的巴士（有路权）先行，在左转时被巴士撞到。[30] 另外，尽管交通信号灯的技术是一样的、人行过道的标志也清晰无误，但是人们并不总是以同样的方式对此做出反应，这使得驾车或者穿过马路成为非常危险的事情。在实行 ERP 时，也存在文化的差异性。有研究表明，中国人习惯信息的模糊性和在个人层面上分享信息，是阻碍企业推行 ERP 系统的一个原因。[31] 在中国，信息的获得经常是与权力和地位联系在一起的，一个人拥有什么样的信息成为其在组织中地位的象征，因此，人们不愿分享信息也就在情理之中了。

　　许多人相信医学的客观性，然而有意思的是诊断和治疗在不同的国家也是不一样的。[32] 比如说，在法国最普遍的病症是胃不舒服（crise de foie），而在德国则是心力衰竭（herzinsuffizienz）。在法国，用来治疗消化系统的处方药相对地要用得多得多，而在德国用来强心的洋地黄药剂的处方量则是法国的 6 倍。出现这种差异的原因，是法国文化中对食物的迷恋和德国文化中对浪漫主义的追求。此外，即便是不同国家的医生，对疾病的处理也会采用非常不同的方法。例如，顺势疗法在欧洲相当流行，但是美国的医生对其疗效表示怀疑。近年来，西方医学的医师和制药公司对于学习中国和印度医学（Ayruveda）实践表现出越来越浓厚的兴趣。如果说医药都是由其文化根源所塑造而成的，那么为什么管理之间不会有任何的差异呢？

　　管理者往往太过于相信在某一个文化下行得通的做法在另外一个文化下也是可以行得通的。例如，尽管绩效管理在全球变得更加普遍[33]，但这并不意味着它受欢迎或者被欣赏，比如索尼公司前常务董事天外伺朗就认为绩效主义毁了索尼的创新精神[34]。这一管理实践的趋同现象部分是由于诸如通用电气这样的"最佳实践公司"在全球的存在，同时也由于像麦肯锡这样的知名咨询机构和像《财富》和《经济学人》杂志等商业出版物的推荐所引起的放大效应。[35] 虽然终身雇用在不少国家（比如日本）已经不再得到保证，然而，以绩效（而不是归属性）来评价雇员并解聘那些低绩效员工还是被认为是令人震惊的，并常常被看作这只是"美国式的管理"。虽然终身雇用制度被西方学者和管理者认为是日本经济陷于停滞的一个原因，并竭力鼓动日本改变这一制度，但是日本劳动力大军中终身雇用的比例也只是从 1999 年的 75% 降到 2010 年的 66%。[36] 终身雇用的比例在 2014 年最低降到了接近 60%，并在 2015 年由于劳动力的紧缺，重新出现了上升现象。

1.2.3　趋同"神话"之三：全球一体化意味着标准化

　　第三个"神话"说的是随着企业的全球化，管理者可以将其在不同国家和地区的运营标

准化，因此，文化差异的影响将减弱，与文化多元化有关的冲突和低效将消失。以一位知名
咨询公司的高管的话来说就是：

> 以我之见，这一（文化）差异之说辞被吹嘘得与其本身不成比例。和我一起工作的人都是专
> 业人士，能说流利的英语、有着非常丰富的在不同国家生活和工作的经验，并且我们还有着共同
> 的价值观，我们还有着全球一致的行为准则以及标准化的绩效管理体系……在一家像我们这样的
> 真正全球性的公司中，文化差异不再有任何真正的影响了。

的确，有证据表明，尽管面临着适应当地环境条件的压力，跨国公司正在朝向更大的全
球一体化的趋势发展。[37] 但是，与许多人所相信的刚好相反，全球一体化和更加标准化的趋
势似乎在强化而不是在减弱潜在的跨文化冲突。

想象一下，你在一家直到最近还是多国独立运营的公司里工作，采用的是各国不同的组
织结构，但是为了在不同国家的市场充分发挥其品牌价值、降低成本并获得全球化带来的其
他利益，现在该公司正在变得越来越全球化。[38] 这一在战略和组织结构上的变化需要一套新
的财务报告制度、全球一致的行为准则以及标准化的绩效管理体系来支撑。

再想象你是日本的全球经理人，你必须在亚洲文化背景下执行这一新的战略和采用标准
化的绩效管理系统，你很可能会面临许多抵制，因为西方式的绩效管理在许多亚洲国家都存
在文化障碍。由此，你将不得不面对下面这个问题：你将执行公司让你在日本实行的制度，
继续延续那些在日本被广泛接受的做法，还是做出一些妥协？或者是在全球标准的做法和当
地习惯之间找到一种妥协？这是每一个全球经理人今天所面对的困境，而且，随着很多大公
司越加走向更大的一体化和标准化，困境是加剧了而不是减轻了。

对一个日本和德国的合资企业的研究发现，文化的冲突并不像是台球的碰撞，从冲突
中产生的是经过双方协商妥协的秩序，通过工作环境、管理者个体特征和国家文化之间的互
动，产生的是一个混合杂交的组织。[39]

1.2.4　趋同的阻力与推力

那些辩称管理实践普适性的人们也许会承认，在"发展中国家"或者"新兴市场国家"，
管理实践与发达国家是不一样的，但他们还会争辩说这是由于经济与技术的落后所造成的。
这就假定一旦那些落后国家的经济追赶上来，它们在管理上就会与发达国家一致。事实上，
金砖国家（BRICS：巴西、俄罗斯、印度、中国和南非）的技术与经济的迅猛发展令人印象
深刻，也的确带来了趋同的证据，但是现在，新兴经济国家的公司不仅仅引领着增长，它们
欣欣向荣的商业模式也在许多方面挑战和颠覆了盛行的西方范式。[40]

通过管理教育，趋同理论得到发扬光大和普及，正被批发出口到其他地区。越来越多
的国家创建起美国式的 MBA 项目，并由认证机构保障它们的趋同性。管理教育不仅提供了
金融、财务、会计和市场营销的工具与技艺，还灌输了一种特有的商业哲学和意识形态，例
如自由市场、股东的神圣权利以及利润的尊严等乌托邦思想。事实上，20 世纪 90 年代，股
东价值成为许多欧洲 CEO 非常重要的战略讨论的话题。商学院的毕业生则被指望在他们获
得学位时将手放在他们的心口上，宣誓将捍卫股东的价值。然而，过去 10 年不断出现广为
人知的公司丑闻和最近的金融风暴销蚀了公众的信心，并质疑商学院在其中起到的特别的作
用（就像加拿大麦吉尔大学教授亨利·明茨伯格大张旗鼓的批评 [41]），甚至进一步质疑商业在

社会中的角色和作用。结果是管理学学者和教育者开始不断挑战隐含的经济和商业理性范式的假设[42]和传统的管理教育[43]。这些学者和教育者认为，这样的假设和教育导致了道德的真空，并使企业高管成为"无情的硬数据驱动、严格的由上至下、关注命令和控制、痴迷于股东价值、不惜一切代价取胜的商业领袖"这样一幅功能失调图景的推手。[44]

作为对此的回应是人们创建了一个叫"负责任的管理教育原则"（Principles for Responsible Management Education，PRME）[45]的项目，将全世界450所商学院、联合国全球影响机构（UN Global Compact）以及专业性组织如美国精英商学院协会（AACSB）和欧洲管理发展基金会（EFMD）聚集在一起。该项目在推动商学院教育学生积极主动承担社会公民角色以及帮助解决紧迫的社会、环境和伦理问题起到了重要的作用。现在，来自全球27所商学院的学生加入了全球管理教育联盟（Global Alliance in Management Education）的国际管理硕士项目（CEMS），他们在获得学位时都将签署一份誓言，宣誓成为承担社会责任的全球公民。这是一个世界顶尖的国际研究生教育项目，CEMS也以此公开宣告作为全球公民的重要性，它将全球公民界定为：

> 践行负责任的商业决策、领导力和社会公民这一整体性愿景的能力，包括伦理推理、个人的品德操守、尊重社会多元性、致力于通过可持续的商业实践来获得成功，以及在组织目标上坚守多元利益相关者的视角。[46]

但是上述这些和另外一些意在促进商业伦理行为的设想和做法在某些国家遭到了抵制。比如说，在法国就是否执行企业伦理行为准则存在广泛而深入的争论，有些工会认为这是非法的。2005年5月，法国数据保护局（CNIL）拒绝通过两项由美国公司设立的机构内部人员揭发腐败内幕的程序，反对的部分原因是担心这种揭发的敏感性，就像第二次世界大战期间纳粹占领法国时所发生的那样。在其他欧盟国家，人们也对机构内部人员揭发腐败内幕持某种保留意见，其原因有些是源于文化，有些则是基于专制独裁和极权主义国家告密者的历史经验。[47]

这些例子显示，有关企业的独立自主性，甚至社会责任都附带着一系列的商业行为规范，而这些行为规范对于当地的场景可能是相关的和有用的，也可能是无关的或没有用处的，但是会触发对当地价值观的强烈坚持或反对，特别是当人们感觉这些行为规范是强加在他们身上的时候。[48]由于很多国家都有被占领和强加意识形态的历史，因此如果不存在矛盾心理，它们对于外国公司以及其商业规范和实践的入侵都有着高度的敏感。此外，民族自豪感和发展自己的管理方式（与其文化价值观更为一致）的欲望是教育的自然结果，也是不断增强的自信和能力的结果。在印度、中国和其他新兴市场国家我们可以明显地看到这种现象，这些国家大力投资于研发中心和管理教育。

即便在技术和经济发展水平相近的条件下，管理实践趋同的现象也不是必然的和显然的。比较日本和美国的企业、法国和英国的企业，或者是德国和瑞典的企业，我们发现了会计实践、经济政策和管理方法及手段上的明显差异。当一家德国公司希望在纽约证交所上市时它会猛然惊醒：运用美国的会计准则时，德国企业会有迥然不同的盈利。正因为此，德国的戴姆勒-奔驰公司，即使在与克莱斯勒公司合并之后，还是在2010年跌出了纽约证交所指数股名单，尽管它在指数股名单里已经17年了。美国《2002年上市公司会计改革与投资者保护法案》，也称《萨班斯-奥克斯利法案》（Sarbannes-Oxley Act），于2002年7月30日经时任美国总统布什签署后生效，但作为对法案的回应，保时捷公司的德国CEO于2002年拒绝在一份文件上签名，声明他不会欺骗大众。显然，就像在下面的图 1-2 所示，即便是会计也不完全只是会计而已。

图 1-2　即便是会计……

资料来源：NON SEQUITUR © 1997 Wiley Ink, Inc. Distributed by UNIVERSAL UCLICK. Reprinted with permission. All rights reserved.

　　由于经济、法律、税收、社会和文化的不同，不同国家之间的会计准则也存在差异。国际会计准则（IAS）公会，一个在 1970 年成立于伦敦的私营协会，企图减少各国会计实践之间的差别，但是在最初时只能作为自愿性的和非限制性的指导性原则来进行推广。2001 年，IAS 创建了国际财务报告准则，但是这些准则在不同国家被采纳的程度很不相同，因为那些最有实力的国家不愿意将它们的权力交给一个国际组织。[49]

　　因此，尽管存在走向一体化或趋同的技术和经济力量，似乎也存在同样强大的，甚至更强大的力量在驱动着差异性和碎片化，这些力量中包含了文化。种族冲突在世界各地此起彼伏，民族主义和全球恐怖主义在不断上升，另外还存在许多恐怖主义和宗教狂热主义者群体，他们抵制全球化和与此相连的生活方式（物质主义对之于精神至上）。[50] 这表明表层（通俗文化、生活方式、消费模式等）的趋同现象可能引发抵制，揭示了深层次的趋异现象。因此，我们需要考虑文化如何能够成为强有力的力量来支撑或决定我们作为民族、企业以及管理者的有效性。

1.3　文化可以成为竞争的优势也可以成为劣势

　　不要把文化仅仅看成一个需要解决的问题，有证据表明，文化也可以成为一种竞争优势。哈佛战略管理大师迈克尔·波特一直认为，一个国家可以从一系列国家水平的要素上（如资源的丰富性、市场的大小与复杂性、政府干预的性质以及战略联系和网络）获得竞争优势。例如，在意大利北部某个区域的鞋业获得成功是由于供应商、生产者和销售商的网络关系，而在丹麦，胰岛素的研制则是由于企业与大学研究中心的战略联系。[51]

许多人认为，是独特的制度安排导致了"日本式管理"在过去的成功。人们认为这个模式的有效性不是因为日本文化存在任何的独特性，而是由于政府的角色、所有权的性质、融资的方式、工会的结构以及日本企业间的关联。[52]

然而，文化深深地融入这些制度安排里，很难被分离出来。[53] 例如，在日本普遍存在的"株式会社"或者在韩国非常普遍的"财阀"，这种在客户和供应商之间存在的紧密关系有赖于高度的相互信任，而这种相互信任在推崇个人能力和独立性价值观的国家是很罕见的。因此，文化与制度架构可以相互关联一起发挥作用，从而创造出潜在的竞争优势或劣势。当然，文化的作用也有两面性，现在，这些制度和文化要素被指责为韩国公司丑闻的根源，以及不恰当地为发生在日本的环境灾难承担责任。作为 2011 年 3 月发生的福岛电厂核灾难的议会调查委员会主席，黑川清博士（Dr. Kurokawa）说："其本质原因在于日本文化中根深蒂固的传统习惯：我们的内省服从（犬儒主义）、我们的不愿质疑权威、我们对'坚持计划'的执着、我们的小集团主义，以及我们的岛国意识和偏狭性。"[54]

法国的许多工业革新（如 TGV 高速列车、阿丽亚娜太空火箭和大量的核电工程）可以归因为非常重视工程与公共管理的教育系统以及鼓励政府和产业界形成紧密的合作关系。这些特征被认为是技术成功的原因。然而在竞争日益激烈以及越来越国际化的商业环境中，它们也被认为可能成为商业成功的潜在障碍。批评者现在说这一教育系统过于狭隘，太强调数学和自然科学，过分聚焦于抽象的知识而忽略了具体的经验，导致这些"高等专业学院"⊖的毕业生"太过于僵硬和注重等级关系"，既缺乏主动性也缺乏沟通、谈判或想象的技能，而这些技能对于"现代快速变化的经济战"是必不可少的。[55]

同样的情况也发生在德国。德国的工程行业具有很高的声誉，如奥迪汽车的宣传口号就是"通过技术引领行业"（Vorsprung durch Technik），这使得德国工程技术名扬天下。这一概念在德国制造业已经根深蒂固，使得德国制造业享有高质量和高可靠性的美誉，在汽车工业我们可以看到这点。大众汽车的一位法国高管曾经说过："德国的主要优势在于杰出的技术与职业教育，以及对手工工作的尊重。"[56] 这一点可以在大众汽车 CEO 温特科恩（Dr. Winterkorn）博士那里完美地看到，他拥有冶金学博士学位，在 2011 年法兰克福车展上他被拍到极其仔细地研究韩国现代汽车的技术特征，并对此表现得非常高兴。[57]

最近的研究显示，这种对传统制造技能的重视以及对熟练技术工人的重视成就了许多所谓的"隐形冠军"——在德国许多非常成功但鲜为人知的中小型企业。[58] 在德国，紧密的城 / 乡互动和群体内外的人际交往强化了对不同的技术诀窍（know-how）和共享技能的相互尊重，对技术能力的关心远远超过对地位和等级的关心。这些被认为是德国成功和创新的药方。

相比之下，缺少熟练的工程师是英国经济所面对的一个挑战。"不要进入工程领域。它很脏，也很危险，收入也不高，而且工作还不稳定。"由于上述这些观念的泛滥，技术工程在不列颠从来就没有被尊重过。"工程师的社会地位较低，历史上，曾有一种阶级观：上层人士认为工程师是手艺人。律师和会计师被认为是专业人士，而工程师则低到与流氓无产者为伍，只是修理你家厕所的手艺人。"金融行业则被认为是高贵的"蓝眼睛的孩子""……工程师的工作很辛苦……德国社会似乎尊重这点，但是我们英国人不会"。[59]

⊖　在法国，这种高等专业学院都是精英大学。

德国公司传统上认为，赚钱应该靠制造东西而不是靠买卖公司，那应该是银行的工作。实际上，银行和公司之间拥有密切的关系（银行拥有公司的股份并在董事会中占有席位）一直是德国工业的特点，而且曾经是其竞争优势的一个来源，但是现在被认为是一个负担，而且成为丑闻的来源。

在丹麦，对于文化影响竞争优势的关注曾经被商业日报《晨报》(*Mogenavisen*) 提出过。它警告说，丹麦公司的国际竞争力可能会受制于"詹特法则"(Janteloven) ⊖ 文化的影响。"詹特法则"的意思是你要保持低调，不要太出类拔萃（在瑞典，它被称为"高贵的瑞典式嫉妒"，而在荷兰，人们很可能会认为："以正常方式行为？那太疯狂了！"）。他们认为，由于这种文化的影响，丹麦公司在市场营销上以及与别的欧洲竞争者竞争时就会表现得不够积极。然而，对于瑞典宜家公司，简单和节俭的价值观被认为是其竞争优势的一个源泉。[60]

当杰·卡隆管理斯堪的纳维亚航空公司（SAS）时，在"詹特法则"文化之下，斯堪的纳维亚人显然不能适应他的市场驱动理论：由皮尔·卡丹所设计的充满想象力的客舱设计和制服被认为过于浮华；同时，在斯堪的纳维亚人的平等主义文化下，对目标客户进行差异化管理的战略也没能行得通。

以上所有这些例子只是为了说明每一个国家都有其独特的制度和文化特征，在某个特定的点上它们可能成为竞争优势的来源，但是当环境变化之后，有些过去是竞争优势来源的文化特征在未来也可能成为"阿喀琉斯之踵" ⊖ 。因此，管理者必须对所在国家的文化在现在和将来可能对公司的战略要求产生的影响及其程度进行分析和评估。

文化碰撞还是文化协同

在跨国的战略联盟中，文化差异常常是一柄双刃剑，既是竞争优势的来源又可能导致竞争劣势。一家名为 Siebel Systems 的德国公司（后来被美国甲骨文公司收购）所做的内部研究揭示出公司所做的许多收购由于文化冲突而失败。[61] 被收购公司在文化上的差异可能对员工承诺度、对管理层的信任、共同身份感的建立具有完全不同的影响。在国家文化和企业文化上的差异可能使跨国购并后的内部整合变得愈加困难。收购了 IBM 个人计算机业务的联想集团的财务总监说："我们面对着不同的企业文化和东西方文化差异的双重影响。"[62]

然而，近期的一些关于并购中文化差异影响的研究表明文化差异也可能提供一种竞争优势，使得双方获得嵌入在不同文化中的独特并具有潜在价值的能力，帮助并购者获得建立更加丰富的知识结构，促进学习和创新，[63] 就像日产公司和雷诺公司的 CEO 卡洛斯·戈恩（Carlos Ghosn）所反复指出的那样："文化差异可以被看作一种障碍，同时也可以被看作新事物的强大的种子。"[64]

然而，文化多元化可以成为价值创造、创新和学习的源泉这一事实并不意味着可以忽略文化差异。恰恰相反，由于它们是如此关键，我们需要对它们进行仔细的分析、评估和管理。比较遗憾的是，无论是文化协同的潜力还是文化冲突都可能被忽视，这可能导致在文化

⊖ "詹特法则"出自丹麦小说家阿克塞尔·桑内莫塞（Aksel Sandemose）出版于 1933 年的小说《一个逃亡者的足迹》。住在詹特的人，总是想办法贬低别人，因此，詹特法则是指："不要认为你高他人一等，也不要觉得自己很特别，是社会精英。"这一文化是北欧不成文的行为准则。

⊖ 阿喀琉斯之踵原指阿喀琉斯的脚跟，是其唯一一个没有浸泡到神水的地方，是他唯一的弱点，后来在特洛伊战争中被人射中致命，现在一般指致命的弱点、要害。

差异浮出水面和被诊断之前已经过去了太多时间。一家法美合资企业在合作 8 年后才意识到文化差异这个问题。一位法国咨询师被请来调查合作中的问题，在访谈中，他惊奇地发现美国的经理有许多针对法国合作者的怨言。粗看之下，这些怨言似乎是琐碎和不重要的，但其实很重要，因为 8 年的合作都没有解决它们，使得合作总是带着不和谐的杂音。所以，文化问题对双方糟糕的合作负有责任。这个迟来的发现警示我们需要预知潜在的误解，对文化的忽视，实际上会带来灾难性的后果。

在过去数十年里，中国公司的许多跨国并购，如 TCL 收购法国汤姆逊电子、上海汽车工业公司收购韩国双龙汽车、平安投资比利时和荷兰的金融服务公司富通（Fortis）集团以及德隆集团收购美国穆雷公司（Murray Inc.）等，都以失败而告终，而失败的原因往往就是跨国之间的文化差异。[65]

TCL 收购汤姆逊的案例尤其典型，萦绕不散的问题是中国经理人在国际市场上的经验不足以及对欧洲商业文化迟迟缺乏了解，包括对法国人热衷于夏天的长假期和在周末不接电话与不查邮件的不理解。尽管 TCL 信心满满并在 2003 年高调宣布要在 18 个月内扭转汤姆逊电视的颓势，但是其欧洲子公司持续亏损并最终不得不于 2007 年 5 月宣布破产。[66]

在英国第十大城市莱斯特（Leicester）有一个鞋店，希望能吸引当地的穆斯林顾客，于是它打出了一条用阿拉伯语写的广告：这里没有"上帝"只有"安拉"。这条广告的后果是灾难性的，一辆汽车穿过玻璃橱窗冲进了商店，这是一种报复行为。虽然要打进穆斯林市场的动机没有问题，但它没有考虑到把安拉的名字和踏入尘土的鞋子联系起来是一种亵渎。[67]

另一个例子是一家美国石油公司准备在太平洋上的一个小岛上钻井，于是雇用了当地的工人，但不到一个星期，它发现所有的工头都被割了喉咙。后来公司才明白，在当地社会年龄代表着地位，因此任命年轻人当工头去管理年长的人是不能接受的。[68]

下一个例子中工人的反应也许不像前一个那样强烈，可它却展示了"失之毫厘，谬以千里"的道理。一家美国公司曾在英国伯明翰购买了一家纺织厂，希望把它作为进入欧洲市场的桥头堡。收购后不久，美国管理者意识到在生产经营上的一个问题——茶歇所耽误的时间——在英国，人们在茶歇上要花费半小时的时间。每个工人都会用 1 品脱⊖的器皿沏自己喜欢的茶，然后慢慢品尝，如同品尝葡萄酒。管理者建议工会用美味的咖啡加快"品尝时间"，把它改为 10 分钟。其后的一个星期一早晨，工人开始不满并抱怨。公司做了改进，装了一台饮茶机，但只能接标准量的饮料，1 品脱的茶杯被 5 盎司⊜的纸杯所代替，就像在美国一样。心理契约的建立对组织承诺度和员工敬业度至关重要，于是这家公司再也没能恢复生产，即使在饮茶机被取消之后，工人仍然联合抵制公司，最后它只能被迫关闭。[69]

无论是建立战略联盟，还是设立海外经营部门，抑或是开拓当地市场，公司都需要去发现如何利用文化来驱动业务增长，还要认真分析那些会暗地里损害公司战略意图的文化冲突的可能性。跨国企业的管理者要能够识别文化病症的征兆，还要能够诊断导致不适的原因。要将潜在的益处发扬光大而消弭可能的误解和冲突，管理者必须学会清楚地表达他们是如何看待自己的文化的，并且要能认识到人家对这一文化可能有的不同感受。然而，这件事知易行难。

上述案例中失败背后的原因不仅仅是那些行为、价值观和信仰在不同的文化里是不同

⊖　1 英制品脱 = 568.26 毫升，1 美制湿量品脱 = 473.18 毫升，1 美制干量品脱 = 550.61 毫升。

⊜　1 盎司 = 28.35 克。

的，而且它们对于这些文化的重要性不应该被低估。在一个文化中被认为是有价值的或者被看作是神圣的东西，在另外一个文化中可能被认为是毫无价值的或者是亵渎神灵的。

让我们看看国际红十字委员会的标识和旗帜来进一步体会文化的重要性。白色背景上的红色十字图案刚好与瑞士国旗（红色背景白色十字）颠倒了一下。如此一来，国际红十字委员会就被看作与其瑞士发源地和价值观（人道主义援助和中立）有着紧密联系。然而，这个标志也激起了持续的争论，因为十字也代表着基督教。1876 年，在土耳其 – 沙俄战争期间，奥斯曼帝国决定使用红新月，因为红十字被认为是对穆斯林战士的冒犯。除了伊斯兰国家采用红新月标志之外，以色列在 1949 年请求以大卫之星来替代十字，但是遭到了拒绝。直到 2005 年 12 月，在经历了多年的磋商之后，红色钻石被采纳为红十字会的正式徽章之一。这一标识被选中是因为它代表了纯洁和透明，也是中性的，与任何宗教、文化和历史背景无关。[70] 可是，国际红十字委员会的国际法和合作部主任弗朗索瓦·比尼翁（Francois Bugnion）宣称：“不会有一个红色钻石旗帜飘扬在日内瓦的国际红十字委员会。”[71] 国际红十字委员会的所有标识如图 1-3 所示。

图 1-3　国际红十字委员会的所有标识

资料来源：国际红十字和红新月会联合会。[72]

1.4　认知文化

文化被霍夫斯泰德（Hofstede）看作是“一种集体精神程序”，它对我们的感知、认知和行为具有非常深刻的，即便我们都未能注意到的影响。认知心理学家理查德·尼斯贝特（Richard Nisbett）和他同事的研究展示了这种精神程序可以有多强大。一系列的实验证明了西方人和亚洲人在感知与组织外部世界的方法上存在着本质的差异。[73]

为了演示在心智模式上和认知过程中的文化差异，想象一下展示在你面前的有三张图，上面分别是牛、鸡和草，然后问你：“哪一个可以和牛放在一起？”如果你是一个西方人，你大概会认为鸡和牛属于同一类，因为它们属于同一个物种——动物。中国人和韩国人更可能会说牛和草在一起，因为它们之间的关系是——牛吃草。在另外一个观察水下景象的实验中，亚洲人会更注意整个场景，或者说大的画面，而西方人则更加注意焦点上的对象——鱼。无论是用英语还是用汉语来测试，双语的华裔美国人都比欧洲裔美国人更加关系导向而更少类别导向。实验发现来自中国香港地区的人和来自新加坡的华人也表现出同样的特征。与此相反，中国大陆和台湾地区的人在用汉语测试时比用英语测试时表现出更强的关系导向。[74] 这种认知差异甚至得到了不同的大脑活动和眼球运动模式的证明，这些研究表明人们在认知（人们如何感知并且组织其感知到的世界）上的文化差异是根深蒂固的。这对管理具有深远的意义。

1.4.1　我们如何看待自己而别人又如何看待我们

如果有人要求你描述自己的文化，你会怎么说？实际上，描述自己的文化并不是一件容易的事情。它就像问一条在水里游的鱼：你在水里游是什么感觉？它是说不出来的。而当被冲上沙滩后，这条鱼就很快认识到其中的差异，但可能仍然没有能力表达这种差异（或不想表达），它最迫切的愿望只是马上回到水中。

我们只有从自己的文化中抽离出来并面对另一种文化时才开始感知自己的文化。18 世纪的英国作家塞缪尔·约翰逊（Samuel Johnson）说："当我站在另一个国家的国土上时，我才更理解我的国家。"或者用法国哲学家让·鲍德里亚的话说："旅行的魅力和益处是让我们睁开眼睛看到自身习俗的荒谬。"[75] 另一个让我们认识自己的行为和价值观的方法是引入一个来自外来不同文化、不受任何预设观点所束缚的外来者，他可能会指出皇帝的新衣并不存在。就像斯威夫特（Swift）所写的《格利佛游记》（*Gulliver's Travels*）和伏尔泰的《老实人》（*Candide*）中描述的一样，只有局外人和天真无邪的人才会对他们所观察到的事物提出质疑。

文化就像一个透镜一样，我们通过它来认识其他的事物。就像鱼儿身边的水，文化可能会扭曲我们对世界的看法，同时也扭曲了世界对我们的看法。更重要的是，我们总是倾向于用自己的文化作为参照系来评价其他文化。例如，欧洲大陆的人们担心英国人不在马路右侧驾驶，而是在"错误"的一侧行驶。

当遇到差异时我们很容易用自己认为"正常的"标准去判断，这导致很容易上升到所谓的文明等级。凭什么我们认为有些文化比我们自己的文化要稍稍不文明一些，而另外一些文化又被认为是低级的、原始的，甚至是野蛮的呢？"野蛮人"这个词最早是希腊人使用的，用来指称所有非希腊人，即外国人。在法国，外国人事实上代表着奇怪的人（étrangers）。在中国古代，也有"北蛮南夷"之说，只有中原之人才是文明人，中原之外皆为蛮夷。

有意思的是有时候那些看起来最相近的文化之间也可能出现巨大的缺乏"文明行为"的看法。比如说，一位北美的经理在向其英国公司董事会介绍其商业计划时，就可能被认为比较幼稚或不够聪明，原因是她的口音或者"错"用英语。了解跨国公司总部如何看待不同国家的子公司也会是非常有意思的一件事，那些来自总部的人往往认为自己高人一等。

认识文化的差异是预知商业碰撞中潜在的威胁与机会所必需的第一步。为了能超越人们的知觉，创造有用的互动，我们需要将所有这些差异敞开来进行讨论。一个被称为"乔哈里视窗"的模型提供了一种讨论和"协商"不同的视角和观点的方法，如图 1-4 所示。[76]

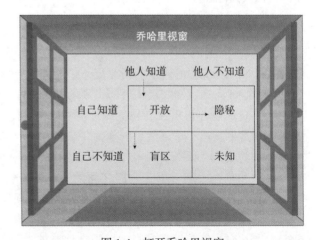

图 1-4　打开乔哈里视窗

资料来源：改编自 S. Jourard (1964) *The Transparent Self*, Princeton, NJ: Van Nostrand Reinhold。

乔哈里视窗试图让我们明了，关于我自己，哪些是我所清楚的，哪些是我所不清楚的；哪些是别人了解我的，哪些又是别人不了解我的。通过自我披露和反馈，我们可以对我们如何看待自己和别人如何看待我们所存在的潜在盲区有更清晰的认知，这些盲区可能影响有效的互动。这个技术在 20 世纪 60 年代美国的文化敏感性培训领域很流行，有助于让文化差异敞开来讨论。

例如，一个美国人在阐明观点时会比较直接和明了，而她的比利时同事经常会试图建议她更委婉或说更加老练圆滑一些。双方都意识到了这个直率的特征，而且经常被拿来讨论和开玩笑。换句话说，她可能因为她自己从来都没有怀疑过的行事方式被认为是"典型的美国人"，但是，当她都不知道为什么而被告知"美国人就是这样"时，会令她感到困窘，并可能引发防御性的反应。此外，也有一些她知道而他们或者不知道或者曲解了的美国文化特征。不过，所有这些也提供了机会，可以学习其他文化的丰富内容。双方可能都心存善意，但由于一些双方都未意识到的文化因素，也可能导致合作关系变质。因此，他们可以讨论那些很容易被看到的差异（对双方都是明显的），并开始挖掘或者显现她所未看到的（她的盲区）和他们所未看到的（他们的盲区），再试图想象什么是双方都没有看到的（共同的盲区）。

然而，许多人认为讨论文化的差异是危险的，因为他们认为文化差异是冲突的源泉。对文化差异的讨论常常被以下列这样的方式规避："这只是个性""我们都为同一家公司工作"，或者是"我们都只是工程师而已"。另外一个避免讨论文化差异的原因是害怕刻板印象（stereotype）[⊖]，即不将他人看作是代表他们自己的个体，而是以一种局限性的或者是负面的视角将他们看作是其所属文化的"代表"。

但是，如果我们不去讨论文化的差异，就不能很好地去管理它们，这样既不能避免误解，也不能创造出有建设性的协同效应。对于哈默和贝内特（Hammer & Bennett）来说，这意味着超越种族中心主义（无论是通过否认其存在还是防御这种差异，抑或通过最小化其重要性来避免文化差异）而走向种族相对主义，即无论是通过接受其重要性还是去适应它，抑或是通过整合看待世界的不同方式来寻找文化的差异。⁷⁷

1.4.2 刻板印象：是好还是坏

当企图描述自己的文化时，我们经常会借助于其他人对于我们的刻板印象。实际上，我们往往觉得描述我们自己的文化很困难，但描述别人的文化相对比较容易，因此刻板印象很自然就出现了。虽然如此，我们中许多人在成长过程中一直认为刻板印象是不好的、愚昧的与不道德的，是成见和偏执的证据，并且在政治上也是非常不正确的。如果基于错误的信息，刻板印象也许真的就是错误的，如果用来贬损他人则更是有害的。但是它们也可以用在好的方面，如同 20 世纪之交的杰出心理学家威廉·詹姆斯（William James）所提出的那样，它可用来从"嗡嗡响的混乱"中找出需要的信息。

刻板印象具有两面性：一方面，它使得人们可以面对纷繁复杂的外部信息而凭借刻板印象直接地洞见对象的本质特征，进而在最大程度上有效地认识对象；另一方面，由于刻板印象的不可避免性以及由此招致的可能的"以偏概全"的认知简约性，使得人类在根本上无法摆脱由于自身的态度、观念或经验等主观因素方面的缺陷或不足所造成的认知偏差。

⊖ 社会心理学对社会刻板印象的定义是："人们对某个社会群体形成的一种概括而固定的看法。"

刻板印象代表了一种精神"认知"，通过把它与过去的经历和知识相比较，人们用它来帮助处理新的信息。当我们遇到一个来自美国的人时，我们会马上想道："哦！这是个美国人。"（后面的潜台词是：比加拿大人和中南美洲人更恐怖。）之所以会这样想，是因为我们正在提取脑海中所储存的所有与美国人有关的经历与知识，然后，用这些过去的经验同现在的遭遇相比较。毫无疑问，这个过程简化了现实，帮助人们快速形成某种认知，而由于跨文化交际中的不确定性和模棱两可，它是非常必要的。当然，虽然刻板印象可能是必需的，但仅有它们还远远不够。

与刻板印象有关的问题不是它们的存在，而是它们被应用的方式。[78] 例如，如果在见一个美国人时，我假定"所有美国人都是一样的"，那么，我只是简单地将我的精神认知（或者说刻板印象）强加到了现实之上，如同把新的数据塞进旧文档之中。新数据的输入由于为了适应这一精神认知而被扭曲，这就像普洛克路斯忒斯之床（Procrustean bed），睡在其上的人要么身体被拉长，要么被砍掉手脚以适应床的长度。事实上，与美国人的相遇可以用来作为丰富关于美国文化的精神认知的机会。

研究指出，在跨文化情境下，无论是否认刻板印象的存在还是过于拘泥于刻板印象，对管理者都是不利的。被同行认为最有效的管理者是这样做的：他们接受刻板印象的存在，并把它们作为起点，同时随着阅历的增加持续不断地更新刻板印象。[79] 这些管理者不断地检验、再检验刻板印象，总是根据第一手资料更新这些精神认知。他们愿意质疑他们自己和他们的刻板印象，有意识地清除旧的知识，再重新定义他们的经验。这需要仔细地观察，避免去做主观的评判，寻求从朴素的视角以及同理心来做有意义的解释。这也需要戴夫·托马斯（Dave Thomas）和克尔·尹克森（Kerr Inkson）教授所说的正向觉察（或者"正念"⊖）的能力，或者说关闭"文化巡航按钮"⊜的能力。[80]

1. 超越刻板印象

在 20 世纪 60 年代有一个著名的美国喜剧演员叫兰尼·布鲁斯，他在开始演出时总是用非常恶毒的绰号来称呼少数族群，在令他的观众惊讶不已之后，他开始说："现在我已经吸引了你们的注意力，让我们开始谈正事吧。"上面这个例子的目的是鼓励管理者承认并接受刻板印象的存在，从而主动地超越它们。当你下次再与来自美国的经理人在生意场上相遇时，你不要说"让我告诉你我关于美国人的刻板印象"，而是要调出关于美国人的精神认知并准备修改认知。还有，你不必因为要与一个美国人做生意而变成美国人。需要强调的关键一点是不要去模仿其他人的行为方式，而是去注意这些差异可能如何影响商务交往。跨文化管理的先驱南希·阿德勒（Nancy Adler）教授[81] 强调要尽可能使用"有益的"（与"有害的"相反）刻板印象：有意识地认知的、描述性而不是评价性的、在行为规范的描述上是准确的、最好是在获得特定人员的直接信息之前对群体有非常仔细的猜测，并且在后续的观察与直接经历中及时修改你的认知。

类似于文化吹风会这种针对管理者的跨文化培训已经越来越频繁了，因为跨国商务合作的双方都应该对对方的商业习俗有初步的了解。这是一个有帮助的起点，但是如果双方不能超越这一阶段，人们将能想象即将发生的奇怪的场景：一个日本经理走向美国合作伙伴，拍

⊖ 正念（mindfulness），在心理学上是指能够平静思想，把注意力集中到当下和排除一切干扰的能力。

⊜ 这里用汽车上的巡航功能来比喻不去依赖新的信息，而只是基于文化的惯性来行事。

着他的背说："嘿，叫我 Kaz"，而美国的经理看起来则有些傻傻的，鞠着躬，轻轻地介绍自己为 Smith-desu（我叫 Smith）。虽然不容易，但当我们越是理解彼此的文化时，就越应该找到一个共同的方法来一起工作，而不是将自己的文化强加于他人或者全盘照搬别人的文化。就像我们将在第 9 章中讨论的那样，随着越来越多的国际经理人具有"混杂的"文化经历和背景，相互的调整特别重要，协同是最好的管理跨文化差异的方法。

这样一种让刻板印象显现出来并且进行反思的方法对于纠正人们对东亚人的看法是非常有用的，他们的形象通过刻板印象、个人经历以及媒体被固化，即便这些刻板印象是不准确的、被夸大的或者是过分笼统的。例如，西方经理人在与中国人谈判时经常感觉很受挫折，中国人的有些行为使得他们看起来神秘难解，但是如果知道中国人追求和谐以及为自己和他人"保存脸面"的重要性等价值观，他们的行为就不难理解了。此外，研究指出某些被广泛认同的刻板印象并不一定能得到性格测试的支持，就像大多数人都认为瑞士人比较守旧、不愿变革，或者说英国人非常内向等观念一样。[82]

2. 文化的正态分布

由于刻板印象一词源自印刷用的刻版，因此，当我们谈论刻板印象时人们在脑子里会联想到一个排好字的印版，以及它会在每一张白纸上印上相同的图案，从而给人一种文化是"同一个模子里印出来的东西"的印象。事实上，我们将文化设想成一个围绕着一套核心特征并可能有一些变化的模型会更有助于理解它。也就是说，当我们在说某个国家的文化时，通常是指具有较大普遍性的、为绝大多数人所持有的文化，是一种统计学意义上的概念。因此，在任何一个给定的文化维度，都有一个特定的"国家"均值和围绕这个均值的偏差，形成一个正态分布的曲线。这种均值就是我们通常所说的文化，实际上代表了该文化的典型特征；因此，当我们比较这些国家在某个文化维度上的均值时，我们会发现显著的差异。一般来说，文化内部的差异比文化之间的差异要小一些。换句话说，同一文化成员之间的共同点会比与其他文化成员之间的共同点多得多。

例如，当比较巴西人和中国人在表达感情上的不同时，我们也有可能发现一些巴西人较为含蓄，而有些中国人却更有表现欲。但总体上说，相对于巴西的经理人，我们会发现实际上中国的管理者要更加含蓄一些，如图 1-5 所示。[83]

根据特定文化的同质性大小，这个钟形的曲线会更平滑或者更陡峭，表示

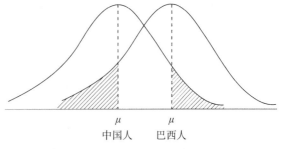

μ 中国人　μ 巴西人

图 1-5　正态分布曲线

对于文化典型特征的偏离程度更多或者更少。因此，当我们在比较中国和日本时，对于中国的管理者来说，其在某一个特定文化维度的曲线可能会比较平滑，原因是中国文化具有较大的异质性；相比之下，日本的会比较陡峭，由于其文化拥有较大的同质性。

我们也需要认识到个人的行为举止总是或多或少地与他们自己的文化相联系。[84] 例如，一个美国人由于其非常含蓄（害羞得让人头疼）或者话太多（与在大街上的每一个人交谈）而被视为其自身文化的非典型人物，玛丽·洋子·布兰嫩（Mary Yoko Brannen）教授将这些针对典型文化特征的分布称为超出常态、常态或者非主流。[85] 如图 1-6 所示，在某一特定维度上，人们的行为举止或多或少地受到他们文化的影响。

如此一来，当与某一个文化的成员互动时，比如说来自伦敦或者孟买的人，我们必须非常小心，不要想当然地认为某一特定的文化特征（平均值或者说刻板印象）可以套用在该文化的所有成员身上，因为我们正在打交道的人可能是非典型的。理由其实非常简单，他们不仅仅只是在其中长大的、在社会化的过程中被培养出来的该文化的产物，而且，如图 1-7 所示，职业、家庭背景、个人经历、性别、还有其他的很多因素都在决定着我们的行为，决定着我们到底是谁。

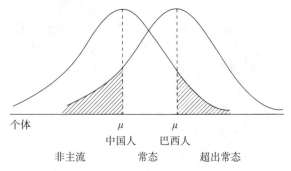

图 1-6　以平均值计，不同群体的文化可能是不同的……但是……

前面所述的乔哈里视窗试图让我们明了，关于我自己，哪些是我所清楚的，哪些是我不清楚的；哪些是别人了解我的，哪些又是别人不了解我的。通过自我披露和反馈，我们能够对我们如何看待自己和别人如何看待我们所存在的潜在盲区有更清晰的认知，而这些盲区可能影响有效的互动。

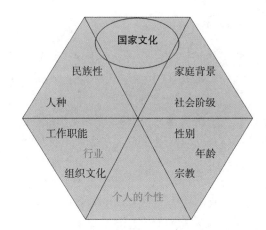

图 1-7　不仅仅只是社会文化

乔哈里视窗通过要求经理人描述他们所看到的自己的文化（或者我们所看到的我们自己的文化），然后描述人家所看到的他们的文化（或者人家如何看待我们的文化），来刺激对文化差异的注意。管理者经常发现完成第一个问题会比完成第二个难得多。他们说，描述自己的文化是一件困难的工作，他们不得不把别人对他们文化的看法作为参考。而那些有过海外经历的人感觉这不是太难，他们坦承正是当他们面对其他文化时，他们开始认识他们自己。

虽然描述自己的文化是那么的困难，但是管理者惊奇地发现描述别人的文化是如此的容易。并且，虽然接受刻板印象，但是他们同时又抛弃它们。毕竟，生意就是生意，或者我们都是工程师、银行家……然而，当我们要求他们给那些正要去其他国家从事商务活动的人提供相对明确和具体的建议时，管理者开始明白，他们所期望的以及在做生意时已经习以为常的事情不一定也被别人所认同。而且，尽管每个人都会提到对不同文化表示尊重的重要性，但是在真正做起来时，往往大相径庭。

更进一步，我们可以要求管理者指出他们的文化中哪些方面是有益的，可能在商务活动中被用来达成竞争优势，而哪些可能会被证明是竞争中的障碍。这样，管理者会开始思考国家文化对于竞争力的影响。例如，来自英国一家旅游公司的经理认为"传统"是英国文化的一个特征，接着他们被要求仔细思考这个特点会如何阻碍和推动他们的业务发展（例如与潜在的合作伙伴），于是，引发了关于"传统"可以如何被用来吸引顾客和巩固供应商关系的头脑风暴。由于被看作是传统的，这家旅游公司可以通过强调自己在该行业的悠久历史、可靠性以及在意与顾客和供应商建立长久合作关系来提升自己的形象，从而把自己和那些无信用的、可能将你遗弃于世界的另一端而置之不理的运营商区分开来。

　　国家身份感（我们如何看待自己）和国家形象（人家如何看待我们）对于在全球经济和政治竞技场上的国家角色具有重要作用。由葡萄牙工业部和欧盟启动并支持的"接触"（CONTACTO）项目，其出发点就是要让葡萄牙的下一代管理者走向国际化。通过在世界各国实习一年，他们不仅仅变得更加国际化，而且也改变了葡萄牙的形象。然而，取决于其实习的国家，这些未来的管理者经历了不同的"他们是如何看待我们"的认知，他们可能被看作殖民者，也有可能被看作门房或者说是大楼的维护者，但不管怎么说，这些认知将影响他们的幸福感和自我的调整。他们的海外实习和表现将通过提升葡萄牙作为世界经济中一个有竞争力的参与者的形象，而对人们如何看待他们产生很重要的影响。

　　国家身份感和国家形象之间的差异也可能在国家层面上产生重要的后果。瑞士洛桑高等商学院的前院长亚历山大·贝格曼（Alexander Bergmann）曾询问瑞士管理人员是如何看待他们自己的，以及人家是如何看待他们的，并请他们对于在瑞士从事商务活动提供一些告诫。我们将他的研究发现展示在图 1-8 中。[86]

<table>
<tr><td colspan="2" align="center">瑞士人</td></tr>
<tr><td>认为他们自己是这样的：</td><td>被其他国家的人看作是这样的：</td></tr>
<tr><td>努力工作的　　可靠的</td><td>努力工作的　　知道得较多</td></tr>
<tr><td>守时的　　　　缺乏想象力的</td><td>守时的　　　　高效的</td></tr>
<tr><td>自立的　　　　退缩的</td><td>专业的　　　　有决断的</td></tr>
<tr><td>小心谨慎的　　自信的</td><td>要求挺多的　　保守的</td></tr>
<tr><td>干净的　　　　不灵活的</td><td>做事有条理的　不是很有创造力的</td></tr>
<tr><td>不喜欢打搅他人或被人打搅</td><td>遵守纪律的　　不太有情感的</td></tr>
<tr><td>期望其他国家的人是这样的：</td><td>还要：</td></tr>
<tr><td>守时的</td><td>遵守规则与秩序</td></tr>
<tr><td>谨慎周到的</td><td>保持低调</td></tr>
<tr><td>做良好准备的</td><td>不要谈论私生活和收入</td></tr>
<tr><td>具体和准确的</td><td>信任瑞士人</td></tr>
<tr><td>不要太好奇</td><td></td></tr>
<tr><td>不要太有批判性</td><td></td></tr>
<tr><td>不要匆忙</td><td></td></tr>
<tr><td>忠诚的</td><td></td></tr>
</table>

图 1-8　瑞士人……

资料来源：改编自 A. Bergmann (1994) *The 'Swiss Way of Management'*, Paris: Eska。

　　非常有意思的是，我们发现瑞士人觉得人家是如何看待他们的与瑞士人如何看待他们自己相当接近。这也许可以部分解释瑞士人在遭遇诸如银行丑闻和国家偶像企业的破产导致对国家身份感（我们如何看待自己）的质疑时他们所经受的震惊。此外，关于对是否加入欧盟的持续争论和最初不愿意加入联合国是由于瑞士人害怕"加入联合国可能破坏瑞士的传统价值观，并将国家交给世界列强摆布……政治家利用了人们根深蒂固的信仰：瑞士高人一筹是由于其中立、独立和繁荣"[87]。

　　我们如何看自己与人们如何看我们也给予我们关于他们的信息，比如说一群外国学者访问日内瓦时惊讶地看到如此之多的老人和如此洁净的街道，这其实反过来也给了我们有关外国的信息。我们所看到的或者是没有看到的实际上反映了我们自己的期望和经历以及我们认为什么是重要的。

最后，再强调一下，我们的目的是提醒管理者注意那些忽视文化影响会造成的潜在风险和丧失的机会。在每一个跨文化的交际和互动中，都存在着一些线索，指示着可能存在的强大的文化潜流，这些潜流既可能阻碍也可能推进我们的工作。我们最初的反应和其他人给我们的刻板印象往往能提供重要信息来帮助显现文化差异。通过公开讨论这些差异，我们能够获得深刻的认识并消除盲区。我们不仅开始欣赏别人的文化，还开始更好地理解我们自己。只要对这些暗示或者线索保持警觉，我们就能够预见文化的潜在影响，并采用适当的方法来进行管理。

■ 注释

1　Kroeber, A.L. and Kluckhohn, C. (1952) *Culture: a critical review of concepts and definitions*, Cambridge, MA: Papers of the Peabody Museum of American Archeology and Anthology, Harvard University.

2　Tylor, E.B. (1924) *Primitive Culture*, Gloucester, MA: Smith.

3　Kluckholn, F. and Strodtbeck, F. (1961) *Variations in Value Orientations*, Evanston, IL: Row, Peterson; Triandis, H.C. (1972) *The Analysis of Subjective Culture*, New York: Wiley Interscience.

4　Tylor, E.B. (1924) *Primitive Culture*, Gloucester, MA: Smith.

5　Schein, E. (1990) 'Organizational culture', *American Psychologist*, 45(2), pp. 109–19.

6　Coser, L. A. et al (1991) *Introduction to Sociology* (third edition). San Diego: HBJ Publishers.

7　Gould, S.J. and Grein, A.F. (2009) 'Think glocally, act glocally: A culture-centric comment on Leung, Bhagat, Buchan, Erez and Gibson (2005)'. *Journal of International Business Studies*, 40(2), pp. 237–254.

8　Erez, M. and Gati, E. (2004) 'A dynamic, multilevel model of culture: From the micro-level of the individual to the macro-level of a global culture', *Applied Psychology: An International Review*, 53(4), pp. 583–598.

9　Elenkov, D., Kuntz, J. and Wright, P. (2013) 'Subcultures in a country, work values and preferred workplace rewards: New evidence from Russia', *Journal of Strategic and International Studies*, 21(1), pp. 3–12.

10　Boisnier, A. and Chatman, J. (2003) 'Cultures and subcultures in dynamic organizations', in E. Mannix and R. Petersen (eds) *Leading and managing people in the dynamic organization*, Mahwah, NJ: Lawrence Erlbaum Associates, pp. 87–114.

11　Lau, D.C. and Murnighan, J.K. (2005) 'Interactions within groups and subgroups: The effects of demographic faultlines.' *Academy of Management Journal*, 48(4), pp. 645–659; Earley, P.C. and Mosakowski, E. (2000) 'Creating hybrid team cultures: An empirical test of transnational team functioning.' *Academy of Management Journal*, 43(1), pp. 26–49.

12　Martin, J. (1992) *Cultures in organizations: three perspectives*, Oxford: Oxford University Press.

13　Leung, K., Bhagat, R.S., Buchan, N.R., Erez, M. and Gibson, C.B. (2005) 'Culture and international business: Recent advances and their implications for future research', *Journal of International Business Studies*, 36(4), pp. 357–378.

14　Inglehart, R. and Baker, W.E. (2000) 'Modernization, culture change, and the persistence of traditional values', *American Sociological Review* 65, pp. 19–51.

15　Gao, Z.H. and Newman, C.M. (2005) 'Converging cultural values? A comparative study of Chinese and US college students', in: Proceedings of the 11th Cross-Cultural Research Conference, Brigham Young University.

16　Tung, R.L and Verbeke, A. (2010) 'Beyond Hofstede and GLOBE: Improving the quality of cross-cultural research', *Journal of International Business Studies*, 41(8), pp. 1259–1274.

17　Tung, R.L. (2008) 'The cross-cultural research imperative: The need to balance cross-national and intra-national diversity', *Journal of International Business Studies*, 39(1), p. 45.

18　Inglehart and Baker (2000) *Op. cit.*, p. 49.

19　McLuhan, M. (1968) *War and Peace in the Global Village*, New York: Bantam Books.

20 Leung et al. (2005) *Op. cit.*

21 Baudrillard, J. (1986) 'En Amérique, chaque éthnie, chaque race developpe une langue, une culture competitive', *L'Amérique,* Paris: Grasset, p. 164.

22 Robinson, N. (2012) 'David Cameron tells MPs EU "status quo not acceptable"', 2 July, retrieved from: http://www.bbc.co.uk/news/uk-politics-18677336.

23 Kanter, J. (2013) 'Disillusion descends on Euroland'. *International Herald Tribune,* 14 May, pp. 1, 17.

24 Fayerweather, J. (1975) 'A conceptual scheme of the interaction of the multinational firm and nationalism', *Journal of Business Administration,* 7, pp. 67–89; Webber, R.H. (1969) 'Convergence or divergence?', *Columbia Journal of World Business,* 4(3), pp. 75–83.

25 Friedman, T.L. (2005) *The world is flat: a brief history of the twenty-first century,* London: Penguin Books.

26 Chang, W.C., Wong, W.K. and Koh, J.B.K. (2003) 'Chinese values in Singapore: Traditional and modern', *Asian Journal of Social Psychology,* 6, pp. 5–29.

27 Nisbett, R.E. (2003) *The geography of thought: How Asians and Westerners think differently. . . and why,* New York: Free Press.

28 Chen, M.J. and Miller, D. (2010) 'West meets east: Toward an ambicultural approach to management', *Academy of Management Perspectives,* November, pp. 17–24.

29 Chen, G.M. (2002) 'The past, present, and future of Chinese communication study', *China Media Reports,* 2, pp. 4–12; Peng, K. and Nisbett, R.E. (1999) 'Culture, dialectics, and reasoning about contradiction', *American Psychologist,* 54, pp. 741–754.

30 快车评，"违规左转! 中国一家四口美国自驾游车祸惨死，说什么好呢，唉"，详见：http://auto.sohu.com/20160729/n461735152.shtml.

31 Zhang, Z., Lee, M.K.O., Huang, P., Zhang, L. and Huang, X. (2005) 'A framework of ERP systems implementation success in China: An empirical study', *International Journal of Production Economics,* 98, pp. 56–80.

32 Payer, J. (1986) *Medicine and Culture,* New York: H. Holt.

33 Evans, P., Pucik, V. and Bjorkman, I. (2011) *The Global Challenge: International Human Resource Management,* (2nd ed), New York, NY: McGraw-Hill; Morris, S., Wright, P.M., Trevor, J., Stiles, P., Stahl, G.K., Snell, S., Paauwe, J. and Farndale, E. (2009) 'Global challenges to replicating HR: The role of people, processes, and systems', *Human Resource Management,* 48, pp. 973–995.

34 天外伺朗．"绩效主义毁了索尼"，《文艺春秋》(日本)，2007 年 1 月刊．

35 Stahl, G.K., Björkman, I., Farndale, E., Morris, S., Pauuwe, J., Stiles, P. and Wright, P.M. (2012) 'Leveraging your talent: Six principles of effective global talent management', *Sloan Management Review,* 53, pp. 25–42.

36 Jonathan Adams, 'Temp Nation: The demise of "lifetime employment" in Japan', http://www.pri.org/stories/2010-05-18/temp-nation-demise-lifetime-employment-Japan.

37 Evans et al. (2011) *Op. cit.*

38 该例子来自《金融时报》视频讲座，'Leading with cultural intelligence', by Martha Maznevski, 29 March 2007: http://video.ft.com/v/62063409001/IMD- Leading-with-cultural-intelligence.

39 Brannen, M.Y. and Salk, J.E. (2000) 'Partnering across borders: Negotiating organizational culture in a German-Japanese joint venture', *Human Relations,* 53(4), pp. 451–487.

40 Prahalad, C.K. and Mashelkar, R.A. (2010) 'Innovations' holy grail', *Harvard Business Review,* July–August, pp. 132–141; Wooldridge, A. (2010) 'The world turned upside down: A special report on innovation in emerging markets', *The Economist,* 17 April, pp. 1–14.

41 Mintzberg, H. (2004) *Managers not MBAs: A hard look at the soft practice of managing and management development,* San Francisco: Berrett-Hoehler Publishers.

42 Moran, P. and Ghoshal, S. (1996) 'Theories of economic organization: The case for realism and balance', *Academy of Management Review,* 21, pp. 58–72.

43 For example: Khurana, R. (2007) *From higher aims to hired hands: The social transformation of American business schools and the unfulfilled promise of management as a profession,* Princeton, NJ: Princeton University Press.

44 Ghoshal, S. (2005) 'Bad management theories are destroying good management practices', *Academy*

of Management Learning & Education, 4, pp. 75–91, p. 85; Pfeffer, J. (2005) 'Why do bad management theories persist? A comment on Ghoshal', *Academy of Management Learning & Education*, 4(1), pp. 96–100.

45 cf. http://www.unprme.org/index.php, accessed 11 June 2013.

46 CEMS (2012), 'Master of International Management Program Pillars', CEMS unpublished working paper, November 5, p. 10.

47 Noblet, C., Lewis, M., Whincup, D., Jones, N. and Dolan, T. (2010) 'Whistleblowing: Disclosure made in previous employment can result in claim against current employer', *Review Employment*, retrieved from: http://www.squiresanders.com/files/Publication/4887e895-d222-48b6-b4ee-55115e239ca2/Presentation/PublicationAttachment/e67557c5-0ce8-471b-8697-be676543e7ed/3692-Employment-Review-V3.pdf.

48 Cyr, D.J. and Schneider, S.C. (1996) 'Implications for learning: Human resource management in east–west joint ventures', *Organization Studies*, 17(2), pp. 207–26.

49 Ramanna, K. and Sletten, E. (2009) 'Why do countries adopt international financial reporting standards?' *HBS* working paper, pp. 9–102.

50 Leung et al. (2005) *Op. cit.*

51 Porter, M.E. (1990) 'The competitive advantage of nations', *Harvard Business Review*, March/April, pp. 73–93.

52 Westney, D.E. (1987) *Imitation and Innovation*, Cambridge, MA: Harvard University Press.

53 Child, J. (1981) 'Culture, contingency and capitalism in cross-national study of organizations', in L.L. Cummings and B.M. Staw (eds) *Research in Organizational Behavior*, Vol. 3, Greenwich, CT: JAI Press, pp. 303–56.

54 Tabucchi, H. (2012) 'Collusion and culture created Fukushima disaster', panel says, *International Herald Tribune*, 6 July, pp. 1, 4.

55 N.N. (1990) 'France acknowledges its competitive failings', *International Herald Tribune*, 18 April, p. 10.

56 James, B. (1992) 'New skills are knocking on French firms' doors', *International Herald Tribune*, 6 February.

57 http://www.youtube.com/watch?v=YpPNVSQmR5c.

58 Simon, H. (2009) *Hidden champions of the twenty-first century: the success strategies of unknown world market leaders*, Dordrecht, Heidelberg, London, New York: Springer.

59 Castle, S. (2013) 'Battling class stereotypes, British try to cultivate engineers', *International Herald Tribune*, 4 February, pp. 1, 17.

60 Smith, R. and Neergaard, H. (2008) 'Rewriting the American-Danish Dream: An inquiry into Danish enterprise culture and Danish attitudes toward entrepreneurship', *The Bridge*, 31(1), pp. 41–64.

61 Stahl, G.K. (2006) 'Synergy springs from cultural revolution', *Financial Times*, 6 October.

62 Orr, G. and Xing, J. (2007) 'When Chinese companies go global: An interview with Lenovo's Mary Ma', *McKinsey on Finance*, 23, pp. 18–22. Available on: http://corporatefinance.mckinsey.com/knowledge/knowledgemanagement/mof.htm.

63 Reus, T. and Lamont, B.(2009) 'The double-edged sword of cultural distance in international acquisitions', *Journal of International Business Studies*, 25, pp. 1–19; Stahl, G.K. and Voigt, A. (2008) 'Do cultural differences matter in mergers and acquisitions? A tentative model and examination', *Organization Science*, 19(1), pp. 160–176.

64 Emerson, J. (2001) 'An interview with Carlos Ghosn, President of Nissan Motors and Industry Leader of the Year', *Journal of World Business*, 36, p. 3.

65 Williamson, P.J. and Raman, A.P. (2011) 'How China reset its global acquisition strategy', *Harvard Business Review*, 89(4), pp. 109–114.

66 Williamson and Raman (2011) *Op. cit.*

67 "Arson target: 'Allah' shoes in U.K. shop", *International Herald Tribune*, April 22, 1992.

68 "Mad dogs and expatriates", *The Economist*, March 3, 1984, p. 67.

69 Stessin, L. (1979) "Culture shock and the American businessman overseas" in E. C. Smith and L. F. Luce (eds), *Towards Internationalism: Reddings in Cross Cultural Communication*, *Rowley*, MA: Newbury House, pp. 214–225, p. 223.

70　N.N. (2005) 'Joining the Red Cross and Crescent: A red crystal.' *International Herald Tribune* November 26–27.

71　Levy, L. (2005) 'Il n'y aura pas de cristal rouge sur le drapeau flottant au-dessus du CICR', *Tribune de Genève*, December 5.

72　' The emblem debate', *International Federation of Red Cross and Red Crrescent Societes*, retrieved from: http://www.ifrc.org/en/who-we-are/the-movement/emblems/the-emblem-debate/.

73　Nisbett (2003) *Op. cit.*

74　Ji, L.-J., Zhang, Z. and Nisbett, R.E. (2004) 'Is it culture or is it language? Examination of language effects in cross-cultural research on categorization', *Journal of Personality and Social Psychology*, 87(1), pp. 57–65.

75　Baudrillard, J. (1986) 'Tournons les yeux vers le ridicule de nos propres moeurs, c'est le bénéfice et l'agrément des voyages', *L'Amérique*, Paris: Grasset, p. 209.

76　Jourard, S. (1964) *The Transparent Self*, Princeton, NJ: Van Nostrand.

77　Hammer, M.R., Bennett, M.J. and Wiseman, R. (2003) 'Measuring intercultural sensitivity: The intercultural development inventory', in R.M. Paige (guest eds) 'Special issue on the Intercultural Development', *International Journal of Intercultural Relations*, 27(4), pp. 421–443.

78　Adler, N.J. (1991) *International Dimensions of Organizational Behavior*, 2nd edn, Boston, MA: PWS Kent.

79　Ratui, I. (1983) 'Thinking internationally: A comparison of how international executives learn', *International Studies of Management and Organization*, XIII(1–2), Spring–Summer, pp. 139–50.

80　Thomas, D.C. and Inkson, K.C. (2009) *Cultural intelligence: living and working globally*, San Francisco: Berrett-Koehler.

81　Adler, N.J. (2002) *International dimensions of organizational behavior*, 4th edn, Cincinnati, OH: Southwestern, p. 81.

82　McCrae & Terracciano, study cited in Walzer, D. (2006) 'Le Suisse typique n'existe pas', *Coopération*, 13, 29 March, p. 26.

83　Laurent, A., Lecture.

84　Brannen, M.Y. *Negotiating Cultures: Dynamics of Work Culture Formation in a Japanese Takeover*, Oxford: Oxford University Press.

85　Brannen, M.Y. (1994) 'Your next boss is Japanese: Negotiation cultural change at a western Massacussetts paper plant', Doctoral dissertation, University of Massachusetts, Amherst, Mass.

86　Bergmann, A. (1994) *The 'Swiss Way of Management'*, Paris: Eska.

87　Olson, E. (2002) 'A billionaire's anti-UN campaign', *International Herald Tribune*, 25 February, p. 2; Kitayama, S., Duffy, S., Kawamura, T. and Larsen, J.T. (2003) 'Perceiving an Object and Its Context in Different Cultures: A cultural Look at New Look. Psychological Science, 14, pp. 201-206; Tang, Y., Zhang, W., Chen, K., Feng, S., Ji, Y., Shen., et. al. (2006) Arithmetic Processing in the Brain Shaped by Cultures', Proceedings of the National Academy of Sciences, USA, 103, pp. 10775–10870.

第 2 章

探索文化的真谛

……人类就像蜘蛛一样，把自己悬挂在自己所织的意义之网上，而文化就是我所说的这些网。因此，能够对文化进行分析的不是那些寻求规律的实验性科学，而是探索意义的诠释性科学。

——克利福德·格尔茨（Clifford Geertz）[1]

现在，我们已经意识到文化对我们的商业行为有着重大的影响以及探索其存在的必要性，为此，我们需要了解我们探索的对象——文化，到底是什么。在这一章里，我们将提供一个分析框架，以帮助读者探索文化的真谛。这个框架归纳和总结了许多对管理者来说非常有用的文化维度，并指出哪些维度可能对于管理实践来说最为重要和关联最大。事实上，这个框架也能够提供方法论上的指导，帮助读者了解应该关注哪些线索，以及应该从哪些问题着手来了解文化。

有一些文化维度很容易被发现，而有一些则需要你揭开表层之后才可能发现。其中的一些文化维度如同处于海底的矿藏，它们隐藏在海洋深处，不易被人们所察觉。这些维度只有在对行为和反应的解释中才能被推断出来。如果将文化比喻为世界，则我们给出的分析框架提供了一幅路线图，使我们可以更好地探索文化世界的植被和地形。

如图 2-1 所示，冲浪、游泳、潜水和深海潜游需要不同的技术和不同的装备。

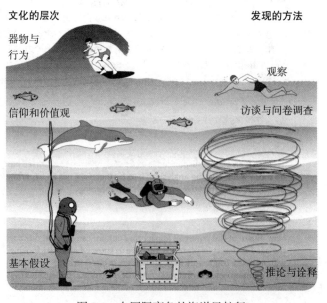

图 2-1　在国际商务的海洋里航行

探索文化如同探索海洋。在海面上，我们可以冲浪，我们可以观察到人造的器物、习俗、礼仪以及显见的行为等表象，这些表象也提供了线索，告诉我们海面之下到底隐藏着什么。但如果要确认它们到底是什么，又是什么原因导致了这些表象，则需要潜入海面之下去看个究竟。也就是说我们要提出问题并去找寻原因，即那些决定了人们行为的行为规范是什么，并进而挖掘那些决定了人们行为规范的信仰和价值观。再深入一些就是难以简单察觉而只能通过推断才能得出的深层次的意义如基本假设，就像那些需要精密复杂的探测仪器（诠释）才能发现的海洋深处潜在的风险或者隐藏的宝藏。总之，我们将要探索的是强大的潜流，也就是文化的力量，既包括别人的文化也包括我们自己的文化。

2.1　找寻文化的含义

认识文化对管理行为影响的困难之处部分来自对文化的不同认识以及探索文化所使用的不同方法与工具，即使是人类学家和跨文化管理研究者对文化的含义也持不同意见。比如说，人类学家玛格丽特·米德（Margaret Mead）在研究了萨摩亚群岛的当地习俗后认为，文化是"共享的行为方式"[2]。然而，仅仅观察显见的行为是不够的，更重要的是去了解这些行为所包含的意义是什么。这之所以重要，是因为即使是相同的行为也会有不同的含义，而不同的行为很可能表达的又是相同的意义。例如，在西方文化里保持眼神的接触意味着关注别人、开放和诚实（"眼睛是心灵的窗口"）。在亚洲和拉丁美洲，这种做法则通常被看作是不尊敬和挑战的表现，特别是在不同等级的人群之间。[3] 因此，当欧洲人坚持要有眼神接触时，日本人会感觉很不舒服，而欧洲人又认为这些"不肯正视他们眼睛"的人是不值得信任的。然而，即使是在欧洲，到底多少次眼神接触是合适的？ 其实也没有一个统一的标准。一个美国人在马德里时可能会觉得被盯着看而感到不舒服，而在伦敦他又很可能会为感到被忽视而不舒服。文化决定了可允许的"眼神接触密度"，以及谁可以看谁。例如，在中东，妇女不能与男人有眼神的接触，因为这可能会无意中被认为是性暗示；但是在拉美，眼神接触或者抛媚眼是很正常的行为。

然而，文化不应仅仅被定义为共享的行为方式，人类学家克劳德·列维－斯特劳斯（Claude Lévi-Strauss）⊖和克利福德·格尔茨⊜把文化定义为"共享的意义和理解的体系"（意义之网），是人们对事物背后意义的理解，驱动了他们的行为，所以它也可以用来解释这些行为。[4] 通过在巴厘岛观察斗鸡和日常生活中的其他习俗以及与当地居民一起生活与交谈，格尔茨总结归纳出了可能的诠释：等级、人际关系以及忠诚在当地文化中非常重要，同时也了解到了人们如何表达情感和克制冲动。因此，无论是在观察斗鸡、足球比赛还是证券交易市场里交易，我们都要尽可能超越我们之所见，而去探究行为背后的意义。

但是意义并不是那么显而易见的。虽然价值观和信仰可以提供某些解释，但是深层次的假设远非那么显而易见。这就是哈佛大学教授克里斯·阿吉里斯（Chris Argyris）⊜和麻省理工学院教授唐纳德·舍恩（Donald Schon）⊛提到的所采用的理论与实际所使用的理论之间的

⊖ 法国著名人类学家，结构主义理论的创始人。
⊜ 美国著名人类学家，诠释人类学之父。
⊜ 组织学习理论的主要代表人物之一，被誉为"当代管理理论的大师"。
⊛ 美国当代教育家、哲学家、美国"反思性教学"思想的重要倡导人。

差别。[5] 人们说了什么？他们如何解释自己的行为？他们想要说什么？是什么真正驱动了他们的行为？所有这些对局外人来说，很可能是不清楚的或者是无法理解的。潜在的文化假设是很难察觉的，就是对于局内人来说，也不是很容易表述清楚或者理解的。文化就像一个密码电文，所观察到的表象都必须要经过解码才能理解。

英国广播公司曾经邀请五位中国教师赴英国授课一个月，与英国教师授课的课堂进行比较，并将其拍成纪录片《中国学校》。共三集的纪录片自 2015 年 8 月 4 日开播之后，引起了人们对中英教育差异的热议。事实上，初到西方的中国人往往会感慨西方教育的宽松，而这种教育风格背后的根源，正如国际关系学院的储殷所指出的那样："国外一些嬉闹散漫的所谓现代公立教育，其实不过是政府提供的最低标准公共产品"。[6] 而西方政府将基础教育设计成兜底型的低标准公共产品，则是基于义务教育是针对所有人的教育（Education for All）的理念，使得弱势学生得到更多的照顾，要让这些人群也能获得在这个社会上谋生所需的知识与技能；这一理念的来源，则又是西方基督教思想的"人人生而平等"的价值观和基本假设，体现了真正的人本主义精神，因为每一个个体都有不可被忽视的价值和权利。相比之下，中国的公立学校采取的是精英教育的模式，背后是中国家长"望子成龙""望女成凤"的期许。这里，我们清晰地看到一个社会的信仰、价值观和对人的假设如何影响教育模式和社会制度。

虽然，对于文化的定义有许多不同的意见，但是对文化的下列特性，学者似乎达成了共识：一定程度上由群体中的成员所共享；它是习得的，而不是遗传或与生俱来的；它是一代一代人传承的；是在某一环境中适应、生存和共处的方式。

综上所述，文化是一代代传承下来的，并在社会化过程中得到扬弃，它提供了在某一环境中适应和生存的方式，以及让人知道如何与他人共处。

诊断文化

许多管理学者都引用了人类学家克拉克洪和斯乔贝克对文化的定义和概念框架。例如，麻省理工学院教授埃德加·沙因把文化定义为：

> 一套基本的假设，即解决外部适应（如何生存）和内部融合（如何共处）的普遍问题的共同方法。它经过长时间演变而来，并一代代相传下去。[7]

沙因所讲的基本假设事实上就是毋庸去证明而大家都普遍认同的道理。

每个群体都需要解决这些"普遍问题"，解决方法可能相同也可能各有差异。这一文化的普遍性（客体性）视角使得我们能够对不同文化进行比较，或者说这些方法是针对某一特定群体的，文化的特定性（主体性）视角要求我们深入挖掘群体给予他们实践的深层次意义，而这甚至可能连他们自己都没有意识到。

经过一段时间之后，对内部融合和外部适应这些普遍问题的文化解决途径就被内化为人们日常的行为，如同习俗，被人们当作是理所应当的了，似乎觉得"事情就是这样的"。尽管如此，它们还是会以行为方式展现出来，根植于人们所宣称的信仰和价值观中。它们解释了"为什么"的问题——为什么人们如此行为，为什么他们坚守所信奉的价值观和信仰。这些公认之理就是我们通常看作是理所当然的世界观。

冰山或洋葱的图像可以帮助我们辨别文化可见的表象、那些被人信奉的信仰和价值观，以及更深层的假设。[8] 虽然我们可以非常容易地观察到洋葱的外层和冰山的顶部，但是文化的精髓则深深地隐藏在表层之下。下面我们用沙因的模型来说明（见图 2-2）。

这个模型综合了对文化的不同定义，同时也提供了分析文化的工具。它指出了了解文化的不同途径：从最易接触到的表象和行为直至那些只能靠推断而获得的基本假设。比如说，建筑和设计、符号与仪式等，代表了器物，是文化的具体体现，如同行为一样是可以被观察的；但是它的意义不是显而易见的。真正的意义可以通过询问，在反复的深究中得到。文化的各个不同层次可以通过不同的方法来探测，如观察、访谈、问卷调查和诠释。

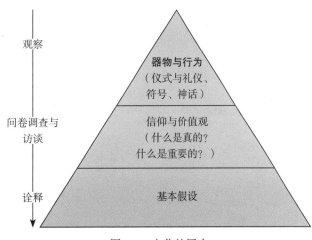

图 2-2　文化的层次

资料来源：改编自 Schein, E.H. (1985) *Organizational Culture and Leadership*, San Francisco: Jossey-Bass。

例如，我们观察到两个面对面互相问候的日本经理，发现其中一个俯身的角度比另一个更大。出于好奇，我们上前向那个俯身角度较大的人询问她在做什么，她说"鞠躬"，并解释说这是问候的习俗。为什么她要这么做？她回答说对方是她的老板。"那又怎么样？"我们再问。"所以我要表现得很尊敬。"她有点困惑地回答。当我们再次追问"为什么"时，她试图掩饰自己的不耐烦，告诉我们一个人要对他的上级表示尊敬。当我们再次问"为什么"时，她回答说："因为他们有智慧。"现在她有点迷惑了，我们进一步接着追问"为什么"，她看着我们，不能确定我们是疯了还是只是有些傻，回答道："因为所有人都是这么做的。"

这要让我们感到困惑了，因为在以年轻人为导向的文化中，上了年纪的管理者被认为太守旧，不了解最新的业务技能，还阻碍了年轻人职业升迁的路径。家里的老年人被送到养老院，由陌生人照管，这种情形对于崇尚尊老以及视家庭为至高无上的文化来说是非常荒诞的。她的行为同样也让我们思考在这种社会里妇女的地位。换句话说，我们接触到了最深层面的假设，在这层面人们的所作所为被认为是理所当然的，既不会受到挑战也不会被质疑。在这里我们必须要修正我们自己的偏见，从而可以正确地诠释他人深深地镶嵌在其行为里的行为的意义。

因此，虽然这些深层次的假设是隐藏的，但是人的行为和表象可以容易地被观察到，或多或少可以用价值观和信仰对其进行解释。有经验的管理者可以迅速识别我们下一节将描述的一些外在迹象和信号。关键是要理解背后的理由以及对日常商务活动的潜在影响。下一节我们将讨论那些最易观察到的表象，而对深层意义或基本假设的讨论则留待后面。

2.2　器物和行为

文化可以从器物和行为中观察到，如建筑和设计、问候的礼仪、非语言沟通和空间距离、着装、称呼方式和合约，所以我们必须从观察开始去探索文化的含义（见图 2-3）。

		左	1	2	3	4	5	右
办公室设计：		封闭的	1	2	3	4	5	开放的
问候的礼仪：		正式的	1	2	3	4	5	非正式
称谓的方式：		姓	1	2	3	4	5	名
称谓的语调：		保守的	1	2	3	4	5	友善的
		依赖于年龄/社会地位的	1	2	3	4	5	平等的
着装规则：		正式	1	2	3	4	5	非正式
		标准	1	2	3	4	5	个性化
空间：	个人	封闭	1	2	3	4	5	开放
	物理	远	1	2	3	4	5	近
	接触	无	1	2	3	4	5	多
合约：		书面	1	2	3	4	5	口头
表达：	情绪	低	1	2	3	4	5	高
	肢体语言	克制的	1	2	3	4	5	自由的
	声音	低	1	2	3	4	5	高
讨论的话题		受约束的	1	2	3	4	5	开放的

- 是否在社交场合讨论与生意有关的话题
- 需要避免的话题

图 2-3　诊断文化：器物和行为、建筑和设计

2.2.1　建筑和设计

走进一家公司，最易被观察到的器物就是建筑和建筑物的内部设计。在日本公司里，人们经常会发现一个很大的、开放的却又拥挤的办公室，包括老板在内所有的人都坐在一起办公。

在日本，办公室一般是大开间，而不是被分割成一小间一小间的独立办公室。团队中一起共事的职员一排排地坐在桌前，互相面对面，团队领导坐在前排，而部门的领导会被安排稍微分开一些，便于监督各个团队的工作。[9]

对于不习惯这样安排的欧洲人来说，这种办公室看起来或者感觉起来有些像银行里的交易室：开放、嘈杂、拥挤、接触密切，每一个人都知道别人在干什么。在美国，开放式的办公室也很流行，但这些空间大部分被半人高的墙板隔开。这些单独的小隔间有着各种个性化的装饰，如卡通图片、照片、格言或者植物。由于彼此看不到，从而给予一种私密的感觉。而在德国，我们更可能看到的是一间间独立的办公室，房门紧闭，门上写着这个办公室主人的职位。德国人很难在一个敞开的大办公室里工作，因为能够听见别人的谈话是一种缺乏隐私权的表现，更不必说噪声的干扰了。

这些工作场所的差异导致了坐落于 IBM 纽约总部，由 IBM、东芝和西门子合资的一家研发机构的一些问题。日本人感到很不愉快，他们希望推倒那些阻止他们非正式交流的墙板。德国人则抱怨说，没有外窗可以让他们看到外面的景色，而且他们对于那些能让别人看见他们办公室内部的房门上的窗子感到不舒服。于是，他们把自己的外套挂在房门的窗子上，希望以此增加私密性。[10]

不过，对于隐私权的要求不一定以相同的方式表示出来。在美国，敞开的门通常表示可以进入和交谈，敞开大门的做法正是鼓励人与人之间的接触与交流。对于美国的管理者来说，关上门则意味着需要隐私，因此，别人需要敲门，被允许后才可以进入。在法国或日本，紧闭的大门并不意味需要私密的空间，所以，敲几下门之后就开门进去是很平常的事情，但这种做法会激怒美国人，他们会把这种行为视作"闯入"。[11]

不仅在空间的使用上和器物上有着显著的不同，而且一些表面上看起来相似的现象也可能隐藏着差异。例如，在西方企业，那些窗户大并能欣赏到好风景的办公室都是留给地位比较高的人，而在日本，天天坐在窗边守着办公桌的"窗边族"则是指不受重用的职员。

另外一些设计和布局，如专门供高管使用的餐厅、电梯、洗手间和车位，都标示着在该公司或国家中级别和地位的重要性。这些也会通过汽车型号、办公桌的大小和档次、办公室装饰、绿植等器物而强化，清晰地传递出关于等级层次的信息。

建筑和设计也同样揭示了男性与女性的关系，正如一位女性外派人员在阿富汗的一个培训班上所发现的：

在坎大哈，联合国大楼（当时我在联合国工作）的地下室被用来培训女职员，而男性职员则安排在一楼培训。在那座楼，即便是进出的大门也有性别之分，女性使用的那扇门离男性使用的另一扇门相隔很远。

建筑和设计暗示了有关内部融合的基本假设——是让人们聚集在一起还是把他们分开，以及外部的适应——与自然和谐共处或是凌驾于自然之上。它们指出了等级的重要性，表明集体优于个人，人们所偏好的行为方式以及人与人之间互动的方式。丹麦的奥迪康公司（Oticon）拆除了电梯，就是为了使员工在爬楼梯时有更多交流的机会；安装立式咖啡吧台以鼓励人们进行非正式交流但又不要持续太长时间；不设独立的办公室和办公桌，而是设计了一个公共的办公区域，随机地临时分配给来上班的员工，包括老板。[12]

2.2.2　问候的礼仪

更多的线索可以从诸如问候的礼仪等正式交流中找到。这些礼仪的重要性不容忽视。在一些国家比如美国，不太注意社交礼仪，而其他一些国家却对此非常认真。例如，在日本，如果不能通过仔细地交换和阅读对方的名片以示尊重的话，商务谈判可能不会有一个好的开端。

在法国，问候非常的私人化和个性化。在美国，当你到达办公室时，可以挥一挥手说大家好，以示向办公室中所有人打招呼，但是这样的方式在法国同事看来像是一种侮辱。他们希望的问候是一对一的，要称呼着他的名字，说"早上好"，然后握手，还要有眼神的接触。当你后来经过楼道再次遇见该人时应该说"再次见到很高兴"，否则，他会认为你忘记了你们第一次的相遇，从而他会认为他对你而言不重要。分别时的礼节也是同样的，也要单独告别。

在跨文化交流中同样造成很大程度困扰的还有问候礼仪中身体的接触程度。女士是否希望握手？男人是否要拥抱对方？在阿富汗，男性和女性在公共场合是不能接触的，即使他们是夫妻，但是我们可以看到男性手牵着手或相互拥抱（在那里这不代表任何性取向）。当阿富汗生意伙伴牵着他的手走进外派人员常去的当地洲际酒店时，这会让来自英国的经理感到非常不自在。

一位来自中国香港的 MBA 女生感到相当苦恼和不自在，因为她的法国同学通常要在见面或告别时亲吻她的脸颊。法国前总统希拉克（Chirac）由于触碰了英国伊丽莎白女王的肩膀，企图和土耳其总理的妻子行吻面礼而引发了丑闻，上了头版头条。而法国人又对美国熟人仅仅以拥抱的方式问候他们感到惊讶。一位巴西高管在参加一个为期 7 周的国际管理研讨会时，抱怨告别仪式的气氛过于冷冰冰，因为只有握手和吻别，而没有双臂环抱的拥抱；对他来说，双臂环抱表达了一种亲密的情感。

跨文化差异也同样体现在握手方式中，例如德国人无论在到达或离开时都会握手，而且握手时都比较用力，甚至可能显得有些粗鲁。中东人握手会温柔一些，但可能在交谈的过程中一直握着手，时不时地会摇晃几下。微软公司总裁比尔·盖茨在韩国与总统夫人的握手上了报纸头条，因他在握手时另一只手放在口袋中，这被韩国媒体谴责为失礼。

2.2.3　称谓的方式

对商业伙伴称谓的正式程度传递了重要的信号，可以被理解为尊敬、友好，也可以是轻视，而人们在喊出这些称谓时也许都是无意的。正式程度可以从姓的使用、尊称的"您"，以及头衔的使用上表现出来。例如，在称呼商业伙伴时如果直呼其名，可能是想以非正式的方式来创造一个友好的气氛进行讨论。但是欧洲人可能会对他们看来不应该的亲密或者盛气凌人感到厌恶。另外，在许多国家，只在家人之间对孩子才会直呼其名。

这种称谓的微妙性可把在一家美国咨询公司德国分公司工作的一位美国 MBA 毕业生弄糊涂了，虽然大家在办公室里都是以美国式的习惯彼此直呼其名，然而当德国同事在会议室外或者在工作之外不期而遇的时候，他们一般以姓称呼对方。还有，虽然日本的 MBA 学生在教室里可能用亲昵的称谓如姓或名加ちゃん或くん来称呼彼此，而在教室之外却用姓加上さん（san）这个较为正式和尊重的方式来称呼对方。

与姓和名的不同用法类似，在许多非英语的国家，包括法国、德国、荷兰、西班牙和亚洲国家，有尊称的"您"和非尊称的"你"，而英语里并无此区别。在一些文化里，尊称的"您"和非尊称的"你"的用法不仅区分了长幼（在法国，通常称孩子为 tu（你），对大人则一般使用尊称的 vous(您)）和等级，还暗示了对于一个小圈子来说谁被接纳而谁被排斥在外。在越南，有 9 种"你"的非正式称呼表示不同的等级和家庭关系。

在德国，不管在平常的社交场合还是在工作场所，管理者在称谓上都倾向于使用职务头衔、姓和正式的"您"。比如说，一家德国银行的领导坚持要求在一起工作了多年并有良好工作关系的董事会成员使用"正式的完整的称谓"，他认为这样可以使他们之间不会变得过于友好[13]。在许多地方，职务头衔的使用是不可忽视的，会被仔细地印在名片上。在奥地利、葡萄牙和意大利，一般希望人们用尊称的"您"和头衔，如法官（Magister）、博士（Dottore）、工程师（Ingenere）等，而在法国你只要称呼人们先生或女士就行了。在美国，有些拥有博士学位的人在工作场所会有意略去头衔，以免显得高高在上和一副精英分子的样子。

2.2.4　人际接触

人们初次接触时的另一个问题就是彼此的物理空间距离应该保持在多少，才不会让人感到不舒服。著名的美国人类学家和跨文化研究者爱德华·霍尔（Edward Hall）曾经描述，北欧人和北美人比拉丁欧洲人、南美人和中东人更期望拥有一个比较大的个人空间，或者说是"保护性的气泡"。[14] 前者在相距一臂之外的时候才感到比较舒服，而后者则希望彼此距离更近些（一臂之内），这样可以感觉到彼此的联系。当一个北欧人为了再建合适的"气泡"距离而不断向后退却的时候，拉丁人或中东人会觉得自己正在被他拒绝。北欧人不理解为什么其他人站得那么近，而后者也不理解为什么北欧人如此冷淡，站得那么远。

这种现象还可以从排队行为中看到。当站在队伍中时，北欧人总是留出一大块空间才觉得舒服，而这个大空间就有可能被一个拉丁欧洲人加塞填补进去，因为对他们来说这里是空的。这些在排队中反映出来的文化差异可以在巴黎迪士尼乐园中清楚地观察到，这导致迪士尼在美国和日本实行的常规的观众管理方法在巴黎失效。在欧洲的迪士尼排的队要比美国长，因为空间小而人又多。北欧人和盎格鲁–撒克逊游客经常对拉丁欧洲人的加塞行为感到生气，因为他们认为这种行为是插队。

在美国，人们面对面沟通时有四种类型的空间距离，如图 2-4 所示。亲密距离用于非常私密的交流，通常发生在夫妻和情侣之间。私人距离是指与家庭成员以及朋友之间的交流，在大多数商务活动中适用的是社交距离，公共距离一般适用于授课、表演和公众演讲。

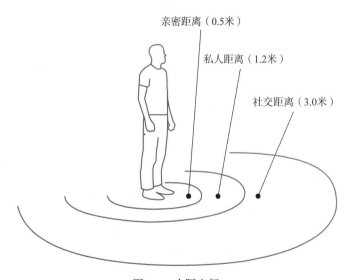

亲密距离（0.5米）

私人距离（1.2米）

社交距离（3.0米）

图 2-4　人际空间

资料来源：改编自 Hodgetts, R. M. and Kuratko, D. F. (1991) *Management*, 3rd ed, San Diego, CA: Harcourt Brace Jovanovich, p. 384。

在商务活动中，违反人际接触空间的规范可能会带来很严重的后果，因为它几乎不可避免地会被误解。例如一方可能觉得谈判对手显得过于激进和咄咄逼人，或者可能觉得对方显得疏远和冷淡，而事实上，这可能只是代表他的空间取向不同于你而已。

这种"侵入"的概念不仅存在于物理空间上，在精神层面上也同样存在。因此，北美人认为是完全友善的提问可能会被其他人认为不礼貌或者过于冒昧。这种差异特别有可能在国际谈判或合作过程中进入"相互认识和了解（预热）"阶段时呈现出来。例如，法国管理人员一般不希望被问及他们的个人生活、家庭状况或是周末度假方式，因为他们认为职业生活和个人生活是两个独立的领域。一位在巴黎迪士尼乐园的高级人力资源主管对一位在这里工作了18个月的法国高级管理人员从未带家人来园区游玩感到惊讶，况且公司提供免费门票并在一些活动中为员工家庭成员预留了席位。这不是因为没有时间，即使公司文化积极鼓励，他也不想把工作和家庭混在一起。然而，"中国的高管惊讶地发现假如他们把会议安排在周末（这在中国是比较常见的做法），他们的法国同行会关掉手机不接他们的电话"[15]。

在另外一些国家如亚洲和非洲的国家，不询问家庭会被认为不关心员工。对俄罗斯人来说，他们希望交换个人信息，但也意味着潜在的风险。下面是一位在法国工作的俄罗斯人说的话：

> 在法国，工作场所中的人际关系非常浅，他们不谈论家庭。在俄罗斯，我们非常了解和我们一起工作的同事，不过我喜欢法国式人际交往方式。当然，俄罗斯同事间的关系要温暖一些，但同时人们可能会利用个人的信息了解你的弱点，并拿来对付你。[16]

观察人们如何相互结识、交往的正式程度以及喜欢的人际接触方式揭示了隐含的关于如何界定公共空间与私人空间的相关假设。[17]美国人比欧洲人和亚洲人更开放、随意、容易接近。然而欧洲人经常抱怨与美国人的关系似乎太过于表面化。虽然了解一位欧洲人较难，但一旦建立了关系，这种关系就会经久不衰。

著名社会心理学家库尔特·勒温（Kurt Lewin）出生于德国，32岁才移民到美国。他描述了德国人和美国人在公共空间和私人空间的差异，他将美国人比喻成桃子，外观看起来柔软、毛茸茸的、颜色鲜艳，中间的内核（私人空间）却相当坚硬，难以进入。同时，他将德国人比作椰子，外壳坚硬，而内部柔软美味多汁。

2.2.5　着装规范

另一种文化表象——着装规范，其形式也是不同的，也可看作是微妙的文化信号。北欧经理人就比拉丁语系的管理者在穿着上显得更加随便一些。在会议上，我们不难发现斯堪的纳维亚的经理人穿着便装，而他们的法国同伴却不愿脱去他们的领带和西装。对于拉丁语系的经理来说，个人的着装风格非常重要，但是盎格鲁和亚洲的经理却不想因为着装突出而让别人把注意力放在他们身上。法国女经理所穿戴的服饰对于英国的女经理来说似乎并不适合办公室，因为太性感。而法国人同样会对美国商界女性穿着男性化的职业套装（有时候还会穿着跑鞋）感到非常奇怪。另外，公司有时对着装的颜色也有要求，在英国工作的女性通常被建议在上班时不要穿着红色或者其他亮丽颜色的套装和连衣裙。

着装规范可能也暗示着任务导向。例如，把衬衫的袖子挽起来表示"动手干活"或者"在工作上放轻松"。在一个非常炎热的日子里，一家公司在一个漂亮的湖畔会议中心举办内部培训会，一位德国经理身着深色西装、打着领带前来参会，而他的同事却穿着休闲便装。当别人问这个德国人为什么穿得如此正式时，他很严肃地回答说："我们是来这里工作的。"现在流行的关于着装规范的理念包括"休闲着装日"和"为顾客着装"。一些美国公司专门规定了某些特定日子，比如星期五，鼓励员工穿休闲服来上班，如同他们居家或休闲时的穿着。[18]另外一些公司则要求员工在穿着上要符合顾客的期望。比如说与李维斯公司做生意意味着你要穿着牛仔服装（当然是要李维斯牌的）去他们的总部，而不是穿着香奈尔的套服。

然而，在工作场所或其他场合的着装规范要求在一些地方可能会遭到抵触，特别是法国和意大利，在这些国家，人们把穿衣视作个人风格的展示。最近瑞士联合银行由于其 44 页厚的员工着装规范而受到嘲笑。规范要求：内衣必须是肉色的，甚至规定了女性长筒袜和指甲油的颜色（不能是黑色）；男士打领带的方式，并且每月要理发，还要求员工佩戴腕表以显示诚信和守时的重要性。[19]

着装规范也可能会产生政治影响。瑞士前总统米什琳·卡尔弥－瑞（Micheline Calmy-Rey）曾遭到指责，因为在她访问德黑兰时没有佩戴头巾，显得对主人不够尊重。后来，她又由于戴了头巾而受到指责，因为该习俗被认为是女性顺服的象征。或许，一个更富戏剧性的例子就是关于穆斯林妇女在欧洲国家是否应该穿罩袍的争论。从头到脚被遮盖起来甚至带着面纱让欧洲人感觉不舒服，这种无法看到与之交流的人的脸使欧洲人觉得其安全受到了威胁；对于穆斯林妇女来说，这样的装束意味着安全，使其免于眼神的接触。不过更加重要的是，这带来了下面的问题：由不同的宗教所规定的着装规范在一个世俗的社会里在多大程度上可以被允许？同时，这是否会对民族的身份认同产生威胁？

2.2.6 书面协议还是口头协议

商业协议是用书面方式还是用口头方式达成也很重要。英国的爱尔兰制酒公司（Irish Distiller）被法国保乐力加公司（Pernod-Riccard）和英国格瑞曼德公司（Grand Met）同时收购。法国人出了价，彼此握手同意，而格瑞曼德公司则与之签订了书面协议，双方都声称具有法律约定的效力。英国法庭最终认可了法国人的说法。美国经理在磋商一笔交易时不仅要求有一份书面协议在手，更有一个律师团队在侧，此举常被他人看成是有些过分。

当总部要求协议上要有签名、盖章并寄去时，对于在世界另一端经营的经理来说可能是一个问题。在某些国家，可能一个人的口头承诺比白纸黑字的书面承诺更具约束性（"我的话就是我的承诺"还是"白纸黑字写下才真实有效"）。毕竟，个人的荣誉危如累卵，声誉比某些法律文件更具价值。如果生意出现了问题，美国人会求助于法律部门来补救，而在另一些国家，一旦生意有问题，则一般通过关系来解决。这些不同的做法可以从人均律师人数上反映出来。在美国每 265 人就拥有一位律师，英国是 401 人，德国是 593 人，法国是 1 403 人。[20]

通过以上对器物、表象及其行为的观察，我们可以获得有关文化外部适应性假设的线索，如空间如何利用、与陌生人如何交往、如何签订合同，以及内部融合的线索，如互动中正式的程度、结识陌生人的合适方式、个人的空间距离是多少，等等。但是这些行为的意义只能通过别人的眼睛来感知，这意味着我们必须通过询问来进行我们的探索。通过观察以表象呈现的文化器物和行为往往可以发现其背后的信仰与价值观。[21]

2.3 信仰和价值观

当询问经理做某种行为的理由时，他们经常会从陈述他们的信仰和价值观开始。信仰是关于事实的陈述，关于事物存在的方式，是在心灵上对某种主张的极度相信和尊敬。价值观指的是什么是好的，是值得人们追求的，它侧重于陈述事物应该如何存在，关乎理想。它们常常反映在成语和格言中并借此得以流传并且得到强化。例如，美国人从小就被教育的格言有："时间就是金钱""不要为洒了的牛奶而哭泣"或"如果第一次没有成功，那就尝试、再尝试"，等等，这些格言代表着美国人惜时如金、务实和坚忍不拔的文化价值观。

关于跨文化管理价值观的研究和它们对管理实践影响的讨论始于 20 世纪 60 年代。[22] 这些研究主要关注在不同的国家价值观是如何影响动机和领导力的，利用问卷调查的研究方法，管理学学者已经提供了越来越多的证据，展示全球各国雇员和管理者与组织有关的不同信仰和价值观。[23] 他们的研究结果在管理实践中的意义将在本书的第二部分展开论述。在这里，我们则特别聚焦于那些容易表述的、无论是组织还是管理者都认为是导致了他们成功的信仰和价值观。这些信仰和价值观是被公开宣扬的，可能代表着组织与经理所倡导的，但并不一定揭示的是真正的深层次的假设，或者"真正在发生的事情"，说的和做的可能完全不一样。例如，一家公司可能说"员工是我们最重要的资产"或"员工多样性提升公司的价值"。然而，如果我们去观察一下该公司的实际做法，却可能发现完全是大相径庭。深层的假设无法感知，必须通过观察行为，询问问题，然后通过诠释来得出，这也正是我们后面即将要讨论的内容。

2.3.1　什么是判定成功的标准

国家文化的差异体现在企业为谁而存在的问题上：是为股东、为顾客、为其员工还是为了其所处的社区或社会？在北美或者受美国思想影响的商学院里，学生被灌输的思想是股东利益高于一切（神圣的权利）。在日本，这种说法如果不被惊吓到也会被怀疑。在那里，顾客拥有无上的权利。而在某些欧洲国家诸如德国或瑞典，雇员拥有神圣的权利（信息知情权、建议权、否决权、工作保障和社会福利权）。

不同的利益相关者意味着不同的判定成功的标准。信仰和价值观决定了什么是最重要的：产品质量、技术领先、市场份额、顾客满意度还是股东权益。虽然所有的这些因素都与企业的成功息息相关，但是文化偏好还是在其中起着作用。例如，德国公司执迷的是产品：设计、构造和质量。当德国人被问到他们因何而为自己的公司感到骄傲时，他们一般不会提及利润、销售收入或市场份额，而是会强调产品质量。在德国，制造业企业占据着整个产业的主要地位，而这些公司存在的主要原因就是设计和制造高质量的和值得信赖的产品。"德国的公司不是以挣钱为目的的，只有造币厂是为这个目的而存在的。这些公司制造产品和提供服务，如果顾客希望买它们，利润则随之而来。"[24] 这说明产品本身被认为比客户满意度或者是否按时交付更重要。

在法国工业界，对技术至高无上地位的信仰可以描述为：技术是国家虚荣的仆人。这种信仰造就了包括航天航空产业、核能、通信和高速铁路等领域的成功。这种价值取向弥漫在整个法国工业界，并得到了法国教育体制的支持。对工程学和科学学位的看重愈加激励了人们对技术、创新和大设计的重视，有时候这种重视是以牺牲商业利益为代价的，协和飞机就是一个经典的案例。

过去，日本公司曾把市场占有率视为通往成功的必经之路，日本狭小的国内市场激发了对顾客的重视和对寻求海外市场的重视。如今，中国企业在政府的政策鼓励之下正在"走出去"[25]，获取自然资源和技术，打造全球品牌。

2.3.2 什么是管理

对管理的定义也显示了信仰和价值观的差异。拿"管理就是通过他人把事情办成"这个流行和实用的定义来说，这个看起来朴素平实的说法是由美国管理学之父彼得·德鲁克（Peter F. Drucker）提出来的，对其进行解析，可以揭示出不少的文化信仰和价值观。[26] 例如，它强调成就（结果）的重要性（把事情办成），同时它也强调了物质（事情）本身，并且，隐约中认为人是一个生产要素（通过他人）。总的来说，它带有任务导向的特点，是美国式管理方式的典型。

某些人可能会认为这个定义缺乏对"存在（人本身）"或者说是更加精神层面的东西（而精神对把事情办成又是多么的重要！）恰当的评价；另外，这个定义也显得带有较多的操控特征（为什么是通过他人而不是与他人一起？）。因此，这个定义会被那些更重视精神而非物质、更关心人本身而非任务的文化所抵制。

这种文化众所周知的例子可能就是日本的松下公司了，公司全体员工每天早晨上班都是以朗诵公司的"纲领、信条和七大价值观"开始。这在所有员工心中强化了公司存在的理由、提供了行动的指南以及一种精神引导的形式。我们将松下公司的经营哲学和核心价值观呈现在专栏 2-1 中。

专栏 2-1　松下公司的经营哲学与核心价值观

经营理念：

贯彻产业人的本分，谋求社会生活的改善和提高，以期为世界文化的发展做贡献

员工信条：

唯有本公司每一位成员和亲协力，至诚团结，才能促成进步与发展

企业精神：

1. 产业报国

2. 光明正大

3. 团结一致

4. 奋斗向上

5. 礼仪谦让

6. 适应形势

7. 感恩报德

资料来源：松下公司《松下行为准则》，详见松下公司官网。

我们来看另外一个关于管理的定义："真正的管理是通过工作来发展人。"这个定义反映的是一家大型伊斯兰跨国银行 CEO 的信仰和价值观，可以看出，他更关注的是人本身以及人如何发展才能与精神上的目的保持一致，而非关心他们成就了什么。某些人会担心这一观点缺乏商业韵味，毕竟生意是为了赚钱，而不是发展人本身。此外，这种通过工作使人得以发展的观点在一些把工作和个人生活明确分开的文化里，会被认为是对个人私有权利的破坏（"作为一个人，我不需要工作来发展我！"）。"通过工作发展人"的观点又同当下流行的"授权"概念关联在一起，然而也有人认为这只是用另外一个名称来掩饰或美化而已："授权并不会使我个人得到发展，它只是让组织取消一两个层级的管理层而已。"

印度企业的领导者更倾向于与社会使命相关的经营目标，而回避堂而皇之地对股东价值的追求。印度公司如印孚瑟斯公司（Infosys）、东印度公司（ITC）和塔塔集团（Tata Group）都是行业中的世界级大公司，它们都是很独特的价值观驱动的组织，追求社会目标，帮助员

工在工作中实现价值，而不只是为了赚钱。[27] 在印度，服务他人的价值观以及人生目的应该超越物质的信仰都与印度的"林栖期"信仰有关。林栖期（vanaprastha ashrama）是指生命中的一个阶段，大约是 50 岁左右，寻找人生的价值和帮助他人是这个年龄段高管的重点。研究结果表明，在印度，人们对领导人最期待的素质是仁慈、同情心和慷慨。[28]

2.3.3　谁是工作的合适人选

关于谁是工作的合适人选的信仰和价值观可以从一些表象，比如绩效管理工具、领导力能力框架描述和高管的职责描述中推断出来。这似乎是一个标准化的全球一致的事情，但你只要去浏览一下伦敦的《金融时报》、巴黎的《世界报》和德国的《法兰克福汇报》⊖等报纸的求职版内容，可能就会发现差异了。首先，英国求职者心目中最重要的基本信息——工作的报酬和其他福利，在法国和德国的招聘广告上肯定是找不到的。法国和德国的广告对物质报酬含糊其辞，但他们对于资格要求是很明确的。在德国，一家生产机床的公司的技术总监会被要求具有机械工程专业的学位。法国企业要求更高，广告中不仅提出了对学位的要求，还会指定学位要由特定的机构授予。例如，招聘广告职位可能明确要求需要受过高等教育（法国理工大学、巴黎中央大学、巴黎矿业大学），这些括号里附加说明的大学都是法国最好的工程技术学院或者高等专业学院⊖。与此形成鲜明对比的是，英国人只是含糊地提出需要本科毕业（或本科毕业优先）。在英国，雇主对于资格超过职位要求的求职者总是很谨慎，但是在法国和德国雇主则较少担心资质过高的问题。此外，家世或者精英地位的重要性在这三个国家也是不一样的。所有这些都表明在员工的资质管理上存在着不同的信仰和价值观。

与英国类似，法国公司高管、政治人物和政府行政管理精英都是出自少数几所号称高等专业学院的精英学校。2012 年，德国并没有精英大学，学徒制以及公司董事会必须有员工代表这一制度模糊了雇主与雇员的差别，而这一做法在邻国法国则是难以想象的。[29]

关于选择合适工作人选的信仰和价值观可能体现在所要求的领导能力和绩效评估的标准中。例如，壳牌集团制定了全球绩效管理制度，有 5 大项评价准则，但是其发现针对这 5 项评价标准，不同国家的经理有不同的优先取向。对于法国人来说想象力最重要，而对于荷兰人来说想象力位居标准之末；对英国人来说视野的高度与广度最重要，而德国人却将其排在末位。[30]

关于谁是最合适的经理、什么是管理以及什么代表着成功等最后都与价值观联系在一起，价值观指明人们认为什么是重要的，从而是值得关注的。例如，如果技术革新被认为是成功的关键，则相关的革新行为就会被重视和鼓励；如果市场份额被看得很重要，则公司的经营重心将是如何向顾客提供价值；如果"为股东创造财富"是公司存在的理由，则利润目标将高于一切。这些价值观反过来也影响了这个组织在多大程度上是任务导向抑或是人本导向的，并进而塑造了其所希望雇用的员工的行为、信仰和价值观，以及员工心目中一个好的管理者的特质。

下面我们将再深入一步，看看底层的世界观，以便我们更好地理解在人们内心什么是有

⊖　《法兰克福汇报》是一份德国的全国性日报。

⊖　在法国，高等专业学院称 grandes écoles，是法国最好的精英大学。

价值的和什么被认为是对的。深入的研究可以得出人们内心深处的基本假设。

2.4　基本假设

　　基本假设代表了最深层的隐含的世界观，是公认之道理，它在所倡导的信仰和价值观中表达出来，也可能在器物和行为中得以体现。世界观解释"为什么"的问题，然而，这些假设是在无意识和潜意识的状态下起作用并且往往被人认为是理所当然的，因此发现这些假设需要推断或诠释。例如，关于空间的假设可以在建筑和设计中发现，也可以在人们的问候习俗和互动中表现出来的物理距离和心理距离中看到。它们体现在行为当中，表现为期望得到的礼仪或者隐私权；在价值观和信仰中明确地表达出来什么是被认为公共的而什么又被认为是私人的（比如打探他人的薪水是否恰当，或者说哪些信息可以分享而哪些不可以分享）；然而器物和行为背后的原因并不一定是显而易见的。有经验的经理人会马上识别到一些外部迹象和信号，然而，关键还是要能够理解这些表象背后的本质原因及其对日常商务活动的潜在影响。

　　观察可以提供很多重要的线索，访谈和调查问卷可以揭示其所公开倡导的信仰和价值观。寻求意义揭示底层的假设需要使用诠释的方法，这种方法一般较多用于临床心理学或者人类学的研究[31]，它需要大量广泛的观察和访谈以提供详细深入的描述[32]，然后从呈现出来的议题、概念和模式，形成理论，这被称为"扎根理论"[33]。进一步的探索就是进一步挖掘证据来支持或修正理论。

　　诠释法是通过推理建立一个案例（如在法律或医学领域），而非提供科学证据（如在工程或科学领域）。这种方法可能要求使用参与者观察的方法，以"内部人"的观察和体验来进行研究，如同麻省理工学院教授约翰·万·曼伦（John Van Maanen）所做的那样，他加入警察队伍以得到"最本源"的视角，是一种通过别人的眼睛来理解文化意义的方法。[34] 不过，这种做法需要经常检视个人的偏见，避免在研究中将自己的文化或先入之见加诸他人的文化之上。因此，发现文化的意义不仅需要学会如何建立理论并且需要知道如何验证它们。如同侦探寻找线索，把那些观察到的证据碎片拼合在一起，来解释我们看到了什么，以及我们为什么看到这些，从而形成理论，并验证理论，然后，随着时间的推移以及我们获得更多的经验，再不断地修正理论。[35]

　　在下一节中，我们将介绍管理学家从人类学家那里引用的主要的文化维度。需要记住的是，这些维度可以在器物、表象和行为中被观测到，在所倡导的信仰与价值观中观察到，并被诠释为基本假设或公认之理。

2.4.1　揭示文化的维度

　　大多数管理学家所用的文化维度导源自人类学家克拉克洪和斯乔贝克以及霍尔的研究[36]，然后他们将这些借鉴来的文化维度与组织行为学[37]、管理实践[38]和组织文化[39]的研究成果结合在一起。有些学者设计了调查问卷对这些文化维度进行直接的测量[40]。另外一种发现这些文化维度的方法是对与管理实践相关的信仰和价值观进行调查，如霍夫斯泰德在 IBM 所做的关于员工工作士气的调查，以及安德烈·劳伦特所进行的关于组织的不同概念的研究，后者我们将会在第 4 章中进一步介绍。

　　关于员工价值观最著名的研究也许就是由霍夫斯泰德在 1968 年进行的对 IBM 全球的员工所进行的工作士气调查，这是一个企业咨询项目，来自 40 个国家和地区的 116 000 位 IBM 员工参与了该调查，调查询问了员工喜欢的管理风格和工作环境以及氛围。在将调查结果交付 IBM 之后，霍夫斯泰德对原始数据进行了统计分析和计算，辨析出 4 个"价值取向"：权力距离、不确定性规避、个人主义 / 集体主义，以及男性化 / 女性化。这一研究结果发表于 1980 年，被公认为跨文化领域最为经典的研究。

　　权力距离表明一个社会在组织或机构内部对权力分配不公平程度的接受程度。不确定性规避指一个社会感受到的对不确定性的不适和焦虑程度，以及对可预测性和稳定性的偏好。个人主义 / 集体主义指的人们在多大程度上关心自己和家人，而在情感上对群体、组织和其他形式的集体保持独立。男性化 / 女性化维度反映了一个文化偏向于男性气质（果断、争强好胜、迷恋权和利）还是女性气质（富有爱心、照顾他人、注重生活质量和人际关系）。

　　不过，在将霍夫斯泰德的研究复制到亚洲国家和地区时，遇到了一些困难。有些要素，比如不确定性规避，似乎与亚洲文化的相关性不强。之后的研究发现儒家的坚持、勤俭和忍耐等特质[41]被认为是 20 世纪 80 年代亚洲四小龙经济腾飞的原因[42]，而这些特质并没有被包含在原先的 4 个文化维度里面，于是，霍夫斯泰德和迈克尔·邦德（Michael Bond）合作，将后者的研究成果纳入前者的理论框架之中，成为第五个文化维度，称作为"儒家动力"或"长期导向 / 短期导向"。

　　20 世纪 80 年代初，六所欧洲的大学由于担心基督教信仰的淡化，开始联合启动了一项基于公众意见调查方法的价值观调查，后来，美国密歇根大学的政治学家和社会学家英格尔哈特将欧洲价值观调查（European Values Survey，EVS）扩展成了全球价值观调查（World Values Survey，WVS）。调查每隔 10 年进行一次，现在已经进行过 4 轮调查，覆盖 100 多个国家和地区，调查问卷包含了 360 多个问题，涉及生态、经济、教育、情感、家庭、性别和两性关系、政府和政治、健康、幸福、休闲、朋友、道德、宗教、社会、国家以及工作等领域。数据库里调查所得的数据向全球的研究者免费开放。

　　2007 年，保加利亚语言学家和社会学家迈克尔·明可夫利用全球价值观调查（WVS）的数据，得出 3 个新的跨文化维度：排他主义 / 普遍主义（exclusionism versus universalism）、放纵 / 克制（indulgence versus restraint）、雄伟不朽 / 灵活谦逊（monumentalism versus flexumility）[43]。

　　霍夫斯泰德发现排他主义 / 普遍主义维度与其个人主义 / 集体主义存在着很强的相关性，虽然雄伟不朽 / 灵活谦逊是一个新的维度，然而它与长期导向 / 短期导向也有着中等强度但是显著的相关性，放纵 / 克制却是一个全新的维度，于是霍夫斯泰德和明可夫合作，将放纵 / 克制这个维度整合到其文化维度体系。这个维度描述的是在多大程度上一个社会的成员会去控制他们享乐的欲望和冲动。[44]

　　20 世纪 90 年代，鲍勃·豪斯（Bob House）教授组织开展了"全球领导力和组织行为有效性"（GLOBE）研究项目。来自全球所有主要国家和地区的 160 名社会科学家和管理学学者，在霍夫斯泰德的调查问卷之上，增加了文化对领导力和组织有效性的影响的测量。[45]来自 62 个国家和地区的超过 17 000 名银行、食品加工企业和电信企业的中层管理者被要求表述他们对各自国家和地区的行为和价值观的认知。行为的测量是询问什么是社会普遍的行为和组织做法，它们代表了在某一文化中做事的方式。价值观则是对同一问题通过询问"应该怎么样"来测量。

GLOBE 研究结果的国家和地区排序与霍夫斯泰德的排序经常不一致，这部分是由于方法论的差异（问问题的方式）。这引起了两个阵营关于价值观与实践行为区别的激烈辩论。[46] 霍夫斯泰德认为价值观包含在实际行为中（正如员工工作士气调查所体现的），而全球领导力和组织行为有效性研究者认为两者是独立的，而且经常存在张力，就像"是什么"并不一定就是"喜欢的东西"那样。管理实践的这些研究和其他一些结果的应用将在本书的第二部分进一步展开。在图 2-5 中，我们仅提供一个总的文化框架的概览，用于比较不同国家和地区的文化差异。

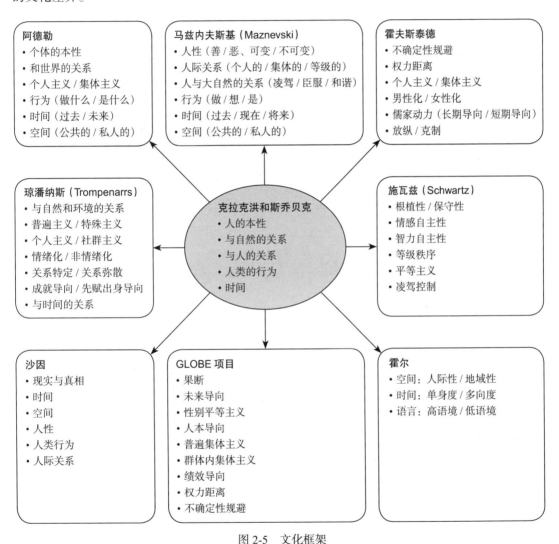

图 2-5 文化框架

虽然这些不同的框架被认为是代表了"文化理论的丛林"[47]，但是，它们又明显地汇聚成了一系列的文化维度，尽管在定义上和测量上存在某些差异。然而，这些林林总总的研究也遭到了很多批评，结果的准确性也常常被人质疑。[48] 因为许多特定国家的测量结果在不同的理论模型中经常是不一致的，这使得比较成为难题，也使得人们怀疑理论的可靠性；事实上，这种差异是由背后的理论假设、分析的深度、测量方法和样本的差异所造成的。由于这个原因，我们在此避免对国家进行排序。我们在这里的目的不是去回顾或批判这些理论，而是想整理、综合和组织那些被认为与管理相关的文化维度，从而提供一个完整的框架，用来识别我们可能发现的文化差异，无论是在国家和公司内部，还是在国家和公司之间。图 2-6 中展示的是我们汇总的所有这些主要的文化维度。

自然环境		
凌驾于自然之上	├—┼—┼—┼—┼—┼—┤	命定论
容忍不确定性	├—┼—┼—┼—┼—┼—┤	规避不确定性
行动		
行本（doing）	├—┼—┼—┼—┼—┼—┤	在本（being）
成就	├—┼—┼—┼—┼—┼—┤	血统
现实		
真理在数字之中	├—┼—┼—┼—┼—┼—┤	真理在感觉之中
现实是物质的	├—┼—┼—┼—┼—┼—┤	现实是精神的
人的本质		
基本上是善的	├—┼—┼—┼—┼—┼—┤	基本上是恶的
Y理论	├—┼—┼—┼—┼—┼—┤	X理论
高信任度	├—┼—┼—┼—┼—┼—┤	低信任度
关系		
任务导向	├—┼—┼—┼—┼—┼—┤	关系导向
绩效导向	├—┼—┼—┼—┼—┼—┤	社会福利导向
普遍主义	├—┼—┼—┼—┼—┼—┤	特殊主义
平等	├—┼—┼—┼—┼—┼—┤	等级
个人主义	├—┼—┼—┼—┼—┼—┤	群体导向
空间		
公共的	├—┼—┼—┼—┼—┼—┤	私人的
特定的	├—┼—┼—┼—┼—┼—┤	弥散的
语言		
低语境	├—┼—┼—┼—┼—┼—┤	高语境
中性	├—┼—┼—┼—┼—┼—┤	情绪化
时间		
单向度的（线性的）	├—┼—┼—┼—┼—┼—┤	多向度的（循环的）
未来	├—┼—┼—┼—┼—┼—┤	过去

图 2-6　文化维度

资料来源：改编自 Andre Laurent，经许可后转载。

在下面的讨论中，我们将简要介绍和说明每一个文化维度。每一个文化维度都可以在不同的器物和表象中观察到，或在信仰和价值观中得到体现，并被视作为理所当然而深藏于基本假设之中。上述这个框架有助于我们分析文化，揭示它的相关性和意义。只有这样我们才能再进一步理解文化对管理实践的影响。我们将在第二部分就文化对管理实践的影响，特别是对组织、战略和人力资源方面的影响进行更深入的讨论。

2.4.2　人与自然的关系

"管理"这个概念正是暗示着管理者能够控制发生的一切。美国文化可以用"可做"

（Can-Do）这样的行动文化来描述，像"大胆去做吧"（或者像耐克的广告语"只要去做"）这样的指令正是"没有什么事情是预先注定的"这种根深蒂固的信仰的展现。这种态度被欧洲人称为"美国人的意兴"，他们可能认为这有点天真而需要冷静一下。"大胆去做吧"在法语里的翻译需要以反义提问的方式委婉地表达（Pourquoi pas？），意思是"为什么不去尝试一下"。

尽管某些文化认为自然是可以控制的，然而另一些文化则认为应该顺其自然。命运或宿命早有定数，不要试图改变命运或者主动使事情发生，而应该顺其自然、任其发生。

在一些伊斯兰教占主导地位的国家，人们对于自然的态度可以从他们的言语中得到充分的反映。比如，Insh'allah（如主所愿）意味着事情的发生不是人所能控制的，如果试图去控制则可能会被认为是"有精神病或者反宗教的"[49]。这并不意味着人们不去努力发挥自己最大的能力，而是不把个人的意愿强加在现实之上，对命运报以谦卑的态度。同样在葡萄牙语中 se deus quiser（天意）有相同的意思，那就是接受自身的命运或者说是宿命，正如其传统民谣 Fado 所表达的精神⊖。假如生意失败了，葡萄牙经理可能会耸耸肩回答说"世事难料"，表示不是每件事都是注定可以成功的，不是人力所能决定的。在中国大家常说的"谋事在人，成事在天"也代表着一种命定论的思想。

与自然和谐共存十分重要。在中国，为了达到与自然的和谐统一，每当要建造大楼时，通常都会邀请专业人士对大楼的建筑和设计提出建议，以使建筑物的布局艺术和其他方面与自然统一和谐。[50] 研究发现，有些在新加坡的中国商人和来自中国香港地区的商人在做决策时会请专业人士参谋，以消弭各类不确定性因素。[51]

根据《经济学人》杂志的一份研究报告，在巴西占星咨询公司一年可以赚 100 万美元。欧洲人对亚洲或巴西请占星学家、智者或算命先生帮助决策会感到惊讶，但他们不一定会对瑞士瓦莱州滑雪胜地缆车上牧师的祈祷感到惊讶。直到最近还有很多法国公司使用笔迹分析来做个性分析，这并没有多大科学依据；还有，在美国绝大多数大楼都会避免以 13 来标注该楼层。

与控制自然的欲望紧密相关的是霍夫斯泰德提出的"不确定性规避"这个概念。[52] 这个概念指的是一个社会对不确定性的焦虑和排斥，对可预见性、控制和风险规避的偏好。这些关于控制自然的假设反映在计划的方式、时间表和书面规则的重要性、主动性和勇于承担责任、冒险行动和员工的离职率等上面。然而，这种经历会产生一种已知的无助感，一种不能产生影响的感觉，还有对于犯错误的巨大恐惧感。这成为提高个人和集体绩效的最大挑战之一。[53] 这一现象可以在俄罗斯公司观察到，他们最主要的策略就是减少不确定性：不要主动做事、掩盖错误、推卸责任、把玩权力游戏、隐藏知识或"对知识共享充满敌意"。[54]

2.4.3　人类行为的本质

控制自然而非听天由命的假定是同采取行动的欲望相联系的。北美和北欧的经理更喜欢采取行动和快速做出决定。他们更看重主动性和果断性，"即使做出一个错误的决定，也比不做决定强"。随时准备采取行动意味着愿意去冒险，愿意去试错，然后再做相应的调整。我们将这种态度与法国经理在老板不在时遇到问题时的态度进行了比较。当被问到他会做些

⊖　Fado 的词源来自拉丁文 Fatum，意为命运。

什么的时候，他回答道："与其失望不如什么也不做。"法国的一位政治家亨利·克耶（Henri Queuille）更深入地阐述："无论多复杂的问题都可以通过不做决定而被解决。"中国管理者也更倾向于决定之前任由事态自然发展，中国有两句古话：一是"水到渠成"，二是"无为而治"。

法国经理更注重思考而不是行动，他们比美国的同行花更多的时间进行分析和计划，这往往使美国经理感到气馁，因为他们喜欢采取快速行动并在行动的过程中随时解决出现的问题。而法国人认为美国人的做事风格太过草率、不系统，得经常修修补补。他们认为与其花时间把事情做错不如先好好考虑，想清楚该怎么做之后再去行动。类似地，一般情况下日本经理也不会有这种冲动的行为和匆忙做决定的倾向。对他们来说，草率地做出决定意味着对决定的重要性没有充分理解，以及考虑欠周，因此，一个人的成熟度和智慧都会受到怀疑。

在一个"在本"（being）文化中，比如拉丁文化，更强调的是自发行为和体验每时每刻。在这些文化中，"人们工作是为了生活，而不是为了工作而活着。"人们完成应该做的工作，但并不意味着工作优先于其他事项。相反，在"行本"（doing）文化中，人们更可能把任务和工作相关的行为视作为他们存在和自我认知的核心。当美国人介绍完自己后可能紧接着就问"你是做什么的"，欧洲人对此通常会感到惊讶。"行本"文化也反映了"西方"发达国家的工具主义价值观，与之相对应的是发展中国家如非洲的人文主义价值观。[55]

与"行本"和"在本"紧密相连的观念就是行为成就和身份归属。[56]在美国，"任何人都可以当总统"这句语传达出了非常有力的信息，即一个人取得的成就比这个人毕业于何所学校或者他的职业是什么都更重要，看起来有学问对是否能被选上总统起不了多大的作用。在法国，如果你想当总统，你必须上恰当的学校（那些精英学校），并且有恰当的社会关系。法国前总统萨科齐就经常因为不恰当的关系（过于时尚潮流）和太物质主义（相对于智慧来说）而被批评。这种情况在法国公司中也到处可见，能否做到高级管理阶层（cadre supérieur，高级干部）在很大程度上取决于你是否毕业于精英大学或者来自显赫的团体。

在日本，你的性格、忠诚度、可信度和与团队成员很好相处的能力可能比你所能取得的成就更重要。由于团队内部竞争很激烈，提拔的标准可能很含糊：被认为工作很努力、加班加点敬业敬岗、与同事关系融洽、周末同客户打高尔夫球等。在不同的层级之间，升迁的依据是资历、年龄和性别（男性）。在资历很重要的文化里，例如韩国，很难出现年长者向年轻人汇报工作的情形。在一个归属导向的文化里，一个在公司工作40年的人会被认真地倾听，这是因为他的年龄与工龄所应得到的尊重；一个在高层有朋友的人或者毕业于"正确的"学校的人可能会被赋予较高的地位，这是因为他所认识的人。

2.4.4　现实和真理的本质

真理是如何确定的？不同的文化有不同的标准。在许多盎格鲁-撒克逊文化中，真理就是事实和数据的同义词。一位美国国际电信公司的CEO把数据称为"不可撼动的事实"，要求看到欧洲经营报表的数据。欧洲分公司的经理说可以给他这些数据，然而他们知道这些数字的含义而作为CEO的他却不知道这些数字的意义。在欧洲的经理看来，诠释和分析比数字本身要重要得多。

在法国，商务决策基于严密的分析基础之上，但是不仅是分析数字，还要包含背后的逻辑。根据笛卡儿哲学，真理只有在逻辑上被证实后才成立。在解决问题时，法国管理者使用演绎法，即从理论演绎出解决方法，这经常使美国的经理抓狂，他们认为法国人太过理论化和抽象。美国人的方法更偏重于归纳法，认为理论来自数据和经验，他们乐意到实践中去经历和寻找方法。这些差异在进行商务计划展示的时候会带来问题。对于法国人来说，提供理论、历史、情境非常重要，而美国人会抱怨说这些展示过于枯燥，过于"啰唆""只说要点就行了"！法国人则会抱怨美国人的展示会就像"推销"一样，过于华而不实和肤浅。[57]

美国的咨询顾问通常得到的训练是以综合性的给管理层的总结来开始其汇报展示，但这种做法可能会在无意间冒犯顾客。例如，在波兰，把结论放在前面展示被认为是一种傲慢或者是不愿意接受其他各方对结论提出意见和建议的表现。而在亚洲国家，一旦结论已经给出，就会被认定，并很难再对其进行评判。

有些文化会更加依赖感情、直觉和精神。例如，在马来西亚的一项研究发现，穆斯林在商务情景中采用一种不同的解决问题的方式，包含了一种基于《古兰经》的六大基本信条，反映穆斯林价值观的过滤机制。[58]当事实和数据被展示在面前时，巴西的经理表示只有当他们感觉它是对的时候才会相信其真实性，他们更偏向于依赖直觉和情感，因为他们经常很难得到事实和数据。而且，不得不面对持续变化的状况也迫使他们形成一套敏感的直觉，并成为他们决策所依赖的基础。

不同于以亚里士多德逻辑学为基础的西方观念中以"不是 / 就是"界定的"绝对"真理，在亚洲文化中依据道家思想，真理可以更加灵活，可以存在"不仅 / 而且"的辩证含义。此外，在亚洲，情景和关系在确立真理时也更加重要。[59]日本学者认为，"什么是'真理'取决于我们是谁（价值观）和看问题的角度（情景），而正是我们在价值观和情景上的不同创造了新的知识"。[60]对于韩国的谈判者来说，逻辑与情感一样重要，因为"真诚能感动上天"。而他们的对手则认为："韩国人不学辩论，因此不够理性，他们在争论中不依靠证据、事实或逻辑，他们仅凭感情争论"。[61]

2.4.5　人的本性

什么是人类本性的基本假设？人性本善还是本恶？有些宗教以人性本恶（原罪）观点作为出发点，认为只有通过一定的宗教信仰行为，人们才能得到救赎。人们被认为是有罪的、需要忏悔、寻求被宽恕。另外一些宗教则认为人性本善，人们生活、工作并由此充实或最大化人性的潜质。努力工作和掌控任务（成就）被看成是达到这些目的的途径。[62]

在管理学中，这被演绎成关于劳动者的信仰：X 理论和 Y 理论。[63]X 理论认为劳动者是懒惰的，需要经常不断地指导和监督，因为他们只要有机会就会偷懒，当然管理者是不同的。Y 理论则认为劳动者是自律的，没有外部控制也愿意主动做事并完成自己该做的工作；这样，劳动者和管理者之间在本质上就不存在可见的区别。因此，关于人性的假设就决定了授权的意愿和管控体系的本质，流行的授权概念在很大程度上建立在人是自我导向和自我控制的假设之上。

这些关于人是否可信任的假设可以从各种表象中找到线索，例如，打卡计时器、汇报制度的特点和对支出账户的仔细审核。在许多时候，打卡计时器的取消对改善管理者和雇员的关系有着重要的影响。这些雇员第一次感到自己被当作成年人对待，得到信任。一位丹麦首席执行官坚持认为他最重要的假定是他雇用的是"成年人"。他说："成年人知道什么时候来工作，知道该干什么，知道在出差时应该花费多少。"因此，这里没有计时器、没有岗位描述，也没有出差费用的会计预算。[64]

这些关于人性本质的假设也许与对信任的不同倾向有关。[65] 最新的一项"世界价值观问卷调查"要求 117 个国家的调查对象表明他们是否同意下列称述："多数人是可以被信任的"以及"与别人打交道时再怎么小心也不过分"。图 2-7 展示了部分国家在人际信任度上的差异以及随时间的演变。研究结果。

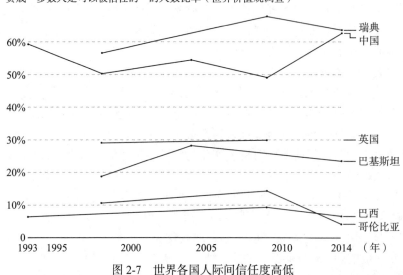

赞成"多数人是可以被信任的"的人数比率（世界价值观调查）

图 2-7　世界各国人际间信任度高低

资料来源：Trust（World Value Survey（2014）），参见：https://ourworldindata.org/grapher/self-reported-trust-attitudes。

如图所示，虽然各国在人际信任上随着时间的推演存在着波动，但是各个国家在人际信任上的差异还是非常显著的。北欧国家（挪威、瑞典、丹麦、芬兰）和中国在人际信任程度上表现最好，然而在大多数国家，人们并不相互信任。在英国，只有 30% 的调查对象认为人是可以信任的。而在南美洲的哥伦比亚和巴西，人们认为在人际交往中需要非常小心，因为只有不到 10% 的人认为人们是值得信赖的。

这些关于人性本质的假设与关系的本质相关，例如，如果我们假设人在本质上是可以信任的，我们会倾向于给予人们更多的自主权，允许他们用自己的方法办事，发挥他们的主观能动性，这更加鼓励任务导向。如果认为人性本恶，则需要更多的外部控制和监督，从而更崇尚关系导向的文化，而且更强调等级差异和其他形式的社会控制，例如集体压力。因此，这些关于人性本质的假设影响了关于关系的本质的假设、它们的重要性（例如，与工作成就相比较）以及它们是如何构成的。

2.4.6　人与人之间的关系

1. 任务导向还是关系导向

这是一个区分关系还是任务哪个更加重要的文化差异的关键假设。"生意仅仅只是生意"这样的说法可能会让来自亚洲、拉美和中东的经理感到困惑，即便没有觉得被冒犯的话。这些地区的经理更愿意与他们认识的人做生意，在生意成交之前必须建立一种关系。如果没有这个基础，你如何相信这个人能执行合同或者履行他的工作？公司更喜欢雇用他们的家庭成员或亲戚，因为他们相信他们的品行和信任程度可以得到保障，因此他们可以依赖更加非正式的社会控制来确保雇员的言行。要办成任何事情，你都不得不需要通过关系，这已经成为不言而喻的事情。在俄罗斯，过于依赖个人的关系网络则要归因于较弱的正式的制度环境。[66]

美国和北欧的经理更注重任务而把个人关系放在一边。美国经理为他们拥有良好的商业感觉而感到骄傲。他们避免同朋友或家人做生意，因为他们认为这些关系会影响他们做出正确的判断。人们是因为他们所拥有的优点（能力和过去的成就）而被雇用的，而不是因为某种"联系"。人们会用怀疑的眼光看待那种为完成任务就得建立关系的想法，并会被当作办公室政治被人唾弃。

在拉丁文化中，家人和朋友最重要，会先于所有其他人被优先考虑。在问及是否会为一个因事故被起诉的朋友而撒谎的调查中，拉丁语欧洲国家经理和英语国家的同伴反应完全不同。大约 9/10 的英语国家的经理拒绝为救朋友而撒谎，而只有 2/3 的拉丁语欧洲国家的管理者会拒绝撒谎[67]。在盎格鲁文化中客观"事实"，也就是事情的真相比个人的关系要重要。在拉丁文化中，事实必须要在关系和环境的情景中来考虑。

这一维度被称作为普遍性 / 特殊性。在普遍性的文化中，人们相信规章制度的普适性，即便是"王子犯法"也应"与庶民同罪"，任何评判的做出不应考虑环境，而是就事论事。人们更关注正式的规则而非关系，严格履行商业合同规定，认为"生意就是生意"。而特殊性社会文化则更多的是权变导向，认为具体情况和关系在确定对或好的判断中更重要。关系纽带（家庭、朋友）要比一般的规则更可靠，司法契约的分量相对来说轻一些。调查发现像美国、德国、瑞典和英国等国家相对具有普遍性的特性，而像俄罗斯和印度尼西亚等国家则拥有很高的特殊性文化。

2. 关心绩效还是关心福利

另外一个文化差异与照顾人（关心人）还是关注事情（关心绩效）有关。在北欧国家像瑞典和丹麦，人们对人际关系和工作生活、成长和社会福利的关心被转变成工作生活质量和广泛的社会福利计划。这些国家以高生活水平和高税收而著称，而这两项也是他们在决定是否加入欧盟时曾担心的事情。如此，丹麦举办了解决贫困问题的世界大会也就不足为奇了。

这个维度也就是霍夫斯泰德提出的男性化 / 女性化。[68]全球领导力与组织行为有效性研究继承了这一维度，但转换成了绩效导向、果断和人本导向。在某些社会，人们更注重以收入、发展、晋升和奖金等形式体现出来的果断、竞争和物质利益。在这样的文化下，公司的利润高于一切，股东的利益高于员工和客户的利益。根据霍夫斯泰德的研究，美国和日本在男性化维度上排名很靠前，这两个国家的公司经常会因为职员过劳死而面临家属的起诉。

3. 等级次序

这是社会关系的本质，也是指这种关系在人际间是如何构建的，特别是指等级次序受到敬畏的程度。例如，在法国，老板就是老板。法国的公司法有一个奇特之处，它将决策、管理和监控的权力交到一个人手里，而在其他大多数国家这些权力是分享的。法国的 Président-Directeur-Général（PDG）这个职位在盎格鲁 – 撒克逊国家中会被看成是董事会主席和总经理的合二为一。随着人们对公司治理不断高涨的担忧，这样的做法被认为是存在问题的。法国的 PDG 的地位同其他的高层管理者截然不同，并且他不会因为退休而失去这个称呼———一位前 PDG 会期望人们一直称呼他为总裁先生直到他去世。因此"老板就是老板"显然是与人联系在一起的,而不是他所承担的角色。与此相反,在北欧领导就没那么被看重,而是被认为可以被轻易替代。在德国公司,重要决策都是由执行董事会⊖或高层领导团队集体做出。联合利华是一家荷兰与英国的消费品公司,曾经有一段时间该公司有三个 CEO。

在丹麦和瑞典,人们没有期望老板在行为上一定要像一个老板,相反,等级次序、权力和地位都比较淡化。一家丹麦大银行的 CEO 因其开着一辆破旧的汽车而被其下属所敬佩,但是一个拉丁欧洲国家的 MBA 学生对此的反应是:他绝不会把钱放在这样一个老板开破车的银行里。宜家的创始人英瓦尔·坎普拉德(Ingvar Kamprad)是全世界最富的人之一,但他一直以其"节俭"而著称,常坐经济舱飞机访问各国。传说他喜欢在所住酒店附近的便利店买汽水,而不是取用酒店房间冰箱里的饮料,显然酒店房间里的饮料要贵得多。[69]

日本人对等级次序和社会地位的态度要含糊一些。传统的观点认为,日本的制造业在美国和欧洲之所以经营得如此成功,就是因为老板看起来密切地参与到员工的工作之中,也没有管理者特有的停车位或餐厅。与此相似,在美国和英国的日本汽车厂里制服的使用使工人和管理者之间的差别变模糊了。工人还被鼓励参与决策,并鼓励对如何提高工作效率提出建议。虽然这些做法强化了协作精神,但是老板依然在很大程度上还是老板。日本职员在工作之后会花费大量的时间同老板喝酒、交往,就是希望了解老板真正的想法。虽然适当的差别也是必要的,但刻意地显示地位差别或者"显摆自己是老板"一般不太被接受。

4. 同伴关系:个人主义还是集体主义

最后,关系的本质还包括同伴之间如何互动,是合作还是较劲?在个人主义的社会里,人们只关心他们自己,并在情感上独立于群体,个人的利益是主要的动机。在集体主义的社会里,人们更加关心集体而不是个人,个人通过与其他人的关系或者是通过作为群体的成员来界定其身份,并努力获得一种归属感。[70]

在日本和美国,对小孩子的惩罚方法截然不同。在日本,驱出家门是最严厉的惩罚,日本的孩子怕被关在家门外是最好的明证。然而对美国的孩子来说,惩罚却是被关起来("回你的房间去")。美国孩子长大到一定年龄(18～20 岁)以后,就要离开家庭去过他们自己的生活。经济危机时期,许多欧洲父母由于他们的成年孩子纷纷回家住而感到苦恼。与之相反的是,日本孩子则被要求在他们长大之后能够照顾父母,就像父母以前照顾他们一样,这反映了人际之间的相互依赖感。土居健郎认为正是这种来自家庭的相互依赖心理,使得日本人将公司看作一个大家庭,各家庭成员之间和睦相处、互助合作,在上下级之间存在着酷似亲子关系的"温情"。[71]对自我的感觉是相互依赖(用关系来定义)而不是独立(真实面对自己)的。[72]

这种相互依赖感在中东的文化中也相当明显。对于他们来说,家人住在 3 000 英里⊖以外是不可理解的,更不要说接受了。这种观念曾经使得招聘需要到海外工作的员工变得十分困难。一家在埃及的跨国公司非常高兴地找到了一位适合外派的当地经理,但又失望地放弃

⊖ 在德国的公司治理结构中,董事会是两层结构:由负责日常经营管理的执行董事会和由所有非执行董事组成的监事会组成。执行董事会的主席也就是通常意义上的 CEO,但是按照德国法律,执行董事会更多的是集体决策。通常执行董事会每周开一次会,会议长度甚至可以持续一整天。执行董事会向监事会报告并受其监督。法律规定,员工人数在 500～2 000 人的企业,监事会的成员 1/3 来自员工代表,由员工选举产生。

⊖ 1 英里 = 1 609 米。

了，因为对于单身的她而言不可能远离父母单独生活。类似地，在俄罗斯，把孩子丢给一个十几岁的临时保姆照管而非祖母则是令人非常惊讶的事。[73] 日本也与俄罗斯非常类似，作者张刚峰于 2015 年秋冬学期在日本九州大学给 MBA 学生授课时，班上有一位学生，他是美国人，但是与日本人结了婚，于是搬到了日本居住，并在他妻子家的家族企业工作。那是一家营收上亿美元的企业，也一直对国际扩张有兴趣，在福冈期间，作者曾和他妻子及他们公司另外一位负责国际市场营销的毕业于美国华盛顿大学 MBA 项目的同事一起吃饭聊过中国市场的事，当时就约定他们在 2016 年五一假期期间来上海考察一下中国市场。在上海见面时，张刚峰问学生，他是如何安顿他 3 岁和 7 岁的两个孩子的。他说，在美国大家会找一个保姆照顾孩子，但是在日本人们接受不了，他妻子无法接受由一个毫无关系的外人照看孩子，而孩子的外祖母年事已高，孩子唯一的姨妈又恰好在这个时间有事没法帮助照料，最后是那位学生让他自己的父亲从美国飞到日本来帮助照看孩子。当然，这位学生的父亲非常乐意飞到福冈来看看他的两个小孙女。

个人主义和集体主义概念，与等级次序一样，可能是最常被提及和被研究的文化维度。著名学者亨利·蔡安迪斯（Harry Triandis）和他的同事在这个文化维度方面做了大量的研究。[74] 在对 20 个关于"我是……"的问题的回答中，那些用与别人的关系来定义自己（如父亲或儿子、丈夫或妻子）的人被认为具有集体主义的价值观；相反，那些更倾向于个人主义的人则用个人特点或特征来定义自己。这种独立/依赖的自我被认为与认知和情感有关，或者说我们是怎么想的和我们感觉到的是什么。例如，在集体主义文化中，自我被视为相互依赖，羞耻感和令别人失望这样的情感更可能出现；在个人主义文化中，自我被视为独立，内疚或没能达成个人期望的心理则更普遍。[75] 德国社会学家把这种观念看作礼俗社会（gemeinschaft）和法理社会（gesellschaft）。[76] 在一个礼俗社会中，人际关系基于相对同质性的文化，并倾向于拥有亲密的、非正式的、合作的关系，浸淫着个人对群体的道义责任。这种人际关系典型地存在于原始的狩猎–采摘社会、小型农耕社会等前工业社会。而在法理社会中，人际关系则更加的正式、目标导向、异质性，这种人际关系主要基于个人自身的利益、相互竞争和复杂的劳动分工，在大型农业社会和工业社会更加普遍。

在工作场所上，这种差别可以从决策时是倾向于鼓励持有个人主见还是达成群体共识的行为上看到，它也体现在同事间互相帮助的程度。我们可以来看看一位在法国工作的俄罗斯外派人员令人沮丧的遭遇。

我想法国是一个崇尚个人主义的社会，这可以在工作场所中看到，每个人都坐在各自的小隔间里。有时候，工作很难开展，特别是当你在为某一个项目而工作，而你的工作恰好对别人有影响时。有时候我的某个同事会被工作忙得应接不暇，而其他的人则假装没看见。当然也会偶尔帮助他，但不总是如此。我们（俄罗斯）是集体主义国家，假如你需要帮助，我会伸出援助之手。[77]

当个人主义/集体主义文化与等级次序文化结合在一起时会产生非常有趣的反差。[78] 蔡安迪斯提出了垂直个人主义和水平个人主义的概念，垂直个人主义强的人不仅关注自身的个人利益是否最大化，同时也关心其获得的利益是否比他人更多一些。相比之下，水平个人主义虽然也关心个人利益的最大化，但是他们较少与人做横向的比较，人们彼此更平等和独立。比如说，宗族或家庭模式应该反映了等级次序和集体主义，而在项目管理团队中我们可能看到成员之间更加的平等而又互相依赖。然而，霍夫斯泰德的研究在国家层面只发现很少几个这样的案例。

2.4.7　空间、语言和时间

关于空间、语言和时间的假设的讨论最初是由人类学家霍尔发起的。[79] 这些维度与我们上述讨论过的维度互相联系在一起，并且影响着我们如何与环境打交道以及如何与他人互动。语言反映和构建了与自然的关系（就如滑雪者如何定义雪，水手如何描述大海一样）。就表达内容和表达方式而言，语言也提供了人们之间建立联系的手段。关于空间的假设可以通过建筑和内部设计等反映出来，也可以通过人与人之间的物理空间与情感距离体现出来。还有，我们对于时间的观点以及我们如何管理时间部分取决于我们认为对于所发生事情的掌控程度，而这又反过来决定了我们会花费多少时间用于发展人际关系或者用于完成工作（任务和成就）。

有关空间的假设有多种方式表达，既有物理上的也有个人情感上的，还有不同的层次，既有可以被观察到的，也有只能通过推断得出的。公共/私人空间与占有感和对特定领域的占有相关。[80] 公共取向是指空间为每个人所共享，只要是在该空间存在的一切皆如此。私人取向意味着该空间被特定的个人和群体所拥有，不存在正式的共享。在办公环境中，关闭的房门、私人办公室和办公桌所建立起来的空间区域和距离都反映了一种私人取向的文化。开放式办公理念、自由轻松地分享工作资料和想法、员工间密切接触以及随意的空间都反映了一个更加公共取向的文化。

将空间狭小的日本（岛国心理）与地域宽广的美国（开疆拓土的精神）相比较[81]，由于人口数量大和有限的可获得空间，在日本自然会非常重视空间的节约。日本公司一般会把办公空间安排成开放式的，员工和其领导的办公桌都会安排在同一间大房间里，没有隔断，自由分享信息。缺乏私密性意味着需要仔细管理个人空间，人们认为礼仪上的正式程度以及私人距离是对物理空间缺少的某种补偿，所以日本人不愿意触碰或被人触碰，喜欢鞠躬而不喜欢握手。

在美国，物理空间上很少有约束，因此产生的解决方式与日本完全不同。因为高度重视私密性，企业高层人员一般会拥有更大、更私密的空间，而不会太强调是否和谐。宽敞的空间意味任何的冲突只需挪开或者"找块新地方（开拓西部）"来解决。美国人的流动性，无论是地域还是在职业上，都是其"开拓精神"的体现。因此可以这么认为，美国人的友好或者喜欢彼此接触反映了需要努力减小空间和距离过大的必要性。因此，美国人更乐于分享个人信息，询问他人的私生活。北美人还愿意像交换货币一样互相交流个人信息，以表达善意，并希望能受到同样的对待，从而建立关系。然而，欧洲人相对于美国人来说更加保守，由于历史上的侵略和被侵略，欧洲人对陌生人有着更强烈的怀疑心理，本能地与之保持一定的距离。[82]

因此，关于个人空间的假设决定了与他人关系的本质和程度，以及你期望从家庭或同事那里得到什么：建立关系还是公事公办？这表现在诸如正式头衔和称谓（正式的"您"还是非正式的"你"）的使用等表象和行为上，它也反映在信息是直接表达出来的还是内嵌在其他信息之中的，换句话说，有多少信息是"此处无声胜有声"。

1. 语言

语言的使用对我们的世界观的影响是最显而易见的，但又是被理解得最不够的。正是通过语言，我们形成了思想和体验了世界以及其他一切。经常被引用的例子就是因纽特人有很多关于"雪"的词汇，显示了经验与语言之间存在着复杂的关系。我们的语言反映了我们的经验，但同时它又塑造了我们所经历的对象。[83] 语言决定了我们所能看到的和不能看到的，我们所说的和我们忽略不说的，以及什么人被允许说什么。因此，它既影响了我们同环境的关系，也影响了我们同其他人的关系。

霍尔区分了"高语境文化"和"低语境文化"。[84] 在低语境文化中，沟通通常是清晰而直接的，或者说是明确的，你将被要求直接切中主题，而不是"旁敲侧击"，也不希望从字里行间来读出话外音。人以及情境与信息的交流并不存在特别的相关性，每个人都应该能够明白信息，并能平等地获得信息。

在高语境文化中，交流在很大程度上依赖于人与情境，人们分享信息，但有些人比其他人更优先得到信息。信息并不是可以无偿轻易获得的，很多信息隐含在话语之中而未明确表达出来。人们并不只是依赖语言来交流，语调、时机、面部表情和肢体语言都是沟通的方式，因此，能够读出非语言信号和肢体语言也是非常重要的。人们期望你表达要委婉，不要过于直截了当以及将所有事都说出来，这会造成许多尴尬和不舒服。所以，日本人有 16 种方式来表达否定却避免使用"不"，包括沉默、道歉、说"是的，但是……"，或者不马上应答。如果算上准语言 ⊖ 和非语言行为方式的话，日语中大约有 160 种途径来表达"不"。[85]

这种"高语境"和"低语境"文化的差异会造成沟通困难，而且当沟通者拥有相同的母语时，情况就更让人吃惊了。例如，在交流时，美国人喜欢直接并直切主题——清楚而明晰；英国经理则经常抱怨说，他们发觉美国人的项目展示令人生气，因为美国人在阐述中事无巨细，对浅显明了的东西也要滔滔不绝地去述说。对于美国人来说，他们对那些花哨的修辞没有耐心，他们认为，语言是一种工具而不是一种艺术表现的形式；英国人却刚好相反，他们认为演讲更应具有启发性。对"英语"语言的良好运用能力被看作是有教养和有智慧的标志。

有关语言的假设也决定了说什么和怎么说，这可以从诸如恰当的讨论话题（家庭、宗教或者政治）以及表情的丰富程度等表象中观察到。在亚洲文化中，表达情绪可能会被看成是一种不成熟或者是危险的冲动迹象。北美的经理发现他们自己可能比较容易发怒，但他们又会对俄罗斯伙伴的"多愁善感"感到惊讶。斯堪的纳维亚经理在观察意大利人或者法国人讨论时会感到害怕，觉得他们会动手打起来。对于美国人来说，沉默和保留会引起他们极度的不舒服，而在日本沉默可以是一种深层次的相互信任的表示，亲密的朋友可以在一起只是默默地喝酒，而不用语言交流。

虽然文化差异会影响我们交流的内容和方式，但是工作上的问题经常是因为对语言的掌握水平不同而造成的。任何商务实践所选择的通用语言可能被视为给予某一方有利地位，而对另外一方则是失去地位。这一点在瑞典和芬兰企业的并购中得以体现，在这家公司中瑞典语是正式的工作语言，从而形成了有利于说瑞典语的人的社交网络。[86] 当一家法国跨国公司宣布英语成为公司的工作语言时，许多资深管理人员因为对他们自己的英语没有信心，感觉他们失去了地位，无法再有效地影响决策。[87] 有关虚拟团队的研究表明工作语言中带有较重的地方口音或语言不够流利会强化文化刻板印象，并且人们可能错误地将其语言能力与专业能力联系在一起。[88]

⊖　准语言（para-verbal）是指在沟通中既不使用语言，也不使用非语言方式，而是使用语调、节奏、声音的高低和说话的速度这样的渠道来表达意思。

2. 时间

关于时间的假设也会影响我们与环境和人之间的关系。虽然对待时间的不同态度很容易被察觉到，就像"拖延症"，但深层次的含义很难被理解。这些假设已经被霍尔分别描述为单向度的时间观和多向度的时间观[89]，以及对过去、现在和将来的取向。[90]

3. 单向度与多向度

在盎格鲁－撒克逊和北欧的文化中，时间被看成是有限的；时间就像金钱，是有限的资源，可以被节约下来、花费抑或浪费。时间被看成是"单向度的"，以循序和线性的形式构建。来自这些国家的管理者都比较典型地希望制订以小时或者半个小时为单位的会议计划。事实上，如果他们参加一个讨论，很可能他们会在新的约见之人到来之前结束话题。而这位约见之人如果是来自北欧文化的人，他可能会耐心等待直到"轮到"他的见面。但是假如他是一位来自拉丁文化的人，他可能会感到被忽视，心理受到打击，并可能会悻悻然地离去。来自"单向度"文化的管理者会特别在乎甚至固执于会议的按时进行，并且有效地利用时间。

在拉丁欧洲和中东文化中，时间被看作是无限的、同步的，或者说是"多向度的"。来自这些国家的管理人员典型地会认为时间是用来适应工作的，而且几项工作可以同时进行。由于时间是可以延伸的，在一场商务约会中，一位来自拉丁文化的管理人员迟到了，因为他在赴约的走廊上碰到了一位同事或者朋友，而对他来说不停下来聊几句是不可想象的，朋友会非常生气。在中东，商务会谈往往断断续续，不断地被电话和来访者打断，甚至你的商谈对象可能得周旋于同时进行的多项商谈。这些反映了关系的重要性，但是对于任务导向的人来说，这是难以接受的。

因为时间在有些文化那里被看作是有限的而在另外一些文化那里又被看作是可以延伸的，这就形成对"守时"重要性的不同认识。在不同的文化中，不仅仅关于守时的观念是不同的，而且对"守时"的定义也不同。时间还可以体现等级的差别，例如在英国，你越重要就越被允许让别人等你。而在德国则刚好相反，老板迟到比下属迟到更加不能被容忍。在有些文化中，守时意味着值得信赖。

4. 过去、现在和将来

按照过去、现在和将来在文化中不同的重要性，人们对于时间的态度也不同。在以"过去"为导向的文化中，传统和历史非常重要，例如在英国，人们对历史事件和历史人物非常尊敬。以"现在"为导向的国家比如巴西，关注的是现在正在发生的事情，包括当前的事件和问题。以"未来"为导向的国家比如美国，则极其强调计划、愿望和未来的成就。美国人喜欢一句谚语："不要为洒了的牛奶而哭泣"，这意味着不要为已经发生的事情而过于担忧后悔。相对于"将要发生的事"来说现在已不再重要了。欧洲和亚洲的经理经常抱怨美国人太没有耐性，总是急匆匆的。在欧洲或者亚洲，人们重视过去和强调传统的重要性，这与美国刚好相反。

时间的导向性也影响了对待变革的态度。美国人认为变化在本质上是好的，所以总是不断地探索做事的新方法或者更好的方法，并且乐观地把未来看作是对过去的改善。然而，对于欧洲人来说变化可能被看成在本质上是危险的，因为它威胁到一直以来的传统。在法国，过去的经验总是被视为不去做某件事的理由："这是不可能的，以前从未这样做过。"这意味着现在和未来都是由过去所发生的事情决定的。美国人可能这样回答："好吧，让我们试试看，也许现在能成。"

2.5 诠释文化的模式

上面所叙述的主要的文化维度是相互关联的，比如说，人与自然关系的维度与时间和做事的文化维度是联系在一起的。在一个相信人能够控制自然的文化中，时间往往被看作是单向度的：时间是可以用时间表和日程安排来控制的。人定胜天的观念也鼓励人们主动做事和获取成就，这又反过来强化了任务和绩效的重要性而不是关系；强化了目的的重要性而不是在一系列关系网中的位置；强化了个人主动性的重要性而不是群体归属感。绩效的重要性又往往与共同的真理、规章制度，以及直接的、低语境的语言联系在一起，遵照流程和将事情清楚明白地表达出来很重要，这样才能保证事情能按照预定的计划进行。

相反，在不认为人是凌驾于自然之上的文化就不相信时间可以被管理，或可以进行规划。由于对所发生的事情缺乏控制，你是谁就比你做了什么更加重要——身份比成就更重要。由于人们觉得关系要比工作绩效更有意义，因此，群体或者集体变成一个重要的控制手段，人们倾向于利用社会关系控制而非任务或者绩效控制来管理。由于群体的重要性，就会有更多的人与人之间的互动以及群体内部的凝聚力。崇尚忠诚，从一个群体跳到另一个群体变得不太可能（低流动性）。因此，语言较为可能倾向于高语境，因为随着时间的流逝，在一个固定的群体里就有大量众所周知的故事及其背后的意义。由于照顾他人的面子来保持和谐变得非常重要，人们会更加关注感觉而不是绝对事实。

理查德·刘易斯（Richard Lewis）提出了 3 个维度，即线性主动型、多元主动型和被动反应型。[91] 在线性主动型文化中人们更倾向于任务导向，依赖于事实与数据，喜欢分析和逻辑思维，语言直接切入主题，个人主义以及没有太多的情绪表露。多数北欧国家和盎格鲁-撒克逊国家集中属于这一文化类型。在多元主动型文化中，人们更倾向于以关系为导向，决策时更相信直觉，更直接并更愿意表露情绪，这样的文化可以在拉丁和阿拉伯国家发现。来自被动反应型文化的人强调和谐及入乡随俗，对他人的需求比较敏感，关心他人，在沟通中一般不会直截了当，会尽量避免冲突和情绪的流露。亚洲国家的文化经常是这种类型。

这些模式并不是互相排斥的或者已经穷尽了所有的文化模式，这些文化模式代表了几种极端情形，而所有国家的文化都可以放到这些极端情形之间的某一个位置上。本章所描述的主要维度可以被用来测量文化，无论是国家文化还是其他类型的文化。安德烈·劳伦特教授用蓝色和绿色文化代表两种极端的文化类型，用颜色而非国家来代表文化是为了鼓励对这些文化原型的优劣势、能力与病状进行讨论，而不会受到特定国家的文化刻板印象的干扰。不过每一个国家都可以依据理论概念和实证研究结果被放置于这些维度的某一个位置上，奥斯兰（J. S. Osland）和伯德（A. Bird）[92] 将此称作"精致的刻板印象"。

这些文化维度不仅仅可以用来讨论国家之间的文化差异，也可以用来分析和讨论不同行业之间以及不同公司之间和不同职能部门之间的文化差异。需要注意的是，即使在一个等级非常分明的国家，某一特定公司的文化也可能是比较平等的。对于个人来说，无论其在哪个国家或哪个公司，我们都可以用这些文化维度来分析他们到底是哪种文化的"产物"。将国家、公司或个人放到这些文化维度中来衡量，将有助于识别公司和国家之间，以及包括个人与相应的公司之间可能存在的冲突以及协同作用。

　　有一些工具可以用来测量文化价值观，比如说由迪斯泰法诺（DiStefano）和马兹内夫斯基开发的"文化观量表"（CPQ），人们可以看到人们的回答与来自同一国家的管理者，或者与其团队和组织成员的回答具有相似性。这一量表的数据库基于对数千位瑞士洛桑国际管理发展学院的 MBA 学生，以及参加其高培项目的管理者和高级管理人员所进行的测试，因此并不一定代表某一特定国家的普通人。个人的回答可以被用来勾画团队成员之间的差异与相同之处，如在领导力和时间观等方面，从而为制定相应的管理异同的策略提供了基础。比如说，我们可能会因为发现团队成员具有相似的未来取向而感到宽慰，但是我们仍然可能需要注意人们在对过去的认识上的差异或者对于当前的工作截止日期上的差异。这种方法被称作标识差异—联结融通—整合差异（mapping-bridging-integrating）。[93]

　　在本章中我们提供了分析诊断文化的框架和一系列关键的维度。这个框架是根据文化的可视性或者可及性以及辨析文化的方法来组织的，我们可以观察器物和行为，询问价值观和信仰，诠释隐含的假设。基本假设代表了最深层次的文化或者说我们认为理所当然的世界观。我们正是要在这个层次上寻找行为、信仰和价值观的意义。这些假设被深植在心灵内部，因此往往需要文化上的外人才能探测和发现它们，正所谓"不识庐山真面目，只缘身在此山中"。即使那样，它们也无法通过直接的提问得出，而不得不通过推论来得出；一旦经过推论，这些假设就必须要验证，通过进一步的提问和更密切的观察来证实。随着时间的推移，行为方式和器物、信仰和价值观开始逐渐提供一个反映该文化内在逻辑的清晰一致的画面。意义的网络被错综复杂地编织在不同的要素和层次之间，具有连贯性和持久性。即使我们并不总是能明白为什么，我们也开始意识到那些对于我们来说很奇怪的东西对其他人来说却有着真真切切的意义。

○ 注释

1　Geertz, C. (1973) *The Interpretation of Culture*, New York: Basic Books, p. 5.

2　Mead, M. (1953) *Coming of Age in Samoa*, New York: Modern Library.

3　Hall, E.T. and Hall, M.R. (1990) *Understanding Cultural Differences: German, French and Americans*, Yarmouth, ME: Intercultural Press.

4　Lévi-Strauss, C. (1971) *L'Homme Nu*, Paris: Plon; Geertz, *Op. cit.*

5　Argyris, C. and Schon, D. (1974) *Theory in Practice*, San Francisco: Jossey-Bass.

6　储殷．"宽松的西方教育，偷偷完成社会分层"，http://www.guancha.cn/Chuyin/2015_08_30_332402.shtml.

7　Schein, E.H. (1985) *Organizational Culture and Leadership*, San Francisco: Jossey-Bass.

8　Hofstede, G. (1980) *Culture's consequences: International differences in work-related values*, Newbury Park, CA: Sage; Trompenaars, F. (1993) *Riding the waves of culture*, London: Nicholas Brealey.

9　Sherman, C.D. (1986) 'Seating surplus Japanese workers by the window: How Japanese firms put workers out to grass', *International Herald Tribune*, 10 October, p. 21.

10　Browning, E.S. (1994) 'Side by side', *Wall Street Journal*, 3 May, p. 1.

11　Orleman, P.A. (1992) 'The global corporation: Managing across cultures', Master thesis, University of Pennsylvania.

12　Gould, M. (1994) 'Revolution at Oticon A/S (B): Acquiring change competence in a "spaghetti organization"', IMD case OB229.

13　'The battle plans of Hilmar Kopper', *Euromoney*, January 1994, pp. 29–44.

14　Hall and Hall (1990) *Op. cit.* p. 11; Hall, E.T. (1960) 'The silent language of overseas business', *Harvard Business Review*, May/June, 38(3), pp. 87–95.

15 Williamson, P.J. and Raman, A.P. (2011) 'How China reset its global acquisition agenda', *Harvard Business Review*, 89(4), pp. 109–114.

16 Muratbekova-Touron, M. (2011) 'Mutual perception of Russian and French managers', *The International Journal of Human Resource Management*, 22(8), p. 1736.

17 Hall (1960) *Op. cit.*

18 Martin, R. (1995) '90's credo: Dress down for success', *International Herald Tribune*, 18–19 March, p. 11.

19 Jordans, F. (2011) 'Swiss bank UBS to change much-mocked dress code', *Associated Press*, 17 January.

20 http://wiki.answers.com/Q/What_country_in_the_world_has_most_ lawyers_per_capita .

21 张利华 . "任正非给了谁一个大大的耳光?", 百度百家, 2015 年 6 月 22 日, http://zhanglihua.baijia. baidu.com/article/19722.

22 England, G.W. (1978) 'Managers and their value systems: A five-country comparative study', *Columbia Journal of World Business*, 13(2), pp. 35–44; Haire, M., Ghiselli, E.E. and Porter, L.W. (1966) *Managerial Thinking: An International Study*, New York: Wiley.

23 Hofstede, G. (1980) *Op. cit.*; Hofstede, G. (1980) 'Organization, motivation and leadership: Do American theories apply abroad?', *Organization Dynamics*, 9, 42–63; Laurent, A. (1983) 'The cultural diversity of western conception of management', *International Studies of Management and Organization*, 13(1–2), pp. 75–96; Trompenaars (1993) *Op. cit.*

24 Lawrence, P.A. (1980) *Managers and Management in West Germany*, London: Croom Helm, p. 187.

25 Williamson and Raman (2011) *Op. cit.*

26 Kohls, L.R. (1979) *Survival Kit for Overseas Living*, Yarmouth, ME: Intercultural Press.

27 Cappeli, P., Singh, H., Singh J. and Useem, M. (2010) 'The India way: Lessons for the US', *Academy of Management Perspectives*, 24(2), pp. 6–23; Agrawal, A., Kets de Vries, M. and Florent-Treacy, E. (2006) 'The moral compass: Values-based leadership at Infosys', *INSEAD Case*.

28 Javidan, M., Dorfman, P. W., de Luque, M. S. and House, R. (2006) 'In the eye of the beholder: Cross-cultural lessons in leadership from Project GLOBE', *Academy of Management Perspectives*, February, pp. 67–90.

29 Bennhold, K. (2012) 'Class war returns in new guises', *International Herald Tribune*, 27 April, p.2.

30 Trompenaars (1993) *Op. cit.*

31 See Van Maanen, J. (1988) *Tales of the Field*, Chicago: University of Chicago Press.

32 Geertz, *Op. cit.*

33 Glaser, B.G. and Strauss, A.L. (1967) *The Discovery of Grounded Theory*, Chicago: Aldine.

34 Van Maanen (1988) *Op. cit.*

35 Kets de Vries, M.F.R. and Miller, D. (1987) 'Interpreting organizational texts', *Journal of Management Studies*, 24(3), pp. 233–47.

36 Kluckholn, F. and Strodtbeck, F., (1961) *Variations in value orientations*, Evanston, IL: Row, Peterson; Schein (1985) *Op. cit.*; Adler, N.J. (1991) *International Dimensions of Organizational Behavior*, 2nd edn, Boston, MA: PWS Kent; Trompenaars (1993) *Op. cit.*; Rhinesmith, S. (1970) *Cultural Organizational Analysis: the Interrelationship of Value Orientations and Managerial Behavior*, Cambridge, MA: McBer Publication Series, No. 5.

37 Adler, N.J. (1981) 'Re-entry: Managing cross-cultural transitions', *Group and Organizations Studies*, 6, pp. 341–356.

38 Hofstede, G. (1980) *Culture's Consequences*, London: Sage.

39 Schein, E.H. (1985) *Op. cit.*

40 DiStefano, J.J. and Maznevski, M.L. (2003) 'Culture in management: Mapping the impact', *IMD Perspectives for Managers*, 104, November, pp. 1–4; Hofstede (2004) *Op. cit.*; Trompenaars (1993) *Op. cit.*

41 Bond, M., Leung, K. and Wan, K. (1982) 'How does cultural collectivism operate? The impact of task and maintenance contributions on reward distribution', *Journal of Cross-Cultural Psychology*, 13, pp. 186–200.

42 Tung, R.L. (1982) 'Selection and training procedures of U.S., European, and Japanese multinationals,' *California Management Review* 25, pp. 57–71.

43 Minkov, M. (2007). *What makes us different and similar: A new interpretation of the World Values Survey and other cross-cultural data.* Sofia, Bulgaria: Klasika i Stil.

44　Hofstede, G. (2011). Dimensionalizing Cultures: The Hofstede Model in Context. Online Readings in Psychology and Culture, 2(1). http://dx.doi.org/10.9707/2307-0919.1014.

45　House, R.J., Hanges, P.J., Javidan M., Dorman, P.W. and Gupta, V. (2004) *Culture, leadership and organizations: The GLOBE study of 62 societies*, Thousand Oaks, CA: Sage; Javidan (2006) *Op. cit.*

46　Hofstede, G. (2006) 'What did GLOBE really measure? Researchers' minds versus respondents' minds', *Journal of International Business Studies*, 37, pp. 882–896; Javidan, M., House, R.J., Dorman, P.W., Hanges, P.J. and Sully de Luque, M. (2006) 'Conceptualizing and measuring cultures and their consequences: A comparative review of GLOBE's and Hofstede's approaches', *Journal of International Business Studies*, 37, pp. 897–914.

47　Nardon, L. and Steers, R.M. (2009) 'The culture theory jungle: Divergence and convergence in models of national culture', *Cultural Foundations* (Part 1) in *Cambridge handbook of culture, organizations, and work* (eds) R.S. Bhagat & R.M. Steers, Cambridge, UK: Cambridge University Press, p. 3.

48　Spector, P. E., Cooper, C. L. and Sparks, K. (2001) 'An international study of the psychometric properties of the Hofstede Value Survey Module 1994: A comparison of individual and country/province-level results', *Applied Psychology: An International Review*, 50, pp. 269–281.

49　Copeland Griggs (1983) *Going International Part II*, Video.

50　Basler, B. (1990) 'China's looming symbol', *International Herald Tribune*, 23 March, pp. 1, 6.

51　Tsang, E.W.K. (2004) 'Toward a scientific inquiry into superstitious business decision-making', *Organization Studies*, 25(6), pp. 923–946.

52　Hofstede (1980) *Op. cit.*

53　Cyr, D.J. and Schneider, S.C. (1996) 'Implications for learning: Human resource management in East–West joint ventures', *Organization Studies*, 17(2), pp. 207–26.

54　Michailova, S. and Husted, K. (2003) 'Knowledge-sharing hostility in Russian firms', *California Management Review*, 45, pp. 59–77.

55　Jackson, T. (2011) *International management ethics: A critical cross-cultural perspective*, Cambridge, UK: Cambridge University Press.

56　Trompenaars (1993) *Op. cit.*

57　Orleman, P.A. (1992) 'The global corporation: Managing across cultures', Master Thesis, University of Pennsylvania.

58　Fontaine, R. (2008) 'Islamic Moral Responsibility in Decision-Making', *Journal of Economics and Management*, 16(2), pp. 165–85.

59　Nisbett, R.E. (2003) *The geography of thought: How Asians and Westerners think differently. . . and why*, New York: Free Press.

60　Nonaka, I. and Toyama, R. (2007) 'Strategic management as distributed practical wisdom (Phronesis)', *Industrial and Corporate Change*, 16(3), p. 374.

61　Song, Y-J., Hale, C.L. and Rao, N. (2005) 'The South Korean chief negotiator: Balancing traditional values and contemporary business practices', *International Journal of Cross-Cultural Management*, 5(3), p. 323.

62　See Furnham, A. (1989) *The Protestant Work Ethic*, Routledge: London.

63　McGregor, D. (1960) *The Nature of Human Enterprise*, New York: McGraw-Hill.

64　Gould (1994) *Op. cit.*

65　Whitener, E. and Stahl, G.K. (2004) 'Creating and Building Trust', pp. 109–120 in H. W. Lane, M.L. Mazneveski, M.E. Mendenhall and J. McNett (eds.) *The Blackwell Handbook of Global Management: A Guide to Managing Complexity*, Malden, MA: Blackwell.

66　Puffer, S. and McCarthy, D. (2011) 'Two decades of Russian business and management research: An institutional theory perspective', *Academy of Management Perspectives*, 25(2), pp.21–36.

67　Trompenaars (1993) *Op. cit.*

68　Hofstede (1980) *Op. cit.*

69　'The gospel according to Ikea' (2000), *The Guardian*, June 26, retrieved from: http://www.guardian.co.uk/g2/story/0,3604,336379,00.html.

70　Markus, H. and Kitayama, S. (1991) 'Culture and self: Implications for cognition, emotion and motivation', *Psychological Review*, 98, pp. 224–53.

71　Doi, T. (1987) *Amae no shuhen*, Tokyo: Kobundo. 土居健郎 . 日本人的心理结构 [M]. 阎小妹，译 . 北京：商务印书馆，2006.

72　Markus and Kitayama (1991) *Op. cit.*

73　Barry, E. (2012) 'A thirst for American tales', *International Herald Tribune*, 12 December.

74　Triandis, H.C. (1994) *Culture and Social Behavior*, New York: McGraw Hill.

75　Markus and Kitayama (1991) *Op. cit.*

76　Fiske, A.P. (1992) 'Four elementary forms of sociality: A Framework for a unified theory of social relations', *Psychology Review*, pp. 689–723.

77　Muratbekova-Touron, M. (2011), Mutual perception of Russian and French managers', *The International Journal of Human Resource Management*, 22(8), pp. 1723–1740.

78　Triandis, H.C. (1994) *Op. cit.*

79　Hall (1960) *Op. cit.*

80　Hall (1960) *Op. cit.*

81　Wallin, T.O. (1972) 'The international executive baggage: Cultural values of the American frontier', *MSU Business Topics* (Spring), pp. 49–58.

82　Meyer, H.-D. (1993) 'The cultural gap in long-term international work groups', *European Management Journal*, 11(1), pp. 93–101.

83　Whorf, B.L. (1967) *Language, Thought and Reality*, Cambridge, MA: MIT Press.

84　Hall and Hall (1990) *Op. cit.*, p. 6.

85　Ueda, K. (1974) 'Sixteen ways to avoid saying "no" in Japan', in J. Condon and M. Saito (eds) *Intercultural Encounters with Japan*, Tokyo: Simul Press, pp. 185–192.

86　Vaara, E., Tienari, J., Piekkari, R. and Santii, R. (2005) 'Language and circuits of power in a merging multinational corporation', *Journal of Management Studies*, 42(3), pp. 595–623.

87　Neely, T. (2012) 'Global business speaks English', *Harvard Business Review*, May, pp. 117–124.

88　Klitmoller, A., Schneider, S. and Jonsen, K. (2013) 'Language use and social categorization in global virtual teams: Exploring the positive effect of written communication', *Proceedings of the AOM Conference*, Orlando, Florida.

89　Hall and Hall (1990) *Op. cit.*, p. 13.

90　Trompenaars, F. and Hampden-Turner, C. (1997) *Riding the waves of culture: understanding cultural diversity in business*, London: Nicholas Brealey.

91　Lewis, R.D. (1996) *When Cultures Collide*, London: Nicholas Brealey.

92　Osland, J.S. and Bird, A. (2000) 'Beyond sophisticated stereotyping: Cultural sensemaking in context', *Academy of Management Executive*, 14(1), pp. 65–87.

93　Distefano, J.J. and Maznevski, M.L (2000) 'Creating value with diverse teams in Global Management', *Organizational Dynamics*, 29(19), pp. 45–63.

第3章

相互作用的"文化之球"

　　文化无处不在，并总是同组织生活息息相关，但没有明确的或者自然层面的分析让我们得以观察它。

——约翰·万·曼伦和安德烈·劳伦特[1]

　　在第 2 章中我们介绍了一个包含主要文化维度的综合性的分析框架，这些文化维度得到了绝大多数研究跨国文化差异的管理学家的认同。我们也介绍了发现文化的方法：从观察表象和行为开始，寻找信仰和价值观，然后来诠释隐含的假设。虽然上面讨论的主要是国家文化，但是，同样的维度和方法可以应用于其他不同的文化，比如说区域文化、企业文化、行业文化、职业文化、职能文化等；所有这些不同的文化是相互独立的，我们形象地将它们称作"文化之球"。事实上，文化对商务与管理实践的影响可以在不同的"文化之球"上看到。

　　这些影响商务和管理的"文化之球"以复杂的方式相互作用，从而使得对在任何一个特定国家从事商务活动都开出一个万灵药似的通用简单的处方是不太可能的。比如说，当你来到中国，只知道它在某一个文化维度（如等级制度）上所处的位置是不够的，我们必须认识到为一个在上海的制药公司提供咨询服务和为一个在香港的银行提供咨询服务是很不一样的，地域和行业之间的文化差异也可能会对企业构成决定性的影响。我们需要有能力来辨别和评价哪些维度是与需要关注的领域相关的并且是需要去了解的。比如说，我们可能需要了解在某个国家和地区的某个特定行业里某一特定公司里特定部门里的关系是如何管理的！为此，我们可能需要从很多不同的方面去发现文化：国家内部的区域文化（城市还是乡村，北方还是南方）、不同国家群体之间的文化（北欧国家还是拉丁美洲国家）、行业文化（制药业还是银行业）、企业文化，以及不同职业群体（科学家还是工程师）和职能部门（营销还是财务）的文化。[2]

　　在不少情况下，我们甚至无法知道，到底是国家间的界限更有意义还是公司间的界限更有意义，抑或是同一个公司内部不同职能部门之间的界限更加有意义。也许一个来自莫斯科的软件工程师与一个来自孟买的另一家公司的印度软件工程师之间，比前者同来自同一家公司在圣彼得堡分公司的会计之间具有更多的共同点。然而，当你参加一个行业会议时，比如说工程师或会计，甚至是管理学教授们的会议，你会发现国家间的差异还是很明显的。再重复强调一下，管理跨文化差异的关键点是辨析哪一种文化维度与你想要研究的问题是相关的，从而评估它们的潜在影响，并且构想出一个创造性地利用这些文化差异的战略。争辩在所有这些文化之球中哪个更加重要和起支配作用也许是不可能的，甚至是毫无用处的，原则还是要具体案例具体分析。无论如何，在第 2 章中介绍的分析框架和探究方法也适用于其他类别的文化：通过观察表象和行为，或者通过让信仰和价值观显现出来，最后诠释潜在的假设。管理者要让这成为其习惯。

举一个例子，当我们进入某一家公司时，立刻就会看到其在建筑风格、内部布局和装饰、人们的衣着风格和行为方式，以及在互动方式上与其他公司的差异。建筑和内部设计的风格可能强调传统或者强调现代性，或者散发出等级制度的重要性抑或传递出同事关系更为重要的信号。泄露这一信息的线索可能是高层管理人员专享的停车位和餐厅，也可能是敞开的办公室或是紧闭的房门，也可能是着装规范、称谓的形式（以姓还是名称呼、是否使用头衔和敬语），以及上下级之间或者同事之间的交流互动是否轻松等文化符号。

这些观察提供了让我们了解有关管理者的角色、规章制度的重要性，以及沟通和信息流等信仰和价值观的线索。访谈和问卷调查可以揭示这些表象和行为的理由（信仰和价值观）及其意义。进一步的探究可以让隐含在信仰和价值观之下的深层次的假设显现出来：同一层级或不同层级之间人际关系的本质、他们与自然之间的关系，比如说在多大程度上他们认为其是凌驾于自然之上的。这个诊断能够应用于一家公司或者一个部门，通过类似的对同一个行业里不同的公司或者不同公司里工作在相同职能部门或者相同职业的人们的观察，行业文化或职能文化的影响会变得清晰。同一个国家或行业的不同公司之间的差别显现出它们独一无二的企业文化，企业文化在并购时非常重要，从企业文化的差异可以预知可能发生的问题和形成协同的可能性。下面两家荷兰银行合并的例子展示了企业文化在企业并购中的重要性。

3.1　两家不同的荷兰企业

当原先是主要竞争对手的两家荷兰银行宣布合并时，文化差异所带来的挑战就明显地摆在了管理者面前。与公开的断言（"我们都是荷兰人，我们都是银行家，我们上过同样的学校"）恰恰相反，下面这个来访者在到达公司的那一刻就看到了两家银行之间的文化差异。来看看她的证言：

一进入坐落在阿姆斯特丹一条繁华街道上的其中一家银行的总部，我立刻被它那庄严的建筑立面所震撼，厚重的石墙和带栅栏的窗户给人一种保险库的感觉。顺着环形的楼梯往上走，需要经过一个由玻璃围合成的安全检查站，在那里我接受了严格的安全检查（只有一定层级的高管和某些客户才可以从正门进入）。一旦经过了这个检查点，我进入了一个巨大的开放而空旷的空间，在那里一个穿着燕尾礼服的男士迎接了我。接着我被"允许"进入电梯（我被告知这架电梯是专为重要人物保留的），并被引到一个木板镶墙的办公室，办公室里的桌子是桃花心木做的。一个带着白手套的男士用银茶具端来了咖啡、茶还有酥饼。随后的午饭被安排在一个单独的餐厅包厢里。

紧接着，对另一家银行的参观与上面的经历大相径庭：

我耐心地在安全检查桌前等待着，那里的人似乎更喜欢相互聊天而不是招呼我。最后我终于被引入一个巨大的厅堂，这里感觉像一个机场的休息厅，装饰着一些有趣的现代画和雕塑。开放空间的数量让人惊叹，同样让人吃惊的是这里穿着各式各样衣服的人们（穿着牛仔服的女士同时穿着高跟鞋）。经过长时间的等待（45 分钟），我被带着穿过一系列的走廊和建筑物（像乐高主题公园），到达了人事办公室。这个办公室由几个人合并办公，由隔板将空间隔开。当他们问我是否要一杯咖啡时，他们指了指离得最近的一个咖啡售卖机：价格 2 欧元。

　　这些第一印象提供了一些关于信仰和价值观的迹象：诸如地位和权力的重要性、互动的难易和沟通的方向、能动性的水平、行为规则的正式或非正式的程度、控制的本质，以及过去和传统的重要性等。当观察者向内部人员或者了解情况的人询问时，一些深层次的价值观和信仰会更明显地显现出来。我们可以看到，第一家银行是传统型的，比较贵族化，由"绅士"银行家运营。这家银行存在着强烈的"老伙计"网络和相应的重视发展个人关系的证据，因此社会控制比较强烈，对正式的政策和流程的重视程度弱一些。高层管理者被认为具有家长作风——"父亲知道怎么做是最好的"，却又是仁慈的。第二家银行更加激进一些、更加的绩效驱动型，由"街霸"运营。平均算起来，主要高层管理人员比合作银行的伙伴年轻 10岁。虽然这家银行看起来在着装和互动风格上比较随意，但同时它有着更正式的政策、流程以及更清晰的汇报关系和控制。这里有更多的授权，但高层管理人员被认为更强硬和难弄，是要求严厉的监工。

　　这样，不同的行为和实践、信仰和价值观以及隐含的基本假设就显现出来了。对于第一家银行，银行业务被认为是关系驱动的，其结果是有时候它对客户和员工的关心比对业绩的关心要更加多一些。它为员工提供培训和发展项目，员工在数个不同岗位之间进行轮换，这不仅是为了获得更多的银行业的通用知识，同时也是为了建立关系网络。这加强了社会控制，强化了信任的重要性。职员被鼓励成为这个大家庭的一分子，并且会由于他们的归属感和忠诚而得到奖励（职位的提升更多地基于资历）。对于另一家银行，银行业务则被认为是交易导向的。这里更加关心业务结果而不是人（无论是顾客还是职员）。聪明的人会被雇用，在工作中被训练；这里很少有外面的培训机会。一旦被分配到一个部门他们就不太会轮岗到别的部门，因为人们欣赏的是专门化的知识和技能。控制是建立在报告和预算制度上的，而奖励则基于绩效。

　　对于银行业务本质的不同看法（假设）导致了不同的价值观和信仰，这些不同的价值观和信仰又反过来反映在不同的实践和行为上。将这两家银行合并在一起的挑战是每家银行都要去理解并欣赏另一家银行对银行业务隐含的不同假设和伴随的结果，以便能够创造出一套适合当前新的银行业务环境和不同业务部门需求的新文化。

　　在为新合并的银行举行的讨论会上，成员描述了他们各自业务领域的文化，例如，公司财务和私人银行业务部门，并讨论了各个单位由于不同的业务特性所需要的不同文化。这使得他们能够超越通常的区分"我们—他们"的态度，而是首先了解各单位之间的不同需求，也就了解了产生一个整体文化的需要，这个文化将为银行作为一个整体提供一个存在的目的或理由，使得合并出来的是一个更强大而成功的银行。

　　在企业的合并和合资中，文化诊断显然非常重要，因为在合并和合资的情况下，来自不同国家、不同行业、不同企业的管理者需要一起合作来实现这些战略联盟的优势。所以，本章的目的就是要来探索不同的"文化之球"及其影响，以及它们之间复杂的相互作用，从而能更好地预知文化对管理的影响，不管它涉及的是哪两个"文化之球"间的相互作用，如图 3-1 所示。

　　每一个"文化之球"都有一套自己的表象、行为、信仰、价值观以及深层次假设。每个文化都有它自己对于外部适应性和内部整合问题的解决方法。这些不同的解决方法可能恰好相合也可能相互冲突。这些不同的"文化之球"可能以或明显或不太明显的方式，以不同的程度影响着当前的商务活动，因为有些文化可能比另外一些更加深入地嵌入到商务活动。此外，对于不同的"文化之球"来说，不同的文化维度可能或多或少是相关的。我们在第 2 章里介绍的分析框架没有穷尽所有学者提出的框架和维度，比如说关于企业文化就将在以后讨论。

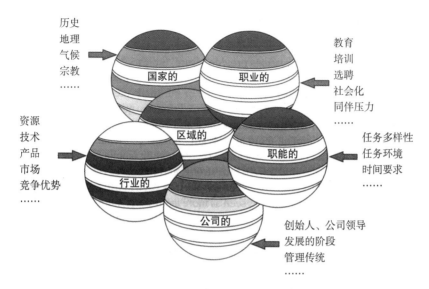

历史
地理
气候
宗教
……

国家的

职业的

教育
培训
选聘
社会化
同伴压力
……

资源
技术
产品
市场
竞争优势
……

区域的

职能的

任务多样性
任务环境
时间要求
……

行业的

公司的

创始人、公司领导
发展的阶段
管理传统
……

图 3-1　相互作用的"文化之球"

　　在下一节里我们将详细探讨各种可能影响商务和管理的"文化之球"：区域文化、行业文化、职能/职业文化以及企业文化。第 2 章中所给出的框架给我们提供了分析的线索，可以帮助我们破解哪些文化维度是相关的，同时我们也将探讨差异背后的原因，然后描述这些不同的"文化之球"是如何相互作用和相互影响从而可能导致问题或者获得竞争优势。我们以国际红十字委员会（ICRC）的案例展示这些不同的文化如何相互作用和相互影响，从而塑造出其组织文化，而这一组织文化可能会促进也可能会阻碍战略的执行、组织架构的合理化和人力资源管理领域的变革。最后，我们将引申出一些建议，希望这些建议对那些在不同国家不同行业的不同公司里为了获取战略联盟的好处而一起工作的管理者有所裨益。

3.2　影响经营和管理的"文化之球"

3.2.1　区域文化

　　区域文化通常用来表征一个国家内部不同地域之间存在不同的文化（诸如德国的各个州）或者用来指称具有相似性的不同国家所构成的区域（例如东南亚）的共性文化。了解这两个不同的指称很重要，这样可以避免类似认为在北京做生意与在上海做生意是一样的假想，或者认为在印度尼西亚做生意与在伊朗做生意会有极大不同这样的假设。事实上，有研究表明在某些文化维度上，如保守性和自主性，中国内部不同地区间的差异比在美国和日本之间发现的还要大。[3] 另一项研究显示，伊朗管理人员的文化价值观与东南亚管理人员的价值观更接近些，而不是与其在中东的邻国的管理人员更接近。[4] 对区域文化的认识可以帮助我们理解为什么不同的产业会在不同的地区繁荣发展，以及为什么从事跨境贸易的商人急切地希望与某些地区的人合作，而不是与另外一些地方的人合作。

1. 国境之内的区域文化

区域文化在地理、历史、语言、宗教、政治和经济力量等因素的影响下演进而成。在国家内部，有时候东西部在地理条件上差异比较大，于是导致了两个区域之间文化的差异，例如纽约和加利福尼亚。在德国，东西之间的差异是由于历史和政治的原因；在土耳其，部分原因却是由于经济发展水平的不同。在其他一些情形中，南北区分成为文化的界限，就像在葡萄牙的里斯本或者波尔图做生意，由于历史原因特别是外族入侵和统治这样的历史事件，你会发现一地存在着阿拉伯人的影响，而另一地则可看到凯尔特人的影响。

在巴西，人们发现不同的子文化是在环境、政治和经济条件的复杂的相互作用基础上发展起来的。[5] 比如说，来自米纳斯吉拉斯州（Minas Gerais）的米内鲁斯人（Mineiros）生活在山区并靠开采金矿为生。由于收税官员不时的监督和不断涌入的淘金者和冒险家，米内鲁斯人学会了在外人面前保护自己，也就是说为了生存需要"狡猾"，导致的结果就是他们相当封闭地生活在可以信赖的家庭和当地教会之中。一直以来用来描述米内鲁斯人的词语是严肃的、安静的、保守的、多疑的和羞怯的。与此相反，人们对居住在里约热内卢的里约人（Cariocas）的描述是：容易相处、性格外向、不太有礼貌、喜欢"美好生活"。他们所生活的环境拥有怡人的气候，靠近大海，并与来自其他社区的人存在紧密接触，这促成了一种放松的生活方式，使得人们聚焦于服务、艺术和政治。然而，尽管存在这些子文化之间的差异，研究表明巴西的各个州之间还是非常相似的，远比他们与其他拉美国家要相似，更不要说与世界上其他国家比较了。[6]

历史的作用可以在加拿大的魁北克人那里看到。"我记得"是那个地区人们的座右铭，提醒我们历史（不列颠人之于法国人）、语言和宗教遗产（法语和天主教）的重要性。例如，在法国的布列塔尼，当地的布列塔尼语（Breton，接近于威尔士语）仍然在路标上使用，这一传统导源于数个世纪前的历史事件（凯尔特人的入侵）。历史的作用在比利时和瑞士也非常明显，在这两个国家里说不同语言的社群基本上友好共存，而他们与说相同语言的邻近国家的相似性比说不同语言的本国人之间还要大。例如，说法语的瑞士人（Romands）和比利时人（Waloons）和法国人之间的文化相似性可以被归因于历史事件（罗马帝国和拿破仑的影响），它带来了共同的宗教、语言和政府管理的传统。由于这一原因，尽管说佛兰芒语的比利时人与荷兰人在语言上具有相似性，霍夫斯泰德测量的比利时的文化价值观看起来更加接近于法国的文化[7]，这也许是由于比利时和法国拥有同样的宗教。

然而，一些重要的差异还是存在的，即便是在说佛兰芒语的比利时人内部和说德语的瑞士不同的州之间，只要看看他们说不同的方言和信仰不同的宗教就可以知道。即便是在说法语的瑞士人之间，不同的州之间由于与相邻的法国在宗教派系、地理位置、历史关系上的关联，还是存在一些差异的。此外，区域之间历史和语言的差异也会反映在经济和政治力量上，成为区域之间关系紧张的一个重要根源。在比利时，经济和政治力量最初在说法语者手里，但是现在在说佛兰芒语的人手里。在布鲁塞尔，语言可能会决定人们会迁居到哪个社区。在瑞士，存在著名的土豆丝饼鸿沟（roestigraben）现象⊖，将说法语和说德语的省份分割开来，这一现象又对应着他们的政治偏好（常常被用于预测在全民公投时的投票模式）以及谁将可能主导在伯尔尼的瑞士政府。

⊖ 土豆丝饼（roesti）是一道传统的德裔瑞士人的菜。从 20 世纪 70 年代开始，土豆丝饼鸿沟被用来形容说德语的瑞士人和说法语的瑞士人之间的文化差异。

　　在国家内部，人们与当地强烈的纽带联系也许会对国家身份认同形成挑战。在法国，某些地区的人们对其区域有着强烈的身份认同，尽管他们一生的大部分时间可能都居住在其他地方。在西班牙，巴斯克人和加泰隆人对区域身份的强烈认同表现在他们持续地要求独立上。在巴塞罗那，当地的语言加泰罗尼亚语成为人们自豪的源泉，尽管在许多年里这都被认为是非法的，但是区域身份认同还是与语言紧密联系在一起，这让那些被送到巴塞罗那学习"西班牙语"或者说纯正西班牙语（卡斯蒂利亚语）的外国学生懊恼不已。[⊖]面临西班牙的经济危机，加泰罗尼亚威胁说要像说佛兰芒语的比利时人那样寻求独立。加泰罗尼亚的独立运动在 2017 年 10 月达到了高潮，自治区政府强行宣布独立，结果却遭遇了被西班牙政府全面接管自治区管理。加泰罗尼亚自治区主席普伊格德蒙特被西班牙政府解职，随后流亡比利时，并被西班牙政府通缉。[8]类似的事情也发生在苏格兰身上，它呼吁就退出大不列颠进行全民公投。跨文化管理学家马克·彼得森（Mark Peterson）和彼得·史密斯（Peter Smith）声称苏格兰人、西班牙的巴斯克人、澳大利亚或美国或者拉丁美洲的土著人群的文化独特性可以被理解为这些族群想要独立以形成国家的原因，这样可以保持一个强烈的身份认同并且维持一个与主流文化充满活力的（有时也许还是充满冲突的）互动。然而，这种活力既可以表现为建设性的多元共存，也可以成为暴力和冲突的根源。[9]

　　文化差异也存在于城市之间，如日本的大阪和东京、南非的约翰内斯堡和开普敦或者圣保罗和里约热内卢这几对城市在更加任务导向（努力工作）还是更加重视生活质量（娱乐）上有着不同的声誉。就像一个印度的管理者描述的那样，孟买的文化非常商业化，这是由于来自印度各地的人们聚集在这里的目的只有一个：赚钱；作为国家首都的新德里给人更多的是一种行政管理的感觉，而加尔各答则被看作是一个文化中心。如果我们将德国的城市与这三个印度城市相比较的话，对应的分别是法兰克福、波恩和柏林。

　　坐落在大城市里的公司，无论是在巴黎、纽约、伦敦还是北京，相比于坐落在乡村的公司会有不同的文化。丰田汽车有意识地把自己的形象定位于"乡巴佬"[10]，而且喜欢将其在英国、美国和法国北部的海外运营基地放在乡村。其他一些日本公司也开始选择在乡村设立运营基地，特别是在美国的中西部，如本田在俄亥俄州人口大约 16 000 的马里维尔（Maryville）设立基地，日产在田纳西州人口约为 4 万的士麦那（Smyrna）设立基地，马自达在密歇根州只有大约 1 万人口的弗莱特洛克（Flat Rock）设立基地。许多公司从大城市移到乡村，是为了通过提高员工的生活质量来提高生产率，而不是为了税务方面的好处。

　　法国公司米其林（Michelin）是世界上最大的轮胎制造商和在子午线轮胎方面的技术领导者，就坐落在保存着深厚法国乡村文化（la France profonde[⊜]）的、其创业开始的小镇上，这根源于它厌恶"肤浅和花哨的"巴黎。它坐落在法国中部偏远的农业地区奥弗涅（Auvergne[⊜]），这里的人以谦逊、稳重和实用主义而闻名。米其林传统上强调雇用毕业于当

　　⊖ 在西班牙，加里西亚语（Galician）、加泰罗尼亚语（Catalan）和巴斯克语（Euskara 或 Basque）广义上都是西班牙语言，在其所在地区也都是官方语言，但是正统的或者说纯正的西班牙语来源于卡斯蒂利亚语（Castellano）。卡斯蒂利亚语也将纯正的西班牙语与中南美洲的西班牙语区别开来。在巴塞罗那，很多人说加泰罗尼亚语。

　　⊜ 根据历史学家和作家 Thirza Vallois 的解释，la France profonde 指的是法国乡村，那里还保留着纯正的法国农业社会的生活和乡村文化。

　　⊜ 米其林的总部位于奥弗涅的克莱蒙费朗，其最近被评为法国家庭生活质量第一并拥有 30 万人口的城市。在 20 世纪的绝大部分时间里，该市有 3 万左右人直接为米其林工作。今天，位于该市的两所大学共有 4 万名左右师生。

地大学的工程师，而不要那些来自精英型"高等学院"的毕业生。走出国内的米其林也选址于类似的偏远的乡村所在地，如美国南卡罗来纳州的格林威尔（Greenville）和加拿大的纽芬兰（Newfoundland）。[11]

德国中等规模的公司也有着强烈的乡村情结，而这成为一种竞争优势。员工往往终身都待在同一家公司，从学徒到退休；说着相同的德国方言，通过强有力的社会化过程，他们拥有共同的人生目标和职业愿景。

从农村到城市的迁移，或者是从以农业为基础的产业转变成以制造业为基础的产业或者是以服务业为主的产业，也将可能伴随着人与自然的关系和时间观而逐渐变迁；时间观将可能从一个更加强调和谐的循环和周而复始的观点变化为更加强调控制，也更加可能被认为是线性的。目前中国正在变化的价值观与大量的人口迁徙到城市寻找工作有关，由于传统的家庭纽带的断裂，弱化了从属关系的重要性而强化了个人主义，任务导向得到强化而关系导向则开始弱化，追求成就盖过了对命运的屈服。

国家内部的特定地区能够孕育出竞争优势或者竞争劣势，这也与该地区的文化和社会建构有关，旧金山附近的硅谷或者靠近波士顿的 28 号公路就是其中的例子。由于聚集了大量的高技术工程师和风险投资公司，许多新创企业就落址于此以获取当地的知识。[12]企业可能会因为某个地区公认的优势而选择在该处设立机构。此外，投资者可能选择进入那些原先存在较强的工业但是现在不景气的社区，这样，他们为当地提供了工作机会，但是可以从地处偏远和与周边隔绝以及非工会化的劳动力等方面获益。比如说在南卡罗来纳，中国公司开设了非常先进的工厂，那里土地和电力的价格比上海要便宜得多（只有其 1/4）。2000 年，海尔是第一家在南卡罗来纳的卡姆登（Camden）设立冰箱制造厂的公司。2009 年，中国公司在美国投资了 50 亿美元，其中 2.8 亿美元投在了南卡罗来纳，创造了 1 200 个美国工人非常乐于接受的工作岗位。[13]

2. 跨国界的区域文化

国家之间的相似性产生了跨越国界的区域文化。国家（地区）丛簇是超越了国界并通过地理、宗教或者历史等纽带联系在一起的一些国家。事实上，区域化似乎比全球化更加明显。[14]例如德国斯图加特附近的阿勒曼尼（Alamann）部落的人种和语言遗产就跨越国境，包括了法国阿尔萨斯的一部分和瑞士的一部分。地理上的邻近性似乎也是人们所见的北欧人与日耳曼人在文化上相似性的原因。这是那些相邻国家紧挨在一起生活了数个世纪甚至上千年的自然结果，这种地理上的邻近性使得出现源远流长的贸易关系，就像德国与挪威之间的汉莎同盟（Hanseatic League）。

入侵和殖民史也在不同的国家之间创造了文化的相似性，例如，北欧海盗要为北欧国家的文化相似性承担大部分的责任，而罗马帝国则要为"拉丁欧洲"的相似性负责。殖民是法国与一些非洲国家以及西班牙与拉美国家文化相似性的原因。是原先的大不列颠帝国或现在的英联邦创造了在地理上相隔遥远的美国和澳大利亚、新西兰、加拿大在文化上的相似性。文化上的密切关系和语言上的偏好即便在几百年之后仍然清晰可见。[15]

宗教似乎也在扮演着一个重要的角色：天主教思想的影响也许是拉丁欧洲和拉丁美洲内部以及它们之间相似性的原因，伊斯兰教是东南亚、中东和北非文化相似性的原因，而佛教则是东亚国家相似性的根源。

事实上，在不同国家（地区）进行的关于管理价值观、工作态度和领导风格的研究确认了这些相似性，指出了如下所示的区域文化（见图 3-2）。[16] 这项研究指出了法国与意大利管理者（拉丁人）之间的相似性，并且与德国和奥地利管理者（日耳曼人）不同。

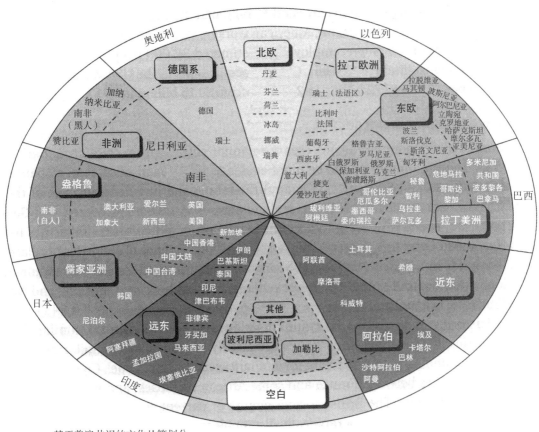

图 3-2　国家（地区）丛簇

注：各区块大小相同仅仅是为了方便起见，各个国家和地区的名称离中心的远近没有任何特殊含义。

资料来源：Mapping World Cultures: Cluster Formation, Sources and Implications', *Journal of International Business Studies*, 44(9), p. 884 (Ronen, S. and Shenkar, O. 2013), Copyright © 2013, Macmillan Publishers Ltd.

我们非常有意思地看到巴西、以色列和日本被排除在主要国家（地区）丛簇之外，这可能要由它们独特的历史和文化遗产来解释。例如，巴西的独特性导源于它曾经是葡萄牙的殖民地，使其成为由西班牙语绝对主导的南美洲唯一一个讲葡萄牙语的国家。此外，在巴西，你会发现不同背景和种族的人极度混杂。在邻近的阿根廷，你会发现西班牙语占据着支配地位，对欧洲有着很强的身份认同，少有种族和宗教的混杂。基于对与工作有关的实践（什么是）和价值观（应该是什么）的测量，GLOBE 项目的研究结果揭示 10 个国家（地区）丛簇之间的差异。[17] 例如，北欧文化丛簇的管理人员声称拥有一个高度结构化的社会（实践上），却更喜欢较少的规则和冒更多的风险（价值观上）。相反，东南亚的管理人员指出他们的社会结构性较弱（实践上），却希望有更加明白和细化的规章制度（价值观上）。[18] 综合归纳霍夫斯泰德、琼潘纳斯和 GLOBE 研究的发现，按照在主要文化维度上的差异进行分类，可以得到 9 个不同的文化丛簇。[19]

文化相似性与贸易模式以及与来自这些不同国家的企业之间的战略联盟与合并的成功可能性有着明显的关联。一项研究发现，管理者偏好的跨国合作伙伴是那些被认为是最可能和谐共生的，也是在同一个文化丛簇里的或者来自文化上相近的丛簇。中欧和北欧国家在合并上表现出对北欧、日耳曼或者盎格鲁企业的强烈偏好，而最不喜欢的合作伙伴则是东亚和拉丁欧洲的企业。[20] 人们发现，这种偏好反映在现实的并购模式上。[21] 在现实的案例中，一个比利时佛兰德斯的银行与荷兰合作伙伴进行合并的计划，主要就因为文化差异而被取消了。当瑞典的伊莱克斯公司（Electrolux）在 1983 年收购了意大利扎努西公司（Zanussi）之后，许多意大利人特别是工会谴责扎努西公司把自己卖给了"北欧海盗"。他们更希望能够独立，或者是与法国的汤姆森公司合并，这样至少有更多的文化相似性。这迫使瑞典管理者极力跨越文化差异，宣称："我们不是北欧海盗，那指的是挪威人。"

相比于像欧盟这样的正式经济组织，文化丛簇国家内部的文化相似性在国际商务中往往更加有意义一些。例如，丹麦与欧盟伙伴德国之间的经济联系，还不如同它的北欧邻居挪威来得紧密；挪威至今拒绝加入欧盟，而瑞典后来加入了欧盟，但是所有这些国家都没有采用欧元来作为货币。事实上，丹麦最初对加入欧盟的犹豫被认为是反映了是要欧洲身份还是要斯堪的纳维亚身份的矛盾心情，这从对建立欧盟成员国共同市场的《马斯特里赫特条约》最初的公投说"不"之中可以看到。

拉美地区相对来说具有比较多的共性：共同的语言、宗教和司法结构（继承自伊比利亚半岛和《拿破仑法典》）。由于其殖民史，西班牙和拉丁美洲国家之间的关系传统上比较强，存在很多家庭和教育上的联系，这也许可以帮助解释西班牙银行、电信公司和制药公司在拉丁美洲的存在了。20 世纪 90 年代的私有化和自由化通过西班牙公司的投资，双方的关系被拉得更近了。不久前，由于西班牙的高失业率，出现了不断增加的高素质西班牙劳动力流入拉丁美洲，是自西班牙内战以来最高的。尽管存在着像南方共同市场（MERCOSUR，包括阿根廷、巴西、巴拉圭和乌拉圭等）、《安第斯条约》（ANDEAN Pact，包括玻利维亚、哥伦比亚、厄瓜多尔、秘鲁等）和《北美自由贸易协定》（NAFTA）等协议，拉丁美洲与欧盟国家之间的贸易关系仍然非常强劲（74%），而拉丁美洲国家内部之间以及与北美国家之间的贸易只占 25%。[22]

由于历史和共同的语言，美国公司经常将英国看作其进入欧洲市场最理想的桥头堡，但是当它们认为与英国人有着共同的文化或者说至少有共同的语言的时候，它们可能会遇到意想不到的困难。事实上，国家间地理上的邻近性和文化上的相似性有时会有产生竞争优势的潜在可能性，但是，战争与入侵也可能导致很多年后仍然可能浮现的憎恶，就像荷兰人和德国人、英国人与法国人以及日本人和中国人之间时不时出现的紧张关系。

3.2.2　行业文化

我们也可以看到不同的行业之间在文化上的差异，广告业在文化上与银行业相差甚远，建筑业与咨询业之间、零售业与制药业之间也是如此。虽然在某些行业之间文化差异可以很快地被认识到，例如广告业和银行业之间，但在其他一些行业之间则可能不那么明显。鼓励银行和保险之间结盟的"金融超市"的发展陷入了困境，因为银行家和保险公司发现他们在管理和经营上的世界观是不一样的。例如，与银行相比，保险业更加需要顾客驱动和销售导向。有一句保险业老话说："保险是卖出去的，而不是客户来买的。"相比之下，银行家会说银行的产品是人家来买的而不是被卖出去的，把他们看作销售人员会让他们非常不高兴。保险业文化更偏向绩效驱动，因为个人的努力和公司的绩效表现以及个人的收入与绩效表现之间存在着明显的联系。另外，两者对风险的意义和衡量都有着很大的不同。出于对信任和信誉的担忧，使得银行从一开始就对这种联盟很谨慎，甚至持怀疑的态度。[23]

银行业在承担风险和销售导向上变得更加激进，人们指责这至少是金融灾难的一部分原因。人们批评银行家现在更加关心推出不同的产品而不是考虑客户的需要，这对银行的声誉造成了严重的伤害。以银行的金融服务加上保险生意的联姻最终都以离婚终结，如花旗集团和旅行者保险（Travelers）、瑞士信贷和丰泰保险公司（Winterthur）。类似的分拆在其他一些银行 – 保险联合体那里也可以看到。[24] 荷兰国际集团（ING），一家荷兰的金融服务公司，在获得政府 129 亿美元的紧急援助资金之后受命将其亚洲保险公司以 21 亿美元出售。[25]

虽然通用电气资本管理公司（GE Capital Finance）在某种程度上经营得还是成功的，但是通用电气通过收购基德·皮博迪投资银行（Kidder Peabody）而进入金融业的多元化策略造就了一场噩梦。[26] 这要归结于当时的 CEO 杰克·韦尔奇所灌输的文化信仰，即每一家通用电气企业都要在其各自的市场中成为第一或第二。通用电气"不计任何代价获取利润"的文化对投资银行来说可能并不合适。通用电气对美国全国广播公司（NBC）电视网络的收购也造成了在独立报道上死气沉沉的文化，而这种独立性恰恰是新闻记者弥足珍贵的价值观。

多元化经营的努力可能会因为行业间的文化差异或者甚至因为同一行业在不同国家间的文化差异而遭遇困难。一家荷兰银行决定充分利用其分支机构网络来盈利，因为这一网络似乎是一个很好的分销渠道，于是进入了旅游业，但是其很快就意识到卖旅游产品和存贷款业务完全是两回事。瑞士制药公司汽巴 – 嘉基（Ciba-Geigy，现为诺华公司，Novarrtis）在收购了厨房和厕所除臭剂安悦嘉（AirWick）公司之后遇到了同样的问题；销售消费品的理念与汽巴 – 嘉基"拯救世界"的使命很不一致。科学家抱怨说："这些东西连产品都算不上。"[27] 最后，这项业务不得不被卖掉。

再比如说，银行内部不同业务线之间的文化差异在银行内部会产生尖锐的对立，零售银行部门指责交易员和投资银行家过度贪婪和冒险；美国的银行也由于类似的原因而被指责。尽管在欧洲，银行的混业经营相对普遍，但是人们普遍认为美国废除将投资银行和零售银行分开经营的《格拉斯 – 斯蒂格尔法案》（Glass Steagal Act）[⊖]是导致次贷丑闻和全球金融危机的首要原因。

1989 年，日本索尼公司以 34 亿美元收购美国哥伦比亚电影公司，希望以美国软件和日本的硬件之间的联姻来创造市场和技术的协同效应，但是为了实现这一协同，索尼公司不得不面对同时管理两类文化差异的巨大挑战，一是国家文化的差异，二是行业文化的差异。行业文化的差异导致的问题也许更严重，使得索尼公司不得不在 1992 年 12 月宣告减计电影制作与娱乐部门的价值 27 亿美元。电影制造业更多的是由市场的喜好、变幻无常的人员和高速流动的人才所驱动的，这与索尼公司原先所在行业的文化大相径庭。索尼公司很快认识到自己对于该行业缺少必要的知识，于是采取了放手的策略，放弃了其传统的管理方法，决定不干涉非常依赖创意和直觉的电影制作。[28]

⊖　也称作《1933 年银行法》，是由美国民主党参议员卡特·格拉斯和众议员亨利 B. 斯蒂格尔提出的，该法案将投资银行业务和商业银行业务严格地划分开，保证商业银行避免证券业的风险。在银行业的游说下，美国国会在 1988 年第一次尝试废除《格拉斯 – 斯蒂格尔法案》，但没有成功。1999 年参议员格雷姆和众议员里奇提出的法案最终废除了《格拉斯 – 斯蒂格尔法案》。

让我们以高技术产业作为例子来展示行业文化。在高技术企业里我们往往容易找到较多的开放空间，因为这鼓励员工之间的互动和信息的交换，人们的穿着会更为休闲，古怪的行为更容易被容忍，或者根本就不那么被人所注意。核心价值观和信仰必须要与技术的需要、科学的进步以及能开发出完美和精致复杂产品的要求相匹配。一个普遍的信仰是：产品本身决定了其是否能被卖出去，因此市场营销没有那么重要，这里的游戏规则是技术推动而不是顾客拉动的。人们拥有一个基本的信条，即顾客没有能力认识和使用技术或产品的全部价值。毕竟，有多少顾客能预先意识到智能手机将如何改变他们的工作和家庭生活呢？高科技行业依赖于创新，因此，关于外部适应性隐含的基本假设就会强调对自然的控制、主动的行为和愿意承担风险，以及长期导向。关于内部整合的假设会包括将等级观念最小化、兼顾个人努力和同事之间的合作和互动，以及关心工作任务（科学发现）而不是关心社会（例如，基因工程对人类社会的潜在影响）。此外，关系会被看得很重要，因为人们相信互动可以使信息交换最大化，反过来又会促进知识的创造。

行业文化被一些人描述为行业的做事方法[29]、行业理念[30]或者被描述为主流的思维方式[31]。行业文化之间的差异是由于不同的任务环境造成的，如决策的本质、产品或服务的特征、市场特点、技术以及政府调控的程度。比如说，对效率比对客户满意更加关心，或者是更关心成本而不是质量，可能在重工业比在服务行业里更加普遍。对资源或者说对不同种类的资本（财力、人力、智力）的需求不同也可能导致文化的差异。在资本密集型行业，投资决策就较为长期导向，因为人们认为业务是有周期性的，存在可以预测的上升和下降波段，因此也可以主动地去管理这种周期性。[32]而在诸如咨询公司这样的智力密集型企业，发展员工的能力会比其他企业更加重视，因为在这样的企业里，作为"知识工人"的人被认为是最有价值的资产。

1.决策的本质

在日常的经营活动中，决策的本质以每一个决策所包含的风险大小和得知这一决策所带来的结果所需的时间长短为特征。风险的大小和反馈的速度提供了一个有用的框架来呈现行业层面上的文化差异[33]，如图3-3所示。

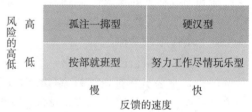

图3-3　企业文化

资料来源：Deal, T. and Kennedy, A. (1982) *Corporate Cultures: The rites and rituals of corporate life*, Reading , MA: Addison-Westey.

比如说，在生物技术公司，需要投入巨大的时间和金钱资源，而投资者可能在数年之内都无从知晓这些投资会不会有回报。这就造就了一种"孤注一掷型"的文化：决策时需要对风险进行非常仔细的评估，因为把基础研究转化为产品的开发研究需要好几年的时间，也许永远都不会有成果。

在另一些行业中，例如债券交易，赌注很大（高收益／高损失），但是结果也很快，这就造成了一种"硬汉型"文化，它不厌恶风险。这种文化的一个例子就是投资银行业，那里高筹码和高收入鼓励了盲目的冒险，最后导致了灾难性的结果。《说谎者的扑克牌》一书非常生动地描述了华尔街著名投资银行所罗门兄弟公司的这种文化。高盛银行前副总裁格雷格·史密斯发表于《纽约时报》的公开信《我为什么离开高盛》以及电影《华尔街：金钱永不眠》都描述了这一文化。

说到决策风险比较低但是反馈速度比较快的行业，零售业可以说是一个例子。有时候，这种文化被称为"销售文化"，在那里"努力工作尽情玩乐"是游戏的规则，并非常依赖于促销活动，公司也非常鼓励员工与客户和与其他同事之间的互动和交流。

那些风险程度和反馈速度都不高的行业文化我们称为"按部就班型"文化。诸如会计师事务所、医院以及制造业企业是这种文化很好的例子，在这些公司里，规定的方法、流程和程序都必须被严格地遵守。这并不意味着决策不会产生任何的风险和后果，只不过在这些行业，事情是如何做的要比事情的结果更加重要。在医学上，病人也许会死亡，而在法律上，医生也许会被发现有过错，因此，对医生来说重要的是治疗的程序是否恰当。

2. 产品和市场特征

产品和市场特征也会导致行业文化的差异，我们可以拿计算机行业和医药行业来做个比较：在产品开发上是否坚持开源的、采用共享的标准，还是要以专利和机密来保护自己的产品以提供更大的竞争优势，这一决策将影响信息共享的程度。

在计算机软件行业通常推崇共享的标准（开源），这种做法在相互竞争的公司之间（如IBM 和微软）鼓励了信息共享，而最初，IBM 和微软都对它们自己的技术高度保密。苹果计算机公司采取的非开源战略是其早期经营失败的一个主要原因，尽管它的计算机和软件操作系统要比 IBM 的兼容机好得多，但是在商业上败给了技术更差的兼容机。

由于制药行业研发的高成本，制药公司就要努力地通过专利来保护其利益，而这也与试图控制医疗成本的政府以及需要廉价药物治疗疾病的贫穷百姓之间造成了紧张的关系。例如，印度政府指责瑞士诺华公司通过细微的调整来延长专利的寿命，使得印度制药企业无法以较低的成本生产常用药品。[34]

基于对信息安全和保密的考虑，有一家制药公司就执行"清洁桌面政策"，即不将任何纸张留在桌子上过夜。在一家瑞士制药公司，一条不成文的规定就是不提供任何信息给他人，除非有来自上司的正式指令。提供信息被认为是鲁莽的行为，信息实际上不能传递给团队外的人员。公司甚至通过办公室的设计来限制信息的共享——每个人的办公室都是大门紧闭，门上标示着职级和头衔，充溢着肃静的氛围。

在一个垄断的市场，企业的文化将更多地偏向按部就班的、保守的风格，而在一个竞争激烈的市场，企业只有更加创新、积极主动才能生存下来。

3. 技术

技术也对行业文化的差异具有影响。一项对三个服务行业（邮政和运输、会计、咨询）的研究发现，行业的技术密集度是文化差异的主要驱动因子。会计行业在团队合作导向上得分最高，咨询企业却被发现最为结果导向和细节导向，但是并不重视创新；运输行业却更为创新和以人为本。[35]

行业的差异也与政府的规章制度对技术的开发和保护程度有关。这种政策发出了一个明确的信号，表明哪个行业具有较高的价值，并对国家安全和经济自主极其关键，从而决定了哪些技术能够进口和出口。这导致了法国和伊朗在核能技术上而中国和美国在信息技术上的冲突。例如在巴西，就是由政府来规定哪些技术能够进口或者出口。

如果一家公司所依赖的技术是非常传统的，不会有大的变化，那么这家企业通常也会比较保守、比较官僚，在做事上会按部就班。而如果公司所依赖的技术领域发展非常快，技术迭代很快，那么这家公司很可能会有激进创新、以人为本的文化。

4.法规政策

法规政策也会影响行业文化，因为它影响了市场的条件，如竞争的方式和竞争的激烈程度。一个受保护的市场环境导致竞争减少，也就不会鼓励企业发展客户导向的文化。通信和银行业都被迫面对新的市场竞争和变得越来越明白的顾客的需求。在航空运输业，放松管制对很多国有航空企业产生了巨大的冲击波，导致一些国家航空企业文化的巨大变化，从原先的运营和生产导向变为市场和服务导向，非常显著的有法国航空和英国航空。这也导致了很多跨国的重组和令人惊讶的战略联盟的形成，对于瑞士航空来说，放松管制被证明是致命的。

类似地，原本国有的法国电信变成了由公众拥有的"商业"公司，随之而来的重组对原本作为公务员的雇员带来了很大的压力和创伤，被认为要为一波自杀浪潮负责：

> 根据国内主要报纸的报道，在过去的两年内，34 位法国电信的雇员自杀，作为逃避自己公司人力资源管理"地狱"的方法。这些令人痛心的自杀与其经济融入全球市场的剧烈动荡巧合在一起。法国电信原本是一家公共服务公司，在国内市场垄断经营。[36]

在法国，政府通过津贴来激励高科技行业的发展，例如 TGV 高速列车和阿丽亚娜火箭（Ariane）。法国在可视图文 Minitel 上的成功也是法国政府调控的结果。该系统在 20 世纪 80 年代开始启动服务，法国政府大力支持该系统是希望能借此将法国打造成信息技术的领导者，并同时推进经济的发展。虽然经历了三届政府，但是在政府政策一如既往的支持下，一方面统一了技术标准并大力推行，另一方面采用了激进的销售策略，将终端设备免费赠送给用户，因此最多时公司达到了将近 800 万的用户，远比美国的纽约新英格兰电话公司（NYNEX）、英国邮政的 Prestel/ 甲骨文系统和德国的毕尔兹公用交互式可视图文系统（Bildscharmtext）更加成功。[37]不过这一在可视图文技术上的成功也被认为阻碍了法国互联网时代的到来。

3.2.3　职能文化

当组建跨部门的团队来开发新产品、制定新政策或者开发新市场时，职能文化之间的差异就变得明显起来，凸显出其重要性。很明显，不同的职能（财务、生产、市场营销和研发）有着不同的文化。例如，当提议研发经费要根据以往成绩而不是按一个研究项目的好坏来拨付时，研发部门的成员一定会强烈反对。这揭示了我们经常发现的财务和研发部门在价值观上的差异，即重要性是被放在可靠性上还是被放在创造性上，或者说是重视过去的结果（声誉）还是重视将来的潜力。与财务人员比较，生产部门的员工更愿意动手，倾向于采取更加接地气、亲手实践的方法。相比之下，财务人员在安静的办公室里的办公桌前工作，主要同其他的职员接触，他们处理数据而不是与机器打交道。显然，这些不同职能部门的经理主张的目标是不一样的，如表 3-1 所示。

表 3-1　你们公司的主要目标是什么

	财务总监	生产总监和总经理
实现利润的最大化	75%	25%
实现满意的利润	5%	40%
以有竞争力的成本和合理的利润生产出高质量的产品	15%	30%

（续）

	财务总监	生产总监和总经理
领导行业	—	5%
继续在该行业经营	5%	—

资料来源：引用和改编自 E.H. Caplan (1971) *Management Accounting and Behavioural Science*, pp. 71-81.

职能文化之间的差异会引发摩擦甚至冲突，这表现在不同职能部门的经理对其他部门的人所拥有的刻板印象上。在标尺的一端，在会计、财务和管控职位上的人可能会被看作过于关注细节和吹毛求疵，这揭示了这些职能规则和流程导向的本质；在另一端，销售人员会被说成是他们不介意其走的是哪条路，而只要能快点到达那里就好，揭示了他们结果导向的特点。图 3-4 非常形象地展示了这种差异。

功能性近视

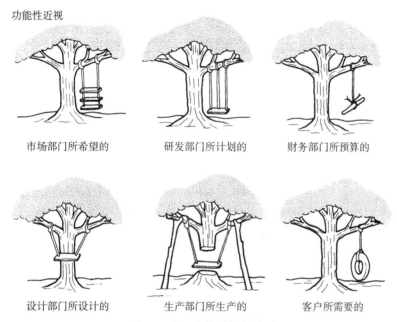

市场部门所希望的　　　研发部门所计划的　　　财务部门所预算的

设计部门所设计的　　　生产部门所生产的　　　客户所需要的

图 3-4　关于职能的讽刺漫画

资料来源：Barsoux, J.-L. (1993) *Funny Business*, London: Cassell.

产生这些差异的原因能够在诸如利益相关者的要求和工作任务的本质等外部环境中找到。不同的利益相关者对于什么是重要的以及什么是取得成功的最佳方法的看法是不一样的，从而影响到职能文化。例如，市场营销部门会更关心顾客的需求或需要，而研发部门则更关心技术的先进性，同时，财务部门担忧的则是投资的收益以及金融市场的投资者最关心的股票价格。

工作任务的本质也是不同的。[38] 对于生产部门来说，其工作任务比较程序化，为了质量的可靠性和效率，要尽量避免例外情形，即工作任务的反复变化。可是缺少变化会让营销部门和研发部门抓狂，因为变化是营销部门非常想要的，这样可以满足不同顾客的需求，而对于研发部门来说变化则是创新的源泉。工作流程上的差异在营销（例如设计一场广告推广活动）和在流水线上的制造工作上是很明显的。工作上相互依赖的本质（是交互的还是先后相继的）需要不同程度的人际互动来实现相互调整。此外，就时间的提前（滞后）量而言，开发产品和生产产品是很不一样的。因此，不同的职能部门由于有着不同的工作要求、时间进度要求和顾客需求而有着不同的文化。

研究者发现不同的职能部门在不同的历史时期起着主导作用，掌控着实际的权力，究其原因，则是公司战略重心演变的结果。

直到20世纪50年代早期，许多顶尖的公司还是由来自生产部门的管理者和工程师领导，这些人由于解决生产问题的能力而获得声望。然而，恰恰正是由于他们的成功导致了他们的退位。随着生产变得程序化和机械化，绝大多数企业的问题在于如何把他们如此高效地生产出来的产品卖出去，于是在公司董事会里，频频出现营销出身的高管。可是，情况又有了变化……20世纪60年代，财务出身的高管得到了权力的宝座……[然后]当政府的规章制度和反托拉斯诉讼在70年代变得越来越频繁之后，又变成了法律专家……将来，当跨国公司占据统治地位，我们可能会看到由前国务卿担任名誉领导者的公司。[39]

20世纪90年代，高层管理人员被大众媒介欢呼为具有远见的人或者企业家，然而，在经济下行期间，这些英雄从他们受人尊重的宝座上跌落下来。现在，股东要求更大的责任担当，寻找能够在经济动荡时期管理企业的领导者。[40]社会呼唤那些有伦理的和负责任的领导者，同时，Y世代的雇员也呼唤价值观驱动的真正的领导者。事实上，由于对全球化持续不断增加的争论，一些人看到跨国公司需要能够更好地管理与东道国关系的外交家。[41]

哪一种职能能得到更高的评价，部分是由行业本质所决定的。在高科技行业和制药行业，研发部门可能会被认为是最有价值的。在消费品行业，市场营销部门往往最具话语权。实际上，尽管很多像制药公司和计算机公司这样的技术驱动型的公司现在也不得不变得更加市场导向，但这并不必然伴随着营销职能在权力和地位上的显著提升，高层管理团体仍然主要由科学家和工程师所组成。例如，在德国化学工业的一些企业里，如果没有化学领域的博士学位，很难进入公司的高层管理团队。

在有些公司，某些职能（比如研发和市场营销）会被认为比其他职能更有价值，但这并不是绝对的。甚至在同一个行业内，诸如计算机行业，如同IBM、苹果公司、美国数字设备公司、康柏公司和惠普公司所展示的那样，市场营销职能所得到的重视程度是不同的。比如说，IBM以其营销技能而著称；然而，苹果公司的缔造者和前CEO乔布斯却不太相信市场研究：消费者如何能够知道他们最终想要的是什么？与此同时，美国数字设备公司的创始人和前CEO肯·奥尔森是毕业于麻省理工学院的工程师，他认为市场营销是无聊的哈佛"商学"。也许正是这样的态度，导致了美国数字设备公司的衰落以及后来与更加市场驱动的康柏公司的合并。令人意想不到的是，康柏公司（被人称为是售卖盒子而不是开发技术）后续的合并几乎导致前CEO卡莉·菲奥莉娜领导下的惠普公司的死亡。

在不同国家，不同职能受重视的程度也是不一样的，在某种程度上这可以从不同职能部门经理的薪酬上反映出来。[42]我们可以财务为例，它在英国排名最高，但在德国排名第五，在荷兰排名第六。在荷兰薪水最高的是销售，在法国拔得头筹的是市场营销。在德国研发部门的薪水最高，而在英国则刚好垫底。英国人重视财务的原因很容易解释，它与历史上持有特许证的会计异常优秀有关。德国对研发部门的重视是它关注技术的外显，也与工程师地位普遍很高的情况相符。而荷兰的销售导向则可以从荷兰的贸易文化传统中看出来。但是要解释为什么法国比较重视市场营销则比较有挑战性，可能是市场营销（像财务一样）看起来比较抽象以及包含较多的分析活动，而销售和生产被认为比较多的需要"动手"，因为它们直接与顾客或产品打交道。但是不管怎么说，法国人的确比较擅长市场营销。

3.2.4 职业文化

不同的职业拥有不同的做事方式、行为规范以及信仰和价值观，因此，不同的职业具有不同的职业文化。

把管理作为一个职业并且要有它自己的职业文化，这一理念对今天的组织来说变得越来越重要了。由于决策下移到更低的层级，以及雇员得到更多的授权，员工的自主性更大了，但是同时责任也更重了。这意味着要更多地依赖于判断，不仅要知道如何把事情做对，还要知道如何做正确的事情。专业人员通过大量的学习、训练、教导和社会化获得这些判断能力。律师事务所、医院和大学一般总是雇用那些毕业自"合适的"学校、被认为获得了恰当训练和培养的专业人员，这意味着他们已经拥有符合一定标准的技术和能力，同时已经吸收内化了正确的职业规范和价值观（伦理道德）。[43]

组织越来越成为一种专家网络的趋势更进一步推动了对职业的专业性要求。[44]这在银行业已经成为一个重要的议题，在银行，作为"通才"的管理者可能已经不再有能力监督专家型雇员了，而恰恰是后者开发和销售了诸如衍生产品这样的复杂产品。雇用物理学博士（科学家）来开发的这些产品使得银行家可能都不理解正在售卖的产品到底是什么。这种状况导致专业服务企业内产生专才与通才之间的张力，或者说科学家、研发工程师和管理者之间的张力，这会导致在谁会正式地（通过提拔）或非正式地更被看重上产生潜在的冲突。在专业知识服务行业，比如说会计和咨询这两个不同的职业文化之间的冲突和张力，将可能削弱将这两种文化糅合到一起的潜在的价值增值。而且，将这两种文化糅合到一起，还可能产生其他的问题，如利益冲突。这可能会危害到"职业的"操守（精确的会计和报告）以及产生对伦理行为的背离。由于这些原因，一些知名的会计/咨询公司将这两部分业务进行了分拆。

不同的职业文化在什么是"正确的行为"上的认识是不同的。例如，在美国历史上，有段时间，像医生或律师这样的专业人员是不允许为他们的服务做广告的。不同的职业有不同的着装规范（医生是白色的外套，法官是黑色的长袍），以及行为的准则（在治疗上和法律上保守机密，以及宣誓要坚持公正或是不做伤害他人的事）。这些行为规范的导入是通过社会化或者某些仪礼进行的，可能其中就包含了许许多多次被紧急召唤到医院或者准备治疗方案的不眠之夜这样一些潜移默化的教育。医生学会在病床边工作时或在手术室里要小心谨慎，不要太激进或者具有攻击性。然而，对于律师来说，攻击性起码在法庭上是被鼓励的。这是由于法律假设在冲突方之间是相互对抗的关系，而在医学治疗过程中则是要联合力量来打败共同的敌人——疾病。对律师来说，想要有说服力可能必须富于表现和煽动情绪，而不是保持冷静、平和和镇定。在医疗健康领域，不同的职业也有表达情绪的不同规则。例如，社会工作者更容易承认其感到焦虑，因为这被视为正常的调整反应；医生会把焦虑不安看作疾病的征兆，因此不愿对此进行谈论。[45]

不同的专业人员也会有不同的价值观和信仰，例如，医生、律师、科学家和工程师在使命和工作方法上都各不相同。在制药公司，一个为证明新的治疗方法或药物功效而成立的任务团队提供了观察这些差异如何起作用的很好机会。医生可能会更关心病人的感觉和病人的健康状况，而科学家可能更关心拥有这个开发和测试新药的机会，律师会担忧是否符合政府的规章制度以及潜在的法律诉讼，这反映了不同的利益相关者的不同需求以及隐含的关于关系还是工作成就哪个更为重要的基本假设。制药企业得益于这种跨职能团队的差异，从而开发出满足不同利益相关者（病人和立法者）需求的产品。在方法方面，科学家可能对抽象的理论更感兴趣，而工程师对实际应用之外的工作会感到不耐烦，医生和律师都被训练得要从过去的案例中寻找证据，而科学家则被教导要在大量的样本和统计数据中寻找真理。对于工程师来说，最好的证据就是做出你想要的东西并能按照预计的方式工作。这些差异反映了关于真理是如何建立的不同假设。

在公司内部，也远不是铁板一块的，沙因描述了创造各自文化的三种不同的职业：日常运营者、高层管理者和工程师。例如，在生产线旁工作的一线管理人员倾向于创造一种运营文化，这种文化鼓励团队协作、忠诚和可靠，这样的一些人品得到赞赏。高层管理人员创造的文化较为财务导向，更加关心现金流，而对人却比较疏远。技术专家则创造了工程师文化，设计漂亮的机器，构想如何从系统出发来设计人的工作。

> 因此，操作人员……将人看作有价值的团队成员，[而]高管则将他们看作是可以支配的资源，而工程师……将他们看作是惹麻烦的讨厌鬼……不理解为什么他们的跨文化伙伴是如此的难弄。[46]

在一些行业，某些职业可能会被认为比另一些职业更有价值。例如，在制药行业，开发新药和维护专利是竞争优势的来源，因此科学家就很可能会是无冕之王。在通信行业，需要快速地开发新的技术，这就意味着工程师的地位会被高看。在医疗保健行业，一直存在着持久不息的关于医院应该是由临床医生来管理还是由职业经理人来管理的争论。尽管很多医院受益于医生和职业经理人之间的良性互动，但是在有些由职业经理人管理的医疗机构，医师抱怨他们被管理者当作仆人似的。

人们选择学习法律还是医学、商学或者自然科学，不仅仅是由个人的能力、兴趣和价值观所决定的，社会也会发出信号来吸引人们进入某一专业。这体现在何种职业和工作得到人们更高的评价，反映在大家公认的社会地位上，也体现在薪水上。德国和日本的教授被看作是拥有专业知识和智慧的人，他们经常会被要求对超出自身专业领域的一些议题发表意见。在美国，教授常常被认为是一些脱离现实世界的、在象牙塔里的人，企业家则被看作当代开疆拓土的前锋，因此也是社会的英雄。在欧洲，那些白手起家奋斗成功的企业家总是被人以怀疑的眼光看作是野心勃勃的暴发户（不达目标不罢休和没有道德底线）。在法国，人们总是带着一丝怀疑看待那些没有受过恰当教育却获得成功的人。在法国，那些成绩不够好而无法成为工程师的人可能会转而学习牙医；相反，在英国，牙医这个职业聚集了最顶尖的人才，而工程师则被看成只是修理东西的人。某些职业和职业文化与特定国家紧密联系在一起，比如说瑞士的银行家、美国的MBA和印度的软件工程师。

通过比较在各自国家的证券交易所上市的德国和荷兰公司的高管团队，揭示了工程师和科学家仍然保持着主导地位，但是经济和商学背景的人员也开始获得一席之地。在19世纪六七十年代，德国的高层管理人员往往基本上是工程师和科学家，但是到2005年，经济和商学背景的毕业生占到了高管团队的一半，而且其中11%的人拥有MBA学位，相比之下在1990年只有1%。当然，行业的本质决定了为什么工程师和科学家仍然占据了董事会一半的席位，而相比之下在金融和贸易企业里只有7%的高管具有工程和自然科学的背景。在荷兰的高管人员中，尽管工程师和科学家仍然占据主导地位，但是他们更多的是通才而不是领域内的专家型人才；到2005年，52%的高管拥有经济学和商学学位，15%拥有MBA学位。20世纪90年代，两个国家的董事会成员还是基本上来自单一民族的，但是到2005年，25%的德国企业董事会和50%的荷兰企业的董事会里有外国人。[47]

MBA通常被认为是美国的产物。直到20世纪90年代中期，在欧洲国家的大学里还没有这种学位项目，因为在那里商务被认为只是手艺（商业交易）而不是一种学问。在许多欧洲国家，"商业"仍然带有贬义的意味。然而，在欧洲各地，MBA 项目还是蓬勃发展，或者是与美国大学联合，或者是以私营机构的形式，并接受欧洲本土机构的认证，这导致了一些欧洲国家商学教育的大重组。例如，在法国，原先的高等商业学院是由各个地区的商会而不是教育部兴办的，在近年改名为高等管理学院，并且与其他的商学院和大学合并，从而增加了规模也加强了科研。以前，这些学校与商业较为接近，教师更可能拥有实践经验而不是博士学位，从事应用型研究或者横向咨询项目的研究，当然，法语是必需的教学语言。现在，由于来自海外或全球化经营的压力，英语变成了"通用语言"，也要求教师要有博士学位，并且在知名的学术刊物上发表论文。

即便是在美国，甚至特定到波士顿这么一个城市，也能够发现 MBA 文化上的差异。雇用哈佛大学培养出来的 MBA 的公司发现这些被雇的人与麻省理工学院培养出来的 MBA 有着不同的视角。根据麻省理工学院约翰·万·曼伦教授的研究[48]，那些哈佛大学培养出来的 MBA 更倾向于拥有通才型的解决问题的方法，很适合于在团队中工作，往往被大公司雇用，放在综合管理的职位上。麻省理工学院培养出来的 MBA 更倾向于成为专家型人才，在完成个人工作上表现杰出，往往会在相对小一点的公司里担任职员的角色。显然，哈佛大学和麻省理工学院的文化仍然相距遥远：麻省理工学院不修边幅的数学、理科和工科学生以及"亲力亲为的方法"与哈佛大学为高管职位而准备的精英学生截然不同。[49]

3.2.5 企业文化

也许，最经常被讨论的"文化之球"就是企业文化了，因此我们将在这个领域花费更多的时间和注意力，并以此来展示其他"文化之球"之间的相互作用。许多管理者往往会更快地发现两家不同公司而不是不同国家之间的差异。然而，要区分各个"文化之球"的影响并不总是一件容易的事，就如评价在何种程度上 IBM 的企业文化"非常美国"或者大众汽车公司的企业文化"非常德国"那样。企业文化也受到行业特征、业务性质以及所销售的产品和服务的影响，因此，很难说清楚在何种程度上一家公司的企业文化应该归因于国家文化、区域文化还是行业文化的影响。实际上，企业文化可以以其他"文化之球"的截面这一视角来进行分析，或者说企业文化是其他各种文化综合作用的结果。

对企业文化的兴趣发轫于 20 世纪 80 年代初，由美国商界惊觉日本公司的成功而触发。企业文化被认为是日本产业界崛起的秘密武器，《Z 理论》和《日本管理的艺术》的流行就是这种理论的明证。[50]然而，彼得斯和沃特曼在他们的畅销书《追求卓越》中坚称，成就卓越不一定非要成为日本人，很多成功的美国公司也同样拥有很有特色和很强的企业文化，像 IBM 和迪士尼。[51]这些研究强化了这样一个信念，即一个优秀的企业文化，或者说被广泛分享和深深坚守的价值观和信仰，导致了卓越的经营绩效。不幸的是，不出数年，一些书中提及的公司就从天堂跌落。更糟糕的是，企业文化常常成为被告，被指称应该为战略变革、战略联盟以及国际化战略的失败负责。这说明优秀的企业文化可以成为企业的竞争优势，而不好的企业文化则会成为竞争的劣势。另外，企业文化具有惯性，但是它又需要随着外部环境的变化而变化，因此，即便是曾经非常成功的企业，一旦外部经营环境变化了，而它不能与时俱进，文化的惯性就成为其失败的原因。

在很多方面，对企业文化的兴趣也是对许多美国公司在以前过于强调战略计划、组织结构和制度而做出的一种反应。随着人们发现对"硬件"的关注并不能确保成功，于是，注意力开始转向商业运营"软"的一面。每家企业都需要一种目的感来提供激励，一种使命感来提供方向，以及一种指导性的哲学思想来提供协调和整合。这一理论由于如图 3-5 所示的麦肯锡 7S 模型而变得非常流行。

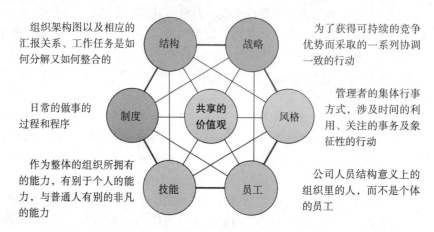

组织架构图以及相应的汇报关系、工作任务是如何分解又如何整合的

为了获得可持续的竞争优势而采取的一系列协调一致的行动

日常的做事的过程和程序

管理者的集体行事方式，涉及时间的利用、关注的事务及象征性的行动

作为整体的组织所拥有的能力，有别于个人的能力，与普通人有别的非凡的能力

公司人员结构意义上的组织里的人，而不是个体的员工

关于什么是正确的和值得追求的思想（在公司和/或个人行为层面上），它们在组织层面上是典型的，对于大多数员工来说也是普遍的思想

硬 S

软 S……但是，**软的却是最硬**（hardest）的，在执行上是硬（hard）的，在效益上是硬的……而且……也是竞争对手最难模仿的

图 3-5　麦肯锡 7S 模型

资料来源：Adapted 7s of Mckinsey' Peters and Waterman 1982, Pascale and Athos 1981, Scott-Morton 1991.

在欧洲，对企业文化产生商务上的兴趣要开始得迟一些。政府对企业放松管制和不断增强的竞争迫使美国商界在 20 世纪 80 年代初开始思考其做事的方式，但这在 20 世纪 80 年代末和 90 年代初才冲击到欧洲的企业，诸如德国的戴姆勒·奔驰这样的公司，导致其等级制的官僚结构开始瓦解，转变成为更加柔性和灵活的结构。在亚洲，1997 年的金融危机之后，许多公司开始了企业文化的变迁。韩国的三星集团在 2000 年启动了一场文化变迁，强调了紧迫感、竞争、顾客导向以及持续创新的文化。纵跨全球，面对越来越复杂和快速波动的市场商业环境，企业不得不变得更加柔性和更具适应性、更加的市场和顾客导向、更加的创新和绩效导向，以保持竞争力。

日本传奇企业家稻盛和夫，以近 80 岁的高龄，应政府之邀担任日本航空的董事长，以拯救破产重组的日航。稻盛和夫依靠企业文化，只用了一年就开始盈利，31 个月后就让日本航空重新回归东京证交所，并还给政府 6 500 亿日元，比当时接受的 3 500 亿日元的援助基金多出近 1 倍。稻盛和夫是这么说的：

日本航空公司破产后留下了 3.2 万名员工，我认为必须将他们的心凝聚起来，用相同的思维方式，统一他们对工作的态度。所以我对他们进行了彻底的哲学教育，促进了他们思想意识的改变。仅靠这一条，就不但让日本航空的业绩得到了 V 字形的复苏，而且让日本航空变成了全世界航空业中收益很高的企业。[52]

许多人认为，企业的经营，最重要的是确立经营的战略，但是我认为，最重要的是那些看不见的公司风气和员工的意识。[53]

如前所述，我们在第 2 章中介绍的一套文化维度也可以用在这里来分析不同领域的文化。不过，有些学者声称需要一套不同的文化维度，如图 3-6 所示。霍夫斯泰德认为，组织文化主要只是在实践层面的、通过工作中的社会化过程获得的，在那个时间点，绝大部分根本性的文化（国家社会层面的）价值观已经通过人生早期的抚育成长和在学校的学习这样一些社会化过程深植于人心，坚定不移了。[54] 今天，巨大的流动性（变换工作和公司）和各种各样的社会联系（家庭、教会、社会俱乐部等）削弱了任何一家公司的企业文化对员工个体的影响力。介于这个原因，企业文化影响力较强的公司要么与当地社区存在着紧密的联系，要么与当地社区隔绝。这可以从类似于大学校园的谷歌公司中看到，也可以从一些联合国的机构中看到，在那里，所有必需的服务设施如邮局、食品杂货店、住房以及娱乐都由组织本身提供，成为一个与外界隔离的独立的小社会。不过，许多公司的企业文化还是与其母公司所在的国家文化相当地步调一致，尽管他们花费了很多的努力想要变得更加的"全球化"。

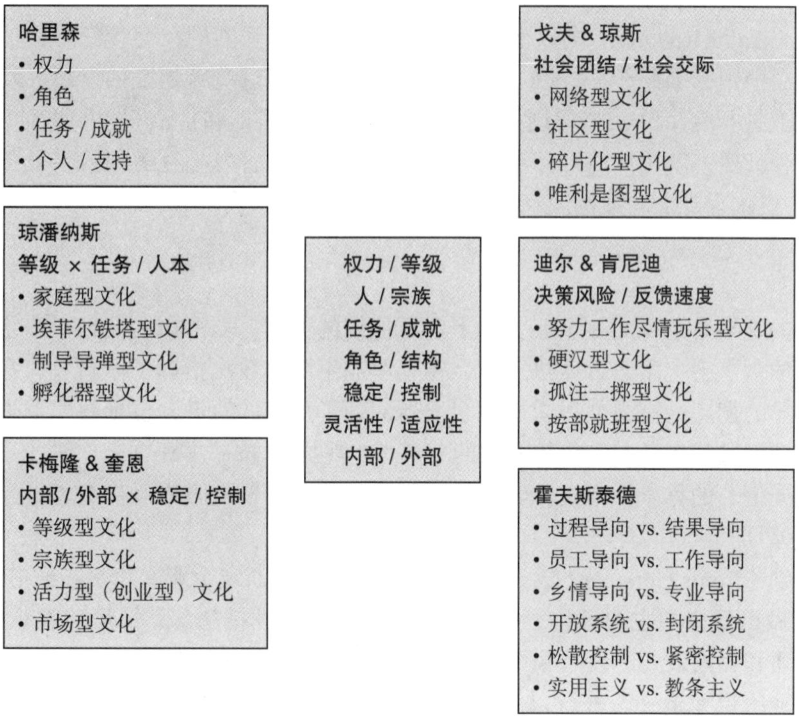

图 3-6　企业文化的维度与种类

许多不同的企业文化模型都汇聚到类似的维度上：等级（权力）导向还是角色导向、工作任务导向还是以人为本、关心内部还是注重外部、强调稳定和控制还是强调适应外部环境。企业文化还经常被描述成宗族导向或者是市场导向[55]，抑或是更加关心雇员或者更加关心绩效[56]。

其中一个早期的文化维度框架模型是由罗杰·哈里森（Roger Harrison）提出来的，[57] 后来被卡特赖特（Cartwright）和库珀（Cooper）[58] 所采纳，用来预测企业合并时可能出现的较为有利或不利的反应。他们声称在合并中可能存在偏好任务导向和员工导向的文化或者是偏好权力和角色导向的文化，也就是说更加官僚的文化。对企业文化与经营绩效之间关系的研究不断地揭示出不存在所谓最佳的企业文化模板，一个好的企业文化必须适应于其所在的地区和行业，以及其所售卖的产品和服务，因此对一个企业来说是好的文化可能对另外一家企业却不一定是好的。另外，浓烈的、同质性很好的企业文化虽然可能一时帮助企业走向成功，但是它也存在着成为盲目崇拜对象的风险，使得外人难以融入进去，也难以挑战已经被深深认同的信仰，然而现实却在不断变化之中，所以这样的文化也有被时代抛弃的可能。[59]

企业文化源自创建者和历史转折点的领导者的影响、其独特的历史和发展阶段。市场的本质和产品的特性也有贡献，此外还有行业环境和国家环境。

1. 创始人的作用

公司创始人通过他们自己的信仰和价值观深深地影响了企业文化，[60]比如说，苹果公司的乔布斯、谷歌的拉里·佩奇和谢尔盖·布林或者是亚马逊的杰夫·贝佐斯都强调技术和创业精神。本和杰瑞冰淇淋公司的本和杰瑞（Ben & Jerrys）以及美体小铺（Body Shop）的安妮塔·罗迪克（Anita Roddick）则以他们的实际行动展示了强烈的社会责任感，他们使用天然产品，从发展中国家采购产品，以"贸易而非援助"来促进贫穷地区的发展。然而，当商业环境要求企业进行变革时，公司创始人和领导人强烈的信仰和价值观也可能使其变得固执，从而成为一种障碍，就比如在计算机行业变化发展历史上曾发生在美国数字设备公司的创业型CEO肯·奥尔森身上的案例。

2. 领导者

魅力型的领导者也可能在企业文化上留下他们的烙印。卡洛斯·戈恩——雷诺汽车和日产汽车公司的董事会主席兼首席执行官，在其职业生涯里数次指挥了拯救公司和转变文化的行动，他主导的彻底的重组使得雷诺汽车重新回到了盈利的轨道，也拯救了濒临破产的日产汽车。他成功推进了与日本文化相冲突的变革（如裁员），被一本喜剧著作描述为英雄，并被冠以"修理先生"的称号。不过，法国人还是带着更多怀疑的眼光看待戈恩，给了他"成本杀手"这一绰号。

当郭士纳（Louis Gerstner）成为IBM的CEO时，他断定企业文化是导致IBM没有能力对市场变化做出反应的主要原因，而这将公司带到了崩溃的边缘。[61]虽然在加盟IBM之前他在美国运通和美国最大的食品和烟草生产商纳贝斯克公司（RJR Nabisco）工作过，对于计算机这个行业来说他是一个外行，但这并没有妨碍郭士纳将IBM重新打造成一家分散决策、围绕着流程来组织运营和聚焦于全球客户关系管理的公司。IBM花了差不多10年时间将自己从一个硬件生产商再造为一个集成服务提供商。[62]

当彭明盛（Sam Palmisano）在2002年接过IBM的CEO职位，公司已经经历了近10年励精图治的变革，摆脱了困境，公司的财务状况得到了巨大改善，业绩也超过了竞争对手，员工们对进一步的变革会抱着抵触情绪；然而，"他[彭明盛]和他的团队认识到科技领域和全球经济将发生重大变化。据彭明盛回忆，他们认识到，如果IBM要想抓住这些变化带来的机遇，则公司必须再次进行自身的转型"[63]。他所面对的挑战是让公司不同部门协调一致地工作，以一致的价格来提供"集成解决方案"，包括硬件、软件、服务以及融资。为了孕育一套共享的价值观，以支持战略变革和确保全球的一致性，他在公司内部局域网设置了一个"价值观梗阻"（ValuesJam）的论坛，启动了一场持续3天的对公司核心价值观的讨论，超过5万人参加了这场讨论。[64]这场大讨论的结果是确立了3个新的价值观：

- 致力于实现每个客户的成功；
- 创新为要——无论是对于我们公司还是整个世界；
- 在所有关系中表现出信任和责任。

但我们惊讶地发现，这些价值观与老沃森在 1914 年所确立的基调惊人地相似。[65]

魅力型领导需要准备好随着战略演进的要求在文化上持续地做出重大的变革。当通用电气前 CEO 杰克·韦尔奇被商业媒体颂扬为全天候的领导者时，在经济遭遇危机的时候接过帅印的继任者伊梅尔特（Jeff Immelt）却不得不面对更加严峻的挑战。

3. 管理传统

管理传统也会影响文化。随时间推移演变而来的不同的组织结构、标准化的运营流程，或者成规惯例通过规范特定的行为和强化特定的价值观和信仰塑造了文化。我们可以看看福特汽车公司的案例。[66] 在福特汽车公司里，控制曾是高度集中的，尤其是集中于创始人亨利·福特之手。公司是按照职能的划分进行组织的，通过垂直一体化来成长，包括前向一体化和后向一体化，目的是对零部件供应和分销网络拥有更好的控制。1995 年，福特汽车公司推出了不管从哪里看上去都一样的"世界车"（蒙迪欧，就像 T 型车，同样的平台，同样的车身）。全球的运营仍然是高度集中的。为了有利于推出适合于当地的车型以及伴随着对沃尔沃和美洲豹这两个品牌的收购，这种集权的管理方法被放弃了。不过，沃尔沃的瑞典管理人员还是抱怨缺少自主权。收购以失败告终，沃尔沃最终被卖给了一家中国公司：吉利。因此，权力下放或国际化的努力很可能还得背负公司传统的烙印。

4. 发展阶段

公司发展的阶段同样会影响到企业文化。例如，计算机行业中许多新创公司都不得不特别关注技术，因为它们的诞生有赖于新产品或技术的开发。然而，随着时间的推移，对市场的关心变得越来越重要，因为基于新技术并且制作得非常漂亮的产品不一定能很好地满足顾客的需求。

进一步说，随着公司在规模和经营范围上的扩展，它们需要变得更加结构化和系统化。这样，公司就从更加创业型或者专业人员、科学家或工程师驱动型，成为更加的管理驱动型。然而，在某些阶段，如果公司过于聚焦于管理驱动，就存在变得更加官僚化的风险，从而窒息公司原本据以安身立命的创新性和创造能力。在这个时候，文化可能就要重新回到更加创业导向和技术导向的道路。[67]

在这一点上，20 世纪 90 年代风行一时的互联网公司就是很好的案例。这些新创企业甚至在它们具有产品之前就拥有了很高的市场估值，更不要说利润了。许多人离开了"旧经济"公司寻找更加非正式、较少官僚层级、更加行动导向和创业导向的公司。不过，许多人后来还是回到了更加结构化的公司，在这样的公司里，目标和绩效的测量都更加明晰。

5. 产品或服务的本质

产品的本质在创建企业文化时和塑造其演进时很重要。因此，一家像阿尔卡特 - 朗讯这样的电信公司与一家像欧莱雅这样的化妆品公司的文化就会不一样，尽管它们的总部都在巴黎，也都非常依赖于新产品的开发。这些差异，部分来自它们各自产品和顾客的本质差异。由于历史上政府法规政策和市场竞争经历的不同，欧莱雅的文化更市场化一些。然而由于电信市场上的竞争越来越激烈，阿尔卡特－朗讯的文化也不得不开始变得更加顾客导向一些。

瑞士雀巢公司 CEO 包必达（Peter Brabeck）具有一个战略愿景，就是要超越食品而聚焦于营养品、健康和保健品，这驱使公司收购"保健产品"并建立了一个最先进的研发中心从事医疗营养品的开发。雀巢将要面对的挑战是从销售美味的产品（巧克力）转变成销售对你的身体有好处的产品，以及从市场驱动转变为技术驱动。这一转变实际上回到了创业之初的雀巢公司，雀巢之父亨利·雀巢是一位药剂师，1867 年，他发明了一个基于牛奶的婴儿营养配方，从而创立了公司。[68]

6. 不同"文化之球"之间的互动是竞争优势的源泉

企业文化与国家文化之间的互动可以方向一致，从而产生创造竞争优势的机会，也可能是背道而驰，从而导致问题和紧张局面。诸如酩悦·轩尼诗－路易·威登（LVMH——奢侈品、香槟酒和烈酒）这样的公司，其文化和形象在很大程度上反映了它们的法国血统，体现了对精致和高雅的重视。宜家继承了斯堪的纳维亚国家在平等和实用主义价值观上的传统和声誉，反映在产品上，就是低价、自己回家组装、简洁而没有过多的装饰。宝马和奥迪的文化部分来自德国的工程文化。麦当劳由于看起来很美国化而大获成功，尽管法国人抱怨麦当劳破坏了法国人的烹饪艺术（不光是吃什么还有怎么吃的文化），然而法国的孩子还是在家庭出游时反复坚持要去"麦多"（McDo，一个更有感情色彩的称呼）。虽然做了一些适应当地的努力，但麦当劳的产品和企业文化仍然是非常美国化的，这也使得它成为反美国和反全球化抗议活动最简单和最直接的攻击目标。

国家文化与企业文化之间的互动成为竞争优势或者竞争劣势的来源可以从迪士尼公司在日本和法国的经历中清楚地看到。东京迪士尼乐园的成功要归功于国家（日本）文化和企业（迪士尼）文化之间良好的契合。事实上，那些美国价值观中不朽的要素正是日本人追求完美的具体化。正如约翰·万·曼伦和安德烈·劳伦特所说："日本所修建的迪士尼乐园从礼貌、规模、整洁程度和表演上都超越了其 [美国] 范本。"[69]实际上，将东京迪士尼乐园更加日本化的建议被否定了，因为他们的合作伙伴（远东地产公司）希望"一个完全的原型复制"以及"非常希望日本游客有在异国度假的感受"。乐园于 1983 年 4 月开业，到 1988 年参观人数已经达到了 5 000 万，使其成为日本最吸引人的景点。实际上，东京迪士尼乐园已经取代了庆祝毕业和新年的传统出游地——神社和寺庙。[70]

然而，同样的迪士尼文化，当它将法国选作为进一步国际化扩张的地点时却产生了问题。当巴黎迪士尼乐园在 1992 年 4 月开张时，它面对的是来自当地人民和媒体的深度厌恶，虽然法国的孩子也喜欢米老鼠，但巴黎迪士尼被法国媒体称为"文化的切尔诺贝利"[71]。最初的将迪士尼"欧洲化"的企图没有获得太大的效果，他们用法国和欧洲的城堡、音乐和童话故事（如匹诺曹）来弱化其美国味。市场调查显示欧洲人喜欢坐着用餐，因此迪士尼建造了较多可以坐下用餐的餐馆；可是，它很快就发现欧洲人来这里是为了"感受美国"，更希望将时间花在景点上而不是餐桌旁。巴黎迪士尼乐园一开始并没有像在日本那样获得成功，并且还不得不面对大批不满雇员所发起的法律诉讼。巴黎迪士尼曾预计第一年有 1 100 万人次的参观，而实际上来的人却不足 300 万，造成了 9.2 亿美元的亏损。1994 年年底，乐园公布了 15 亿美元的亏损。[72]不过，20 年之后，2012 年，巴黎迪士尼乐园总共吸引了 2.5 亿的访客，使其成为欧洲重要的旅游目的地。2011 年，它吸引了 1 570 万的访客，超过了 840 万的卢浮宫和 660 万的埃菲尔铁塔。[73]

因此，企业文化和国家文化的相互作用可能提供竞争优势，同时也可能构成致命的威胁。进一步来说，我们必须记住企业文化在不同的国家里可以有不同诠释[74]，同样的符号在不同的地方会有不同的含义。因此，将图标、形象或者公司英雄人物的故事出口到其他地方，可能会以出人意料的方式被诠释，可能更好也可能更糟。约翰·韦恩（John Wayne）描绘的美国牛仔是独自骑在马背上，走进落日之中，而在日本牛仔被描绘成在夜晚与其他的牛仔围坐在篝火旁。独自相处在美国（强健与个人英雄主义）与在日本（没有归属）的意味是不一样的。以前一辆奔驰轿车在美国被认为是一种奢侈品，而在中东却很可能被人们开心地当作出租汽车。在日本，米老鼠被用来销售金融市场的账户。[75]

国家文化或者企业文化对国际战略联盟的管理和绩效可能具有不同的影响。在一个关于国际战略联盟的研究中，中方合作伙伴声称，尽管无论是国家文化还是企业文化似乎都对绩效没有重要的影响，但是国家文化导致沟通的问题，而企业文化则对合作伙伴的目标和事情的优先次序有着重大的影响。[76]

7. 企业文化作为同质化的驱动因素

人们声称，跨国公司的企业文化就像胶水，把在地理上分散在各处的各个分支部门黏合在一起。[77]人们认为，特别是那些在人员选聘、融入以及其他公司事务上严谨的公司，企业文化能够克服国家文化的影响。然而，另外一些人则坚持，仅仅以其做项目演示和提供研究建议的风格就可以很容易地将 IBM 员工在世界各国辨认出来这点来断定企业文化能克服国家文化的影响，未免过于简单化，这种相似性只是非常表面的现象。例如，当问及有关管理者的职能时，在美国一家知名石油公司的化学部门一起工作的法国和美国的管理者，比一群来自同一个国家但不同公司的管理者之间显示出更大的分歧，虽然该石油公司有着强大的企业文化和严格的标准化政策及程序。尽管并不是有意设计的，霍夫斯泰德的经典研究强有力地证明了当存在一个强大的企业文化时，国家文化仍然在起着影响。他的研究表明，即便在 IBM 这样特色鲜明的企业文化下，国家文化仍然扮演了重要的角色，导致不同国家员工工作价值的差异。[78]

由于竞争和全球商务环境的变化，跨行业趋同的压力在增加，这使得在行为、自称的信仰和价值观上表面的变化看上去可能很明显，变得越来越类似。银行的柜员和分支机构的经理、电话接线员和电信公司的高管也许真的变得对客户更加的"友善"了，并坚持公司必须更加的服务导向。不过，深层次的关于关系的本质的假设（在上述案例里是与客户的关系）也许仍然没有改变，或者是难以调整。正如安德烈·劳伦特所说，国家文化可能会变迁，但是会非常缓慢，就像一座冰山，顶端的冰帽会消融，但是在表层之下，文化的触角仍然深深地扎根在所及之处。因此，也许组织文化更加顺应变化，但是国家文化的真正变化也许需要数代人之久。[79]

非常矛盾的是，面对强大的企业文化时，国家文化可能会以更强有力的方式走上舞台。服从的压力也许会产生一种反冲力，导致对自主权和身份认同的重新坚持。因此，通过创建一个强大的企业文化来克服国家文化差异的战略也许会产生事与愿违的负面结果，可能真会产生相反的结果。这点我们将在第 3.3 节讨论。

3.3　创造竞争优势

迄今为止的讨论显示，存在着多个对经营和管理会产生影响的"文化之球"，它们之间的相互作用和相互影响可能带来竞争优势，也可能带来竞争劣势，任何跨国经营的企业都可能包藏着文化上的威胁和机会。当公司在与其他国家和行业的潜在的合作者、顾客、供应商和生产商进行合作时，公司必须注意这些不同的"文化之球"，从而对它们相互作用和影响做出预测和应对计划。不幸的是，许多公司在收购企业或者在选择合作伙伴时并没有预先注意到这些问题，只有在实施阶段而且问题也变得明朗化时，或者是只有到了破产清算时，文化才会被明确并恰当地提出来作为向财经媒体和商界交代的"借口"。

如何跨越国家、地区、行业、公司和职能之间的边界是战略联盟的难题。我们常常难以分辨合资企业陷入困境是不是由于国家文化、行业文化和／或企业文化之间的差异。不过，文化分析对于认识潜在困难和潜在的益处，以及对在规划战略时能将这些因素充分考虑进去则是绝对必要的。技术的变化、法规的变化以及变化的经济和政治条件可以创造出新的商业机会，也可能带来威胁。新兴市场出现在中东欧和中国，为了获取这些来自新兴市场的机会，通常需要西方企业与当地企业建立跨越不同的政治和经济制度的合资企业，同时也要跨越国家和企业的文化。事实上，我们往往难以知道俄罗斯的集体主义精神是出于什么原因，以及在何等程度上我们可以看到企业家精神在像匈牙利这样的国家重新出现，尽管繁荣的黑市已经在那里存在了许多年；或者目前中国的商业模式在何种程度上可以归因于市场经济儒家思想的作用。[80]

然而，最大的挑战也许是金砖国家公司的到来。外国直接投资的流向已经倒转过来，中国和印度的公司在全世界购买企业。随着法国政府威胁要将曾被印度米塔尔（Mittal）公司收购的法国钢铁公司阿赛洛（Arcelor）国有化，在全球商界制造了一股冲击波。由于更大的跨国的治理结构（欧盟）和行业协会确立的行为规范，国家之间不断增长的政治紧张（比如欧盟内部国家之间的政治紧张），以及正在转变的经济优势的模式，也许需要人们去学习新的商业经营的方式。2015 年，中国对外直接投资达 1 456.7 亿美元，占全球流量份额的 9.9%，金额仅次于美国的 2 999.6 亿美元，位列世界第二，投资流量也首次超过了同期外商在华投资规模，实现了资本的净输出。2016 年 1～11 月，中国非金融类境外投资达 1 617 亿美元，在这 11 个月中，中国企业海外并购项目 561 个，交易金额达 824 亿美元。[81]这些事实不仅意味着中国企业需要去学习如何管理在海外的企业，而且欧美的管理人员也要考虑如何与越来越国际化的中国企业打交道甚至为中国老板工作的问题。

更进一步说，理解不同的"文化之球"之间的互动能够帮助我们预知战略变革和国际化的威胁和机会。国际红十字委员会（ICRC）由瑞士日内瓦的亨利·杜南（Henry Dunant）在 1863 年创立，源自他对自己在索尔费里诺战役中所目击到的许多伤员由于没有得到救助而死去的恐怖所做出的反应。位于瑞士日内瓦，就如其核心价值观（独立、中立、人道主义）所反映的那样，国际红十字委员会被认为非常的瑞士式。直到 20 世纪 90 年代中期，绝大多数的代表（外派人员）都是瑞士人。即便是在今天，按照法律的规定，管理委员会的成员必须是瑞士人。区域文化（即日内瓦的文化）也非常重要，因为它是联合国和许多人道主义组织和非政府组织的所在地，也是《日内瓦公约》的发源地，这一公约不仅保障了战俘的人权，并且为国际人道主义法律提供了基础。由于它位于瑞士的法语区（或者说 Swiss Romand），法语占据主导地位，而这被认为是将国际红十字委员会与其他的国际人道主义组织和联合国

（主要是说英语）区别开来的主要因素，使得即便是说德语的瑞士人也感到自己在其中似乎像外国人。行业文化的差异在此体现在公共服务部门与私营企业之间的差异，作为人道主义者就意味着驱动所有行为的目标必须是一种使命和社会的福祉，而不是盈利。英雄是那些在现场组织和指挥行动的人（职能文化），要求的是通才而不是专家（职业文化），医生、工程师和其他专业人员有时会被认为在适应现场的情况时不够实际。这也可能导致现场和总部之间的紧张关系，因为如果不具备现场经验，就难以获得指挥管理的合法性。

因此，国际红十字委员会的文化可以被认为是体现了所有这些"文化之球"（瑞士、日内瓦、人道主义、非政府组织、由通才主导行动）的相互作用。这一互动创造了一种亲力亲为、哪里有危机就在哪里出现以及人道主义使命驱动的文化，这一文化被认为即便不是其核心能力的话，也是其竞争优势的来源。然而，这一文化也曾由于需求的变化遭遇质疑，因为捐赠者要求更高的透明度和责任心（结果导向的管理）、更高的效率（集中化和标准化），而代表们也有不断增加的职业发展的需求，以及更加多元化的要求，不论是在国籍上还是在性别上的多元化。最关键的两难境地是在何种程度上，被认为是神圣的国际红十字会文化将支持还是阻碍其自身去适应一个正在不断变化的环境，以及在战略、组织结构和人力资源实践上采取相应的措施。[82]

在这最初的 3 章里，我们已经用分析证明了理解文化对于组织有效性和管理者是至关重要的。我们提供了一个分析框架帮助大家从最明显的符号辨析文化，以及从最隐蔽的地方发现文化的差异。这个框架也可以被用来诊断其他的文化，比如说企业文化和行业文化。这些不同的文化之间复杂的互动使得管理跨国文化差异的简单药方变得价值有限。不管如何，国家文化间的差异显然会继续存在，因为它们往往是深深地锚定在被认为是理所当然的假设上，我们不能忽视它们。在第二部分，我们将主要聚焦于讨论国家文化对战略、组织结构和人力资源管理体系等管理实践的影响。

注释

1 Van Maanen, J. and Laurent, A. (1993) 'The flow of culture: Some notes on globalization and the multi-national corporation', in S. Ghoshal and D.E. Westney (eds) *Organization Theory and the Multinational Corporation*, New York: St. Martin's Press, pp. 275–312.

2 Sackmann, S.A. and Phillips, M.E. (2004) 'Contextual influences on culture research: Shifting assumptions for new workplace realities', *International Journal of Cross-Cultural Management*, 4, pp. 370–390.

3 Schwartz, S.H. (1994) 'Beyond individualism/collectivism: New cultural dimensions of values', in U. Kim, H.C. Triandis, C. Kagitcibasi, S.C. Choi and G. Yoon (eds) *Individualism and Collectivism: Theory, Method, and Applications*, Thousand Oaks, CA: Sage, pp. 85–119.

4 Javidan, M. and Dastmalchian, A. (2003) 'Culture and leadership in Iran: The land of individual achievers, strong family ties, and powerful elite', *Academy of Management Executive*, 17, pp. 127–142.

5 Lenartowicz, T. and Roth, K. (2001) 'Does subculture within a country matter? A cross-cultural study of motivational domains and business performance in Brazil', *Journal of International Business Studies*, 32(2), pp. 305–325.

6 Hofstede, G., Garibaldi de Hilal, A.V., Malvezzi, S., Tanure, B. and Vinken, H. (2010) 'Comparing regional cultures within a country: Lessons from Brazil', *Journal of Cross-Cultural Psychology*, 41(3), pp. 336–352.

7 Hofstede, G. (2001) *Culture's Consequences*, 2nd edn, Thousand Oaks, CA: Sage.

8 郑江华. "加泰罗尼亚'独立'闹剧失道寡助"，新华网，2017 年 10 月 29 日，详见：http://www.chinanews.com/gj/2017/10-29/8363126.shtml；"加泰罗尼亚自治区前主席被全球通缉"，《新京报》，2017 年 11 月 5 日，详见：http://www.chinanews.com/gj/2017/11-05/8368589.shtml.

9 Peterson, M.F. and Smith, P.B. (2008) 'Social structures and processes in cross-cultural management', in P.B. Smith, M.F. Peterson and D.C. Thomas (eds) *The Handbook of Cross-Cultural Management Research*, Thousand Oaks, CA: Sage, p. 45.

10 'Toyota's fast lane', *Business Week*, November 4, 1985, pp. 40–46, p. 42.

11 Barsoux, J.L. and Lawrence, P. (1990) *Management in France*, London: Cassell.

12 Wilson, E.J. (2012) 'How to make a region innovative', *Strategy + Business*, 66, Spring, pp. 1–7.

13 Prasso, S. (2010) 'American made . . . Chinese owned', *Fortune*, 24 May, pp. 47–52.

14 Chen, Wiehua (2013) 'Chinese companies increase stake in US', *China Daily*, 2 May, p. 13.

15 Rugman, A.M. and Verbeke, A. (2004) 'A perspective on regional and global strategies of multinational enterprises,' *Journal of International Business Studies*, 35(1), pp. 3–18.

16 Bergmann, A., Professor of Human Resource Management, University of Lausanne, personal communication.

17 Ronen, S. and Shenkar, O. (1985) 'Clustering countries on attitudinal dimensions: A review and synthesis', *Academy of Management Review*, 10(3), pp. 435–54.

18 Gupta, V. and Hanges, P.J. (2004) 'Regional and climate clustering of societal cultures', in R.J. House, P.J. Hanges, M. Javidan, P.W. Dorfman and V. Gupta (eds) *Culture, leadership, and organizations: The GLOBE study of 62 societies*, Thousand Oaks, CA: Sage, pp. 178–218.

19 Javidan, M., Stahl, G.K., Brodbeck, F. and Wilderom, C.P.M. (2005) 'Cross-border transfer of knowledge: Cultural lessons from project GLOBE', *The Academy of Management Executive*, 19(2), pp. 59–76.

20 Nardon, L. and Steers, R.M. (2009) 'The culture theory jungle: Divergence and convergence in models of national culture', Cultural Foundations (Part 1) in R.S. Bhagat and R.M. Steers (eds) *Cambridge Handbook of Culture, Organizations, and Work*, Cambridge: Cambridge University Press, p. 19.

21 Cartwright, S., Cooper, C.L. and Jordan, J. (1995) 'Managerial preferences in international merger and acquisition partners', *Journal of Strategic Change*, 4, pp. 263–269.

22 Pucik, V., Evans, P., Björkman, I. and Stahl, G.K. (2010) 'Human resource management in cross-border mergers and acquisitions', in A.W. Harzing and A. Pinnington (eds) *International human resource management*, 3rd edn, pp. 119–152, London: Sage.

23 Vassolo, R.S., De Castro, J.O. and Gomez-Mejia, L.R. (2011) 'Managing in Latin American: Common issues and a research agenda', *Academy of Management Perspectives*, pp. 22–36.

24 Walter, I., Professor, INSEAD, personal communication.

25 Boot, A.W.A. (2011) 'Banking at the crossroads: How to deal with marketability and complexity?', *Review of Development Finance*, 1, pp. 167–183.

26 Scott, M. (2012) 'ING sells insurance units in Asia', *International Herald Tribune*, 20 October, p. 13. 'The fall of the house of Kidder', *Euromoney*, January 1995, pp. 30–34.

27 Schein, E.H.(1985) *Oranizational Culture and Leadership*, San Francisco: Jossey-Bass.

28 Kou, J. and Spar, D. (1994) 'Being There: Sony Corporation and Columbia Pictures' HBS case; Landler, M. (1994) 'Sony's heartaches in Hollywood', *Busines Week*, December 5, p. 11.

29 Spender, J.C. (1989) *Industry Recipes: The Nature and Sources of Managerial Judgement*, Oxford: Blackwell; Huff, A.S. (1982) 'Industry influences on strategy reformulation', *Strategic Management Journal*, 2, pp. 119–131.

30 Phillips, M.E. (1994) 'Industry mindsets: Exploring the cultures of two macro-organizational settings', *Organizational Science*, 5, pp. 284–402.

31 Prahalad, C.K. and Bettis, R.A. (1986) 'The dominant logic: A new linkage between diversity and performance', *Strategic Management Journal*, 7, pp. 485–501.

32 Porac, J.F., Thomas, H. and Baden-Fuller, C. (1989) 'Competitive groups as cognitive communities: The case of the Scottish knitwear manufacturers', *Journal of Management Studies*, 26, pp. 397–416.

33 Originally discussed by Deal, T. and Kennedy, A. (1982) *Corporate Cultures: The rites and rituals of corporate life*, Reading, MA: Addison-Wesley.

34 Cramer, V. and Schneider, S.C. (2010) *Novartis: On the road to corporate citizenship*, Case ECCH 710-027-1.

35 Chatman, J.A. and Jehn, K.A. (1994) 'Assessing the relationship between industry characteristics and organizational culture: How different can you be?', *Academy of Management Journal*, 37, pp. 522–553.

36 Alemanno, S.P. and Cabedoche, B. (2011) 'Suicide as the ultimate response to the effects of globaliza-

tion? France Telecom, psycho social risks and communicational implementation of the global workplace', *International Communication Studies*, 2, pp. 24–40.

37 Jelassi, T. (1994) 'The French videotext system Minitel: An example of a national information technology infrastructure', *Management Information Systems Quarterly*, March, pp. 1-20.

38 Lawrence, P.R. and Lorsch, J.W. (1967) *Organizations and Environment*, Homewood, IL: Irwin; Perrow, C. (1979) *Complex Organizations*, New York: Random House; Thompson, J.D. (1967) *Organizations in Action*, New York: McGraw-Hill.

39 Salancik, G.R. and Pfeffer, J.R. (1977) 'Who gets power – and how they hold on to it: A strategic-contingency model of power', *Organizational Dynamics* (Winter).

40 Fligstein, N. (1993) *The transformation of corporate control*, Harvard Univeristy Press.
Raymond Saner, R., Yiu, L. and Sondergard, M. (2000) 'Business diplomacy management: A core competency for global companies', *Academy of Management Executive*, 14(1), pp. 80–92.

41 Van Maanen, J. and Barley, S. (1984) 'Occupational communities', in B. Staw and L.L. Cummings (eds) *Research in Organization Behavior*, Vol. 6, Greenwich, CT: JAI Press, pp. 287–365.

42 Dixon, M. (1987) 'jobs', *Financial Times*, May 27, p. 8.

43 Van Maanen, J. and Barley, S. (1984) 'Occupational communities', in B. Staw and L.L. Cummings (eds) *Research in Organization Behavior*, Vol. 6, Greenwich, CT: JAI Press, pp. 287–365.

44 Drucker, P.F. (1988) 'The coming of the new organization', *Harvard Business Review*, January/February, pp. 45–53.

45 Meyerson, D.E. (1994) 'Interpretations of stress in institutions: The cultural production of ambiguity and burnout', *Administrative Science Quarterly*, 39, pp. 628–53; Barley, S. and Knight, D.B. (1992) 'Toward a cultural theory of stress complaints', in B.M. Staw and L.L. Cummings (eds) *Research in Organizational Behavior*, Vol. 14, Greenwich, CT: JAI Press, pp. 1–48.

46 Kleiner, A. (2001) 'The cult of three cultures', *Strategy + Business*, 3rd quarter, online, 1–3, retrieved from: www.strategy-business.com.

47 Fioole, W., van Driel, H. and van Baalen, P. (2008) 'Europeanisation and Americanisation: Converging backgrounds of German and Dutch top managers', in H.G. Schröter (ed), *The European Enterprise: Historical investigation into a future species*, Berlin: Springer, pp. 155–167.

48 Van Maanen, J. (1983) 'Golden passports: Managerial socialization and graduate education', *The Review of Higher Education*, 6(4), pp. 435–55.

49 John Van Maanen, personal communication, July 2012.

50 Ouchi, W.G. (1981) *Theory Z*, New York: Avon; Pascale, R.T. and Athos, A.G. (1981) *The Art of Japanese Management*, New York: Simon & Schuster.

51 Schein, E.H. (1991) 'The role of the founder in the creation of organizational culture', in P.J. Frost, L.F. Moore, M.R. Louis, C.C. Lundberg and J. Martin (eds) *Reframing Organizational Culture*, Ch. 1, Newbury Park, CA: Sage, pp. 14–25; Westney, F. and Mintzberg, H. (1989) 'Visionary leadership and strategic management', *Strategic Management Journal*, 10, pp. 17–32.

52 稻盛和夫. 领导者的资质 [M]. 曹岫云, 译. 北京：机械工业出版社；2015.

53 徐静波. "稻盛和夫自述：日航如何起死回生"，《第一财经日报》，2012 年 10 月 26 日.

54 Hofstede, G. (1991) *Culture and Organization: Software of the Mind*, London: McGraw-Hill.

55 Ouchi, W.G. (1981) *Theory Z*, Reading, MA: Addison-Wesley; Pascale, R.T. and Athos, A.G. (1981) *The Art of Japanese Management*, New York: Simon & Schuster.

56 Goffee, R. and Jones, G. (1996) 'What holds the modern company together?', *Harvard Business Review*, November–December, pp. 133–148; Trompenaars, F., Cameron, K.S. and Quinn, R.E. (1999) *Diagnosing and changing organizational culture: Based on the competing values framework*, Reading, MA: Addison-Wesley.

57 Harrison, R. (1975) 'Diagnosing Organization Ideology', in J.E. Jones and J.W. Pfeiffer (eds) *The 1975 Annual Handbook for Group Facilitators*, San Diego, CA: University Associates, pp. 1–5.

58 Cartwright, S. and Cooper, C.L. (1993) 'Of Mergers, Marriage and Divorce', *Journal of Managerial Psychology*, 8(6), pp. 7–10.

59 Chatman, J.A. and Cha, S.E. (2003) 'Leading by leveraging culture', *California Management Review*, 45, pp. 20–34.

60 Schein E. H. (1991) 'The role of founder in the creation of organizational culture' in P. J. Frost at el (eds) *Reframing Organizational Culture*, Newbury Park, CA: Sage, pp. 14-25; Westney, F. & Mintzberg, H. (1989) 'Visionary leadership and strategic management', *Strategic Management Journal*, 10, pp. 17-32.

61 Gerstner, L.V. (2003) *Who says elephants can't dance? Inside IBM's historic turnaround*, London: HarperCollins.

62 Stahl, G.K. and Köster, K. (2013) 'Lenovo-IBM: Bridging cultures, languages, and time zones – an audacious deal', *WU Case Series*, 4, available from: http://www.wu.ac.at/research/en/series/caseseries.

63 IBM，"一个企业的信念"，IBM 官网，详见：http://www-31.ibm.com/ibm/cn/ibm100/icons/bizbeliefs/index.shtml.

64 Palmisano, S. (2004) 'Leading change when business is good', *Harvard Business Review*, December, pp. 60–70.

65 IBM，"一个企业的信念"，IBM 官网，详见: http://www-31.ibm.com/ibm/cn/ibm100/icons/bizbeliefs/index.shtml.

66 Brief, A.P. and Downey, H.K. (1983) 'Cognitive and organizational structures: A conceptual analysis of implicit theories of organizing', *Human Relations*, 36, pp. 1065–1090.

67 Greiner, L. (1972) 'Evolution and revolution as organizations grow', *Harvard Business Review*, July/August, pp. 37–46.

68 Bell, D.E. and Shelman, M. (2012) 'Nestlé', *Harvard Business School Case*, 9-509-001.

69 Van Maanen and Laurent (1993) *Op. cit.*, p. 297.

70 Brannen, M.Y. (1992) '"Bwana Mickey": Constructing cultural consumption at Tokyo Disneyland', in J.J. Tobin (ed) *Remade in Japan: Everyday Life and Consumer Taste in a Changing Society*, New Haven, CT: Yale University Press, pp. 216–234.

71 Van Maanen, J. (1990) 'The smile factory: Work at Disneyland', in P.J. Frost, L.F. Moore, M.R. Louis, C.C. Lundberg and J. Martin (eds) *Reforming Organizational Culture*, Ch. 4, Newbury Park, CA: Sage, pp. 58–76.

72 Brannen, M.-Y. and Wilson, J.M. (1995) 'Transferring core competencies abroad in people-dependent industries: A lesson in semiotics from the Walt Disney Corporation', presented at the Academy of Management Meetings, Vancouver, BC.

73 'Disneyland Paris a recu 250 millions de visiteurs', *Tribune de Geneve*, 10 April 2012, p. 9.

74 Brannen and Wilson (1995) *Op. cit.*; Wooldridge, A. (1995) 'Insider trading', *The Economist*, 24 June, p. 11.

75 Brannen, M.Y. (2004) 'When Mickey loses face: Recontextualization, semantic fit, and the seminotics of foreignness', *Academy of Management Review*, 4, pp. 593–616.

76 Dong, L. and Glaister, K.W. (2007) 'National and corporate culture differences in international strategic alliances: Perceptions of Chinese partners', *Asian Pacific Journal of Management*, 24, pp. 191–205.

77 Evans, P., Pucik, V. and Bjorkman, I (2011) *The Global Challange: International Human Resource Management*, 2nd edn, New York, NY: McGraw-Hill.

78 Hofstede, G. (1980) *Culture's Consequences*, London: Sage.

79 Laurent, A. (1989) 'A cultural view of organizational change', in P. Evans, Y. Doz and A. Laurent (eds) *Human Resource Management in International Firms*, Ch. 5, London: Macmillan, pp. 83–94.

80 Cyr, D.J. and Schneider, S.C. (1996) 'Implications for learning: Human resource management in East–West joint ventures', *Organization Studies*, 17(2), pp. 207–226.

81 徐昭．"2016 年中国对外直接投资创新高 应加强风险防控"，《中国证券报》，2017-01-17.

82 Kim, S. and Schneider, S.C. (2008) *The Case of the International Red Cross (ICRC): Managing across cultures*, Case ECCH 408-061-1.

第二部分

文化与管理实践

日本和美国的管理实践有95%是相同的，但在所有重要的方面是不同的。

——本田汽车联合创始人藤沢武夫

在第一部分我们已经指出，对于正在国际商务的汪洋大海里航行的管理者和组织来讲，文化对其管理有效性有着强烈的影响。我们也提出了一个分析框架，借助于这个框架，研究者和从事管理实务的人们可以通过观察、质疑和诠释在不同层次上发现文化，我们也着重讨论了用以分析文化的一系列关键维度。此外，我们还讨论了文化可以从不同的领域找到：职能/职业、公司、行业、地区。这些文化也可以用上述分析国家文化所用的同样的分析框架和维度来诊断。我们也讨论了这些不同"文化之球"是如何相互作用的，并为组织在全球市场上驰骋提供了竞争优势或竞争劣势的源泉。

在第二部分中，我们将更加明确和具体地来论述文化（主要是国家文化）是如何影响管理实践的，具体地说是组织、战略、人力资源管理市场营销以及沟通与谈判。这样的讨论有助于我们更好地理解文化为国际经营所带来的机遇和威胁。我们将管理者和他们所在公司的经历进行抽丝剥茧，并将有意义的精华和更广领域中比较管理研究的发现整合在一起，以展示不同国家和公司之间在管理实践上的差异。

除了显示差异的存在，我们还将进一步探索隐含在这些差异表象之下的文化根源。事实上，管理实践只是浮在水面之上的冰山一角而已，为了理解这些管理实践的意义，我们需要潜入水中，超越表象，发现其文化根源。此外，管理实践上的差异也可能体现了社会建构或者说制度环境的不同，[1]这些社会建构或制度环境包含了经济的、政治的和社会的环境，理查德·惠特利（Richard Whitley）[2]把它们叫作"国家商务系统"[3]。然而，要将制度的影响从文化的影响中抽离和独立出来，往往非常困难，因为两者如影相随，是随着时间的推移一起形成和发展的，因此是复杂地联系在一起的。比如在法国，政府的强势与文化的强调权力和等级次序经常是紧密地联系在一起的，以太阳王路易十四的话来说，就是"朕即国家"。制度环境与文化之间的详细内涵如图 P2-1 所示。

在某种意义上，制度是文化的法典化，将文化变成法律和规章制度、市场和政治意识形态、宗教实践以及教育体制。组织的实践由社会建构或制度环境所塑造而变得相似（同构），这是由于需要遵从规章制度的压力（胁迫的）、复制最佳实践或者好的做法（模仿的）、关于人性和行为的价值观和信仰，即文化（规范的），以及得到广泛分享的社会知识和社会范畴（认知结构）。[4]

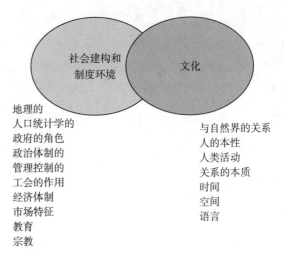

图 P2-1　社会建构和制度环境与文化的影响

根据威特（Witt）和戈登·雷丁（Redding）："……文化是解释是什么的问题，而制度则是界定人们要做些什么。"[5] 这导致了在谁来制定规则、为谁制定规则和为了什么目标而制定规则上的巨大差异。他们对德国高管的访谈揭示了德国人对市场经济和政府尽可能少干预的偏好；相反，日本高管则偏爱政府在其中起着重要作用的协调有序的经济。虽然日本人认为放松管制对于国际竞争力是必需的，却认为过度的竞争是危险的。对他们来说，放松管制是缓和而不是放任自流，因为自由竞争的市场被认为是混乱无序的，是不值得去拥有的，他们"偏爱政府的有形之手来维持秩序更甚于让市场这只无形的手来起作用"[6]。这些偏好也许正发射出隐藏在表象之下的文化差异的信号，比如说，关于政府的角色背后隐藏的文化因素可能是等级秩序，而自由市场导向还是有序协调则与不确定性规避有关。因此，威特和雷丁总结说："……无论是在文化上还是在制度上，差异依然明显，而不同类型的商务体制也都同样具有竞争力。"[7]

这些在关于制度环境"是什么"和"应当是什么"上的不同认知和观念，反映了在个人主义还是集体主义、等级秩序、任务导向还是关系导向，以及不确定性规避这些价值观上的差异。

文化与制度环境的相互作用也可从管理实践的趋同还是趋异的经久不息的争论中可见一斑，经济意识形态（以及工业化的逻辑）也许会推动趋同，但是文化的差异则继续维持着管理的差异。

过去的研究比较了美国、日本、俄罗斯和中国的经济形态，以及来自这些国家的 855 位管理人员的文化价值观，发现了一种由于国家文化与制度环境相互作用而出现的"互相与对方趋同"现象。[8] 随着时间的推演，有些价值观保持稳定，而有些价值观则可能受到了更多的经济与政治事件的影响。比如说，在中国内地，不确定性规避的水平维持在同样的水平上没有变化，但在中国香港增加了，而儒家动力（长期导向）在内地下降了，但在香港增加了。[9]

考虑到这些文化与社会建构和制度上的差异，那些从总部推送出来的管理方法和实践，即便没有在本质上但也会在形式上以一种多多少少仪式性的方式得到执行，所以它也被称作

"公司的祈雨之舞"（corporate rain dance）。[10] 只有理解了东道国的文化和社会建构及制度环境，跨国公司才能够找到合适的方法来规划和执行公司的组织架构、战略及人力资源政策。此外，我们也不要把管理实践的可移植性看作仅仅是一条双向的道路，不仅从总部到子公司或者从子公司到总部，而且还可能在这些子公司之间进行移植。这样，学习和知识创造就能提供竞争的优势。

第4章给出了在组织结构和实施过程方面国家间差异的依据。通过把比较管理领域里零碎而又不相干的研究成果放到一起，我们可以得到一个清晰显现的、更加连贯一致的图景或者说国家的轮廓特征，在这些国家的公司是如何运营的。构建这个国家的文化轮廓特征不是要证明或者加强刻板印象，而是这些图景提醒在不同国家的管理者往往对组织方式存在着从一而终、一以贯之的偏好，这不仅体现在结构上，而且还体现在过程上，诸如政策和流程是如何规划出来和执行的，以及计划和控制是如何进行的，以及决策是如何做出的，等等。除此之外，我们还可以思考这些文化和制度特征对移植组织架构及过程会有什么样的影响，以及如何可以从其他国家学习。

第5章说明了文化还将对公司战略产生重要影响。战略管理中的"理性分析"方法常常隐含了这样的前提假设，即管理者面对的是客观的环境，这使其可以用标准化的方法来评价环境，从而做出回应。这样，战略管理的过程和结果就被认为是文化无涉的（culture-free）。然而，也有学者争辩说对环境的评价和反应是主观的，并因认知和诠释的不同而不同。这些差异是由诸如不确定性规避和控制这样的文化维度所驱动的，揭示了隐含着的关于环境的假设，以及对环境做出反应的组织能力。[11]

因此，可能有多种多样的诠释和相应的解决方法和管理实践。事实上，这就是造成"竞争性球赛"的原因。各公司所寻找的、未注意到的、看到却又忽略的以及它们认为可行的或是有吸引力的，都是建立在隐藏的文化假设基础上的，不仅是国家文化，同时也可能是公司和行业层面的文化。明确地意识到文化的差异，能够帮助我们对国际竞争对手的战略对策做出预先的准备，以及能够帮助我们发现国际或非国际的跨界合作伙伴的互补性。

文化与社会建构的差异也许还可以帮助我们解释企业在国际化道路上的不同战略选择。这使得意义特别重大，因为现在来自金砖国家（巴西、俄罗斯、印度和中国），或者说新兴市场国家的公司不仅正在将它们的目光投向非洲和南美，而且也投向了欧洲和北美。本国的文化和社会建构力量可能影响其企业如何国际化，以及当它们站在外国的土地之上时可能面临哪些挑战。

第6章详细探讨了文化是如何影响人力资源管理实践的，描述了不同国家之间在管理实践上的差异，并提出了可以用来解释这些差异的隐藏的文化维度。我们给出了文化对人力资源管理各个具体领域的影响的例子，涉及人员的选聘和文化融合、管理培训和人才开发、绩效评价和薪酬体系，以及职业生涯的发展。

为了变得更加的国际化，许多公司将不得不重新审视它们自身的人力资源管理实践，因为它深深地植根于其所在国的文化之中。最重要的是，我们要认识到人力资源管理在创建和强化企业文化上的重要性，这样才能确保不论在本土还是在国外，公司在结构或战略上的变革能得以贯彻，这事实上是战略性人力资源管理的真正含义。

然而，人力资源管理的战略性作用，也造成了在人力资源的国际化管理中，对哪些人力资源管理实践应该集中设计和哪些需要因地制宜，陷入了两难境地。各公司不得不需要考虑全球一体化的雄心壮志，而同时又要与当地的需求和现实保持一致。例如，招募和发展适应国际化任职的员工的能力可能受到当地有才干的管理人员的可获得性及其意愿的制约，或者将受到"民族中心主义的总部"观念的束缚，民族优越感会蒙蔽人们的眼睛，以至于认识不到和有效利用本土之外的优秀管理人员。这不再仅仅是如何培养国际管理者的问题，而且也是如何将人力资源管理的职能国际化的问题，即便不提公司职能国际化的话。

第 7 章以营销的 4P 组合为框架，详细地讨论了文化在营销领域如何影响产品和服务的选择、促销的效果、渠道的选择和产品的定价。第 8 章详细讨论了文化如何深刻地影响营商和管理中的沟通与谈判。

因此，通过探究管理实践上的差异，从结构到战略再到人力资源管理，我们开始慢慢理解处于不同文化之中的管理人员是如何解决外部适应性及内部整合的问题的，以及如何从全球的层面来解决这些非常相似的问题。

注释

1　Westney, D.E. (1987) *Imitation and Innovation*, Cambridge, MA: Harvard University Press.

2　Whitley, R. (1993) 'The internationalisation of firms and markets: Its significance and institutional structuring', Working paper No. 251, Manchester Business School.

3　Very, P., Lubatkin, M., Calori, R. and Veiga, J. (1997) 'Relative standing and the performance of recently acquired European firms', *Strategic Management Journal*, 18, pp. 593–614.

4　Meyer, J.W. and Rowan, B. (1977) 'Institutionalized organizations: Formal structure as myth and ceremony', *American Journal of Sociology*, 83, pp. 340–363; Scott, W.R. (1995) *Institutions and Organizations*, Thousand Oaks, CA: Sage; Kostova, T. and Roth, K. (2002) 'Adoption of an organizational practice by subsidiaries of multinational corporations: Institutional and relational effects', *Academy of Management Journal*, 45, pp. 215–233.

5　Witt, M.A. and Redding, G. (2009) 'Culture, meaning, and institutions: Executive rationale in Germany and Japan', *Journal of International Business Studies*, 40, pp. 859–885.

6　Witt and Redding (2009) *Op. cit.*, p. 874.

7　Witt and Redding (2009) *Op. cit.*, p. 861.

8　Ralston, D.A., Gustafson, D.J., Cheung, F.M. and Terpstra, R.H. (1993) 'Differences in managerial values: A study of U.S., Hong Kong and PRC managers', *Journal of International Business Studies*, 24(2), pp. 249–275; Ralston, D.A., Holt, D.H., Terpstra, R.H. and Kai-Cheng, Y. (1997) 'The impact of national culture and economic ideology on managerial work values: A study of the United States, Russia, Japan, and China', *Journal of International Business Studies*, 28(1), pp. 177–207.

9　Ralston, D.A. (2008) 'The crossvergence perspective: Reflections and projections', *Journal of International Business Studies*, 39, pp. 27–40.

10　Kostova and Roth (2002) *Op. cit.*

11　Daft, R.L. & Weick, K.E. (1984) 'Toward a model of organizations as interpretation systems', *Academy of Management Review*, 9(2), pp. 284–295.

第 4 章

文化与组织

基于直觉，人们一直以来都认为科层制的结构和行为模式在西方世界的不同国家里是有差异的，而这种差异在东西方之间更加显著。从事具体工作的人们知道这一点，在考虑和处理问题时也从未忘记这些差异，然而同时代的社会科学家……却一直没有关心这种差异。

——法国社会学家米歇尔·克罗齐埃（Michel Crozier）[1]

文化到底是如何影响组织结构和流程的？组织结构和流程在多大程度上取决于其自身的内在逻辑而不受文化的影响？面临当今经营管理所提出的要求，我们是否发现了组织方式的趋同性？类似于矩阵结构和员工参与式决策等流行的管理技术又在多大程度上能被不同的文化所接受？在多大程度上我们可以用文化的因素来诠释（再诠释）这些现象？哪些文化维度可能促进或阻碍组织变迁的努力？

为了阐述文化对组织结构、体系及流程的影响，我们展示了国家间差异的证据，并分析了差异背后文化和制度方面的原因。当我们观察一个组织在多大程度上采纳集权、将工作和角色专业化，以及将规章和程序正规化的方法时，我们发现尽管存在趋同的压力，但是组织形式的个性化特征仍非常普遍。这引发了关于组织形式是否可能跨国移植的思考，以及对存在一种普遍适用于各个国家的"最佳实践"逻辑的质疑。

4.1　不同的学派不同的文化

尽管许多管理者对国别文化差异可以影响人与人之间相互关联的方式，也就是"软环境"的观点表示认同，但他们并不太相信文化真的会影响组织的核心：结构、体系和流程。文化无关论认为，组织的结构是由诸如规模和技术等组织特性所决定的。例如，最早于 20 世纪 60 年代后期在英国进行后来又被广泛重复验证的著名的阿斯顿（Aston）研究指出，规模是影响组织结构的最重要因素：规模大的公司一般有更细的劳动分工（专门化），以及更多正式的政策和流程（正规化），但不一定更集权。[2]

此外，技术的特性也会影响组织的结构，比如说，一般认为大规模生产技术更可能导致集权和更正式、机械性的组织结构，而不是分权和非正式的、有机的结构。[3] 也有管理学家认为，是社会建构方面的因素造成了不同国家之间在组织结构上的差异。[4] 事实上，"结构主义者"认为是结构创造了文化，而"文化主义者"则认为是文化创造了结构，每一方都拿起了更加复杂精良的武器（计量和方法论）来进行辩论。

从历史的视角看，关于最佳组织方式的理论，无论是德国的马克斯·韦伯所提出的科层制（或官僚体制），还是法国的亨利·法约尔的行政管理模型，抑或是美国的弗雷德里克·泰勒的科学管理理论，其实都是反映了该时代的社会关注点，也反映了他们每个人的文化背景。[5] 他们的理论思想可以从德国对结构和能力的重视，法国对社会系统、角色和关系（指挥的一致性）的重视，以及美国对任务系统或组织的机械模型的重视中看到。美国的这种组织传统在后来流行的组织再造（re-engineering）或者组织重构中可以看得很清楚。

事实上，许多现代管理的技术，如全面质量管理、参与式决策管理、团队管理和人才发展与培养等，都有着紧紧地根植于特定的历史和社会环境的根源。比如说，20 世纪之交美国的科学管理法、基于 20 世纪 30 年代美国的霍桑研究成果的人际关系理论、导源于塔维斯托克（Tavistock）在 20 世纪 30 年代对英国煤矿研究的社会技术学派、20 世纪 70 年代瑞典的萨博 – 斯堪尼亚和沃尔沃将自动化流水装配线改组为工作岛与自我管理小组的实践以及伴随的对培训和发展的强调，无不如此（见专栏 4-1）。

🌐 专栏 4-1　管理学派：隐含的假设和对组织的影响

- **科学管理学派**
  - 效率→绩效
  - 人是理性的经济动物（个人主义）
  - 组织是机械的（等级次序 / 正规化）、集权化的和专业化的
  - 领导是独裁主义者
  - 严密监督（X 理论）
  - 从上至下的决策和沟通方式
  - 任务导向
- **人际关系学派**
  - 员工满意度→绩效
  - 人是社会动物（需要归属感：集体主义）

- 领导是家长作风者、仁慈的
- 沟通：双向的
- 群体行为规范（集体主义）
- 关系导向
- **人力资源学派**
  - 人的开发→绩效
  - 人有自我实现的（个人主义）欲望
  - 自律、责任心（Y 理论）
  - 组织是有机的（较少的等级次序、较少的正规化形式化）
  - 多渠道的决策与沟通
  - 任务 X 关系导向

这些管理方法体现了在诸如人性、社会等级、个人主义还是集体主义、任务重要还是关系重要等方面不同的文化假设。例如，科学管理方法侧重于如何更好地完成任务，而人际关系法侧重于如何与员工建立起良好的关系，社会技术理论则侧重于任务和关系之间的相互作用。将人力视为资源的前提假设是员工是自我激励的，而早期的理论学派则认为员工或多或少需要友善的管理来进行激励。因此，如专栏 4-1 所示，这些不同的假设导致了组织在结构、过程和人力资源管理实践上的差异。

这些不同的管理学派和模式以不同的速度和方式在不同的国家扩散应用。例如，由科学管理推动的大规模生产技术迅速地被德国所采用，而与人际关系学派相关的实践则更容易地转移到了西班牙。[6]

随着时间的推移，如专栏 4-2 所示，不同的管理学派都一直致力于回答"如何提高绩效"这一萦绕不散却又难以捉摸的问题。

专栏 4-2　追求绩效

- 20 世纪 00 年代：科层制或者官僚组织（韦伯）
- 20 世纪 00 年代：行政管理（法约尔）
- 20 世纪 00 年代：科学管理（泰勒）
- 20 世纪 30 年代：人际关系学派（梅奥、勒特利斯贝格尔）
- 20 世纪 30 年代：社会 – 技术学派（塔维斯托克）
- 20 世纪 40 年代：领导力、群体动力学（勒温）
- 20 世纪 50 年代：个人动机（马斯

- 洛、麦克利兰、赫茨伯格）
- 20 世纪 60 年代：权利与政治（克罗齐埃：行动者与系统）
- 20 世纪 70 年代：权变理论、系统方法
- 20 世纪 80 年代：组织文化
- 20 世纪 90 年代：认知、知识管理
- 21 世纪 00 年代：情感
- 21 世纪 10 年代：伦理、可持续性、社会责任

每一个学派都有其自己的理论假设，比如说，20 世纪 80 年代对企业文化的关注在某种程度上是对普遍强调战略、组织结构、制度等"硬件"所做出的反动，将注意力转向了员工、技能、管理风格、崇高的目标等"软件"之上（详见第 3 章的麦肯锡 7S 模型）。当前，对人、能力、价值观和愿景的重视反映了从任务导向到关系导向的变迁。

20 世纪 90 年代，对认知或者说对思想型组织、学习型组织、知识管理的关注是对知识经济得到认同而做出的反应，在知识经济时代，能力、技能、人才等无形资产被看作企业价值创造和可持续竞争优势的源泉，这其实是复活了"人力资本"这一曾在 20 世纪 60 年代中期非常流行的概念。后来，在 2000 年时，人们又认为绩效取决于情绪：个人和团队的情商、组织层面的情绪管理能力。[7] 这部分反映了从任务导向到关系导向，以及关于现实的本质的基本假设不再仅仅是事实和数据，或者是逻辑的和哲学的这样一种思潮的变迁。

目前人们对可持续性的强调，或者说从更关注股东价值转换到了更关注利益相关方的价值，揭示了从更男性化，或者说从更加利润或绩效导向转换到更女性化的价值导向，即更关注工作与生活的平衡以及社会福利。同时，在与环境的关系上，人们的价值观也从人凌驾于自然之上转换到了人要与自然界和谐相处的价值观。最近，面对全球化所带来的威胁和机会，越来越多的人认为，个人和组织层面的文化力或者说全球理念将驱动经营的绩效。

4.2　文化与组织结构

基于上述讨论，在理解不同的组织形态如何在不同的国家被采纳和扩散时，需要考虑历史的因素和社会的背景。事实上，霍夫斯泰德就曾质疑美国的管理理论能否应用于其他国家，并讨论了不同文化之下激励方式、领导力和组织管理的异同。[8]

例如，他认为，在权力距离较大的国家，组织结构上更倾向于采取更多层级的科层制（纵向差异化）、管理督导层级的员工比例较高（管理跨度较窄），同时决策方式也更加集权，表明地位和权力的职衔可以成为激励因素，决策基本上被认为是领导的事情，沟通是按照层级自上而下一层一层地进行的。

在高度不确定性规避的国家，组织一般都有更加正规化或正式化的倾向，昭示在大量的书面的规章制度和流程之中。此外，其也会更强调专门化，即在员工的工作和职能的定义上将技术能力放在更重要的地位。管理人员将会尽可能地规避冒险，激励他们的是稳定性和安全性。领导的角色将不单单是计划、组织、协调和控制中的一种。

在集体主义倾向较强的国家，组织更倾向于集体决策的方式，而不是个人独立决策。更看重达成共识和协同合作，而不是个人的主观能动性和个人奋斗。激励源于归属感，而奖励则是基于作为集体的一员（对组织的忠诚和服务组织的时间长短）。在这些文化中，领导的角色是要促进团队的共同努力和凝聚力，营造出一种互助的氛围，以及培育出需要的环境或者说群体文化。

在男性化文化相对较强的国家，管理风格通常可能更注重任务的完成，而不是培养社会关系。激励人们的是金钱、物质和地位，而不是生活的质量。在这种文化中，领导的作用是制定出需要非常努力才能达成的目标，并确保完成利润以使股东满意。在相对女性化的文化中，领导的作用将是保证员工的福利，并展示对社会责任的关注。

在一些儒家动力文化盛行的国家，或者说长期导向的国家，坚持、节俭、耐心等都是被推崇的价值观。在这种文化背景下，长期的可持续性比短期盈利性更重要。大家期望管理者不仅投资于组织和员工的未来，同时也要投资于社区。这一文化被认为是 20 世纪 80 年代经济快速发展的"亚洲四小龙"成功背后的根源。

4.2.1　隐含的模式

与组织的结构及过程特别相关的是权力距离（对等级差异的接受程度）和不确定性规避（对正式的规章制度和流程的渴望）的结合，是基于对"谁应该拥有权利来决定什么"和"为了获得预期的目的，应该遵循什么样的规则和流程"这样一些问题的回答。[9] 对这些问题的回答揭示了不同的隐含的组织模式，[10] 以及显现出来的不同文化特性，图 4-1 中列出了各类组织模式的比较研究结果。

社会层级较少同时正规化也不强的组织被称作"乡村市场"，对于这种组织，既不是老板也不是规则和流程，而是情势的要求在决定着组织的结构。决策是分散的，同时通过较为模糊和笼统的角色定义实现组织的弹性。这种组织结构模式在北欧国家中较为常见，在盎格鲁国家虽不如在北欧国家那么常见，但也会经常见到。

在有些国家，组织类似一台"润滑良好的机器"，组织层级不多，且决策是分散化的，但规则和制度更加正式和规范，角色的任务和责任也都被界定得比较清晰。这类组织不需要老板指手画脚，就可以按照既往的惯例运转。这是日耳曼国家的组织特征。

在强调层级和规范的"传统科层制"或传统的官僚体制里，"老板就是老板"，职责和角色都界定得比较清晰。这类组织在拉丁国家里很容易找到。在"家族或部落"模式里，强调层级却不是非常正规，虽然"老板就是老板"，但是规则和角色往往被个性化的关系所左右。这类组织在亚洲地区比较常见。

这些隐性的组织模式在来自英国、法国和德国的 MBA 学生的学习中非常有意思地显现出来。[11] 教师要求来自不同国家的 MBA 学生对一家公司内部两个不同的部门领导之间所出现的冲突进行诊断，并提出解决方法。大多数来自法国的学生认为这属于权力游戏，需要上一级领导，比如说总裁来协调解决。来自德国的同学认为问题主要出在了缺少结构，两个冲突的部门负责人的专业技能、角色和责任从没有被清晰地界定过，所以他们建议的解决方法是建立更加清晰的政策和流程以利更好地协调。来自英国的同学则把这看作两位部门负责人之间的人际沟通问题，因此，解决的方法是将他们送去参加提升人际沟通技能的培训，最好是两个人一起参加。

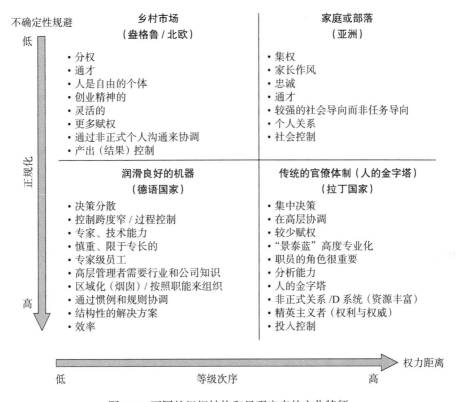

图 4-1　不同的组织结构和显现出来的文化特征

这些年来，许多比较管理研究揭示了相似的国家文化外貌特征。比如说，与英国和德国的企业相比，法国企业更倾向于集权和正规化，而较少授权。[12]法国企业的董事长兼总经理（法国式 CEO）在高层负责协调并进行决策，这需要较高水平的分析能力和概括能力，这些能力往往并不要求特定行业或公司的知识，通常是通过在工程和行政管理类的精英大学的学习培养起来的。

研究同时确认了德国企业"润滑良好的机器"的名声，它们更倾向于分权、专业化和正规化。事实上，德国企业的管理者更乐于认为组织是其成功的关键，它有其自在的逻辑，而不是归结于人的因素。德国的企业更偏好于按照职能部门来组织，通过惯例和流程来协调。德国企业的组织架构与法国相比更扁平，管理幅度更大。德国企业的中层管理者与英国企业相比，其自主裁量权也比较小，而且这些自主裁量权也往往被限定在各人的专业技术能力范畴之内。

德国企业的竞争优势在于其专注于寻找有能力的人士去从事专业的工作，员工普遍具有较强的专业专长，高层管理者不仅仅需要具备专业能力，同时还需要对公司有深刻的了解。此外，高层管理者往往组成一个叫作 Vorstand 的管理委员会，整合来自各位高层管理人员不同的专业知识来进行决策，这点与法国、英国或美国企业领导者依靠其个人智慧决策不同。[13]

ARTE 是一个跨德国和法国的电视公司，位于两国边界的斯特拉斯堡（Strasbourg）。与该公司来自法国和德国的管理者的访谈再次印证了上述发现。[14] 来自两国的工作人员，从1990 年公司成立以来一直长期合作，彼此调整适应。但公司坐落在法国的斯特拉斯堡，75%的员工来自法国，从而使得组织带有更多法国的味道。

与德国企业"润滑良好的机器"非常重视效率不同，盎格鲁的"乡村市场"模式则反映了对灵活性的更加关注。事实上，英国企业的结构与德国企业和法国企业相比较，更加分权和非规范化。通常公司由不同的部门组成，有着非常明确的分权和授权，核心员工的作用就显得没有那么重要。这里，组织协调的责任由每个管理者个人来承担，因此需要管理者不断地去说服和协商以实现合作的目的。[15]

与德国人相比，英国的管理者更愿意以组织去适应在其中工作的人。人事变动常常被认为是对现有工作岗位和职责进行重组的机会，以充分利用可用人才，并为个人发展提供空间（因人设岗）。高层管理者的作用在于识别市场机会，并通过强调采取一个更具战略性的视角的重要性，以及有能力以极具说服力的语言和员工沟通，以说服员工去追逐这些市场机会。[16]

但是，与合资企业里的意大利合作伙伴比起来，英国企业更加倾向于任务导向，偏好正式的组织架构、详细的职业生涯规划以及书面的文件。与拉丁国家的风格一致，意大利公司则更加集权，具有强大的非正式网络，更偏爱口头沟通。当英国人对好像飘在云里雾里、不着边际的政治决策过程抱怨时，意大利人则说：

英国人假装对所有事情都进行了完美的规划，他们从组织架构图入手。而在意大利，我们用不着组织架构图工作，我们围绕问题进行讨论，直到发现问题的症结和达成某些决策。[17]

对亚洲和东南亚地区的研究也发现了吻合"家族模式"（等级制和非正规的）的公司，在这些公司里，老板更加专制，更有家长作风，关系也更加具有个人色彩。例如，中国的家族企业具有更加扁平的和流畅的设计，但是相对来说没有什么结构。权力集中在拥有所有权的紧密关联的家庭核心成员手里，领导者通常是家长作风的，并以关系为基础进行管理；监督的角色重点体现在控制及指导。[18] 一项针对中国企业家的研究发现，儒家传统的影响是非常持久深远的。成为家族的一分子被视为实现安全的一条途径，社会角色与儒家戒律保持一致，父父子子，明确父子、兄弟等的角色和职责。在所研究的 70% 的创业型企业中，甚至是大型企业，发现中国企业的组织构架倾向于类似围绕着强大的创始人的轮毂和辐条，是轮轴式的，或者说只有两层的管理架构。[19]

印度跨国公司印孚瑟斯的描述可以说是这种家族模式的最好诠释了。

印孚瑟斯仍然带着一些小规模的、家族导向的、创业型公司的特征，事实上它在不久之前还是这样的公司。高层管理团队成员仍然直呼其名或以昵称互称，以示尊重和亲密，就像尊重家族中年长的成员似的。这种魅力型领导艺术鼓励在员工、高层管理者以及公司之间形成一种人际的纽带，好像是彼此的第二个家庭。印孚瑟斯的员工被叫作"印孚人"（infoscions），被不断要求为客户、为公司以及为彼此付出额外的努力，所作所为更像一个家庭或者一个正在创业的企业："印孚人，一如既往地愿意也有能力挺身而出！"[20] 此外，印孚人似乎在情感层面也会得到高层管理者慈父般的保护和关心。[21]

根据安德烈·劳伦特的观点，上面所描述的国家在组织结构的差异，实际上反映了在什么是组织的真谛这一问题上的根本性的区别。[22] 通过问卷调查询问受访的管理人员对一系列有关组织与管理的信念和价值观的陈述的态度,人们对于什么才是组织的真谛的不同看法就会浮现出来(见表 4-1)。

表 4-1　管理问卷表

A = 强烈同意
B = 有些同意
C = 既不同意也不反对
D = 有些反对
E = 强烈反对

1	当一个部门的各个成员的角色变得复杂时,详细的工作描述是很有用的明晰方法	A	B	C	D	E
2	为了取得有效率的工作结果,经常需要绕过等级界线	A	B	C	D	E
8	应该尽一切代价避免一个下级有两个直接的上司	A	B	C	D	E
13	一个部门的工作越复杂,界定每个人的职能就越重要	A	B	C	D	E
14	拥有官僚制组织结构最主要的原因是每个人都知道谁对谁有管理权	A	B	C	D	E
19	如果冲突可以永远消失,大多数组织都会更好	A	B	C	D	E
24	对于下属在工作中可能遇到的大部分问题,管理者能够随手给予精准的回答很重要	A	B	C	D	E
33	大多数管理者对我们称作组织结构的东西有清晰的概念	A	B	C	D	E
38	如果他们的职责少一些明确的界定,大多数管理者可能会取得更好的结果	A	B	C	D	E
40	通过他们的职业工作,管理者在社会中起着重要的作用	A	B	C	D	E
43	未来的管理者将更主要的是一个谈判者	A	B	C	D	E
49	驱动着大多数管理者的动机似乎是获得权力,而不是为了实现目标	A	B	C	D	E
52	现今,在组织中似乎存在着一个权威危机	A	B	C	D	E

资料来源:安德烈·劳伦特。

例如,在回应有关"等级"的问题时,"对于下属在工作中可能遇到的大部分问题,管理者能够随手给予精准的回答很重要",来自拉丁国家的经理与他们的北欧同行就差别很大。涉及"正规化"问题时,在回答"当一个部门的各个成员的角色变得复杂时,详细的工作描述是很有用的明晰方法"时,拉丁欧洲(法国和西班牙)的经理比盎格鲁 – 撒克逊(美国和荷兰)的经理更加认同这个观点。在回答"驱动着大多数管理者的动机似乎是获得权力,而不是为了实现目标"这一问题时,同样,与盎格鲁 – 撒克逊的经理相比,拉丁欧洲的经理更加认同这个观点。这一问卷调查的结果也与我们在前面所讨论的内容非常一致,显示了不同的文化对于权力(等级和权威的角色以及政治)和管理不确定性(正规化程度)的偏好是不一样的。

不同的组织概念(是作为等级秩序还是权威、政治和角色正规化的体系)将影响组织的设计和工作流程。组织是什么?它看起来应该怎么样?我们可以通过观察经理在工作中的表现,甚至是向他们提问来了解他们不同的看法吗?不同国家的经理又会提出什么样的观点来支持他们的想法呢?

如果人们拥有组织是等级体系的观念,那么就会很难像矩阵结构组织所要求的那样,向两个或更多个老板汇报,一方面员工难以接受绕过或绕开领导,如果做事情的最有效方法是绕过官僚层级,那么他们就会认为等级制度上出了什么差错;另一方面每个老板都希望员工听从他的指挥,员工也变得无所适从。在等级观念之下,老板也被员工所期待,要对下属在工作中碰到的问题给出准确的答案,亚洲和拉丁文化的经理认为这对于老板被尊重,或者拥有权力和权威是必不可少的。

在中国，越级汇报或者越级指挥都被认为是大忌。与此相反，斯堪的纳维亚和盎格鲁的经理则认为为了完成任务，可以直接去找公司里的任何人，这是完全正常的。他们认为，在与其他部门的同事接触前，必须先通过自己的老板与其他部门的同级别老板沟通是无法容忍的，在他们看来这极大地降低了工作的效率。此外，他们认为对于工作中遇到的问题，是不可能存在精准的答案的，因为世界万物太过复杂和模棱两可；即使你能够提供精准的答案，这样做也对提高下属解决问题的能力没有帮助。因此，当一个瑞典的老板和一名中国的下属在一起，我们可以很容易地预见即将发生的问题：中国下属可能会认为老板不知道问题的答案，不能给予他详细的指示，是无能的；瑞典老板可能会认为中国下属不知道做什么，缺乏主动性，因此是不称职的。霍夫斯泰德在《文化之重》一书中曾指出在权力距离比较小的国家，密切的督导是被负面评价的，是被人们所厌恶的；在权力距离比较大的国家，密切的督导则是被正面评价的，是被人们所喜欢的。[23]

当组织被视为一个将角色正规化的系统时，管理者会更喜欢详细的工作描述，明确界定的角色和职能。这些有助于明晰复杂的形势和任务，否则很难知道谁应该负责什么工作，使得人们对自己的职责负责。此外，他们认为，缺乏明确的工作描述或角色定义会导致工作的重叠和效率低下。北欧和英国的经理则认为，世界是如此复杂，精确地定义角色和职能是很难实现的，此外，他们也认为详细的岗位描述会干扰工作的灵活性和实现相互协作。

那些把组织看作一种政治体系的人认为管理者在社会中扮演着重要的政治角色，以及在组织内部进行协商，因而视获得权力比实现特定的目标更为重要。同样地，拉丁欧洲和亚洲的管理者更可能持有这种观点，他们强烈地意识到只有拥有权力才能做成事情。然而北欧和英国的经理，则更倾向于看轻权力的重要性，拒绝耍弄政治手腕。

根据其研究，劳伦特得出结论，隐含在所有这些争论之下的是组织的不同含义：它是一个任务系统还是一个社会系统。当组织被视作任务系统时，最重要的是得到想要的结果，或者说绩效，所以重要的是知道需要做什么，而不是知道谁有权力和权威去做这些。这种工具性的或者说功能主义的组织观在北欧和盎格鲁国家相当普遍。这里的焦点是你要实现的是什么以及目标是否达成（成就导向）。组织构架由行为（需要做的是什么）来定义，等级的存在只是分配责任。权力与威望是以其作用来定义的，而且是有限的，仅特定于工作岗位而不是人，或者说权力是与职位而不是与某一个人联系在一起的。在这里，协调和控制是客观的、分散的，是建立在组织结构和系统之上的。规章制度是普适的，如果规章制度不起作用，那么，这些规章制度就会被改变，而不是被规避、绕开或者被破坏。组织会聘请外部管理顾问对战略制定、组织结构设计、工作任务分类、薪酬体系设定提供最佳的建议，以及开发诸如六西格玛质量管理或"绩效管理"这样的项目。

当组织被视为社会系统时，重要的就是人际网络，以及在社会中的位置，因为关系对于绩效至关重要。虽然有研究表明，拉丁和亚洲的组织可以被视为传统的科层制结构，高度集权和正规化，在这些组织中的管理者通过关系及对关系的管理来实现目标。这时常意味着要想把事情做成，需要围绕着这个体系来做事情：运用非正式的、个人的关系网络来规避等级制度以及规章制度的限制，也就是法国人所说的D系统。根据社会学家米歇尔·克罗齐埃的观点，正是这种非正式的行为模式给了法国官僚制度灵活性。[24] 为了解决组织的问题，法国社会科学家和咨询师非常典型的都是从分析权力关系和权力游戏开始。[25] 这也许可以解释非正式网络及联系的重要性，比如说俄罗斯的"拉"（blat）、墨西哥的"杠杆"（palancas）、阿拉伯国家的"中心"（wasat）[⊖]。²⁶与其被视为徇私枉法或裙带关系，还不如说这些非正式的网络是基于人际信任并起着社会控制的功能。这体现了在正式制度环境的合法性较为脆弱的情况下，这些网络也起到了给人们一种安全感的作用。在这种文化之下，权威不仅仅局限于职位，而且往往与个人联系在一起，也正是因为这样的文化观念，所以才导致有些领导者会抱怨在其退位之后是"门前冷落车马稀"。

在全球化所带来的日益激烈的竞争环境下，重视结果和绩效（任务导向）的需求引起了欧洲及亚洲管理者对于"美国管理实践"的抱怨，在美式管理里，重要的是成就，你在做什么（doing）比你是谁（being）更为重要，年资和忠诚（等级制度和集体主义）不再是晋升的标准。此外，美国的管理者正在开始设法去理解作为社会系统的组织，例如，网络分析揭示了非正式网络的重要性，美国人也开始理解要想在国际经营中取得成效意味着要有能力与客户或者合作者建立长期的关系，意味对很多国家的人来说，他们关心的不仅仅只是当下的交易。

4.2.2　我们怎么看我们自己……（蓦然回首）

上一节讨论的这些发现可以通过要求管理者描述其自己国家的管理方法，或者如第 1 章讨论过的"我们如何看待自己"这一方式得到进一步的证实。

瑞典的管理学教授扬·塞尔默（Jan Selmer）提出了"维京管理"的特征，²⁷我们将它与巴西²⁸及印度尼西亚管理者的自我描述放在一起进行对比，如表 4-2 所示。

表 4-2　我们怎么看我们自己

维京管理	巴西的管理	印度尼西亚的管理
• 决策分散 • 管理结构经常是模糊的 • 被别人认为是犹豫不决的 • 目标规划、长期目标及绩效评价的标准是含糊和隐性的 • 非正式的沟通渠道 • 根据价值观而不是规则进行协作（规范引导还是外力强迫） • 以个案方法解决问题，而不是通过标准的流程 • 共识导向 • 避免冲突 • 海外子公司与总部的关系是非正式的（母女关系）	• 强调等级次序和权威，社会地位和权力很重要 • 决策集中 • 人际关系比工作更重要 • 规章和制度是为敌人设立的 • 灵活性和适应性（也许太多？Jeitiñho[⊖]） • 所有事情都是可能的 • 短期导向，即时主义 • 避免冲突——被看作一方赢而另一方输 • 依赖于魔力——对环境的控制力低 • 决策基于直觉与感觉	• 尊重等级次序和年长者 • 家庭导向 • 群体而非个人导向 • 友善、乐于助人、好客 • 宽容 • 决策基于折中，"让所有人都高兴" • 宗教很重要（伊斯兰教） • 五项原则 • 通过多样性形成统一性

根据各自的描述，明显的差异和相似之处出现在对关系的本质（等级制度）和与自然的关系上（不确定性和控制）。例如，让我们延续上一节的讨论，与巴西人和印度尼西亚人更加强调地位和权力、家长式作风，以及尊重长者这些特征相比，维京管理就有分权（等级制度较为弱化）的特点。

⊖　在阿拉伯语里，وسط‎（wasat）也意味着中庸、适度而不要极端。

⊖　Jeitiñho 是巴西葡萄牙语，从词义上直译是"找到一种方法"，指的是通过绕开规则或者让规则通融一下而把事情办成。

此外，大家都强调关系的重要性：家人和朋友、避免冲突、学会宽容、寻求共识，以及"让每个人都高兴"。对于瑞典人来说，这对应着他们对社会福祉和关系质量最热切的关心，这使得瑞典在霍夫斯泰德的女性化维度指数上排在全球第一名。在所有三个自我描述中，最少关注正规化。对瑞典人来说，组织的目标和结构都是含糊的和模棱两可的，不确定性是通过个案的方法来处理的，通过非正式的沟通途径和"通过价值观而不是规章"来解决问题，并不存在一个普适的方法。对印度尼西亚人来说，前总统苏加诺确立的"五项原则"[⊖]提供了精神指引，而不是组织指南。

然而，与瑞典人比较，印度尼西亚人在观念上较少地凌驾于自然之上。因此瑞典人一定要把事情做成的方法也许会让印度尼西亚人感到沮丧，因为他们的观念中更多的是成事在天。巴西的管理者面对日常商务环境的巨大不确定性，以及在控制上的无力感，所以他们培养起了精致细微的直觉能力，学会相信他们自己的直觉。对巴西人来说，Jeitiñho 的概念与法国的 D 系统相似，绕开体制的羁绊，通过私人关系把事情做成。这确保了灵活性和适应性，如此一来，就是任何事情都是可能的，尽管巴西的管理者自己也承认这也许有点太过了。²⁹

现在让我们来想象一下一个巴西 – 瑞典 – 印度尼西亚三方合资的公司，这种合伙关系在利用他们的相似之处创建共同目标的同时，也增加了要解决三家公司在不少问题上分歧的可能性。特别是，在强调权力、权威和较少控制与凌驾于环境之上的巴西及印度尼西亚的管理者与较少关注权力和地位以及信仰人定胜天的瑞典管理者之间，就可能由于这些潜在的文化观念而出现冲突。

对于强调在决策上充分授权和鼓励个人对自己的工作完全负责的瑞典人来说，可能会非常头疼。但对于印度尼西亚和巴西的管理者来说，挫败感和气馁则来自弄不清楚"谁是老板""为什么他不做决定"以及"我怎么能够对我无法控制的事情负责"等带来的困惑。在决策过程中，巴西人会觉得印度尼西亚人和瑞典人效率低得让人难以忍受，过于追求达成共识和民主妥协，同时，巴西人则会被认为过于冲动及个人主义。不过，由于三个国家都注重关系、非正式的沟通，以及避免冲突，这些相似性可以帮助它们一起找到解决这些困难的方法，虽然可能是在个人层面上的。

尽管由于行业和企业文化的差异，以及关键管理者的个人风格导致国家内部也会存在很多不同，但是上面所述研究成果和自我描述都指向组织具有不同的文化特征。隐含的文化假设和人与人之间的关系息息相关，因为这些文化假设涉及权力和地位以及人与自然的关系，比如说，如何管理不确定性？控制是如何进行的？这些文化假设表现为关于是否需要等级秩序、集中决策、正式的规章和流程、专业化的工作岗位和职能等的信仰和价值观。此外，文化也可以从行为和表象当中观察到，比如说对老板的尊重、是否有高管的专用停车位和餐厅等设施（特殊待遇），是否有书面的政策和流程、具体的工作描述或者标准操作程序。这些不同的文化特征揭示出了对于组织的不同概念：任务系统还是关系系统。这些特征可以成为研究组织的出发点，来探索对结构的不同偏好，以及预测当组建合资企业或者战略联盟时，将一个国家的实践移植到其他国家可能出现的潜在问题。

这些不同以一种轻松的方式被展示于图 4-2 中。这些漫画以幽默的方式激发了关于不同国家间组织结构差异的讨论，让我们去发现其中真理的种子，并想象我们自己的组织构架在

⊖ 印度尼西亚的五项原则即一神原则、人道主义原则、国家统一原则、民主原则和正义原则，也称为潘查西拉（Pancasila）原则，在梵语（Sanskrit）中意为五项不可分割的原则。

别人眼里可能是什么样子的。构建这样的文化特征使得我们可以从多维角度去理解文化对于管理的影响，如果仅仅基于单一文化维度来预测结构或者流程，可能会产生错误。

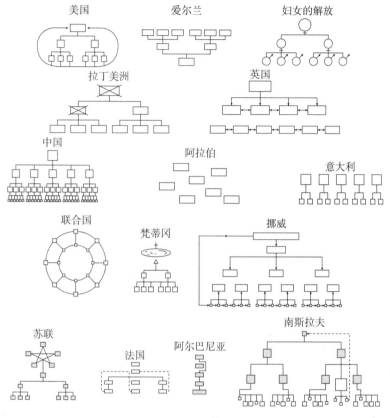

图 4-2 组织构架图

资料来源：*International Management*, Reed Business Publishing.

此外，管理者需要认识到，文化维度与组织结构（工作流程）之间并不是简单的因果关系，而相反，是由诸多因素决定的。类似的结果，其存在却可能是由于不同的文化原因，而相同的原因也可能会导致不同的结果。因此，即使在相邻的两个国家，正式的规章制度和流程或者参与式管理，其背后都可能有不同的原因或者存在的理由。

探讨了在组织和结构上的文化差异之后，现在我们可以把注意力转向组织的过程。除了对等级次序和正规化的文化偏好之外，还有其他文化维度可以被用来解释一些看起来是矛盾的国家之间差异背后的原因，并且展示为什么类似的商业实践可能有不同的潜在的文化根源或文化意味。

4.3　文化和工作流程

组织具有诸如类似于金字塔、润滑良好的机器、乡村市场和家族部落等这样的特征，而组织的相关因素则进一步地体现在组织的过程上。实际上，结构类似于化石，因为它们承载着随时间推移的组织过程的痕迹。因此，文化的影响也可以在组织的过程，诸如政策和流程、计划与控制、信息处理和沟通，以及决策等的本质中找到端倪。

4.3.1　政策及流程

规范化和标准化的政策和流程可能反映了对不确定性的低容忍度，因为它们可以明晰地表达出来，留下可以疑虑的空间很小。除了不确定性规避，其他文化维度也可以用来解释不同文化间的差异，例如，尽管美国在不确定性规避这一维度的指标上不高，但是在美国跨国公司工作的欧洲经理常常抱怨从总部下来的正式汇报体制、大量的书面政策和流程。

如果我们考虑美国是一个更加个人主义的社会，在雇用上持有较强的契约观点，对公司抱着工具型看法，以及在沟通上的低语境，上述现象可能更加容易理解。所有这些文化维度都在鼓励高水平的明晰性，这可以在无处不在的标准操作流程中看到。政策和工作描述被准确地写下来并被标准化，以至于任何人都可以参照执行。信息存在于系统之中而不是个人，因为组织的存在被认为是独立于其成员的。这似乎与个人至上的原则相违背，但事实上正是这种标准化使得个人可以容易地进出岗位/组织，从而保证了他们在乡村市场的职业流动性。这也反映了美国式的对普遍主义的承诺，即每个人都被要求遵循相同的规章和流程。[30]

对英国和德国企业的比较研究表明，所有的英国企业都有详尽的岗位职责描述，而只有一家德国企业有类似的描述。[31]对比两个国家对不确定性规避的各自态度（德国高，英国低），这样的结果似乎与预期恰好相反。然而，德国管理人员属于专业型人才，并倾向于在同一个工作职位上待很久，工作职责往往已经内化、烂熟于心，较少需要将它正式地写出来。与德国不同，英国经理通常是通用型人才，更倾向于频繁地更换工作，因此工作描述被正式化以便为新来的从事该岗位工作的员工提供基本的工作指导。此外，英国经理对于期望及实际的责任之间的不匹配有较高的容忍度，因此不觉得需要严格遵循工作描述的约束，而德国经理在面对书面的流程与具体实践之间的分歧时会感觉非常不舒服。在中国的欧洲管理人员有时会抱怨中国员工不够专业，以至于他们在管理中国下属时感到非常累。在他们看来，一个专业的员工，在什么岗位就应该知道自己需要做什么，用不着事事都需要上司来指挥，但鉴于中国文化里的权力距离非常大，详尽的岗位职责描述不失为一个培养员工工作主动性和职业精神的好方法。

在东欧国家，清晰的工作描述是非常受欢迎的，因为它为员工的工作提供了更多的个人自主权，在完成他们的工作时有更多的自由度。当法国公司汤普森（Thompson）收购了一家波兰电视机工厂时，咨询公司为其提供了工作描述和薪酬等级，在三个月内对3 000个工作岗位进行了分类，这得到了员工的欢迎，因为工作的绩效将根据岗位特性和工作表现而定，而不是按照党员身份来决定。[32]一个在马达加斯加的法国非政府组织的研究发现，由于要对工作描述正规化，激起了不同的焦虑，对法国外派管理人员，他们担心"无所适从的刚性"，而对马达加斯加人来说，这代表了可以自由来完成他们的工作，而不用担心"无所适从的模棱两可"。[33]

当人们的沟通更多的是镶嵌在关系及情景之中时（高语境文化），流程及工作描述一般来说就不太清楚。日本经理常常拥有关于公司的广泛信息，这些信息往往是心照不宣的，是通过观察和在岗的工作经验获得的，像一门手艺。[34]此外，任务通常是分配给团队，而非个人，个人的职责仍然是模糊的。这使得人与团队和组织之间建立了非常强大的联系，使得知识成为公司特有的，因此降低了组织内外的职业流动性，把所有这些都保留在家庭内部。

除了文化解释以外，缺乏正规化也可能是对之前的制度压力所做出的反应，以及需要适应当前市场压力而做出的反应。中国的TCL公司被认为具有高度的灵活性，较少使用正规的流程。其人力资源总监是这样描述的：

当我刚到 TCL 的时候，这里没有流程，没有规章制度，却有惊人的绩效。三个月以后，我明白了为什么会这样。国有企业通常有很多规章制度，过时的规章制度，其中很多都是苏联模式的翻版。20 世纪 80 年代，中国的很多事情变化非常迅速，这些规章制度已经没有多大的实际意义了。到了 20 世纪 90 年代，环境变化得越来越快，规章制度和流程带来的伤害可能远远超过其价值……

TCL 的弱项就是缺乏标准化及流程，然而，这也为我们带来了活力。真正的问题在于当公司达到一定规模的时候，如何去平衡灵活性和标准化……又不至于牺牲对市场的有效快速反应能力，这种能力正是 TCL 过去这些年成长的动力。

在中国，关于小企业的管理靠"人治"，中型企业靠"法制"，大企业的管理靠文化这样的说法非常流行，也就是说当企业发展壮大了，已经超越了一个老板所能亲力亲为、事事关心的规模之后，管理就要依靠正式的规章制度和流程，说明了管理者对制度和流程的呼唤，不过同时，"上有政策，下有对策"在中国的企业里又比较普遍，以至于制度会经常被绕开。另外，中国又有很强的与普遍主义相对立的特殊主义文化，这使得在中国的企业里，制度有时会缺乏刚性，因为某种特殊情形而被"开个口子"。

因此，我们要记住政策和流程的正规化可以用不同的方式进行解读：对某些人来说，这意味着一种控制手段，一种规避不确定性的方法，或者提供明确的指导供人遵循。对于其他一些人来说，它可能提供了行动的自由度。许多不同的文化维度可能与流程和正规化相关，而正规化可能或多或少地被接受也是因为差不多类似的原因。

4.3.2　系统和控制

控制系统也反映了关于人与人之间的关系（关于权力和人性）以及人与自然的关系（不确定性和控制）上不同的文化假设。例如，法国经理指出，对于经理来说，最重要的功能是控制，而英国经理则说是协调。[35] 这反映了他们对权力的不同态度。对法国人来说，控制是从等级次序里自然衍生出来的，而对英国人来说，协调必须通过说服和协商达成，因为老板不是被视为全能的。

此外，控制的本质还取决于关于人性的假设，当员工被视为有能力且能够自我管理时（Y 理论），控制就会更多地倚重沟通，而非直接的督导。[36] 当管理者认为员工本质上是懒惰的，需要别人管理时（X 理论），他们将更加可能建立严格的控制过程。

一项关于法国和英国的并购行为的比较研究显示，法国收购方往往喜欢委任自己的人员担任关键岗位的员工，并且更可能实行严密的和集权的管理，以及经常从总部干预子公司的决策。英国收购方则倾向于给予更多的自治权。这些差异归因于不同的人性观，这是天主教和新教教义留下的历史痕迹，另外还有家庭的作用以及教育体系，所有这些构成了每个国家的管理传统。英国的管理传统鼓励更多的自治和"自由放任"的方法，而对于法国人来说，从路易十四到拿破仑，以及天主教会，传统就是更加的集权、干预和控制。[37]

不同类型的控制——投入控制、全过程控制还是产出控制，在不同文化中的差异也相当明显。法国人特别小心谨慎地从名校招聘未来的高级管理人员，这种选择最优秀和最聪明的人并认为他们将在未来有杰出表现的方法反映了投入端控制的思想。德国公司不是特别重视一定要雇用精英，但他们更重视通过严格的学徒制度和深入的工作经验培养和发展管理人员，他们信奉能力是从工作实践中获得的。这种对详细的计划和运营控制的重视折射出了过程控制的影子。在美国和英国，重点是放在预算、财务控制和汇报流程上，这反映的更多的是产出或者说结果控制，即你完成了什么比你如何去完成更重要。

4.3.3　信息和沟通

组织必须对信息进行处理，以便做出决策、沟通政策和流程，并协调各个部门之间的工作。然而，什么样的信息是被需要的或者会被留意到？什么信息会被分享以及分享给谁？这很可能反映了不同国家对等级次序、正规化及语境高低的文化偏好。

例如，法国公司通常被形象地描述成景泰蓝（cloisonné），被分隔成相互独立的各个部分，无论是横向还是纵向都有着清晰的结构，这使得每个人的角色、责任、权限、义务以及履行岗位职责时所拥有的自由裁量权的大小等，都非常清楚；[38] 因此，组群之间的信息流是有限的。

此外，考虑到组织结构被看作基于关系的社会系统这一观点，信息可能就不会轻易地被分享，因为它被视为个人的，而非公共的，信息通过个人关系进行传递。就如一位法国经理所言："大家都知道的信息显然是没有价值的信息。"[39] 此外，法国组织的政治特性往往导致将信息视为权力的源泉，因此不会轻易给予他人。由于这些原因，非正式的沟通承担了非常重要的作用就毫不奇怪了，因为信息很可能来自媒体或小道消息，而不是从其顶头上司那里获得的。非正式的渠道弥补了信息流通集中化、正规化和低参与度的特征。为了努力提高透明度和授权，印度 HCL 技术公司的首席执行官在公司内网上公布了他自己的 360 度评估的反馈结果，强化了"没有隐藏的秘密"这一信息。他同时还写了一条博客，声称要"摧毁CEO 的办公室"。[40]

瑞典经理人很少关注正式的结构或者等级次序，沟通模式更加开放和非正式。这得到了另一项研究的支持，瑞典经理在回避等级体系时远没有他们的法国同行那么羞怯。[41] 鉴于瑞典人关于组织的概念更加偏向于工具性，而不是社会政治系统，他们非常愿意与感兴趣的人分享信息，因为信息的价值在于其工具性，在于其实用性，而非社会性。瑞典总部与下属子公司之间的关系也非常随便，就像母女关系一样，这有利于坚持透明和开放的信息共享。不过，瑞典的经理在管理并购过来的俄罗斯公司时就可能遭遇困难，由于俄罗斯对局外人的高度不信任和对内部人员"误解"的担心，以及组织浓厚的政治特性，信息分享在那里并不普遍。[42]

因此，办公室设计、建筑布局和信息技术可以促进管理者分享信息或者将信息占为己有，能够促进沟通渠道是开放和多样性的，也可以使其限于一对一的、依次的、秘密的。电子邮件的使用能够将企业内部沟通民主化，因为它"腐蚀了基于身份的等级次序，弱化了社会场景和动态的沟通线索"。[43] 这促进了可接近性和参与性，让员工可以直接与公司内任何等级、职位和年龄的人直接沟通（参见图 4-3）。

这可能威胁到阶级非常分明和高语境文化的传统"游戏规则"。在那样的文化中，在没有得到老板的许可前，直接联系其他部门的员工是难以想象的。因此，在亚洲企业中，电子邮件使用的频度就要稍微低一些，而且方法也不同，例如，电子邮件可能用来传递向上司的请求，本着高语境、大权力距离的价值观，电子邮件可以被看作比面对面的谈话少些打扰和冒昧，像在泰国 " kreng-jai " 所表达的概念：不麻烦他人、不打扰他人、不让他人尴尬。在一家中国银行工作的欧洲银行家会感受到巨大的挫折，因为他们的中国上司在业务审批上不接受电子邮件的沟通方式，而要求呈递规范的正式报告。但是这家中国银行的国际部副总经理在北京接受我们的访谈时说，他们银行对各种业务有着内部的审批流程，这种非正式的沟通都让他没有办法按照正常的流程进行审批并呈报给他的上级以及上级的上级进行审批。不同文化导致的不同的工作方式让双方都很气馁。

这种对物理或网络空间的使用以及随之而来的互动模式是文化上的人造物，是器物和符号，揭示了对等级次序、正规化和参与水平的最佳程度的不同信念，这些信念会影响不同国家公司内部的信息流动和沟通。再深入挖掘，我们发现在不确定性的条件下使用信息时在文化假设上的差异，即人们是否

"在互联网上，没人知道你是一条狗。"

图 4-3　在互联网上没人知道你是一条狗

资料来源：http://9gag.com/gag/62303© Peter Steiner/ *New Yorker Magazine*/Conde Nast.

会被视为值得信赖和有能力，以及信息是用来维护权力还是用于共享。此外，我们发现了信息的潜在的文化意义的差异，即它是作为工具还是要服务于政治目的。除了国家文化之外，制度因素、法律框架，以及一个国家的管理传统都会对沟通产生影响。最近的一项研究比较了 9 个语境高低不同的国家，发现工会的存在和人力资源管理的战略地位对沟通有直接的影响。[44]

4.3.4　决策

决策的本质也是根植于文化的。谁来做决策？谁参与决策的过程？以及在哪里做出决策：在正式的委员会还是非正式地在走廊和通道里，甚至是在诸如桑拿浴室或高尔夫球场等社交场合？这都反映了不同的文化假设。相应地，决策过程的本质以及不同的时间跨度都影响着做出决策的速度。

这并不奇怪，在瑞典和德国等国家，权力和等级次序较为淡化，因此在决策上就有非常广泛的参与度。在瑞典，也许是在工业民主化的道路上走得最远的，工会领导人往往担任管理委员会成员，参与重大的战略决策，包括往海外迁厂的决策。每个人都有权利为决策出力，而决策需要寻求共识。浙江大学管理学院老院长王重鸣教授曾提及他于 20 世纪 80 年代在瑞典哥德堡大学攻读硕士学位的经历：作为硕士论文的一部分，他设计了一份调查问卷，要在爱立信公司的员工中进行调查。他见了那家爱立信公司的总经理，总经理看了他的问卷，说没有问题，但是他接着说："你要在正式调查前去征求工会主席的意见，获得他的许可。"于是他拜访了工会主席，工会主席同意了他的调查，但是认为问卷太长，要求删掉一些问题。这样的情形在中国基本上不太可能出现。在荷兰和德国，工作委员会，或劳工代表，对决定企业事务也起着重要的作用。可见，对共识、社会平等和人类福利的强烈承诺揭

示了其背后关于权力（谁拥有权力）和工作生活质量的重要性（任务导向还是社会目标导向）的假设。[45]

对于瑞士来说，共识的重要性源于其历史和政治，或者说每个国家所形成的对其成员最为惧怕的事情做出的反应，法国国家科学研究中心研究部主任菲利普·迪里巴尔纳（Philippe d'Iribarne）把它称为瑞士"国家的政治文化"。瑞士的政治文化源于其恐惧丧失独立性，这导致了瑞士通过依靠地方社区和机构，通过建立共识进行管理，以仲裁和实用主义解决冲突，努力保持自治。因此，决策要通过所有行动者之间的对话来达成，但尽可能地接近大多数人的观点使得其可以实施。当法国工程师坚持要采取全球一致的质量管理方法时，这让瑞士团队非常为难。[46]

在强调权力和等级次序的文化中，集中决策的可能性更大。例如，法国素有"产业政策之父"的称号，[47]其政府历来在确定公司的战略和政策、决定购并对象，并经常在选择高层管理人员方面扮演着重要的角色。行业重组的例子可以比拟为游戏机制，其中，不同组织的不同部分被重新安排，分配给不同的公司，切分汤普森的防务和消费电子业务就是这样的一个案例。法国政府曾阻止了韩国大宇公司收购汤普森的消费电子业务的努力。因印度实业家拉克希米·米塔尔（Lakshmi Mittal）计划关闭在法国东部的一家工厂，法国政府曾威胁要将其拥有的安赛乐钢铁公司国有化。

法国政府在商业领域所扮演的角色的更进一步的证据可以在"旋转门"这一实践中看到，政府官员被任命为关键企业的董事会成员以控制重要的业务决策。[48]虽然在过去的20年里，法国的工业大部分已经私有化，如法国航空、法国电信和法国邮政，但法国的管理仍因保持集权和精英管理而遭受批评。[49]权力被每一位参与者小心翼翼地守护着，以至于管理层和工会之间经常以暴力对抗收场，任何一方都不愿意向对方让步。面对即将关闭的工厂，员工广为人知的做法是剧烈反抗，甚至把高管扣作人质和破坏公司财产。

最近的一项调查揭示，在法国，雇员和雇主之间的关系属于最具冲突性和敌意的一类。管理层被认为是在对工人进行剥削，双方相互不信任。虽然法国人认为工作在他们的生活中是重要的，甚至超过美国人和英国人对此的看法，但他们是在发达国家中对工作最为不满意的，因为严格的等级次序和独裁主义的管理使他们没有决策的自由。因此，并不是法国人不喜欢工作，似乎他们只是不喜欢为法国公司工作而已。[50]

具有集体主义倾向的日本企业则采取另一种方法做决策。在日本的"禀议制"中，决策者将意向作为"禀议"文件下发到各级管理人员和基层员工，广泛征求意见。这种从上而下，又自下而上的决策方式，不但可以把争论解决在决策之前，而且大量来自基层的合理化建议通过禀议制被贯彻到决策中，也体现了职工的价值和责任。[51]很多日本企业坚持这种看似费力费时的决策体制，使得北欧和美国的经理经常抱怨日本公司决策的"缓慢"。此外，日本的经理人常常抱怨美国和欧洲公司执行决策所需花费的时间。虽然在日本花费了更多的时间形成决策，但一旦做出决策，它可以得到更迅速的执行，因为每个人都参与了决策过程，并且理解为什么做出这样的决定、什么已经决定了，以及需要做什么。美国人可以夸自己"果断"，能够自主做出快速的决策，然而，他们不得不花费更多的时间在办公室里"兜售"这些决策，解释为什么做出这样的决策、决策的内容是什么，以及如何实施这些决策，从而获得支持，于是，执行就不可避免地需要较长的时间。

此外，在历史和过去扮演着重要角色的文化中，传统不会很快消散，因此，决策的过程和实施就要更慢一些。例如，英国社会被描述为保守的和受传统束缚的，具有显著的不愿接受改变的特点。[52] 英国企业的决策速度较慢，也归因于它们更加分权（权力被委派给各常设委员会）和更加非正式（通过人脉关系维护的不成文的规则和流程进行指导）。[53] 相比之下，巴西高管往往更迅速地做出决策，这是由于他们的权力较为集中，使他们能够单独做出决定。此外，对于巴西的管理者，其感知到更大的不确定性和缺乏对环境的控制，这导致了强烈的紧迫意识或即时主义（immediatism），需要对不断变化的情况做出快速的反应。[54]

决策的速度不仅折射着过程，同时也折射出普遍的占主导地位的对时间的态度。许多西方管理者抱怨，他们的紧迫感无法在世界其他地方得到共鸣，在那些地方，人们的态度似乎是"有什么要那么着急的呢"？而在亚洲和中东地区，决策迅速可能表明它的重要性不大，否则，肯定会给予更多的时间去考虑、反思和讨论。因此，快速做出决策不是人人称羡的果断和领导力强的标志，可能反而会被认为是不成熟和不负责任，甚至是愚蠢的标志。

在非洲，决策受"乌班图"（ubuntu）观念的影响。"乌班图"的意思是"人性"，是非洲传统的一种价值观，类似华人社会的"仁爱"思想，它强调普遍的关怀和社区精神、和谐和热情好客、尊重和同情心，个人和团体之间彼此相辅相成，"我的存在是因为大家的存在"。因此，决策不是一个线性的过程，而是环形的，以从容的速度进行，还可能经常偏离正道去探究与手头的问题只有些许相关的其他事项。不同的观点都受到保护和鼓励，确保所有的声音都被听到，以及达成共识。西方的决策过程和"乌班图"之间的差异可以通过下面这句谚语体会到："'上帝'给了非洲时间，而给了西方人钟表。"[55]

一项针对法国－马达加斯加双边合作的非政府组织的研究发现，关于集体决策的理由和期望是不同的，这在团队会议上造成了严重的问题。[56] 对于马达加斯加员工而言，团队就像一个家庭，其中重要的是避免冲突和维护和谐，并通过分担风险和避免失误提供安全机制。对于法国人而言，团队会议是辩论的地方，要让不同的观点去碰撞，以周密和逻辑的方式为自己的观点辩护。对于他们来说，思想比关系更重要，这是团队里马达加斯加成员无法理解的。

研究表明，参与程度并非必然与等级次序或权力距离本身相关，而与权威是为个人目标还是为实用性目标服务相关。[57] 然而，在大权力距离和高度不确定性规避国家中的研究发现，赋权与满意度是负相关的。[58]

因此，决策方法的差异可以归因于多个相互作用的文化维度。除了对等级次序、正规化或个人主义与集体主义的文化偏好之外，关于时间和变化的文化观念也是对决策如何做出以及多快做出产生影响的重要因素。此外，参与决策的程度可能相似，但背后的原因可能不同。在一些国家，如美国，决策参与可能被视为整合不同的个人观点和维护每个人的决策权利。在其他国家，如日本，参与决策则是一种维护团体和谐和关系的方式，而在荷兰和瑞典，参与决策则是用来提升社会福利。

这揭示了隐藏在赋权之下的不同文化和制度的力量。在瑞典，利害方有"谈判权"（forhandlingsratt）；在德国，利害方有"决定权"（mitbestimmung），"赋权"意味着分享权力以达到有关集体福祉的共识。[59] 在一些国家，如美国，主流的文化是自立和自己照顾好自己（高度的个人主义），因此，劳资之间的关系的特点更多地表现在对利益分配的谈判上，每一方都坚持保障他自己的利益。

法国学者菲利普·迪里巴尔纳对同一家法国公司分别位于美国、荷兰和法国的三家工厂进行的一项经典研究发现了类似的结果。他发现，管理实践是建立在以不同文化为基础的原则之上的。在美国，管理实践建立在协商好的合同基础之上；在荷兰，建立在共识基础上；而在法国，则基于以专业能力和职级层次（象征着荣誉）为基础的个人的作用和责任心之上。[60]

4.4　最佳实践的可移植性和可供选择的方法

通过汇集来自管理者的各种经验以及较为系统的研究，我们已经展示了文化如何影响组织的结构和过程。我们也提出了从不同的文化假设演化而来的不同的组织模式或总体特征。这就提出了什么是"共同智慧"和"最佳实践"的可移植性问题。在大多数情况下，可移植性主张与趋同概念是一致的，强调普遍性，即"管理就是管理，最佳实践可以移植到任何地方"。这就是20世纪80年代各国一窝蜂地复制日本的管理实践和在随后的90年代拥抱美国式的重组和流程再造背后的逻辑了。最近的故事则是绩效管理在欧洲和亚洲大行其道，但是索尼公司前常务董事天外伺朗则撰文疾呼，是绩效主义毁了索尼！[61]那些质疑可移植性的人指出国家之间在文化或制度环境上的差异使得管理实践难以简单移植。文化主义者对移植的有效性提出了质疑，比方说，绩效管理是否可以应用到集体主义文化的国家？建构主义者或者说制度主义者则强调所有制性质（公有或私有）以及政府和工会的作用会抑制某些管理实践。

关于管理实践的成功与否是否由于文化或制度的因素，是一个仍然在争论中的问题。[62]事实上，最初曾经用来解释日本管理成功的同样的因素，后来却被认为是日本经济问题的原因，以及要为福岛的核灾难负责。日本国会福岛核事故调查委员会的调查报告指出，日本的文化传统以及盲从权威的习惯要为灾难的升级负责。[63]

日本跨国公司的衰落被归因于他们对做事之"道"或者是企业文化的执着、缺乏在本国市场的外国竞争者、同质性和互助合作的劳动力，以及在高管层面缺乏多样性。截至2009年，98%的日本上市企业的高管人员是日本人。这些潜在的危险同样存在于"金砖四国"的公司，如巴西的淡水河谷（Vale）、中国的海尔、俄罗斯的卢克石油公司（Lukoil）和印度的信实工业公司（Reliance）。[64]

然而，最佳实践的移植在一定程度上承认了管理实践普遍性的假说。例如，管理界在20世纪70年代引入矩阵结构，以图综合产品分部结构和地域分部结构以及职能分部结构的优势。从理论上讲，分散决策、岗位和职责重叠，以及多信息沟通渠道，应该能使组织抓住和分析外部环境的复杂性，克服内部本位主义，并提高响应时间和灵活性。[65]虽然矩阵式管理做出了美好的承诺（可能超过了它所提供的能力），然而法国和德国管理者都强烈抵制它，却是出于不同的原因。在法国，矩阵结构违背了"统一指挥"的原则和明确的等级汇报关系。有两个老板的想法是不可取的，因为它使得忠诚被分裂开来，导致了不受欢迎的冲突（大权力距离）。此外，德国经理抵制矩阵结构，是因为这需要极其清晰分明的组织架构、信息沟通渠道、岗位和职责（高度不确定性规避），他们对该结构的复杂性和不明晰感到气馁。[66]

因此，文化的差异往往削弱了移植最佳实践的美好意图和设想的合理性。由于不同的社会背景，不同的国家存在不同的组织逻辑，即使不是更有效，也可以同样有效。事实上，似乎是很少有疑问，某些环境对某些特定管理实践的成功更有利，并且它并不总是这种管理实践的发源国家，例如，日本的全面质量控制方法最初来自美国的管理大师爱德华·戴明（Edwards Demming）和约瑟夫·朱兰（Joseph Juran）。

不过，最近一项关于采纳新型工作组织的研究表明，具有相似文化特征的国家似乎会选择类型相似的工作再设计（job redesign）、协调机制以及人力资源管理实践。例如，个人主义文化环境下的公司，与集体主义文化环境下的企业相比，更强调授权和培训，但在实施团队合作和集体激励方面存在更多的困难。[67] 是否能有效地移植管理结构和流程取决于管理者对这些管理实践内在文化要求的识别能力，以及将这些文化要求与东道国的文化特征相比对的能力。

各个国家在对待采纳或适应外国的模式，以及抵制非本国的管理创新的态度上也是不相同的。贯穿整个历史，日本先从中国，然后从欧洲引入管理模式。[68] 其他国家，如德国，可能对引入"国外的"管理实践存在更多的抵制。当德国豪华汽车制造公司保时捷引入日本工程师来帮助他们提高效率和减少差错时，"让人们接受日本人走来走去并告诉人们应该做些什么，这对整家公司都是一个极大的震惊"。[69]

在许多发展中国家，渴望开发与自身文化相适应的管理模式减弱了它们对采用外国模式的热情。例如，虽然团队管理方法已经在西欧的公司中非常流行，却被中东欧的管理者所拒绝，因为他们希望与过去的集体主义方法决裂，并呼唤强有力的领导者和明确的方向感。[70]

尽管流行的智慧认为组织需要更扁平和更灵活，减少层级，但也有管理者争辩，面对竞争的威胁和经济衰退或不稳定，较多的集权和更强的控制是必要的。这可能对在俄罗斯和中东地区的公司的确如此，在这些地区，强有力和独断专行的领导人、由社会集体确定的角色和职责、关系和非正式网络被认为是成功的关键因素。根据瑞士国际管理发展学院（IMD）2010 年度报告，中国香港、新加坡、中国台湾和马来西亚跻身全球国家（地区）竞争力排名的前 10 名。[71] 此外，一些在原本以廉价资源和低成本制造取胜的国家的公司，如印度，现在正取得控制权。2008 年，塔塔汽车以 21 亿美元收购原来由前殖民宗主国英国老板拥有的捷豹（Jaguar）和路虎（Land Rover）。2006 年，米塔尔买下了法国的阿塞洛钢铁公司（Arcelor）。2008 年，信实娱乐业务投资 12 亿美元与好莱坞斯皮尔伯格（Spielberg）的梦工厂（Dreamworks）成立了一家合资企业。

随着金砖四国跨国公司的到来，它们带来了自己的管理模式，而这些模式可能不容易被东道国所接受。中国的白色家电制造商海尔曾经把它在中国工厂的企业文化和管理实践引入其在美国南卡罗来纳州的工厂，比如说"日清日高"，每天工作结束时对每个员工的工作表现进行评价，最优秀的员工和绩效最差的员工要在 5S 脚印上接受公开的表扬和批评，这在美国工人间掀起了轩然大波，以至于南卡罗来纳州政府不得不从上海紧急召回其驻上海的、将该投资引入该州的招商代表协助处理员工和管理方的冲突。"在国内海尔的员工开展的是批评和自我批评，出现质量问题的员工要当众对自己的错误进行反省，而这一套在尊重个人隐私的美国很难行得通。据外电报道，在南卡工厂的美国工人不仅不能接受当众批评，对于海尔的当众表扬先进员工的方式也不能全盘接受。"[72] 不过，"……来自新兴经济体的公司不仅在领导着增长，其蓬勃发展的商业模式在许多方面正在挑战和颠覆盛行的西方范式。"[73]

无论未来的模式是什么，是绩效管理还是网络化组织，我们需要考虑文化如何促进或阻碍其普及。更加集体主义和关系导向的俄罗斯和中国文化会有助于它们的公司走向全球吗？抑或美国公司的做法，隐含在人才管理和绩效管理实践背后的极度注重个人和任务导向的特点，会妨碍它们成为更加全球化的合作伙伴的努力吗？

这可能会走向"双融文化"（ambi-cultural）的管理方法，即吸收许多亚洲企业的做法，将长期观点与对公司所有利益相关方和国际社会的承诺与来自西方管理实践的分权和赋权管理理念相结合，是一种融合东西方文化的管理方法。[74] 韩国三星公司的 CEO 就通过识别、适应和实施来自西方的最合适的最佳实践，采取了对外部开放的文化，保护长期投资不受短期财务压力影响，创造了一个混合管理制度。[75]尽管他做出了努力，但传统文化的力量还是被证明难以克服。[76]公司在各个层次招募了许多外国人，但显然他们的声音难以被听到，就像聪明、有才华的韩国年轻工程师一样，未被鼓励说出他们的意见和想法。等级次序和厚重的文化保守主义似乎阻碍了创新之路。[77]

　　这是许多企业重塑公司架构时面临的挑战。它们在寻求一种可以最好地应对瞬息万变的商业环境的需求和国际化压力的组织模式时，绝不能忽视国家文化的影响。他们也必须认识到，"最佳模式"不一定是"土生土长"的，来自异乡的其他组织方式也可能同样有效（如果不是更有效的话）。当管理者在当地获得了经验和知识之后，他们会变得不太愿意采用由位于其他国家的总部强加的组织和运营模式。因此，寻求"最佳实践"（无论它来自何方）越来越变得是一种战略的必需。

◻ 注释

1　Crozier, M. (1964) *The Bureaucratic Phenomenon*, Chicago: University of Chicago Press, p. 210.

2　Pugh, D.S., Hickson, D.J., Hinings, C.R., and Turner, C. (1969) 'The context of organization structure', *Administrative Science Quarterly*, 14, pp. 91–114; Miller, G.A. (1987) 'Meta-analysis and the culture-free hypothesis', *Organization Studies*, 8(4), pp. 309–25; Hickson, D.J. and McMillan, I. (eds) (1981) *Organization and Nation: The Aston Programme IV*, Farnborough: Gower.

3　Burns, T. and Stalker, G.M. (1961) *The Management of Innovation*, London: Tavistock.

4　Child, J. (1981) 'Culture, contingency and capitalism in the cross-national study of organizations', in L.L. Cummings and B.M. Staw (eds) *Research in Organizational Behavior*, Vol. 3, pp. 303–56, Greenwich, CT: JAI Press; Scott, W.R. (1987) 'The adolescence of institutional theory', *Administrative Science Quarterly*, 32, pp. 493–511; Lincoln, J.R., Hanada, M. and McBride, K. (1986) 'Organizational structures in Japanese and US manufacturing', *Administrative Science Quarterly*, 31, pp. 338–64.

5　Weber, M. (1947) *The Theory of Social and Economic Organization*, New York: Free Press; Fayol, H. (1949) *General Industrial Management*, London: Pitman; Taylor, F. (1947, first published 1912) *Scientific Management*, New York: Harper & Row.

6　Kogut, B. (1991) 'Country capabilities and the permeability of borders', *Strategic Management Journal*, 12, pp. 33–47; Kogut, B. and Parkinson, D. (1993) 'The diffusion of American organizing principles to Europe', in B. Kogut (ed.) *Country Competitiveness: Technology and the Organizing of Work*, New York: Oxford University Press, Ch. 10, pp. 179–202; Guillen, M. (1994) 'The age of eclecticism: Current organizational trends and the evolution of managerial models', *Sloan Management Review*, Fall, pp. 75–86.

7　Goleman, D. (1995) *Emotional Intelligence*, New York: Bantam Books; Huy, Q.N. (2001) 'How middle managers' group-focus emotions and organizational identities influence top-down implementation of new strategy', *Strategic Management Journal*, 32(13), pp. 1387–1410; Druskat, V.U. and Wolff, S.B. (2001) 'Building the emotional intelligence of groups', *Harvard Business Review*, March, pp. 79–90.

8　Hofstede, G. (1980) 'Motivation, leadership, and organization: Do American theories apply abroad?', *Organizational Dynamics*, Summer, pp. 42–63.

9　Tung, R. (2000) 'Human Resource Management, International', in R. Tung (ed) *The IEBM Handbook of International Business*, London: International Thomson Business Press, p. 473.

10　Stevens, O.J., cited in Hofstede, G. (1991) *Cultures and Organizations*, London: McGraw-Hill, pp. 140–142.

11　Ibid.

12　Brossard, A. and Maurice, M. (1976) 'Is there a universal model of organization structure?', *International Studies of Management and Organization*, 6, pp. 11–45; Horovitz, J. (1980) *Top Management Control in Europe*, London: Macmillan; Stewart, R., Barsoux, J.-L., Kieser, A., Ganter, D. and Walgenbach, P. (1994) *Managing in Britain and Germany*, London: Macmillan.

13　Barmeyer, C. and Davoine, E. (2005) 'Problèmes interculturels du management franco-allemand.

Théories et pratiques', *Revue d'Allemagne*, 37(3), pp. 415–430.

14 Barmeyer, C. and Davonoine E. (2011) 'The intercultural challenges of the transfer of codes of conduct from the USA to Europe', in H. Primecz, L. Romani and S. Sackmann, *Cross-cultural Management in Practice: Culture and negotiated meanings*, Cheltenham: Edward Elgar Publishing, pp. 53–63.

15 Stewart et al.(1994), *Op. cit.*

16 Ibid.

17 Salk, J. and Shenkar, O. (2001) 'Social identities in an international joint venture: An exploratory case study', *Organization Science*, 12(2), pp. 161–178.

18 Child, J. (1994) *Management in China During the Age of Reform*, Cambridge: Cambridge University Press.

19 Kao, J. (1993) 'The worldwide web of Chinese business', *Harvard Business Review*, March–April, pp. 24–35.

20 Cf. Letter to shareholder, 'Infosys Annual Report 2003-2004', p. 16.

21 Falcao, H. and Stahl, G.K. (2005) 'Infosys HRM', unpublished INSEAD research case.

22 Laurent, A. (1983) 'The cultural diversity of western conception of management', *International Studies of Management and Organization*, 13(1–2), pp. 75–96.

23 Hofstede, G. (1980) *Culture's consequences: International Differences in Work-related Values*, Newbury Park, CA: Sage.

24 Crozier, M. (1964) *The Bureaucratic Phenomenon*, Chicago: University of Chicago Press.

25 Crozier, M. and Friedberg, E. (1977) *L'Acteur et le Système: Les Contraintes de l'Action Collective*, Paris: Seuil.

26 Smith, P.B., Torres, C., Leong, C., Achoui, M. and Lebedeva, N. (2012) 'Are indigenous approaches to achieving influence in business organizations distinctive? A comparative study of guanxi, wasta, jeitinho, svyazi and pulling strings', T*he International Journal of Human Resource Management*, 23(2), pp. 333–348.

27 Selmer, J. (1988) Presentation, International Conference on Personnel and Human Resource Management Conference, Singapore.

28 Amado, G. and Brasil, H.V. (1991) 'Organizational behaviors and cultural context: The Brazilian "Jeitiñho"', *International Studies of Management and Organization*, 21(3), pp. 38–61.

29 Story, J.S. & Reis, G.G. (2013) 'Managing the Brazilian way: Adaptation & integration', in B. Gehrke and M.T. Claes (eds) *Advanced Cross-Cultural Management*, London: Palgrave McMillan.

30 Hampden-Turner, C. and Trompenaars, F. (1994) *Seven Cultures of Capitalism*, London: Piatkus.

31 Stewart et al.(1994) *Op. cit.*

32 Cry, D. and Schneider, S. (1996) 'Implications for learning: Human resource management in east-west joint ventures', *Organization Studies*, 17(2), pp. 201–226.

33 Chevrier, S. and Viegas-Pires, M. (2012) 'Delegating effectively across cultures', *Journal of World Business*, July.

34 Nonaka, I. (1991) 'The knowledge-creating company', *Harvard Business Review*, November–December, pp. 96–104.

35 Laurent, A. (1986) 'The cross-cultural puzzle of global human resource management', *Human Resource Management*, 25(1), pp. 91–102.

36 McGregor, D. (1960) *The Nature of Human Enterprise*, New York: McGraw-Hill.

37 Calori, R., Lubatkin, M., Very, P. and Veiga, J.F. (1997) 'Modelling the origins of nationally bounded administrative heritages: A historical institutional analysis of French and British firms', *Organization Science*, 8(6), pp. 681–96; Lubatkin, M.R., Calori, R., Very, P. and Veiga, J.F. (1998) 'Managing mergers across borders: A two nation exploration of a nationally bound administrative heritage', *Organization Science*, 9(6), pp. 670–84.

38 D'Iribarne, P. (1989) *La Logique de l'Honneur*, Paris: Seuil.

49 Orleman, P.A. (1992) 'The global corporation: Managing across cultures', Masters thesis, University of Pennsylvania.

40 Cappeli, P., Singh, H., Singh, J. and Useem, M. (2010) 'The India way: Lessons for the U.S.', *Academy of Management Perspectives*, 24(2), pp. 6–24.

41 Laurent, A. (1983) *Op. cit.*

42 Puffer, S.M. and McCarthy, D.J. (2011) 'Two decades of Russian business and management research: An institutional theory perspective', *Academy of Management Perspectives*, 25(2), pp. 21–36; Lawrence, P.

and Vlachoutsicos, C. (1990) 'Managerial patterns: Differences and commonalities', in P. Lawrence and C. Vlachoutsicos (eds) *Behind the Factory Walls: Decision Making in Soviet and US Enterprises*, Boston: HBS Press, pp. 271–86; Husted, K. and Michailova, S. (2000) 'Knowledge sharing across borders', in P.H. Christensen (ed.) *Knowledge on Management, Knowledge and the Firm*, Samfundslitterature, pp. 203–24.

43 Mead, R. and Andrews, T.G. (2009) *International Management, Vol. 4, Culture and Beyond*, Wiley and Sons, p. 287.

44 Tanova, C. and Nadiri, C. (2010) 'The role of cultural context in direct communication', *Baltic Journal of Management*, 5 (2), pp. 185–186; Gurkov, I., Zelenova, O. and Saidov, Z. (2012) 'The International Journal of Human Mutation of HRM practices in Russia: An application of CRANET methodology', *The International Journal of Human Resource Management*, 23(7), pp. 1289–1302.

45 Fry, J.A. (ed.) (1979) *Limits of the Welfare State: Critical Views on Post-War Sweden*, Farnborough: Saxon House.

46 Chevrier, S. (2009) 'Is national culture still relevant to management in a global context? The case of Switzerland', *International Journal of Cross-Cultural Management*, 9(2), pp. 169–184.

47 Aubert, N., Ramantsoa, B. and Reitter, R. (1984) 'Nationalizations, managerial power, and societal change', Working paper, Harvard Business School.

48 Barsoux, J.-L. and Lawrence, P. (1990) *Management in France*, London: Cassell.

49 Schmidt, V.A. (1993) 'An end to French economic exceptionalism: The transformation of business under Mitterand', *California Management Review*, Fall, pp. 75–98.

50 Philippon, T. (2006) 'La vraie crise de la valeur travail, *Le Monde*, 1 September.

51 姬康．"日本长寿企业的长寿密码"，《财经国家周刊》，2012-5-31，详见：http://www.newmotor. com.cn/html/glzwz/27801.html.

52 Tayeb, M.H. (1988) *Organizations and National Culture: A Comparative Analysis*, London: Sage.

53 Mallory, G.R., Butler, R.J., Cray, D., Hickson, D.J. and Wilson, D.C. (1983) 'Implanted decision making: American-owned firms in Britain', *Journal of Management Studies*, 20, pp. 191–211; Fry (1979) *Op. cit.*

54 Oliveira, B. and Hickson, D.J. (1991) 'Cultural bases of strategic decision making: A Brazilian and English comparison', presented at EGOS conference, Vienna.

55 Mangaliso, M.P. (2001) 'Building competitive advantage from *ubuntu*: Management lessons from South Africa', *Academy of Management Executive*, 15(3), p. 218.

56 Chevrier S. and Viegas Pires M. (2010) 'Autonomie et délégation dans les projets de coopération au développement: Lectures culturelles et regards croisés', *Le cas du Gret à Antananarivo*, Rapport intermédiaire.

57 Zander, L. (1997) 'The Licence to Lead: An 18 Country Study of the Relationship between Employees' Preferences Regarding Interpersonal Leadership and National Culture', Dissertation IIB, Stockholm School of Economics.

58 Robert, C., Probst, T.M., Martocchio, J.J., Drasgow, F., and Lawler, J.J. (2000) 'Empowerment and continuous improvement in the United States, Mexico, Poland, and India: Predicting fit on the basis of the dimensions of power distance and individualism', *Journal of Applied Psychology*, 85(5), pp. 643–658; Hui, M.K., Au, K., and Fock, H. (2004) 'Empowerment effects across cultures', *Journal of International Business Studies*, 35(1), pp. 46–60.

59 Lawrence, P. and Spybey, T. (1986) *Management and Society in Sweden*, London: Routledge and Kegan Paul.

60 D'Iribarne, P. (2009) 'National cultures and organisations in search of a theory: An interpretative approach', *International Journal of Cross-Cultural Management*, December, (9)3, pp. 309–321; D'Iribarne (1989) *Op. cit.*

61 天外伺朗．"绩效主义毁了索尼"，《文艺春秋》(日本)，2007 年 1 月刊．

62 See Whitley, R.D. (ed.) (1992) *Business Systems in East Asia: Firms, Markets and Societies*, London: Sage.

63 "调查报告称福岛核事故为'人为灾难'"，中国日报网，2012 年 7 月 6 日，详见：http://language. chinadaily.com.cn/2012-07/06/content_15555662.htm.

64 Black, J.S. and Morrison, A.J. (2010) 'A cautionary tale for emerging market giants: How leadership failures in corporate Japan knocked its companies off the world stage', *Harvard Business Review*, September, pp. 99–103.

65 Davis, S. and Lawrence, P.R. (1977) *Matrix*, Reading, MA: Addison-Wesley.

66 Laurent, A. (1981) 'Matrix organization and Latin cultures', *International Studies of Management and Organization*, 10(4), pp. 101–14.

67 Cagliano, R., Caniato, F., Golini, R., Longoni, A. and Micelotta, E. (2011) 'The impact of country culture on the adoption of new forms of work organization', *International Journal of Operations & Production Management*, 31(3), pp. 297–323.

68 Westney, E.D. (1988) 'Imitation and innovation: The transfer of western organizational patterns to Meiji Japan', *American Journal of Sociology*, 94(1), pp. 204–206.

69 Nash, N.C. (1996) 'At Porsche, Japanese Lessons', *International Herald Tribune*, 23 January, pp. 11, 15.

70 Cry and Schneider (1996) *Op. cit.*

71 Garelli S. (2009) *World Competitiveness Yearbook*, IMD, retrieved from: http://www.imd.org/wcc/

72 冯郁青．"海尔美国之旅为何尚未跻身主流?"，《第一财经日报》，2008 年 6 月 11 日．

73 Prahalad, C.K. and Mashelkar, R.A. (2010) 'Innovations' holy grail', *Harvard Business Review*, July–August, pp. 132–141.

74 Chen, M.-J. and Miller, D. (2010) 'West meets east: Toward an ambicultural approach to management', *Academy of Management Perspectives*, November, pp. 17–24.

75 Khanna, T., Song, J. and Lee, K. (2011) 'The paradox of Samsung's rise', *Harvard Business Review*, July–August, pp. 143–147.

76 Olsen, K. (2011) 'The missing element in Samsung's success', *International Herald Tribune*, 8–9 October.

77 Ibid, p. 14.

第 5 章

文化与战略

似乎总有一些组织间共通的问题，有些人称之为文化，有些人则称之为战略。

——卡尔·维克（Karl Weick）[1]

著名的美国组织学学者卡尔·维克给人们列了一系列表述，并请他们选择句子中第一个词应该是"战略"还是"文化"。这些表述都是传统的关于"战略"的定义，但是他发现将所有这些表述里的战略替换成"文化"之后，句子的意思事实上没有变化。卡尔·维克以这样的方式展示了文化与战略之间的紧密联系。

事实上，本书前面所提到的文化的定义，即文化是解决外部适应性和内部整合的措施，可以看作对战略的恰如其分的定义。组织在制定和执行战略时，需要评估其面对的外部环境和自身所拥有的能力。实际上，战略决策的目的就是获得组织的外部适应性。而执行这些决策则需要配置包括人力资源在内的一系列内部资源，以实现必要的内部整合。

本章将主要关注下列问题：国家文化如果影响战略？实现战略的不同的途径和不同的战略思维方式在何种程度上反映了其背后文化假设上的差异？面对相似的商业环境，来自不同文化背景的管理者会做出怎样的解读和反应？文化是如何不仅仅影响所采取的战略（内容），而且还影响战略的制定（过程）的？甚至，文化是如何影响战略内容和战略制定过程之间的互动的？同时，我们还要考虑文化和制度环境之间的关系。回答完上述问题后，我们还将分析这些文化和制度差异对战略的影响对一个组织的竞争力有何影响，如此，我们才能预测不同国家竞争对手的战略动向，才能定位总部和下属机构在战略制定和执行中的角色，也才能为在发达市场和新兴市场中经营的企业规划适宜的国际化战略。

5.1 战略的文化之根

对战略的兴趣可以溯源到人类文明的早期，在有关战争和军事的讨论中会经常涉及，战略一词正是导源于希腊的 strategos，意为军队统帅。从约 2 500 年前中国古代的《孙子兵法》[2]中所描述的军事策略，到东罗马帝国皇帝莫里西乌斯的《战略论》[⊖]中撰写的罗马军队的用兵手册，再到马基雅维利《君主论》[3]中的个人谋略，战略被谋划出来用于实现国家或个人利益。对于组织来说也是如此，战略被认为是实现组织目标的手段。

在商业领域，20 世纪 60 年代，当企业面临日益激烈的竞争而资源却日趋捉襟见肘之时，战略的概念开始逐渐流行起来。战略规划团队纷纷被组建起来，以实现组织流程的规范化和

⊖ 莫里西乌斯（Mauricius）在位时期为公元 582 ～ 602 年，是一位伟大的军事家，曾在数次重要战争中取得胜利，振兴了东罗马帝国，其撰写的 *Lo Strategikon*，被誉为西方第一本战略著作。

集中化。对于像通用电气、壳牌这样的公司，战略规划几乎跟宗教仪式一样神圣不可侵犯。一位壳牌集团前高管曾经说过："负责战略规划的管理人员需要不断努力，以防止战略规划蜕变成一场'企业的祈雨之舞'。"[4]

企业员工像战士一样接受培训以了解如何分析企业拥有的优势和存在的劣势、外部环境所提供的机遇以及面对的挑战（SWOT 方法），从而谋划出恰当的战略，这被称为"战略匹配"。[5]诸如波士顿咨询集团（BCG）的矩阵分析之类的战略管理武器或工具，被纷纷用于分析市场增长和定位以及帮助制定向哪里进攻（投资或退出）的战略决策，现金牛、瘦狗和明星之类的 SWOT 分析术语成了企业通用的词汇。

随后，以产业经济学为基础的一系列模型，如迈克尔·波特（Michael Porter）的战略分析五力模型大行其道，[6]管理者纷纷开始分析市场进入和退出障碍以及可替代性，疯狂地寻找竞争优势的来源。接下来便是寻找从佳能、日电和松下等日本企业的大量成功的管理实践中引申出来的"核心能力"和"战略意图"。[7]而现在的追求则是创造能够让企业实现可持续发展的动态能力。[8]

这些战略规划部门、仪礼、工具、模型和行话实际上都代表了器物层面的文化。一波波战略管理实践（也包括其他的管理）的时尚浪潮倡导了某些信仰和价值观，比如说"分析理性"。但重要的是，人们需要在理解这些实践、信仰和价值观背后的基本假定的基础上，弄清楚这些战略管理实践在不同的文化中是否具有相同的含义。我们需要考虑其他可供选择的、同样可行的战略制定和执行模式。这对于制订全球层面和区域层面的战略、明晰组织的总部战略和区域战略，以及预测本地竞争对手和全球性竞争对手、合作伙伴的战略举措具有一定意义，对于世界各地的企业如何走向全球，实施它们的国际化战略也具有一定意义。

5.1.1 理性 / 经济的观点

上述提及的众多战略管理框架，包括其提出的相关工具和技术，都肯定了"理性分析"方法的理念和价值。这种方法是以某些假定为前提的，例如，该方法假定环境和企业都是客观现实，那些睿智的管理者对这些客观事实的认知和分析都是相似的。但是负责决策的管理者经常发现他们面对的环境充满了不确定性、理不清还乱的问题以及复杂交织的社会 – 政治过程。[9]实际上，与其说环境和组织是客观事实，还不如说它们是可以用不同的途径和方法去认知和规定的主观现实。[10]这就意味着管理者看到的是不同的事物，创造了不同的现实，并相应地采取不同的行动。因此，看似相似的情形，可能会有多种不同的解读和反应。所以，国家文化在决定不同战略行为方面可以发挥非常重要的作用。[11]理性分析法背后有着这样的假设，即管理者以类似的方式做出战略决策：搜集所有相关信息、制订所有可行方案、评估每个方案的成本和收益、选择最优的解决方案，然后据此行动。然而，众所周知，管理者和组织消化所有信息的能力有限，因此不得不依赖于"有限理性"，[12]决策过程中理性和精确的方法是有限的，然而更具体而言，决策是否受文化约束在这个视角里则尚未得到明确的解释。换言之，文化如何影响管理者搜集和诠释信息，决定可选方案并且制定行动准则？[13]

显而易见，迄今为止关于战略管理的诸多讨论都是基于环境和组织都是客观现实的，而战略决策则是建立在理性和分析的过程之基础上的。再挖掘得深一点，我们发现其背后的假定是：环境是可以理解和可以预测的，战略目标是可以通过付诸行动而实现的。但是，这种功能主义的、工具论的世界观在其他文化背景下可能会受到质疑（见图 5-1）。

"我们做了一个帕累托分析、一个栅格分析、一个决策树、
一个力场分析……不过老板最后决定还是跟着自己的感觉走。"

图 5-1　另一种观点？

资料来源：*Harvard Business Review,* Jan 2006, Vol. 84 Issue 1, pp. 86-87.

5.1.2　战略的另一种观点

某一遵循伊斯兰准则的国际大型银行的首席执行官这样表述战略：

战略是一个动态的过程，而非静态的认知，它由人们的感觉而激发。战略不是以逻辑的思维对大量事实、数据和想法进行有序的组装。战略规划是对有目的综合而成的集体意识的反映。

我们看到在这一战略概念背后存在着一种截然不同的文化假设。它突出了意识或情感的重要作用，并且对决定真理的本质是由事实和数字决定的、是可分析的理性而非精神目的这种说法提出了质疑。此外，这种观点还将战略看作一个集体的过程，且是动态的，尤其需要的是灵活性。

不同的文化假设在松下公司的管理实践中也体现得非常明显。1932 年，松下公司首席执行官松下幸之助宣布了公司的 250 年发展规划，具体细分成 10 个 25 年规划。他随后把公司信条提炼为松下 7 条精神，即产业报国的精神、光明正大的精神、团结一致的精神、奋斗向上的精神、礼仪谦让的精神、适应形势的精神、感恩报德的精神，明确阐述了以下信念：人与自然和谐相处、共存共荣、人的成长和改变的潜力是无穷的、生活质量的提升永无止境、利润是达成目标的手段而非终点。在松下，关于人与自然的关系（和谐）、人性（潜力无穷）、人际关系的本性（共存共荣）的潜在假设都是显而易见的。[14]

根据日本学者野中郁次郎（Nonaka Ikujirō）和竹内弘高（Takeuchi Hirotaka）的研究，许多其他日本高管也持相似的观点。

创造未来，必须超越公司层面，必须追求公益。首席执行官需要问自己这些决策是否不仅对他们自己公司有利，而且还有益于社会；管理须为更高的目标服务……除非公司同时创造社会价值和经济价值，否则从长远看公司是无法存活下来的。[15]

帕斯卡尔（Pascale）和阿索斯（Athos）在其经典著作《日本管理艺术》[16]中指出，日本企业高管对于战略有更宽广的概念，认为西方的理性分析方法是目光短浅的并对此持批评态度。

　　日本人对战略的概念感到很不舒服。尽管日本人并不排斥经验曲线或投资组合理论等思想，但是他们坦率地将其视之为激发感知的手段。西方的咨询公司、学者和企业高管表达了对现实的过度简单化的偏爱和在认知上对事件的线性解读……并倾向于把相关性和有目的的理性行为强加于事件，而真相可能恰恰与此相反。

　　这些差异反映了对真理和现实的本质的不同假设：现实不能被打包进 2×2 的矩阵进行描述，而真理也不能被简单的因果关系理论所解释。因此，三井（Mitsui）公司的首席执行官枪田松莹（Shoei Utsuda）[⊖]要求管理人员在年度绩效总结时，以讲故事的方式解释达成的目标为什么是重要的，以及这些目标如何与个人和公司的价值观相一致。这些故事占考核比重的 80%。同样，松井公司以"值得信赖、开诚相报、皆大欢喜"为其经营哲学，强调公司的"目标不仅仅是销售产品和获取利润，而是要让社会更好，并分享幸福"。佳能公司董事长御手洗富士夫（Fujio Mitarai），也要求用一个故事的形式上报年度经营计划。结合定量和定性分析，用叙事来支持数字，认为这样可以得出更完整的图景。[17]

　　这些差异也反映了管理战略决策内在复杂性的不同策略：减少复杂性还是吸收复杂性。[18]西方管理者倾向于通过系统分析和对战略选择的评估来减少复杂性。一项对汽车零部件行业企业的研究揭示了美国公司高度依赖正式的战略规划技能（85% 的企业运用 SWOT 分析，69% 运用竞争力评估，而且一半以上都参考了波特的理论），但事实也表明，只有不到 20% 的日本企业会这么做，它们对于这类烦琐的规划更多的是持怀疑态度。[19]

　　亚洲的管理者则寻求通过关注更高的目标或社会使命，以及个人和公司的价值观，吸收复杂性。这一方式被认为可以提供更大的灵活性以应对复杂多变的环境。比如，印度企业的管理层会：

　　……将战略看作是一套持久的准则……这些准则可以内化到公司对市场机会的反应中。这一管理战略的方式允许部门层面的即兴发挥和灵活性，同时融合来自首席执行官的干预和帮助。[20]

　　一项研究表明，印度的首席执行官认为速度、灵活性和适应变化最具战略重要性，而美国的高管则认为连贯一致的执行至关重要。[21]

　　对于巴西的公司而言，灵活性和适应性被认为是竞争优势的重要来源。[22]因为巴西的管理者觉得"其他"势力可能会控制其行动，因此他们会倾向采取"旁观者行为"，[23]或一种等着瞧的方式，当机会出现时再采取行动。正是由于这种有意识的"积极等待"，很多巴西公司在不可预测的市场上取得成功并成为世界级竞争者。[24]巴西跨国公司的经理人被描述为"……迷雾中在未知车道竞速的赛车手，因为他们只能模糊地看到前方有什么，所以他们必须学会快速反应以应对变化，这样的变化在持续转型环境中是很典型的"。[25]通过这种方法，面对模糊不清和剧烈波动的全球市场或经济危机时，他们能够迅速适应并抓住战略机遇。

　　近期的研究表明，中国企业处理复杂性的方式也与西方企业不尽相同。[26]在以高度不确定和模糊性为特征的建制环境下，中国经理人不是寻求对复杂性的单一表述和某一最佳方案，而是创造了一整套灵活的应对方案和风险规避策略。中国企业通过这种方式吸收复杂

　　⊖　英文版这里误为 Makiko Utsuda。

性，发展出某种"行为可塑性"以使其能够应对更多的环境意外。

　　然而，这一文化倾向给一家中国－以色列合资企业带来了不少困扰。[27] 以色列公司的战略是聚焦于数量有限的服务和产品，而中国公司则偏好更多元化的产品线，认为以色列公司的做法太过狭隘而且限制了市场机会。以色列经理人设定目标并制订他们认为可行的计划；中国经理人则从更大的角度考虑战略，认为产品线越丰富则公司的形象会越好。以色列经理人谋求控制风险并尽快获得盈利；对中国经理人来说重要的是把生意做起来，提高营业收入，它比短期盈利更重要。中国人的关注点是市场响应的速度、低价，以及过得去的质量，这导致公司有时会牺牲质量和安全性。以色列经理人抱怨正式的文件太少，决策往往依据猜测而做出。中国的一些经理人倾向于临时做决定而不是事先做好计划。对他们而言，决策制定的过程是某种民主式的集中。以色列经理人还担心有一些行为可能不道德，对中国的一些经理人来说，做生意意味着需要建立"关系"。

　　有很多的研究比较了亚洲和西方的公司，指出了战略管理存在特有的地域模式。[28] 在这些不同模式背后的是不同的假设，包括与环境的关系（控制／掌握）、不确定性如何管理（通过工具和技术还是通过使命和价值观），以及人类行为的本质：行动（做正确的行动）还是存在（拥有正确的东西：核心技能或动态能力）。按照经理人认为其能够在何种程度上分析环境（运用前述技术）以及组织应对变化的能力（掌握和控制），将出现两种不同的战略方法：控制或者适应。[29]

5.2　战略的文化模型

　　关于外部适应性的文化假设与战略尤其息息相关，因为其目的正是使企业与外部环境相适应。关于内部一致性的文化假定则是与谁需要参加和谁来决策等问题相关。通过随后的假设情景，我们可以思考上述假设的潜在结果。

　　正如在前面几章所讨论的，来自北欧和盎格鲁国家的经理人并不认为环境有不确定性，他们相信环境是可以被分析和认知的。因此战略预测或情景规划等分析工具和技术对他们非常有吸引力，他们依靠行业分析报告和市场调研，聘请行业专家提供客观信息帮助进行战略决策。有了这些信息和决策工具作为武装，他们对自己分析和预测外部环境的能力深信不疑，这使他们产生了一种可以控制事件发展进程的感觉。如此一来，战略举措就是要让事情按照预定的状况发生，因此是功能主义的和工具主义的。

　　在面对相同的环境时，来自拉丁欧洲或亚洲国家的经理人则倾向于觉察到较大的不确定性，更难掌控未来将要发生什么。因此，他们愿意顺势而为地去适应环境。他们通过非正式渠道和个人人际关系渠道收集信息，因此会比较主观。他们更喜欢通过密集的、面对面的交流和辩论来解读这些信息，并且认为多重视角、广泛的参与和信息分享对于理解外部环境的不确定性和模糊性是必需的。[30] 他们需要更多的时间去分析和做出应对策略。

　　因此，这些与自然的关系（控制）、人（行动还是"是"⊖）、真理与现实的本质（是客观的还是社会构造的），以及关系的本质（等级的作用和集体的角色）等文化假设影响着信息搜集的来源和种类，影响着解读这些信息的方法。[31] 这些假设也将影响谁需要参与决策过程：

　　⊖　这里的"是"是西方哲学概念里的"存在"，代表着"你是谁""你来自哪个家族""你的父母是谁"等与生俱来的和后天获得的知识和能力，与"行动"处在文化维度的两个不同的端点。

是专家还是普通同事，以及影响战略应对的本质："控制"还是"适应"。[32]

　　尽管有些过于简化，表 5-1 还是展示了这两个战略决策模型的更多细节，因为两个模型代表了连续统的两个极端。不同的国家，甚至是不同的行业和公司会相应地处在这个连续统上的不同位置。将此以"漫画"的形式呈现出来，可以让两种模型背后的文化假设浮现出来并对此进行解码。这两个模型用来帮助我们构造假设，并帮助经理人了解应该问什么问题。

表 5-1　战略的文化模型

控制型		适应型
信息收集		
主动搜寻	|—|—|—|—|	监测
聚焦的和系统的	|—|—|—|—|	宽泛的和零星的
集中的（专门的部门去做）	|—|—|—|—|	分散的
规划		
正式的（系统的）	|—|—|—|—|	非正式的（讨论式的）
集中的（战略规划部门负责）	|—|—|—|—|	分散的
信息的类型和来源		
定量的	|—|—|—|—|	定性的
客观的	|—|—|—|—|	主观的
非个人的	|—|—|—|—|	个人的
信息的诠释依赖于		
正式的模型和方法（如战略预测）	|—|—|—|—|	非正式的方法（本土模型）
情景规划	|—|—|—|—|	讨论和争辩
参与的人员		
基本是高层	|—|—|—|—|	所有的层级
专家	|—|—|—|—|	员工
决策		
主要由高层做出	|—|—|—|—|	由一线管理者做出
倾向于政治性的	|—|—|—|—|	共识的
战略目标和行动计划		
清晰地定义和设计出来的	|—|—|—|—|	宽泛的和隐性的
被明确地测量和奖励	|—|—|—|—|	被模糊地监测
时间尺度		
短期的	|—|—|—|—|	长期的
行动计划		
前后连续的	|—|—|—|—|	同时的

5.2.1　控制性模型

　　"控制性"模型通常具有集中化和正式化的特点。高管团队可能聘请专业咨询顾问来帮助制定战略，可能建立正式的战略规划部门并负责制定战略规划，然后提交给高管团队或董事会审议，还可能设立专门的信息跟踪和收集部门负责跟踪外部环境的各种事件，信息的跟踪和收集是针对性的和非常深入的，以便获取必要的信息。

　　信息通常通过行业分析报告和从咨询顾问处获得，并倾向于量化的和客观的信息。预测、计量经济模型以及结构化情景分析等方法被用来分析这些信息。基于这些信息和分析，高管团队做出决策并将决策付诸实施。实施则包括全面详尽的规划，制定明确而具体的目标（确立里程碑），明确沟通需要做什么以及如何去做，然后全程持续跟进，最后将绩效目标与工资和奖励挂钩。

　　这个模型中隐含着哪些文化假设？首先它假定环境是可被认知的（可理解和可预测的），具体信息是可以获取（通过主动和有针对性的搜寻）并加以分析（解读）的以便减少环境的不确定性，真相是将事实和数据通过数学模型加工计算出来的，战略愿景可以以具体的目标（比如到 2020 年实现 150 亿美元销售收入）来表达，是明确的和能感触得到的（低语境的）。比如英国航空公司提出的成为"世界上最受欢迎的航空公司"这一愿景，就是一种基于国际旅客数量而不是服务质量的声明。[33]

　　战略决策通常由被认为最具权威和智慧的那些人，即高管团队来制定。因为高管被认为是理性的经济人或者代理人，他们被假定能够做出既符合个人利益也符合公司利益的最佳决策。当然，他们也需要承担责任，受到有关制度（报告制度）或监事会的监督控制。由于存在利益之间的竞争，决策过程又被看作包含了较多的政治因素。

　　那种认为时间是线性和分阶段的直线单向度时间观意味着战略决策被看作一个个离散事件，行动可以在既定的时间表内被规划，因此，战略实施是高度的任务 - 成就导向型的：具体的战略举措可以被制定，实施结果可以被衡量。根据这一观点，战略管理的目的是对企业外部和内部发生的事件实行控制，因此我们说它在战略规划和实施上是"控制型"的。

5.2.2　适应性模型

　　相反，"适应性"模型就更为分散和非正式，负责战略的职能分散在整个组织内部的各个部门。信息的跟踪收集工作更宽泛并缺乏系统性，信息收集自个人渠道、朋友、同事以及通过观察（现场访问），因此信息更趋向定性化并更加主观性。这些信息被通过"企业自创的"或直觉的模型来进行解读。企业鼓励内部各层级人员进行密切讨论，以期达成共识，最终形成战略决策。

　　虽然战略决策本身是离散的，但还是存在一个总体的战略方向。然后，具体的实施将在这一总体战略框架下由各部门自主制定。随着不可预见事件的发生，部门会采取调整措施以应对，而战略也将这样不断地进一步得到完善。战略管理的责任和义务由集体来承担。

　　隐含在这个模型背后的文化假设是环境不能被认知或控制，因此，企业必须保持灵活性，并随时准备应对无法预见的环境事件的发生。这就需要一个更广泛的信息收集机制来发现外部环境的细微变化，或者形象地说，以周边视觉，即当一个人往前行进时也要以眼睛的余光注意周边的环境。个人关系和人际交往被认为是达成相互理解和共识的关键，因此信息来源较为个人化和主观化，真相、现实或知识更像是通过"第六感"感官的感觉和直觉来获得的。战略愿景常常是模糊并且较为抽象的，战略执行则被认为有赖于企业内部能力（知识、技能和学习能力）的发展，从而不断改进，因此这样一种战略管理的模型被称为"适应型"。

表 5-2 呈现并解释了决定上述这两种模型背后的不同文化行为、信仰、价值观和基本假设。

表 5-2　战略的决定因素

外部适应性	战略
与自然之间的关系	控制 / 适应
不确定	
控制	
人类行动	
"行本"还是"在本"	正确的举动还是正确的人员
追求成就还是先赋出身导向	行动还是能力
真相和现实	事实和数字
	直觉与哲学
内部整合	
人性	**谁有能力来做决策**
关系的本质	
权力与地位	谁有权利、有合法性
个人的 / 集体的	谁应该负责
任务 / 社会的	
语言	
高语境 / 低语境	目标是明显的；战略表述是明白的
时间	
单向度的 / 多向度的	决策是散乱的；一步接一步的行动计划
长期 / 短期导向	决策的速度；执行的大体时间

上述讨论比较了西方和东方的战略管理方法，揭示了相似的模式。即使在欧洲，在同一行业内部，也能观察到这两种不同的战略模型。下面，我们以一家拉丁国家（西班牙）的银行和北欧国家（丹麦）的银行用怎样的战略来面对欧盟成立这一可能对商业游戏规则产生重大改变的事件来展示文化对战略的影响。[34]

5.3　两家银行的故事

欧盟一体化条约确定，自 1992 年 1 月 1 日起，资本、商品和劳务在欧盟 12 个成员国之间可以完全自由流动。对于银行业来说，这意味着可以在别的国家设立分支机构，在"同一块水平的土地"上进行公平竞争（统一标准和实践），并能在外国出售自己的产品和服务（互相承认并实行母国监管）。同时，这也意味着要建立一家欧洲中央银行并发行欧洲统一货币。当时，在媒体、政府以及商业咨询领域都有许多关于如何应对"1992 年"这一重要事件的热烈又混乱的讨论。

在这样一种背景之下，来自丹麦和西班牙的两家银行的高管分别接受了采访，阐述了他们对这一战略议题的解读和反应。这两家银行在本国都是排名前三的银行，而且都是零售（主要业务）和商业银行，在业务上也比较相似。两家银行都刚刚经历了危机以及随之而进行的组织架构的调整。除了外汇交易以及为个人客户和公司客户（国内客户）提供海外服务外，这两家银行都没有太多的国际化经验。

尽管这两家银行在很多地方都相似，但是它们所处国家的经济环境和政治环境并不同。[35] 在经济方面，丹麦刚从衰退中走出来，经济增长率低于1%，而西班牙的经济增长率则高过5%。在政治方面，丹麦对于加入欧盟的态度一直比较矛盾（这在后来他们对《马斯特里赫特条约》最初投了反对票可以看到），而西班牙则感觉终于可以将自15世纪开始就流行的"欧洲的版图止于比利牛斯山"这一旧说法埋葬，因此对加入欧盟非常热切。

那家丹麦银行的高管层把"1992年"描述为"一如往常"，这不过是一个与银行关系不大的政治事件。战略规划部门被认为需要对此负主要责任，在一个正式战略决策流程下，为首席执行官和董事会提供相关信息和决策建议。主要信息来源被认为来自外部，特别是与政府内部或与布鲁塞尔（欧盟所在地）相关机构接触而获得的信息，而信息很少传播到银行的其他部门，解读这些信息的框架是成本分析和预算分解。关于1992年的讨论应该是政治性的，可以进行激烈甚至"疯狂"的辩论，但要"像共产党那样，忠诚于事情的结果"。尽管有人表示担心高管层未能理解该事件所带来的深远结果，然而，一位受访的高管却表示"我们非常自信我们能够掌控这件事情"。

在西班牙的那家银行，"1992年"则给银行带来了极大的兴奋和热情，并被看作推动变革的动力。该银行成立了一个叫作"欧洲1992年项目"的工作小组来规划相应的战略。这个工作小组由来自银行不同部门的15名中层管理人员组成，被抽调出来全职投入到该项目的工作之中。他们就银行该采取何种战略来应对"1992年"这一课题对银行内部100名高层的管理者进行了访谈。工作组还通过会议交流、与其他银行沟通、访问做得好的企业以及参加外部论坛等方式来搜集信息，并运用"面谈"和银行自己开发的模型来解读这些信息，这一模型关注市场份额和客户盈利能力。该银行的首席执行官将"1992年"作为每次会议议程中的首要议题，对这项议题的讨论被描述为寻找共识。为了阻止政治行为，首席执行官确立了明确的"无秘密"规则，鼓励相关信息共享。任何被认为是维护"自家地盘"利益的成员都会被要求离开工作组。最主要的关切点是"如何让15 000名员工做好准备来迎接1992年欧洲建立统一市场所带来的挑战（以下简称'1992年挑战'）"。

尽管与之前讨论的两种战略模式不能一一对应，但丹麦银行的战略可视为更加接近于控制型模式，而西班牙银行则更倾向于适应型模式。这自然带来几个疑问：为什么会有这种差异？这在多大程度上是因国家文化的差异而引起？除文化之外，其他的社会环境背景因素起了多大作用？国内外的建制环境又带来了怎样的影响？

丹麦银行的模式显示了对环境的确定性（一切照常）和组织控制（"我们非常自信我们能够掌控这件事情"）的文化假设。它没有为此建立特别的委员会或者投入额外的资源来收集信息，有关的职责被明确划分给了战略规划部门，其他部门很少参与。人们期望高级团队做出决策，个人利益则很可能导致政治性的争论。因此丹麦银行的战略应对模式与控制型模式一致，是一种正式、集权和政治化的模式。

而西班牙银行对"1992年挑战"采取的方法则隐含有环境不稳定和弱组织控制的文化假设。从这家银行我们观察到更大范围的环境评估分析，成立了专门的工作组来汇集内部各层级员工的智慧，更加依赖组织内部开发出来的分析模型，通过更密集的讨论和互动来形成"1992年挑战"的社会含义。这样一种应对模式与适应型模式一致，即一种分权的、非正式和基于共识的模式。

一个有意思的发现是，这一战略决策方式的差异与预期的文化恰好相反。类似于村镇市集文化的北欧斯堪的纳维亚企业本来对应的是分权和非正式的组织结构，而有着传统官僚的拉丁国家企业在组织结构上会更加集权和正式，因而控制型模式和适应型模式基本假设的差异可能产生自国家文化和社会建制背景的共同作用。

事实上我们几位作者对此案例的诠释也不尽相同。张刚峰更倾向于认为西班牙银行采取的战略是控制型的，是有组织地、系统地、定量地运用正式的模型和工具去应对"1992 年挑战"这一外部环境的巨变。而丹麦银行则采取了适应型战略，首先是不重视，然后是以非正式的、零散的、定性的方法来进行战略应对。这样两种截然不同的态度背后的文化根基是西班牙的高不确定性规避与丹麦的低不确定性规避文化。

5.3.1 社会建制环境的作用

如前所述，社会环境或者说是建制环境，包括政府和工会的角色（法规的范围和本质）、市场环境（被保护的还是自由化的）、经济和政治体系、教育体系以及历史因素[36]，这些因素都会对确定战略产生重大的影响。例如，根据 Puffer 和 McCarthy 的观点，[37]在俄罗斯，合法的正式的社会建制的缺失限制了战略的选择余地，在十分动荡的环境下，其很少制定正式的战略和进行战略协同，投机成为生存的战略。模糊而不确定的监管环境更容易诱导企业进行临时性的决策而非战略规划，因此中国有句俗语"计划没有变化快"。

以美国企业的成本削减和合理化战略与中国企业的研发投资、市场增长、区域扩张战略为例来进行比较，正如之前讨论的关于东方和西方战略管理方式的区别一样，基于长远眼光还是短期行为这样一种文化差异是导致中美企业间战略差异的根源。此外，不同的政策环境（如保护主义）、所有权结构、货币强弱、融资来源（来自银行还是资本市场）也是影响企业在战略上采取长期导向还是短期导向的一些深层次建制原因。

这些建制安排也被认为是导致不同西方国家之间企业战略差异的一个原因。如果投资者更愿意对企业承担责任（当股东实际上是银行或者政府时），而不是要求企业提供季度报告和短期的投资回报，那么企业就会更具有长远眼光、更关注社会福利、更多地投资于企业的内部能力建设。相比较而言，美国和英国的机构投资者持有一家企业的投资期则平均短于两年。[38]

此外，文化也会影响社会建制。一项研究显示股权结构和董事会治理架构会影响 CEO 在组织绩效上的影响力。在德国，银行往往参股企业并进入监事会影响决策，而在日本则是在株式会社体系内部和外部形成复杂的交叉持股关系以形成或松散或紧密的战略合作关系，与德国和日本的 CEO 相比，美国企业的 CEO 具有更大的自由裁量权，因此也更具影响力。集体主义和不确定性规避也许能解释这种建制上的不同安排。[39]

在商业体系、公司治理结构、法律和监管以及员工与管理层之间的关系上的差别会导致迥异的跨境购并策略。[40]英国沃达丰敌意收购德国曼内斯曼电信公司就是一个很有启发意义的案例。沃达丰不仅面对着德国的劳资协商经营制度（工人参与经营决策）的挑战，还要面对一个完全不同的所有权结构，要面对银行、不透明的财务会计和信息披露规则、强烈倾向于追求共识来决策的双重董事会结构、不同的公司法、强烈的工程和生产导向型企业文化以及相对薄弱的"股权文化"等的影响[41]。由于这些制度环境的障碍，在德国很少发生敌意收购，而且一旦有人企图尝试发起敌意收购，往往会在公众中引起轩然大波。这些特征与更加以市场和投资者为导向的英美公司治理特征形成鲜明对比，在英美市场，企业往往缺乏防止敌意收购的保护措施，商界和公众也倾向于将这种交易行为看作合法合理的行为。在日本，敌意收购非常罕见，而股权偷猎者则往往被当作"恶魔、秃鹫或贼"。[42]

5.3.2　制度与文化的交互影响

这些制度安排与国家文化的交织影响带来了不同的战略。除社会建制环境之外，愈演愈烈的跨境的经济和政治一体化，比如欧盟和北美自由贸易区的形成，更带来了具有跨国界影响力的制度压力，从而形成了跨区域文化，因此制度环境同时在国家和国际两个层面上对企业产生影响。

回到西班牙银行和丹麦银行的案例，让我们来思考社会环境和国家文化如何相互作用来解释两家银行所采取的不同战略方法。在丹麦，经济衰退、关于是否加入欧盟的矛盾心态、面临即将到来的国内市场的"重新洗牌"等因素造成了一个对企业来说敌意的具有威胁性的环境。实际上，研究表明，在面临威胁的情况下，信息流动往往受到限制，决策权更加集中，企业行为更加趋向循规蹈矩。[43]

在西班牙，经济和政治背景是不一样的，经济增长强劲且又具有亲商和亲一体化的政治环境。这些因素支持西班牙银行更加的市场导向，更积极主动地寻找国内外市场机遇，打造内部能力。这与20世纪80年代的日本企业和21世纪以来的中国企业所实施的机会导向、市场导向的国际化战略相似。

由于正面临恶劣的环境，因此丹麦银行更加关注成本和盈利能力这一经营底线。这符合"防守者"形态的策略特征，即效率和成本控制被看作保护市场利基和核心业务的关键。[44]而西班牙银行开发新产品和新机会、注重灵活性和适应性的企业行为特征代表了"展望者"形态的策略。[45]因此，我们可以说正是由于社会建制环境的不同，才创造了条件使得丹麦银行成为"防守者"，而西班牙银行成为"展望者"。

"防守者"型组织往往采取更集权和正式的决策模式，这也解释了控制型决策模式产生的原因。"展望者"型组织通常采取更分权和非正式的模式，这也印证了采取适应型决策模式的原因。相关研究还证明：被形容为防守者的企业更倾向于将战略问题当作一种威胁，而创业型组织或者说"展望者"组织则更愿意将此当作机遇。[46]这反过来强化了上面讨论过的两种战略行为：寻求控制和效率还是寻求新的产品和市场。因此，战略形成过程、战略内容和战略定位相互影响又相辅相成，如图5-2所示。

来自国家层面以及欧盟这样的跨区域层面的制度环境压力可能推动某些新出现的战略管理实践取得正统地位，而这些新的战略管理实践则是或因监管（强制）要求，或因企业借鉴商业咨询顾问、专家学者和新闻媒体等宣传推荐的最佳实践而来。[47]这些包含了关键内容和正确流程的成功秘籍在产业界从一家企业流传到另外一家。[48]曾经，美国

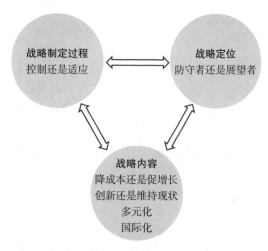

图5-2　战略形成过程、战略内容和战略定位之间的相互影响

和欧洲的银行互相模仿对方的战略却最后导致了天量的核销损失并引发了全球经济灾难。更多的证据可以在欧美日益增多的境内或"主场"的银行业合并案例中看到。尽管关于并购的预期收益（比如规模效益）是否会大于整合的成本、更强的国际竞争力是否来自国内竞争的加剧、在境内市场发展资产和能力是否会忽视培育跨境业务能力等争论一直未见停息，但这些并购仍然持续不断。[49] 不过一些银行业跨国联姻的结局并不完美，导致它们被迫撤退回母国政府的怀抱（如荷兰的 ABN AMRO 银行[⊖]、比利时的富通银行，以及英国的皇家苏格兰银行）。

　　尽管如此，围绕着战略议题的这些不确定性和令人焦虑的问题，却为行业和企业创造难以预料的奇迹提供了沃土，特别是在当前经济衰退和大规模行业重组的环境下更是如此。因此，社会环境和制度压力会在国家和跨区域两个层面上对企业采取哪种战略，以及如何决定这些战略产生影响。[50] 20 世纪 80 年代的展望者到了 20 世纪 90 年代也许就变成了防守者，强调的重点也出现了差异，从扩张变成成本控制、从勇于冒险变成尽可能规避风险、从创新变成保守。实际上企业可能同时需要控制型和适应型两种战略方法，以保证企业能够同时满足市场导向和成本效益要求所带来的激烈挑战，换句话说就是可以左右开弓。[51]

5.4　文化的战略隐喻

　　在本章中，我们已经讨论了与外部适应性有关的文化假设，诸如控制和不确定性；和内部整合有关的文化假设，如等级制度、个人主义或是集体主义；导致组织对所处外部环境做出不同的理解和采取不同的应对模式。这可以从企业如何收集、解读涉及战略事务的信息并做出相应的应对行动等一系列现象中观察到，比如什么是企业关注的信息，什么是企业不关注的；什么形式的信息被认为是有用的；在分析信息时采用何种方式；谁会参与这个过程；最终何种战略决策被采纳。

　　通过丹麦和西班牙的两家银行如何应对"1992 年挑战"这一战略问题的实例，我们展示了控制型和适应型这两种截然不同的战略管理模式。我们还进一步地表明了战略形成过程与战略定位（防守者还是展望者）、战略内容（如削减成本还是市场扩张）之间相互影响又相互强化。此外，我们也讨论了国家层面和跨区域层面的制度环境如何影响战略决策以及何种战略会最终被选择。在制定全球战略、预判国际竞争对手和合作伙伴的行动以及在这些国际化战略中，企业总部和分支机构该扮演何种角色和发挥什么样的作用？现在我们进一步思考这些争论所隐藏的含义。

5.4.1　总部和子公司之间的关系

　　不同的文化假设驱使了不同的战略过程。在跨国公司中，那些在总部的人需要理解和赞赏战略是如何在当地分支机构层面规划出来并得以实施的，以便能将其最佳地整合到整个企业层面的战略管理中。

　　若总部的主导战略文化是控制型的，那么战略规划人员在与那些倾向于采取适应型战略模式的子公司管理人员讨论时通常会有挫折感。举例来说，有人想要诸如市场研究或行业数据这样的客观信息，但很可能被忽略。总部也可能难以使子公司的管理者使用相同的战略预

　　⊖　也称"荷兰银行"，这里保留其完整的名称，是为了方便读者熟悉其全名。

测、情景规划等分析模型或分析方法。用于分析市场成长性和市场定位的矩阵分析模型（即波士顿矩阵，BCG matrix），连同其中的现金牛和瘦狗等说法，也可能会被认为可靠性不足而被下级机构搁置不用。对事实和数据的坚持可能会碰上或者坚持直觉，或者对概念争论不休。此外，由于战略规划方面的职责比较分散，可能都难以知晓某一具体事务是由谁负责的。基于以上原因，总部追求的战略和子公司追求的战略很可能貌合神离，难以完全一致。

此外，在适应型战略文化的总部也会对在控制型战略文化的子公司的管理者感到万分沮丧。子公司要求提供非常精准的组织目标和战略规划、具体的行动步骤、执行时间表、清晰的职责划分，以及后续的结果衡量方式等，对总部的人来说好像是毫无必要的，甚至是令人恼怒的。

这种因文化不匹配而引起的问题可以用一家拥有美国分支机构而总部位于日本的银行所发生的案例来说明。美国子公司在等待日本总部发出清晰的指示，而日本总部则在等待美国子公司采取主动行动，最终却什么事情都没有发生，双方都备感受挫。[52] 因此，知道什么信息会被认为是有意义的、什么模型和什么样的理解方式会被认为是有用的、谁应该参与进来或谁应该做决策等显得尤为重要。

不同的文化假设也会导致战略内容的差异，因此理解下面这一点非常重要：那些总部认为关乎企业生死的战略措施可能在分支机构层面得不到同样的共鸣。例如，通过降低研发预算和削减人员编制等措施来改善效率和控制成本，如果这些措施被认为会削弱公司长远发展所需要的能力的培养时，就会被视为短视和"捡了芝麻丢了西瓜"。

而总部所制定的以期发展组织的核心竞争力、增强灵活性和激发创业精神等战略措施也未必会受到各地分支机构的欢迎。例如，在管理培训和开发方面投入巨资，或让科研人员"在完全与真实世界隔离的实验室中瞎鼓捣"，或者说进行完全看不到产品应用前景或市场需求的基础性研究等行为，会被分支机构认为是浪费，是对资源的低效使用。对于那些寻求清晰战略方向、希望将更多资源投入核心业务的人来说，致力于那些不能对现有业务产生明显价值的非主流业务活动会让他们很受伤。

文化假设同样会影响战略定位，如倾向于防卫还是致力于展望未来的机会。总部和子公司可能在是否有能力施加控制这点上有不同的文化假设。位于一个推崇展望未来文化的总部将倾向于拓展新产品和市场的机会，但会觉得其战略举措受到子公司的阻碍，而该子公司位处鼓励防守战略的文化，其定位会是尽力保护现有市场利基及核心技术。一个处于防守型文化的总部，则可能会拒绝对由一个展望型子公司所发掘的市场机遇进行投资，从而错失良机。推崇通过合理化和重组来获得更高效率，可能会导致忽视市场和客户的重要性。

上述对总部和分支机构间文化不匹配的讨论揭示了在战略的形成及实施时可能出现的曲解和挫折感，尤其是当人们认为战略应该主要是由最上层的管理者做出的时候，或者说，总部决策而子公司负责执行时。诚然，这些描述可能略显夸张，但可以提示我们应该去质疑总部和分支机构在战略制定与执行过程中所发挥的作用。有研究显示，分支机构在制定战略时的参与程度越高，战略就越容易得到执行。[53]

进一步来说，这种总部与分支机构之间的战略差异，而不是挫折和恼怒，可以用来形成一种创造性的张力，从而这两个不同的模式可以共存并共同决定选择什么战略以及如何推进这种战略。每一个战略难题的不同碎片也许对应着不同的模式才可以提供一个最佳解决方案，因此，同时运用两种战略模式可以帮助企业解决既要在短期提高效率，同时又要建立长期核心竞争力这一竞争困境。

存在战略的不同模式，与将跨国公司看作一个差异化的组织网络的观点是相合拍的。[54]

这个观点让我们进一步思考，战略是否可以在本地层面制定，并在本地和全球层面执行？这意味着全球战略不一定总是来自组织的最顶层，即总部。这个观点可能令某些总部的管理者感到吃惊，也会让一些抗议"战略不是在我们这里规划出来的"区域管理者感到吃惊。

5.4.2 预测竞合关系

对于相同的外部环境事件，在不同国家可能会有不同的解读和反应方式，理解这种差异可以使企业在面对国际竞争时获得竞争优势。认识那些关键的文化特征可以帮助企业预测竞争对手对新监管规则或面对新市场机会时会采用何种方式进行解读和做出反应。举例来说，关于威胁还是机遇的诠释，更多取决于对环境不确定性和组织控制力的认知，而不是客观事实。在察觉到对环境的控制力较低的情况下，战略议题更容易被解读为一种威胁。[55] 进一步说，将一个战略议题看作威胁，会为战略反应带来一系列后果，导致更加冒险的行为、更多的时间和资金投入以及更明显的内向倾向性。[56]

研究显示，与北欧地区的管理人员相比，拉丁欧洲的管理人员更倾向于把问题解释为威胁，甚至危机。同时，他们也更愿意把资源投入培训和信息技术中，也即意味着培育内部能力。[57] 另一项研究发现日本的管理人员比美国的管理人员更倾向于将战略问题看成威胁。[58] 相对于美国或北欧国家的管理人员，日本和拉丁欧洲的管理者更易于感觉到更大的外部环境不确定性和对外部环境控制力更弱，因此他们更有可能将战略议题看作一种威胁，并做出相应的反应。

之前讨论的那家丹麦银行的案例也可以用来支持这一论点，尽管面临一个充满敌意和威胁的外部环境，"1992 年挑战"仍被这家银行当作一如往常的事件。尽管已有种种信号预示，但控制型文化使得"1992 年"并没有在丹麦被当作一种挑战。进一步说，即银行不认为有必要投入额外资源收集情报或者培育更多的能力。结果，仅仅过了三个月，该银行就与同一大楼里一墙之隔的主要竞争对手进行了合并（有人说是被吞并），这让员工感到非常震惊。

在合资企业中，这些对于战略问题的不同诠释很可能会导致问题。来自北欧的管理人员会认为他们拉丁欧洲的同事反应过度，而后者则可能由于无法说服北欧的同事把当前状况当作一场真的危机而感动非常崩溃。此外，战略问题的跨文化的一致的理解和解读，对动员资源至关重要，特别是在这种战略联盟里面。因此，通过破译出那些影响将战略问题解读为威胁还是机遇的不确定性和控制性文化，以及其他文化要素，可以更好地预测竞争对手或合作伙伴将采取什么样的战略行动还是会毫无反应。

5.4.3 国际化战略

国家文化以及制度环境有可能对企业的国际化战略产生影响。一些文化维度，比如不确定性规避、等级制度等被发现可以用来解释企业的国际化战略，如企业进入外国市场的模式，或者以何种方式"走向国际化"。例如，先前的研究发现，日本企业因希望通过更强的控制来降低不确定性，所以会更倾向于通过新办企业和合资经营而不是通过收购兼并的方式拓展海外市场，特别是在与其文化差异比较大的地区更是如此。[59]

不同的进入模式在外国企业开拓美国市场过程中也可以被观察到。那些与美国文化差异较大，或者说权力距离比较大以及不确定性规避比较高的企业，在国际化战略中更有可能采取并购的方式而不是合资的方式。这有可能源于它们对控制的渴望，它们会认为通过等级制的管理而非协商、通过制度而非共享的价值观就可以搞定一切。[60]

当文化相近时，企业可以依赖共同的价值观创造出高度的互信，就如在日本，不给人添麻烦和互利互惠的文化规范大大减少了投机主义行为。[61] 然而，内部人之间的高度互信不是必然会延伸到与外部人之间的关系，反过来倒是可能的。在同一文化内部，授权许可和个人关系网络这样的安排可能是优先选择，而在自身文化之外的拓展则会偏好直接的股权控制关系。例如，日本和韩国企业在东欧国家更经常建立全资子公司，而欧洲企业（如荷兰、英国和德国的企业）更倾向于采用合资企业的模式。[62]

但是，一项关于新兴市场国家和地区新兴工业化企业的国际化战略研究发现，家族企业在它们已建立了广泛网络的地区通常投资建立全资子公司。[63] 中国台湾和新加坡企业在中国大陆的大量投资证明了这一点。

按照交易成本理论的分析，当内外部不确定性更大、产品更具有专属性或定制化特征、流程越是非结构化或是难以理解的，以及搭便车（机会主义）的可能性更高时，就需要更多的控制。[64] 对不确定性和控制的理解也可能对商业环境的不同方面如资源的可获得性、科技的变革等呈现多样化。[65] 然而，上述案例说明，有关不确定性和控制的需求的文化假设，通过等级和共享的价值观，会影响到企业对市场进入模式的选择。

上述案例还突出了文化距离的概念，其假设是：母国与东道国的文化距离越大，跨国经营潜在的难度就越大。例如，美国企业向加拿大出口产品和向中国出口产品可能会有很不同的经历，法国企业进入拉丁美洲市场和进入北美市场也会有很不一样的经历。研究证明跨境并购并不必然增加收购方的股东价值，而且文化距离越大，创造的价值就越小。[66] 一项关于13家荷兰企业225笔海外投资的研究表明，这些企业的海外业务经营的寿命长短与文化距离呈负相关关系，也就是说文化距离越大，海外业务预期寿命越短。[67] 他们发现，对于一个企业来说，文化障碍对其在占大股或者一半对一半股权结构的合资企业的影响，比对其拥有少数股权的合资企业或全资子公司的影响要更大，因为不同的国家文化和不同的企业文化在这里同时产生影响（需要熟悉适应双重文化差异）。

科格特（Kogut）和辛格（Singh）在霍夫斯泰德四个文化维度量化指标的基础上，建立了一个综合性的指标，叫文化距离，这一方法在战略研究中得到了广泛运用。[68] 但其结果含糊不清，相关概念和评价方法也受到了批评质疑。使用综合法可能会掩盖部分文化要素的重要性高于另一部分文化要素的事实，例如，研究发现不确定性规避和长期导向要比权力距离和个人主义导向战略在合资战略选择上更具解释力。[69] 长期导向是霍夫斯泰德理论的第五个维度，也被称作为儒家动力，但是这一文化维度没有被包含到文化距离的评价方法里。此外，脱胎于霍夫斯泰德四维度理论的综合评分法，忽略了许多对海外投资决策存在潜在影响的其他文化维度，诸如信息被获得及被合理解读的程度。在高语境文化中（区别于低语境文化），获取信息需要依赖人际关系，因为人们认为信息不是免费的商品而是一种人情。在关系导向型的文化中（区别于任务导向型文化），做朋友比做成一笔生意更重要。这会对合作伙伴的选择以及成功的可能性产生影响。对成功的合资企业的研究表明，发展长期合作关系和共同的目标远比关注短期盈利更重要。因而，运用综合性指标去衡量文化距离还应包括其他相关文化变量，有些变量甚至是难以衡量的，但是，由于某些文化维度可能比另一些文化维度更重要，那么选择相关变量并去验证其影响则看上去也是明智的。

尽管文化距离这一概念可能在直觉上比较吸引人，但正如石家安（Oded Shenkar）教授所描述的，这一概念是建立在几个很有问题的假象之上的：[70] 对称性假象，即认为荷兰企业进入中国与中国企业进入荷兰面临的文化距离是相同的；稳定性假象，即文化不会随时间而趋同或者说不存在潜在的学习曲线；线性假象，即文化距离在战略选择时期和运营时期可能起着不同的作用；[71] 还有上面提到的因果关系假象，即文化之外的其他因素也创造了距离；不一致假象，即认为某些文化或组织因素可能比其他的因素更重要。

文化距离或者文化差异可能对国际化战略存有影响，重要的是理解这种距离或具体差异是如何影响国际化战略的过程和内容的。同样重要的是发现其他的距离及其背后的来源，诸如监管、市场环境等（环境距离）及其对某一行业的差异性影响。[72] 例如，一个关于美国企业对日本直接投资的研究发现，在某些行业存在投资度的差异，比如说食品行业对文化更加敏感，因此相对于投资于其他行业就会受到更多的监管。

制度环境（或社会背景）也可以用于解释国际化战略，当然它们也可能使企业缺乏国际化战略。举例来说，德国产业模式（长期导向、职工参与决策和训练有素、专业化的劳动力）被认为是更适合立足国内市场和出口导向型战略，因此导致国际化进程开始得较晚。[73] 德国中央银行（德意志联邦银行）将德国贸易赤字的产生归因于制度原因，比如高税收和社会保障、过严的监管和僵化的劳动力市场等，因为这些制度因素阻碍了外资企业进入德国市场而同时导致德国企业大量出走。1990～2003 年，德国企业流向国外的对外直接投资激增400%。一个在 2003 年针对德国中小企业企业主的调查显示，为应对这些制度约束，他们有将生产转移到海外的意向。[74]

政府的作用在有关中国的案例中也显现得非常明显。20 世纪 90 年代，中国政府积极推进"引进来"的国际化战略，通过成立合资企业和技术转让的方式实现以市场换技术的战略。在 2000 年加入世贸组织（WTO）前夕，政府通过实施"走出去"战略鼓励企业走国际化道路。到 2009 年，这些兼并收购的目标更多的是聚焦于获取资源（矿产和石油，例如中国石化斥资 72 亿美元收购瑞士石油和天然气公司 Addax）和提升研发能力（如高科技行业的西飞航空工业集团收购澳大利亚 Fischer 高级复合材料股份公司）。由于容易获得资金，因此鼓励了企业通过收购进行投资，甚至在一些复杂地区进行高风险投资。然而，文化相似性仍然是中国对外直接投资显著的驱动因素。[75] 而推动了对沃尔沃 18 亿美元收购的则可能是追逐国内市场的成长机会和政府提高国内消费的努力。[76]

政府最近的政策是推动中国企业建立全球品牌。海尔集团是一个很好的案例，它现在已经跻身最大家用电器制造商之林，并且拥有了全球知名的品牌。[77] 对海尔来说，国际化的目标是依靠本土的低成本和高质量创建一个全球品牌，然后再进行本土化生产。海尔总裁张瑞敏说：

> 大多数中国企业的目标是出口产品、赚取外汇，这是它们唯一的目的。但我们出口的目的是建立一个海外知名的品牌……我们要让美国人感觉到海尔是一个美国本土品牌，而不是一个进口的中国品牌。在欧洲市场，我们也有同样的目标。

为了最好地适应当地市场，海尔让研发人员走进商场去访谈销售人员以及直接与客户对话。归功于广阔的国内市场和应对地方政府的经验，海尔已经学会了如何适应当地偏好，当然海尔也在美国经历了文化差异带来的巨大挑战，这一点我们已在第 4 章中进行了讨论。此外，当大多数中国企业一开始先选择进入临近本土的亚洲市场时，海尔却选择首先进入欧美市场，因为海尔的最大竞争对手扎根于这里。海尔的理念是，如果在最难经营的市场能够获得成功，那么进入其他地区就不难了。[78]

新兴市场国家跨国公司的对外投资常因以下拉动因素而触发：渴望保证关键资源的安全供应、获得先进技术、获取经营管理经验以及进入重要海外市场并赢得客户。[79] 企业实施国际化战略还可能是为了突破东道国严格的贸易壁垒（通过收购本地品牌），或者是为了减少母国某些制度环境的约束，比如知识产权保护、腐败等。

出于政治和经济方面的考量，新兴市场国家政府也会提供优惠政策鼓励企业走向世界，在其他新兴市场发挥竞争优势。此外，他们也会通过雇用当地高级管理人才或与当地的跨国公司合作的方式来获取管理经验。例如墨西哥连锁超市巨人集团（Grupo Gigante）就和法国家乐福联合起来与沃尔玛竞争，先是在墨西哥，然后到美国。

国际化或全球化战略这个概念既有可能被解读成一种威胁，也有可能被看作一种机遇，这取决于企业关于环境（不确定和控制）和关系（包括内部和外部的）背后的潜在文化假设。如果把国际化当作一种学习成长的过程而非仅仅出于经济利益的考虑，那么人们更愿意将国际化战略视为一种机遇，而国际化经验将进一步强化这一观点。一项关于美国环境科技和服务中小企业的研究发现，所有这些已经具有国际化经历的公司（11 家）都将学习视为企业国际化的原因，而在 52 家尚在国内经营的企业中，仅有 7 家持有相同观点，其他企业都将经济因素视为首要原因。[80] 另一项对爱尔兰小型工程企业的研究则发现，实施出口导向战略与积累国际化经验及拓宽高层管理者的"开放的心态"密切相关。[81]

国际化可能会被很多企业视作一种威胁，因为我们不仅在寻找"具有国际化视野的"管理人员方面，而且在形成一种能够支持国际化的企业文化方面面临着诸多挑战，更糟的是目前仍然令人吃惊的缺乏有效的策略（外派人员的挑选和储备，或是建设一个更加国际化的企业文化）应对这一问题。另外一些人则辩称，许多国际化障碍其实只是"臆想出来的"，成功的国际化只是一个简单的"态度"问题，或全球视野的问题。

因此，我们需要对国际化经验和学习需要之间的相互作用进行更好的理解。文化差异体验可以促进学习，文化差异越大，学习的意愿就越强，潜在学习效果也越好。由于"双重适应"——需要同时适应国家文化和企业文化上的差异，在合资企业或并购企业中学习的效果会比在新创企业或全资子公司的要更好。当企业先前曾经有过在某一特定文化区块的经历时，这种学习效果就会非常显见。[82] 国际化经验可以使得学习需求更加突出，或者学习的需求推动企业走向国际化，二者相辅相成。

总而言之，国际化的原因或动机，同如何国际化、到哪里去国际化的决策一样，都可能会受到国家文化和社会环境的影响，例如，是为了实现规模经济效应还是为了提高学习潜能，是独自发展还是寻求合作伙伴，决定哪个国家更有吸引力以及原因是什么等。研究中小规模的企业可能会提供特别有用和特别有意思的信息，因为它们正面临越来越多的压力去走国际化之路，而且与大型企业相比也没有太多的国际化经验，其高管团队的影响会更加直接，而员工的文化背景也更加同质化，因为他们都来自同一个国家。

国家文化和社会建制背景对企业战略的影响需要进一步探究。就像对企业文化突然的重新关注很大程度上是由于意识到企业文化会对战略的选择或实施带来影响一样，对国家文化的关注也是如此。事实上，可能正是由于在实施国际化战略时或者是在推动跨国战略变革中遭遇困难，才导致了对跨文化管理的兴趣不断增长。关于跨国并购的大量研究已经检验了文化（包括国家文化和企业文化）与制度环境对此的影响。这些研究远没有得出令人信服的结论，反而证明了澄清这些因素的难度。[83]

认识到国家之间的差异（包括文化和整个社会背景）有助于我们质疑关于战略的假设和

思考方式，有助于我们识别出潜在的"竞争盲点"[84]，以及预判其他文化环境下竞争对手的战略动向和合作伙伴的战略关注点。这对评估企业如何走向国际化，以及这一国际化战略在多大程度上会被视为威胁或被当成机遇同样非常关键。此外，国际化经验还为企业及其管理者的学习成长创造了巨大的可能。

◼ 注释

1 Weick, K.E. (1985) 'The significance of corporate culture', in P. Frost, L.F. Moore, M.R. Louis, C.C. Lundberg and J. Martin (eds) *Organizational Culture*, Beverly Hills, CA: Sage, pp. 381–90, p. 382.

2 Sun-Tzu (1988) *The Art of War*, Boston: Shambhala (translated by T. Clearly).

3 Machiavelli, N. (1958) *The Prince*, London: J.M. Dent and Sons (translated by W.K. Marriot).

4 Galer, G. (1994) 'The elements of scenario planning', presented at the Organizational Learning Kolleg, Ladenburg, Germany, 5 April.

5 Hofer, C.W. and Schendel, D. (1978) *Strategy Formulation: Analytic Concepts*, St. Paul: West Publishing.

6 Porter, M. (1980) *Competitive Strategy*, New York: Free Press.

7 Hamel, G. and Prahalad, C.K. (1989) 'Strategic intent', *Harvard Business Review*, 67(3), pp. 63–76; Prahalad, C.K. and Hamel, G. (1990) 'The core competence of the corporation', *Harvard Business Review*, 68(3), pp. 79–91.

8 'A dynamic capability is a learned and stable pattern of collective activity through which the organization systematically generates and modifies its operating routines in pursuit of improved effectiveness.', Zollo, M. and Winter, S.G. (2002) 'Deliberate learning and the evolution of dynamic capabilities', *Organization Science*, 13(3), p. 340.

9 Lyles, M.A. and Mitroff, I. (1985) 'The impact of sociopolitical influences on strategic problem formulation', in R. Lamb and P. Shrivastava (eds) *Advances in Strategic Management*, Vol. 3, Greenwich, CT: JAI Press, pp. 69–82; Mintzberg, H., Raisinghani, D. and Theoret, A. (1976) 'The structure of unstructured decision processes', *Administrative Science Quarterly*, 21, pp. 246–75; Bower, J.L. and Doz, Y. (1979) *Strategy Formulation: A Social and Political Process*, Boston: Little, Brown & Co; Allison, G. (1971) *The Essence of Decision: Explaining the Cuban Missile Crisis*, Boston, MA: Little, Brown & Co.

10 Smircich, L. and Stubbart, C. (1985) 'Strategic management in an enacted world', *Academy of Management Review*, 10(4), pp. 724–36; Weick, K.E. (1979) *The Social Psychology of Organizing*, Reading, MA: Addison-Wesley.

11 See Schneider, S.C. and DeMeyer, A. (1991) 'Interpreting and responding to strategic issues: The impact of national culture', *Strategic Management Journal*, 12, pp. 307–20.

12 March, J.G. and Simon, H. (1958) *Organizations*, New York: John Wiley.

13 Schneider, S.C. (1989) 'Strategy formulation: The impact of national culture', *Organization Studies*, 10(2), pp. 149–68; Schneider, S.C. (1994) 'Interpreting strategic issues: Making sense of 1992', in C. Stubbart, J.R. Meindl and J.F. Porac (eds) *Advances in Managerial Cognition and Organizational Information Processing*, Vol. 5, Greenwich, CT: JAI Press, pp. 243–74.

14 Taniguchi, M, Stahl, G.K. and Cheng, W.H.-C. (2005) 'Matsushita Electric Industrial Co. Ltd.: Organizational restructuring since 2000', unpublished INSEAD case.

15 Nonaka, I. and Takeuchi, H. (2011) 'The Wise Leader – How CEOs can learn practical wisdom to help them do what's right for their companies – and society', *Harvard Business Review*, May, p. 60.

16 Pascale, R.T. and Athos, A.G. (1981) *The Art of Japanese Management*, New York: Warner Books.

17 Nonaka and Takeuchi (2011) *Op. cit.*

18 Boisot, M., and Child, J. (1999) 'Organizations as adaptive systems in complex environments: The case of China', *Organization Science*, 10(3), p. 237–252.

19 Carr, C. and Pudelko, M. (2006) 'Convergence of management practices in strategy, finance and HRM between USA, Japan, and Germany', *International Journal of Cross-Cultural Management*, 6, pp. 75–100.

20 Capelli, P., Bassi, L., Katz, H., Knoke, D., Osterman, P. and Useem, M. (1997) *Change at work*, New York, NY: Oxford University Press.

21　Baranowska, L. (2007) 'Growing globally in an age of disruptions: How India's top companies are meeting the challenge', (Report A-0241-07-EA), New York: The Conference Board.

22　Story, J.S. & Reis, G.G. (2013) 'Managing the Brazilian way: Adaptation & integration', in B. Gehrke and M.T. Claes (eds) *Advanced Cross-Cultural Management*, London: Palgrave Macmillan.

23　Barros & Prates (1996) *O estilo brasileiro de administrar*, São Paulo: Atlas.

24　Sull, D.N. (2005) 'Dynamic partners', *Business Strategy Review*, 16 (2), pp. 5–10.

25　Sull, D.N. & Escobari, M.E. (2004) *Sucesso Made in Brasil – Os segredos das empresas brasileiras que dão certo*, Rio de Janeiro: Elsevier.

26　Huang, K.F. (2009) 'How do strategic groups handle cognitive complexity to sustain competitive advantage? A commentary essay', *Journal of Business Research*, 62(12), pp. 1296–1298.

27　Inbar, Z. (2010) 'The influence of national culture and institutional environment on strategic thinking: The case of Israeli companies operating in China', *Unpublished dissertation*, University of Melbourne, Australia.

28　Pascale, R.T. and Athos, A.G. (1981) *The Art of Japanese Management*, New York: Warner Books; Pascale (1984) *Op. cit.*; Kagono, T., Nonaka, I., Sakakibara, K. and Okumura, A. (1985) *Strategic vs. Evolutionary Management: A US–Japan Comparison of Strategy and Organization*, Amsterdam: North Holland Elsevier Science Publishers, B.V.; Nonaka, I. and Johansson, J.K. (1985) 'Japanese management: What about "hard" skills?', *Academy of Management Review*, 10(2), pp. 181–91.

29　Daft, R.L. and Weick, K.E. (1984) 'Toward a model of organizations as interpretation systems', *Academy of Management Review*, 9, pp. 284–295.

30　(Law of requisite variety) Ashby, W.R. (1956) *Introduction to Cybernetics*, London: Chapman & Hall; Daft, R.L. and Lengel, R.H. (1986) 'Organizational information requirements, media richness and structural design', *Management Science*, 32(5), pp. 554–71.

31　See also Daft, R.L. and Weick, K.E. (1984) 'Toward a model of organizations as interpretation systems', *Academy of Management Review*, 9(2), pp. 284–95.

32　See Schneider (1989) *Op. cit.*

33　Williamson, P.J. and Raman, A.P. (2011) 'How China reset its global acquisition agenda', *Harvard Business Review*, April, pp. 109–114.

34　Schneider (1994) *Op. cit.*

35　Evaris, R.M. (1990) 'Spain in the grip of Eurofever', *International Management*, February, pp. 38–42; Caminal, R., Gual, J. and Vives, X. (1989) 'Competition in Spanish banking', in J. Dermine (ed.) *European Banking in the 1990s*, Oxford: Basil Blackwell, pp. 261–305; Laurie, S. (1989) 'Shoot-out in Danish city', *The Banker*, May, pp. 38–43; Fairlamb, D. (1989) 'The Nordic countries play-it-safe strategy for 1992', *Institutional Investor*, August, pp. 99–106.

36　Child, J. (1981) 'Culture, contingency and capitalism in the cross-national study of organizations', in L.L. Cummings and B.M. Staw (eds) *Research in Organizational Behavior*, Vol. 3, Greenwich, CT: JAI Press, pp. 303–56; Scott, W.R. (1987) 'The adolescence of institutional theory', *Administrative Science Quarterly*, 32, pp. 493–511.

37　Puffer, S., and McCarthy, D. (2011) 'Two decades of Russian business and management research: An institutional theory perspective', *Academy of Management Perspectives*, 25(2), pp. 21–36.

38　'A conversation with Michael Porter', *European Management Journal*, 9(4), 1991, pp. 355–59.

39　Crossland, C. and Hambrick, D.C. (2007) 'How national systems differ in their constraints on corporate executives: A study of CEO effects in three countries', *Strategic Management Journal*, 28, pp. 767–789.

40　cf. Angwin, D.N. (2001) 'Mergers and acquisitions across European borders: national perspectives on pre-acquisition due diligence and the use of professional advisers', *Journal of World Business*, 36(1), pp. 32–57; Child, J., Faulkner, D. and Pitkethly, R. (2001) *The Management of International Acquisitions*, Oxford: Oxford University Press; Shimizu, K., Hitt, M., Vaidyanath, D. and Pisano, V. (2004) 'Theoretical foundations of cross-border mergers and acquisitions: A review of current research and recommendations for the future', *Journal of International Management*, 10, pp. 307–353.

41　Aguilera, R.V. and Dencker, J. (2004) 'The role of human resource management in cross-border mergers and acquisitions', *International Journal of Human Resource Management*, (15)8, pp. 1357–1372.

42　Tabuchi, H. (2013) 'In Japan, activism rarely pays off', *International Herald Tribune*, 16 May, p. 15.

43　Staw, B.M., Sandelands, L. and Dutton, J.E. (1981) 'Threat rigidity cycles in organizational behavior', *Administrative Science Quarterly*, 26, pp. 501–24; Billings, T., Milburn, S.W. and Shaalman, M.L. (1980) 'Crisis perception: A theoretical and empirical analysis', *Administrative Science Quarterly*, 25, pp. 300–315.

44　Miles, R.H. and Snow, C.C. (1978) *Organizational Strategy, Structure and Process*, New York: McGraw-Hill.

45　Ibid.

46　Meyer, A.D. (1982) 'Adapting to environmental jolts', *Administrative Science Quarterly*, 27, pp. 515–37.

47　Meyer, J.W. and Rowan, B. (1977) 'Institutionalized organizations: Formal structure as myth and ceremony', *American Journal of Sociology*, 83(2), pp. 340–63.

48　Spender, J.C. (1989) *Industry Recipes*, Oxford: Basil Blackwell.

49　Ballarin, E. (1988) 'The process of concentration in Spanish banks: Theory and practice', Working paper, IESE; Porter, M. (1990) 'The competitive advantage of nations', *Harvard Business Review*, March/April, pp. 73–93; Dunning, J.H. (1993) 'Internationalizing Porter's diamond', *Management International Review*, 33(2), pp. 7–15.

50　Huff, A.S. (1982) 'Industry influences on strategy reformulation', *Strategic Management Journal*, 3, pp. 119–31.

51　Tushman, M.L., Smith, W.K. and Binns, A. (2011) 'The Ambidextrous CEO', *Harvard Business Review*, 89(6), June, pp. 74–80.

52　Ouchi, W.G. and Jaeger, A.M. (1978) 'Theory Z organization: Stability in the midst of mobility', *Academy of Management Review*, 3(20), pp. 305–14.

53　Kim, W.C. and Mauborgne, R.A. (1993) 'Making global strategies work', *Sloan Management Review*, Spring, pp. 11–27.

54　Ghoshal, S. and Nohria, N. (1989) 'Internal differentiation within multinational corporations', *Strategic Management Journal*, 10(4), pp. 323–37.

55　Dutton, J.E. and Jackson, S.E. (1987) 'The categorization of strategic issues by decision makers and its links to organizational action', *Academy of Management Review*, 12, pp. 76–90.

56　Tversky, A. and Kahnemann, D. (1974) 'Judgement under uncertainty: Heuristics and biases', *Science*, 185, pp. 1124–1131; Dutton, J.E., Walton, E. and Abrahamson, E. (1989) 'Important dimensions of strategic issues: Separating the wheat from the chaff', *Journal of Management Studies*, 26, pp. 379–96; Dutton, J.E., Stumpf, S.A. and Wagner, D. (1990) 'Diagnosing strategic issues and the investment of resources', in R. Lamb and P. Shrivastava (eds) *Advances in Strategic Management*, Vol. 6, Greenwich, CT: JAI Press, pp. 143–67; Milliken, F.J. and Dukerich, J.M. (1987) 'Insights into issue interpretation: The effect of issue characteristics on judgements of importance and information search', Academy of Management Meeting, New Orleans.

57　Schneider and DeMeyer (1991) *Op. cit.*

58　Sallivan, J. and Nonaka, I. (1988) 'Culture and strategic issue categorization theory', *Management International Review*, 28(3), pp. 6–10.

59　Kogut, B. and Singh, H. (1988) 'The effect of national culture on the choice of entry model', *Journal of International Business Studies*, 19, pp. 411–32.

60　Shane, S.A. (1994) 'The effect of national culture on the choice between licensing and direct foreign investment', *Strategic Management Journal*, 15(8), pp. 627–42.

61　Black, J.S. and Mendenhall, M. (1993) 'Resolving conflicts with the Japanese: Mission impossible', *Sloan Management Review*, Spring, pp. 49–59.

62　Brouthers, K.D. and Brouthers, L.E. (2001) 'Explaining the national cultural distance paradox', *Journal of International Business Studies*, 32(1), pp. 177–89.

63　Filatochev, I., Strange, R., Piesse, J. and Lien, Y-C. (2007) 'FDI by firms in newly industrialised economies in emerging markets: Corporate governance, entry mode and location', *Journal of International Business Studies*, 38, pp. 556–572.

64　Anderson, E. & Gatignon, H. (1986) 'Modes of foreign entry: A transaction cost analysis and propositions', *Journal of International Business Studies*, 17(3), pp. 1–26.

65　Allred, B.B. (1996) 'The impact of national culture on top management strategic thinking', Paper presented at the Academy of Management Meeting, Cincinnati.

66　Datta, D.K. and Puia, G. (1995) 'Cross-border acquisitions: An examinatin of the influence of relatedness and cultural fit on shareholder value creation in US acquiring firms', *Management International Review*,

35, pp. 337–59.

67 Barkema, H.G., Bell, J.H.J. and Pennings, J.M. (1996) 'Foreign entry, cultural barriers, and learning', *Strategic Management Journal*, 17, pp. 151–66.

68 Kogut, B. and Singh, H. (1988) 'The effect of national culture on the choice of entry mode', *Journal of International Business Studies*, 19(3), pp. 411–32.

69 Barkema, H.G. and Vermeulen, F. (1997) 'What differences in the cultural backgrounds of partners are detrimental for international joint ventures?', *Journal of International Business Studies*, 29, pp. 845–64.

70 Shenkar, O. (2001) 'Measurement of cultural differences', *Journal of International Business Studies*, 32(3), pp. 519–35.

71 Parkhe, A. (1991) 'Interfirm diversity, organizational learning, longevity in global alliances', *Journal of International Business Studies*, 22(4), pp. 579–601.

72 Lacktorin, M. (1997) 'The lack of internationalization in Japan: A matter of barriers or differences? The role of national culture', presented at the Annual Academy of Management Meeting, Boston, MA, 11 August.

73 Ferner, A., Quintanilla, J. and Varul, M.Z. (2001) 'Country-of-origin effects, host-country effects, and the management of HR in multinationals: German companies in Britain and Spain', *Journal of World Business*, 36(2), pp. 107–27.

74 Müller, H. and Student, D. (2003) 'Standortflucht: die Republik-Flüchtlinge', *Manager-Magazin*, 33(12), pp. 116–127; Witt, M.A. and Lewin, A.Y. (2007) 'Outward foreign direct investment as escape response to home country institutional constraints', *Journal of International Business Studies*, 38(4), pp. 579–594.

75 Buckley, P.J., Clegg, L.J., Cross, A.R., Liu, S., Voss, H. and Zheng, P. (2007) 'The determinants of Chinese outward foreign direct investment', *Journal of International Business Studies*, 38(4), pp. 499–518.

76 Williamson, P.J. and Raman, A.P. (2011) 'How China reset its global acquisition agenda', *Harvard Business Review*, April, pp. 109–114.

77 Hunt, L. (2005) 'Haier Group Company', *MarketBuster*, retrieved from: http://ritamcgrath.com/ee/images/uploads/Haier_Report.pdf, pp. 1–7.

78 Wu, Y. (2003) *China's refrigerator magnate*, McKinsey Quarterly, issue 3; 'Haier's purpose' (2004) *The Economist*, 20 March, volume 370(8367), p. 727.

79 Luo, Y. and Tung, R. (2007) 'International expansion of emerging market enterprises: A springboard perspective', *Journal of International Business Studies*, 38(4), pp. 481–498.

80 Burpitt, W.J. and Rondinelli, D.A. (1996) 'The role of a learning culture in the interpretation of opportunities for international business expansion', paper presented at the Academy of Management Meeting, Cincinnati.

81 Bradley, M.F. (1984) 'Effects of cognitive style, attitude toward growth, and motivation on the internationalization of the firm', *Research in Marketing*, 7, pp. 237–60.

82 Barkema, H.G., Bell, J.H.J and Pennings, J.M. (1996) 'Foreign entry, cultural barriers, and learning', *Strategic Management Journal*, 18, pp. 151–166.

83 Stahl, G.K. and Voigt, A. (2008) 'Do cultural differences matter in mergers and acquisitions? A tentative model and examination', *Organization Science*, 19(1), pp. 160–176.

84 Zajac, E.J. and Bazerman, M.H. (1991) 'Blind spots in industry and competitor analysis', *Academy of Management Review*, 16, pp. 37–56.

第 6 章

文化与人力资源管理

人力资源经理的角色就像是手握公司"摩西十戒"的"教士",他们的使命远不是仅提供诸如确定薪水增长和附加福利等功能性的服务,而是保证公司灵魂的存在。人力资源管理职能是一家公司的核心,人力资源经理的存在就是确认公司的特定价值观并将它们付诸实践。

——迈克尔·佩雷斯(Micheal Perez)

苹果公司欧洲分公司人力资源总监 [1]

如果我们接受人力资源管理方法反映了组织所在国家文化价值观和深层假设的文化表征这一观点的话,国际人力资源管理就将是多国公司最具挑战性的任务了。[2]

——欧洲公司的人力资源总监

所有希望实施全球化战略的公司都必须选择一种能够支撑该战略的人力资源管理政策和实践,从根本上讲,这就是战略性国际人力资源管理的意义。然而,用上面所引用的那位欧洲公司的人力资源总监的话来说,这不是一件容易的事情,因为相同的政策在不同的文化环境中可能会产生毫不相同的效果。一个希望在海外甚至全球进行发展的公司所面临的最大挑战,就是如何将人力资源管理的政策和功能国际化。套用一句法国前总理克列孟梭⊖的名言:"战争太过重要,使得不能托付给军人。"我们也可以说:人力资源管理国际化的任务是如此的重要,不能只是托付给人力资源部。

本章将讨论国家文化对发展和移植人力资源管理实践的影响,包括员工选聘、文化内化、职业生涯规划、培训发展、薪酬设计和绩效考评等所有方面。首先,我们会看到在人力资源管理的概念以及各种人力资源管理实践(或者诸如社会化仪式之类的表征)和人力资源管理的信条(谁是这项工作最合适的人选)背后,都隐含着深层次的基本文化假设;然后,我们将探讨社会建构背景或者制度环境的作用。这让我们思考,通过不同的文化镜片来看人力资源管理,各人所看到的图景可能是截然不同的,因此,如果将习以为常的人力资源管理实践移植到不同的文化环境之中,面对不同的人,则可能产生未曾设想过的结果。

对人力资源管理实践普适性的质疑,可以作为总部和子公司或者是战略联盟中合作伙伴之间对话的基础,以希望达到全球一体化和当地适应性之间的平衡。这里的挑战是确定哪些人力资源政策需要全球统一,而哪些政策却最好差异化,以及哪些某一地的实践可以推广到全球。最后,我们要质疑一下目前人力资源管理职能在多大程度上为对付这些麻烦的国际化挑战做好了准备。

⊖ 乔治·本杰明·克列孟梭(Georges Benjamin Clemenceau,1841 年 9 月 28 日—1929 年 11 月 24 日),曾两次担任法国总理,是法国近代史上少数几个极负盛名的政治家之一,为第一次世界大战协约国的胜利和《凡尔赛和约》的签订做出了重要贡献。

6.1　人力资源管理的文化内涵

不同的人力资源管理实践和政策是从国家文化和社会建制背景中演进而来的。关于组织到底是什么，我们可以清晰地看到不同文化假设的影子，比如说，它是作为任务系统还是关系系统，个人和组织的角色如何界定，做什么重要还是"你是谁"更重要（后天成就还是先赋出身[⊖]）？因此我们可以看到人力资源管理实践是与文化紧密地结合在一起的。

许多人开始质疑人力资源管理这一概念本身是否适合于其他国家的文化和建构背景。从很多方面看，"人力资源管理可以被看作美国梦的一种当代表现"，[3]即对一个人的评价建立在表现和结果（成就）的基础上，而不是取决于血统（先赋出身），以及信奉只要你坚持不断地去尝试和努力，任何人都可以美梦成真。

然而，将人看作一种资源的观点实际上隐含了这样一个假设，即人可以像资本和原材料那样被利用，是可以随意买进和卖出的另一个生产要素，也必须将其价值最大化和充分地开发利用。基于这样的假设，就应该像其他资源那样来管理员工——尽可能便宜地买入和尽可能谨慎地利用。[4]这种"硬的"和"计算式"的人力资源实践背后的逻辑是一种功能性和工具性的组织观，并且这种人力资源实践要尽可能与战略紧密地协调一致（即战略性人力资源管理），以保证经营绩效、普适性（最佳实践）和一致性。

这种计算式的人力资源管理方法可能会在那些认为组织是一个社会系统的文化里导致直接的冒犯，因为在这样的文化中，要求人力资源管理采取一种"软的"、更加人本主义的和合作的方法。[5]研究表明丹麦和挪威的企业最不可能采取计算式的做法而最可能采取合作性的人力资源管理实践，而英国的企业最可能同时采取计算式的和合作性的方法。这些差异被认为是由社会建制的差异而引起的，针对这个例子，就是监管、环境和权力结构。事实上，文化差异也许可以非常好地解释这些发现，因为丹麦和挪威对于提升社会福利更加感兴趣（这可以从他们在霍夫斯泰德女性化维度上的高分值上看到），因此，即便是在欧洲内部，由于社会建构和制度环境的差异以及文化的差异，也存在不同的人力资源管理实践。

欧洲和美国在人力资源管理上的不同方法揭示了其背后关于人与组织关系的不同假设，这些不同假设可以追溯到心理学和社会学的学科特点和传统。在美国，人力资源管理根植于心理学，它关心的首要问题是如何激发员工的工作动机。这导致它聚焦于个人、分析员工能力和职业生涯规划、培训和发展、基于绩效的薪酬体系等。这种方法在"绩效管理"中体现得非常明显，大家对此是不加分析地一根筋地喜欢，当前都可以说是到达了痴迷的状态。但是，加拿大麦吉尔大学的明茨伯格（Henry Mintzberg）教授则对这样的痴迷进行了当头棒喝："一家健全的企业是人类所组成的社群，而不是一个人力资源的集合"；[6]我们是人，而不是人力资源！

在欧洲，人力资源管理更多的是从社会学的视角中演化来的，这一视角更关心社会体系、经济和政治环境以及政府、工会和管理层等关键利益相关者之间的关系及其本质。考虑到制度环境和多方利益相关者的影响，这种方式被认为更加情境化。[7]在这里，首要的关注点是谁具有决定的权力，于是导致了工业民主（由工人来决策）和产业政策（由政府来决定）

⊖　这里我们将 ascription 翻译成"先赋出身"。社会学家拉尔夫·林顿（Ralph Linton）于 1936 在《人的研究》（*The Study of Man*: *An Introduction*. New York: Appleton-Century-Crofts, Inc. p. 115）一书中最早提出了这个概念，指的是一个人不是通过自己的选择，也不是通过努力和行动以及所达到的成就，而是通过与生俱来的特征和继承等获得其社会地位和财富。

的齐头并进。因此，欧洲各国分别有各种法律来促进企业的民主管理，比如说在德国和荷兰，法律规定要在董事会里有工人代表；瑞典则有工作和生活质量委员会；法国则有劳动法来保障劳工的权利不受侵犯。虽然，目前这些问题在欧盟内部也存在激烈的争论，大家对政府应该扮演怎样的角色和劳工福利如何才能真正得到保障等存在着不同的观点和担忧，但不管如何，与美国相比，在欧洲，制度环境扮演着重要角色，并且对人力资源实践有着更多的约束。[8]

美国和欧洲之间不同的文化和制度环境决定了雇员和雇主之间的关系和劳动合同的本质是不同的。无论明确与否，个人和企业之间的心理契约确立了双方对彼此的期待。社会契约规定了在何种程度上雇员可以指望得到公司和国家的照顾，而法律合同则确定了什么是受约束的，并且约束到什么样的程度。在美国，心理契约是交易型的，基于公平交换的概念，双方都试图将自己的利益最大化、守护自己的权利、维护自己的自主权和独立性（即对于公司来说有雇用和解雇员工的自由，而对个人来说则是有自主决定权的自由之人）。许多人力资源管理实践，如绩效评估、基于能力的录用和晋升、基于绩效的薪酬、针对企业需要和个人发展的培训，都反映了这样一些概念。

在欧洲，雇用合同的许多方面例如如何雇用、工资标准和如何终止合同，都不是公司在其"墙内"可以完全决定的。比如说在德国，雇员的权利不仅仅得到了法律的保障，而且还得到了强大的工会的大力保护。在荷兰，相应的立法导致解雇员工变得非常困难，因此解雇员工将是漫长、昂贵而且折磨人的过程。在这些国家，雇用更多的是被看作一种基于道德承诺的"社会契约"：企业应诺提供长期的雇用，而国家提供社会福利，换取员工的忠诚和承诺。法国学者菲利普·迪里巴尔纳在一家法国跨国公司的三个工厂的比较研究中发现这些雇用关系的差别：在美国，雇用关系被认为是"合同的"，基于交换；在荷兰则被认为是基于共识和合作；在法国则又是基于源自等级职位、经验和技术能力以及职业责任的"荣誉"。[9]

最近，许多欧洲企业面临着规模缩减和流程再造，这就意味着需要重新协商这些社会契约。然而，背后的文化假设还是牢牢地根植在社会层面，对于位于欧洲的公司来说，需要面对员工要求不断增加的挑战，而美国（包括北美和南美）和亚洲则不得不需要对付正在变化的经济和政治现实。挑战依旧：既要满足竞争的要求，又不能让员工离心离德，或者像在许多欧洲国家那样糟糕地激起大规模的罢工和怠工，甚至像在法国出现将 CEO 作为人质的事件。工作岗位稳定性的丧失和高失业率正在制造全球性的冲击波。

最佳实践

华信惠悦咨询公司（Watson Wyatt）⊖对 200 家欧洲企业和 20 家瑞士企业的调查发现，如果人力资源管理实践非常专业并且与战略结合得较好，则股东价值能增长 7 倍。这一发现与大量的高绩效工作系统（HPWS）的研究是一致的，证明了人力资源管理实践的协同互动能带来更好的组织绩效。[10] 这一方法被认为代表了一种"最佳实践"——以团队的方法来鼓励参与和授权、提供雇用保障、选择性招聘、内部提拔、密集培训与发展以及绩效薪酬。这些"最佳实践"在很多方面结合了上面所描述的硬的和软的方法。

然而，许多这些"最佳实践"，如雇用保障、选择性招聘、内部提拔、密集培训，由于

⊖ 华信惠悦是一家美国的跨国人力资源咨询公司，2009 年与另外一家美国咨询公司韬睿（Towers Perrin）合并，成为韬睿惠悦（Towers-Watson）咨询公司。

制度环境的影响或多或少是相关的，比如在德国，工作岗位受到工会的保护，而政府又提供良好的职业教育和培训，这些都会影响到德国企业的人力资源管理实践。[11] 在这个方面，中国也在追随德国的模式，在 2008 年通过了劳动合同法以保护雇员免于被肆意对待，并且大规模地投资于教育。

不过，由于中国的经济和文化背景，采用美国式的高绩效工作系统仍然面临很多的挑战。[12] 例如，考虑到外部劳动力市场的快速变化以及随之而来的较高的员工离职率，对于外国和中国的企业而言，公司内部的密集培训正变得缺少成本效益。[13] 而且，儒家思想现今仍然强大，在权力距离较大的文化下，对上司表现出尊重、听从指示和保持距离感非常重要，因此鼓励员工参与决策是困难的。另外，对于诸如团队合作和信息共享这样的"最佳实践"来说，组织内部的高度信任非常关键，而在有些国家，信任仅局限于家人之间和个人的人际网络之内。再者，由于为政府工作对应着较高的社会地位，因此这鼓励着人们千方百计去国企工作。在国企中，工作较有保障，绩效考评主要基于工作态度而不是工作成果，考评指标里重要的是："德""能"和"勤"，而"绩"则往往排在最后。[14]

中国的私营餐饮连锁企业海底捞把"高绩效工作系统"的最佳实践和提升员工承诺度的关系方法结合在了一起，创造出了一种独特的"高敬业工作系统"（HCWS）。其一线员工大多是没有技能的迁徙劳动者，公司鼓励他们介绍亲戚来这里工作，并且提供很少的正式培训，更多的是师傅带徒弟式的训练。海底捞的员工工资高于行业平均水平，他们也被授权在工作需要时进行自主决策。海底捞对待员工似家人，公司将员工的奖金寄给其在老家的父母，并在员工的家乡修建学校。公司甚至给员工发放"离职补偿"，宛如父母在女儿出嫁时给的嫁妆。[15] 在这套系统里，我们可以看到"孝"和"仁"这样的儒家价值观。

由于这些文化和社会建制的差异对人力资源管理实践的硬的和软的方面的影响，雇主和雇员之间感知的关系也因国家不同而不同，以及或多或少地实施这些建立在共同假设上的最佳实践的努力，因此我们就不难理解某些子公司或者合作伙伴对特定的人力资源管理的倡议和政策有着不同的接受程度。人力资源管理职能的责任是在这些差异中航行，并设计出能支撑公司特定战略、培植企业文化和提升全球理念的做法。

6.2　文化与人力资源管理的基本职能

人力资源管理实践大致包含下列各项工作：员工选聘、文化内化、培训发展、绩效评估、薪酬设计、职业生涯规划等，针对每一项工作，各家公司可以选择不同的做法。为了便于对这些措施进行管理或者对其进行本地化改造，理解这些不同的人力资源管理实践背后的文化假设是非常重要的。表 6-1 提出的这些问题可以帮助我们揭示这些文化差异，不同的回答为讨论怎样的人力资源管理政策才合适提供了基础。[16]

表 6-1　人力资源管理菜单：文化决定因素

人力资源管理问题	文化决定因素
员工选聘	
要雇用谁，如何雇用	
• 期望的行为——关注能力还是关注个性	先赋出身 / 后天成就 不确定性规避
• 专才还是通才	权力距离 / 等级制度
• 需要怎样的资质，层次、专业或喜欢的毕业机构	个人主义 / 集体主义
• "你懂（会）什么"重要还是"你认识谁"重要	任务导向 / 关系导向

（续）

人力资源管理问题	文化决定因素
文化内化	
• 什么样的"启动仪式"是可以接受的，团队如何创建	任务导向／关系导向
• 想要发出怎样的信息，相互较劲还是相互合作，个人还是团队努力	个人主义／集体主义
• 人们应该在何种程度上参与还是拒绝社交活动	私人生活／职业生涯
• 需要做多大的努力以保障企业文化能够被大家分享	高语境／低语境
• 在多大程度上需要让企业文化公开明确地展示出来（招贴画、口号等）	
培训	
为什么目的而培训	
• 培育通才还是培育专才	
• 获得与公司有关的知识还是获得与技能（技术）相关的知识	
• 轮岗的范围如何	
• 师傅指导的作用如何	
• 为了培养能力还是为了建立人际网络	不确定性规避
培训需求如何确定	个人主义／集体主义
• 由公司确定还是由个人确定	等级秩序
• 送谁去培训，"高成长潜力者"还是"论资排辈"	任务导向／关系导向
哪种培训方法最有效	
• 案例方法	
• 阅读和讲授	
• 行动学习	
• 讲师驱动还是学员驱动	
• 团队作业	
绩效考评	
• 评价个人绩效和评价团队绩效之间应该如何平衡	个人主义／集体主义
• 设定目标（目标管理方法）有多大的有效性	等级秩序
• 人们有多大的愿望希望得到反馈	先赋出身／后天成就
• 来自谁的批评和什么程度的批评是人们可以接受的	单维线性／多维轮回时间观
	高语境／低语境
薪酬与奖励	
• 谁应该得到什么	平等／不平等
• 在多大程度上薪酬应该与绩效挂钩	先赋出身／后天成就
• 多大程度的薪酬差异可以被人们接受	等级秩序
• 奖金在多大程度上有效	凌驾于自然之上／天人和谐
• 奖励团队和奖励个人应该如何平衡	个人主义／集体主义
• 薪酬体系中多大比例应该固定多大部分应该浮动	不确定性规避
• 多大程度上会喜欢物质奖励而多大程度上喜欢非物质的奖励	男性化／女性化
职业发展	
• 谁可以得到提拔	
• 决定职业生涯成功的标准是什么	
• 什么样的职业路径是人们所期望的：	先赋出身／后天成就
• 内部提拔／外部雇用	个人主义／集体主义
• 在职能部门内部／跨部门流动	任务导向／关系导向
• 在公司或行业内部／跨公司或行业	不确定性规避
• 在政府部门与企业界之间流动	
• 在多大程度上人们愿意流动	
• 在哪个阶段确定"高潜力人才"，进公司之时还是 5 年之后	

6.2.1　员工选聘

找到合适的人选通常是最具挑战性的工作之一，特别是在不了解当地劳动力市场的特性或者人力资源供应情况之时。这使得寻找有能力完成工作同时看起来又适合企业文化的人选这一任务变得相当艰难。事实上，这可能意味着公司不得不在一些不同的地方寻找这类不仅仅在能力上而且在行为、信仰和价值观上皆适合的人选。招聘者必须评估应聘者的价值观是否与组织的价值观相吻合，因此，有些公司往往借助于内部员工推荐的方式来确保应聘者的文化吻合度。[17]

但是，一个国家的标准模式在另外一个国家里可能会被看作非常另类。例如：

当 K-mart 在布拉格买下了著名的国有 Maj 百货商场时，一些雇员发现微笑服务的概念让人恶心，于是就辞职不干了。"他们觉得自己对顾客太好了"……捷克人以他们的喜怒无常和玩世不恭而闻名。"这对捷克人不适合，我们不会在大街上向别人微笑。"[18]

瑞典家居生活用品公司宜家采用大量的筛选和挑选程序来雇用那些和公司的价值观相似的人，一位高管列举了那些成功地被宜家录用的申请人的特点：

他们是一些接受我们价值观并愿意按我们的观点进行工作的人，他们比较直率而不是腼腆的，对职位的高低不是特别在意。他们必须工作勤奋，并可以与从普通顾客到老板到收银员的每一个人都相处融洽。但是，对一个宜家人来说最重要的是一句瑞典语"ödmjukhet"，它意味着谦逊、温良和尊重他人。这个词可能很难解释，但当我们看到它的时候就会知道它是什么，它体现在诸如个人的简单性和自我批评这样一些事情上。[19]

但是，当宜家扩张到欧洲南部时，这一要求则产生了一些困难。

一份针对在俄罗斯经营的 18 家西方公司的研究发现，个性和工作经验是选聘员工的最重要准则。[20]一位俄罗斯的人力资源经理这么说：

一家公司可以教会或培训任何人做某些特定的工作，但是如果他的态度不对，那么就不会成为一个好的员工。因此，有些时候我们更喜欢招聘一些条件稍差但是有正确工作态度的员工。[21]

2008 年年末，一家在中国的香格里拉酒店的培训经理给出了几乎一模一样的回答，他说：

服务的技能是酒店可以通过培训教会他 [员工] 的，但是如果他没有这个服务态度，我们很难把他培养成一个具有服务意识的人。[⊖]

因此，在某些文化中，员工的一些品性如诚实守信、有上进心、勤奋努力、团队合作，当然最重要的是有意愿和能力去学习，可能会被认为比成绩和学历更重要。一位浙江大学的MBA 毕业生被猎头从她原先的公司挖到了一家在上海的法国公司，去了之后她发现在这家法国公司的中国子公司，高层管理团队里有很多法国人，即便是一些专业岗位也有法国员工在中国工作，公司管理有较浓重的法国人主导的色彩，另外，本土招聘的中国高级管理人员几进几出也都司空见惯。五年之后，有另外一家猎头公司找到她，觉得她非常吻合一家美国公司需要寻找的目标，而她也觉得新的公司、新的工作能让她有进一步学习和提升的机会。

⊖　来自作者张刚峰的访谈。

经过洽谈，这家美国公司给她发出了聘任书。当她向原公司提出辞职时，那家法国公司负责人力资源管理的副总裁（一位法国人）专门找她谈话，极力挽留她，并承诺马上将她调职到一个更重要的岗位，同时给予她比这家美国公司开出的薪酬更高的报酬。由于她已经口头答应了这家美国公司的聘任，所以还是婉言谢绝了法国公司的挽留。当她到这家美国公司就职之后，从人力资源部的同事那里得知，如果她在得到了现在这家公司的书面聘书却拒绝了的话，则会被该公司列入黑名单，今后永远不会再被聘任。这一做法与她原先的法国雇主截然不同。要理解这一差别，有一点可能很重要，即这家公司虽然是美国公司，但是其中国子公司的高层管理团队全都是中国人，他们非常看重员工诚实守信的品格。

当进行国际招聘时，公司必须知道如何进入一个"等价的"劳动力群体。教育体制的不同导致难以判断谁具有合适的背景。同样，大学毕业生的年龄可能因为学制的长短而不同，平均来说，美国大学毕业生的年龄要比欧洲的年轻。例如，在欧洲国家学制改革之前，德国大学毕业生通常需要学习六年，要学习一个主修专业和一个辅修专业，再加上一年的服兵役或从事社会服务工作的时间，可能 28 岁才可以步入劳动力市场，而在美国、英国和日本，通常 22 岁大学毕业就开始工作。因此，如果任命一位有些经验但年纪较轻的人管理另外一位工作经验较少但年纪较大又受过更高教育的人，可能就会出问题。

当地的"人才"也可能具有非常不同的技术和能力，原因是不同的国家对教育赋予的含义是不同的，无论是学习的科目和学时都可能不一样。例如在西班牙，许多高层经理都有法学或经济学领域的学位，而德国经理则往往拥有工程领域的高级学位或者是理学博士学位。[22]在意大利，博士的头衔不一定代表着和在德国相同的教育水平，⊖而拥有哲学学位则会比在法国得到更多的尊重。相反，英国在招聘人员时对新员工所学的专业不太关注，几乎会把一半的岗位给非对口专业的毕业生；在美国，应聘者可能会隐瞒其博士学位，担心拥有过高的学历而被拒。

不了解不同的教育体制可能在招募拥有不同教育证书的新员工时犯下错误。例如，荷兰和德国的职业和技术教育就与美国的职业和技术教育截然不同，当一家美国跨国公司的荷兰子公司试图实行"劳动力升级"项目时，其将大学本科学位作为划分标准，招致荷兰员工对此嗤之以鼻。在德国，给予技术更高的地位意味着在技术大学或技术学院里所教授的应用科学比在大学里教授的纯科学价值更高。在瑞士，位于洛桑的联邦理工学院（EPFL）被认为是瑞士罗曼蒂的麻省理工学院。

在法国，诸如巴黎综合理工学院、巴黎中央理工学院这样的工程学校的毕业生，或者是如国家行政学院（ENA）这样的公共管理学院毕业的学生被认为是精英；但是，这些毕业生可能对在外国公司工作不是特别有兴趣，因为他们的教育身份在那些公司中很可能不会得到足够的重视。

法国的高等学院通常实行军事化风格的管理，因此法国高等理工学院的毕业生认为自己是最杰出的，担任领导职位是他们的自然权利。无论日后的表现如何，他们手中的文凭可以保证他们在政府终生任职或者担任大公司的领导。[23]

和其他的西方民主国家不同，法国的权力集中在少数精英的手中。每年法国国家行政学院

⊖　在 2000 年欧洲高等教育改革计划之前，意大利的整个教育体系的学习时间是小学 5 年，初中 3 年，高中 5 年（其中包含 2 年的职业教育），大学 4 年或 5 年，研究生 3 年。在意大利，大学毕业就称"博士"，但是按照英美的教育体制，认其为硕士学位；与英美体制相同的意大利的博士学位的正式名称是研究博士（Dottore di Ricerca）。

只录取不到 100 位学生……他们会在那里度过 27 个月，⊖毕业时就被一家国家大机构（如财政稽核总局……）终生录用。这些机构号称法国国家政权最神圣的殿堂，如果离开这些机构，这些国家行政学院的校友可能会担任公务员，或者管理国有企业、银行和艺术机构，当然还有人会进入政界。[24]

由于法国的招聘者都会首选这些著名的商学和工程类高等学院的毕业生，从而大学的毕业生往往被认为是第二选择。因此，当法国的一些公司有意地反其道而行之招聘来自大学的毕业生时，他们是把自己与法国业界的普遍做法明确地区别开来，并宣扬一种自己的企业文化。米其林轮胎（Michelin）故意不从这些精英高等学院招收员工，欧莱雅提出要招收不寻常的人，并将这种做法的原因归结为作为一个市场营销导向的公司，必须鼓励不同的视角。事实上，过于集中从这个精英人才库招募人员也会给国际化带来问题，一方面是过于聚焦于法国人，另一方面是高层的职位毕竟是有限的。

国外的跨国公司也可能会在获得最杰出的人才资源时遇到困难，因为来自当地公司的竞争可能非常激烈。例如，日本公司相互之间非常激进地提供更高的待遇以保证得到毕业自著名学校的学生。大家竞相网罗东京大学优秀学生的行为常常导致未来雇主使用"强臂战术"阻止这些毕业生在每年的招聘季会见其他竞争对手公司，这种做法招致了很多的抱怨。[25]

一些公司，比如世界领先的信息技术外包公司印度的印孚瑟斯已经开始努力吸引年纪更轻的潜在员工，通过"年轻时就获取他们"项目给印度各地学校的在校生提供"领先一步理解信息技术"的培训，从而教育印孚瑟斯潜在的未来劳动力。这一战略似乎已经得到了报偿，印孚瑟斯在 2005 年收到了 150 万份工作申请，测试了超过 15 万名申请者，录用了 21 000 名，最终雇用了 15 000 名员工，即雇用了最顶尖的 1% 的申请者，即那些资质条件和文化都符合公司要求的申请者。[26]另外，印孚瑟斯还在其全球雇主品牌形象上花下巨资以吸引最杰出、最优秀的人才，他们将应聘者看作顾客，确定将他们与其他竞争对手在就业市场上区别开来的是强调那些知识型员工看重的核心价值观和原则：专业上的自由、开放，杰出的学习和成长机会。

然而，有些当地的做法可能会疏忽一些很好的潜在的劳动力资源，比如，尽管在日本的大学里女性与男性一样多，但是在日本企业环境中她们并没有得到很好的利用，这为外国公司提供了机会。事实上，一些专家建议"外国公司应该多雇用日本的女性经理，她们比男同事更有工作热情"。[27]例如，日本的女性银行职员已经被证明在向日本顾客销售金融产品时特别成功，原因是在日本通常是家庭主妇在管理家庭的财务。这样的情形在中国台湾也是一样的，由于难以雇用到当地的优秀人才，花旗银行不得不在中国台湾招募更多的女性作为私人银行部门的理财顾问，当这些银行看到这些女性职员所取得的业绩时备感吃惊，这是由于公司没有认识到她们通过家庭纽带和高收入客户保持着良好关系。

由于在某些国家人们对女性具有根深蒂固的负面态度，所以美国的跨国公司一般不愿意将女员工派驻到海外。但是事实上，这些女性外派经理更多地被看作外国人而不是女性，因此她们会比当地女性遭遇较少的障碍。[28]当玛乔丽·斯卡尔迪诺（Marjorie Scardino）成为一家英国富时指数（FTSE）100 企业的负责人时，人们将她巨大的成功归功于她的外国人背

⊖　法国的精英高等学院通常在大学的三年级学生中通过严格的考试和筛选录取学生，有些高等学院也会从硕士毕业生中挑选、录取学生。

景[⊖]："性别歧视专家认为英国企业更愿意认为她首先是美国人，其次才是一个女人。即使还具有像斯卡尔迪诺那样的拖拉缓慢的南方口音，美国人仍然享有进取心和手段强硬这样的好名声。"她们经常被描述为"坚定而据理力争的"，然后就是"非常有能力的"。[29] 在欧洲的很多国家，位居公司高层的女性确实常常是外国人，而在大学里被聘为正教授的女性也大多是外国人。[30]

文化差异不仅仅影响到企业到哪里去录用员工，而且关系到如何去做这件事。例如，壳牌集团与当地的政府和大学合作招聘和培养当地的人才。若干年前，外国企业在中国录用员工需要通过政府指定的代理机构——中国对外友好合作服务中心或政府的劳动局。在中国，雇用有时会牵涉到个人关系，这使得许多外国管理人员，特别是那些来自美国的经理感到不舒服，他们把它看作一种裙带关系。美国人会尽力避免（或者说不公开接受）这种做法，美国人认为最重要的是个人能力与工作要求之间的匹配，这与美国文化的任务导向有关。对 65 家在中国经营的中西方合资企业的访谈揭示，在人力资源管理上，员工的选聘和保留是外资方主要的关注点，而裙带关系则是他们最头疼的问题。外派经理学会了要在员工的选聘中积极参与，以保证员工选聘的标准仍然坚持在专业能力这个评价标准上，而不会是人际关系为主。[31]

然而，在一些集体主义观念较强的国家，裙带关系是相互依赖以及关系的重要性这一逻辑的自然产物。当一个雇主选择一个人的时候，一种道德上的承诺就会被建立起来，这里存在一个隐含的理解，那就是雇主将要照顾雇员，甚至很可能还包括雇员的家庭。家庭纽带反过来提供了一种社会控制，这种控制通常会比组织内部的等级制度更有力。研究显示，在许多发展中国家，如马来西亚、印度尼西亚和印度，最普遍的蓝领工人招聘方式是口口相传和通过亲属介绍。[32] 相似地，在许多阿拉伯国家，职位空缺传统上一直通过社会关系（wasta[⊜]）填补。一位阿拉伯联合酋长国的经理提到"招聘广告一般会在祷告、宴会或其他形式的社交活动中发布"。[33] 另外，许多公司招聘新员工并不必然是因为有职位空缺，而是因为友情和亲情关系通常会凌驾于岗位所要求的资质之上，并且经理感觉到有必要支持其亲戚和朋友。此外，研究显示在不稳定的政治环境下，基于个人关系网络的招聘可以提供更多的保障和安全感。[34] 但是，尽管技能和能力被认为是北欧国家招聘的重要准则，有研究显示即使在欧洲，为国际任职招聘人才时利用非正式人际网络还是相当重要的。[35]

在美国，招聘过程一般来说更正式、更有结构性，也更严格。雇主使用客观的和经过验证的遴选方法，如结构化面试和量化测试方法来测量能力、个性甚至诚信度。然而，在某些文化中，面试对于许多应聘者来说就是一个挑战，这是因为许多文化认为叙述一个人的成就和一见面就要求获得这个工作是不够谦虚的。在一种文化中被认为是好的个性特点在其他文化中也许并不合适。一位在英国工作的中国经理也许会被评价为"过于消极被动"，但是她在此前工作的一家中国台湾企业里却被认为过于激进和太有进攻性。[36]

通过公司网站进行招聘也可能会受到不同文化因素的影响。一项对横跨三个大陆的 14 个国家的 420 家上市企业的研究发现，来自个人主义和男子气概较强的国家的企业喜欢用在

⊖　玛乔丽·斯卡尔迪诺出生于美国的亚利桑那州并在得克萨斯州长大，其职业生涯也开始于美国，但她却是英国公民。1997 年，她被任命为培生出版集团的 CEO，成为首个富时 100 指数企业的女性领导人。

⊜　按照维基百科的说明，wasta 或者 wasata，阿拉伯原文为 واسطة（wāsiṭah），大致可以把它翻译为"裙带关系"或者"影响"或者"你认识谁"，指的是通过一个人的关系或者影响力将某件事情办成，包括快速更新护照、免除交通罚款、获得雇用和得到提拔等。

线招聘的方式，但是那些来自高度不确定性规避和权力距离较大的文化的企业并不常用在线方式招聘员工。[37]

总而言之，跨国公司必须发现这些国家招募员工的普遍做法之间的差异并从中找到自己的道路。跨国公司必须搞清楚在这些国家，未来的经理所喜好的学科和学校，还必须考虑这些学校所教授的技能、经验和价值观与企业的价值观和工作要求是否兼容。例如，雇用法国高等学院的精英毕业生可能会和企业主张人人平等的文化氛围相矛盾，但这可能是在法国经营企业最有效的做法，特别是当公司需要依赖于横跨法国政府和产业界的强大的人际网络来经营的时候。

跨国公司也必须评估当地的公司是否有"盲点"，或者说遗漏了一些很有潜力的人才（例如日本的女性、法国普通大学的毕业生和美国的语言专业毕业生）。IBM 在韩国开发了一个未曾被指望过的员工资源，它在广告上清晰地指出"性别上的少数派……将会在遴选过程中得到额外的加分"以吸引求职者。这在保守的韩国引发了很多争论，因为在儒家文化里，结婚和相夫教子被认为是女性的责任。后来，IBM 将广告词做了修改，表示他们只是希望给所有人提供平等的机会。[38] 总之，跨国公司一定要在模仿当地公司的做法和走自己的路之间找到一个平衡点。它必须学会当地的规范、价值观和深层次的基本假设，以便决定哪些是必须遵守的，哪些又是可以忽略的，而且这种忽略还能够给它带来与当地竞争对手相比较时的竞争优势。

6.2.2　企业文化的内化

一旦被雇用，雇员必须学会"在公司里做事的规则"（company ropes）。企业文化的内化实际上是新成员吸收企业文化、熟悉企业的价值观和行为规范的过程。这些文化可能以各种不同的形式传递：员工可能从培养团队精神的艰难的培训项目中学到这些文化，也可能通过观察其他员工的非正式的途径中体会，或者从公司的话语氛围和传说、故事中进行了解。

然而，在一国通行的企业文化内化的做法在国外不一定会得到热切的拥抱，因为根植在这些做法背后的是一些文化假设，如同事关系和上下级关系的本质。进一步讲，企业文化是如何被传递的？在多大程度上是明白无误地说出来的？这就与喜欢高语境还是低语境的沟通方式密切相关。所有这些差别都可能成为摩擦和矛盾的根源。

就像军队的入伍仪式和学术机构的开学典礼（如捉弄新兵或新生），这些文化内化的技巧是为了提高个人对组织和群体的认同感。在日本，新加入的银行职员会被指派做一些枯燥的不需技巧的任务，挨家挨户地去按门铃，为社区提供服务；或者进行一种禅宗训练以教会他们谦卑。[39] 这种入职仪式或者对忍耐力的考验让群体成员身份显得更加可贵。一旦通过这些测试，你就是其中的一员了，这借此增强了群体比个体更加重要的意识。

文化内化的实践同时也传递了一种等级秩序重要性的价值观。在迪士尼乐园，每个员工都是"演员"，包括扫地的保洁员，每个演员都在表演中扮演重要的角色。即便是高级管理人员包括 CEO 也都被要求在乐园里翻烤汉堡肉饼。有一次一位高级管理人员被指派去扫地，由于同伴（真正的保洁员）表现得对他缺乏尊重而被激怒，于是责问道："你知道我是谁吗？"他的同事回答道："当然，你是一个清洁员。"[40] 这提醒公司成员，无论是高级员工还是低级职员，职位高也不会带来特权。

并非所有的加入仪式都意欲培育相互尊重、同志情谊和凝聚力；相反，它们也有可能强化一种极端个人主义（"人不为己天诛地灭"）、攻击性和激烈竞争的企业文化。例如，纽约一家投资银行的培训生被斥为"比鲸鱼的便便都还不如"，如果问过多的问题有可能招致劈头扔过来的电话机。公司的英雄是硬汉，并且咄咄逼人，通常有"性超人"或者"食人鱼"之类的绰号。《说谎者的扑克牌》（*Liar's Poker*）里两位高级管理人员以百万美元打赌，形象地体现了激烈竞争的精神。[41] 新员工在被认真对待之前必须证明自己的胆识和竞争力。在这家投资银行，非常强烈的隐含的基本假设是：个人成就、人定胜天（金融市场、监管者和客户）、男子汉气魄，以及能出色完成任务而不是搞关系。

即使在同一个行业（投资银行业）、同一个国家（在美国）中，文化内化仪式也可能揭示不同的文化假设。在另外一家投资银行，如果新员工将成就归功于个人的能力而没有感谢别人的贡献，则会被严厉地惩戒，这强调了团队工作和合作的重要性。年轻员工经常和被称为"拉比"（rabbis）的资深导师在周末一起静修。[42] 这种集体主义精神可能使这家公司较为容易将业务拓展到亚洲的部分区域。但是最近，那家银行成为很多批评的靶子，被指责缺少关心客户和采取有问题的方法增加利润。

员工回"家"参观和座谈会也可以是一种文化内化的方式。"宜家之道"座谈会解释公司的起源和价值观以及公司名字"IKEA"是如何得来的（来自公司创始人和他在那儿长大的农场和村镇的首个字母），要求公司所有员工都必须参加，还包括到瑞典参观创始人开创公司时的小棚子，目睹艰苦的农场生活从而理解节俭、辛勤工作和简朴这些价值观的重要性。[43]

社会活动同样可以强化员工和公司之间的纽带。在日本，年轻的经理很快就学会了加班工作、和老板在卡拉 OK 畅饮、在周末和客户一起打高尔夫球，尽管这些不一定都是自愿的活动。在法国的日本公司企图引入日本的"暮年会"，在圣诞节前后举办，以此营造公司的团队氛围，然而法国雇员却更希望公司把活动的开销打到他们的工资单上，他们更喜欢在家里和家人及朋友聚会而不是和同事在一起，这让日本公司感到很受伤。[44] 日本的员工倾向于从公司群体中获得他们的身份感，但在法国肯定不是这样的。

与此相似，像公司的周末野餐、周五晚上的啤酒畅饮会和早上 7 点的早餐会之类的仪式性活动，在美国都是极其自然的，而在有些国家（如法国和德国）却会招来反感，在那里，个人生活和工作之间有一条明确的分界线。法国员工在周末关掉手机的行为让中国的管理者感到惊讶；可是法国的法律却授予员工从 2017 年开始在非工作时间不去理会工作邮件的权利，尽管法国的法定工作时间从 2000 年开始就只有每周 35 个小时。[45] 另外，在公司组织的周末度假活动中，和老板较量网球对于来自大权力距离文化的员工来说是挺吓人的，它不太可能会被看作公平的竞赛。把穿着短裤和泳衣的公司各级同事混杂在一起会让大家非常不舒服，因为对于等级秩序和正式性的文化要求在法国还是根深蒂固的。多年前作者张刚峰在给一家省级国有企业培训基层管理人员时，参加培训的人普遍反映当他们去给领导汇报工作时，站在领导的办公室门口敲门的那一刻，自然的生理反应就是"两条腿在发颤"。

另外一些器物，如小册子、招贴画、工卡和小贴纸，也可以被用来给雇员提示公司的愿景、价值观、目标和公司的身份认同。例如，每当迪士尼公司的高管察看时间时，都会被提醒自己是公司的一员，这要感谢米老鼠手表和挂钟的功劳。许多经理可能要求员工把印有使命陈述的卡片放在他们上衣胸部的口袋里（离心脏或钱包最近），这一做法除了实际内容之外还有符号价值，可以增强员工的身份认同感和归属感。

美国玛氏公司以生产 M&M 巧克力和糖果而出名，其五项原则——质量、责任、互利、效率、自由，悬挂在 73 个国家的 400 多间办公室和生产场所的墙壁上，包括在中国和沙特阿拉伯。当你走进玛氏公司总部时，首先映入眼帘的就是这五项原则。公司的办公室也以这些原则命名，你都可能会听到高管这样告诉同事："我们在互利见。"每一个玛氏的雇员都会收到一本印刷精良的 27 页的小册子，上面有该家族企业的 13 位家庭成员的共同签名，解释这些原则在具体的行动中是如何体现的。目的是要创造出一种横跨不同产品部门和地域的团结感和一种强烈的"我们都是玛氏人"的感觉。[46]

欧洲的经理常常会嘲笑这种做法只有过于天真、太过热情和缺少细腻的"糟糕的美国人"才做得出来。作为一家美国跨国公司在英国的人力资源经理，他看上去非常窘迫地说："想象一下不得不把这些东西写出来放在上面！"尽管这位英国经理赞同这些原则，但是觉得"在每个办公室的墙上都挂这些东西实在有点可怜"。从欧洲人的视角来看，过分的直白会被认为是要显摆一下其优越感。

当世界领先的奢侈酒店运营商四季酒店和度假集团通过收购乔治五世酒店进入法国市场的时候，管理层着重依靠公司的价值观以及正式的规则和政策（所谓的金科玉律）来改变管理层认为有必要改变的文化和理念。然而这一做法却遭到了来自法国雇员的抵制，他们认为这是试图将美国的"微笑文化"（"米老鼠文化"）强加在他们身上。[47]

将工作要求清楚地、直接地说出来体现了美国的低语境文化特点。在许多欧洲国家，人口的组成相对来说具有更多的同质性，人们分享着更多的"心照不宣"的东西，也就不需要把所有的事情都说得一清二楚。在美国，组织是用明显的压力来管理这种巨大的人口异质性，使其嵌合到美国人这个模子里。在欧洲国家，由于其同质性，这种与大家保持一致的压力已经内化了。因此，通过文化内化的技巧来传播企业文化，就会被认为是在操控、摆布别人，也是对个人生活领地的侵犯。

当日本或德国企业在中国建立合资公司时，日本的经理会将价值观挂到工厂的墙上以促成期望的企业文化，这样的做法曾经受到中国员工的抱怨和憎恨，他们认为这是在对他们进行洗脑，相比之下，他们喜欢德国人的传授"诀窍"的做法。[48]在东欧的日本合资企业也存在相似的情况，日本企业重视文化的做法并不被赞赏。一位在瑞士合资公司工作的匈牙利经理嘲笑公司文化手册上的规矩比在任何时代还要多。[49]当然，今天很多中国的企业也流行将公司的价值观或企业精神等挂在墙上，以此促进企业文化的内化。

跨国公司必须仔细考虑用来传播和内化企业文化的方法。有些价值观毫无疑问是企业内部交流和造就公司全球声誉的核心，因此这些价值观必须得到坚持，至少是在精神上要保持，尽管它有可能违背当地的做法。事实上，和当地的常规做法不一样可能还会对将公司与当地竞争对手区分开来有帮助。例如，在英国的日本企业里，工人和经理穿同样的制服，显示管理人员地位的一些特权如高级管理人员专用餐厅等，都被取消了，这些做法缩小了阶级差别，得到了当地员工的好评。不过位于法国北部的一家日本汽车制造企业发现法国雇员不喜欢工装上带有姓名，他们更喜欢将其私人身份和其在公司的身份区分开来。

但是，在公司的行为规范被认为既不合乎情理又会引起强烈的破坏作用的地方，公司必须做好为当地的行为规范让路的准备。在这种情况下还要追求高同质性的强文化实在没有任何意义。如果个人被强迫接受一些被认为是武断的或者不接当地地气的行为规范，员工可能会觉得这些做法侵犯了他们的道德和自由，带来的结果是离间了员工与公司之间的关系而不是增加了凝聚力。

6.2.3 培训与发展

除了教授员工"游戏规则"之外，公司还需要对员工的技术和管理能力进行培养和发展。对人力资源管理最佳实践的研究表明，那些顶级的公司都非常关注和重视员工发展以及在培训上的投入，以此增强人力资本、提升企业经营绩效。[50] 一项对 4 个欧洲国家的 482 家企业的研究发现，人力资本管理开发的战略性路径将高绩效企业与其竞争对手区分开来，而这些企业的绩效与企业大小、所在行业、国际战略或国内环境等因素无关。[51]

世界各国的成功企业似乎都采用一种"从内部培养人才的指导思想"，着眼于内部招聘。另外，它们也创造了一种文化，将培养人才作为每个管理者的责任，例如直线管理者直接参与招聘过程，人员的培养非常清晰的是其绩效考评的目标。然而，即使培训和发展在全球层面看有越来越一致的倾向，至少在所观察的跨国公司中是如此，但是公司试图传递的知识仍然非常本地化且需要适应文化背景。[52] 再者，各公司一般都是针对它们所感受到的业务需要和管理人员的需要来设计其特定的培训项目。但是，培训是如何提供的？由谁培训？为了什么目的？在这些方面不同的文化就有不同的观点。

1. 培训的目的

培训是为了给员工提供那些被认为在公司里工作所必需的以及将工作很好地完成所必需的"专门知识"。那么，什么类型的知识、技能或诀窍被认为是必要的？是通用知识和技能还是特定领域的专门知识和技能？在不同的公司或者在不同的国家会有截然不同的回答。工作轮换的本质和内外部培训的广度和深度就将反映对通才还是专才知识的不同的重视程度，以及培训到底是为了建立人际网络还是为了提升执行任务的能力。

为了培养通才，新录用的大学毕业生在被确定最终的正式岗位前可能会轮岗几个月，甚至几年。这种方法不仅让培训生熟悉公司内部很多不同的业务，同时也提供了接触的机会，让他们可以建立非正式的人际关系网络；然后通过专门的培训课程提供更加专门化的技术和管理知识。如果是为了培养专才，那么公司就会招募那些已经有工作经验的人，然后立刻把他们指派到某个特定的岗位上，让他们在实践中学习和成长。

例如，在英国，公司鼓励员工在各个不同职能部门之间和在不同业务部门之间进行流动，也鼓励员工参加外部的专题研讨会。[53] 获得广泛的技能和经验被认为是鼓励成为多面手，然而在法国人的眼里，多面手却被看作易变的、不够专注和不可预测的。

德国的管理人员更倾向于把自己与其技术背景紧密地联系起来，把自己描绘成专业人士：商人或者技术人员。职业的变动是和相关的技术培训紧密关联的，管理的培训几乎百分之百地在内部进行，这促进了一种更深入的、公司专属知识的获得。技术培训在中国也很盛行，这与他们强大的分析技能相适应，也与管理的工程技术方法传统相一致。[54]

日本人的培训路径是为了培养公司的通才而设计的。在日本人的眼里，管理是一种技艺，只能通过观察、倾听和在更有经验的同事指导下才能获得，知识的获得被认为是隐性的和潜移默化的，而不是显性的和明白易懂的（这与高语境和低语境语言相关联）。[55] 因此，培训是通过轮岗和师父的指导相结合，边做边学来实现的。在许多日本公司，担当师父是对每个经理的正式要求。考虑到老师这一职业在日本受到很高尊重，所以这样的角色是经理特别愿意担任的，这是儒家尊重知识和智慧的传统。历史上，中国有着传统的学徒制，年轻人需要正式拜师并经过多年的学习才可以独立工作。这种师徒制在计划经济的国有工业企业里曾非常普遍，但是，在20世纪80年代开始的改革中，随着西方外资企业的进入和民营企业的兴起，却逐渐消失了，似乎是急功近利的价值观占据了上风。有研究发现，在中国，上司对下属的培养被看作个人的事情。[56] 最近，许多美国公司试图学习日本的经验，给年轻员工指定辅导老师，但结果却是成功和失败参半，因为美国员工通常把完成任务看得比建立关系更重要。但是，由于发展人际交往的技能以及组织才能和见识的重要性越来越被人们所承认，现在有些公司聘请了外部的教练来指导这些管理人员。

2. 如何学习以及向谁学习

文化的差异同样体现在管理者如何学习、学习什么以及向谁学习这些问题上。不同文化对管理教育的反应特别发人深省。[57] 例如，德国和瑞士的管理者更喜欢具有明确的教学目标、课程大纲和具体的日程安排，以及"正确的答案"或者更优的解决方案等结构化的教学方法。这与盎格鲁－撒克逊人的典型看法存在鲜明的反差："绝大多数的英国参与者鄙视太多的结构和条条框框。他们喜欢只有模糊目标的开放式的学习环境、更宽泛的作业范畴以及不要具体的时间表。'每个问题只有唯一正确的答案'这种说法对他们来说就是一个笑话。"[58]

对于许多亚洲管理者来讲，在团队中工作可能比更为个人主义的盎格鲁－撒克逊管理者感觉自然。但此外，由于存在潜在的公开反对和冲突以及随之而来的"丢面子"的风险，亚洲员工在团队中"兜售"自己思想时将遭遇更多的心理障碍。另外，他们也不太重视从知识和技能不如他们的人那里学习，虽然有"不耻下问"的教诲，但是现实中等级观念的思想仍然会让他们在潜意识里认为智慧是和三六九等相关联的。

由于美国学生总是被鼓励发表个人思想和观点，课堂讨论对于美国学生来说是十分正常和自然的，他们也会随时准备站出来阐述自己的观点，尽管有时这些观点只有微不足道的一点点新意。类似地，英国的学生一直被教导要对别人提出的观点进行辩论和挑战，包括教授的观点。英国文化非常看重用雄辩来证明自己论点的能力，即使是在他人的代价之上。盎格鲁－撒克逊文化对不确定性和公开的对抗有更大的宽容，而且很少考虑地位的差异，无论是在学员之间还是在学员和老师之间都是如此。这对于不习惯在课堂上公开表达自己观点的拉丁和亚洲文化的学生来讲，不同意彼此的观点并与教授激烈辩论是相当令人震惊的。

大量使用案例讨论、商业游戏和管理练习（角色扮演）更像是一种从实践中学习的方法，而不是通过阅读和讲解学习的方法。它标志着对经验学习（主动的）而不是对认知学习（较为被动的和深思熟虑的）的一种偏好。[59] 欧洲的经理往往不明白这些练习的意义，并抱怨美国培训师的讲座不够抽象，也缺乏理论。相反，美国的管理者则希望培训要更加的具体、脚踏实地和有实用性。一项针对74个不同国家的超过1 000名商学院学生参与的调查发现了对各种不同学习风格的偏好。根据科尔布（David Kolb）学习风格模型，个人主义文化维度得分高的学生比较喜欢积极实践的学习模式，换句话讲他们热衷于实际应用、技术问题和归纳的方法。在男性化维度上得分较高的学生则偏好基于理论和归纳推理的深思熟虑的学习。[60]

在线教育现在已经变得相当普及，人们能够听到最好的大学里最好的教授讲授的课，还是免费的。但是，对于俄罗斯人来说，基于计算机的培训或者远程学习，让他们联想起通过往来邮件进行的学习（函授教育），被认为是层次较低的，严肃的教育应该是在学校里进行的。[61] 考虑到这些实质性的差异，培训的方法需要考虑不同的文化和社会建构因素的影响。在较为个人主义的文化里，培训项目可以更加的个人发展导向；在不确定性规避比较强的文化里，人们较为喜欢标准化、结构化的在职和脱产的培训项目。一个标准化的培训方法，使用外派管理人员来担任培训师，隐含着某种程度的"美国化"，却被证明在非洲坦桑尼亚的花旗银行的员工中受到了欢迎。[62] 员工参与在那些权力距离比较大的文化里实现起来会比较难，但是可以循序渐进地鼓励，比如说通过小组讨论和小组展示的方式。在女性化比较强的文化里，培训项目的设计要让参与者能有较多人际互动的机会。[63]

由于各种不同文化对不同的培训和发展实践的偏好，因此可能很难将这些整合到一个前后一致的连贯的政策之中。如果公司需要在内部不同部门迅速传递特定的知识，或者公司独特的培训项目是吸引新员工的一个主要因素，那么，将培训方法标准化可能很重要。此外，跨国公司让不同的培训方法百花齐放也许会有额外的收获，可以为具有不同能力、学习方式、教育背景和文化背景的人提供对他们具有吸引力的不同的培训和发展的机会。因此，为一群来自不同国家的管理者培训，往往要求我们具有多样化的教学方法，以及使用来自不同国家的培训师。

目前，越来越多的公司都在采用管理培训来创造"我们是一家人"的心态，增进组织内部的向心力和凝聚力，当然培训也是为了提升来自世界不同地方的管理者特定的技术性技能和概念性技能（conceptual skills）⊖。通常这些管理人员从彼此之间学到的东西与从课程内容或从教授身上学到的东西一样多，很多时候，这些培训除了获取正式的知识之外，也为社会交往和建立人际关系网络提供了一个由头，这种意图或多或少是清晰可见的。一家总部在中国香港的公司在一所著名的欧洲商学院开办了一个管理研讨班，其英国 CEO 明确指出这个研讨班的目的是让大家可以相互认识，并建立工作关系，课程内容的重要性反而是第二位的。

建设当地的人才库不仅仅需要培训，还需要国际轮岗。许多中国的毕业生在其第一个任职时就遭受失败，这一方面是由于缺乏流利的英语语言能力，另一方面也是由于缺少在大公司工作的经历。由于这样的原因，普华永道会计师事务所（PWC）在美国雇用中国籍毕业生，并在美国培训和工作 2 ～ 3 年，然后再将他们派回到中国工作。[64]

6.2.4　绩效考评

绩效管理（performance management）包括设定目标、测量结果、提供反馈以提高未来的业绩。从理论上说，它能够借助期望模式塑造行为并激励员工，就像是打保龄球，有清晰的目标，并可以通过结果的反馈修正自身的行为。有些人甚至声称目标设定和反馈是心理学家为管理学做出的最重要的贡献："50 年的应用行为科学研究给出了其中一个最清楚、明白的发现，那就是目标设定的过程是绩效管理最强有力的武器。"[23]

然而这种绩效管理的概念是深深地根植于组织的工具性观点之中的，在将组织看作社会关系的一个整体的文化中，重要的是管理人而不是管理任务，因此这种绩效管理的观点不见得能引起人们的共鸣。在绩效管理系统的背后还有另外一些文化假设，即目标是可以被设定并达到的（人的能力是凌驾于环境之上的）、可以给实现目标设定 6 ～ 18 个月的时间跨度（时间是可以被管理的）、目标的达成状况是可以被测量的（现实是客观的）。老板和下属之间能够通过双向的交流达成一致意见：需要做什么？ 在何时完成？ 怎么去做？ 这事实上隐含了这样的假设，即权力的差异不是什么问题，雇员有权在决定他们的目标时发表意见，而且他们

⊖　罗伯特·卡茨（Robert Katz）将关键的管理技能分为三大类：技术性技能、人际关系技能与概念性技能。所谓概念性技能是指：规划、组织、进度、授权、问题分析、决策、协调等。

也是愿意承担责任的。[66] 这些文化假设非常符合德国人的看法,他们欣然地接受了目标管理(management by objective,MBO),因为通过明晰目标、角色和责任有助于减少不确定性,以及减少老板和下属之间的地位差别。[67]

形成鲜明对比的是,具有一个具体而且由双方共同确定的年度目标的主意对许多法国经理来讲是令人不舒服的,许多法国经理会拒绝将这些目标明确地写下来。[68] 目标管理(MBO)方法在法国基本上无法推行,其原因是法国的管理人员感觉自己对所要完成的目标没有足够的控制。目标设定不仅仅不会被看作赋权,而是被看作一个陷阱,是让雇员自己签下其惩罚状。更进一步讲,在权力距离很大的法国,与老板进行一种双向的对话是根本不可能实现的,[69] 因为对话背后的文化假设是"双方是平等的"。

举例来说,当四季酒店管理公司在乔治五世酒店引入一套盎格鲁 – 撒克逊式的绩效考评体系时,许多雇员对被老板评价感到不舒服。经理层对此也持保留意见,一些元老派经理也拒绝与下属进行绩效考评的讨论,认为负面的绩效反馈会损坏他和员工之间的关系。在另外一些案例里,对此的抵制更为巧妙,例如,经理会修改绩效评价表或者都给员工好评。乔治五世酒店不得不在实施绩效考评体系和员工表彰方案时非常小心谨慎,并且对其中的一些方面进行了修改,因为这非常敏感。[70]

更多的俄罗斯高级经理可能会在正式设定目标时犹豫畏缩,因为这会让他们回忆起他们的"个人成长总计划",这是当年苏联共青团强制实施的,诸如学术成就、社区服务(如清洁街道)和学习了多少篇列宁的文章等目标都要在计划里写下来,并在年底汇报达成的情况。因此,试图执行目标管理就会遭遇到怀疑和抵制,因为这会唤起大家似曾相识的经历。[71] 目前在俄罗斯使用的绩效考评体系看起来更适合传统的职能部门(如生产和工程部门),而在所谓的新的职能部门(如营销和销售)就不是很有效。[72]

研究表明集体主义和权力距离大的文化中的雇员显得更易于接受"给予"他们的可实现的适中的目标,而双方共同参与来设定"挑战性目标"对于个人主义文化强的雇员来讲会更有效。[73] 在"绩效考评"的用词中同样可以找到先赋出身还是后天成就更重要这一文化假设的痕迹,"绩效考评"暗喻着所做的或者所达成的"绩效"才是重要的,而且是可以被客观地度量和评价的,即"考评"。换句话说,重要的是结果,而不是你的人格品性。这甚至在美国的法庭得到支持,它保护雇员所得到的考评是基于他们的工作而不是基于他们的身份,除非有实际的证据表明其人格品性和他的绩效表现有直接关系。被考核评价的是行为而不是素质,也就是说,做什么要比是什么更重要。

在亚洲企业中,对员工的评价可能更多地基于他们的操守、忠诚以及合作精神,而不是仅仅基于他们所达成的工作结果,比如说销售了更多的产品。因此,绩效考评这一概念与很多国家的文化价值观是相冲突的,在那些文化里人们认为"品德评价"更重要。在中国 TCL公司,绩效管理体系早先强调"绩效检查",后来改变成同时关注包含五个关键能力(创新、学习、协作、分析和执行)的"能力发展"和五项关键素质(洞察力、操守、宽容、沟通和激情),显示其对绩效管理进行了中国式改造。但是,另外一家中国的计算机企业在意图引入基于能力的人力资源管理实践时就遭遇到了抵制,或者说被认为不适用而基本上被束之高阁。[74] 中国的考核往往包含更多的指标,尤其强调"德才兼备"。

事实上,考评过程本身就可能会被认为是不信任甚至是一种侮辱的象征。[75] 按照一个法国管理人员的观点:"无论是正面的还是负面的反馈,法国人都会感到被冒犯了。如果你质疑我的工作,那就是在质疑我的荣誉、我的价值观以及我的人格。"[76] 对于美国人来讲,反馈提供了关于他们目前的工作做得如何的信息。前纽约市长郭德华（Ed Koch）因为随机地在地铁里询问市民"我做得怎么样"而著名。对于法国人来说，反馈是一种关于他们是什么样的人的评论，是不受人们欢迎的。绩效考评这个概念在非洲的管理者头脑里根本就不存在，因为对他们来说，考核员工的绩效或者因为他们没有达成目标而批评他们是不可接受的。[77]

给出反馈代表了一个充满潜在危险的文化雷区。做出反馈和接受反馈对于许多管理人员来讲都不是一件令人愉快的经历，不同的文化规范对挑剔和直率有着不同的接受度，这使得反馈变得非常敏感。在一起瑞典公司收购美国公司的案例中，美国的管理人员抱怨瑞典人过于挑剔，从来不给正面的反馈。相反，欧洲人却抱怨美国人的反馈方式就是"糖衣炮弹"：用一些柔美甜软却空洞的夸奖来包裹批评。[78]

在亚洲，绩效反馈常常会和保护面子（维护个人在公共场合的名誉）相冲突，保护面子就是保护一个人的社会资本并维持和谐。当面指出一个雇员"不合格"是不得体的，甚至是危险的。一项在中西方合资企业的研究表明，所有的中国管理人员都说不愿意给下属不好的评价，从而给下属留下坏印象和破坏与员工之间的关系。[79]然而，尽管遭到抵制，仍然有差不多50%的企业引入了这样的绩效考评体系。一位在中国的外派管理人员这么说：

> 因为他们根本不习惯直接的批评，你不得不非常善解人意。你不能直截了当地告诉他们现在的工作做得很糟糕，你不得不关注好的方面。如果你能足够善解人意，他们就能接受它，然后也会依此来对待他们自己的下属……你需要非常善解人意，如果不这样的话，可能会带来极大的破坏力。

杭州的一家国企也因为新来的领导引入了绩效考核体系，瞬间就将公司内部原先存在的不计得失、努力拼搏的优秀文化毁坏殆尽，员工认为这是对他们的不信任，也是对他们荣耀感的看轻。

文化差异决定了应该由谁来考核员工，以及反馈应该如何给出。在权力距离比较小的文化下，员工对来自各方的反馈信息，包括同事、下属以及客户的反馈，不会感到不舒服，因此360度考核就非常普及。在权力距离比较大的文化下，反馈通常应该主要来自一个来源，即一个人的上司，使得业已建立起来的等级秩序得到遵守。在集体主义的文化下，非对抗性的和间接的沟通技巧，以及在非正式的环境如工作场所之外的地方，会更受所有人的欢迎，因为这减少了让员工"丢脸"的风险。[80]因此，反馈要间接和委婉，比如说通过不再给予关照的方式，或者通过一个上司和下属都信任的第三者来传话的方式。[81]

关于个人主义还是集体主义的文化价值观也与绩效考评相关，因为绩效考评强调的是个人要对所分配的工作承担责任，有些学者声称全世界所有组织都需要某种形式的绩效管理体系，因为个人的绩效是"组织绩效的砖块"。[82]然而，这种对个人的聚焦，在崇尚集体的文化环境中就显得不太合适。例如在日本，每年夏天，很多地方都会进行一种祭祀活动，数十人抬着一个很重的神舆（みこし、mikoshi）在人山人海的街道上游行。○因为不可能分辨出是谁在抬神舆中付出了更多的力气，所以有些人会比另外一些人贡献更多一些，这最终演化为日本公司的"抬神舆式管理"模式：高绩效者提携落后者。在日本，这被认为很正常，并

○ 神舆通常是一个花车，上面供奉着神道教的神灵。这种祭祀活动在日本很普及，比如说在日本南部九州的首府福冈市，每年7月都会举行一个名叫"追山笠"的祭祀活动，由26个人抬着全部用榫卯结构而做成的重达1吨多重的"饰物山笠"花车，飞奔在博多的大街上。那雄壮而富有生气的祭典，会吸引许多当地的居民和游客。

没觉得是"搭便车"。曾经白手起家成功地创建了京瓷和第二电电（KDDI）两家世界 500 强公司的稻盛和夫，以 80 岁左右的高龄无偿出任日本航空公司的董事长，只用了一年左右时间只身扭转了公司的经营业绩，成为他一生中最伟大的功绩。他在一个访谈中解释了其成功的经验，也比较了日美管理模式的差异：[83]

> 许多美国公司认为管理的目标是将股东价值最大化。他们支付很高的薪水雇用很聪明的人来担任高层经营管理职位，如果他们成功了，还会得到奖金。这是一种以功绩论英雄的制度，高管会因为他们的成就而得到奖赏；在这一制度之下，高管团队往往像工具一样使用员工。
>
> 我的方式是不一样的，所有的员工都有着和高管一样的理念，我们一起运作公司，这是（与美国公司）截然不同的风格……
>
> ……我的风格是让所有的人都参与进来，就像很多人一起来抬日本的神舆一样。这看起来并没有什么高大上的，但是慢慢地众人就变成了一人。要让这起作用，需要用一种哲学来统一他们的思想。

这就像一个马达加斯加人的谚语所说的那样，"只要众人分担，重担也会轻如羽毛"，[84] 而在中国也有一个类似的谚语："众人拾柴火焰高"。

这对管理绩效和考评有着两个方面的启示。意识到绩效管理这一概念是加载了文化价值观的这一点十分重要，而且其他人并不一定和你具有同样的文化价值观。来自不同文化背景的管理人员会对所谓的"客观的"绩效数据（现实）和开诚布公的对话有不同的反应，对这些问题感觉迟钝有可能导致当地雇员的疏远而且降低他们的工作积极性。可是，有时跨国公司也不得不严格依照母国的标准进行考核评价。在某些文化中，果断、主动和达成目标会比在另外一些文化中更重要。许多跨国公司中的外国人可能都有过"玻璃天花板"的经历，而这些文化偏好也许要对此负责。

我们以一位美国的高级管理人员在伦敦金融城的工作经历作为例子，她回忆她在一开始时遭遇的英国商业文化：

> 伦敦金融城有相当多的约束——"你必须这样，你必须那样，或者是这个你做不到。"在一份对她的考评中，她被告知她做得很好，只是"太过热情了"。在她母国的文化里一直被视为巨大优点的东西在伦敦却并不被欣赏，甚至成为潜在的事业发展的绊脚石："我太过热情、太过咄咄逼人，我有一点点不恭敬上司，对等级秩序不够尊重。"[85]

社会建构和文化环境的差异会引起对如何有效地进行管理、考评和评价绩效表现的不同反应，或者影响这样的系统是如何设计和执行的，以及影响这一系统在特定环境中的有效性。[86] 虽然研究发现存在着趋同的迹象，但是印度、中国、土耳其和韩国的绩效管理仍然有着差异，与文化的差异紧密相关。[87] 在印度，尽管有越来越多的国际经营活动，但仍保留了很强的传统的家长式和集体主义的价值观，这就使得诸如个人绩效评估和辅导的方法难以实施。毕竟，上司是"老板"，而不是教练。在中国，绩效管理体系开始时侧重出勤率和技能，然后慢慢扩张至一系列的行为，并且不断地将它与薪酬和奖励结合在了一起，显示了向美国式管理的靠近。然而，在中国，对于年龄和资历的尊重以及对于关系与社会和谐的重视仍然是非常重要的文化特征。

制度和经济因素也可能推动趋同效应。在土耳其，80% 的企业一直以来都在实施"有效、公平和可靠"的绩效管理，这也许是出于经济的发展和最初想加入欧盟的动机。1997 年亚洲金融危机之后，许多韩国企业采取了基于绩效的评估系统，比如"年度总薪酬制度"，并且成功地将这种基于绩效的制度同集体主义与等级秩序导向的文化调和在了一起。另外，俄罗斯公司传统的绩效管理实践表现为非正式的绩效考评、灵活多变的工资安排，以及灵活的工作和合约安排，这使得企业可以在不必大量裁员的情况下应对萧条的经济环境。[88]

6.2.5　薪酬与奖励

正如绩效考评体系，文化价值观塑造了工作应该如何被奖励以及薪酬应该以什么为基础的认知。例如，在不确定性规避较高的国家，雇员较为偏好固定的而不是浮动的薪酬，偏好没有太多人为调整空间的等级制的薪酬制度。来自命定论文化的员工不相信工作结果在他们个人所能控制的范围之内，因此他们不会赞同那些他们觉得需要由他们来为工作结果负责的薪酬制度。而来自男性化比较强的文化的员工则乐于拥抱以绩效为基础的薪酬和奖励制度。在一项研究中，美国的管理人员表示他们可以接受将浮动报酬部分增加近100%，但欧洲的管理人员不太能接受将浮动部分的比例提升到薪水的10%以上，而俄罗斯人不喜欢奖金部分占到固定工资的25%以上。[89]

如果相信"有钱能使鬼推磨"在所有的文化中都适用，那就太过于简单化了。为了金钱而工作或者金钱可以激励人努力工作这样的概念甚至可能会引起反感，而且可能被认为是侮辱人格的（"毕竟，我们不是被训练好的海豹"）。一位美国的外派管理人员在巴黎发现："可量化的目标吓坏了（法国的）管理人员，他们不想要界定得非常清晰的目标。将绩效的增加和奖金的增加联系起来不起效果。他们真的是拒绝讨论金钱和经济问题。"[90]

将酬劳与绩效关联起来的趋势是特别让人怀疑的。基于绩效的酬劳建立在这样一个原则之上，即员工应该根据其工作的绩效获取相应的酬劳，可支配的总奖金的大部分将被授予表现好的员工。这样的管理实践已被证明适用于个人主义文化较强的美国、英国、澳大利亚和荷兰等国家，但不适用于集体主义文化较强的国家，如印度、危地马拉、韩国、新加坡和中国。[91]

在集体主义较强的文化中运营的企业，报酬上的差异和感知的不平等可能会削弱一个人的社会地位，因此也就可能削弱其强烈的身份认同感以及和工作单位的情感上的纽带。[92] 例如，导入绩效薪酬的企图在日本激起了强烈的反对，因为担心这会毁坏团队的和谐和鼓励短期思维。索尼公司前常务董事天外伺朗就将索尼的衰落归因为绩效主义，他认为绩效制度使得员工"逐渐失去工作热情，而公司为了统计业绩，花费了大量的精力和时间，从而在真正的工作上却敷衍了事，出现了本末倒置的倾向"，最要命的是该制度带来的短期思维毁掉了索尼公司据以安身立命的创新。[93] 一些实行了绩效薪酬的日本企业发现这一制度实际上增加了而不是降低了劳动力成本，公司不能减少员工的工资，因为这将打击员工的自尊心（丢面子），所以公司只能给予绩效表现好的员工更多的薪酬却不能惩罚绩效表现差的员工。[94]

绩效薪酬是与个人绩效联系在一起的，但是在印度尼西亚，绩效往往并不被认为只是与个人有关，这使得美国的阿科（ARCO）石油天然气公司不得不去适应印度尼西亚当地的薪酬体系。该公司人力资源部经理说：

印度尼西亚人通过群体过程管理他们的工作文化，每个人都相互联系形成一个群体。给同一个团队的不同成员发不同的工资，这做起来真的很难；因此我们得出结论：绩效薪酬不适合印度尼西亚人。[95]

绩效薪酬主张报酬应当建立在一个人对公司最终盈利或者股东权益的贡献之上，而不是基于员工对企业的归属感或平等观念[96]。权益概念被嵌入在了雇用合同隐含的思想里："你得到你应该得到的。"[97]平等的概念则对应了下面这样一个社会观："你所得到的是你应该得到的。"尽管对于大多数的美国管理人员来说，如果在家里执行一种将分配给家庭成员的吃食与他们对家庭收入的贡献挂钩的制度是完全不可想象的，但是在工作中，有多大贡献就得到多大报酬的概念似乎相当合乎逻辑。

相反，在许多非洲社会中集体主义逻辑盛行，对于家庭成员实施的原则同样也适用于雇员。为了提高劳动生产效率，一家在非洲的跨国公司为工人提供了营养午餐，却遇到了阻力，员工要求把午餐费用直接付给工人，这样可以帮助他们养活家人。这种态度的背后是："当家人在挨饿的时候，我们怎么能够大吃呢？"

在美国管理思想中占主导地位的是公平原则，即每个人按照其所做出的贡献而得到相应的回报，如果你不能做出贡献，那就要准备走人了。这揭示了个人主义、凌驾于自然之上以及追求成就的文化价值观。就像霍瑞修·爱尔杰笔下的美国英雄[⊖]，只要不断努力不断尝试，每个人都可能成功，只有天空是他们的界限。实际上在美国可能没有工资的上限，绩效优秀的明星员工可以获得相当于基本工资两倍的薪酬，这在西欧会让人大吃一惊。

美国人可能已经习惯了高上天的高管工资，但是在西欧，这样的数字几乎会被认为是丑闻。"在欧洲，特别是在新教国家，如果你赚很多钱，你最好将它隐藏起来……这对于瑞士这样的加尔文主义国家尤其如此。"根据惯例和法律，瑞士公司被允许对管理层的收入保密，所以几乎所有的公司都这么做。[98]

在瑞士，不断增长的对公司治理的担忧使得原先一直保密的高管的报酬被公开了。ABB集团、诺华公司和瑞银集团（UBS）等公司的股东已经开始挑战其公司首席执行官的整个薪酬和福利待遇（包括离职补偿金在内），他们认为整个薪酬和福利待遇太高了。作为全瑞士收入最高的高管，瑞士诺华公司的首席执行官魏思乐（Dan Vasella）在11年中获得了3亿瑞士法郎的报酬，因此不得不面对来自媒体和股东的强烈批评，认为他拿这么高的收入是下流的，那巨额的7 200万瑞士法郎的"竞业禁止"补偿金也是骇人的。他最终放弃了合同约定的报酬，移居到了美国，虽然他在把这家坐落在巴塞尔的地方性企业打造成全球企业的过程中做出了很大的贡献。ABB集团的前首席执行官帕西·巴内维克（Percy Barnevik）也因为8 800万美元的天价退休金在瑞士激起了大众的愤怒，他不得不交还了大部分的退休金。当瑞士雀巢公司的前首席执行官包必达被问到为什么不想公开他的收入时，他回答道，作为一个外国人（他是奥地利人），应该始终尊重当地的敏感事宜：在瑞士，不讨论收入，并且私人生活受到保护。当回答收入被公开后会面临什么样的问题时，他回应道他的美国同行会笑死。

给予突出表现和特殊努力以特别奖励的做法不一定在世界各地都能被接受。在一家美国公司的丹麦子公司，原本计划对销售人员按照绩效进行奖励，但最终不得不取消，反对的声音说这是厚此薄彼。而且丹麦雇员认为，所有人都应该得到等额的奖金，而不是按照月薪的5%来计算，甚至有人认为经理和秘书应该拿一样的薪水。[99]这表现出一种绝对的平均主义价值观。

⊖ 霍瑞修·爱尔杰（Horatio Alger Jr.，1832年1月13日—1899年7月18日）是一位多产的美国著名励志小说家。他描述了很多出生卑微贫穷的年轻人，通过诚实、勇气、决心和努力工作，成功地改变命运，跻身中产阶级，所以他所描述的主人公可以说是美国梦的化身。

　　许多中国和西方的合资企业在引入基于个人业绩或者同时基于个人和集体业绩的薪酬体系时遇到过问题。然而，大多数实施了基于个人业绩表现体系的企业认为这一体系的引进是成功的："这一系统需要公平和公正，你需要非常用心地确保收入分配的方式是正确的并且每个人都理解背后的逻辑。因此，在引进这一体系时需要很多的解释工作。"[100] 另外一项关于在中国的绩效薪酬研究表明，这种"西方的做法"正在取得某种程度上的成功，但是中国员工似乎更乐于接受本国企业采纳这种绩效薪酬制度而不是外资企业，揭示着绩效薪酬本身可能不会受到抵制，抵制可能是因为员工觉得这是由外国企业强加到他们身上的。[101] 其实，另外一种解释是，在中国本土企业工作的员工和在外企工作的员工本身的人群就不一样，期望也完全不一样。大多数中国本土企业的浮动工资部分占总工资的比例非常高，很多一线的制造业工人拿的是计件工资。这样的工资制度在中国能被大部分的员工所接受，但是在意大利，由于强大的工会，计件工资是非法的，被认为是企业主或经营层将经营风险转嫁到无辜的员工身上。

　　对金钱激励还是非金钱激励的偏好也是与文化紧密相关的。金钱、社会地位还是空闲的度假时间哪个更重要，在不同的国家是不一样的，也影响着潜在激励方法的有效性。在瑞典，如果你让员工选择奖金还是假期，员工更倾向于选择后者，因为主张人人平等的精神思想导致人们不愿意在经济上凸显自己，再加上高税率，金钱奖励就不太能调动人们的积极性。另外，瑞典人在霍夫斯泰德的女性化文化维度上排在很前面，说明他们也非常关注生活的质量。

　　在日本，如果让员工选择更多的休假时间可能会有完全不同的结果。在德国和法国，员工有 35 天假期，而日本政府规定的员工假期是每年 16 天，但是日本员工平均每年只休掉一半的法定假期，那些将全部假期都使用完或者避免加班的员工会被贴上"任性"的标签，这是对他们丢下同事去享乐的强烈批评。日本文化要求每个员工对公司的关心应该超过对个人和对家人的关心，因此，"过劳死"成为日本白领的首要职业危害，问卷调查表明 1/3 的日本管理人员担忧自己会成为过劳死的牺牲品。[102]

　　在俄罗斯，高薪水固然是重要的，但其他因素如优雅漂亮的工作环境、公司里有投缘的朋友、免费餐饮和社交活动、公司对员工稳定未来的保障等对留住员工有着决定性的影响。一位人力资源总监指出："百特公司（Baxter，一家美国医药公司）也许不会提供最高的薪水，但是我们对所有员工都提供体面、稳定和公平的待遇，员工明白这一点并且对此很喜欢。"人们也发现俄罗斯的经理宁愿放弃 2 000 美元的奖金（相当于一两个月的薪水）而选择接受一个星期的国外培训。[103]

　　显然，那些跨国经营的公司需要充分认识到文化的差异并且评估其潜在的影响。薪酬制度是一个非常强大的企业文化的信号，指示着什么样的行为是被管理层所鼓励的：合作还是竞争，信息共享还是秘而不宣，乐于承担风险还是保守。在美国，绩效薪酬目前正遭到挑战，认为这会降低工作积极性，尤其是当前团队管理的思想盛行，鼓励的是更多的团队内部成员的合作而不是个体之间的竞争。当公司企图建立一种"高参与型"组织或者希望员工对公司拥有高承诺度时，[104] 那么，对个人成就的奖励就可能带来潜在的障碍。另外，公司如果希望吸引当地普遍的精英，它可以选择和当地的文化规范相一致；公司如果希望吸引一些更加大胆开拓的或者说非主流的人才，它可以提供与当地完全不同的薪酬和工作制度。这样，它也许可以吸引那些在当地饱受挫折的人，他们可能正在寻找那些能对他们的努力和成功给予回报的公司。

6.2.6　职业生涯发展

国家文化对职业发展也有着显著的影响，人们喜欢的晋升路径，以及升职所需的特征行为是不一样的。年轻的管理者会迅速知晓哪些是他们可望可求的，以及为了得到晋升，他们需要做什么，但是那些让他们得以晋升的因素，依据文化价值观的不同而不同。这些影响因素包括：先赋出身还是后天成就（你是谁还是你做了什么）何者更重要？管理工作的本质到底是什么？或者说管理者需要去做什么或者管理者需要是一个怎么样的人？

德尔和劳伦特两人一项早期的研究对于不同国家的管理者获得职业成功的决定性因素提供了深刻的洞悉。[105] 对于美国的管理者来说，"主动性和能力"被认为是最重要的，这体现了一种实用主义、个人主义、成就导向和工具性的世界观。88% 的美国被调查者认为"达成结果"很重要，但是只有 52% 的法国管理者同意这种看法。因此，美国的管理者会惊讶地发现他们所习以为常的成功准则在某些国家并不适用，在那些国家人们得以晋升的标准可能是他们所毕业的学校以及个人的人际关系。正如一家法国公司的美国子公司的一位满怀失望的人力资源总监观察到的那样："仅仅通过努力工作就能得以晋升成为干部在这个体系里是行不通的，即便有，也是极不寻常的。"[106] 在大多数情况下，成为一个经理，或者说获得干部身份，取决于他是否从高等学院这样的精英学校毕业的背景。

正由于此，88% 的法国管理者认为被贴上了"高潜质"的标签是职业成功的决定性因素，而持相同看法的德国管理者只占总数的 54%。在德国，技术能力、职业经验或业绩被认为是晋升的必要因素。在同一个研究中，89% 的英国调查对象选择"人际关系和沟通技巧"为职业成功的最重要的决定性因素。英国人的统计结果体现了其传统观点，即管理从本质上是一种人际关系间的挑战，而不是德国人所认为的技术上的挑战和法国人所认为的概念性能力上的挑战。英国公司更倾向于使用那些接受过正统教育、对管理有更广泛认识的管理者。一般来讲，将"有天赋的外行"提拔到高层管理职位也只是一种独特的英国做法了。[107]

近期的一项研究比较了来自 100 多家企业的差不多 1 000 位法国、德国、英国和瑞士的高层管理人员，发现上述的职业发展特点有着惊人的稳定性。[108] 法国的体系被认为是由精英分子主导的、官僚等级制的，倾向于发展以理性和抽象的方式思考的能力，以及对复杂对象快速、综合的理解能力。因此，那些被贴上了高潜质标签的可能被"直升机或火箭式提拔"到高层职位。高层管理人员可能进出于不同的行业，甚至来自政府部门。事实上，该研究也证实了 38% 的法国高级管理人员毕业于高等学院这样的精英大学，20% 的高管和 33% 的首席执行官有着公务员的经历。相较之下，瑞士只有 1%，英国和德国只有 3% 的高管曾担任过公务员。

德国的高层管理人员很可能拥有博士学位，并在公司内部通过长期的培训和工作经验的积累获得技术专长。德国人不认为在一个工作岗位上所获得的技能和经验可以转移到另外一个职能部门或者另外一家公司。要求高级管理人员不仅仅具有技术方面的技能，而且还要有对于公司本身和业务具有深层次的理解，这通常来自在公司内部长时间工作的经历。研究发现，在德国，45% 的高管拥有博士学位（在英国和法国只有 7%），德国的高管平均在 8.3 个岗位上工作过（相比之下，法国是 4.9，英国是 5.4），管理人员在不同公司之间的流动也比较少，1/3 的德国高管的整个职业生涯都是在一家公司度过的。

在英国，高级管理人员带有更多通才的观念，他们对于负责他们本人不具有技术特长的部门并不会有太多的担心，因此把他们调职到他们不熟悉的工作岗位不会被认为是一个问题。[109] 1/3 的英国高层管理者毕业于精英大学（如剑桥大学、牛津大学），另外 1/3 是"自己创业成功的"没有精英学校学历的企业家。只有 72% 的英国高管拥有大学学位（相比之下德国是 90%，法国是 95%），但是英国上过 MBA 课程或者参加过高级管理人员培训项目的比例是法国和德国的两倍，另外有 13% 的高管拥有专业资格证书（相比之下，法国和德国只有 1% ~ 2%）。[110]

因此，人们所偏爱的职业发展路径（是否待在同一个职能部门、同一家公司或者同一个行业）是不一样的。在公司或者行业的内部还是外部进行转进和转出的可能性，以及这样做对职业生涯发展的潜在优势，在不同国家里是不同的。这一差别与下面这些文化假设紧密相关：个人重要还是对群体的忠诚重要、你做了什么重要还是你是谁更重要，以及人们对不确定性有着多大的宽容。在日本的大公司里，公司之间的人员流动几乎是没有的，行业间的人员流动则更少了，直到最近几年才开始听说。在日本，传统上各家公司是从新毕业生中挑选培养高级经理，因此这也是公司在招聘中吸引最优秀毕业生的撒手锏；然后公司对这些有潜力的新员工在不同的岗位甚至在不同的城市进行轮换工作，积累和学习与公司相关的特定知识和经验，因此在职业生涯的中期跳槽比较困难。另外，这也造就了日本员工对企业的忠诚，跳槽会被看作叛变投敌并给家庭带来耻辱。因此，当日产汽车的 CEO 卡洛斯·戈恩从竞争对手五十铃挖来已有 25 年从业资历的首席设计师中村史郎时，在业界引起了不小的轰动。类似地，许多被公司派到欧洲和美国进修 MBA 的日本人发现自己陷入一种两难选择的折磨之中，第一种选择是回到他们原来的公司，第二种选择是接受一份新的工作（通常是外国跨国公司），在那些公司里，他们不仅仅可以得到更高的工资，而且还能得到更高的职位和更多的机会。

可见在不同的国家有不同的职业发展模式。这些模式差异体现在包括管理者是从内部培养产生还是从外部招募、在哪个阶段去辨析和确认员工的潜质（在进入公司的时候还是此后的哪个阶段）、在公司内部或者外部获得所要求的知识和工作经验的类型（专才还是通才），以及遴选和晋升的标准等方面。这些不同的职业发展的文化模式可以被分别标记为拉丁模式、日耳曼模式、英 – 荷模式和日本模式，我们将此展示在图 6-1 之中。[111]

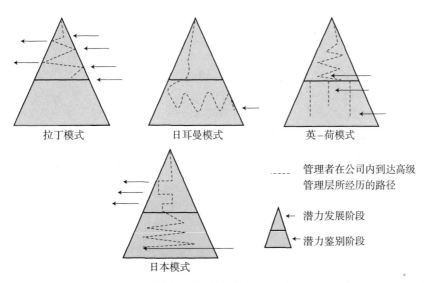

图 6-1　职业发展的国家模式

资料来源：P. Evans, Y. Doz and A. Laurent (eds) (1989) *Human Resource Management in International Firms*, London: Macmillan.

一、日耳曼模式：管理发展的"职能方法"

潜力发展：职能阶梯

1. 职能性职业发展、关系和沟通

2. 基于专业知识的竞争

3. 不同职能间的流动仅局限于极少数的精英，甚至没有

4. 部门总监和执行委员会以下层级的管理人员很少有跨职能部门之间的接触

潜力鉴别：学徒制度

1. 每年从大学和技术学校招聘毕业生

2. 两年的学徒试用期

- 在许多不同职能岗位上轮岗
- 大量密集的培训
- 对个人才智和在职能上的潜力进行鉴别

3. 精英招聘，对象主要是博士

二、英－荷模式：管理发展的"管理之下的发展方法"

潜力发展：管理之下的潜能的发展

1. 管理考察委员会对高潜力人才进行仔细监测

2. 对短期和长期工作所需要的潜能以及发展所需要的潜能与绩效的匹配进行审查

3. 负责管理发展的员工很重要

潜力鉴别：未加管理的职能尝试

1. 很少进行精英招聘

2. 对技术或职能岗位的工作由部门各自负责招聘

3. 5～7年的尝试（培养）期

4. 没有公司层面的监控

5. 通过评价、评价中心和评价指标进行内部的"潜力鉴别"

6. 可能针对高潜质人才进行补充招聘

三、日本模式：管理发展的"精英年级方法"

潜力发展：计划好时间的竞赛

1. 不对等的机会，好工作留给最优秀的人才

2. 4～5年的在职培养，7～8年后或晋升或出局

3. 与同年级进公司的伙伴相比较

4. 在多个职能部门间流动，少数人会一直在技术或职能部门间流动

潜力鉴别：管理之下的精英"赛马"

1. 精英人才池或按年份成批次招聘

2. 招聘关注长期职业发展的人

3. 轮岗、大量密集的培训、教练辅导

4. 定期对绩效表现进行监测

5. 机会平等

四、拉丁模式：管理发展的精英政治方法

潜力发展：政治竞赛

1. 能干

2. 与同伴既竞争又合作

3. 通常经多个职能部门历练

4. 政治进程（看得见的成果，得到赞助者，建立联盟，解读信号）

5. 如果受困，设法解困并继续前进

6. "游戏者"

潜力鉴别：精英直接进入，无须"赛马"以证能力

1. 在进入公司时就鉴别

2. 精英池模式招聘（不会按批次招聘）

3. 拥有前瞻性的素质

4. 从专门选择和培养未来的高级领导者的学校招聘

- 精英型高等学院
- MBA
- 理学博士

　　跨国公司必须确保它们母国的文化观念不会把来自不同国家的拥有不同知识、技能和视角的人才排除在职业生涯发展之外和通向高级管理层的晋升阶梯之外。这可以通过反思公司最高的两个或三个层级的管理层的人员组成进行，仔细检视是否有特定的群体在其中占据了过大的比例，以及这一现象是不是在高潜质人才的识别和培养过程中由于一些隐性的偏见而造成的。要知道，选拔同样性格和背景特征的管理人员是危险的，尽管相似的思考问题的方式有助于创造一种内部凝聚力，但也有造成严重盲区的危险。

　　不同的职业发展模式也可能会影响公司的国际化战略，从而影响到它们的管理人员。例如，德国的职能型专才模式被认为较为适合出口为本的战略；法国的"政治性的马上比武"型的晋升体制可能会阻碍员工海外任职的意愿，因为其担心"不在领导跟前也就入不了领导的法眼"以及难以在母国发展和维护必要的人际网络。具有高潜质和成功究竟意味着什么是与社会建制环境以及特定的文化价值观密不可分的，许多在自己母国具有非常出色的过往业绩的管理人员在走出国门之后，都付出了艰辛的代价才明白这个道理。对"具有高潜质"究竟意味着什么可以有不同的诠释鼓励具有不同背景和特征的管理者在不同的地区被遴选出来并得以晋升，这可以极大地丰富公司对"有效性"的理解，尤其是在国际化的情景之下。

　　此外，不同文化下不同的职业发展模式也对跨国公司执行国际化的管理发展形成挑战，比如说日本公司的传统是给员工提供大量的培训，但是日产汽车公司在意大利和西班牙的当地管理人员在接受了公司花费大量投资提供的培训和发展后，很容易地就被竞争对手公司挖角，这让日本人很受挫折。对于日本人来讲，人员流动阻碍了对公司专有知识和技能的积累并且对公司的人力资源管理造成了麻烦，所以他们不希望员工在公司之间跳来跳去。但是，非日籍的管理人员却不会受到忠诚感的约束，尤其是当他们发现职业发展机会有限和存在"玻璃天花板"时。

6.3　让人力资源管理符合跨文化的要求

　　面对全球化和争抢顶尖人才的竞争所带来的压力，很多跨国公司正在寻求从"最佳实践"中学习。的确，在人力资源管理实践中有趋同的迹象，这可以从采用高绩效工作系统

（HPWS）或者更加专业的人才管理系统中看到。不过问题依旧存在：人力资源实践在多大程度上反映了母国或者说运营国家（东道国）的文化传统？或者在多大程度上是融合两个国家的文化与传统的杂交的产物？尽管有越来越多的证据表明一些人力资源管理的核心领域的"最佳实践"在不同的国家都被采用（如选择性招聘、强调发展、绩效薪酬等），但是在最佳实践这顶"大帽子"底下，人力资源管理实践仍然在不同的文化之间存在着显著的差异。[112]

一项关于美国、德国和日本汽车零部件产业的比较研究发现，人力资源管理实践的趋同性比预想的要大很多，无论是德国还是日本公司都明显地在拥抱美国的模式，即关注短期绩效、利润导向和更加灵活的用工方式。对于日本来说，这尤其特别，意味着远离传统的"论资排辈"和终身雇用的做法，但是，沟通、决策以及上司与下属间关系的本质并没受到影响。[113]

另外一项研究发现，德国跨国公司的英国和西班牙子公司采用"盎格鲁－撒克逊"式的人力资源管理方式：执行全球一体化的绩效管理体系，确定量化的战略性的经营目标、描绘使命陈述、增加浮动薪酬在整体报酬里所占的比例等。[114]尽管存在这些趋同的迹象，德国的人力资源实践仍然保持了德国特有的风格：政策制定得非常系统和详细；管理人员中国际化干部的培养和发展是由总部驱动的，而且主要由德国人在主导；还存在着一种把雇员看作利益相关者的强烈的责任感：保护工作岗位、合作以追求集体利益。

上面这些例子显示，尽管存在着来自全球的趋同压力，但是来自国家环境的影响也是不可忽略的，因此，最终形成的人力资源管理实践往往是一种杂交体：融合了跨国公司母国和东道国的实践，以及全球压力或者说是那些鼓励趋同的制度因素的影响。[115]诸如通用电气模型等最佳实践的广泛流传可以归结为越来越走向国际的商学院和管理咨询公司的影响，而且，跨国公司在东道国雇用的当地管理者非常可能毕业于商学院和／或在其他外国跨国公司工作过，[116]这就减少了这些管理实践的"外来者不利性"和对它们的潜在抵制。[117]

然而，人力资源管理最佳实践或者说"现代的"人力资源管理这个概念仍然是建立在普遍主义和管理主义的方法论之上的，它们的方法论聚焦于控制和效率。事实上，某些这种最佳实践，比如说360度反馈和强迫排名制度现在流传很广，却可能在不同的文化或制度环境下制造出问题。这些做法取决于当地的诠释，也需要在效用、相关性和价值观的基础上进行妥协，可能会被被动地忽略或者被主动地抵制。[118]来自跨国公司母国的人力资源管理实践被移植到东道国之后，可能会在形式上被采纳，但其本质精神没有被采纳，或者说只是成为仪式性的做法，"形在而神不在"。[119]

一项对在中国和印度经营的西方跨国公司的研究揭示了在多大程度上人力资源管理实践会坚持标准化或者入乡随俗。[120]在印度，人力资源管理被认为更具战略重要性，还由于殖民统治的历史在制度环境上留下的痕迹，再加上英语的广泛使用，使得这些实践的移植变得较为容易。在中国，人力资源管理实践的标准化程度与西方外派管理人员的数量有关系，也与是否存在一个统管全国的人力资源经理有关，似乎表明在权力距离大的中国，如果管理层一定要强行推行其母国的人力资源管理实践，他们也可能能够如愿。不过，这一研究同时也发现，规模较大的子公司人力资源管理的标准化程度却更低，这一结果证明了来自母国的管理实践与当地的制度因素和组织因素相互影响、相互作用，最终创造出一个"杂交"的管理体系。

在制定国际人力资源管理政策时，有必要讨论究竟需要保持多少一致性或差异性。哪些做法需要由一个来自不同国家的国际化团队来统一集中设计？而哪些可以做出调整，采纳当地的做法？关于哪些人力资源政策可以输出到全球范围而哪些又需要进行本土适应性改造，只有在这些政策背后的文化假设得以揭示，而且对这些文化差异潜在的影响得到仔细评估的情况下，决策才可能有效。比如说，德国的贝塔斯曼导入了一个被称为"1 月讨论"的制度，让全公司的老板集中地从下属那里得到反馈信息。这种做法是为了鼓励更加开放、平等、轻松的沟通，而不同于很多德国企业典型的那种上司与下属间很正式的关系，但是这一制度并没有强加给其美国子公司。为什么？因为在美国，上下级之间的关系本来就较为开放和简单，"日常的经营活动就是在批判性或者甚至是对抗性的精神下进行的"。[121]

这第一步是至关重要的，可以防止把不适合当地文化的人力资源政策强加于员工头上所造成的离间作用和士气低落，或者各地自行其是决定自己的政策从而造成混乱和缺乏凝聚力。强制实行某些标准可能会导致平行文化的出现，"员工会觉得早晨去上班时脱离了自己原来的文化，晚上下班回到家中又回到了自己的文化"，从经济学的意义上看会导致出现一个非正式的或者"第二"经济，在许多撒哈拉沙漠以南的非洲国家就出现了这种情况。[122]

基于上述的讨论，公司也许需要一个全球性人力资源管理的模板，以保证政策在整个组织内部各个国家之间的一致性，但是同时又能让当地的子公司可以根据自己的特殊境况对这个模板进行适应性改造。然而，这一方法可能忽略了政治因素的影响，事实上每个派系都希望抓住权利和自由裁量权，按照他们自己认为合理的方式做事。出于这个原因，文化差异可能被用来作为保留当地控制的挡箭牌，或者是被忽略以作为保持总部特权的借口。像"……这些在这里永远行不通"或者"……但这就是我们做生意的方法"这样的说法，是需要鉴别的，而不应该全盘照收地接受下来。事实上，许多针对有关在中国移植人力资源管理实践的问题的前提假设都忽略了权力这一议题。[123]

一方面，加大各地在人力资源政策执行上的酌情行事权增加了各地创造性地诠释和应用这些政策的机会。过度的明确和强加可能导致一种抵触情绪，而某种程度的模糊性则可能会增加当地的认可度和接受度。另一方面，有一点也非常值得注意，那就是可以有许多种方法忽略当地的行为规范或常规做法。比如说，基于绩效的薪酬、丰富的培训和发展的机会、不论年龄或教育门第出身等，诸如此类的政策也可能会受到当地员工的热切追捧，吸引那些不走寻常路的员工。另外，不去遵循当地常规做法还可以是积极利用当地的一些盲点，例如像前面讨论过的那样招收一些在当地没有被认识到价值的优秀员工。

无论是忽视还是隔离文化差异的人力资源政策，都可能丢失有效地利用这些差异的潜在好处。一个更加雄心勃勃的做法就是，努力抓住这些差异相互对话的机会，从而尝试一些创造性的变异，或者说协同。也许，围绕着一个议定的主题，放开思维，去找寻各种各样不同的行动方案，正是战略灵活性和战略性学习的关键。[124]那些看起来离经叛道的想法不应该被一棍子打死，而应该让它们有着尝试的机会，然后再评价其可行性；那些得以保留下来的做法可以作为候选方案，推广应用到全球。

上面，我们重点展示了公司在创建有效的国际人力资源管理实践时所面临的挑战，以及标准化和本地化之间的权衡得失，现在我们考虑一下在多大程度上人力资源职能已经准备好了朝这个方向努力。

人力资源管理的国际化

公司的国际化对人力资源管理工作提出了很高的要求。首先，它要求对企业战略有一个正确的认识，从而确保人力资源管理政策与公司的发展战略保持良好的匹配。其次，它要求对于国家的背景环境，包括政府的法规、工会所起的角色等有一个全面的认识，并且了解人力资源管理实践本身背后的文化假设，同时也要了解在各地子公司流行的人力资源管理背后的文化假设。再次，它要求拥有对政治事务的判断力：确定当地子公司对总部政策的抵制是出于文化的差异，抑或只是对当地自主裁量权的渴求。最后，它要鼓励总部的员工接受从国外的子公司和合作伙伴身上也能学到一些好东西的思想。

不幸的是，但凡人力资源管理职能所需要的且能让它在各国都能行之有效的战略、政治和文化知识并不总是显而易见的；研究表明，在专业人力资源管理培训和商业经验方面，各个国家之间还存在着相当大的层次上的差别。此外，人力资源经理往往很少能在公司里达到较高的地位，而且，即便没有被公司的运营和战略计划部门所隔离，但至少和它们之间的整合做得很不够，尽管人力资源管理在公司的管理委员会里可能也有一席之地。另外，虽然获得跨文化管理的能力被认为越来越重要，却很少有人力资源总监将它当作一个紧迫的或者需要优先来做的事情，很多人力资源管理实践还仍然非常的本地化，这就对不得不被动跟随国际化过程的人力资源经理提出了严峻的挑战。

阻碍人力资源管理职能部门担当这一角色的一个原因，就是它本身就缺乏国际化经验。人力资源管理的专业人员很少有被外派到其他国家工作的机会，也就无法获得他们所需要的国际接触。人力资源管理工作被认为本质上是本地化的，因此当地的人力资源管理人员更适合，只有当在本土难以找到合适的管理人员时才会从海外调配人员。而人力资源经理也不认为国际化经历对于其被提拔到总部或区域人力资源管理岗位上是很重要的。

同时，公司似乎也没有花什么精力去积累和利用在不同文化环境中运营所获得的跨文化管理知识，人力资源部门错过了太多从归国的外派管理人员的经验中学习的机会。事实上，好像它们对这些浸淫了丰富的文化知识的经验缺乏重视，也没有把这些知识整合应用到整个公司；研究发现只有 20% 的企业会积极有意识地去规划，让外派出国管理人员回到特定的、经过研究确定适合他们发挥作用的职位。[125] 那些归国的高级管理人员往往发现他们新岗位的工作并不需要他们在国外养成的国际化视野。既然他们的经验得不到足够的重视，那么很多外派管理人员在归国之后不久就离开他们的公司也就毫不奇怪了。有研究发现，在美国公司里，在 1 年内离开公司的归国外派管理人员有 20%，在 3 年内会有 40% ～ 50% 的人离开，[126]因此，公司也就失去了拓展国际视野所需要的种子。

现在，已经是该思量一下我们能够从公司所经历的困难，以及从管理人员在国外遇到问题所带来的教训中学些什么的时候了，何况我们目前正面对着需要更多国际化经验的需求和在经营活动中国际互动不断增加的事实。所有这些都意味着无论是个人、团队还是组织都将不得不学会如何管理这些他们每天要面对的、无论是在国内还是国外都会碰到的文化差异。本书第三部分将会对这些议题进行探讨。

◙ 注释

1　Evans, P. (1986) Apple Computer, Europe, INSEAD case.

2　Laurent, A. (1986) 'The cross-cultural puzzle of international human resource management', *Human Resource Management*, 25(1), p. 97.

3　Guest, D. (1990) 'Human resource management and the American Dream', *Journal of Management Studies*, 27(4), pp. 377–97.

4　Legge, K. (1995) *Human Resource Management: Rhetorics and Realities*, London: Macmillan.

5　Brewster, C. (1999) 'Strategic human resource management: The value of different paradigms', *Management International Review*, 39, pp. 45–64.

6　Henry Mintzberg (2013), " Rebuilding American Enterprise " , retrieved from: http://www. mintzberg.org/enterprise.

7　Sparrow, P., Harris, H. and Brewster, C. (2004) *Globalising Human Resource Management*, London: Routledge.

8　Aguilera, R.V. and Dencker, J.C. (2004) 'The role of human resource management in cross-border mergers and acquisitions', *International Journal of Human Resource Management*, 15(8), pp. 1355–1370.

9　D'Iribarne, P. (1989) *La Logique de L'Honneur*, Paris: Seuil.

10　Pfeffer, J. (1995) 'Producing sustainable competitive advantage through the effective management of people', *Academy of Management Executive*, 9, pp. 55–69; Becker, B. and Huselid, M. (2006) 'Strategic human resources management: Where do we go from here?', *Journal of Management*, 32(6), pp. 898–925; Boxall, P. and Macky, K. (2009) 'Research and theory on high-performance work systems: Progressing the high-involvement stream', *Human Resource Management Journal*, 19, pp. 3–23.

11　Marler, J.H. (2012) 'Strategic human resource management in context: A historical and global perspective', *Academy of Management Perspectives*, 26(2), pp. 6–11.

12　Liang, X., Lu, X. and Wang, L. (2012) 'Outward internationalization of private enterprises in China: The effect of competitive advantages and disadvantages compared to home market rivals', *Journal of World Business*, 47, pp. 134–144.

13　Zhang (2010) personal communication.

14　Xiao, Z. and Björkman, I. (2006) 'High commitment work systems in Chinese organizations: A preliminary measure', *Management and Organization Review*, 2(3), pp. 403–422.

15　Liang, X., Marler, J.H. and Cui, Z. (2012) 'Strategic human resource management in China: East meets west', *Academy of Management Perspectives*, 26(2), pp. 55–70.

16　Sparrow et al. (2004) *Op. cit.*; Aguinis, H., Michaelis, S.E. and Jones, N.M. (2005) 'Demand for certified human resources professionals in internet-based job announcements', *International Journal of Selection and Assessment*, 13, pp. 160–171.

17　Stiles, P., Wright, P., Paauwe, J., Stahl, G.K., Trevor, J., Morris, S. and Bjorkman, I. (2006) 'Best practice and key themes in global human resource management: Project report', GHRRA.

18　'Selling is tough if you hate to smile', *Business Week*, 1 August 1994, p. 4.

19　Bartlett, C.A. and Nanda, A. (1990) 'Ingvar Kamprad and IKEA', Cambridge, MA, Harvard Business School, case 9–390–132, 6.

20　Fey, C., Engstrom, P. and Bjorkman, I. (1999) 'Doing business in Russia: Effective human resource management practices for foreign firms in Russia', *Organizational Dynamics*, Autumn, pp. 69–80.

21　Ibid. p. 73.

22　Handy, C., Gordon, C., Gow, I. and Randlesome, C. (1988) *Making Managers*, London: Pitman, p. 2.

23　James, B. (1992) 'New skills are knocking on French firms' doors', *International Herald Tribune*, February 6.

24　'Enarchy', *The Economist*, 15 April 1995, p. 27.

25　'Get 'em young, boss!', *Far Eastern Economic Review*, 22 September 1998.

26　Falcao, H. and Stahl, G.K. (2005) 'Infosys HRM', unpublished INSEAD research case; Reichlin, I. (2004) 'Getting the global view', *The Chief Executive*, October, pp. 1–9.

27　Lasserre, P. and Probert, J. (1994) 'Human resource management in the Asia Pacific region', INSEAD Euro–Asia Centre Research Series, 18.

28　Adler, N.J. (1987) 'Pacific basin managers: A Gaijin not a woman', *Human Resource Management*, 26(2), pp. 169–92.

29　Ryle, S. (1997) 'Texas arranger', *The Guardian*, 11 August, p. 4.

30　Czarniawska, B. and Sevonn, G. (2005) *Global Ideas: How Ideas, Objects and Practices Travel in the Global Economy*, Malmö: Liber & Copenhagen Business School Press.

31　Bjorkman, I. and Lu, Y. (1999) 'The management of human resources in Chinese–Western joint ventures', *Journal of World Business*, 34(3), pp. 306–24.

32　Kragh, S. (2012) 'The anthropology of nepotism: Social distance & reciprocity in organizations in developing countries', *International Journal of Cross-Cultural Management*, 12(2), pp. 247–265.

33　Branine, M (2011) *Managing Across Cultures: Concepts, Policies and Practices*, London: Sage, p. 461.

34 Mellahi, K., Guermat, C., Frynas, J.G. and Al Bortmani, H. (2003) 'Foreign Direct Investment in Oman', *Thunderbird International Review*, Jul/Aug, 45(4), pp. 431–46.

35 Scullion, H. and Collings, D.G. (2006) 'International Talent Management,' in H. Scullion and D.G. Collings (eds), *Global Staffing*, London: Routledge, pp. 87–116.

36 Mead, R. and Andrews, T.G. (2009) *International Management*, Vol. 4, Culture and Beyond, Wiley and Sons, p. 332.

37 Puck, J., Rygl, D. and Kittler, M. (2006) 'Cultural antecedents and performance consequences of open communication and knowledge transfer in multicultural process-innovation teams', *Journal of Organizational Transformation and Social Change*, 3(2), pp. 223–41.

38 'Gladder to be gay', *The Economist*, 22 October 2011.

39 Rohlen, T. (1978) 'The education of the Japanese banker', *Human Nature*, January, pp. 22–30.

40 Van Maanen, J. and Laurent, A. (1993) 'The flow of culture: Some notes on globalization and the multinational corporation', in S. Ghoshal and D.E. Westney (eds) *Organization Theory and the Multinational Corporation*, New York: St Martin's Press, pp. 275–312.

41 Lewis, M. (1989) *Liar's Poker*, New York: W.W. Norton.

42 Lee, P. (1993) 'Which is the real Goldman Sachs?', *Euromoney*, October, pp. 50–7.

43 AdentHoecklin, L. (1993) *Managing Cultural Differences for Competitive Advantage*, London: The Economist Intelligence Unit.

44 Schneider, S. and Inoue, R. (1988) 'Mitsuhoshi France', INSEAD case.

45 'French employees can legally ignore work emails outside of office hours', *Washington Post*, see: http://publicnewsupdate.com/french-employees-can-legally-ignore-work-emails-outside-of-office-hours-washington-post/.

46 Kaplan, D.A. (2013) Inside Mars, *Fortune*, 4 February, pp. 25–32.

47 Hallowell, R., Bowen, D. and Knoop, C.I. (2003) 'Four Seasons goes to Paris: 53 properties, 24 countries, 1 philosophy', Harvard Business School Case, 9–803–069, p. 7.

48 Butler, C., Cagna, A-M. and de Bettignies, H.C. (2001) 'ATG: A Chinese miracle?', INSEAD-EAC Case 08/2001–4973.

49 Cry, D. and Schneider, S. (1996) 'Implications for learning: Human resource management in east-west joint ventures', *Organization Studies*, 17(2), pp. 201–226.

50 Stiles et al. (2006) *Op. cit.*; Anguinis, H. and Kraiger, K. (2009) 'Benefits of training and development for individuals and teams, organizations and society', *Annual Review of Psychology*, 60, pp. 451–74.

51 Mabey, C. (2008) 'Management development and firm performance in Germany, Norway, Spain, and the UK', *Journal of International Business Studies*, 39, pp. 1327–1342.

52 Stiles et al. (2006) *Op. cit.*

53 Stewart, R., Barsoux, J.-L., Kieser, A., Ganter, D. and Walgenbach, P. (1994) *Managing in Britain and Germany*, London: Macmillan.

54 Bjorkman and Lu (1999) *Op. cit.*

55 Nonaka, I. (1991) 'The knowledge-creating company', *Harvard Business Review*, November–December, pp. 96–104.

56 McKenna, S., Richardson, J., Singh, P. and Xu, J.J. (2010) 'Negotiating, accepting, and resisting HRM: A Chinese case study', *The International Journal of Human Resource Management*, 21(6), pp. 851–76.

57 Saner, R. and Yiu, L. (1994) 'European and Asian resistance to the use of the American case method in management training', *The International Journal of Human Resource Management*, 5(4), pp. 955–76.

58 Ibid., p. 962.

59 Kolb, D.A. (1974) 'Four styles of managerial learning', in D.A. Kolb, I.M. Rubin and J.M. McIntyre (eds) *Organizational Psychology: A Book of Readings*, 2nd edn, Englewood Cliffs, NJ: Prentice Hall, pp. 27–34.

60 Holtbrugge, D. and Mohr, A. (2010) 'Cultural determinants of learning style preferences', *Academy of Management Learning & Education*, 9(4), pp. 622–37.

61 Konstantin Korotov, former Director of Professional Development, CIS Ernst & Young.

62 Kamoche, K. and Newenham-Kahindi, A. (2012) 'Knowledge appropriation and HRM: The MNC experience in Tanzania', *The International Journal of Human Resource Management*, 23(14), pp. 2854–2837.

63 Aguinis, H. Joo, H. and Godfredson, R.K. (2012) 'Performance management universals: Think globally and act locally', *Business Horizons*, 55, pp. 385–92.

64 Filou, E. (2006) 'Who is winning China's talent war?', *World Business*, May, pp. 36–43.

65　Evans, P.A.L. (1992) 'Developing leaders and managing development', *European Management Journal*, 10(1), pp. 1–9, p. 4.

66　Schneider, S.C. (1988) 'National vs corporate culture: Implications for human resource management', *Human Resource Management*, 27(2), pp. 231–46.

67　Hofstede, G. (1980) *Culture's Consequences*, Beverly Hills, CA: Sage.

68　Orleman, P. (1992) 'The global corporation: Managing across cultures', Masters thesis, University of Pennsylvania.

69　Trepo, G. (1973) 'Management style à la Française', *European Business*, Autumn, pp. 71–9.

70　Hallowell et al. (2003) *Op. cit.*

71　Korotov, *Op. cit.*

72　Gurkov, I., Zelenova, O. and Saidov, Z. (2012) 'Mutation of HRM practices in Russia - An application of CRANET Methodology', *International Journal of Human Resource Management*, 24(7), pp. 1289–1302.

73　Gelfand, M. J., Erez, M. and Aycan, Z. (2007) 'Cross-cultural organizational behavior', *Annual Review of Psychology*, 58, pp. 479–514.

74　McKenna et al. (2010) *Op. cit.*

75　Dowling, P.J. and Schuler, R.S. (1990) *International Dimensions of Human Resource Management*, Boston, MA: PWS-Kent.

76　Orleman (1992) *Op. cit.*

77　Branine (2011) *Op. cit.*, p. 426.

78　Kanter, R.M. and Corn, R.I. (1994) 'Do cultural differences make a business difference?', *Journal of Management Development*, 13(2), pp. 5–23.

79　Bjorkman and Lu (1999) *Op. cit.*

80　Peretz, H and Fried, Y. (2012) 'National cultures, performance appraisal practices, and organizational absenteeism and turnover: A study across 21 countries', *Journal of Applied Psychology*, 97(2), pp. 448–59.

81　Tung, R (2000) 'Human Resource Management, International', in R. Tung (ed) *The IEBM Handbook of International Business*, London: International Thomson Business Press.

82　Aguinis, H., Joo, H. and Godfredson, R.K. (2012) 'Performance management universals: Think globally and act locally', *Business Horizons*, 55, p. 1.

83　Maxwell, K. (2012) ''Mikoshi' Management: How Kazuo Inamori Lifted Japan Airlines', see: http://blogs.wsj.com/japanrealtime/2012/07/30/mikoshi-management-how-kazuo-inamori-lifted-japan-airlines/.

84　Chevrier, S. (2009) 'Is national culture still relevant to management in a global context?: The case of Switzerland', *International Journal of Cross-Cultural Management*, 9(2), pp. 169–83.

85　Hall, A., 'Go's go-getter', *Sunday Telegraph*, 4 October 1998, p. 7.

86　Stefan Groeschl, (2003) 'Cultural implications for the appraisal process', *Cross-Cultural Management: An International Journal*, 10(1), pp.67–79.

87　Aguinis et al. (2012) *Op. cit.*, pp. 385–92.

88　Ibid.

89　Pennings, J.M. (1993) 'Executive reward systems: A Cross-national Comparison', *Journal of Management Studies*, 30(2), pp. 261-280.

90　Orleman (1992) *Op. cit.*

91　Muduli, A. (2011) 'Performance-based rewards and national culture: An empirical evidence from Indan culture', *Synergy*, 9(1), pp. 1–13.

92　Aguinis et al. (2012) *Op. cit.*

93　天外伺朗 . "绩效主义毁了索尼",《文艺春秋》(日本), 2007 年 1 月刊 .

94　Sanger, D.E. (1993) 'Performance-related pay in Japan', *International Herald Tribune*, 5 October, p. 20.

95　Vance, C.M., McClaine, R., Boje, D.M. and Stage, H.D. (1992) 'An examination of the transferability of traditional performance appraisal principles across cultural boundaries', *Management International Review*, 32(4), pp. 323.

96　Eretz, M. and Early, P.C. (1993) *Culture, Self-identity, and Work*, New York: Oxford University Press.

97　Pennings, J.M. (1993) 'Executive reward systems: A cross-national comparison', *Journal of Management Studies*, 30(2), pp. 261–80, p. 264.

98　Olson, E. (2001) 'A spotlight on Swiss executives: Companies under fire over chiefs' salaries',

International Herald Tribune, May, pp. 19–20.

99 Schneider, S.C. Wittenberg-Cox, A. and Hansen, L. (1991) *Honeywell Europe*, INSEAD Case.

100 Bjorkman and Lu (1999) *Op. cit.*

101 Du, J. and Choi, J.N. (2010) 'Pay for performance in emerging markets: Insights from China', *Journal of International Business Studies*, 41, pp. 671–89.

102 'Wage of death delight Japan', *Sunday Times*, December 11, 1993, pp. 1, 21.

103 Fey, et. al., *Op. cit.*

104 Lawler, E.E. and Mohrman, S. (1989) 'High-involvement management', *Organization Dynamics*, April, pp. 27–31.

105 Derr, C.B. and Laurent, A. (1989) 'Internal and external careers: A theoretical and cross-cultural perspective', in M.B. Arthur, D.T. Hall and B.S. Lawrence (eds) *Handbook of Career Theory*, Cambridge: Cambridge University Press, pp. 454–71; see also Derr, C. (1987) 'Managing high potentials in Europe', *European Management Journal*, 5(2), pp. 72–80.

106 Caole, D.J.(1994) 'International barriers to progress', *Journal of Management Development*, 13(2), p. 57.

107 Lane, C. (1989) *Management and Labour in Europe*, Aldershot: Edward Elgar, p.92.

108 Davoine, E. and Ravasi, C. (2013) 'The relative stability of national career patterns in European top management careers in the age of globalisation: A comparative study in France, Germany, Great Britain and Switzerland', *European Management Journal*, 31(2), pp. 152–63.

109 Stewart et al. (1994) *Op. cit.*

110 Ibid.

111 Evans, P., Doz, Y. and Laurent, A. (1989) *Human Resource Management in International Firms*, London: Macmillan.

112 Stiles et al. (2006) *Op. cit.*

113 Carr, C. (2006) 'Convergence of management practices in strategy, finance and HRM between the USA, Japan and Germany', *International Journal of Cross-Cultural Management*, 6(1), pp. 75–100.

114 Ferner, A., Quintanilla, J. and Varul, M.Z. (2001) 'Country-of-origin effects, host-country effects, and the management of HR in multinationals: German companies in Britain and Spain', *Journal of World Business*, 36(2), pp. 107–27.

115 Ibid.

116 Rosenzweig, P. and Nohria, N. (1994) 'Influences on human resource management practices in multinational corporations', *Journal of International Business Studies*, 25(2), pp. 229–251.

117 Zaheer S. (1995) Overcoming the liability of foreignness', *Academy of Management Journal*, 38(2), pp. 341–63.

118 Gamble, J. (2006) 'Multinational retailers in China: Proliferating "McJobs" or developing skills?', *Journal of Management Studies*, 43(7), pp. 1463–1490.

119 Oliver, C. (1991) 'Strategic responses to institutional processes', *Academy of Management Review*, 16, pp. 145–179; Kostova, T. and Roth, K. (2002) 'Adoption of an organizational practice by the subsidiaries of the MNC: Institutional and relational effects', *Academy of Management Journal*, 45, pp. 215–33.

120 Bjorkman, I., Budhwar, P., Smale, A. and Sumelius, J. (2008) 'Human resource management in foreign-owned subsidiaries: China versus India', *The International Journal of Human Resource Management*, 19(5), pp. 964–78.

121 Von Keller, E. and von Courbière, V. (1996) *In Searching of Homo Bertelsmannensis: A Collection of Esays in Honor of Reinhard Mohn*, Gütersloh: Bertelsmann Publications.

122 Jackson, T. (2012) 'Cross-cultural management and the informal economy in sub-Saharan Africa: Implications for organization, employment and skills development', *The International Journal of Human Resource Management*, 23(14), pp. 2901–2916.

123 Gamble (2006) *Op. cit.*

124 Burgelman, R.A. (1991) 'Intraorganizational ecology of strategy making and organizational adaptation: Theory and field research', *Organization Science*, 2(3), August, pp. 239–62.

125 Gates, S. (1994) " The changing global role of the human resource function " , New York: The Conference board, Report No.1062-94-RR, 22.

126 Black, J. S., Gregersen, H. and Mendenhall, M. (1992) Global Assignments: Successfully Expatriating and Repatriating International Managers, San Francisco: Jossey-Bass.

第 7 章

文化与沟通及谈判

有许多隐藏在心中的秘密都是通过眼睛泄露出来的，而不是通过嘴巴。

——拉尔夫·瓦尔多·爱默生

沟通中最重要的事情是去听那些没有说出来的话。

——彼得·德鲁克

2002 年 7 月 19 日，住友化学（亚洲）的代表取缔役[○]吉田进（Yoshida Susumu）在京都面对一群来自各国的商界高管时说道："我们正站在全球化的门槛上。世界经济是'没有边界'的，而市场实质上正在变为一体。企业正在寻找商品和服务以及资本、人力资源和信息的自由流动，并将其视作增长的路径。因此，公司在战略上走向全球不再是一种选择，而是一种增长的'必需'……缺乏有效的跨文化沟通的技能经常产生误解，从而导致有关各方的愤怒和不信任。在很多时候，沟通风格的差异将导致问题。"[1]

7.1 巴别塔的隐喻

犹太人的《圣经》记载：大洪水浩劫之后，"上帝"以彩虹与地上的人们定下约定。"那时，天下人的口音、言语都是一样的。他们往东边迁移的时候，在示拿地遇见一片平原，就住在那里。他们彼此商量说：'来吧！我们要做砖，把砖烧透了。'他们就拿砖当石头，又拿石漆当灰泥。他们说：'来吧！我们要建造一座城和一座塔，塔顶通天，为要传扬我们的名，免得我们分散在全地上。'耶和华降临，要看看世人所建造的城和塔。耶和华说：'看哪！他们成为一样的人民，说的都是一样的言语，如今既做起这事来，以后他们所要做的事，就没有做不成的了。如果他们的口音不同，那么他们的言语就彼此不通了。'"[2] 由于说着不同的语言而没法沟通，所以人们建造巴别塔的任务也就永远都无法实现了。

如果说巴别塔的故事揭示了沟通对人类工程的巨大影响，那么，哥伦比亚阿维安卡航空公司 052 航班的悲剧，更是非常鲜活的证明。[3]

1990 年 1 月 25 日晚上 7:40，阿维安卡 052 航班从哥伦比亚的梅德林飞往纽约的肯尼迪机场，当晚的天气非常糟糕，在航线所经的东海岸雾浓风大，导致纽约附近的机场出现大量的航班延误。纽瓦克机场有 203 架次的航班延误，拉瓜迪亚机场有 200 个航班延误，而肯尼迪机场有 99 个航班延误。由于气象原因和空中交通的拥堵，052 航班在半途不得不按照

○　在日本，代表取缔役相当于 CEO。

空管的指令，进行了三次盘旋。一次是在弗吉尼亚州的诺福克，盘旋了 19 分钟；另外一次是在大西洋城上空盘旋了 29 分钟；第三次是在距肯尼迪机场的 40 英里处，再次盘旋了 29 分钟。

在延误了 1 小时 17 分钟之后，阿维安卡 052 航班终于接到了可以降落的指令，然而，当飞机接近跑道时又遭遇了极其不稳定的风力，使其接近跑道时速度过快，机长不得不拉起飞机，在长岛上空转圈，以便再次接近肯尼迪机场，但是突然一个引擎熄火，数秒钟之后，另外一只引擎也停止了工作。"跑道在哪里？"机长哭喊着，绝望地希望肯尼迪机场就在附近，这样他还可以安全着落，但是，肯尼迪机场远在 16 英里之外。当晚 9:34 飞机坠毁在长岛的牡蛎湾镇，机上的 158 名乘客中有 73 位死亡。事故原因很快就调查清楚了：燃料耗尽！

然而，灾难发生的真正原因是沟通问题！让我们来看看机长、副机长与空管人员的对话。当在第一次降落失败之后，在飞机驾驶舱里，油料表的指针已经指向极低的状态，他们都不知道飞机到底还能飞多久。机长绝望地说："告诉他们，我们现在状况紧急！"然而副机长对空管说："好的，180 正对前方，啊，我们再试一次。我们的燃料快要耗尽了。"机长让副机长通知空管他们已经没有燃料了，副机长却这样和空管沟通："爬升并维持在 3 000，哦！我们的燃料快要耗尽了！"

机长："你有没告诉他们我们已经没有燃料了？"

副机长："是的，先生。我已经告诉他们了……"

机长："好的！"

1 分钟后空管询问："阿维安卡 052 航班，我将引导你们飞往东北方向大约 15 英里，然后让你们再转回来。这样可以吗？"

副机长："我猜可以。非常感谢你！"

当副机长这样说时，机组工程师指了指油量计并做了一个割喉的动作，但他没说什么，其他人也都没说什么。本来如果马上转一个很小的弯，再重新尝试降落，也许还不会落到燃油耗尽而坠机的结局，因为这时距燃油耗尽还有 5 分钟。机长在这忙乱的飞行中已经精疲力竭，没能做出正确的决策，然而副驾驶和机械工程师却没有将他们的想法说出来，没有提出另外的建议，从而让他们失去了最后的逃生机会。

首先"我们的燃料快要耗尽了"这句话对空管员来说是毫无意义的！因为所有的飞机在它们接近目的地时，燃油都是即将耗尽的状态，而且副机长在向空管报告燃油即将耗尽时是在他的后半句话里说出来的，这又降低了状态的严重程度，而且在语调里也听不到他的紧迫感。所有这些都使得在暴风雨之夜的空管员没能理解他们的紧急状态。在此，副机长所用的是一种"委婉"的沟通方式，这种沟通方式往往对所说的话语进行了淡化和粉饰，使其显得不那么强烈和突兀；这种沟通方式在权力距离较大的文化中较为常见。

然而，美国人的沟通方式本来就比较直接，而对于繁忙的纽约机场的空管员来说，直截了当是最好的沟通方式。事实上，对付肯尼迪机场空管员的最直接的方法就是："听着！老兄，我必须降落！"因此，阿维安卡 052 航班的哥伦比亚副机长的委婉说法没法让美国纽约的空管员听出紧急的意味。

为什么副机长会用如此委婉的方式与空管沟通呢？1994 年，波音公司发表了安全数据，显示一个国家飞机坠毁的概率与霍夫斯泰德的文化维度之间存在着相关性。哥伦比亚是一个高权力距离的国家，阿维安卡 052 航班的哥伦比亚副机长和机械工程师将自己看作下属，所以他们不敢对机长的操作提出任何的异议。而美国是一个低权力距离的国家，繁忙的纽约机场的空管员以粗鲁、侵略性和欺凌而闻名，他们非常盛气凌人，如果不熟悉他们这种方式，有可能会被吓到。显然，在和肯尼迪机场的空管员的沟通互动过程中，副机长是被吓到了，因为当机长问："他说了什么？"副机长回答："这家伙生气了。"

委婉的说话方式与权力距离的大小存在着相关性，语言学家乌特·费舍尔（Ute Fisher）和朱迪思·奥勒沙努（Judith Orasanu）给一群机长和副机长叙述了下面这样的场景：

你从气象雷达上发现前方 25 英里处有暴雨，尽管气象预报在这个区域有雷暴而且你的飞机也遭遇到了中度的颠簸，但是驾驶员仍然保持当前的路线以 0.73 马赫⊖的速度前进，而你想避免穿越那个区域，这时你会怎么做？

综合所有人的回答，费舍尔和奥勒沙努发现可以把回答分成 6 类：

（1）命令："往右转 30 度。"这是提出某种可想象的意见的最直接和最直观的方式，没有任何委婉成分在内。

（2）机组成员责任声明："我觉得我们现在需要再往右偏离一些。"这里使用了我们和请求的语气，就比上一个说法要缓和一些。

（3）机组成员建议："让我们绕开那块云吧！"隐含在这句话里的意思是：我们大家都在这架飞机上。

（4）询问："你想往哪个方向偏转？"这比上面的建议更委婉一些，因为这已经表明他不是在负责的位置上。

（5）偏爱："我觉得往左边或者右边转会更明智一些。"

（6）暗示："那个来自 25 英里远的回波看起来不太友善。"这是所有说法里最委婉的。

费舍尔和奥勒沙努发现绝大多数机长的回答是命令的方式，他们会说"往右转 30 度"，而副机长因为要和他的上司对话，绝大多数选择了最委婉的暗示的方式。[4]

1988 ～ 1998 年，大韩航空的失事比例是每百万次中有 4.79 次，而同时期美联航的失事比例是 0.27 次，大韩航空比美联航整整高 17 倍。格莱德威尔（Malcolm Gladwell）以大韩航空 1997 年 8 月 5 日从首尔金浦机场飞往关岛的 801 航班为例，揭示了受权力距离这一文化影响的沟通方式如何在大韩航空飞机的失事上起着重要的作用。[5]

奥勒沙努、费舍尔和戴维森（Jeannie Davison）揭示了更多的因跨文化沟通问题所引起的空难事故。[6]看似无关痛痒的沟通却人命关天！

7.2　什么是跨文化沟通

沟通是通过语言、文字或者动作将信息从发送者传递给接收者的过程。沟通的主要功能是交换信息，这些信息可以是观点、意见，也可以是情绪。[7]从表面上看起来，沟通的过程非常直接，因此也应该非常明了，然而事实上，当沟通发生在不同国家的人们之间时，经常会发生误解。从理论上说，语言、文字或者动作（我们通常称之为肢体语言）是信息的载体，只有当信息的发送者和接收者对这些载体具有同样的理解时，信息才能被正确地接收、诠释和理解，沟通才能完成。

⊖　1 马赫 = 1 225 千里 / 时。

　　1959 年，美国人类学家和跨文化研究者爱德华·霍尔（Edward T. Hall）在其《无声的语言》一书中最先提出了"跨文化沟通"这个概念，[8] 他将跨文化沟通定义为来自不同文化的人之间进行的沟通。[9]

7.2.1　沟通的过程

　　沟通是一个动态的过程，在这个过程中人们企图通过符号的运用来和他人分享其内心的状态。[10] 简单地说，沟通是通过语言、文字或者动作等将信息从发送者传递给接收者的过程。如图 7-1 所示，沟通的过程首先是信息的发送者确定需要发送的信息，然后他对信息进行编码，然后再选择一个恰当的信息传输的渠道，将信息发送给接收者，接收者接收到信息之后，需要对接收到的信息进行解码，然后才能对信息进行诠释，才能理解这些信息的意义。

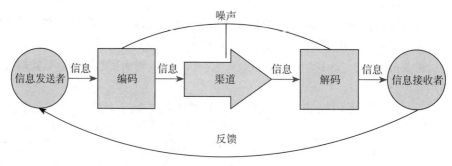

图 7-1　沟通的一般过程

　　在通常情况下，人们进行的是有意识的沟通，是为了传递或者获得某种思想或感觉而进行沟通。只要人们发出了某种信号，而这种信号被他人接收到了，并把它们当成是有意义的，按照他的认知模式将其分类整理并最后赋予其意义时，沟通就发生了。恰如中国传统谚语所说，"说者无心听者有意"，沟通也可能在无意的状态下发生。

　　沟通是一个动态的过程而不是静态的，它是一个持续的过程。首先，在沟通过程中一个词、一句话或者一个动作不会被"冻结"或者被"定格"在那里，而是立马被另外一个词、一个句子或一个动作所取代！其次，在沟通的过程中，包含着一系列的活动在同时影响着这个过程，参与沟通的个体在同一个时刻既在听或说，同时也在看和想，甚至在微笑和相互的肢体接触。最后，参与沟通的每一方都会受到另一方所传递的信息或反馈所影响，导致沟通的一方不断地调整修改自己想要传递的信息，因此沟通也是一个不断反思的过程。

　　沟通是符号性的。人类用符号来创造意义，并通过符号来传递和储存思想。除非一个人用某种符号将他的所思所想或喜怒哀乐表达出来，否则这些思想和感觉永远只留存在他自己心中。他人没有办法进入另外一个人的内心，直接读取他的想法，因此必须依赖或借助代表他的思想的语言符号或非语言符号来了解，所以人们才可以"强作欢颜"来掩盖内心的悲楚。这种符号可以是一种声音，也可以是一个写在纸上的记号、一段话、一幅画、一尊塑像、一种肢体的运动，等等。比如说目前在社交媒体中非常流行的表情包，就是用图形来传递心情。再比如中国传统的"红白喜事"，人们用白色代表亲人离去的哀伤，而用红色表示结婚的喜庆。

　　沟通也是镶嵌在情景之中的。沟通"是在特定的情形或系统中发生的，这些特定的情形或系统会影响沟通的内容和方式，以及我们会赋予沟通信息什么样的意义"。简单地说，沟通不是孤立的也不是发生在真空之中的，它总是发生在一个由很多要素所组成的大系统里，正像利特尔约翰（Stephen Littlejohn）所说的那样："沟通总是发生在某一种情景之中，而沟通的本质在很大程度上取决于这个情景。"[11]沟通所处的场景和环境有助于确定你想说的话与想做的行为，同时也有助于你理解他人发出的符号背后的意义。比如说，我们的很多成语和谚语往往无法直接从字意上去理解其意思，而要从和这些成语或谚语连接在一起的故事中去了解，比如说"三人成虎"。再比如，同样的一句话"不错吧"，如果是发生在两个在路上偶遇的熟人之间，代表着简单的寒暄和问候；如果是一个医生对一个术后在病房康复的病人这样说，则是期待着病人向他详细述说其身体的状况和感觉。

　　沟通中最重要的是发送者所发送的信息与接收者所接收到的信息是相同的，否则就无法做到有效的沟通，甚至会产生不好的后果。我们在日常人际交往中发生的所谓误解，就是在沟通的过程中，由于某个环节的差错，产生了接收到的信息与发送的信息不一样的情形。那么，有哪些情形会导致沟通的障碍和问题呢？

　　如图 7-1 所示，在沟通过程中存在着干扰，这种干扰我们将它宽泛地定义为噪声。这种干扰可以是沟通接收者的分心，不能集中精神来接收信息，也可以是情绪上的拒绝，还可以是动机上的迟缓，还可以是缺乏经验而导致的没有共鸣，也可以是沟通媒介的问题，可以是语汇上的，更可以是认知上或者是文化上的。

7.2.2　意义、诠释与文化

　　我们在前面提到，沟通是符号性的，人们用符号来代表和传递思想。从广义上说，我们可以将这种符号称作语言，它可以是用文字和语言表达的言语语言，也可以是表情、动作等非言语语言或肢体语言。

　　奥特恩和班尼特认为语言、物理世界和心理世界是相互联系的，语言也在联结着物理世界和心理世界。[12]

　　文字和语言是非常重要的表达思想的媒介和工具，但这个世界上不同地方的人说着不同的语言、使用着不同的文字，这在不同的国家或民族的人们之间直接导致了沟通的障碍。1984 年，驻扎在浙江的中国人民解放军受命开赴广西参与对越自卫反击战。当时，我军使用的还是比较落后的不加密的无线语音通信系统，而由于通信信息被越军截获，使得在战争初期，我军损失非常惨重。后来，在发现这一情况之后，我军改为所有通信兵都由来自温州的战士担任，使用温州方言进行通信，从而解除了通信内容被越方截获的风险。

　　从沟通的一般模式来看，沟通的过程是由信息的发送者将所要传递的信息进行编码，然后选择一个渠道，发送给信息的接收者，接收者接收到这个信息之后，需要对这个信息进行解码，才能够知道这个信息的意思。如果编码系统和解码系统不一样，那么接收到这个信息的人还是无法得知真实的意思，甚至可能得出错误的意思。就像上面描述的对越自卫反击战的例子，不懂温州方言的越南人虽然还能监听到我方通话的声音，但是没有办法破译通话的内容。

　　前面我们曾提到，沟通是镶嵌在情景之中的，这里的情景既包括沟通发生的时间、场合、人数，也包括环境和文化。[13]在不同的情景下人的行为举止会有意识或无意识地受到这些情景的约束，比如说，不是在极其特别的情况下，人们不会在午夜两点给他人打电话；人们进入图书馆阅览室，都会轻手轻脚，即便不得不说话，也会把声音压到最低；如果我们去参加一场婚礼，我们都明白不能带着一副苦瓜脸去这样的场合。当一个人对着另外一个人单独交谈还是对着一群人说话时，他的行为举止也会相当不一样。社会学家欧文·戈夫曼在1959 年提出的印象管理理论认为，人们有意识或者无意识地通过调节和控制社会互动中的信息，影响他人对他的认知。他在其代表作《日常生活中的自我呈现》中说，社会和人生是一个大舞台，社会成员作为这个舞台的表演者，十分关注自己呈现在他人面前的形象。[14] 延续这样的概念，戈夫曼认为舞台分为前台与后台，人们在前台和后台的行为举止是不一样的，这也是为什么当我们出席一场隆重的活动时，我们会穿得正规、体面和漂亮一些。也正是因为存在着前台与后台的区别，所以少数公众人物在公共场合显得谦逊、知书达理、靓丽、健康，但私底下的行为举止可能粗鲁、尖刻、不文明。由于以舞台来比喻，戈夫曼的理论也被称为拟剧理论。

文化是沟通中最重要的情景，从广义上说，是文化给予了沟通中所使用的符号以意义。恰如古迪昆斯特（William Gudykunst）和金荣渊（Y. Y. Kim）所告诫的："要记住的重要事情是，符号只是因为一群人同意这样认为的符号。符号及其指称之间没有自然联系：关系是随意确定的，因文化而异。"[15] 无论是言语语言还是肢体语言，同一个符号在不同的文化中可能代表了不同的意义。[16]

在沟通的过程中，信息的发送者以自己熟悉的、基于自己的文化习惯对想要传递的信息进行编码，而接收信息者也往往会从自己熟悉的文化视角对接收到的信息进行解码、诠释，以便理解跟他沟通的人想要告诉他什么，因此，就像我们在前面提到的不同的语言一样，文化在此起着编码和解码系统的功能。即便是我们上面所讨论的语言，也是镶嵌在文化之中的，比如说，同样是英语，同样是想表达"亲爱的"意思，英国情侣之间互称 sweetie（甜心），但是在美国通常互称 honey（蜜糖、宝贝儿）。在美国，汽车后备箱叫"trunk"，而在英国则称其为"boot"。同样，在中国大陆和台湾，虽然大家都说汉语，但是在不少语汇上有不同的表述，让海峡两岸的人在初次碰到这些语汇时往往瞬间有种反应不过来的感觉。比如说，大陆的"鼠标"在台湾叫"滑鼠"，大陆的"集成电路"在台湾叫"积体电路"，大陆叫"数码"而台湾叫"数位"，等等，不一而足。

在保加利亚，点头意味着反对，而摇头则代表同意。在泰国，在公共场合跷二郎腿通常是一种禁忌。

当日本人看到"穿着美丽的时装、带着可爱的宠物在早晨的巴黎街头散步的巴黎女子犹如从杂志的图片中走出来一样美丽。但是，她们很多人都是右手牵着狗，左手插进上衣的口袋中。咦，没拿铲子啊？日本人会这样想。在日本，'宠物的粪便要带走'，带狗散步之际，携带小铲子和垃圾袋是常识"。因此，日本作家青树明子说"很多日本人的'常识'是世界的'非常识'"。[17]

7.2.3 跨文化沟通

非洲有个谚语："地球是一个蜂巢，我们都从同一扇门进入，却生活在不同的蜂房内。"虽然我们可能就住在隔壁的房间，但是彼此的文化在某些方面可能截然不同。

让我们先来看看《迷失东京》（*Lost in Translation*）这部电影里所展示的跨文化沟通的问

题。这部电影是索菲亚·科波拉（Sofia Coppola）在 2003 年编剧、制作并执导的一部浪漫喜剧片，描述了人到中年的好莱坞影星鲍勃·哈里斯来到东京为三得利公司拍摄威士忌广告的故事。孩子的吃饭、上学和家里地毯的式样和颜色等日常琐碎让他与妻子之间的爱情失去了鲜亮的光泽。青春妙龄的夏洛特从大学毕业不久，对自己人生的道路还处在迷茫之中，跟随着摄影师丈夫来到东京，但丈夫完全沉浸在忙碌的工作之中，被忽略了的夏洛特只好一个人百无聊赖、漫无目的地在城市里闲逛和游荡。本身的孤独以及身处异乡的文化孤独感让鲍勃和夏洛特互相接近，演绎出了在东京的浪漫故事。

有意思的是，这部讲述"美国人在东京"的电影描述了很多美国人和日本人之间的文化差异，我们只择要来看看与沟通相关的问题和差异。

首先我们随着电影的述说看到鲍勃到达机场后乘坐小汽车到达东京的凯悦饭店，虽然已是夜晚，邀请方的一众管理人员和翻译都等候在酒店欢迎他，而且每个人都还给鲍勃送上了包装得非常精致的礼物，这样的礼节在美国往往是不多见的。更有意思的是日本人用双手恭恭敬敬地递上了他们的名片，但是鲍勃用一只手并且显得很随意地接过这些名片，而且看都没有看这些名片一眼。这里我们看到的是非言语的肢体语言，在日本，这种接名片的方式是非常失礼的。紧接着我们看到鲍勃进入酒店，然后上楼去客房，过程中看到多位酒店工作人员向鲍勃鞠躬问好，描述了日本文化在打招呼和问候时的不同方式。

电影在进行到大约 25 分钟的时候，描述了鲍勃去酒店健身房锻炼的场景，当他在使用椭圆机时，速度越来越快，但是健身器械上的语言指示都是日语，听不懂日语的鲍勃无法减慢速度和关停器械，虽然侥幸地从器械上跳了下来，却也让他在第二天只能瘸着腿走路了。

电影也在应召女郎上门和拍摄广告照片的场景中，描述了日本人将英语的"R"的音发成了"L"，让鲍勃很是费解了一会。编剧兼导演更是借夏洛特的话来问：为什么这里的人把"R"的音发成"L"？这反映了美国人在听日本人说英语时的困惑，也揭示了某些民族在说外语时某些发音很难发出来的尴尬。

另外一个镜头是鲍勃陪夏洛特去医院看踢坏的脚趾头，无论是问询接待人员还是日本医生，他们都说日语，没有一个字的英语。编剧兼导演在这里是否有意地要对日本的英语口语水平进行吐槽？而鲍勃等在拍片室外面的椅子上和日本老太太的对话，极佳地诠释了什么是鸡同鸭讲，也将电影的喜剧色彩推向了高潮。

不过，最生动地描述了跨文化沟通中问题的还是那段拍摄视频广告时语言翻译的桥段，我们将整个对话描述如下：

导演：（用日语说）你现在舒适地坐在你的书房里，桌上有一瓶三得利威士忌，你知道吗？请充满感情地说话，慢慢地、温柔地看着镜头，就像和老朋友见面一样。像《卡萨布兰卡》里的鲍嘉"为你的眼睛干杯"那样，说："三得利时光！"

翻译：（用英语对鲍勃说）呃，他要你转身，看着镜头。行吗？

鲍勃：这就是他说的全部的话？

翻译：是的。转向镜头。

鲍勃：好吧，他要我……从右边转，还是……从左边转？

翻译：（用日语对导演说）好啦，他准备好开始表演了，但是他还在疑惑，应该从左边转过来，还是从右边转过来……

导演：（用日语说）谁在乎这样的事情！我们没有太多时间，鲍勃桑，你知道吗？然后很快给我更高的张力感。看着镜头，持续地盯着它，慢慢地，好吗？在你的眼中展现更多的激情。可以吗？

翻译：（用英语对鲍勃说）右边，呃，带着张力，好吗？

鲍勃：这是全部吗？我的意思是，他好像说了不止这一些。

导演：（用日语说）你（在这个广告中）所说的并不仅仅只是威士忌，你知道吗？就像见一位老朋友，带着浓浓的温柔和温情，而且有一种情感从你心中流露出！别忘了！

翻译：就像一位老朋友，并且进入镜头里面！

鲍勃：……好吧！

导演：（用日语说）懂了吗？你喜欢威士忌吗？这是三得利时光！行了吗？

鲍勃：……好的。

导演：行了吗？准备好了吗？开始！

鲍勃：（对着镜头说）在放松的时候，让它成为三得利时光。

导演：（用日语说）停！停！停！停！停！你真的明白了？还是你在开玩笑？这是三得利的"Hibiki"（響），是三得利最贵的威士忌。给我更高档的感觉，好吗？这不是一瓶普通的酒！

翻译：（用英语对鲍勃说）呃，你能做得更慢一点吗？

导演：（用日语对翻译说）奢华的感觉，翻译给他。

翻译：（用英语对鲍勃说）并且带着更多的……张力？

导演：（用手指着鲍勃）"三得利时光"。

　　　（对拍摄职员们说）行吗？准备好了吗？开始！

鲍勃：（对着镜头，比上次更加缓慢一些）在放松的时候，让它成为三得利时光。

导演：（说日语）停！停！停！停！停！你饶了我吧。

鲍勃：（什么都没说，对着导演皱眉头）

当我们在观看电影时，往往对这一段忍俊不禁，而事实上，这正揭示了在跨文化沟通的过程中翻译和沟通的不易。

在接下来的内容中，我们将详细地探讨文化对沟通的影响，但是我们也要提醒大家需要将文化和个性对人们行为的影响区分开来。文化是通过认知来学习的，而认知伴随着我们的成长过程：我们出生和成长所处的环境、我们所接触的周边的人、我们学习和使用的语言与文字、我们所经历的心理刺激和历程等，都在让我们形成对自己、对他人、对这个社会或对这个世界的认知。社会化是人们学会社会文化的过程，但是在社会化的过程中，没有哪两个人会经历一模一样的环境和过程，因此人们在学会社会文化的同时，也形成了每个人独特的个性。所以，我们在分析人们的行为时，既要看到社会文化对行为的影响，也要看到行为者的个性在其中所起的作用。

7.3　语言沟通中的文化

通常，我们将使用文字语言的书面沟通和使用口头语言的口头沟通统称为言语沟通，以便将它们与主要表现为副语言和肢体语言的非语言沟通进行区分。

在言语沟通中，哪些文化特征和文化维度会影响跨文化的沟通呢？下面我们更加详细地一一展开讨论。

7.3.1　言语沟通的风格与文化

古迪昆斯特和丁允珠（Stella Ting-Toomey）将言语沟通的风格归纳为四种：[18] 直接明了还是拐弯抹角（direct vs. indirect）、滔滔不绝还是沉默寡言（elaborate vs. succinct）、个人导向还是情景导向（personal vs. contextual）、工具性还是感性（instrumental vs. affective）。

直接明了还是拐弯抹角的沟通风格反映的是在沟通过程中意思表达的明晰程度，直接明了的沟通方式总是将其想表达的思想非常直接和非常明了地表达出来，"是"就是"是"，"不是"就是"不是"。而在拐弯抹角的沟通风格下，人们往往以一种非直接的、隐晦的或者暗指的方式来表达其想法。通常，我们认为美国人的沟通风格是非常直接明了的，不过以色列人认为犹太文化的沟通风格更加直接，甚至让美国人都会觉得有些唐突。相比之下，东亚文化就在沟通上非常拐弯抹角，我们将其标榜为"含蓄"或"委婉"，视其为"优美的东亚沟通艺术"，不过中国人、日本人、韩国人说的"是"却不一定总是"是"，往往让西方人抓狂不已！

滔滔不绝还是沉默寡言反映的是在沟通中，人们觉得用多少数量的言语来表达才合适和舒适。这里古迪昆斯特和丁允珠认为有三种不同的风格，一种是事无巨细都详尽阐述，而且颠来倒去不断重复的滔滔不绝型。在这种风格里，经常会使用隐喻、成语，更会有很多词来形容同一个名词，表达方式也常常比较夸张。这种沟通风格最典型的就是阿拉伯文化。这种沟通风格的另一端就是沉默寡言，人们往往少言寡语，不多说一句话，也可以用言寡意简来形容这种沟通方式。很多时候，欲言还休和沉默在此也是一种表达思想的方式，这种风格背后的格言是"有理不在声高""言多必失"。通常，中国人、日本人、韩国人、泰国人的沟通方式偏向这种沉默寡言的方式。在这两种风格之间的是一种言简意赅的沟通方式，这种风格强调严密和准确，在用词上要恰到好处，既不能太多以显得啰唆或夸张，也不能太少以显得含糊而让人费神去猜测和揣度。这种风格在英国、德国和瑞典等国比较典型。

个人导向的沟通风格，其焦点是个人，是说话的人，沟通所表达的思想是为了强调个人的特质，从个人出发来说话。相反，在情景导向的沟通风格中，焦点是说话者的"角色"，沟通中所表达的意思往往是为了强调角色之间的关系，是从情景出发来说话的。美国人是相对典型的个人风格的沟通者，在沟通中，相互之间的互动是平等和直接的，常常直呼其名而不是用姓氏来相互称呼，也极少在称谓前加头衔。换句话说，个人导向的沟通风格是可以"自说自话"的，而在情景导向的沟通风格下，人们却要"看人说话"和"在什么场合说什么话"！中国和日本是较为典型的情景导向的沟通风格，在沟通中需要特别注意对方的身份和地位，针对不同的身份使用不同的尊称。另外一个例子就是即便在私下的场合，你和领导是哥们儿，可以勾肩搭背，但是在正式的场面上，你还是需要很正式地以头衔来称呼领导。

在工具性的沟通风格中，信息的发送者使用目标导向的、聚焦于信息发送者的语言；沟通纯粹只是一种工具，是用来传递信息、说服对方的工具。与其对立的则是感性的沟通风格，沟通双方比较关注对方在沟通过程中的感受，说者会密切关注听者的反应以便诠释听者对所接收到的信息的理解程度。很多时候，在这种沟通风格下，非言语语言与言语语言同样重要，那些没有说出来的内容同样重要。一般来说，亚洲、中东和南美国家的人较多具有感性的沟通风格，而北美和北欧国家通常是工具性的沟通风格。

古迪昆斯特和丁允珠认为每一种沟通风格都与文化的差异有关，他们将不同的沟通风格与霍夫斯泰德的不同文化维度进行了关联，如表 7-1 所示。

表 7-1　四种不同的言语沟通风格的特征

沟通风格	详细风格	主要特征	何种文化会有这种沟通风格
直接明了还是拐弯抹角	直接明了	信息较为明确	个人主义、低语境
	拐弯抹角	信息较为含蓄	集体主义、高语境
滔滔不绝还是沉默寡言	滔滔不绝	话语的数量相对比较多	中等程度不确定性规避、高语境
	言简意赅	话语的数量不多不少	低不确定性规避、低语境
	沉默寡言	话语的数量相对比较少	高不确定性规避、高语境
个人导向还是情景导向	个人导向	聚焦于说者及其个人特质	低权力距离、个人主义、低语境
	情景导向	聚焦于说者的角色和角色关系	高权力距离、集体主义、高语境
工具性还是感性	工具性	语言是目的导向、说者主导的	个人主义、低语境
	感性	语言是过程导向、听者主导的	集体主义、高语境

资料来源：Francesco, A. M. & Gold B. A.（2003）. *International Organizational Behavior*: *Text, Reading, Cases and Skills*, Beijing: Pearson Education & Tsinghua University Press, P. 58.

安妮·玛丽·弗朗西斯科（Anne Marie Francesco）和巴里·艾伦·戈尔德（Barry Allen Gold）比较了 10 个不同国家的沟通风格，我们可以看到不同文化下人们的沟通风格截然不同，[19] 如表 7-2 所示。

表 7-2　10 个不同国家的言语沟通风格

国家	直接明了还是拐弯抹角	滔滔不绝还是沉默寡言	个人导向还是情景导向	工具性还是感性
澳大利亚	直接明了	言简意赅	个人导向	工具性
加拿大	直接明了	言简意赅	个人导向	工具性
丹麦	直接明了	言简意赅	个人导向	工具性
埃及	拐弯抹角	滔滔不绝	情景导向	感性
英国	直接明了	言简意赅	个人导向	工具性
日本	拐弯抹角	沉默寡言	情景导向	感性
韩国	拐弯抹角	沉默寡言	情景导向	感性
沙特阿拉伯	拐弯抹角	滔滔不绝	情景导向	感性
瑞典	直接明了	言简意赅	个人导向	工具性
美国	直接明了	言简意赅	个人导向	工具性

资料来源：Francesco, A. M. & Gold B. A.（2003）. *International Organizational Behavior*: *Text, Reading, Cases and Skills*, Beijing: Pearson Education & Tsinghua University Press, P. 60.

沟通风格和方式与文化紧密联系在一起，人们可能学会了母语之外的其他语言，但是往往不容易改变其本身的沟通风格，这就可能对有效的跨文化沟通构成障碍。较为典型的例子是印度，英语是印度的官方语言之一，几乎所有受过良好教育的印度人都能说流利的英语，然而印度东部的人，其沟通风格却是情景导向的。相反，英国人和美国人的沟通风格却是个人导向的，因此，即便能说流利的英语，也不能保证印度人与英美人之间不会出现沟通障碍。[20]

7.3.2 逻辑与思维方式

1966 年罗伯特·卡普兰（Robert Kaplan）在研究针对外国学生的英语教学时，发现来自不同语言背景的人在言语表达时，其段落展开方式是不一样的。卡普兰接受了保罗·洛伦岑（Paul Lorenzen）关于语言结构是镶嵌在逻辑结构之中的思想，[21] 并进一步指出："逻辑是修辞的基础，它从文化中演化而来，并不是全球一统的。"[22] 因此，这种段落展开或语言表达的方式事实上代表着人们的思维方式和逻辑，而其根源则是文化，不同的文化使得人们拥有不同的述说模式。

卡普兰认为英语的思维方式是基于柏拉图和亚里士多德的逻辑思想，在英语的表达上通常会遵循演绎的逻辑或归纳的逻辑，"英语的说者和读者/听者似乎期望作为他们沟通交流的一个组成部分的思维模式是一个主要以线性方式展开的序列。英语的段落通常从一个主题陈述开始，然后细分为一系列的子议题，每一个子议题都有例证和说明来支持，如此来展开中心思想，并且这一中心思想要与整篇文章的其他所有思想有关联"。在英语里，通常"段落是以对该段内容的概括性陈述开始，然后通过一系列较为具体的阐述仔细地展开该陈述。虽然从不同的方面进行讨论，但是段落本身从不会离题。段落里没有任何内容是无关的，也没有任何内容不对中心思想做出某种贡献。思想的流动是以直线的形式出现的，从开始的第一句到最后一句"。

卡普兰在阿拉伯语（更加宽泛一些的话可以说是闪米特语）的著述中和学习英语的阿拉伯学生的作文里发现，阿拉伯人在段落中展开论述的方式与英语的方式大相径庭，更多的是一种平行的形式，即段落的展开由很多平行的陈述加上连词加以连接。有同义平行（synonymous）⊖、综合平行（synthetic parallelism）⊜、反义平行（antithetic parallelism）⊜、层递平行（climactic parallelism）⊛。这样的表述方法在现代英语里被认为非常老派和别扭，但这样的段落展开和修辞方式在《圣经》的《旧约圣经》中非常常见，我们知道基督教的《旧约圣经》源于犹太教，犹太教认为《旧约圣经》是"上帝"和"以色列之子孙"的"圣约"，有一部分是用闪米特语系的阿拉米语写的。事实上，这种述说方式在闪米特语系里非常普遍，今天闪米特语系的分支包含了阿拉伯语、希伯来语、马耳他语、阿姆哈拉语⊛、提格雷语⊛、阿拉米语⊕。

东方人的述说方式又是不一样的，对于西方人来说，东方人的段落展开方式就像是在"围绕着一个很大的圆圈在转啊转"，这些圆圈围绕着中心思想，并以各种稍显相关的观点来

⊖ 同义平行是指由两个不同的句子来表达相同的意思的修辞方法。

⊜ 综合平行是指第一个句子做一个启发，第二个句子把第一个句子的思想进一步发展，或者由第二个句子把第一个句子的思想做更充分的表达和补充的修辞方法。

⊜ 反义平行是指通过正反两面来表达同一思想的修辞方法。

⊛ 层递平行是指第一句的一部分在第二句和后续的句子中重复出现，直到最终的主题出现为止的修辞方法，它以渐进的方式将思想推到高潮。

⊛ 阿姆哈拉语是埃塞俄比亚的官方语言。

⊛ 提格雷语为非洲东北部国家厄立特里亚的官方语言，也在埃塞俄比亚的中北部及苏丹等地区使用。

⊕ 阿拉米语又称亚兰语，在公元前 6 世纪以前的 2 000 年中，古代语言阿卡德语的两种方言（亚述语和巴比伦语）在中东广为通行，但到公元前 6 世纪，阿拉米语逐渐取代了它们，成为中东的共同语言，其后又成为波斯帝国的官方语言。基督教《圣经》的《旧约圣经》中有一部分是用阿拉米语写的，历史传说认为，耶稣也使用阿拉米语的一种方言。

显示这一主题，但是这个主题本身不会直接呈现出来，这样的述说方式对说英语的人而言是非常"不直接或者拐弯抹角的"。卡普兰以一位学数学的韩国学生的作文展示了东方人的段落展开方式。

大学教育的定义

大学是一个颁发学位的高等教育的机构。我们所有人在人生中都需要文化与教育，如果没有，则我们不能得到教育，我们将生活在地狱之中。

其他动物仍然是动物，而我们人之所以成为人并取得如此快速进步的一个最重要原因是人学会了文明。

最高层次的文明的改善是为了给予人们最新的教育。

因此，我们都毋庸言说，高等教育是非常重要的东西。[23]

与英语里通常"段落是以对该段内容的概括性陈述开始，然后通过一系列较为具体的阐述仔细地展开该陈述"刚好相反，在亚洲，段落往往是从述说理由开始，最后才是该段的中心思想，或者说是该段的结论。因此，从某种意义上说，英语的段落展开模式是一种颠倒的"归纳"模式（先说结论，然后展开论证），而东方人的段落展开模式是一种正向的归纳逻辑（先说各种各样的理由，最后得出结论）。

对于讲法语、西班牙语、意大利语、葡萄牙语和罗马尼亚语这样一些罗曼语系的人来说，打岔、离题或者加插题外话则是在叙述中常常出现的事。下面是一位法国哲学家的文章，画线部分就是卡普兰所说的离题部分：

我想请求你们注意的第一点是，没有什么东西存在于严格的人的边界之外。某处景色可能美丽、优雅、崇高、微不足道或丑陋，但它永远不会是可笑的。我们可能会嘲笑一只动物，但那只是因为我们在其中察觉到了一些人的情感表达或态度。我们可能会嘲笑一顶帽子，但我们不是嘲笑那块毡或稻草。我们正在嘲笑人们所赋予它的形状，即由于人类的突发奇想而给予它的模样。我奇怪为什么一个如此重要的事实没有更多地引起哲学家的注意。有些人把人定义为知道如何笑的动物，他们同样可以把人定义为引起笑声的动物；因为如果有任何其他动物或一些无生命的物体，能够实现相同的效果，它总是因为与人类有些相似。[⊖]

与上面提到的这些人不同，卡普兰发现俄罗斯人的叙述方式与英语的述说方式也非常不同。为了保证原汁原味的逻辑，卡普兰让学生以其俄罗斯母语来写作文，然后再翻译成英文来进行分析。下面就是这篇以俄语写的作文：

10月14日，赫鲁晓夫离开了历史舞台。尚不清楚是否存在一个目的在于让赫鲁晓夫出局的阴谋。即便所有的情节看起来都像是一个阴谋，也很可能无法将赫鲁晓夫从政治路线中彻底清除，不如说是为了让他在政策上做出一些改变而施加的压力：为了延续他在国际关系中和平共处的政策，或尽可能避免形式上的破裂——在内部政治领域，特别是在经济学领域，继续某种软化的"教条主义"的努力，但（这些"教条主义"）没有经过粗略的而且没有充分理由的实验，这成为近年来赫鲁晓夫政治的典型特征。

⊖ 卡普兰引用自 Henri Bergson，*Laughter-An Assay on the Meaning of the Comic*，Marcel Bolomet 译，巴黎，1900.

卡普兰分析说，整段话只由三句话所组成，前面两句非常简短，而第三句话却超长，占了整个段落 3/4 的体量，由多个平行的结构和下属定语组成。而这句冗长的句子里至少大半与该段所要叙述的中心思想不相关。

综合其研究，卡普兰将这几种不同语言在述说和表达时的特点以图形形象地表达出来（见图 7-2）。英国语言学家和跨文化沟通学者理查德·刘易斯（Richard Lewis）说，我们所说的语言不只是表达我们的思想，还反映了我们的思维方式，[24] 因此可以说这些差异背后体现的是逻辑、思维方式和文化的差异。

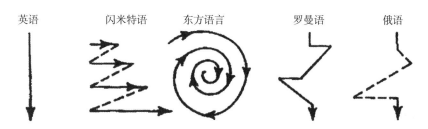

图 7-2　不同的语言所展现的其背后的逻辑与思维方式

资料来源：R. B. Kaplan（1966）.

7.3.3　高语境与低语境

古迪昆斯特和丁允珠将言语沟通的方式分为四种，其中一种是"直接明了还是拐弯抹角"，或者说"直接还是委婉"。在上一节里，卡普兰的研究所揭示的东方人那种"绕圈子的"述说方式，与直接还是委婉的沟通方式多少有些关联，除此之外，这种表象背后的原因还有高语境与低语境的语言和文化。

高语境与低语境这个概念是 1976 年美国人类学家爱德华·霍尔在其《超越文化》一书中提出的。[25] 霍尔是跨文化沟通的开创者，1950～1955 年，霍尔任教于美国国务院下属的外交学院，给美国外交服务人员培训什么是文化以及文化对外交服务工作的潜在影响。在这五年的培训教学生涯中，霍尔构建起了他整个跨文化沟通的理论框架，提出了在跨文化沟通中非言语沟通的重要性、单向度和多向度时间以及低语境和高语境文化等概念。

所谓语境是指"内置、共享、预编程的信息，它与传输的公共部分的信息有关"[26]，简单地说，我们可以把它理解成双方在沟通时预先所具备的背景信息。霍尔认为，所有的沟通都镶嵌在语境之中，不存在脱离语境的沟通。低语境语言是指该语言在表达时是直接明了的，其所说的或者所写的就是他所想要表达的；从沟通的接收方来看，听到的或者读到的就是对方所要表达的，不必费心去揣摩和猜测其真实的意思，因为真实的意思已经明白无误直截了当地表达出来了。而高语境文化下的语言在表达上往往是隐晦的，所要表达的内容也往往不会直截了当地表达出来，对沟通对象所说的话的解读需要借助于背景信息或语境才能理解。从低语境文化到高语境文化是一个连续统，越是高语境文化，就越是需要更多的背景信息来帮助理解和诠释对方的语义（见图 7-3）。所以，对于高语境的文化来说，那些没有说出来的信息与说出来的信息同样重要，甚至可能更重要。要理解来自高语境文化的人所说的话，我们往往需要在其所说的字里行间寻找"言外之意"。

霍尔认为，在这个从低语境到高语境的连续统上，德语区的瑞士人是低语境的文化，然后，从德国人、北欧人、美国人、英国人、法国人、意大利人、西班牙人、希腊人到阿拉伯人，语境依次升高，日本人的语境是最高的，中国人次之。欧哈拉－德威莱奥克斯（Mary O'Hara-Devereaux）和约翰森（Robert Johansen）在研究之后又在这个名单上增添了几个国家。这个相对完整的排序如图 7-4 所示。

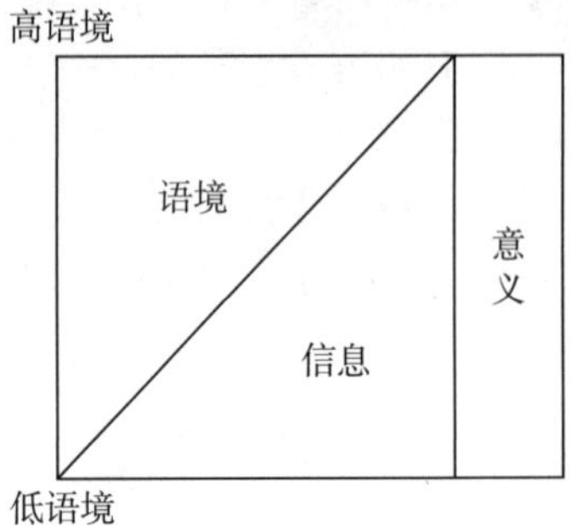

由于低语境的文化，所以美国人在表达自己的想法时总是"直言不讳"，想说什么就说什么，从不拐弯抹角，而中国人则是高语境文化，在与人沟通时经常委婉含蓄，不把话说得太直白。从积极的角度看，中国人认为把话说得太直白就失去了交谈中的美感；从消极的角度看，不把话说得太直白是可以留下回旋的余地。很多时候，中国人之间的沟通"只可意会不可言传"，就是这种高语境文化下沟通方式的生动写照。霍尔认为，美国在朝鲜战争和越南战争中都卷入了与中国的战争，这都是由于美国政府没有听出中国政府的话外之音从而出现误判的结果。

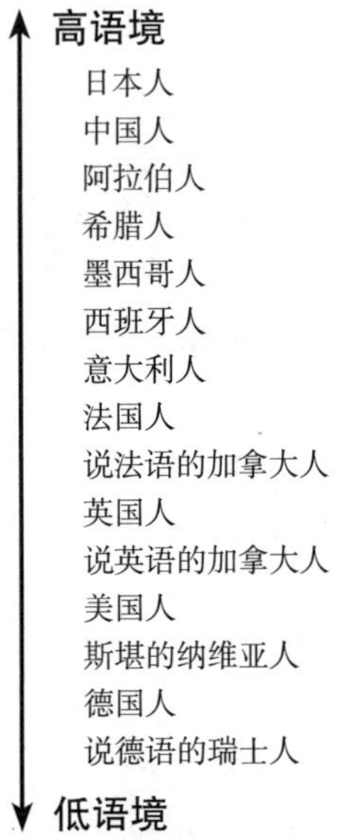

日本人的语境是最高的，因此，也有不能把话说得太直白的文化。2017 年春天，当媒体揭露大阪市学校法人"森友学园"与日本首相安倍晋三和安倍夫人有着密切的关系，而该学园又曾以极低价格买到国有土地时，"森友学园"理事长笼池泰典在日本外国特派员协会召开记者会时称，他低价买到土地，"可能是（地方官员）忖度的"。美国犹他大学教授东照二称："不把话说死，让对方去揣测。因为表达了即使不说出来也能共享价值观的意思，忖度有时也被用于好的方面。"神户学院大学教授中野雅至认为："作为官僚，通常需要具备出色的办事能力，忖度能力已经嵌入了人事考评中。"[27]

图 7-3　高语境与低语境的文化
资料来源：Edward T. Hall, *Beyond Culture*, p. 102.

高语境

日本人
中国人
阿拉伯人
希腊人
墨西哥人
西班牙人
意大利人
法国人
说法语的加拿大人
英国人
说英语的加拿大人
美国人
斯堪的纳维亚人
德国人
说德语的瑞士人

低语境

图 7-4　不同国家的语境文化
资料来源：Hall & Hall（1994），O'Hara-Devereaux & Johansen（1994）.

日本人认为，把深刻的情感用语言表达出来，会损害其价值，不用言辞而达到的默契，比通过讨论解释而达到彼此相知更珍贵。

7.3.4　聆听文化、对话文化和数据文化

英国语言学家和跨文化沟通学家理查德·刘易斯按照对话的风格将不同的文化分为聆听文化（listening culture）、对话文化（dialogue culture）和数据文化（data culture）。[28]刘易斯对"聆听文化"的描述是这样的："……聆听文化中的成员很少主动发起讨论或谈话，他们喜欢先认真倾听并弄清别人的观点，然后对这些观点做出反应并形成自己的观点。"聆听文化中的人在听别人说话时，专注不插嘴，回复时也不会用太强烈的语言。此外，他们常通过

问题，让讲话者澄清意图和期望。聆听文化的沟通顺序是：认真倾听，理解对方意图，沉默片刻，以做评判；进一步提问澄清，提供建设性反应。在不同国家中，日本具有最典型的聆听文化，其他国家在聆听文化上由强到弱的排列如下：中国、新加坡、芬兰、韩国、土耳其、越南 / 柬埔寨 / 老挝、马来西亚 / 印度尼西亚、太平洋列岛、瑞典、英国（见图 7-5）。

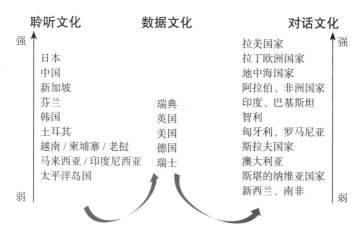

图 7-5　聆听文化、对话文化和数据文化

资料来源：根据陈晓萍《跨文化管理》一书中的内容整理。

对话文化中的人，"特别注重人和人际关系，他们喜欢聊天，说个不停，在对话的过程当中获取各种各样的信息，建立各种各样的人际关系，然后用这样得来的信息和建立起来的人际关系，去解决各种各样的问题"。人们常常会用发表意见或问题的方法，打断对方的话语，以此显示对话题的兴趣。最典型的对话文化为拉丁文化，包括意大利、法国和西班牙，阿拉伯文化和印度文化也属于对话文化。

美国、德国和瑞士文化，则处于聆听文化与对话文化之间，他们热衷于数据、事实和逻辑，无论是沟通、信息的获取还是决策，他们都依赖于事实、数据和逻辑，这被刘易斯称为数据文化。数据文化的人做事比较严谨，一板一眼，而对话文化的人在做事风格上较为发散和凌乱。[29]

7.3.5　权力距离、谦虚等与跨文化沟通

在 2002 年 5 月 19 日晚中国中央电视台财经频道的《对话》节目中，总部位于杭州的华立集团董事长汪力成描述了他在收购了位于美国的飞利浦 CDMA 芯片设计部门之后在沟通中所遭遇的跨文化碰撞：

当我们开始运作以后，我对芯片里面的一个技术指标非常关注。有一段时间，我每天都会给在温哥华的丹尼斯发一封 E-mail，告诉他这个问题很重要，问他现在进展得怎么样了，我希望了解情况。结果一个礼拜以后，丹尼斯给我写了一封辞职报告，我吓了一跳。我想知道怎么回事，因为在我的理解当中，公司的董事长这么重视这个问题，这对员工来说是非常光荣的事情，这表示公司很关注你、很重视你。结果他不是这么理解的，他说我在做这件事情，你为什么每天要来问我？这说明你不信任我，既然你不信任我，那么我可以辞职了。这就是完全不同的一种文化的磨合，我跟他解释半天，最后总算解释明白了，他也理解了我的行为。[30]

　　这是一个典型的权力距离这一文化维度对跨文化沟通的影响，根据霍夫斯泰德的理论，在权力距离较大的文化里，上司对下属密切的督导是被正面评价的，正如汪力成所说的那样，下属会感到莫大的光荣和开心。但是同样密切的督导在权力距离较小的国家，不被员工所待见。

　　在作者多年前的访谈中，一位在中意合资企业担任技术经理的英国人说："在中国，没有人会对外国上司说'你错了'。当你安排他们做某件事，即便他们知道你错了，也不会直截了当地说出来，而是将你叫他们做的事情搁置一边。"这一现象一方面与权力距离有关，另一方面也与中国的"面子"文化有关。但中国员工这样的处置方式往往让欧美管理者非常懊恼，他们觉得中国员工如果马上指出他们的方法不对，或这件事情不能这样做，那他们可以马上商讨，找到一个好的方法，而从不会让要做的事情被耽误。[31]

　　谦虚和自信是另一个显著影响沟通方式和风格的文化维度。当中国人听到他人的赞扬时，通常立马会谦虚地表示他并没有什么值得表扬的，等等；当一个西方人特别是美国人听到赞扬时，他通常的反应是心花怒放，然后高兴地说谢谢。这种谦虚和自信的差异对沟通影响的一个例子就是个人简历，美国人的简历通常洋洋洒洒上 10 页，将其做过的任何一个细小的事情都写在简历里，以彰显其丰富的经历、杰出的工作技能和做事能力；这样的简历通常连欧洲人也会感到惊讶，因为欧洲人的简历通常也就数页而已，只呈现重要的信息，绝不会将社区服务之类的内容放在简历里，除非这些内容对于特定的场景来说是必需的。

　　谦虚的文化往往代表着对自己的能力要实事求是，不能夸大，中国人在介绍自己的能力时通常更会打个折扣，不会把自己说满，因为中国的传统文化告诫"满招损，谦受益"，但是盎格鲁－撒克逊的文化则倾向于强调对自己的能力要充分自信，因此招聘经理在面试美国应聘者时往往会感觉这个美国人什么都做过、什么都会。作者有位大学同学，于 20 世纪 90 年代初前往澳大利亚攻读博士学位。在那个年代，中国去海外的留学生都是靠奖学金或者半工半读来完成学业的。数年后，那位同学回国时向我们述说了他在澳大利亚的打工经历。他说在澳大利亚找工作，你要说你什么都会，什么都做过，否则你很难找到工作，在得到了职位开始工作之后，你可以说你原先做的工作跟这个工作有点差别或者使用的器械有所不同，然后上司会安排人教你做，于是你也就学会怎么做这项工作了。但是他说在找工作时一定要说你有过相关的经验，做过这种工作，所以我们这位同学在澳大利亚卖过猪肉、做过木匠、开过卡车，找到这些工作靠的就是上面说的这种策略。

7.4　非言语沟通中的文化

　　非言语沟通是指通过发送和接收非言语的线索或信息进行交流，它包括使用视觉上的线索，如肢体语言、眼神（眼光接触和在说话与倾听时观看的动作、扫视频率、目光锁定模式、瞪眼和眨眼频率）和空间距离，以及语音上的线索（副语言）和触觉（肢体上的触摸）上的线索进行沟通交流。

　　对这一领域的研究是由一批在美国国务院下属的外交服务学院任教的美国语言学家和文化人类学家开创的，爱德华·霍尔开创了空间距离学（proxemics），乔治·特雷格（George

L. Trager）开创了对副语言（paralanguage）的研究，而雷·伯德惠斯特尔（Ray Birdwhistell）则提出了神态举止学（kinesics）这个概念。雷·伯德惠斯特尔声称"言词不是承载社会知识的唯一载体"[32]，据他估计，"在对话或互动中，由言词所携带的社交含义不会超过 30% ～ 35%"[33]。也有行为科学研究称，在面对面的对话所传递的信息中，只有 5% 是言词的，38% 是声音的（包括副语言），而 55% 则通过肢体语言。

在世界各地的文化中，我们可以在非言语交际方面找到细微的差别，这些差异往往会导致来自不同文化背景的人之间沟通不畅，甚至误解。比如说中美之间在交流方式上的偏好就有差异，中国人更喜欢沉默，而美国人很难容忍交谈中间出现沉默和冷场；[34] 在意大利和西班牙，人们经常同时做多件事情，但是美国人一般都是一次做一件事情。[35]

7.4.1 副语言

副语言包括语音、语调、韵律，以及倒吸一口气、叹息、清清喉咙，等等，是元语言沟通的一个组成部分，它可以修饰或细化语言沟通的含义，有时将其定义为仅与非音素属性有关。副语言的表达可能是有意识的也可能是无意识的。

对副语言的研究是由乔治·特雷格在 20 世纪 50 年代开创的，其观点分别发表在 1958 年 [36]、1960 年 [37] 和 1961 年 [38]。他的研究引来了许多后续的对副语言与文化之间关系的研究，其中一个著名的研究就是约翰·甘柏兹（John J. Gumperz）关于语言与社会身份认同的关系，揭示了跨文化互动中副语言的差异，因为副语言是通过学习而得到的，不同的语言和文化，其副语言也不一样。[39] 由于副语言是可以被知觉的，所以它是属于语言之外的信号，但它又不是随意的常规的语言代码。

副语言的语言辅助特性在人类的沟通交流中起着重要作用，没有任何话语或语音信号是没有副语言特性的，因为话语是依靠可调制的人类声音说出来的，而这种声音必须具有某些属性，所有这些属性都是用辅助语言来进行表达的。

这些副语言会传递特定的信息，比如说，研究表明说话的语音语调和韵律节奏很多时候与权力和情感关系的表达联系在一起，[40,41] 约翰·欧哈拉（John Ohala）将说话的韵律节奏称作"频率代码"。[42]

下面让我们来详细看一下交谈中的停顿和重叠。在东亚和斯堪的纳维亚文化里，通行的规范是不要打断别人说话，甚至在别人发言的间隙都不会表达无声的赞赏，打断别人的话被认为是一种粗鲁的行为。在日本，当其他人正在说话时一个人通常是不会讲话的，否则会被认为是不礼貌，这也是为什么在两个人对话中在切换的那一刻会有一瞬间的沉默。与之相反，巴西人经常会七嘴八舌同时开口并相互打断对方的发言。这在日本人看来是非常无礼的，但在巴西文化中被认为是极其正常和无可厚非的事。对日本人、美国人和巴西人在谈判中的行为的研究发现，巴西人打断别人说话的次数是美国人或日本人的两倍。[43]

如图 7-6 所示，在盎格鲁－撒克逊文化中，交谈的典型节奏是一个人说完话之后，另外一个人紧接着说，两个人的对话交替进行，中间没有停顿也没有重叠。在日本、韩国和中国这样的东亚国家，往往在一个人说话结束之后，会有一个小小的停顿，然后第二个人再接上交谈。相反，拉丁文化的人在交谈过程中，经常会打断对方的谈话，对话过程会有很多重叠。

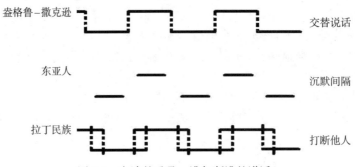

图 7-6 交谈的重叠：谁打断谁的讲话

资料来源：Adler & Gundersen（2008: 253）.

大约在 2008 年左右，一位意大利人在杭州一家香港人的纺织面料印染厂担任 CEO，后来我们成为朋友，他邀请作者帮助解决该企业存在的跨文化沟通问题。在一次与该公司一位分厂厂长的访谈中，这位中国厂长向作者抱怨说意大利 CEO 不尊重他，从来都不让他把话讲完，总是打断他的话。从上面拉丁文化的沟通特征，我们知道其实这与尊不尊重毫无关系，这只是意大利人在沟通中的习惯而已，但是在中国，打断别人的话则会被诠释成不礼貌或者不尊重人！

这种对话的韵律节奏影响国际商务经营的一个非常著名的案例就是一位美国经理与一家日本公司商谈贸易合约的故事。美国经理按照惯常的习惯，稍加寒暄之后就直奔主题，给日本人提了一个报价，然后急切地期待着日本人的正面回复，但是日本人很严肃地坐在那里，没有做出任何反应。于是美国人就把价格压了压再给日本人报了一个价格，但是她发现日本人有些惊讶，不过仍然没有说话，结果美国人就将价格降到了底线。当然，生意是成交了，双方建立起了合作关系，但是美国经理后来才知道其实当时日本人觉得她的第一个报价就已经是一个很好的价格了。这个故事说明日本人习惯于在对话中间有一个停顿，但对于美国人来说，这个短暂的沉默是无法承受的。

1997 年，琼潘纳斯和汉普登 - 特纳（Charles Hampden-Turner）在《文化冲浪》一书中，曾用图 7-7 所示的图形来描述盎格鲁 - 撒克逊人、拉美人和东方人的语音语调。

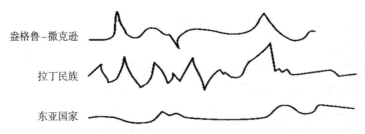

图 7-7 盎格鲁 - 撒克逊人、拉美人和东方人的语音语调比较

资料来源：Fons Trompenaars & Charles Hampden-Turner（1997）.

从图 7-7 中可以看出，拉美人在说话过程中显得情绪激动饱满，语调比较高，语速也比较急促。与之相比，东方人的语音语调则是另外一个极端，语调平缓单调，不露声色和情感，缺少起伏和变化。盎格鲁 - 撒克逊人则处在这两个极端的中间，在说话过程中抑扬顿挫，有起有伏，高低有致，既不至于过度情绪化也不至于缺少情感。让人吃惊的是语音语调也很容易导致沟通中的误解，试想一下，一位拉美的经理和日本的经理在商谈一笔生意，拉美人没有从日本人的语音语调里感受到任何的激动和兴奋，他可能觉得日本人对这笔生意一定是一点都不感兴趣了，而事实上日本人已经很激动兴奋了。换一个场景，日本人看到这个拉美的经理如此兴奋，那一定存在着生意的机会了，但其实这位拉美的经理可能已经很冷淡了。

除了语音语调和韵律节奏之外，还有其他一些副语言也在沟通中代表着某种意思，比如说，在大多数的文化里，倒吸一口气往往代表着吃惊，而叹息常常意味着沮丧、不满、厌烦等。清清嗓子在有些场合意味着会谈的开始，在有些场合意味着阻止，但是在一般情况下，作为辅助语言信号的清嗓子都是地位较高的人发出的。

在电子邮件里和今天越来越普及的即时通信工具里，表情符号被越来越多的人用来代替在文本交流中难以呈现的副语言。

7.4.2　肢体语言

美国人类学家雷·伯德惠斯特尔最早对肢体语言进行了研究，提出了神态举止学这个概念，并将此发展成为一个研究的领域，研究人们如何通过体态、手势、站姿和动作进行沟通交流。[44,45]他的神态举止学通俗说就是研究肢体语言，包括"面部表情、手势、姿势和步态，以及可见的手臂和身体动作"[46]。伯德惠斯特尔指出，"人类的手势与其他动物的手势不同，因为它们是多义性的，根据使用它们时的沟通情景，它们可以被解释为许多不同的含义"[47]；因此，肢体语言不是普遍的，而是由文化决定的，其上有着深刻的文化烙印。[48]

1. 面部表情

眼睛、眉毛、嘴唇、鼻子和脸颊运动的组合形成了人的面部表情，面部表情往往非常直观地表达一个人的情绪是快乐、悲伤、沮丧抑或愤怒。在日常生活中和在正式的沟通交流中，人们通过"察言观色"来识别对方的情绪。

研究人员一度认为，命令人做出真正的发自内心的微笑几乎是不可能的。眼睛周围没有皱纹表明可能有假笑，当人们高兴地微笑时，它们会皱起来，而当你伪装时，它们不会。不过美国东北大学研究人员的一项研究发现，即使人们并没有感到特别高兴，他们也可以做出让人难以分辨的微笑。

2. 眼神

眼神交流是非言语沟通的一种形式，它使沟通者之间在不使用词语的情况下传递和接收信息。眼神是人们交流情绪的一种主要方式，[49]人们的情绪会从眼神里无意识地流露出来，所以人们常说"眼睛是人的心灵之窗"。人们也可以有意识地借助于眼神来传递信息，达到沟通的目的，正如成语所云："眉目传情"。

社会学家发现，盎格鲁 - 撒克逊人倾向于在交谈过程中持续地、不偏不倚地盯着对方的眼睛，而拉丁美洲人虽然也会在交谈中看着对方的眼睛，但一般只是稍看一眼就会把目光移开，落到他处。在传统的盎格鲁 - 撒克逊文化中，以这种方式避开眼光接触通常被认为缺乏真诚、不可信赖。然而，在拉丁文化中，直接或长时间的眼神接触意味着你在挑战跟你说话的对方，或者你对这个人有着罗曼蒂克的兴趣。[50]在很多东亚国家，人们不会在交谈中盯着地位高的那个人看，因为这是不礼貌的；在非洲的尼日利亚也是如此。

所以我们可以想象一下可能的冲突：一位美国上司与拉美下属在交谈，美国上司发现拉美下属总是躲避他的眼光，避免与他有正面的眼光接触，就想这个下属好像有什么事情藏着掖着，不可信赖。而拉美下属则发现美国上司一直直愣愣地盯着他，就觉得一定是他做的什么事让上司不满意了，导致他非常沮丧。

3. 身体姿态

身体站坐的姿态也会传递出某种信息，比如说愤怒的人会表现出对另一方的强势和力量，他的姿势会显示出接近倾向以表现进攻性。将此与一个感到恐惧的人比较：他会感到软弱、顺从，他的姿势会显示出避免和逃避的倾向。

坐姿或站姿也可以泄露一个人的情绪：如果一个人坐在椅子上，腰背靠到了椅背，但是上身前倾，随着交谈和讨论不断点头，这就意味着他是开放的、放松的，一般都意味着他准备好了倾听。而如果一个人双臂或双腿交叉，并有细微的踢脚动作，则表示他感到不耐烦，并且对讨论的话题不感兴趣。在一个站立的讨论中，如果一个人双手叉腰，手肘朝外，双脚指向说话者，可能暗示他很专注并且对谈话内容感兴趣。但是在有些文化里，双手叉腰的站姿则被认为是很粗鲁的。在讨论中，无论是站立、坐着还是在行走，如果一个人的双臂自然地合拢弯曲，这通常意味着他不愿意听取发言者的观点。而如果双臂交叉抱拢，则表明他觉得不安全和缺乏自信。[51]

还有一个相当普遍的身体姿态就是耸肩，它用来表明一个人不明白你在说什么。芭芭拉·皮斯（Barbara Pease）和亚伦·皮斯（Allan Pease）介绍它由三个部分组成：摊开的手掌表明没有任何东西隐藏在手中，肩膀高耸以保护喉咙免受攻击，抬起眉毛以表示顺从和问候。他们认为这是在各国都普遍一致的身体姿态，[52]但其实对于东方人来说，这个耸肩动作是个舶来品。

作者曾有一位保加利亚学生，她说在英国读本科期间，每次她从家里去学校，总要把同学们搞糊涂，而每次放假从英国回到家乡，开始几天也总是把家人和邻居朋友搞糊涂。因为在保加利亚，我们常见的摇头代表着"同意"或"是"，而点头则代表着"不赞成"或"不是"。在土耳其人那里，传统的摇头意味着你感到困惑，而不是代表"不"。砸吧嘴或者发出啧啧的声音，同时头部向上向后抬起并抬起眉毛，这才代表"不"。一个急剧的向下点头再加上长于平均的眨眼则意味着"是"。[53]浙江大学管理学院有一个与美国百森商学院和法国里昂商学院合作的全球创业管理硕士项目，来自其他国家的学生说，当他们最开始在法国里昂学习时，印度人的摇头常常会把他们搞糊涂。当他们问印度同学要不要去什么地方，印度同学可能会左右摇头，于是其他同学以为他不去了，就转身离开，但是往往听到印度同学在身后喊，我没有说不去呀！印度同学说他们的摇头是表示"也许"。

在墨西哥，两手叉腰代表你生气了，而把双手插在裤子口袋里也往往代表你在生气，但这样做被认为是粗鲁的。

4. 手势

手势也会透露很多信息，如自然放松的双手表明自信，而双手紧握可能表明他处于紧张、压力或愤怒之下，如果一个人在搓手则往往代表着精神上的紧张和焦虑。如果一个人把双手捧在脑后时，则往往意味着他觉得他很聪明，他有所有问题的答案。如果在会议中听到有人用手指击打着桌子，意味着他感到厌烦、沮丧或者有些生气。

　　手势也可以用来沟通，在电视或电影的场景中我们看到股票交易员在嘈杂的交易大厅用手势在沟通买进还是卖出以及买进卖出的数量。不过在不同的国家，同一个手势可能代表着不同的含义。比如说，在很多国家，是可以用食指指示某人的，但是信仰印度教的人会觉得那是对人的冒犯，他们会用大拇指来指示人。在很多国家，竖起大拇指代表着赞赏或"可以"，但是这个手势在伊朗、阿富汗、尼日利亚、南美、中东、孟加拉国、泰国以及意大利和希腊的某些地区，万万不能用，因为它代表着骂人，与美国人竖起中指是同样的意思。而美国人竖起中指这个意思，意大利人则是用左手握拳，拳心朝上向右边挥出，同时右手手掌张开拍向左手手肘上方的手臂这样一个手势来表达的。

　　今天很多中国年轻人在拍照时都经常用食指和中指做一个 V 形手势，这似乎是从日本人那里舶来的，俗称"剪刀手"，但是这个"剪刀手"的手势到底是手掌朝向自己还是朝向对方，则非常有讲究，代表的意思也大相径庭。据没有得到历史学家考证的传说，掌心朝向自己的 V 形手势最早出现在 1415 年，源自英法百年战争期间阿金库尔战役中弓箭手所做的姿势，因为法国人把俘虏的英国弓箭手的食指和中指切掉，以便他们不能再操纵他们的长弓，因此 V 形符号被英国弓箭手用来嘲弄和蔑视敌人，表示他们的两个手指还在。这个手势慢慢地就在整个英国、爱尔兰、澳大利亚、印度、巴基斯坦、新西兰流行开来了，代表着对对手的蔑视和嘲笑。代表胜利的 V 形手势则出现在第二次世界大战期间，但是这个 V 形手势是需要掌心朝外的。在 20 世纪 60 年代反越战运动中，作为一种反文化的符号，V 形手势被用来表示和平。一个意外的插曲是美国总统老布什在 1992 年访问澳大利亚期间，他在车里对着朝他抗议美国政府农业补贴的一群堪培拉农民做了一个手心朝自己的 V 形手势。[54] 他是想发出"和平"的手势，却发出了一个在澳大利亚人看来是蔑视和嘲笑他们的 V 形手势。在墨西哥，如果是把 V 形手势与鼻子一起组合起来，鼻子从 V 形手势的楔口露出，而手掌挡住嘴巴，这个动作是非常粗鲁的。

　　近年来，很多韩国和中国的年轻人流行用拇指与食指交叉来表示"我爱你"。欧美人用食指和中指交叉，表示希望和祝愿的意思，但是最好不要在越南做这个手势，否则你会被认为是粗俗下流、淫荡好色的人。

　　让我们来想象一个场景，假如你在和一群希腊人交谈或者谈判，其间，希腊人显得很激动，然后你用一个五指张开的手掌朝着希腊人，轻轻地推压手掌，意思是让他们平静下来，但是发现希腊人变得非常愤怒。这是为什么呢？在绝大多数国家，把手掌朝向对方都意味着让对方停止某种行为，在足球比赛中，我们可以看到在球员和裁判进行理论时一般都是将两手摊开对着裁判，以表示我没有碰你。但是在希腊，用五指张开的手掌朝向他人，叫作"mountza"，是一个传统的侮辱人的手势。据说这种手势最早来自咒语，然后在拜占庭帝国时代，有一个法律，规定罪犯会被绑成串，倒骑毛驴游街，为了让罪犯显得更加愚蠢，要在罪犯的脸上抹上黑色炭灰。而在抹炭灰时需要先把炭黑放在手掌上，搓匀再抹到罪犯的脸上，后来慢慢地五指张开的手掌本身就成了一个侮辱人的手势。

　　还有一个非常常见的手势是食指和大拇指围成一个圆圈，另外三个手指伸直分开，这个手势在大多数欧美国家里是意味着 OK，但是对于法国人来说，这个手势是代表"零"或者是毫无价值，所以如果你在法国对着厨师做这个手势，那一定没有好果子吃。同样这个手势，在日本代表着"钱"；在德国则表示骂人家是笨蛋或讨厌鬼 [55]；在巴西和巴拉圭，这与美国人竖起中指具有同样的意义，是一个侮辱人的手势；在土耳其和委内瑞拉则用来暗示他人是同性恋。[56, 57]

一位在日本教英语的美国人，曾用食指召唤一位学生过去，却发现那位女孩子张大了嘴巴，差不多下巴都要掉了，而其他学生也都很吃惊地盯着他。后来他才知道这个手势在日本、菲律宾和许多亚洲国家都不是一个有礼貌的手势。[58] 还有一个手势是中指和无名指弯曲，由大拇指压着，食指与小拇指垂直向上竖着，这个手势在美国人那里往往与得克萨斯大学的长角牛足球队联系在一起，但在金属乐和摇滚乐中被称为"魔鬼角""山羊角"或"金属礼"，是乐队与歌迷互动时常用的手势；同样的手势在巴西和委内瑞拉代表着好运，但是千万不要对意大利人做这个手势，因为这是骂对方被戴绿帽子！ [59]

5. 身体触摸与握手

"身体触摸是最古老、最原始和普遍的感觉。这是我们在子宫里经历的第一种感觉，也是我们在死去之前失去的最后一种感觉。"身体的触摸也在传递信息，就像美国著名小说《麦田里的守望者》所描述的那样：

我一直和她在一起，这听起来不怎么样，但握着她的手真是棒极了。大多数女孩，如果你和她们握手，她们混账的手就会"死"在你手里，或者她们认为她们必须时刻保持她们的手在活动，就好像她们害怕她们会让你感到无聊或是什么的。

每一种文化都有一套自己的关于身体触摸的规则，界定了在何种情形之下谁可以触摸谁，以及可以触摸什么部位，等等。在不同的国家，身体触摸的频度是不一样的，可以触摸的部位也是不一样的。前几年，有一本颇为流行的书，书名叫《乖，摸摸头》。的确，在中国，当我们看到一个可爱的小孩时，往往会摸摸小孩的头，表示嘉许。但是，在中国的蒙古族和藏族、马来西亚、斯里兰卡、泰国、不丹、尼泊尔这些信奉佛教的文化里，头顶被认为是最神圣的地方，是外人不能摸的。

按照埃克斯泰尔（R. E. Axtell）的研究，拉美人、意大利人、西班牙人、葡萄牙人和希腊人的身体触摸比较多，北美人、北欧人和日本人的身体触摸比较少，介于中间的可以有适度触摸的是中东的阿拉伯人、澳大利亚人、法国人、爱尔兰人和中国人（见表 7-3）。[60]

表 7-3　触摸和不可触摸文化

触摸很少的文化	适度触摸的文化	触摸较多的文化
日本	澳大利亚	拉美国家
美国	法国	意大利
加拿大	中国	希腊
英国	爱尔兰	西班牙和葡萄牙
斯堪的纳维亚国家	印度	一些亚洲国家
其他北欧国家	中东国家	俄罗斯和俄联邦国家

资料来源：Axtell, R. E.（1998），*Gestures*，NJ: John Wiley & Sons, P. 40.

另外一些观察则指出：中国人很少在公共场合表露情感，而阿拉伯人在沟通过程中有很多的肢体接触，从中东到土耳其，人们经常看到有两个男性勾肩搭背，甚至手牵手在街上行走，这不是他们有特殊的性取向，而是他们的文化。当埃及总统沙达特和其他人坐在一起谈话时，他经常把手放在其他人的膝盖上。这非常埃及，也代表了非常重要的阿拉伯文化。[61]

握手是人们见面时最常见的礼节，是人与人在沟通过程中最直接的肢体接触。研究者把握手分为几种不同的类型，而每一种都透露着内中的含义：从驾驭到臣服、从冷漠到热情、从果断到优柔，不一而足。有时候，你握到的手极其绵软无力，就像握到了"刚刚死去的钝吻海豚萎缩了的背鳍一样"，有时你可能会碰到差不多要把你的手骨捏碎的主。心理学家发现，一个人所伸出的手是精巧无骨的还是紧致而有力的，目光是持续地看着对方的眼睛还是盯着人家的脚，草草一握即把手抽回还是长时间握着而不松手，所有这些都在传递着你是一个怎么样的人的信息。[62] 一般认为，如果人家没有让你握住他整只手掌，而只是手指头，或者他只握住你的手指，意味着他想和你保持距离。美国亚拉巴马大学的威廉·卓别林（William Chaplin）和同事开展了一项关于握手的研究，结果发现握力较大，握手时间长，并有稳定的眼神接触的男性，在神经质测量指标上评分较低，而在外向性和直爽上得分较高。[63]

2017 年，美国总统特朗普的"握手杀"不仅在媒体界搅起了很多的热议，在外交界和各国领导人之间也引起了不少涟漪。据说特朗普在多年之前以这种肢体语言显得自己很自信，并给对方一个下马威。日本首相安倍晋三被特朗普狠狠一握之后如释重负的表情，说明特朗普的握手神功不是浪得虚名的。于是就有了 7 月 14 日特朗普和法国总统马克龙之间被媒体称为"史诗般"的握手片段。美国有线电视新闻网（CNN）报道题为"观看特朗普和马克龙'永不结束'的握手"，报道还在视频中对两人的握手计时，总计大约用时 52 秒。特朗普这次是主动收手，但马克龙不依不饶，拒绝松开。[64]

虽然握手有其内在的"密码"，但是握手的风格也在不同的国家和文化有着不同的特点。表 7-4 归纳了 BBC 总结的 14 个国家不同的握手风格。在这些国家之外，东亚很多国家在握手的风格上与中国相似，但是菲律宾是一个例外，在菲律宾握手时不要用力，一般是轻轻一握，不过要看着对方的眼睛。德国人的握手则非常用力，以至于他人都会觉得有些粗鲁。在伊斯兰教和正统的犹太教文化里，男性不能与家庭成员之外的女性有肢体触碰，因此他们会避免与女性握手；类似地，在印度教文化里，男性也不会与女性握手。

表 7-4 14 个不同国家的握手风格

文化	握手的风格和方式
美国	介绍你自己的名字并紧紧地握手
澳大利亚	如果你是一位女性并且要握男士的手，那你需要首先伸出手，女性不必和另外一位女性握手
摩洛哥	温柔地握手，只有同性之间才握手
俄罗斯	不要握异性的手，除非是在商务场合；男士要向女士行吻手礼
墨西哥	长时间的握手，如果你是一位男士，握手时通常伴随着一个拥抱
韩国	从级别最高的人开始握手，一般是轻轻地、柔软地一握
土耳其	紧紧地握手是粗鲁的，一般是轻轻地握着对方的手，但会握较长时间
阿联酋	由最年长的人主动握手，通常是较长时间的握手，不要太快地把手抽出来
巴西	紧紧地并持久地握手，加上坚强有力的眼光接触，离开告别时要重复握手
中国	先向最年长的人握手，轻轻握手并稍稍鞠躬，没有直接的眼光接触
英国	轻轻地握手，握手之后，不要站着太近说话
泰国	不要握手，人们会将双手合十在胸部的水平并鞠躬，以同样的姿势回复
法国	轻柔并快速地握手，如果是熟悉的人，也可以行贴面礼
瑞士	与每一个人握手，并以对方的姓加上女士或先生的头衔称呼他们

资料来源：http://www.businessinsider.com/how-to-properly-shake-hands-around-the-world-2015-3.

在传统的握手之外，近年也演变出一些新形式的握手方式，其中一种就是击掌（称为 **high five**）：五指张开，手掌高举过肩，向正前方拍出，与对方拍出的手掌相击。另外一种是拳头相抵（称为 fist shake）：右手握成拳头，与对方的右拳正面相触碰。虽然这些握手的新变种目前还只在体育运动或民俗文化中流行，但谁又能肯定未来它们一定不会成为正式场合的问候方式呢？

7.4.3　空间与时间观念

除了肢体语言，不同文化对于空间距离和时间的不同感知与价值观也会直接影响到人际沟通。

1. 人际空间距离

对沟通中人际空间距离的研究最早开始于爱德华·霍尔，他在其奠基性的著作《隐藏的维度》中使用了 proxemics[65] 这个词，强调了人际距离和空间的使用对人际沟通的影响。[66] 按照霍尔的观点，对于美国人来说，亲密距离是 1.5 英尺[⊖]，大约是 45 厘米，这个距离一般是恋人和配偶、孩子可以进入的距离，是拥抱、触碰和耳语的距离。家人、亲戚和好朋友能进入的是私人空间，这是一个半径大约为 1.2 米的空间。对熟人开放的距离是 1.2 ～ 3.6 米的社会空间，而面向陌生人和社会公众的距离则是在 3.6 米之外的空间，当一个人对公众演讲的时候，听众大约会被安排在这个距离之外（见图 7-8）。

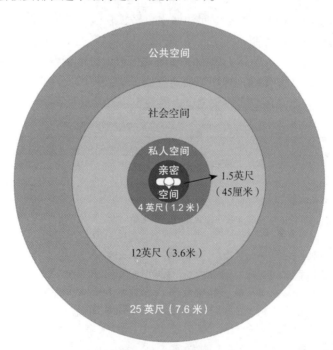

公共空间

社会空间

私人空间

亲密
空间

1.5英尺
（45厘米）

4 英尺（1.2 米）

12英尺（3.6米）

25 英尺（7.6米）

图 7-8　霍尔的人际空间距离（1966 年）

人际空间距离对于远近亲疏不同的人是不一样的，误入相当于空间的入侵，会引起不适和不安。这种人际空间距离受到文化的强烈影响，不同的文化具有不同的人际距离。比如说美国人的私人空间距离是 1.2 米，但是在欧洲人之间私人空间距离要小不少，为 0.6 ～ 0.9

⊖　1 英尺 = 30.48 厘米。

米，北欧的距离会大一些，南欧的距离会小一些。[67] 2017 年一个集合了来自 42 个国家和地区的 9 000 多名研究对象的比较研究表明（见图 7-9），对于陌生人的私人空间距离，罗马尼亚人、匈牙利人、沙特阿拉伯人、土耳其人最大，大于 1.2 米；阿根廷人、秘鲁人、保加利亚人和乌克兰人则最小，可以小于 0.9 米。在私人空间距离方面，匈牙利、沙特阿拉伯人和乌干达人的距离最大，在 1 米以上，而阿根廷人只有 0.6 米。[68] 现在我们可以想象一下，如果让一个北欧人和一个阿根廷人站在一起交谈，会出现什么样的情形？

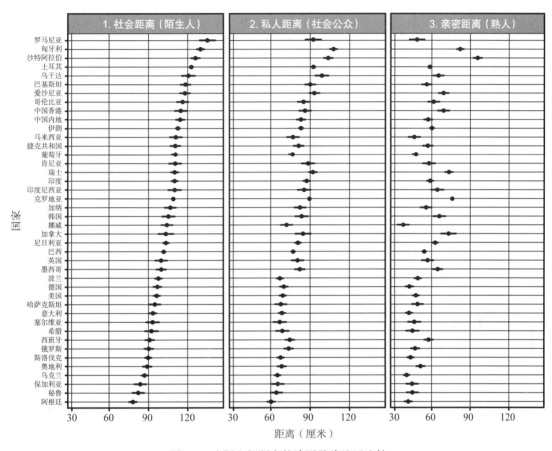

图 7-9　人际空间距离的跨国及跨地区比较

通常，当一个喜欢人际距离大的人在交谈的对方进入他认为太近的距离时，会有意识或无意识地往后退一步，以保持距离，但是这样的动作在墨西哥会被认为非常不友善。[69]

2. 时间观念

美国文化人类学家克拉克洪和斯乔贝克在 1961 年出版的《价值取向的变奏》一书中，将人的时间观念作为分析和讨论文化的 6 个维度之一。他们认为，有些文化注重当前，有些文化注重过去，而有些文化则注重未来；在某些文化里的人在一段时间里只会做一件事情，而在有些文化里，人们会在同一时间同时做多件事情，可见不同的文化具有不同的时间观念。[70]

这之前的 1959 年，爱德华·霍尔在其《无声的语言》一书中创造了单向度和多向度时间观念来描述人们在同一时间内做一件事情还是多件事情。[71] 在单向度时间观念里，时间是线性的，是一去不复返的，因此时间是宝贵的，时间是金钱，是不能浪费的，所以需要将时间分割成一小段一小段，并配上时间表，以便充分利用，因此要严格遵守约定的时间和时间表。美国、英国、奥地利、瑞士和德国被认为是单向度时间的，而拉美、南欧、中东国家、南亚和东南亚国家则更倾向于多向度时间。一般认为低语境文化通常拥有单向度时间观念，而高语境文化一般拥有多向度时间观念。单向度还是多向度时间观念也是一个连续统，它同时存在于某一文化之中，无非是何者多一些何者少一些而已。另外，一个人到底表现出何种时间观念也与这个人所处的场景有关，霍尔指出："日本人的时间系统同时结合了单向度和多向度观念，当他们面对外国人时或者使用技术时，他们是单向度时间观念；在所有其他场景中，特别是在处理人际关系时，他们表现出多向度时间观念。"

我们将霍尔所描述的这两种时间观念之间的差异列在表 7-5 中。

表 7-5　单向度和多向度时间观念之间的比较

单向度时间观念的人	多向度时间观念的人
在一段时间里做一件事	在一段时间里做许多事
聚焦于工作	很容易被另外的事分心，工作会经常被打断
认真对待时间承诺（截止日期、时间表）	把时间承诺看作一个要实现的目标，如果可能实现的话
坚守计划	轻易并经常改变计划
关心不要打扰他人，遵守隐私规定	更关心他们周边的人（家人、朋友、密切的业务伙伴）而不是隐私
强调迅速	迅速的程度基于关系
习惯于短期的关系	倾向于建立毕生的关系

资料来源：Edward Hall & Mildred Reed Hall（1990），*Understanding Cultural Differences：Germans，Frenches and Americans*，Yarmouth（ME）：Intercultural Press，P. 15.

霍尔举例说，如果典型的单向度时间观念的美国管理者到中东拜会一个潜在的业务拓展伙伴，美国人希望能尽快把事情谈好落实，然后他就可以离开去做下一件事情，但是这位阿拉伯人各种事务缠身，好不容易终于能坐下来和他谈话了，但交谈还是不断地被其他事情和其他人打断，面对这样的情形，美国人脑子里立马浮现出一个大大的问号，这个人能合作吗？[72] 对于单向度时间观念的人来说，工作需要严格按照日程和时间表来完成，然而南美文化有着普遍的 mañana 时间观，即"今天做不完的工作就留到明天做吧"，[73] 这会让美国人和德国人抓狂。

美国雷德福大学的托马斯·布吕诺（Thomas J. Bruneau）在 1980 年创造了术语"chronemics"，并认为它："可以简短地笼统地定义为对与人际沟通相关联的人类时间节奏的研究，更加具体地说它包括了对影响人类行为并与之相互依存的人类主观和客观时间节奏的研究。"[74]

英国语言学家和跨文化沟通专家理查德·刘易斯综合了霍尔的单向度与多向度时间以及其他理论，提出了一个包含线性积极主动（linear-active）、多元积极主动（multi-active）和被动反应（re-active）三种文化类型的跨文化沟通风格模型。大致上来说，北欧和北美国家主要是线性积极主动型文化，遵循线性的逻辑顺序来做事的秩序，坚持逻辑而不是听凭感情左右；他们注重结果，喜欢迅速推进工作，在必要时会通过妥协以达成协议。南欧、拉美、非洲和中东国家的典型特征是多元积极主动型文化，非常重视感情、关系和以人为本；健谈、情绪化、容易冲动；喜欢同时做很多事情，沟通会被频繁地打岔中断，交谈中出现沉默会让他们不安。东亚是被动反应型的文化，追求和谐与团结。在沟通中，被动反应型的文化往往遵循下面的模式：仔细倾听，建立对他人意图的理解，沉默一段时间以进行评估，通过询问进一步查证，以建设性的方式做出反应，保留一定的回旋余地以应对不可预测性，模仿他人的长处或产品，并加以完善，以达到尽可能的完美。刘易斯把这三类文化的详细特点整理成表，我们将此列在表 7-6 中。

表 7-6 刘易斯的跨文化沟通模型里的三种文化类型

线性积极主动型文化	多元积极主动型文化	被动反应型文化
一半的时间会在说话	大部分时间都在说话	大部分时间都在倾听
从统计资料和研究中获取数据	向人们征询第一手信息	既使用统计数据也向人征询信息
一步一步提前计划	只计划粗线条的轮廓	只确定一般原则
礼貌但直接	情绪化	礼貌但间接
部分隐藏感情	展露感情	隐藏感情
以逻辑针锋相对	以情绪针锋相对	从不对立
不喜欢丢面子	总有很好的借口	必须不丢面子
把项目细分为具体的工作	让一个项目影响另一个	看整个画面和大局
很少打岔	经常打岔	不打岔
工作导向	人际关系导向	非常人际关系导向
坚持事实	玩弄事实	声明是许诺
真相先于外交手腕	真相是灵活的	外交手腕凌驾于真相之上
有时没有耐心	没有耐心	耐心
有限的肢体语言	无限的肢体语言	细微的肢体语言
尊重官员	暗中操作	网络
社会关系与专业能力相分离	社会网络与专业能力交织在一起	将社会网络与专业能力连接起来
一个时间点做一件事	一个时间点从事多项任务	对伙伴的行动做出反应
准时非常重要	准时不重要	准时是重要的

资料来源：https://www.crossculture.com/latest-news/the-lewis-model-dimensions-of-behaviour/.

详细的各个不同国家和地区所属的文化及其与其他文化的关系如图 7-10 所示。

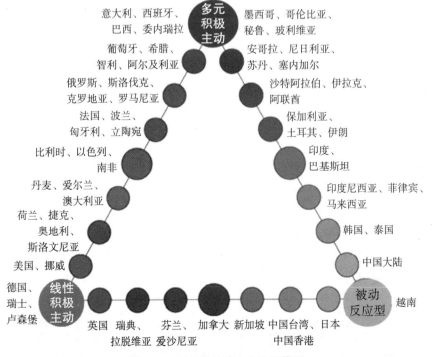

图 7-10 刘易斯的跨文化沟通模型

从根本上说，非言语沟通是言语沟通的一种补充，尽管很多学者认为在沟通中非言语沟通的作用远远大于言语沟通。人们通过"阅读"非言语沟通的信号来了解对方想要表达的意思，而且由于大多数非言语沟通的信号是沟通者在非自愿、无意识的状态下发送出来的，因此它们往往更加真实。尽管许多非言语沟通方式存在着普遍性，这为我们通过观察非言语沟通信号来了解对方的思想提供了可能性；但是我们也要特别强调在不少情况下，不同文化之间在非言语沟通方式上存在着巨大的差异，如果你以自己的文化作为"解码系统"来诠释他人文化下的非言语沟通信号，可能就会出现误解。[75] 因此，在跨文化沟通中，我们一方面要"听其言"，另一方面也要"观其肢体语言"，同时还要不断地提醒自己：对方的非言语沟通信号所代表的意思与我们是否一样？而我们自己则要在跨文化的场景下尽量少用肢体语言，如果意识到使用了肢体语言，又担心会引起误解，可以补充解释一下你想要表达的思想。

7.5　礼仪、禁忌与习俗

礼仪是人际互动中需要特别关注的行为准则。儒家经典四书五经的《五经》，就包含了分成两部的《礼记》，可见礼在儒家文化中的重要性。这里的礼是周初确定的一整套的典章、制度、规矩、仪节，是人的行为规范。《左传》云："礼，经国家，定社稷，序民人，利后嗣者也。"《论语·颜渊》则强调："非礼勿视，非礼勿听，非礼勿言，非礼勿动。"儒家文化里的礼就包含了我们下面将要讨论的礼仪。

有些礼仪实际上已经包含在我们前面讨论过的言语沟通和非言语沟通中了。礼仪在跨文化沟通中的影响最需要注意的是各个国家和文化具有不同的习俗，它决定了哪些事情是在沟通和交际中必须做的，而哪些又是禁忌。这些礼仪、习俗和禁忌很难在此一一穷尽，我们只能略举些例子，以让诸位读者有个概念，以便到需要之时，记得要提前去做些功课，防止犯错。

让我们首先从见面开始吧！什么样的衣着才是合适而不会失礼的？ 2017 年 5 月，印度著名影星、联合国亲善大使朴雅卡·乔普拉（Priyanka Chopra）在社交媒体上发了一张照片，感谢印度总理莫迪在访问德国时在柏林会见了她。照片显示她穿着一条连衣裙，跷着二郎腿，将膝盖和小腿裸露在莫迪面前。很快，这张照片在社交媒体上引来了不少骂声，指责她的裙子不够长，显得对总理不够尊重。[76] 作者的印度学生说，这样的服装从西方的标准来看，是完全合适的，但是从印度的角度看，稍显随意了一些，不够庄重。2008 年 3 月 19 日，瑞士外交部部长米舍利娜·卡尔米 – 雷伊（2011 年担任了瑞士总统）在访问伊朗会见伊朗总统艾哈迈迪 – 内贾德时，戴了白色的头巾，这就像在油锅里滴了一滴水，引来了民众强烈的批评，批评她"就像一个顺从的女人"。她回到瑞士后解释说这只是外交礼节，是对主人表示尊重而已。[77]

在商业场合，见面之后第一件事情大概就是交换名片，互相认识，不过交换名片的方式却可能截然不同。在日本和中国，交换名片会显得隆重得多，一般是双手递上名片，而且是把名片上文字的方向朝向对方，以方便对方阅读你的名片信息。在接受名片时也要用双手，以示恭敬。但是欧美和其他很多国家在交换名片的方式上就简单得多，很可能只是单手递接。

在中国，我们强调"好事成双"，一般送礼时会送双数的物品，但是如果你去俄罗斯或者俄联邦国家，给人家送一束双数的花，则是要被收礼者打出家门的，因为在那里双数的花通常是去参加葬礼时送给过世的人的。这样的禁忌在一些东欧国家和意大利南部也有。各国送礼的禁忌也常有不同，就比如在中国和日本，不能送人家时钟，因为有着不好的谐音。在意大利不能送人菊花，因为那是送给去世的人表示哀悼的。作者的一位中国朋友曾从中国买了一件睡裙，送给她的一位意大利朋友，当那位意大利老太太打开包装展开睡裙时，满脸的惊讶，因为睡裙两襟上都绣着菊花。在达·芬奇的著名画作《天使报喜》中，天使加百列奉神的差遣从天上降临，告知圣母玛利亚她已经怀上了"上帝"之子耶和华。画面上天使单膝跪地，左手拿着一枝白色的百合花，达·芬奇以此来表达圣母无玷受孕，因为白色的百合花代表着贞洁。然而在英国，白色的百合花却代表着哀悼，是在葬礼上使用的花。同样在英国，红色的玫瑰花代表着浪漫，所以除非你向某人求爱，否则不能送人红色的玫瑰。

在商务活动中，互赠礼品现在也变得越来越普遍了，而在欧美国家，却不是它们的习俗，很多公司都规定收到贵重礼品必须上交给公司。2016 年年末作者在德国纽伦堡技术大学给 MBA 学生讲课时，班上有一位学生在西门子实习，西门子公司的总部就在纽伦堡。她说西门子公司的员工手册里规定员工收到金额超过 20 欧元的礼物时都要上交公司。

在阿拉伯国家和印度，当你和别人握手或者递东西给人家或者取用食品时，千万不要用左手，因为在这些国家，左手是在大解后用来擦屁股的，被认为不洁净；在俄罗斯，左手也被认为是不洁的，因此不能用左手给人递名片或者递东西。[78]

在食物上，伊斯兰教的信徒不吃猪肉不喝酒，而印度教信徒不吃牛肉。中国台湾也有不少人不吃牛肉，却是因为风俗。

当开始互动交流后，某些体姿和手势在有些国家是禁忌，我们已经在前面讨论过，不再在此赘述。在阿拉伯国家，落座后千万不要抬起脚底，因为鞋底是一个人最低的地方，而且是踩在地上的，被认为不干净，如果抬起脚底，让某人能看到你的鞋底，则是对该人极大的侮辱。在泰国，则要避免跷二郎腿，因为跷二郎腿时很容易将鞋尖朝向某人。在泰国文化里，一只离开地面的脚的脚尖对着某人，就是对该人的侮辱。

在开始谈论正事前，人们往往会用些闲聊来为沟通暖场，但是在不同的国家，闲聊的长短和话题也可能成为一个跨文化的陷阱。美国人通常不喜欢有太多的闲聊，喜欢直奔主题，因为对美国人来说，时间就是金钱，闲聊是一种浪费。而对许多国家来说，比如中国、拉美、阿拉伯人，闲聊是了解对方的一种方法和途径，因此他们会乐意花费较长的时间在最开始的闲聊上。至于话题，通常大家会建议在英国你可以谈谈天气，这是一个比较保险的话题。美国人喜欢篮球，但是不同的人可能喜欢不同的球队，所以当你不知道对方喜欢哪个球队时，这个话题要谨慎，以免出现你大肆赞扬对方痛恨的球队的尴尬场面。中国人的闲聊往往会聚焦在个人生活方面，比如问对方是否结婚了？孩子多大了？等等。在西方国家，很多人同居而不结婚，还有一些人有不同的性取向，所以个人方面的话题会让对方很尴尬，甚至可能让对方感到被冒犯，更何况西方是个人主义的文化，私人空间与公共空间相对分离，不愿意在商务场合谈论个人话题。在沙特阿拉伯，由于特殊的宗教传统，我们要特别注意避免询问跟对方家庭有关的问题。

7.6　沟通、冲突与文化

沟通与冲突往往如影相随，因为沟通经常是冲突产生的原因和传播的载体，但同时它也是管理和解决冲突的途径和方法。在跨文化的场景下，由于价值观、信仰、行为规范的不同，就为产生意见不合甚至冲突提供了丰富的土壤。同时，文化也决定了人们如何看待冲突和管理冲突。

在美国，人们常常认为冲突是自我表达和竞争的一部分，因此是好的，作用是正面的。

在中东，人们将冲突视为一种生活的本源：他们认为冲突无处不在，因为各人对各个问题都有自己的感受，要允许人们以强烈的和对抗的方式来表达这些感受。犹太文化更是鼓励这种冲突，在从小的教育中，犹太人就鼓励孩子们提出与老师不同的观点，犹太教拉比的教学方法是提出问题引导讨论，让学生自己找出答案，而不是给学生灌输"某种知识"，犹太文化是一种怀疑和争辩的文化，[79] 因此就有"有两个犹太人的地方就会有三个不同的主意"的说法。南欧人比较情绪化，意大利人认为公开的冲突和争论是保护自己利益的最好方法，而希腊人则为他们雄辩的传统而自豪，这种争辩和论证的传统在古希腊时期就已经非常兴盛，在古罗马时期更得到了加强。在古希腊和古罗马时代，雄辩在社会和政治生活中具有重要地位，它不仅仅是在政治和法律上击败对手的有力武器，也是衡量一个人是否有文化和有教养的标志。有学者指出，对于希腊人来说，"挑战、侮辱和攻击在适当的程度之内与交谈几乎是同义的"[80]。真是殊途同归，这些文化对待冲突有着类似的态度，却出于不一样的原因。

相反，中国人和日本人将尽力避免冲突，因为儒家文化强调"和为贵"，直接的冲突会"伤了和气"，非要分出对错的争辩会让一方"丢了脸面"，影响团结和今后的合作。因此，中国人和日本人在冲突的解决上会倾向于非对抗的妥协和迎合的方法，所以在我们的歇后语里就有了"和事佬""和稀泥""各打四十大板""退一步海阔天空"等说法。一般来说，在集体主义文化下，公开的、对抗性的冲突被认为有害于成员之间的关系、团队的凝聚力和组织的稳定性。[81] 这种文化带来的其中一个特征就是会议讨论的特点与美国式的会议截然不同，在中国和日本，会议主要是用来通报信息和仪式性地对需要决策的议题进行表决通过，一般不会有任何争论，讨论和建议应该是在正式的决策会议之前在私下的场合进行的。这就是为什么联想集团在收购了 IBM 桌面计算机业务之后，在由一半美国人一半中国人组成的高管委员会的会议上，很少有中国人积极参与讨论，但是当 CEO 在会上做出决定之后，往往在会后很快就会收到中国高管的邮件，抱怨为什么他们都没有发表意见，CEO 就做出了决定！⊖ 这一方面是由于中国文化是一种聆听文化，需要仔细聆听他人的意见，好好思考然后再做出回应；另一方面，中国文化还是一种被动反应型文化，不会主动争抢发言机会，在和非常积极主动、爱表现的美国人在一起时，中国人会发现自己根本就没有机会表达意见。最后，中国人避免直接冲突和对立的文化也阻碍了中国管理人员在会议中公开提出反对意见。

比至于美国、希腊和意大利，德国、瑞典和法国文化则倾向于避免冲突。德国人不喜欢涉入直接的面对面的冲突，"不是因为强调人际关系的和谐，也不是为了调和意见分歧，而是为了保持礼节和社交距离"。对于法国人来说，在外人面前失去控制和与他人发生冲突，则表明一个人不够强大，是"软弱的标志"。瑞典人信仰共赢的价值观，认为一个理想的主张，应该是为各方利益的共赢而制定的，因此各方也就不会有争执和冲突的空间了。拉美文化也倾向于避免冲突，比如说巴西人无论在社会交往还是在商业活动中都比较注重朋友关系，因此认为冲突是一个需要避免的东西。在商业经营活动中，商务礼仪要求人们能彼此之间感到放松自在，人际冲突会破坏这种平静舒适的场景。墨西哥人也具有不喜欢直接对抗的文化，对他们来说，回避型的冲突管理风格有时候比直接冲突型或对抗型冲突管理方式更适合处理轻微或中等程度的冲突问题。[82]

在不同的文化里，冲突的解决方式也很可能是不一样的。学术界较为公认的对待和处理冲突的方式有五种：回避、妥协、主宰、融合和迎合。回避（avoiding）是指不去理会或

⊖ 来自联想集团副总裁的演讲。

者逃避冲突的方式；妥协（compromising）则是试图找到中间立场来解决冲突的方式；主宰（dominating）是将个人利益置于别人之前，把自己的利益凌驾于他人之上的一种风格；融合（integrating）是指一个人试图去满足所有各方利益的方式；迎合（obliging）是指一个人为了他人的需要而牺牲自己利益的冲突解决方式。[83]

香港浸会大学的赵其琨（Randy Ki-kwan Chiu）教授曾在其博士论文里研究了中国香港和美国商学院的男性研究生在冲突处理上的差异，他发现中国香港的学生倾向于以回避或迎合的方式来处理冲突，但是美国学生倾向于以竞争性或者合作性的方法来解决冲突，他的研究也发现中国香港学生的这种冲突处理的倾向与集体主义的文化价值观相关。[84, 85] 蔡和芬克（E. Fink）基于来自 31 个国家和地区的居住在美国的 188 位研究生的实证研究似乎表明文化对冲突管理偏好的影响并不是简单的直线型的。他们的研究发现集体主义者更喜欢妥协和随大流，与人们的常识相符，而个人主义者比集体主义者更喜欢回避冲突，却与常识不符，因此他们认为应该是多个文化维度在共同影响人们的冲突管理偏好。[86]

丁允珠认为，来自低语境文化的人在冲突中更倾向于使用"明确的沟通代码、线性的时间和逻辑风格，基于理性和事实的言辞风格、开放的、直接的策略"，而来自高语境文化的个体在冲突中更倾向于使用"隐性的沟通代码、点逻辑的风格、基于直觉和情感的言辞、模棱两可的、间接的策略"。低语境中的人更可能将冲突视为工具，以不同的做法或目标为标志，更有可能在冲突中使用事实归纳或公理演绎的思维方式或沟通方式，更有可能对冲突采取直接的对抗性的态度。而高语境文化中的人更可能将其视为表达思想和情感的情绪性的方法，以敌对性感受为标志，更倾向于使用直觉的情绪性的风格，更可能采取间接的非对抗性的态度。[87] 后来也有研究发现来自低语境文化的人比高语境文化的人更多地使用问题解决导向的冲突风格，而来自高语境文化的人更倾向于非对抗性的冲突。[88] 克劳彻（Stephen M. Croucher）等人的研究发现与丁允珠以及蔡（Elizabeth G. Chua）和古迪昆斯特的研究发现非常类似。[89]

迈克尔·邦德（Michael H. Bond）和梁觉等人研究了中国香港学生和美国学生对言语侮辱的反应以及背后的文化的影响。研究发现美国学生对于来自群体外的言语侮辱的接受程度比较低，而在中国香港学生那里则看到了地位差异对这种反应的影响。该研究还询问了学生会如何建议冲突双方的上司来解决冲突，非常有意思的是美国学生较为倾向于建议上司要厘清冲突双方的是否曲折，找出冲突背后原因和谁对谁错，另外更倾向于建议上司召集冲突双方一起开会来分清是非曲直和解决冲突；中国香港学生则更倾向于建议上司分别与冲突双方单独讨论，然后再召集冲突双方来言归于好的方法。[90]

7.7 跨文化商务谈判

谈判是指参与谈判的各方通过沟通、协商、争辩、妥协等过程从而达成各方都可以接受的结果的过程，它也是人们解决分歧、凝练共识、达成双赢和多赢结局的一种方法。

在跨文化谈判中，由于涉及不同的文化，所以容易产生沟通中的误解，而且不同的文化也有不同的谈判风格和策略，这就使得跨文化谈判较之一般的谈判要复杂得多。

7.7.1 谈判的一般流程

一般来说，谈判包含 5 个步骤：计划和准备、确定基本规则、交换信息和澄清、讨价还价和解决问题、达成协议并执行。

计划和准备是谈判过程的第一步，在这个阶段中，谈判各方竭力收集各方信息，了解对方的需求，估计出价的水平，为谈判做最详尽的准备。

确定基本规则是谈判过程的第二步，各方将确定谈判的立场、要求和期望以及所能接受的底线。在这一阶段中，我们也要思考如果谈判无法达成协议，那么最佳替代方案（BATNA）是什么？一个好的替代方案可以让谈判者处于有力的强势地位。因此我们也要了解对方的替代方案，对此可以在开始谈判时，尽量多提问题，用来了解或者至少猜测对方的最佳替代方案，这样可以帮助自己确立和及时修订自己在谈判中的立场。

交换信息和澄清是谈判的第三个阶段，在此阶段中，谈判方通过沟通交换信息，详尽地告知对方自己的需求和期望，以及自己愿意支付的价码；或者你能提供什么样的东西并且希望得到什么样的报偿。在这个阶段中，谈判各方也都有机会为己方的立场提供理由，进行说明、解释和澄清。这里的出价是初次出价，并不是最终的价格和底线。这个阶段是信息交换的过程，也是谈判各方正式磋商的开始，因此，在这一阶段开始之始，往往还有一个预热和建立人际关系的过程，但是这个预热过程的长短对于不同的文化是不同的，有些文化需要很长时间的预热，有些文化希望直奔谈判的主题。在这个过程中，缺乏经验的谈判人员容易犯的一个主要错误是一开始就泄露其替代方案，这会让其处在不利的地位。

之后的步骤就是讨价还价的过程了，谈判各方都试图通过质疑、对抗、劝说等方法来驳斥和反对对方的立场，最终通过说服对方或者被对方所说服，或者各方都做出某种妥协，消弭各方所存在的分歧，从而达成一致意见。谈判的核心问题其实是各方能提供什么又想要得到什么。同时，双方都可能存在机会主义的行为，卖方想要得到高价，买方则想捡个便宜，因此讨价还价往往是谈判中难免的事，除非某一谈判方拥有非常强的议价能力，则可以不做让步和妥协，迫使对方接受其条件。如果说前一个步骤是说明性的，是心平气和的沟通，那么在这个步骤中，则可能有剧烈的对抗和争吵，要对双方立场上的分歧一个一个地去解决，因此如果谈判双方一开始的立场差异很大，一般来说谈判会是冗长并艰难的。

达成协议并执行是谈判的最后一个步骤，一般只是将业已达成的协议条款正式化，形成包含各种明细的正式合约，并将交易的执行和推进流程明确下来。

7.7.2　跨文化谈判及其挑战

尽管如上所述，谈判有着一般的通行的流程和步骤，但是文化还是深刻地影响着谈判。首先是谈判离不开沟通，无论是言语沟通还是非言语沟通都是谈判所离不开的，因此文化对沟通的影响同样会出现在跨文化谈判里。格雷厄姆（John Graham）观察研究了日本、美国、巴西谈判者的非言语行为，结果如表 7-7 所示。

表 7-7　日本、美国、巴西谈判者的非言语行为

行为及其描述	在半小时的谈判过程中所采用的行为的次数		
	日本人	美国人	巴西人
沉默（超过 10 秒钟的沉默）	5.5	3.5	0
紧盯脸面（每 10 分钟盯着对方脸面的时间，分钟）	1.3	3.3	5.2
触碰（半小时内触碰对方的次数）	0	0	4.7
打断对方谈话（每 10 分钟打断谈话的次数）	12.6	10.3	28.6

资料来源：Graham, John（1983），"The Influence of Culture on the Process of Business Negotiations in an Exploratory Study"，*Journal of International Business Studies*, Spring 1983, P. 84.

哈佛大学商学院的詹姆斯·西本斯（James Sebenius）[91]指出人们很早就知道不同国家在礼仪和传统上的差异对跨文化谈判的结果具有决定性的影响，也深深理解尊重对方的礼仪和传统的重要性，但是文化更会影响公司的治理结构和决策的流程，这对谈判的影响是隐性的，但更加重要。因此在跨文化谈判中，要弄清楚谁有决策权，而谁又可能对决策具有正式和非正式的影响力。20 世纪 90 年代，意大利倍耐力公司⊖曾在股市上发起了对德国大陆轮胎公司的收购，成为大陆轮胎公司的第一大股东，但是当它要进入控制权的谈判阶段时，却发现虽然它得到了德国联邦政府和当地州政府的支持，也得到了德国银行的支持，然而德国公司的治理结构使得工会和管理人员可以轻易否决倍耐力公司的控制，由于得不到工会和管理人员的支持，收购最后以失败告终，倍耐力公司损失了大约 5 亿美元。而另外一家意大利公司在收购一家法国公司的子公司时，虽然工人和管理人员也反对，但是该意大利公司与那家法国公司的总公司成功地达成了协议，法国工会并没有德国工会这样的否决权，于是意大利公司成功收购了那家法国公司。

再者，文化也影响着不同国家谈判的风格。比如说，个人主义文化更可能力图推行或坚持他们自己的主张。这种文化信奉利益冲突是谈判固有的，因此在这种文化里，谈判被看作一种零和博弈，有人赢也有人输。因为"蛋糕"（可获得的资源数量）大小被认为是固定的，因此大家最关心的就是从这个蛋糕中尽可能多地获得一部分，这是一种聚焦于分配的文化。尽量多切一部分蛋糕这个目标优先于建立良好的关系，因此他们更强调要赢，要带着无懈可击的观点来到谈判桌前。另外一项研究发现，在谈判时美国人满足于较少的蛋糕但要平均分配，而日本人却会想办法做大蛋糕，而较少在意是否应该平均分配。[92]来自集体主义文化的团队成员更喜欢追求互惠互利，聚焦于如何通过整合各自的需求使得蛋糕可以在无形中增大，所以这是一种聚焦于融合的文化。这种文化将注意力集中在建立和维持相互之间的关系，在谈判桌前的姿态比较"谦逊"而不是专断地坚持自己的主张，但不应该把他们的谦逊与软弱混淆在一起。

一项由 200 名中国学生参加的模拟谈判研究发现，尽管妥协和回避是他们较为喜欢的模式，竞争与合作却是最令他们满意的。[93]此前的一项针对 33 名中国 CEO 的研究同样发现他们更喜欢妥协和合作，这归因于他们"和"与"中庸"的价值观。[94]

莉莲·钱尼（Lillian H. Chaney）和珍妮特·马丁（Jeanette S. Martin）从跨文化的视角整理了美国人、日本人、阿拉伯人和墨西哥人的谈判风格，表7-8就是她们整理的这四个国家的人在谈判风格上的差异。

表 7-8　美国人、日本人、阿拉伯人和墨西哥人的谈判风格

	美国人	日本人	阿拉伯人	墨西哥人
谈判小组组成	市场营销导向	职能部门导向	专家委员会	友谊导向
成员数量	2～3 人	4～7 人	4～6 人	2～3 人
空间导向	对抗性、竞争性	显示和谐关系	等级地位	密切朋友关系
建立关系	时间短，直接进入任务	时间较长，直到已经建立和谐关系	时间较长，直到已经建立信任	时间较长，知道可以讨论家庭了
信息交换	正式的材料，一步一步地，多种媒介	非常广泛，聚焦于接收信息	较少强调技术细节，更注重关系	较少强调技术细节，更注重关系

⊖　意大利倍耐力公司在 2015 年被中国化工集团收购。

（续）

	美国人	日本人	阿拉伯人	墨西哥人
劝说的工具	时间压力，亏损/盈利	维持关系，相互间联系	居中牵线的人，好客	强调对家庭和社会的关心，好意要用数代时间衡量
语言的使用	开放的、直接的、紧迫感	拐弯抹角的、感激的、合作的	奉承的、充满感情的、宗教性的	恭敬的、亲切的
初次报价	合理的 ±5%～10%	合理的 ±10%～20%	合理的 ±20%～50%	合理的
二次报价	添加到一揽子报价里，使交易看起来更漂亮	−5%	−10%	添加点奖励措施
最终一揽子报价	这就是总的一揽子报价了	不再有进一步的让步	−25%	这就是总的一揽子报价了
决策过程	高管团队	集体	团队提出建议	高管和秘书
决策者	高管团队	中层直线经理加谈判团队的共识	高管	高管
承担风险	精心计算过的个人责任	较低的集体责任	基于宗教思想	个人责任

资料来源：Chaney, L. H. & Martin, J. S.（2004），*Intercultural Communication*（3rd ed.），NJ: Pearson Education.

格雷厄姆研究了美国人、日本人和巴西人在讨价还价过程中的行为特征，他们之间的比较和差异列于表 7-9 中。

表 7-9　美国人、日本人和巴西人在讨价还价过程中的行为特征及其差异比较

讨价还价行为	半小时的谈判过程中所使用的讨价还价策略的次数			讨价还价行为	半小时的谈判过程中所使用的讨价还价策略的次数		
	日本人	美国人	巴西人		日本人	美国人	巴西人
许诺	7	8	3	承诺（未来的报价不会高于或低于某一水平）	15	13	8
威胁	4	4	2	自我披露	34	36	39
建议	7	4	5	询问	20	20	22
警告	2	1	1	命令	8	6	14
奖励	1	2	2	初次报价的利润水平	61.5%	57.3%	75.2%
惩罚	1	3	3	首次让步（初次报价和二次报价之间利润的差异）	6.5%	7.1%	9.4%
从正面呼吁对方符合社会规范	1	1	0	说"不"的次数（半小时内）	5.7	9.0	83.4
从反面呼吁对方不要违反社会规范	3	1	1				

资料来源：Graham, John（1983），"The Influence of Culture on the Process of Business Negotiations in an Exploratory Study"，*Journal of International Business Studies*, Spring 1983, P. 88.

格雷厄姆和林（Lam）研究了中国人和美国人在谈判上的差异，我们将他们总结的中美在谈判上的差异列在表 7-10 中。格雷厄姆和林认为中美在下列这些文化和思维方式上的差异导致了谈判风格的差异：还原论还是整体性思维、信息导向还是关系导向、寻找真理还是寻找办法、争辩文化还是讨价还价文化。他们发现中国式谈判带有深深的儒家价值观的烙印，如注重关系、中间人、社会等级、人际和谐、整体观念、节俭、面子以及吃苦耐劳。[95]

表 7-10 中美谈判者之间的差异

	美国人	中国人
谈判前准备	快速会议 随意 直接给对方打电话	冗长的接触、熟悉和拉近情感的过程 正式 依赖中间人穿针引线
信息交流	谈判者有绝对的决策权 直截了当 先陈述提议	谈判者只有有限的决策权 拐弯抹角 先解释理由
说服方法	志在必得、咄咄逼人的 缺乏耐心的	反问的方式 持久耐心的
协议条件	达成"好（双赢）的交易"	建立长期的关系

7.8 不是结语的结语

美国著名管理大师李·艾科卡曾这么说："你可以有非常杰出的想法，但如果你不能让人们理解你的这些想法，你的想法不会让你得到什么。"沟通在国际管理中特别重要，因为在来自不同文化的各方之间传递意义并没有想象中的那么容易和顺畅。正如著名剧作家萧伯纳所说的那样："沟通中最大的一个问题就是出现错觉。"双方都认为自己说的内容对方已经理解了，而对方所说的自己也理解了，但其实都是在自说自话，鸡同鸭讲。

在跨国的经营活动中，存在着一系列的沟通障碍，最主要的就是语言和文化。语言构成了直接的沟通障碍，要精通一门外语并非易事，而一个国家的俚语更不是一个外国人所能够轻易掌握的。在国外生活过的人都有这样的经历，本国人说了一句什么，然后大家一起哄堂大笑，但是作为外国人的我们不知所云，往往一头雾水。当不得不使用翻译时，翻译本身的水平是一个问题，翻译还使得大量的信息丢失，因为非言语沟通信号往往不会翻译。文化与沟通是不可分割的，阿尔弗雷德·史密斯（Alfred Smith）在其《沟通与文化》一书中写道："文化是我们学会和共享的一种代码。学习和分享需要沟通，沟通需要编码和符号，而这些编码又必须通过学习和分享来获得。"[96]文化使得人们拥有完全不同的看问题和理解事物的视角，使其无论在言语沟通还是非言语沟通的知觉和理解上起着极其重要的影响。美国语言学家黛博拉·坦南（Deborah Tannen）将此颠倒过来，非常生动地说"男女之间的交谈也是一种跨文化沟通"[97]，因为"男人来自火星，女人来自金星"[98]，这是来自两个星球的文化之间的对话。了解对方的文化可以让我们更好地理解对方，让沟通变得更加顺畅。

谈判是一项特殊的沟通工作，所有在跨文化沟通中可能出现的障碍和潜在的陷阱也都将在跨文化谈判中出现，除此之外，文化还影响谈判的风格和谈判的策略。在跨文化谈判中，对文化的了解可以帮助谈判者理解对方想要表达的意思，也可以帮助谈判者了解对方可能采取的谈判策略和对结果的预期，从而让谈判顺利进行并获得成功，也让谈判者可以将谈判的成果最大化。

最后，我们以作者学生亲历的跨文化沟通经历来结束本章。这位同学在一家瑞典公司工作，他是这样描述的：

因为由三位中国女工程师所组成的小组工作非常出色，于是公司在官网上对她们进行了宣传和表扬。官网上刊登了宣传图片和表扬工作成绩的话语，并且表明她们不久后就会有两人将成为妈妈，因为该小组的其中两个女员工已是怀孕状态。本来这是一件不错的事，其他员工也可以在文章下面点赞和评论，但有一个年轻的男员工，平时和这三名女工程师关系很好，经常开开玩笑，于是就写了一条评论：Are they single now？很快这个评论就被总部专门管理员工关系的委员会看到。他们通过 IT 系统查到了发表这个评论的人，并写邮件要求他删除评论，并且将此事告知该员工的经理（我本人），要求对该员工进行批评和沟通。在我本人看来，也包括那三名女性员工本人都不觉得这是多么严重的事情，但是在瑞典总部的委员会看来，这条评论是对女性的不尊重。[⊖]

为什么在中国人看来不是问题的评论，到了瑞典人那里就变成了问题呢？你知道问题背后的文化因素了吗？

注释

1 Yoshida, Susumu (2002) Globalization and Issues of Intercultural Communications. Vital Speeches of the Day, 68(22), 708-712. 转引自：莉莲·钱尼，珍尼特·马丁. 跨文化商务沟通 [M]. 张莉，王伊芹，译. 6 版. 北京：中国人民大学出版社，2013. 第 2 页.

2 《圣经·创世记》，第 11 章.

3 Gladwell, Malcolm(2008) *Outliers*: *The Story of Success*, New York: Penguin, pp.185–223.

4 Fischer, U. and Orasanu, J.(1999) Cultural Diversity and Crew Communication, paper presented at Astronautical Congress, Amsterdam; published by American Institute of Aeronautics and Astronautics.

5 Gladwell, Malcolm(2008). *Outliers The Story of Success*, New York: Penguin, pp.177–223.

6 Orasanu, J., Fischer, U. & Davison, J.(1997) "Cross-Cultural Barriers to Effective Communication in Aviation", In S. Oskamp and C. Granrose, (Eds.). *Cross-Cultural Work Groups*: *The Claremont Symposium on Applied Social Psychology*. Sage Publications.

7 陈晓萍. 跨文化管理 [M]. 2 版. 北京：清华大学出版社.

8 ROGERS, E. M. et al (2002) "Edward T. Hall and The History of Intercultural Communication: The United States and Japan", *Keio Communication Review*, No. 24.

9 莉莲·钱尼，珍尼特，马丁. 跨文化商务沟通 [M]. 张莉，王伊芹，译. 6 版. 北京：中国人民大学出版社，2013. 第 2 页.

10 拉里·萨莫瓦尔，理查德·波特，爱德温·麦克丹尼尔. 跨文化交际 [M]. 董晓波，译. 7 版. 北京：北京大学出版社，2012. 第 16 页.

11 拉里·萨莫瓦尔，理查德·波特，爱德温·麦克丹尼尔. 跨文化交际 [M]. 董晓波，译. 7 版. 北京：北京大学出版社，2012. 第 18 页.

12 Althen, G. & Bennett, J. (2011) *American Ways*: *A Guide for Foreigner in the United States*. Boston, MA: Intercultural Press.

13 拉里·萨莫瓦尔，理查德·波特，爱德温·麦克丹尼尔. 跨文化交际 [M]. 董晓波，译. 7 版. 北京：北京大学出版社，2012. 第 18–19 页.

14 Goffman, Erwing (1959) *The Presentation of Self in Everyday Life*, Anchor Books.

15 Gudykunst, W. B. & Kim, Y. Y. (1997) *Communicating with Strangers*: *An Approach to Intercultural Communication* (3rd edition), New York: McGraw-Hill.

16 "纳粹的标志与佛教的标志"，详见：https://wenku.baidu.com/view/f7d82ffd76a20029bd642d8d.html.

17 青树明子. "日本人的'常识'是世界的'非常识'"，《日经新闻中文网》，2017 年 11 月 6 日，详见：http://cn.nikkei.com/columnviewpoint/tearoom/27708-2017-11-06-04-00-01.html.

18 Gudykunst & Ting-Toomey (1988) *Culture and Interpersonal Communication*, Newbury Park, CA: Sage Publications. P. 100.

19 Francesco, A. M. & Gold B. A.(2003) *International Organizational Behavior*: *Text, Reading, Cases and Skills*, Beijing: Pearson Education & Tsinghua University Press. P.60.

⊖　来自浙江大学管理学院 MBA2017 级刘海洋同学的作业。

20 Gudykunst & Ting-Toomey(1988) *Culture and Interpersonal Communication*, Newbury Park, CA: Sage Publications.

21 Lorenzen, Paul (1965) *Logik and Grammatik,* Mannheim, Germany.

22 Kaplan, R. B.(1966) Cultural thought Patterns in Intercultural Education, *Language Learning*, 16(1–2).

23 Kaplan, R. B.(1966) Cultural thought Patterns in Intercultural Education, *Language Learning*, 16(1–2).

24 Lewis, Richard (1999) *When Culture Collide*, London: Nicholas Brealey International.

25 Edward T. Hall(1976) *Beyond Culture*, New York: Doubleday.

26 Hall, Edward T. & Elizabeth Hall (1976) 'How Cultures Collide', *Psychological Today*. Reprinted in Gary R. Weaver(ed.), *Culture, Communication and Conflict: Readings in Intercultural Relations*, 2nd edition (1998). MA: Simon & Schuster Publishing.

27 "'森友学园'丑闻让'忖度'成热词", 日本《朝日新闻》, 2017 年 4 月 5 日报道, 转引自《参考消息》, 2017 年 4 月 6 日, 第 8 页.

28 Lewis, Richard (1999) *When Culture Collide*, London: Nicholas Brealey International.

29 Lewis, Richard (1999) *When Culture Collide*, London: Nicholas Brealey International. 转引自: 陈晓萍. 跨文化管理 [M]. 2 版. 北京: 清华大学出版社.

30 中国中央电视台,《中国企业的国际竞争力系列之五——华立集团》, 首播时间: 2002 年 5 月 19 日, 22:00–23:00.

31 Zhang, Gangfeng (2001) Cross-Cultural Management—Cases of Italian Invested Enterprises in China. PhD Dissertation, University of Trento, Italy.

32 Kendon, A. & Sigman, S. J. (1996) "Ray L. Birdwhistell (1918—1994)", *Semiotica*, 112(1–2): 249.

33 McDermott, R (1980) "Profile: Ray L. Birdwhistell", *The Kinesics Report,* 2(3): 1–16.

34 Wang, D. & Li, H. (2007) "Nonverbal Language in Cross-cultural Communication", *US-China Foreign Language*, 5(10).

35 Kirch, M. S. (1979) "Non-Verbal Communication Across Cultures", *Modern Language Journal,* 63(8): 416-423.

36 Trager, G. L. (1958) Paralanguage: A First Approximation. *Studies in Linguistics*, 13, 1–12.

37 Trager, G. L. (1960) Taos Ⅲ : Paralanguage. *Anthropological Linguistics*, 2, 24–30.

38 Trager, G. L. (1961) The Typology of Paralanguage. *Anthropological Linguistics*, 3 (1), 17–21.

39 Gumperz, J. J. (1982) *Discourse Strategies*. Cambridge: Cambridge University Press.

40 Chen A., Gussenhoven C. & Rietveldt (2004) Language Specificity in Perception of Paralinguistic Intonational Meaning, *Language and Speech*,47(4), pp. 311–349.

41 Puts D. A. , Gaulin S. J. C. & Verdolini K. (2006), Dominance and the Evolution of Sexual Dimorphism in Human Voice Pitch, *Evolution and Human Behaviour*, 27, pp. 283–296.

42 Ohala J. J. (1984) An Ethological Perspective on common cross-language utilization of F0 of voice, *Phonetica*, 41, pp. 1–16.

43 Graham, J. L. (1985) 'The Influence of Culture on Business Negotiations', *Journal of International Business Studies*, XVI(1), pp. 81–96.

44 Birdwhistell, R. L. (1952) *Introduction to Kinesics: An Annotation System for Analysis of Body Motion and Gesture*. Washington, DC: Department of State, Foreign Service Institute.

45 Birdwhistell, R. L. (1970) Kinesics and Context: Essays in Body Motion Communication. Philadelphia: University of Pennsylvania Press.

46 Padula, A. (2009) Kinesics. In S. Littlejohn, & K. Foss (Eds.), *Encyclopedia of Communication Theory*. Thousand Oaks, CA: Sage. pp. 582-584.

47 Barfield, T (1997) *The Dictionary of Anthropology*. Illinois: Blackwell Publishing.

48 Kendon, A.; Sigman, S. J. (1996) "Ray L. Birdwhistell (1918-1994)", *Semiotica*, 112(1–2): 231.

49 Kalas, Steven (2011) "People Notice When We Speak with Our Eyes". *Las Vegas Review Journal*.

50 Cruz, W (2001) "Differences in Nonverbal Communication Styles between Cultures: The Latino-Anglo Perspective", *Leadership & Management in Engineering*, 1(4): 51–54.

51 Kurien, Daisy N (March 1, 2010) "Body Language: Silent Communicator at the Workplace", *IUP Journal of Soft Skills*, 4(1/2): 29–36.

52 Barbara Pease & Allan Pease, *The Definitive Book of Body Language*.

53 "Turkish Body Language", 详见：http://www.turkishclass.com/turkey/essay/admin/turkish-body-language-p1.

54 Tarpley, W. G. & Chaitkin, A.(2004) *George Bush: The Unauthorized Biography*, Progressive Press Paperback edition (2004), p. 651.

55 Axtell, R. E. (1998) *Gestures*, NJ: John Wiley & Sons.

56 "6 Innocent Hand Gestures That Can Land You in Hot Water Overseas", 详见：https://matadornetwork.com/abroad/10-common-gestures-easily-misunderstood-abroad/.

57 "Turkish Body Language", 详见：http://www.turkishclass.com/turkey/essay/admin/turkish-body-language-p1.

58 Rachel Turner(2009) "5 common American gestures that might insult the locals", 详见：https://matadornetwork.com/abroad/5-common-american-gestures-that-might-insult-the-locals/.

59 Chaney, L. H. & Martin, J. S.（2013）Intercultural Business Communication (6th ed.). 北京：中国人民大学出版社，第 126 页.

60 Axtell, R. E. (1998) *Gestures*, NJ: John Wiley & Sons. P. 40.

61 Hall, E. T. & Friedman, Kenneth (1979) 'Learning the Arabs' Silent Language', *Psychology Today*, 13(3): 45–54. Reprinted in Gary R. Weaver(ed.) *Culture, Communication and Conflict: Readings in Intercultural Relations*, 2nd edition (1998). MA: Simon & Schuster Publishing.

62 Jesse Bering（2010）"Limp Wrists and Tight Fists: What Your Handshake Says about You", *Scientific American*, February 18, 2010: https://blogs.scientificamerican.com/bering-in-mind/limp-wrists-and-tight-fists-what-your-handshake-says-about-you/.

63 Chaplin, W. et.al (2000) "Handshaking, Gender, Personality, and First Impressions", *Journal of Personality sod Social Psychology*, 79(I):110–117.

64 "特朗普的握手神功被破了，但他竟然又练成了一个新绝招"，凤凰网资讯，详见：http://news.ifeng.com/a/20170527/51171233_0.shtml.

65 Hall, Edward T. (October 1963) "A System for the Notation of Proxemic Behavior", *American Anthropologist,* 65(5): 1003–1026.

66 Hall, Edward T. (1966) *The Hidden Dimension*, Anchor Books.

67 Hall, Edward T. (1966) *The Hidden Dimension*, Anchor Books.

68 Sorokowska, et al (2017) "Preferred Interpersonal Distances: A Global Comparison". *Journal of Cross-Cultural Psychology*, 48(4) 577–592.

69 Axtell, R.E.(1998), *Gestures*, NJ: John Wiley & Sons.

70 转引自：陈晓萍（2009）《跨文化管理》(第 2 版)，北京：清华大学出版社，第 27–33 页.

71 Edward T. Hall (1959) *The Silent Language*, New York, Doubleday & Company.

72 Edward T. Hall (1959) "The Silent Language in Overseas Business", *Harvard Business Review*, 1960 May issue.

73 Chaney, L. H. & Martin, J. S.. Intercultural Business Communication [M]. 6th ed. 北京：中国人民大学出版社，2013. 第 119 页.

74 Bruneau, Thomas J. (1980) "Chronemics and the Verbal-Nonverbal Interface". In Key, Mary Ritchie (ed.), *The Relationship of Verbal and Nonverbal Communication*, Mouton Press. pp.101-119.

75 Cruz, W (2001), "Differences in nonverbal communication styles between cultures: The Latino-Anglo perspective", *Leadership & Management in Engineering*, 1(4): 51–54.

76 "Priyanka Chopra attacked for 'showing legs' to India PM Modi", BBC, 2017 年 5 月 31 日，详见：http://www.bbc.com/news/world-asia-india-40102762，2018 年 2 月 28 日下载.

77 "Swiss angered over foreign minister's headscarf", NBC News, 详见：http://www.nbcnews.com/id/23712675/ns/world_news-europe/t/swiss-angered-over-foreign-ministers-headscarf/，2018 年 2 月 28 日下载.

78 李学岩等. 魅力俄罗斯：文化篇 [M]. 北京：高等教育出版社，第 1–16 页.

79 塞诺、辛格（2010）. 创业的国度：以色列经济奇迹的启示 [M]. 北京：中信出版社，2010. 第 52 页.

80 拉里·萨莫瓦尔，理查德·波特，爱德温·麦克丹尼尔. 跨文化交际 [M]. 董晓波，译. 7 版. 北京：北京大学出版社，2012. 第 271–275 页.

81 拉里·萨莫瓦尔，理查德·波特，爱德温·麦克丹尼尔. 跨文化交际 [M]. 董晓波，译. 7 版. 北京：

北京大学出版社，2012. 第 271–275 页 .

82 拉里·萨莫瓦尔，理查德·波特，爱德温·麦克丹尼尔 . 跨文化交际 [M]. 董晓波，译 . 7 版 . 北京：北京大学出版社，2012. 第 275 页 .

83 Croucher, S. M.(2011) "Muslim and Christian Conflict Styles in Western Europe", *International Journal of Conflict Management*, 22: 60–74.

84 Chiu, K.K. Randy (1992) *A Cross-Cultural Study of the Collectivism-Individualism Paradigm: The Influence of Confucian Values on the Conflict-handling Behavior of Male Graduate Business Students in Hong Kong and the United States.* Dissertation, Andrew University, USA.

85 Chiu, R., & Kosinski, Jr., F. (1994) "Is Chinese Conflict-handling Behavior Influenced by Chinese Values?" *Social Behavior and Personality: An International Journal*, 22: 81–90.

86 Cai, D., & Fink, E. (2002) "Conflict Style Differences between Individualists and Collectivists", *Communication Monographs*, 69: 67–87.

87 Ting-Toomey, S. (1985) "Toward a Theory of Conflict and Culture", in W. B. Gudykunst, L. P. Stewart & S. Ting-Toomey (eds.), *Communication, Culture, and Organizational Processes,* Beverly Hills, CA: Sage. pp. 71–86.

88 Chua, E. G., & Gudykunst, W. B. (1987) *Conflict Resolution Styles in Low-and High-Context Cultures. Communication Research Reports*, 4: 32–37.

89 Croucher, S. M. et al. (2012) "Conflict Styles and High-Low Context Cultures: A Cross-Cultural Extension", *Communication Research Reports*, 29(1): 64–73.

90 Bond, M. H., Kwok-Choi Wan, Leung, Kwok, & Robert A. Giacalone, "How are Responses to Verbal Insult Related to Cultural Collectivism and Power Distance?" *Journal of Cross-cultural Psychology*, 1985 16:111–127.

91 Sebenius K. James(2002) "The Hidden Challenge of Cross-Border Negotiations", *Harvard Business Review*, March 2002.

92 Graham, J. L. and Sano, Y. (1989) *Smart Bargaining: Doing Business with the Japanese,* New York: Harper & Row.

93 Ma, Z. (2007) "Chinese Conflict Management Styles and Negotiation Behaviours", *International Journal of Cross Cultural Management*, 7(1), pp. 101–119.

94 Chew, I. K. H. and Lim, C. (1995) "A Confucian Perspective on Conflict Resolution", *International Journal of Human Resource Management*, 6, pp. 143–157.

95 Graham, J. L. and Lam, N. M. (2003) 'The Chinese Negotiation. 2003', *Harvard Business Review*, October, pp. 82-91; Ma (2007), op. cit.; Chew and Lim (1995), *Op. cit.*

96 Alfred G. Smith (1966), *Communication and Culture*, New York: Holt Rinehart Winston.

97 Deborah Tannen (2007). *You Just Don't Understand: Women and Men in Conversation*, New York: Harper Collins, p.42.

98 John Gray (1992), *Men Are from Mars, Women Are from Venus,* New York: HarperCollins.

第 8 章

文化、市场与营销

营销的目的就是要非常了解和理解客户，使得产品或服务适合他，从而让产品或服务能自己自动地销售出去。

——彼得·德鲁克

广告牵涉的就是规范、价值观、抱负和成见，它与文化紧密相关。

——阿尼尔·阿姆巴尼（Anil Ambani）[⊖]

跨文化市场营销不是一个新的话题，乔治·马泰啃（George Mateyo）在 1942 年就注意到了文化差异对营销的影响，他在一篇关于借助广告开拓拉美国家市场的文章中明确提出："我们对拉丁美洲的营销和广告问题的处理方法必须与我们在处理类似的国内问题时所使用的方法完全不同。"[1]但是从福建的万利达集团将自己公司和品牌的名称翻译成"Malata"，到 2016 年上海的"俏比"洗衣溶珠视频广告；再从 2017 年联合利华旗下多芬香皂在 Facebook 上贴出的平面广告涉嫌对有色人种歧视，到人们扒出多芬历史上的产品广告在种族歧视方面屡屡犯错，让人质疑多芬到底是对"种族不敏感还是彻头彻尾的愚蠢"，[2]所有这些都似乎在证明跨文化市场营销是一个历久弥新的课题。

营销是一个将产品或服务从创意到实现并让客户购买的过程，美国密歇根州立大学教授杰罗姆·麦卡锡（Jerome McCarthy）认为从管理的角度看，它由四个要素或方面组成：[3]

（1）产品和服务的识别、选择和开发；

（2）确定产品和服务价格或者定价；

（3）选择一个恰当的分销渠道使得产品或服务能够到达客户；

（4）制定和执行推广策略，让潜在的客户知晓该产品和服务，并激起其购买的欲望。

这四个要素在英文里都是以 P 字母开头的词（product、pricing、place、promotion），所以常被称为 4P 营销组合。被誉为"现代营销学之父"的科特勒（Philip Kotler）坚持认为即便在今天，4P 营销组合仍然是构建市场营销战略的基础。[4]

营销是基于客户的需求和获得的满意度来考虑营销活动，这与聚焦于如何把现有的产品卖出去的销售截然不同。哈佛大学营销学教授莱维特（Theodore C. Levitt）指出："销售关注的是卖方的需求，而营销则关注买方的需求。销售一门心思地专注于将其产品转换为现金的需要，而营销则通过产品的创造、交付和最终消费相关的整个活动的集合来满足客户的需求"。[5]换句话说，销售关心的是通过什么样的谋略和技巧让人们拿出金钱来交换你的产品，它聚焦于售卖的产品，却并不关心交易所基于的价值，它不会像营销那样，将整个业务流程

⊖ 阿尼尔·阿姆巴尼是印度信实集团主席。

视为一个紧密联系在一起的活动，以发现、创造、激发和满足客户的需求。因此，营销是一个更加广泛和复杂的经营活动，包括了生产、包装、宣传、推广、定价、分销以及销售这些经营活动链条，而隐含在所有这些活动背后的是客户的需求。所以，莱维特强调客户的需求是营销活动的中心。销售在很大程度上是生产者驱动的，而营销则更多的是客户驱动的，是客户的需求驱动经营者提供产品和服务。

在国际经营中，以全球一致的标准化战略还是以更加适应东道国情形的各不相同的战略来开拓各个市场，不论是学者还是实践者一直有不同的观点。全球一致的标准化战略以同样的产品和同样的方法去开拓各国的市场，能够带来规模经济效益、成本的节约和运营管理上的简洁和方便，其优势不言而喻。但是，当一个企业跨出国门进入另外一个市场时，实际上它进入的是另外一种文化，那么我们就不得不问：那里的消费者会有相同的消费习惯吗？企业在母国的营销策略在那个市场也有效吗？研究表明，文化几乎影响着人们消费和购买的每一个方面，从自我的身份认同到消费动机、信息的收集和处理方式，再到对广告信息的诠释，背后都存在着文化的影响。[6] 比如说意大利顶级豪华跑车法拉利的中国购买者就与其盎格鲁－撒克逊客户非常不一样，英国、美国和澳大利亚的购买者通常都愿意等待一年左右的时间，来定制一辆他们自己的超级豪华跑车，而中国的购买者则更喜欢在看中某款车子之后，直接就付款把车子开走。[7] 表面上看，这是一种"及时行乐"型的市场，但是其背后更多的是一种"面子"和炫耀的文化。2016 年 6 月，作者曾陪同意大利博洛尼亚大学的一位教授前往山东省潍坊市的青州博物馆，我们所住的酒店周边几乎一模一样的建筑式样让这位教授很是惊讶。这让我想起在中国，一个人看到邻居家的房子漂亮，就会找来工匠，让他按照邻居家的式样给他造一栋一模一样的；在意大利或者欧洲其他国家，却更可能是让建筑师和工匠造一栋与邻居家的房子不一样但更漂亮的房子。在这样的行为背后，是对从众和个性化的不同偏好。因此，虽然标准化的营销战略具有规模经济和成本优势，但是其在拥有不同文化的不同市场的有效性也被广泛质疑。

跨文化管理的目的在于保障跨国经营的有效性，而跨国经营的目的正是拓展国际市场，很多企业在国际化扩张中曾因疏忽了文化差异而付出了昂贵的代价。最经常和最容易犯的错误就是认为其商业模式可以在不同的国度复制，而用不着根据东道国的消费行为、产品偏好和营销渠道做出调整，而现实却可能最终告诉他们其产品或服务不符合当地消费者的口味，或者其定价超出了当地消费者愿意支付的范畴。

科特勒认为，消费者的购买行为受到个人的、心理的、社会的和文化的影响，其中文化更是一个人的欲望和行为的基础；这些因素无法控制，但在提出组合营销策略时可以也应该考虑这些因素，决定在何种程度上调整其产品和营销方案，以满足不同市场中消费者的独特文化和需求。[8] 玛芮恺·戴陌伊（Marieke de Mooij）等人也认为"一刀切"的战略已经不再适用于跨文化营销的现实，因为世界各国的消费者是不一样的，他们的思维模式受到文化的影响，而他们的购买决策取决于经济、文化和社会的因素，所以文化会影响到消费者行为、广告的标准与规范以及营销传播的渠道。[9] 今天，学界已基本形成共识：文化差异会妨碍标准化营销战略的有效性，跨国营销战略需要应地、应文化而制宜。当然，适应性战略也让跨文化营销变得比在一国营销更加复杂 [10, 11, 12]。

本章我们将讨论文化如何影响市场的偏好和消费者的购买习惯以及营销策略的有效性。我们将以麦卡锡的 4P 营销组合为基本框架来讨论文化如何影响消费者对产品和服务的偏好、渠道的选择、定价策略和宣传推广的有效性。很多企业和管理者往往会高估海外市场的吸引力而疏忽海外市场的差异，低估在非常不同的海外市场销售新产品的困难程度，对这些文化影响的了解将有助于企业和个人在跨国营销中避免出洋相、犯错误甚至失败。

8.1　消费者行为与购买习惯的文化根植性

关于应该销售标准化产品还是客户定制化产品，学者和业界人士一直意见不一，比如说托马斯·克雷默（Thomas Kramer）就质疑客户定制化产品是否真的能给消费者带来比标准化产品更多的好处。[13] 不过大家还是普遍认为定制化产品能够为客户提供比标准化产品更高的收益，因为它们更贴近消费者的喜好，许多经验研究也证实了消费者更愿意购买定制化产品。[14] 当企业涉及跨国营销时，文化对消费行为的影响就会凸显出来，因为伴随着更大的文化差异，消费者的偏好和购买习惯会很不一样。

8.1.1　消费行为的文化根植性

文化影响着消费者对产品和服务信息的收集与加工处理、进行判断与做出购买决策的过程。美国特拉华大学商学院的拉利塔·曼莱（Lalita A. Manrai）和阿贾伊·曼莱（Ajay K. Manrai）在 1996 年提出了一个文化影响消费行为的概念模型。[15] 2001 年，他们对最初的模型做了扩展，将更多的影响因素涵盖到这个框架之中（详见图 8-1）。[16]

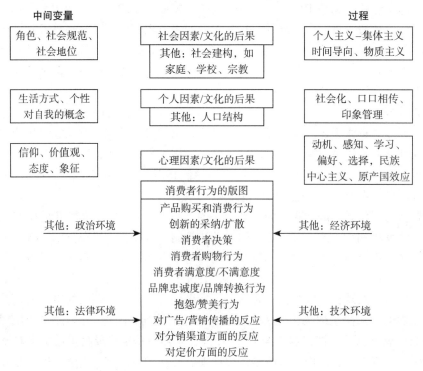

图 8-1　文化影响消费行为的概念模型

资料来源：Lalita A. Manrai and Ajay K. Manrai, 2001.

总体上说，这个概念框架是细化和扩展了科特勒的观点，即消费者的购买行为除了受到政治、经济、法律和技术的影响之外，还受到个人、心理和社会因素的影响，但曼莱认为这些个人、心理和社会的因素同时也是社会文化的结果。比如说在一个集体主义文化较强的国家，来自周边社群的影响和口口相传将对人们的购买决策、品牌流行度和忠诚度等产生较强的影响。物质主义和拜金主义的文化则有利于那些蕴含着较多社会地位和身份象征产品的销售。

戴陌伊和霍夫斯泰德将曼莱的概念框架与霍夫斯泰德的文化维度连接起来，用文化维度来解释消费者行为差异背后的原因。[17] 他们指出，在权力距离较大的社会，社会地位和身份很重要，人们会希望彰显其身份，因此能象征社会地位和身份的产品会受追捧，这也就是为什么前些年那些国际性奢侈品牌在中国市场纷纷将其品牌标识变大、变醒目。在个人主义较强的文化，人们在销售和购买的过程倾向于"速战速决"，而集体主义较强的文化则更倾向于先建立关系和信任，然后才谈生意。在强调男子气概的社会，绩效和成就受人追捧，因此有地位表征意义的产品如昂贵的手表和首饰会备受欢迎；在女性气质的社会，男人会较多地和女人分担家务。在不确定性规避较强的社会，人们希望有更多的规则和正式的流程来使其生活更加的结构化，这导致他们更愿意追寻真理和相信专家；不确定性规避较弱的人对体育运动和健身持着更加积极的态度。戴陌伊和霍夫斯泰德指出，有时候两个文化维度结合起来，能更好地解释人们的消费行为偏好。就像我们下面即将提到的沃尔什（Gianfranco Walsh）等人的研究所揭示的那样，德国人一方面享受购物的过程，但另一方面又对有效利用时间非常敏感，因此实际的购物节奏应该是上述这两个因素共同作用的结果。

施外丹（Ziad Swaidan）通过测量研究参与者的文化特征及其消费伦理倾向，揭示了偏向集体主义、不确定性规避高、男性气质低、权力距离低的消费者更倾向于拒绝有伦理疑虑的行为。[18] 陈海鹏（音译）等人的研究表明西方人比东方人较为没有耐心，并且美国人更愿意为马上享受到产品而支付额外的快递费用，而新加坡人则更倾向于为防止商品迟到或不到而支付额外的快递费用。[19] 这也许可以用来解释为什么快递的速度对于中国电商的成功如此重要，以及为什么美国的消费者在网上购物时只要阅读网上的产品描述就会下单，而中国消费者往往需要与买家沟通之后才会下单。

沃尔什、米切尔（V.-W. Mitchell）和亨尼格－图劳（T. Hennig-Thurau）用斯普罗尔斯（G. B. Sproles）和肯德尔（E. L. Kendall）在 1986 年提出的消费者风格清单（Consumer Styles Inventory）量表[20] 测量了德国消费者的消费心理，发现德国消费者在追求完美、品牌意识、新奇与时尚、娱乐和享乐、冲动消费、被过多的选择所困扰这 6 个方面与其他国家的消费者很相近，但在追求性价比的意识上与其他国家的消费者非常不同。他们分析认为，这主要是与德国人特别注重产品质量有关，他们不太相信性价比，德国人有"便宜没好货"的说法。德国人完全不支持"我仔细寻找以便发现最物有所值的东西"，[21] 这与中国人往往要"货比三家"的消费习惯相去甚远。

当然，在分析文化对消费行为的影响时，也要注意所消费的产品和服务的差异，因为这时候消费动机背后的文化因素可能已经改变了。有时候产品或服务上的细微差别就会影响到消费者的消费意愿，比如说日本人在保险上的消费非常高：20 世纪 90 年代，日本的保费收入、保险业务总量、保险深度与保险密度位列世界第一，超越了美国和瑞士等国家。2013 年日本整体保险深度达 10.14%，保险密度为 4 207 美元 / 人；相比之下同期人均 GDP 高出很多的美国保险业整体深度是 7.5%，保险密度是 3 979 美元 / 人；中国的保险密度在 2014 年只有 1 479 元 / 人（约合 237.2 美元 / 人），保险深度只有 3.18%。[22] 日本社会在不确定性规避这个文化维度上是世界上最高的之一，这就不奇怪日本的保险渗透度这么高，平均每个人花这么多钱购买保险。中国香港理工大学的崔春伟（音）和美国南卡罗来纳大学的郭振游的研究发现，人寿保险的销售与个人主义文化存在显著的正相关关系，却与权力距离和男子气概的文化成负相关，而与不确定性规避没有显著的相关性，也就是说人寿保险在个人主义文化较强的社会卖得更好。他们的解释是在集体主义文化中，人们可以从家人和亲友处得到帮助和照顾，因此购买保险的意愿就会比较弱；[23] 对于未能发现人寿保险与不确定性规避之间的相关性，我们认为这可能不是像戴陌伊和霍夫斯泰德所说的那样，是由于"不确定性规避不等同于风险规避"[24]，而是由于人寿保险与其他种类保险之间的差别。在日本这样的集体主义较强的文化里，后辈必须照顾长辈，而当发生其他的意外或不幸时，亲戚和朋友的帮助则更多的是为了体现人际的友善和亲近，不是必需的，否则我们无法解释集体主义很强的日本为何花费如此多的金钱购买各种保险。

8.1.2　产品和服务的文化根植性

格兰特·麦克拉肯（Grant McCracken）指出，商品具有实用功能之外的特殊意义，它是文化的物化。[25]

对于不同的产品和服务，其文化根植性程度（cultural embeddedness）又是有差异的。有些产品和服务的文化根植程度较弱，具有较强普遍性，能够以标准化的产品模式在各国销售。这些产品大多是工业产品（如塑料树脂、化肥、农药、机床、挖掘机等机械设备和化工生产装备等生产设备）和技术产品（计算机、计算机芯片、打印机、复印机、手表、照相机、药物，等等），或者是存在着某种全球一致的标准化的产品（如各类球拍、篮球、排球、足球，等等）。这些产品往往不需要做任何改变或者只需要微小的改变就可以在其他市场上销售，而不会被消费者排斥。

另外有一类产品和服务，虽然具有较高的文化根植性，但是不需要进行本地化调整改变就能销售。这里有两种情形，第一种情形是品牌非常强势的产品，比如说芝华士（Chivas Regal）苏格兰威士忌、法国的巴黎水（Perrier）矿泉水、路易威登的箱包，等等，各国的消费者更希望他们买到的是全球一致的产品，而不是为某一个市场单独打造的产品。第二种情形是这些产品和服务刚好成为某种文化的象征而在其他市场大行其道，因为在某些情况下，一个国家的消费者可能想要学习、接受或模仿另一种文化的生活方式和消费模式；因此，他们可能会全盘接受来自其他国家的产品和服务，甚至可能刻意寻找能够象征并清晰表达该文化的产品和服务。[26] 星巴克咖啡以及迪士尼乐园在日本和中国的成功也许就是基于这种消费动机。

总体上说，人们的消费习惯和购买偏好有着很强的文化根植性，绝大多数的产品和服务都需要经过本地化改造之后才更容易被消费者所接受，因为人们对于来自其他国家的产品和服务的接受程度在某种程度上取决于该产品和服务与自身价值观和理念的兼容性。[27] 一般来说，食品是文化根植性比较强的产品。在第二次世界大战期间的食品配给阶段，美国政府曾鼓励其公民食用富含蛋白质的动物内脏器官，以补充饮食中匮乏的蛋白质，但最初美国人很难接受内脏，因为这些内脏的味道对他们来说很奇怪，也不熟悉如何烹饪内脏。[28] 正如英国爱丁堡大学的进化生态学教授乔纳森·锡尔弗敦所说："生物学为我们发掘了烹饪的潜力，但菜单是由文化决定的。"[29] 伊斯兰金融和化妆品是另外两个典型的、具有很强文化根植性的产品和服务。

伊斯兰金融是指依据伊斯兰律法（Sharia）来处理业务的金融服务。伊斯兰金融体系的最主要原则之一是禁止在金融交易中支付和接收利息，不仅仅是高利贷或过高的利息，而是所有形式的利息，因为它被看作不劳而获的收入。传统零售银行的经营是建立在拉存款和放贷款这一极其简单的商业模式之上的，借贷之间的利息差是银行的收入，用来维持银行的运营，结余部分就成为利润。想象一下当利息被禁止之后，银行还如何经营？

也许有读者会想，那我们就忽略它吧！可是，按照皮尤研究中心的估算，2010 年，全球穆斯林人口大约为 16 亿，占总人口的 23.2%，全球有 49 个穆斯林人口占大多数的国家，主要分布在东南亚、南亚、中东和北非。在亚太地区，穆斯林人口达 9.86 亿，是全球穆斯林人口最多的地区。到 2050 年穆斯林人口总数将增至 28 亿，占全球人口比例将达 29.7%。[30] 按照世界银行的研究，在过去的十数年间，伊斯兰金融的增长每年达到 10% ～ 12%，2015 年年初总资产已经达到 2 万亿美元。[31]

在这样的宗教传统的要求下，伊斯兰金融的产品变成了成本加成融资、利润分享、租赁、合伙企业、远期销售以及这些基本产品的组合所衍生出的各种更复杂的金融工具，所有这些产品都绕开了"利息"这一禁忌。

禁止利息的关键点是伊斯兰法律不承认货币和金钱工具是一种商品，而仅仅是一种交易媒介。禁止利息最重要的含义是间接禁止"纯粹"的债务担保，因此，任何回报都必须与资产相关联，或者参与企业的合伙并承担风险。纯粹的债务担保被"与资产挂钩"的担保、实际资产的直接融资以及股权融资等最为理想的各种不同形式的合伙企业所取代。伊斯兰金融机构均以参与投资、分享投资项目的利润及赚取服务费的方式来经营。一般银行体系是将贷款的风险反映在借款人所付的利息上，而伊斯兰金融体系则由债权人和债务人共同分摊风险和利益，强调了双方的伙伴关系。[32]

在伊斯兰律法中，除了不能有利息之外，还有其他一些可能影响金融交易的重要条款，包括禁止交易涉及"不确定或信息不对称"、参与"赌博或投机"、囤积商品以及从事被视为"邪恶"的经营活动，如买卖猪肉、烟草、酒类、色情、武器等。所以，伊斯兰金融比我们常见的银行的经营活动要复杂得多，有着太多的禁忌，当然，最令人不习惯的是其产品和服务与常规的银行相比不太相同。

另外一个非常典型的有着文化根植性的产品是化妆品。据预测 2018 年中国市场化妆品的零售额将达 4 000 亿元人民币。这些在中国市场销售的护肤品，无论是来自亚洲本土的公司还是国际性公司，往往会增添美白功能在其中。以消费者的话来说："美白是女性永恒不变的美容护肤话题之一，很多女性时刻把美白挂在嘴边并付诸行动。"有人寻找理由说"从单纯的审美角度讲，白色皮肤显得清秀、靓丽、肤质细腻，更能将五官轮廓衬托得清晰，眼睛神采会突出，唇色和面色会特别红润。尤其对于亚洲人来说，脸部轮廓相对扁平，五官也不如欧美人立体，所以整体而言，白皙的肌肤更适合亚洲人。"日本艺伎总是将脸和脖子等露在外面的皮肤化上雪白的妆容，这称作为"bihaku"，也就是美白。美白护肤品不仅在中国、韩国、日本大行其道，在越南、菲律宾、马来西亚、泰国、印度等国家也都很有市场。在印度，美白护肤产品占据了脸部护肤产品的 46% 的市场份额。[33] 数年之前曾有公司在非洲的尼日利亚上市一款由明星代言的美白护肤品，结果在 24 小时内卖断了货。[34] 无论正确与否，这都是市场的选择。

相比黄种人和深肤色人群对美白的强烈偏爱，白种人却偏爱小麦色和古铜色的肌肤，认为那才是健康的肤色。因此，当前者在寻找美白护肤品时，后者却在购买各种能让她们的皮肤变深色的护肤品，以及购买晒黑乳液来通过室内的灯光浴将皮肤变黑。更有一种喷涂乳液，喷涂到皮肤上之后与皮肤蛋白质发生反应，使得皮肤颜色变深。

近些年，日本和韩国的美白丸在中国电商平台非常畅销，据说这种口服的药丸具有从身体内部促进肌肤美白、淡斑和阻止色斑产生的功效。非常有趣的是，美国麻省总医院的研究人员却研发出了一种药物，服用后可以让肤色变深，呈现小麦色。[35] 可见当中国的女性在将美白进行到底而西方的女性在将美黑进行到底的时候，不仅仅化妆品公司的营销人员没有闲着，皮肤学、生物学、医学等领域的研究人员也没闲着！

最近，中国的无现金社会引起了日本学界和产业界的极大兴趣，阿里巴巴旗下负责移动支付业务的蚂蚁金服也开始竭力开拓日本市场，但能否成功则还是未知数。但凡去过日本的人都知道其实在日本信用卡的使用还不普及，很多餐馆和小店都不接受信用卡支付。所谓的共享经济的领军者优步（Uber）、摩拜单车和滴滴打车在进入日本市场之后发展得都不是很好，而"日本政府的调查显示，日本人网约车使用意愿远低于中国和美国"，原因是"从日本人的消费习惯看，日本民众很在意自己的隐私，不愿意将所有消费和行动都暴露在大数据之下"。[36] 在霍夫斯泰德的不确定性规避这个文化维度上，日本人是 92，是世界上不确定性规避文化最强烈的民族之一，因此我们就不难理解为什么日本人会有这样的消费习惯。

不同的产品和服务具有不同的文化根植性，这在某种程度上决定了它所需要的本地化适应性改造，但正如我们前面已经提及的，并不是所有具有文化根植性的产品和服务都需要进行本地适应性改造，有时不做改变恰恰更能增加其销售。至于哪些产品和服务需要进行本土化改造、哪些又不需要，由于产品和服务涵盖很多不同的领域，而文化的影响和作用又是综合的，往往是多个文化因素从不同的角度综合影响，因此我们尚无法给出一个清晰的鉴别规律，只能套用一句老话：具体情况具体分析。当你准备在其他国家上市销售某一产品和服务之前，做一个市场调查，找一些当地的目标客户人群来测试一下他们的反应，应该可以减少文化相克和营销失败的概率。

8.1.3　消费差异的营销意义

正如科特勒所说，消费者的购买行为受社会文化的影响，在很多时候，文化决定了消费者购买什么而不购买什么。

我们先来看看私人小汽车。德国奥迪在中国本土生产和销售的 A4、A6、A8 小汽车都是经过改造过的长轴距版，在中国生产的宝马 3 系和 5 系也是长轴距版，奔驰的 C 系和 E 系也是如此，保时捷的 Panamera 跑车也在 2017 年推出了行政级加长版车型。具有更大后排空间的长轴距版轿车不仅出现在高档豪华小车上，而且也出现在经济型小车上，在中国生产的沃尔沃 S60、天籁公爵、英菲尼迪 Q50、上海大众斯柯达 Yeti、雪铁龙 C4 都是加长版，似乎加长版才是中国市场的标配车型。再比如家具，美国人不太喜欢频繁地更换家具，因此喜欢结实牢固的家具，而日本人则崇尚以小为美，住房的面积一般比较小，因此更喜欢小巧的家具。瑞典家具公司宜家就根据美国客户的偏好，对其家具的特性做了调整。宜家在日本的市场曾吃过闭门羹，但随后根据市场的反馈信息缩小了家具的尺寸以迎合日本消费者的偏好，同时针对日本客户不太喜欢自己组装家具的特点，提供了家具的运输和组装服务，从而打开了日本的市场。

20 世纪 90 年代初，印度政府开始了市场导向的经济改革，采取了吸引外国直接投资的政策，在此背景下，世界最大的即食谷物食品制造商家乐氏（Kellogg's）投资 3000 万美元在印度孟买的海边建设了工厂。1994 年 9 月，产品开始上市，最初推出的产品有玉米片、麦片和印度长粒米片。初期，随着广告效应，销售势头看起来不错，但是在 1995 年 4 月，仅仅在家乐氏将产品推向印度全国的第二个月，销售就环比下降了 25%，到 1995 年 9 月，销售完全停滞。除了价格超出了印度一般民众的购买力之外，早餐的习惯是其失败的主要原因。牛奶在印度非常普及，也很便宜，不过印度人喜欢喝热的或者温的牛奶，并且喜欢在牛奶里加糖。而家乐氏的即食谷物的特点是酥脆，当这些脆片用热牛奶冲泡时，它们变得湿软并溶化，印度人认为口感不好。如果用冷牛奶冲泡，则糖无法溶解，也不合印度人的口味。印度北方的早餐最经常吃的是一种叫 Paratha 的饼，印度南方常吃的有 Idli 蒸米糕和 Dosa 米饼，但通常都是就着各种酸辣酱和咸菜一起吃，谷物脆片加牛奶那清淡的口味也与印度传统早餐浓烈的口味相去甚远。在大多数情况下，印度人喜欢传统的热的熟食早餐，很难习惯盎格鲁 – 撒克逊传统的谷物脆片加冷牛奶的早餐。[37]

面对失败，家乐氏（印度）在 1996 年 9 月推出了 Chocos 可可脆片，而后在 1997 年 4 月推出 Frosties 香甜玉米片。可可脆片是在小勺状的麦片外面包裹了一层巧克力，而香甜玉米片则是在每片玉米外都裹上了糖霜。这使得市场重拾升势，但是也有报道说印度消费者是将这两种早餐谷物当作日常的点心，而不是作为早餐在消费。初步的成功让家乐氏决定将其产品的口味"印度化"以迎合当地的消费者，在经过一年密集的市场调研之后，于 1998 年 8 月推出了 Mazza 系列产品，这是一种松脆的杏仁形玉米早餐谷物，有"芒果豆蔻""椰子藏红花"和"玫瑰"三种风味，这是家乐氏将产品口味"印度化"的尝试。[38] 但是这种口味的印度化并未引来购买的热潮。[39] 尽管家乐氏占据了印度即食早餐谷物市场的龙头地位，但是在 2000 年时，该市场在印度的规模只有 6 亿印度卢比，约合 1 000 万美元。[40] 2013 年，该市场才达到 1.57 亿美元，[41] 以印度市场的人口看，家乐氏的产品还远没有走入大众的早餐市场。

不过，家乐氏在中国市场就没有这么幸运，它曾先后三次对中国市场发起冲击，但都没能实现命运大翻转。1993 年 6 月，家乐氏投资 5 000 万美元在广州经济技术开发区注册成立了家乐氏（中国）食品有限公司，并建设了高技术的工厂，1995 年开始生产玉米片、米片和麦片，计划先在广东地区销售，而后在中国的其他地区销售。[42] 但是很快，美国人就发现他们的产品在中国没有市场，只好关闭生产线。这首先与经济原因有关，在那个年代，中国人的收入还普遍偏低，消费得起即食谷物早餐的家庭很少；其次在一个讲究美食的国度，人们的早餐有很多的选择：肠粉、豆浆、油条、馒头、包子、馄饨、凉粉，等等。二十多年后的今天，我们才看到即食谷物早餐市场在快速增长，[43] 但那也只是极少部分人群的猎奇和对西方生活方式的模仿而已，还远远谈不上走上寻常百姓的早餐桌。家乐氏在中国市场失败的另外一个重要原因是文化。在经济较为发达的沿海地区，特别是东南沿海地区，中国人喜欢吃热的早餐，即食谷物加冷牛奶的盎格鲁 – 撒克逊早餐被人们认为对消化和肠胃的健康不利。

1996 年年初，时任家乐氏印度公司总经理安弗隆萨特（Denis Avronsart）为公司产品辩护道："没错，有些人不会喜欢它（谷物脆片）在热牛奶中的口味。并不是所有的消费者都想要用冷牛奶来冲泡它。但过了一段时间，我们希望消费者的习惯能够改变。家乐氏是美食艺术界的大师，曾与法国的羊角面包和咖啡、意大利的饼干以及韩国的面条做斗争并赢得了胜利。"如果这是家乐氏公司普遍的看法和它的商业模式的话，那它在海外市场所开拓的永远都只能是利基市场，而不可能是主流市场。因为一般来说，一个人自小形成的饮食习惯是非常难以改变的，以至于现在大量的中国游客出国旅游时不得不惊叹自己那非常"爱国"的胃。

在日本，宝洁公司的帮宝适（Pampers）婴儿纸尿裤曾因没有很好地把握消费者的需求特征而遭遇失败。1977年，帮宝适进入日本市场，一方面是由于产品的创新性，另外也因为非常积极的市场拓展，如在各大医院的产房留下纸尿裤的免费样品；派人到住宅区巡视，如发现某户人家阳台上有晾晒的婴儿尿布，就主动登门赠送样品，等等。一时间帮宝适纸尿裤风靡日本市场，垄断了日本的纸尿裤市场。但是，帮宝适体积很大价格昂贵，有时还会渗漏。日本公司看到了商机，通过研究找到了吸水之后变成凝胶的高分子聚合物而解决了渗漏的问题，同时将纸尿裤改得轻薄，做到了只有帮宝适一半左右的体积，解决了日本住宅狭小储物空间缺乏的痛点。于是，仅仅数年后，日本尿布品牌尤佳妮（Moonies）和花王（Merries）席卷了整个市场，到1983年，帮宝适几乎被完全挤出市场。[44] 除了上面提到的两点原因之外，日本消费者对婴儿纸尿裤的价格更加敏感，因为美国母亲平均每日为婴儿更换6次尿布，而日本母亲却要更换14次。因此，轻薄、价格便宜、使用体验更好的日本本土纸尿裤更受消费者喜爱。在遭遇危机之后，宝洁公司对产品做了很大的修改，迎合日本消费者的需求，而后才重新在日本市场站稳了脚跟，不过再也没能获得"老大"的地位了。

讨论完文化对产品的影响之后，我们再来看看服务。韩国的易买得超市（E-Mart）是韩国最大的商业流通集团新世界株式会社旗下的连锁超市，占据着韩国1/3的市场份额。1997年2月易买得在上海开设了其在中国市场的第一家超市（曲阳店），到2010年易买得在中国总共有27家店，分别位于江浙、北京、天津等地，但因连年亏损，从2011年起易买得开始收缩在中国的业务。据韩国媒体报道，易买得中国公司在2014年的营收为3 618亿韩元（约合3.1亿美元），亏损440亿韩元（约合3 800万美元）；2015年的营收为2 212亿韩元（约合1.9亿美元），亏损351亿韩元（约合3 032万美元）；2016年的营收为1 480亿韩元（约合1.3亿美元），亏损155亿韩元（约合1 339万美元）。连年的巨额亏损最终让易买得在2017年9月将其所有门店出售给了泰国的正大集团，全线撤出了中国的线下市场。[45] 易买得在中国的失败一方面是由于中国市场激烈的竞争和高昂的店铺租金，另一方面最主要的还是对中国的消费市场缺乏深入的了解。

类似的失败也出现在世界最大的零售企业美国沃尔玛超市（Wal-Mart）身上，其在德国失败的一个重要原因是服务。德国是西欧最大的商超零售市场，沃尔玛通过在1997年和1998年先后收购当地的Wertkauf和Spar Handel超市进入德国市场，希冀重复美国市场的成功，但是一直经营惨淡。沃尔玛在2006年7月28日与德国的麦德龙（Metro）超市达成协议，将85家门店卖给后者，以总共10亿美元的损失退出德国市场。[46] 沃尔玛在美国的成功是基于其成本领先策略，通过优化供应链管理、压缩人员成本以及其他一切可以节约的成本，从而为消费者提供比其他竞争对手更低廉的价格来获取客源和销售。沃尔玛在德国败走麦城有很多原因，如超市的地理位置不佳、规模较小从而难以从供应商处获得最低的价格、与员工和工会存在冲突。等等，但是文化的差异扮演了非常重要的角色。沃尔玛把在美国实行的员工行为手册照搬到了德国，要求德国员工见到客户时要微笑问候、在结账时要和客户闲聊。等等，这样的行为在美国被认为是拉近与顾客的距离，却被德国人视为打扰，反而引起了客户的厌烦和不满。[47] 沃尔玛为了推行这样的行为，鼓励员工举报没有遵照行为手册行事的员工，这对于有着法西斯清洗犹太人记忆的德国人来说是一个极其糟糕的规矩。另外，美国人喜欢在一个"大而全"的超市一次性买全所有的生活必需品，但是德国人更喜欢在不同的地方购买不同的产品，如去肉铺买肉、去蔬菜店买蔬菜水果、去药房买卫生用品、去食品店买食品，等等，因此沃尔玛这种"大而全"的商业模式对德国人并没有太大的吸引力[48,49]。

淘宝网在中国市场打败 eBay 的经历，是一个非常好的文化影响商业模式的例子，体现了对市场和消费者的深刻洞悉对于市场营销和经营的重要性。

1999 年 8 月 18 日，邵亦波和谭海音在上海创立了易趣网，把成立于 1995 年的美国 eBay 的 C2C 在线销售概念引入中国。2003 年 3 月，eBay 出资 3 000 万美元收购了易趣网 33% 的股份从而进入中国市场。2003 年，易趣网占据了中国 80% 的 C2C 市场份额。2003 年年初的 SARS 让阿里巴巴意识到了 C2C 市场的潜力，于是用两个月时间研发软件，在 2003 年 5 月推出了淘宝网。eBay 迅速做出了反应，在 2003 年 6 月以 1.5 亿美元全资控股了易趣网，并再注资 1 亿美元与淘宝网近身肉搏。为了封锁淘宝网，eBay 以重金与新浪、搜狐、网易等网络平台签订了独家广告协议；淘宝却通过电视、报纸等传统媒体和地铁与公共汽车等户外广告，以及中小网站的推广来吸引顾客，当然最主要的是其依靠免费交易模式吸引来了最早的一批用户，包括从易趣网转移过来的一些卖家，尽管那年的交易额只有区区的 2 271 万元人民币。

2003 年 10 月，淘宝网推出一个叫"安全交易"的功能，若卖家选择支持这一功能，买家会把钱付给淘宝网，等用户确认收货并满意之后，淘宝网再把钱支付给卖家，这个功能解决了交易双方的信任问题，于是销售开始爆发性增长。这个"安全交易"功能就是现在支付宝的前身，正式的支付宝则在 2004 年 12 月才推出。2004 年 7 月淘宝网又推出了买家与卖家即时通信软件——阿里旺旺，构建起了买卖双方便捷的沟通方式，进一步促进了业绩的快速增长。2004 年 8 月淘宝网单月交易额达到 1.2 亿元，而 eBay- 易趣第二季度的平均交易额是每月 1.6 亿元人民币，可见这时淘宝网已经开始接近 eBay 在中国的销售额了。2004 年淘宝网达成了全年 10 亿元的交易额，而 2005 年的交易额则达到了 80 亿元。eBay 全球 CEO 惠特曼曾声称 18 个月就可以打败淘宝网，但结果是实力雄厚的 eBay 败给了阿里巴巴。到 2006 年 3 月，淘宝网已经占据了中国 C2C 市场 67% 的份额，而 eBay- 易趣的份额却下降到了 29%。一年之后，eBay- 易趣的份额更下降到了个位数，彻底被淘宝网挤出中国市场。

eBay 在中国的失败有一系列自身战略的原因，比如说它曾以为与三大门户网站签订排他性的广告协议就可以把淘宝网扼杀在摇篮之中；再比如说过早地将易趣网与美国 eBay 网站融合，导致网页布局设计不受中国消费者喜欢，还由于语言的差异增加了产品搜索的复杂性，影响了交易；更由于忽略了在中国非常重要的客户服务，令客户抱怨在 eBay- 易趣的中文网页上，甚至都找不到中国的客服电话号码。

"淘宝网依靠自身对中国市场的了解，从消费者入手设计并推出了一系列更加符合国内用户的在线交易功能，进而迅速占领了电商市场的半壁江山。"[50] 这些更加符合国内用户在线交易的功能主要有 4 个方面。

首先，也是最重要的是全免费的商业模式。当时易趣网和 eBay 网站的收费主要有三个方式：一是交易服务费，成交以后收取 2% 左右的服务费，不成交不收费。二是登录费，上传到网站上的商品需要交 0.1 ~ 8 元不等的登录费。三是推荐位费（橱窗展示位），即置顶或者排在首位等各种各样的推广费用。这三种收费是所有 C2C 平台的收入来源，也是当时最普遍的商业模式，淘宝网却以全免费彻底颠覆了这种"正统"模式，让易趣网和 eBay 惊呼免费不可能是一种商业模式，因为在美国人的眼里，这是不可持续的。但阿里巴巴依靠这种模式很快就将 eBay 赶出了中国市场，并坚持到了今天。当时，在网上平台销售的都是小卖家，对成本非常敏感，而且中国一直有着节俭和"货比三家"的文化传统，全免费对卖家来说极具吸引力，因此随着 eBay- 易趣提供的服务越来越不如淘宝网，易趣网的卖家也逐渐地转移到淘宝网平台去销售他们的产品了。阿里巴巴用"淘宝网"作为其 C2C 业务的品牌，就已经说明了他们对中国消费者价格敏感文化的深刻洞悉。

构建了吸引卖家的商业模式之后，淘宝网开始完善买卖双方的交易模式，解决双方在交易中的痛点。

第一个就是在 2003 年 10 月推出的支付宝的前身"安全交易"功能，它很好地解决了买卖双方对风险的顾虑，毕竟卖家会担心发出了货却收不到款，买家也会担心付了款却收不到货，谁都不愿意把货或款先付出去。我们在前面提到的陈海鹏（音）等人的研究表明美国人关心的是能否享受到购买的产品，因此他们做出购买决定时并不会有太多的犹豫，而新加坡华人则担忧整个交易的过程是否有财物两空的风险，因此他们在网上的购买决策会比较谨慎和犹豫。淘宝网的"安全交易"功能居中承担了担保的功能，解决了买卖双方最大的信任痛点，正是这一点对中国人来说非常重要。

第二个是 2004 年 7 月推出的在线聊天工具阿里旺旺。在 C2C 在线交易模式下，谁都不知道交易的对方是个怎样的人，就像那幅著名的漫画所描述的那样，网络背后没人知道对方是人还是狗。阿里旺旺这个工具给予了买卖双方即时沟通的便利，买卖双方通过即时沟通，增进了解，建立起信任感，最终促进交易。曾担任天猫创始总经理的黄若说："在淘宝网工作期间，我曾经让技术的同事帮忙做过抽样，当时大约 90% 以上的交易都是先通过阿里旺旺再下单的。"淘宝网对交易数据的分析表明"一次网购 = 30 次鼠标点击 +20 个页面浏览 +2 次犹豫 +25 次意见征询 +10 句阿里旺旺记录"[51]。曹（Cho）等人声称由于群体成员之间的高接触率，使得中国消费者更依赖人际口碑传播。[52] 荷兰蒂尔堡大学的欧晓娟（音）等人认为阿里旺旺这个工具帮助构建了买卖双方之间的社会互动和互信，从而促进了交易。[53]

第三是买卖双方的评价体系。淘宝网在沿用 eBay 百分制好评率的同时，主推星、钻、皇冠（后来还有金冠）这样一种台阶式的历史好评数等级体系。黄若认为这样的改变是"把一个比较模糊的百分制修改成金字塔式的等级制，这样一来卖家就有了向上发展的压力和动力，而买家不仅仅青睐好评率高的商家，更喜欢与有良好销售历史的商家打交道"。不过，在有着数据文化（data culture）的美国人看来，这样的等级制其实比百分制更加模糊，只是不同的文化给了人们不同的视角而已。

总之，在中国市场上成长起来的淘宝网，对中国市场的参与者有着更深刻的了解，从而设计和推出了更符合消费者需求的 C2C 平台，其全免费的模式应该与中国的长期导向文化和整体性思维模式有着密切的关系。同时，eBay 由于不了解中国市场和中国消费者，犯下了很多错误，落得被完全挤出中国市场的命运。

8.2　文化与促销

在市场营销中，促销是指使用各种类型的营销传播以告知或说服目标受众了解产品、服务或品牌的相对优点，从而提高客户对产品或品牌的认知度，增进其兴趣，最终促进销售或增进品牌忠诚度。促销所传播的信息可以是文字的，也可以是视觉的。

关于促销和营销传播到底应该是全球一致标准化更好还是各市场本土化差异化更好，在理论上已未有异议，两者各有优缺点，前者胜在成本的节约和管理的简便上，而后者则胜在更能打动消费者的心理上。从营销传播的角度，让消费者对产品和服务动心，激起购买欲望，是促销的根本。在跨国营销战略中产品战略与促销战略之间有 4 种可能的组合：[54]

（1）相同的产品、相同的促销信息；

（2）相同的产品、不同的促销信息；

（3）不同的产品、相同的促销信息；

（4）不同的产品、不同的促销信息。

由社会文化因素决定的消费者心理和偏好决定了营销中的产品战略和促销战略，国际营销中的产品战略和促销战略经常是联动的，但也有不少情形是不联动的，比如说投放到各地销售的产品是一样的，但是促销信息不一样，即在不同的市场通过传播产品功能的某一个侧面来打动和吸引该市场的消费者。虽然"好广告"的整体标准在全球都是相似的，强调的是"品牌（或产品）在知性和感性上与人的关系"，但真正能打动消费者的广告，往往与其所处的特定文化背景有关；[55] 当品牌反映当地文化的特定需求时，它们更有可能与客户建立强力的纽带。[56]

8.2.1　品牌名称与文化

今天，几乎没有企业会怀疑其最有价值的资产之一就是与各种产品和服务相联系的品牌。根据美国市场营销协会的定义，品牌是一个"名称、专有名词、标记、符号或设计，或者是上述元素的组合，用于识别一个销售商或销售商群体的商品和服务，并且使它们与其竞争者的商品与服务区分开来"。创建和使用品牌的关键在于选择恰当的名称、标识、符号、包装设计，或其他有助于识别产品并使其与其他产品区别开来的属性（如品质）。消费者对品牌的认知虽然取决于营销传播的力度和频度，但也取决于顾客的心智和喜好。

从经济学的角度来看，品牌降低了消费者搜寻产品的成本。研究发现，品牌名称对消费者在单线索和多线索情况下的产品质量感知[57]、价格[58]和购买意图[59]有着显著的影响。除了功能性作用之外，"品牌还有象征作用，能让消费者投射自我形象"，[60] 正是这一点让品牌和文化价值观更紧密地联系在一起，因为文化决定了人们如何感知和诠释现象以及他们赋予物质产品与符号何种意义。[61]

当一家企业走出国门进入海外市场时，该如何使用品牌名称？一般来说有下列这四种可能的选择：直接使用、意译、音译、原品牌名称加当地语言的意译或音译。

有学者以实验方法研究了西方品牌进入东亚和东南亚市场是否需要翻译的问题，发现对于未知品牌，将品牌名称按照发音进行翻译可能是必需的，强势品牌则可能最好保留原来的品牌名称不变。[62] 不过，这个结论似乎疏忽了各个国家语言的复杂性，我们可以来看看下面这些例子。

2005 年，瑞典家具厂商宜家曾经将一款面向儿童的寓教于乐的工作台命名为"Fartfull"，并准备同时在英语国家销售。这个词在瑞典语里的意思是"全速"，但是在英语里，发音一样且拼写也几乎一样的"fart full"的意思却是"放屁"，可想而知这款产品在英语国家的销售会是什么样的结果。根据它的名称和设计，我们不会惊讶有孩子会把它误认为是便携式马桶。如果有人表示怀疑，我们就以图 8-2 说话吧！[63]

　　美国雅诗兰黛（Estee Lauder）化妆品公司有一款叫"Country Mist"的液态粉底霜，当公司把该产品推到德国市场时，就碰到了麻烦，不得不把名称改成了"Country Moist"。在英语里"Mist"是薄雾的意思，所以"Country Mist"意思是"乡间的薄雾"；但在德语里，"Mist"则是用来做肥料的动物粪便。遇到同样问题的还有名为"爱尔兰薄雾"（Irish Mist）的利口酒，以及英国劳斯莱斯的"银色薄雾"（Silver Mist）[⊖]这款车。可想而知，不调整这些产品名称，一定会在德国市场碰壁。事实上，宝洁公司在2001年收购的美发产品公司 Clairol 于2006年全球发售的一款名为"薄雾棒"（Mist Stick）的卷发器，在德国的销售就非常差。

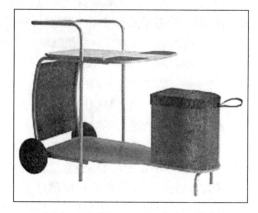

图 8-2　宜家的 Fartfull 儿童工作台
资料来源：Tim Parent（2009）.

　　日本本田公司差点就要经历这样的覆辙。2001年，本田准备在日本市场推出飞度小汽车，这款车是一台全球平台车，被寄予厚望，因为它要帮助本田与市场上非常流行的小型MPV竞争。它最初被命名为"Fitta"，听起来很时髦，并且具有欧洲风格。不过好在本田内部有人提出"Fitta"这个词在瑞典语里似乎有不太好的意思，于是在上市前最后一刻将车名改为了"Fit"，并在欧洲市场使用"Jazz"名称。"Fitta"在瑞典语里是女性阴道的俗称，在挪威语里直接就是指女性生殖器，在丹麦语里也有类似的意思。当时，本田为飞度车准备的广告词是"全新飞度，外面很小，里面很大"（The all-new Fitta, small on the outside, big on the inside）。如果以这样的名称和广告语将该车推向全球市场，以互联网时代传播的速度和广度，本田和这款车肯定会成为全球的笑料。[64]

　　美国福特公司就没有这么幸运。1971年，福特推出了双门微型汽车 Pinto，这个名字来自 pinto（花马），这种马有着白色和其他颜色的斑块组成的外观。"Pinto"一词来自西班牙语的"Pintado"，意思是"绘画"，用来描述这种马的色斑就像彩绘出来的那么漂亮。福特这款车在北美和欧洲都卖得很好，却在巴西销不出去，后来才知道"Pinto"这个词在巴西葡萄牙语里的意思是指"小鸡鸡"，于是改名为"Corcel"，葡萄牙语里的"骏马"。

　　2011年10月，诺基亚在伦敦召开诺基亚世界大会，推出了首款 Windows 手机——Lumia 800 和 Lumia 710，非常不幸的是，诺基亚没有意识到 Lumia 在西班牙语里的意思是"妓女"。[65]

　　跨境使用品牌，除了语言问题之外，还存在着与对品牌不利的业已存在的其他产品品牌名称"撞车"的风险，如高露洁曾在法国推出叫"cue"的牙膏，它没有注意到在法国有一本色情杂志的名称也叫"cue"。日本的五十铃汽车数年前推出的一款小型车，取名叫"hustler"，也让英美消费者乐了一把。按照《柯林斯英语词典》，在美国，"hustler"有"积极进取努力工作的人"的意思，但是在俚语里其意思是"骗子"或"卖淫者"；在英国英语里，"hustler"的意思是"骗子"或"男妓"。这个品牌名称被大家娱乐，还因为在美国有一本色情杂志，就叫"hustler"。

　　⊖　原文为 liqueur，是欧洲人在饭后饮用以助消化的烈酒。

跨文化的品牌使用还有不同语言的发音习惯带来的问题，如法国达能（Danone）公司在大多数国家都使用 Danone 这个品牌名称，但是在美国市场，达能使用了符合英语发音习惯的 Dannon 品牌，因为许多美国人将达能原本的品牌误念为"Dan One"。上海汽车工业公司将旗下的"荣威"品牌转写成"Roewe"，就是为了避开一个潜在的发音陷阱，因为外国人很可能将"Rongwei"这个拼音读成"Wrong Way"（错误的路）。

此外，还有品牌名称与东道主文化的匹配问题。1985 年美国的高露洁公司以 5 000 万美元收购了中国香港好来化工集团（Hawley & Hazel Group）50% 的股份，后者自 1933 年创立以来就生产和销售黑人（Darkie）牙膏，在中国香港、中国台湾、新加坡、马来西亚、泰国等地销售很好。但是当有人将黑人牙膏的包装盒从泰国寄到了美国，这个品牌就在美国掀起了轩然大波，使得高露洁受到了来自各种社会群体、机构甚至国会议员的质询和施压，但它又很无奈，因为收购合同约定高露洁并不参与好来公司的管理。[66]

将品牌名称以本土语言音译用到海外市场也可能会出现问题，下面就是几个例子。

美国可口可乐公司在 1927 年进入中国市场，最早他们将 Coca Cola 的品牌名称翻译成了"蝌蝌啃蜡"，这个名称不但古怪，还可能令人联想到"味如嚼蜡"，显然无法激起消费者尝试的欲望。后来，公司发现了问题，登报重金悬赏征求译名，最终南京大学著名校友蒋彝教授的翻译"可口可乐"脱颖而出，从而成就了广告界迄今公认译得最好的品牌名称之一。[67]

另一个例子是创立于 1984 年的福建万利达集团有限公司，这是一家研发、制造及销售电子信息产品为主的国家重点高新技术企业，年销售收入将近 100 亿元人民币。有意思的是万利达集团有限公司给自己取的西文品牌是"Malata"（见图 8-3），但是非常遗憾，这个词在意大利语和西班牙语里都是"病了"的意思。这让懂意大利文和西班牙文的潜在客户好尴尬，不知道该不该买他们的产品。

图 8-3　万利达公司西文品牌名称

资料来源：万利达集团有限公司官网。

再一个例子是重庆长安汽车公司，它给自己取了英文名"Chana Automobile"，也把"Chana"作为其在海外的品牌名称。2006 年 11 月长安汽车参加了巴西圣保罗车展，其公司名称和品牌沦为巴西街头巷尾的笑料，因为在巴西的俚语中，Chana 与一个非常粗俗的词 xana 发音相同。最后长安汽车在巴西市场改回了拼音名称"Changan"。不过，拼音也不一定是安全的，可能更容易出问题。上海航友宾馆曾经在其英文名称里使用"航友"的拼音"Hang You"。在英文里，"Hang You"是"把你吊起来"，这样的名字估计会把很多外国客人吓跑。

将品牌名称意译是另外一种常见的在海外市场使用品牌的方法，[68] 有非常多成功的例子，比如说空客（Airbus）、微软（Microsoft）、通用电气（General Electric）、大众（Volkswagen）、壳牌（Shell），等等；但也有不少失败的例子，如"白象"牌电池和"蝴蝶"牌缝纫机。白象牌电池曾是国内名牌产品，由上海电池厂生产，曾以直译的"White Elephant"英文品牌出口其产品；"蝴蝶牌"缝纫机由历史可追溯到 1927 年的上海东方红缝纫机厂，1966 年公司将内外贸商标名称统一为"蝴蝶牌"和"Butterfly"。但无论是"White Elephant"还是"Butterfly"，出口销售情况都很差，后来才知道"White Elephant"在英文里有"大而无用"的意思，而"Butterfly"则有"轻佻风流女子"的意思。若干年前也曾有中国企业咨询作者，是否可以将"红蝴蝶"品牌翻译成意大利文在意大利注册，被作者给否定了，因为意大利文的蝴蝶（Farfalla）也有"轻佻风流女子"的意思。

8.2.2　广告、传播与文化

广告是营销传播的一种重要手段，它通过视觉、文字或两者的结合，使消费者对产品或服务产生兴趣。

品牌的跨境或跨文化使用虽然也涉及品牌名称的文化匹配度问题，但主要还是语言及其含义，以及是否在当地有歧义的问题。然而在不同国家和文化使用广告进行营销传播则更加复杂，既涉及语言翻译的准确性问题，也涉及广告内容本身对受众的吸引力问题。尽管不少专家认为品牌打造的原则在不同文化中是基本相同的，是一种通用技术，[69, 70, 71] 但品牌塑造和营销传播的核心是打动消费者的心，从而激起他们的购买欲望。因此在某种意义上，它是在产品和服务的框架之下讲述故事，并对满足消费者的欲望和需求做出某种承诺，是一种特定的沟通形式。换句话说，品牌塑造是一种特定的象征形式，是一种谈论和看待世界的特殊方式，人们的价值观和世界观就自然地渗透在其中。

1. 营销传播中的语言

瑞典家电制造商伊莱克斯（Electrolux）在美国推出真空吸尘器时，广告语"Nothing sucks like an Electrolux"是从瑞典语直译过来的，本来是想表达"没有任何东西有像伊莱克斯这么强的吸力"，强调产品的高真空和强大的吸力。非常遗憾的是"suck"这个词除了"吸"之外，也有"非常糟糕、讨厌、恶心"的意思，因此伊莱克斯的吸尘器广告词也可以被理解成"没有任何东西像伊莱克斯那样糟糕"。当然更糟糕是在俚语里，"suck"还有更不好的意思。

酷尔斯（Coors）是位于美国科罗拉多的啤酒制造商，全美销量排名第三。曾将其酷炫的广告词"Turn It Loose"翻译成西班牙语"suéltalo con Coors"，这句西班牙语直译成中文是"与酷尔斯一起放松"，这倒是这个广告语的原意：酷尔斯啤酒让饮用者放松身心、消除紧张、享乐当下。但是，在西班牙俚语里"suéltalo"也有让人腹泻的意思。

美利坚航空公司（American Airlines）在 1977～1978 年推出真皮座椅的头等舱时，曾将其"Fly in Leather"（在真皮包裹之下飞行）的广告语推向墨西哥市场，不幸的是它将广告语翻译成了"Vuela encuero"。在西班牙语里"encuero"是动词"encuerar"的第一人称单数的形态，意思是"我脱衣服"或"我脱光衣服"，结果广告词的意思变成了"飞机飞，我脱（光）衣服"。现已结束经营的布兰内夫（Braniff）航空公司更是将这个错误进行到底，这是一家总部在美国得克萨斯州达拉斯的航空公司，其航线主要位于美国中西部和西南部，以及墨西哥、中美洲和南美洲。1987 年，该公司在推出真皮座椅时也进行了"Fly in Leather"在真皮包裹之下飞行的广告推广活动，其中在中、南美洲使用的西班牙语广告词为"Vuela en Cuero"。"en cuero"是"in leather"的直译，但其实在西班牙语词典里没有包含的俚语中，它的意思是"全裸"，于是这一广告词的含义还是成了"全裸飞行"。

1987 年 9 月，一家迈阿密的 T 恤衫公司想借教皇约翰·保罗二世访问迈阿密的机会推广其产品，于是设计了印有"我见到了教皇"这句话的 T 恤衫。遗憾的是本来应该印上"vi el Papa"，但是搞错了西班牙语里冠词的阴性和阳性，写成了"vi la papa"，意思就变成了"我看见了土豆"。

"Got Milk?"（喝到牛奶了吗？）这句广告词是应加利福尼亚牛奶加工商委员会的委托，由哥德比·西尔弗斯坦及合伙人（Goodby Silverstein & Partners）广告公司创意出品的，于1993 年推向市场，旨在鼓励牛奶的消费。为了吸引拉美裔消费者，这句广告词被直译为西班牙语"Tienes leche?"但是在西班牙语里这句话的意思更多的是"你在哺乳吗？"在某些拉美国家，"Tienes leche?"更有一些性韵味在里面。

同样的词在不同国家的指称可能是不一样的，在营销传播时需要明确这一点。可口可乐公司在美国和英国使用 diet 来命名健怡可乐，但是在许多欧洲大陆国家，"diet"这个词没有它所要表达的低卡路里的指称，于是在这些国家，可口可乐公司改用"light"来命名健怡可乐。[72]

企业在海外市场不仅仅会遭遇到广告词的翻译问题，有时品牌图标、产品上的设计图案、包装设计都可能成为问题的来源。比如说海尔冰箱在刚进入中东市场时卖得不好，调查之后发现中东人忌讳裸体，而海尔冰箱的图标是仅穿内裤的一对不同肤色的小男孩（即海尔兄弟），因此不受待见。据说海尔的品牌图案是受当时热播的《铁臂阿童木》动画片的影响，而海尔最早是从引进德国利勃海尔的冰箱生产线和技术发展起来的，海尔兄弟一个代表白种人、一个代表黄种人，象征着中德之间的合作。后来，公司给在中东地区使用的品牌图标上的海尔兄弟穿上了衣服，从而解决了文化的冲突。

美国嘉宝公司（Gerber）则因为产品包装上的图案，在非洲引起惊恐。嘉宝公司是一家总部位于美国密歇根州的著名婴幼儿营养食品生产商，生产包括米粉、果泥、蔬果泥、酸奶、婴幼儿配方奶粉等全系列婴幼儿食品。嘉宝公司的形象标志是一个月大的婴儿素描头像，天真无邪又好奇地直视着消费者，这无疑会吸引许多身为"母亲"的消费者，因为她们会将这个形象投射到自己孩子的身上，想象着只要给孩子喂食嘉宝婴儿食品，自己的孩子就会变得像嘉宝婴儿一样的可爱。[73]嘉宝婴儿食品的产品包装盒上都有嘉宝婴儿的形象（见图 8-4），多年前当嘉宝公司将其产品销售到非洲时，在某些非洲地区曾引发恐慌。这是因为在非洲的许多地区，很多人不识字，无法看懂包装上的说明，于是有将产品照片印刷在包装盒上的传统，这样消费者可以直观地知道包装盒里的产品是什么。嘉宝公司的包装盒使得一些非洲消费者误认为盒子里装的是一个婴儿。

1991 年，瑞典一家物业管理公司 Locum，给客户寄了一张圣诞和新年贺卡。为了增添一点节日的喜庆气氛，公司将其名称里的"O"用一颗心来代替，并且"L"没有用大写，就像"I"，这样一来，公司名称可以念成"I Love Cum"（我爱 / 喜欢 Cum）（见图 8-5）。公司的管理者和员工还可能为这个创意沾沾自喜，可这张贺卡惊到了不少客户。为什么？读者去查查"cum"这个词在英语俚语里是什么意思就明白了。

图 8-4　曾在非洲市场引起误解的嘉宝
婴儿食品的包装盒

资料来源：Wikipedia.

图 8-5　瑞典 Locum 物业管理公司的
"创意"贺卡

资料来源：http://www.mandatory.com/fun/1058882-the-
17-worst-company-logos-ever-conceived.

2. 营销传播的内容与文化

有句话说"要打开消费者的钱包，先要叩开他们的心门"。有些经典广告词，直指人心，激起购买的欲望。如麦氏（Maxwell）咖啡的"Good to the last drop"和中文翻译"滴滴香浓，意犹未尽"，将享受咖啡时的那种意境淋漓尽致地表达了出来。再比如戴比尔斯（De Bierres）的"A diamond lasts forever"（钻石恒久远，一颗永流传），不仅点出了钻石的价值所在，更让人们很容易地把钻石与爱情、婚姻联系起来，以钻石寄托爱情和婚姻直到海枯石烂、地老天荒的美好愿景。

通常，营销传播以品牌塑造和对产品与服务的描述来打动消费者的心，激起他们的购买欲望。广告的创意就是试图把商品特征和文化价值观联系在一起，起到一种潜在的意义转移的作用，使得瞥见这个广告的人能发现两者之间本质上的相似性。当这种象征性等价关系成功建立起来之后，人们会将存在于文化构成的世界中的某些特性赋予产品和服务，如此一来，来自文化世界的已知属性就进入消费品的属性之中，实现从文化到商品的意义转移，这时这种商品就代表了这一特定的文化意义。广告在创意过程中需要挖掘能引起消费者共鸣的那根"弦"（文化价值观）是什么，然后仔细筛选文化意义与商品特征之间的所有关联，再决定将哪些商品特征用于广告之中来唤起这种文化价值观；最后，广告以创造性的方法用文字或 / 和视觉的方法将文化和商品的等价性呈现出来。当潜在的消费者知会到这种等价性时，意义就从文化转移到了商品之中，[74] 或者说商品成为文化价值观的载体，而广告则是将文化价值观与商品联系起来的桥梁。

有非常多的研究表明文化价值观影响着消费者的决策，因为文化决定了人们如何看待和诠释现实，并且给予商品和服务以象征性的意义。[75] 产品和服务具有超越其使用价值和商业价值的意义，将抽象的品牌概念建立在人的情感需求和动机意义上比将品牌概念建立在产品的功能属性上更能得到消费者的正面反应。[76, 77] 企业不仅仅需要将消费者对产品的功能性需求注入产品和服务之中，还要将他们潜在的文化价值观偏好注入其中，然后在营销传播时，突显该产品和服务能够让消费者的生活以有意义的方式受益的感觉，唤起消费者与特定的产品和服务之间的共鸣。[78] 比如说 20 世纪 90 年代初，福特汽车在进入中欧市场时曾委托广告公司做了市场调查，发现波兰的消费者对于汽车能否给他们带来"体面和声望"最看重，而捷克斯洛伐克[⊖]的消费者最看重的是耐用性和可靠性这两个质量因素。

在营销传播中，最忌讳的是没有找准消费者的需求，出现"对牛弹琴"的尴尬局面。一种文化下消费者的需要不等于另一种文化下消费者也有同样的需求，宝洁公司在日本就曾有这样的经历。帮宝适在日本的营销传播也曾强调尿布的吸水性，但日本的母亲对此并不感兴趣，因为日本的文化传统决定了日本母亲更频繁地更换尿布，其传播的产品特性就未能与日本消费者产生共鸣。[79] 相反，由于需要频繁地更换纸尿裤且日本的住房较为狭小、收纳空间有限，让日本女性对纸尿裤的价格和体积更加关心。

在品牌传播的过程中，还存在着消费者将自我认知与品牌进行联系的过程，人们将自己的定义特征（如价值观和偏好）与品牌定义的特征进行比对，这个过程影响消费者对品牌的选择和忠诚度。比如说，将自己定义为创新的消费者可能会与他们认为专注于创新的品牌联系起来。[80]

张勇（音）和贝特西·盖尔布（Betsy Gelb）用实验方法测量了中国和美国消费者对不同广告的反应，发现包含个人主义价值观的广告对美国学生更有吸引力，而蕴含了家庭和集体主义价值观的广告对中国学生更有吸引力。另外他们发现产品本身的功能特性——社会可视性（socially visible，使用该产品时将被社会公众看见）还是个私性（在个人的私下场合使用该产品），起着中间调节因子的作用，能强化广告中价值观诉求的有效性，例如产品使用功能本身的社会性可以增强包含集体主义价值观的广告在中国的有效性。[81] 其实，如果进行进一步的研究，也许会发现产品使用功能的社会性或个私性还与社会地位和权力距离这两个文化价值观有着紧密的联系。

文化价值观、社会规范和行为特征通常嵌入在广告诉求之中，从而使得广告成为传达产品多么符合客户需求的载体。[82] 这些诉求（卖点）通常出现在广告的画面和标题之中，并且由广告文字进行支持和强化。文化价值观是广告信息的核心，广告通常包含、美化并强化文化价值观。[83] 广告中强调的诉求通常是该文化所期望的，例如，中国的广告就包含更多的聚焦对社会地位和美好生活的向往，[84] 因为中国有着很强的实用主义的文化。美国的广告会比较直接，强调以数据说话，也会有较多的教育消费者（说教）的倾向；另外也更专注于自我提升、自我实现、人生抱负、个人目标、独立性和个性等价值观。相比之下，日本广告比美国广告包含的情感更多但比较更少。[85] 日本和韩国的广告更多地依赖于象征、隐喻、情感和唯美设计，更多地强调让潜在的消费者与企业之间建立某种信任关系，较少使用品牌直接比较这样一些简单粗暴的方法。即便是文化非常接近的英国和美国，其电视广告还是有些差异，美国的广告有着更多的强硬推销的痕迹，而英国的广告比较含蓄，讲究取悦顾客和"软营销"。英国的广告人将美国的广告描述为"高声叫卖的推销员，混淆了沟通式吆喝与强加

⊖　1918 年，奥匈帝国解体，捷克与斯洛伐克独立，并联合成立了捷克斯洛伐克共和国。1993 年 1 月 1 日，捷克斯洛伐克联邦共和国解体，成为捷克共和国和斯洛伐克共和国两个独立的国家。

式劝说之间的差别"。[86] 拉丁民族（意大利、法国和西班牙）的销售人员比英国的销售人员更会使用"聪明"的软营销方法来销售产品，表现得更加开放、更加善解人意，不会给客户施加太多的压力，而是更多地借助专业知识来销售。[87]

也有研究表明，在不同的文化里，宿命论思想的强弱可能影响人们的行为意图和生活方式，进而影响对品牌的忠诚度和感知风险的态度。汪辛克（B. Wansink）等人发现享乐主义、对传统的坚守等文化特点使得将大豆引入哥伦比亚的食谱之中时需要更多地采用间接和教育的方法。[88] 米拉克莱（G. E. Miracle）发现日本消费者的决策流程是与西方国家不一样的，遵循"感知—行动—学习"这一流程；"感知"是日本消费者的初步反应，然后是采取行动，去商店购买产品，最后才有对产品的详细了解和知识。这是由于日本文化中的"甘え"（amae，依赖）特征，因此，日本广告的目的是取悦消费者，并建立公司与消费者之间的依赖关系（甘え）。[89]

罗伯茨（Scott D. Roberts）和哈特（H. Stanley Hart）录制了一家美国电视台、一家墨西哥电视台和一家针对在美国的西班牙语裔人群的电视节目各 12 小时，然后对其中的广告进行分析，用 10 个文化维度对广告内容进行编码。结果发现三个电视台播放的广告在其中 9 个文化维度上都显现出显著的或一定程度的差异。分析结果显示：集体主义、先赋出身和现代性这三个维度都是墨西哥广告最强，针对在美国的西班牙语裔人群的次之，而针对美国人的最弱。前两者明显地体现了社会文化价值观的影响，第三个维度似乎显示了现代性对于墨西哥人有更强的吸引力，而对于生活在较为先进和现代化社会的美国人，在广告中强调现代性并不会引起他们的共鸣。在美国的广告中，可以看到更多强调结果的价值观，而在墨西哥的广告和针对西班牙语裔受众的广告则体现了更多的享乐主义的价值观与强调传统的价值导向。[90] 对现代性的强调，也许是发展中国家的普遍特征，日本在 20 世纪 30 年代的广告中也有很多现代性内容的表达，[91] 自明治维新以来很长一段时间，在日本的广告中都能看到浓浓的"向西看"的态度。[92] 韩国和中国的广告也都曾经在经济起步阶段经历过这样的强调现代性的历史时期。[93]

营销传播会经常使用一些神话或民俗故事，这也是文化嵌入营销传播的例证，问题是某一个国家的特定故事往往是其他文化的人所不知的，也是无感的。近年来，中国政府为了提升在国际社会的形象，出资在美国纽约曼哈顿时代广场的大屏幕上播放中国国家形象宣传片。曹玮和夏雨晨对宣传片效果进行了实证性评估，发现效果并不理想。[94] 主要问题在于西方人由于不了解中国的文化背景而看不懂我们的宣传片，就比如让外国人看《白蛇传》，不知多少外国人能体会得到《白蛇传》是一个爱情故事，而让白蛇现出原形并将其镇压在塔底的法海和尚却是一个坏蛋？

利蒙（Yonca Limon）等人的研究证实了产品包装在传播品牌形象和品牌价值方面的能力。[95] 宝洁公司的帮宝适婴儿纸尿裤在美国市场的包装盒上的图像是一只飞行的白鹳衔着一个布包，布包上写着"帮宝适"这个词（见图 8-6）。这个广告创意用了在西方家喻户晓的白鹳送子传说，加上切换概念的手法。当帮宝适进入日本市场时，它直接拷贝了这个设计，只是将英文改成了日文。一段时间之后，公司发现市场表现不是太好，经过一番研究，才弄清楚日本消费者对这样一个形象设计没有任何感觉。在西方文化的民间传说中，是白鹳将婴儿带到他们父母身边的，因此西方国家很多与婴儿有关的用品，如婴儿服装、褓褓、婴儿毯子等，甚至祝贺孩子出生的贺卡，都会被印上白鹳的照片或卡通图案。然而，没有西方文化背景的日本人却"看不懂"这个图案，日本的民俗故事"桃太郎"里说婴儿是从顺着河流漂流而来的巨型桃子里钻出来的。后来，宝洁公司改变了包装设计，以一位护士妈妈的形象来打造其"育婴专家"的品牌形象，而这契合了日本的工匠精神。

图 8-6　帮宝适婴儿纸尿裤在美国的包装和西方的白鹳衔孩传说

资料来源：https://www.amazon.cn/%E5%8E%A8%E5%85%B7/dp/B00LQJH9PI.

前面我们讨论过加利福尼亚州牛奶加工商委员会的广告语 " Got Milk ？" 在翻译成西班牙语时的问题，但即便撇开翻译上的歧义，这样的广告语能吸引拉丁裔消费者吗？尽管非洲裔美国人和亚裔美国人在牛奶加工商委员会组织的焦点小组讨论中表示他们喜欢"喝到牛奶了吗？"这句广告语并欣赏其中的幽默；但是对于拉美裔的母亲来说，家里没有牛奶或者孩子没有喝到牛奶，意味着她们的失责，这一点都不好笑，甚至是对她们极大的冒犯。很难设想这样的广告语能够吸引身为母亲和祖母的消费者去购买牛奶，而在拉丁裔家庭，恰恰是由她们负责采购家庭的食物。后来，该委员会接受了熟悉拉美语言和文化的资深广告人的建议，将广告词改成了 " Y Usted Les Dio Suficiente Leche Hoy？"（你今天给他们喝了足够的牛奶吗？）[96]

"好东西要与好朋友分享"，这是麦氏咖啡在进入中国台湾市场时推出的广告语。当时雀巢咖啡已经牢牢占据了中国台湾市场，雀巢那句广告语"味道好极了"又已经深入人心，麦氏咖啡要去侵占市场，实在不易。但麦氏咖啡从情感入手，把咖啡与友情结合起来，就深得中国台湾消费者的认同，因为它拨动了中国台湾消费者浓浓的集体主义文化下重视家人、朋友、亲情和友情那根弦。

一般来说，个人主义文化较为强调独立人格，最能打动他们心扉的是成就、独立自主、个人利益、自我表现，等等。进一步细化的话，在垂直个人主义社会（如美国和英国），人们努力通过竞争变得杰出并获得地位。在水平个人主义社会（如瑞典和挪威），人们重视每个人作为个体的独特存在，但对于是否成为杰出人物并获得较高的社会地位不特别感兴趣。

集体主义文化下的广告会更多地强调团队利益、人际和谐、相互依赖和相互帮助、与集体保持一致、忠诚、社会责任等要素。在垂直集体主义社会（如韩国和日本），人们强调个人目标与其群体目标相对应、服从权威意志并支持其所在小群体（in-group）与另外群体（out-group）的竞争。在水平集体主义文化（如以色列的基布兹），人们认为自己与其他人没有差别，并强调共同的目标和社交性，他们对权力的看法不是让人屈服，而是要把权力用于仁慈和帮助他人。

研究发现垂直集体主义和垂直个人主义使得人们更加愿意选择本国生产的产品。[97]对一些国家的杂志广告内容进行分析，可以发现具有垂直文化特征的社会（如韩国和俄罗斯）相比具有水平文化特征的社会（如丹麦），等级、奢华、声望和卓尔不凡等与社会地位相关的主题通常更为普遍。[98]

研究发现在西方国家，有更多的个人主义导向的广告，而在亚洲却有更多的集体主义导向的广告，西方的消费者也更容易被带有个人主义文化特征的广告所说服。在个人主义文化中，各方希望快速达成交易，而在集体主义文化中，有必要先建立关系和信任。这种差异反映了广告在这两种不同文化中的不同角色：说服抑或创建信任。[99]

阿伯斯－米勒（Albers-Miller）和盖尔德按照波雷（Pollay）的 42 项广告诉求分类方法[100]对 11 个国家的广告进行编码，并与霍夫斯泰德的文化维度联系起来进行分析，发现"华丽""自负爱虚荣""昂贵""地位"与权力距离存在着显著的正相关，而"便宜"与权力距离存在着显著的负相关。同时，"野性""魔幻和神秘""年青"这 3 个诉求与不确定性规避呈负相关。[101]"便捷"与男性气质这个文化维度有着正相关，而"谦逊和保守"则与男性气质负相关。说明权力距离较大的文化会较多地在广告中传递地位、社会等级差异等信息，展示冒险精神的广告在不确定性规避较强的文化中难以吸引消费者。

在低语境的文化中，广告通常会包含更多的信息，使用更多的数字与图表，比较直接且有更多的修辞；在高语境文化中的广告，一般会比较间接，使用较多的隐喻和图像，且更关注情感诉求。[102]在低语境文化中被人喜欢的广告在高语境文化中可能被视为冷漠、傲慢，没有情感和美感，或者说没有意境；在高语境文化中得到好评的广告在低语境文化的消费者眼中，可能会被视为没有说到"关键点"上，甚至被认为"不知所云"。我们可以通过一则日本味之素的广告来体会一下高语境文化下的广告特点（见图 8-7）。其广告语的标题是："今天，能和你在同一个屋檐下一起吃饭，真好！"具体的广告语是："在屋檐下加一个'良'字，便成了'食'。一家人在家里一起吃饭，真的是一件很好的事。无论严寒酷暑，艰辛或者愉快，都可以一起分享今天发生的事。餐桌是培养家庭（感情）的地方。那么今晚，就和家人更亲近一些吧！——来自味之素 KK 的提议。"广告还用了一系列的卡通画描绘了许许多多一家人在一起吃饭的场景。这则广告在同是高语境的中国被认为"温暖的不只是你的胃，还有寂寞的心灵"。但这样的广告能打动低语境社会消费者的心吗？

图 8-7　高语境文化与味之素的广告

资料来源：http://shijuecanyin.com/work_show.html?id=3815.

　　线性分析性思维模式或整体性思维方式也会影响对品牌的判断。负面信息会较大程度地影响线性分析性思维方式的人，改变他们对品牌的信任度，因为分析性思维方式的人较少综合考虑各方信息，更容易将负面产品信息归因于品牌。[103] 具有整体性思维方式的人更容易接受一个品牌的衍生品牌，他们更倾向于把它们看作是一体的。[104]

　　总之，广告的标准化有着显而易见的优点，比如说不需为各地量身定制广告所带来的规模经济效益、管理的便捷性，以及全球一致的品牌形象。托雷利（Torelli）等人的经验研究也表明，作为人类价值表征的抽象品牌概念结构可以广泛应用于文化上非常不同的市场[105]，比如说虽然诸如雀巢咖啡的广告"味道好极了"（the taste is great），简单而又意味深远，是广告语中经典的经典，适合很多不同的文化。但从本质上讲，广告的标准化存在一个基本前提，即人们的需求和欲望在各地基本相同，并且精心构思和执行的卖点可以在不同国家的消费者中产生相同的共鸣，[106] 否则，广告只能"入乡随俗"。

　　不过，文化与广告诉求之间的关系似乎比我们想象的要复杂。一些经验研究的结果并不支持某些文化价值观与广告诉求之间的关系，甚至发现结果与假设相反。有学者认为这是由于消费的流行趋势可能变化得比文化更快一些[107]，也有学者认为这可能是由于价值观与实践之间存在着不一致性[108]。不过我们认为，许多不同的文化特性会从各个不同的角度影响消费决策，因此，影响营销传播和广告有效性的文化是多元的。比如说在泰国，由于强烈的佛教文化影响，有着很重的家庭观念，因此，世事洞明、血浓于水、善恶轮回、有恩必报是泰国广告的重要主题；但在关乎生命和情感的厚重主题外，泰国广告也有风趣搞笑的一面，常常出现一些无厘头式的幽默，这也许源于泰国人民的乐天性格。[109]

　　一般来说，与消费品相比，工业产品的广告可以更加标准化一些[110]，而在消费品里，耐用消费品的广告相对来说也可以更标准化，非耐用消费品则需要根据当地的文化习俗、消费习惯和口味偏好进行更多的调整[111]。

8.3　文化与销售渠道

　　分销是 4P 营销组合的要素之一。分销是使产品或服务到达有需求的消费者或用户的过程。分销最关心的是如何确保产品以最直接和最具成本效益的方式到达目标客户。分销渠道是一组相互依赖的市场参与者（包括批发商、零售商、中介等，在国际营销中还会有进口商），使产品或服务通过他们所提供的服务到达最终消费者。

　　商品和服务可以通过多种渠道传递给消费者，增加渠道种类可以增加消费者接触到商品的方式，从而可以增加销售额，但它也可能会让分销系统变得复杂，使分销管理变得困难。分销渠道可短可长，取决于交付产品或服务所需的中介数量，最短的可以是"零层次"，即从制造商直接到最终消费者的直销。通常，分销渠道越长，制造商可能从销售中获得的利润越少，因为每个中间商都要对其提供的服务收费。

　　公司的营销部门需要为公司的产品和服务找到或设计最合适的分销渠道，然后选择适当的分销机构或中介作为渠道成员。为了保证分销渠道的有效性，除了给予渠道更多利润作为激励之外，公司一方面需要控制或影响渠道成员，确保其行为吻合公司的整体战略；另一方面公司也需要给渠道成员提供必要的信息、培训等服务。很多时候这两方面又是相辅相成的，越多的沟通、培训和服务带来更多的影响力与控制，渠道成员能从公司获得能力，可以提高他们对公司的承诺度。[112] 随着技术的进步和政府法律监管的变化，分销渠道的特点和相对重要性也会发生变化，比如说如今线上销售渠道的重要性是 10 年前无法想象的。再比如在澳大利亚和新西兰，随着放宽禁止超市销售治疗产品的法律后，购买轻微镇痛剂、咳嗽和感冒药品、维生素和食物营养补充剂的消费者逐渐从药店转向超市。因此，公司必须监控渠道的绩效，并在必要时调整渠道以保持或提高绩效。

在跨文化营销的场景下，文化如何影响渠道的选择和管理？拉克曼（Conway L. Lackman）等人在 1997 年曾指出："需要对销售场所或分销渠道进行更多的研究。我们对日本的分销系统所知甚少，但它的收入比那些拥有全球 40% 人口的国家（的分销渠道）的总收入还要多。"[113] 纵览已有的文献，虽然在这个领域有一些研究，但不够充分，而且主要集中在文化对渠道关系的影响方面。

8.3.1　文化与营销渠道的选择

产品和服务到达客户的渠道通常可以是多样的。特别是面向终端消费者的 B2C 的产品和服务，由于消费群体数量巨大，渠道分化现象比较明显，通常会有对应不同的消费群体的不同的分销渠道。伦敦（T. London）和哈特（S. L. Hart）研究了一家跨国公司在海外市场一个失败的营销案例，这家公司在原有的高端产品成功推广之后，推出了针对低收入细分市场的产品，通过现有的渠道合作伙伴在该国销售，却没有成功。原因是现有的合作伙伴的渠道主要是在大城市，针对相对富裕的消费者，在二三线中小城市没有销售网络，更不要说更广大的农村地区了。另外，该渠道合作伙伴也缺乏销售面向中低端消费者的知识、经验和积极性。[114]

特定的产品可能需要特定的分销渠道，但也可能在想开拓的目标市场尚不存在适合该企业的分销渠道。1996 年，一家意大利公司曾和中国的双汇集团成立了一家合资公司，计划生产和销售西式熟火腿。由于西式熟火腿是在摄氏 80 度以下的低温加工熟的，运输和销售需要全程冷链，但在那时候的中国，冷藏运输已是难找，在很多城市都还没有出现超市，不存在合适的分销渠道来销售西式熟火腿，最后该合资公司只能转产可以在常温下运输和销售的火腿肠来维持经营。

文化影响人们的消费习惯，也影响其对消费渠道的选择。问卷调查显示日本学生不喜欢电话营销，并希望政府能有更严厉的法律制度来规范约束它。对于集体主义较强的日本人，群体内与群体外的人际关系区别很大，再加上沟通中的高语境文化，不像拥有个人主义文化的美国人，较为容易接受陌生人的电话和信任陌生人，日本人很难接受陌生人的电话推销并信任他。研究者认为中国、韩国、西班牙和葡萄牙也拥有类似的强集体主义文化和高语境文化，也可能对直销渠道抱有不信任和厌恶的态度。[115] 近年来在中国市场，微商和网红开店异军突起，反映了中国消费者乐于接受熟人和意见领袖（key opinion leader，KOL）的推荐，由此迅速建立对产品、服务和品牌的信任，并触发购买行为，这从另外一个侧面印证了上述研究结论。但是舒曼（Jan H. Schumann）等人研究了澳大利亚、中国内地、德国、中国香港、印度、墨西哥、荷兰、波兰、俄罗斯、泰国、美国这 11 个国家和地区的人们对熟人口口相传推荐的认知，发现熟人推荐能增加接收者对公司服务水平的正面感知，在这中间起着调节作用的是不确定性规避这一文化维度，即不确定性规避的强弱影响着口口相传的推荐在不同国家和地区的有效性。[116]

不同的文化不同的渠道

迄今为止，关于文化对分销渠道的影响的研究还不是太多，但我们可以从下面的案例一窥文化对渠道选择的直接影响。

活性健康化妆品部（Active Cosmetics Division）是法国欧莱雅集团下四个事业部之一，负责由皮肤科医生或美容医生开发和认可，满足敏感和瑕疵以及正常肌肤的不同护肤需求，在全球医疗保健网点（通过药店和医生处方）销售的产品，人们常把这些化妆品称作"药妆"。目前，活性健康化妆品部拥有薇姿（Vichy）、理肤泉（La Roche-Posay）、修丽可（SkinCeuticals）以及 Sanoflore、Roger & Gallet 和 CeraVe 品牌，这些品牌的产品与其他化妆品形成差异化互补。该部门是欧莱雅最小的一个事业部，按照 2017 年报，活性健康化妆品部的销售收入只占全公司的 8%，而大众化妆品部占到 46.6%，奢侈品化妆品部占 32.5%。

创建于 1931 年的薇姿品牌利用法国薇姿小镇上来自地下 4 000 米深处包含 15 种有益矿物质的天然温泉对皮肤的治疗和保健作用，宣称将严谨的医学和皮肤学原理应用于健康皮肤的日常护理。[117] 薇姿是世界上第一个进入药店销售的化妆品品牌，也曾是完全通过药店销售的"药妆"品牌。理肤泉品牌则可以追溯到 1928 年成立的利用理肤泉小镇的温泉水治疗皮肤病的理肤泉医药实验室。欧莱雅集团在 1989 年收购了这个实验室，并在 20 世纪 90 年代推出了理肤泉品牌的"药妆"产品。[118] 修丽可是在皮肤科、整容外科、医疗美容和护肤领域享有盛誉的美国品牌，于 2005 年被欧莱雅收购。欧莱雅还分别在 2006 年、2008 年和 2017 年收购了 Sanoflore、Roger & Gallet 和 CeraVe。

薇姿在 1998 年进入中国市场后，延续了在法国和其他国家的营销模式，通过在大型药房和高档商场内的药房设立专柜的方式销售，先进驻北京、上海、广州等一线城市，随后逐步渗透到二三线城市。两年间，在全国 200 多家大型药房开设了薇姿护肤专柜。2000 年后，市场潜力爆发，薇姿的销售业绩迅猛提升，2001 年成为药房渠道护肤品销量冠军。借助其先入者优势（first-mover advantage）和强劲的销售，薇姿和主要药房签订了独家产品销售协议，并于 2001 年引入理肤泉这一新的产品线，以全面巩固其在中国市场的垄断地位。公开信息显示，巅峰时期薇姿在中国药店的专柜数量达 3 000 个，年销售额曾突破 15 亿元，在那些年，中国活性健康化妆品事业部的负责人被法国总部的同事戏称为 Mr. 50，因为每年的销售都增长 50%，一时风光无两。

但是到 2007 年，欧莱雅（中国）活性健康化妆品团队发现销售增长乏力，原来是各地政府陆续规范了医保卡的使用范围，消费者不能在药房使用医保卡购买类似于薇姿和理肤泉的护肤产品。没有了医保卡加持之后，薇姿和理肤泉的销量开始停滞然后下降。有消息称，2009 年薇姿在药店渠道的销售额同比下滑 30%；此时，2003 年 1 月进入中国市场的另外一个法国"药妆"品牌雅漾（Avene）却发展得非常好。

与薇姿和理肤泉类似，雅漾也是一个专注于敏感肌肤护理和皮肤问题（祛痘）的化妆品牌，其母公司皮尔法伯集团是世界第二大药妆研发公司。雅漾在欧洲市场也只在药店渠道销售，因此雅漾在初入中国市场时，也选择了中国的药店渠道，但由于先入者薇姿与很多药店签订了独家产品协议，雅漾能得到的药店渠道就比较差。于是，雅漾只能另辟蹊径，除了药房渠道，还与个人护理连锁店屈臣氏进行深入合作，结果业绩增长非常迅速，仅 5 年时间就紧逼"老大"薇姿的市场地位。

面对药房渠道短期内不可能逆转的颓势和雅漾在屈臣氏的成长，薇姿在 2008 年也开始进入屈臣氏，同时要求法国总部允许其进入百货店销售。百货商场专柜是当时中国女性选购化妆品的主渠道，占据了 80% 左右的市场份额。但法国总部的管理人员拒绝了中国团队的要求，他们的反对意见主要基于下列两点：

（1）在药店渠道销售是薇姿和理肤泉这一品类的 DNA，公司不能放弃和改变这个品牌基因。

（2）薇姿和理肤泉在全球都通过药房这个渠道销售，而且都卖得很好，为什么在中国就不能通过这个渠道销售？也许中国目前的销售下降只是一时的艰难，只要加大营销力度和创新营销方法就能恢复？

中国团队反复和法国总部沟通，希望将渠道切换到百货商场，而直到两年后，总部才迫于惨淡的销售业绩，同意了中国团队的请求，于是薇姿和理肤泉的产品开始以品牌专柜的形式进入百货商场销售。2013 年，百货商场成为该部门最大的销售渠道，最终形成了今天在中国市场通过药店、个人护理（化妆品）店、百货商场、网上电商多渠道销售的布局。图 8-8 是 2008～2015 年薇姿和理肤泉在百货商场的销售占中国市场总销售额的变化。

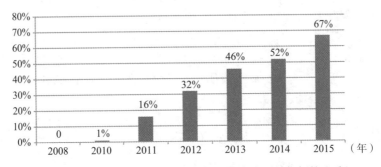

图 8-8　薇姿和理肤泉在百货商场销售占全国销售额的比重

资料来源：欧莱雅（中国）公司。

面对这样的数据，我们可以想象一下，如果欧莱雅（中国）活性健康化妆品事业部不曾转变中国市场的营销渠道，结局将会如何？可作参照的是露华浓（Revlon），这个彩妆品牌是最早进入中国的外资化妆品之一。"云想衣裳花想容，春风拂槛露华浓"本是李白赞美杨玉环的名句，品牌翻译者以令人惊叹的才华将 Revlon 翻译成"露华浓"，而这一品牌也随着李白的诗句很快就传遍了大江南北，但是光有品牌知名度没有接地气的运作模式使其亏损大于盈利，不得不在 2014 年 2 月撤出中国市场。

那么，为什么欧莱雅总部曾反复坚持只能走药店渠道，反对中国团队切换渠道的请求？为什么在其他国家都行得通的药店渠道在中国就不行呢？其背后的原因和文化的影响留给读者去分析，但是下面这句话，应该是可以说了：不同的文化，不同的渠道。

8.3.2　文化与营销渠道的管理

分销渠道上各个环节的合作伙伴通过各自关键性的功能和努力，将公司的产品或服务推向市场，使其成为企业价值创造的重要组成部分。跨国经营的公司可以通过海外子公司建立完全属于自己的分销渠道，也可以通过和其他运营商合作建立分销渠道。母国与东道国之间的文化距离会影响分销渠道的建立方式以及所有权水平，导致沟通和协调问题，并增加转移组织实践的成本和难度。

如果跨国公司在海外建立了自己的分销渠道，则需要考虑文化在对销售人员的监督、指导、绩效评估和发放薪酬福利方式上的影响。鲁齐耶斯（D. Rouziès）和麦奎恩（A. Macquin）研究了文化对欧洲不同国家销售人员管理控制体系的影响，由于文化的差异，虽然同在欧洲，但是各国在福利报酬体系上，在销售人员的绩效评估、督导等方面还是存在着很大的差异。首先，有 40% 的法国公司为其销售人员提供包含薪水、佣金和奖金的综合薪酬体系，相比之下，只有 11% 的美国公司采用类似的薪酬体系。其次，据合益（Hay）咨询公司 2001年的调研数据，薪酬中的固定部分占总薪酬的比例在美国是 60%，而在法国是 84%，在意大利是 88%，在英国是 90%，在荷兰则高达 92%。最后，不同国家在销售方式和对销售人员的管理上有很大差异。与英国销售人员相比，意大利、德国和法国销售人员更倾向于使用更"聪明"的软营销技巧。在管理制度上，如果对销售人员的管控系统越是聚焦于行为，拉丁销售人员越会选择接触客户组织中较高职位的关键决策者，而如果管控体系越是聚焦于结果，则拉丁销售人员越不会选择接触关键决策者。同样的管控体系对英国和德国的销售人员的影响刚好相反。[119]

如果分销渠道是通过和其他运营商合作建立的，产品或服务的供应商会希望与分销渠道中的运营商建立良好的关系，最好还能影响和控制分销商，使其能够专注于销售供应商的产品或服务，并与供应商的全球战略协调一致。在管理独立的分销渠道的关系时，研究者指出文化可能对分销渠道关系的运行[120]、跨国买卖双方的互动[121]以及谈判[122]产生强大影响。不过，对国际分销渠道关系中文化敏感性及其影响的实证研究还是较少。[123]

格里菲斯等人检视了加拿大、智利、墨西哥和美国分销商与其美国制造商之间的渠道关系，研究了全球标准化的渠道关系管理过程在同一种文化内和在不同文化环境中的适用性。美国和加拿大属于同一类文化，有着"强个人主义—小权力距离—弱不确定性规避"的特点，智利和墨西哥则属于"强集体主义—大权力距离—强不确定性规避"文化。结果表明，在美国或加拿大文化中构建出信任和承诺的渠道关系和维护策略，可以转移到同样文化类型的其他国家，但不适合完全移植到其他文化类型。在个人主义较强的文化里可以用来建立信任和承诺的做法，对于集体主义文化的人来说可能远远不足以建立同样的关系，因为集体主义往往意味着更加亲密的关系。因此，美国制造商在管理来自拉美文化的合作伙伴的关系时，可能需要更加殷勤，或提供更多的信息和服务，或使用其他非强制性影响策略，使其更加符合拉美文化的特点。[124]

文化塑造了人们对时间和计划的不同态度，而这种不同的态度将影响制造商和分销商之间的关系与合作。比如说，盎格鲁-撒克逊文化将时间看作单向度流走的珍贵资源，因此非常重视计划和计划执行时的每一个时间节点，时间观念很强，也非常守时。在拉丁文化中，潜意识中生命是循环的，没有开始也没有结束，是可以延伸的，因此守时观念比较弱。因此，当你和拉美人确定约会的时间时，如果你和他比较熟而他也比较国际化，你可以笑着问一下 la hora inglés 还是 la hora español（是英语中的时间还是西班牙语中的时间）。另外，东亚、中东和拉丁文化更加注重关系，因此，生意是建立在良好的个人友谊和相互信任的基础之上的，他们需要花时间去深入地了解合作伙伴。来自生产混凝土和输送泵的意大利 CIFA公司的照片显示（见图 8-9），他们的销售经理曾受邀在意大利客户家里与其家人共进晚餐。盎格鲁-撒克逊文化则更倾向于避免把工作关系与私人关系搅和在一起，因此也就不愿意在商务活动中去建立个人关系，并在这上面花费时间。在这样的文化差异背景之下，如果一家美国制造商在墨西哥开展业务，无论是美国公司还是墨西哥分销商或零售商都需要做出某些调整来建立和维护良好的渠道关系。美国制造商需要花比在美国国内更多的时间以适应墨西哥合作伙伴对时间和规划的态度与执行情况。此外，墨西哥分销商必须认识到遵守美国制造商习惯的商定付款时间表的重要性，也许还需要安排足够的营运资金以满足美国制造商对存货数量的期望。[125]

有些研究者认为不同国家之间在商业实践上的差异对渠道管理的影响较为突出，但其实所有这些商业实践上的差异都是由公司在其母国市场经营中塑造的，[126] 在这个过程中，市场环境、法律制度以及文化都是塑造这些商业实践的影响因素。

按照常规的营销渠道管理理论，对渠道成员的影响力和控制力与渠道的绩效成正比。渠道成员试图控制他们的渠道合作伙伴，不仅是要在渠道内最大化自己的地位，还要将渠道协调成一个高效的分销系统，这有助于确保强大的渠道能力和与其他渠道竞争时保持优势。影响与控制渠道的策略和方法

图 8-9　意大利 CIFA 公司销售经理在谈生意时受邀在客户家里与其家人共进晚餐

资料来源：D. Grancini et al.（2013），*CIFA: L'anomalia Vincente.*

有两类：一类叫强制性影响策略，使用奖励承诺，或者威胁进行惩罚或负面制裁，或者呼吁遵守具有法律约束力的正式协议，等等；另外一类叫非强制性影响策略，使用信息的沟通与交换、请求和建议等方法来施加影响和控制，一般不会提出对对方行为的明确要求和具体的惩罚或制裁。

约翰逊（J. L. Johnson）等人研究了美国企业在企图影响和控制日本分销渠道商时所采取的策略以及日本渠道合作伙伴对此的反应。[127] 研究结果表明美国制造商既使用强制性影响策略，也会使用非强制性的影响策略，但在影响日本渠道合作伙伴方面均收效甚微。研究表明，强制性和非强制性影响策略都会影响跨文化渠道关系，不过扮演着不同的角色。由于日本人对明显的激进的甚至带有侵略性的强制性影响策略的厌恶，使用强制性影响策略实际上会削弱控制。但同时也有数据表明，尽管强制性影响会对控制产生负面影响，但它并不一定会损害渠道关系，因为强制性影响并未增加冲突。日本人在商业合作中对潜在冲突的容忍以及对激进的公开对抗的厌恶，也许可以用来解释强制性影响策略与冲突之间缺乏关联的原因。

数据也表明，美国供应商使用非强制性影响策略没能实现对日本渠道的控制，不过也没有削弱控制权，意味着非强制性影响减少了美日渠道的冲突。这表明正如同一文化内部的分销渠道，非强制性影响策略可以提供一种有效的机制来管理冲突，并使其在跨文化渠道管理中不会让冲突升级到损害渠道功能失调的水平。

关于分销渠道关系之间的冲突，研究发现日本经销商的反应与西方渠道成员对控制的反应方式大致相同，即抵抗和 / 或怨恨，这增加了冲突。这一发现意味着，尽管日本容忍冲突，但如对分销渠道中的日本公司进行高度控制则可能会加剧冲突，从而导致渠道的失能。集中式管理和协调渠道活动的益处无论在日本还是在西方可能都是一样的，似乎日本公司与所有公司一样不愿意放弃独立自主性。正如另外一个研究所揭示的那样，带有强制性的合同执行可能会增加跨国公司的市场竞争力，但也会降低子公司与其分销商之间的信任程度。[128]

由于日本人强调信任、承诺和关系以及避免冲突的文化，我们似乎应该看到强制性影响

策略对美日分销渠道中的渠道关系的影响要小于仅仅在西方文化中运作的渠道，而非强制性影响的作用会更大一些；再者，美国式的渠道控制方式可能不会导致与日本合作伙伴的明显冲突，但是约翰逊等人的研究结果并未完全支持这些预期。这说明文化对渠道管理存在着影响，但是其真正的机制比我们今天所知道的要复杂得多。

8.4　文化与定价

拉克曼等人在 1997 年曾指出"跨文化定价错误很常见，但还停留在奇闻轶事层面"[129]。过去这些年的研究表明，定价不仅仅是一个买得起或买不起的收入与经济问题，价格感知更是一个心理学问题，通过对一些因素的操控，很容易影响人们对产品的感知价值或能否负担得起的判断。

文化对定价的影响是多方面的。跨国公司在全球营销的过程中，由于各国在经济发展水平、收入水平以及商务成本上的差异，对产品和服务在各国的定价可能会有所差异，而这种差异将在不同国家的消费者中产生怎样的反应是公司在定价时需要考虑的因素。2013 年 10 月中央电视台曾在节目中质疑星巴克在定价上存在歧视性行为，应该就是这种价值感知的公平性在背后影响的结果，从情感上似乎的确难以接受一杯星巴克的拿铁咖啡在作为发展中国家的中国的价格比在伦敦和纽约都贵。当然，按照经济学常识，在充分竞争的市场条件下，商品的价格是由供求关系决定的。丽莎·博尔顿等人研究了中国人和美国人对价格公平性的感知，发现中国的消费者对群体内的价格差异比对群体外的价格差异更为敏感，而美国消费者则对群体外的价格差异更为敏感。作者认为这可能是集体主义文化里的耻感文化和面子文化起作用的结果。[130]

麦高恩（McGowan）和斯坦奎思特（Sternquist）认为定价受下列三个维度的影响：第一个维度是价格与质量的关联性；第二个维度是声望敏感度，或者说是"面子"敏感度，指的是消费者对价格标签向人们发出的关于购买者身份地位信号的感知；第三个维度是价值敏感性，它反映了消费者对产品性价比的关注，消费者权衡潜在的利益与价格而产生对产品的价值感知。他们以美国和日本学生为样本的经验研究表明，价格往往是质量的代名词，它与声望敏感度之间存在着正相关关系，而后者却与价值敏感度存在负相关关系。这一结果似乎没有脱离日常认知的范畴，在乎购买行为带来面子、社会声望和尊贵感的消费者不会在意所购买的商品的使用价值。不过他们认为定价是一个不受文化差异影响的具有普适性的营销策略因素，[131] 这一结论似乎下得有点早，虽然这三个维度对定价的影响有着普遍性，但是这三个维度本身是否受社会文化的影响？他们未加探索。一些研究指出，虽然很多国家都有"便宜没好货"的说法，但德国和日本的消费者可能对"价格是质量代名词"这一概念更加执着，德国人对此的执念我们前面已经提及，而日本有一谚语，叫"安物买いの钱失い"，意思是"贪图便宜反而多花钱"，类似于我们的谚语"便宜没好货，省钱买老牛"。托斯丹·凡勃伦（Thorstein Veblen）在 100 多年前引入了炫耀性消费（conspicuous consumption）这一概念，当存在炫耀性消费时，商品价格定得越高商品越畅销，因为价格的昂贵代表了尊贵、社会声望和面子，炫耀性消费者的主要目的是要得到他人的钦佩。凡勃伦认为这种炫耀性消费是阶级和社会分层以及消费主义文化影响的结果。[132] 炫耀性消费的动机更多地是来自人们对社会地位的需求，而不是对个人财富的炫耀。前些年，各奢侈品厂商纷纷将其在中国售卖的产品上的品牌标识尺寸加大，揭示了这种炫耀性消费在不同的文化中有着不同的强弱。

象征性互动理论（symbolic interaction theory）认为社会互动会影响一个人对自我的认知，衣物、化妆品、汽车等消费品的意义不仅仅在于物品本身及其功能，它们还附带了丰富的象征性意义。一个人对某个消费品所象征的含义的认知会影响其对这个消费品的态度，此外，人们也通过某个消费品所具有的象征意义来判断其拥有者的特征。

霍尼格（Tobias Hornig）等人研究了文化对奢侈品定价的影响。[133] 奢侈品的定价策略与普通产品有很大差异，后者的卖点更多的是在于功能，而奢侈品的消费却更具象征意义。人们利用消费品表达自我和诠释他人，奢侈品所特有的象征意义能够给其拥有者带来一种"我很棒"的自我成就感和满足感以及"我来自高社会阶层"的优越感。基于前人的研究结论，他们分析并提出了文化价值观、消费者动机与奢侈品价格之间的关系模型，以及 3 个关于价格与文化价值观关系的假设（见图 8-10）。

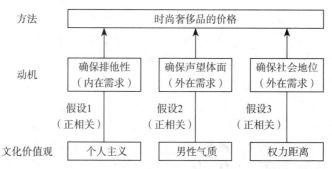

图 8-10　个人主义、男性气质和权力距离对奢侈品定价的影响

资料来源：Tobias Hornig et al.（2013）.

假设 1：在个人主义较强的国家，奢侈品的价格会比在个人主义较弱的国家更高。
假设 2：在男性气质较强的国家，奢侈品的价格会比在男性气质较弱的国家更高。
假设 3：在权力距离较大的国家，奢侈品的价格会比在权力距离较小的国家更高。

随后他们利用专业的市场研究人员在 2001 年 3 ~ 4 月从 5 个不同国家的 6 个城市（香港、伦敦、纽约、巴黎、汉堡和慕尼黑）的 31 家商店收集了有关 68 个奢侈品牌的零售价格、产品特征等数据。数据分析结果证实了上述 3 个假设，同时发现男性气质的文化价值观对定价的影响最强烈，相关系数为 0.077（$p < 0.01$）；其次是权力距离，相关系数是 0.062（$p < 0.01$）；最后是个人主义相关系数是 0.017（$p < 0.01$）。

作者认为，消费者所购买的物品往往是他们定义自我和表达自我的方式，人们不自觉地把自我投射在他们所拥有的物品上。个人主义者追求自我实现，试图从芸芸众生中脱颖而出，成为与众不同的人，自我实现是他们追求的目标，因此象征性产品更能够满足他们自我表达的需求，购买昂贵的奢侈品可以满足其自我认同的内在需求。虽然个人主义与奢侈品牌所蕴含的自我表达的文化价值观最契合，但个人主义的影响系数较低表明奢侈品所带来的外在需求（声望和地位）比奢侈品所带来的内在需求（自我认同）更能推动消费者购买奢侈品。昂贵意味着排他性，这就将昂贵的价格与尊崇的社会地位和等级秩序联系了起来。对于高权力距离和男性气质国家的消费者来说，购买奢侈品可能同时代表手段和目的。在男性气质较强的国家，购买奢侈品所显示的经济实力本身就具有男性气质的价值。在权力距离较大的国家，获得社会地位和认可是人们最为追求的。因此，努力获取这些需求的消费者会自愿支付溢价以确保排他性，获得声望、体面或社会地位。

回到我们中国，相比于西方社会，我们的文化格外注重社会认同和社会地位，人们也格外倾向于迎合社会期待，因此就不难理解为什么很多中国消费者特别注重品牌标识——不仅要大、要显眼，更重要的是要大家都认识。在中国市场，只要你能满足一些消费者的这些需求，你也可以把价格定得更高。苹果手机在中国的定价就是一个很有趣的文化影响定价的实例。

2018 年 9 月 12 日，美国苹果公司在加利福尼亚州举办的新产品发布会上公布了三款新产品及其在美国和中国市场的定价；按照 9 月 13 日的汇率，其在中国的定价比在美国的定价高大约 27%（见表 8-1）。从成本角度，这些在中国代工生产的手机运到美国销售，加上物流的成本，应该是在美国的成本更高。不过有意思的是即便价格这么高，某些中国消费者对苹果手机还是趋之若鹜，这只能说正如已有研究所展示的，为了显示自己的身份、经济实力或者品味，消费者愿意多花钱，而且定价越高，买的人可能反而越多。

表 8-1 苹果手机在美国和中国的定价

苹果手机型号	iPhone Xs Max	iPhone Xs	iPhone XR
美国市场定价（美元）	1 099	999	749
中国市场定价（人民币元）	9 599	8 699	6 499
中国市场定价折合美元价格	1 403	1 272	950
中国市场定价比美国定价高	27.7%	27.3%	26.9%

在这一章中，我们分析了文化对市场营销的影响。我们以 4P 营销组合为框架，分析了文化如何影响消费者的品位和购买行为，从而对产品和服务的适应性提出挑战；也分析了文化如何决定着信息的意义从而影响着品牌和营销传播的效果；然后我们分析了文化对营销渠道的影响，一个在所有国家都适合的分销渠道却可能在某一个特定的国家由于文化和制度环境的不同而不再有效；最后我们分析了文化价值观对产品定价的影响，这种影响通过产品的实用价值之外的心理价值或者说产品所附带的象征性意义起作用。

但是，这些并不是文化对营销影响的全部，还有很多不在 4P 框架内的营销领域也会受文化的影响，比如说销售管理，无论是销售方式、销售人员的招聘、岗位描述和管理，还是销售人员的培训和发展，都受到各个国家不同文化的影响。[134] 研究发现国际市场营销人员的决策受其母国文化的影响。[135] 泰勒和冈崎（S. Okazaki）比较了美国公司和日本公司在欧洲市场的营销策略，发现美国公司比日本公司更多地采纳标准化的全球一致的战略，他们认为这是由于美国拥有较强的普遍主义文化的结果，因为在这种文化之下，人们潜意识里具有规则和做事方式皆可"放诸四海而皆准"的思维。[136]

不管怎么说，正如科特勒所说的那样，营销是镶嵌在当下的社会和文化背景之中的，公司和组织或选择以与国内本土市场相同的营销策略在异域市场营销，或选择以适应每个本地市场的战略在各个市场营销。文化对营销的影响又是复杂的，经常是多个文化因素从不同的侧面共同影响，这一现实造成了预测文化对营销管理影响的困难。不过，拥有跨文化影响的意识，并在跨国营销规划中提前进行详尽的分析，肯定可以帮助企业避免很多错误并更易获得成功。

◘ 注释

1 George Mateyo (1942) "Latin American Consumers: Some Problems in Reaching Them by Advertising", *Journal of Marketing*, Vol. 6, No. 4, Part 2, pp. 142–148.

2　"Dove: Racially insensitive or downright stupid?", on-line source, accessed on 15 August 2018: https://discriminationandsexualharassmentlawyers.com/dove-racially-insensitive-or-downright-stupid/.

3　Jerome McCarthy, Edmund (1960) *Basic Marketing: A Managerial Approach*, Burr Ridge IL: R.D. Irwin.

4　Kotler, P. (1994) *Marketing Management: Analysis, Planning Implementation and Control*, Englewood Cliffs, NJ: Prentice Hall. p. 174.

5　Levitt, Theodore C.(1960) Marketing Myopia, *Harvard Business Review*, 38 (July-August 1960), pp. 24–47.

6　Torelli, C. J. and Rodas, M.(2017) "Globalization, Branding and Multicultural Consumer Behavior," in *Routledge International Handbook of Consumer Psychology*, Cathrine V. Jansson-Boyd and Magdalena J. Zawisza (eds), Routledge, 2017, p. 41–58.

7　Neal, D., "The Ferrari with the Dragon Tattoo," *Wall Street Journal*, 10 May 2012 Online: https://www.wsj.com/articles/SB10001424052702304050304577378032548853036.

8　Kotler, P., Burton, S; Deans, K; Brown, L; Armstrong, G (2013). *Marketing* (9th ed.). Frenchs Forest, Australia: Pearson.

9　De Mooij, M. & Hofstede, G. (2011) "Cross-Cultural Consumer Behavior: A Review of Research Findings", *Journal of International Consumer Marketing*, 23:181–192.

10　Assael, H. (1992) *Consumer Behavior and Marketing Action*, 4th edition, Boston: PWS-KENT Publishing.

11　Cateora, P. (1996) *International Marketing*, 9th edition, Homewood: Irwin.

12　Douglas, S. P. & Craig, C. S. (1992) Advances in International Marketing, *International Journal of Research in Marketing*, 9: 291–318.

13　Kramer, Thomas (2007) "The Effect of Measurement Task Transparency on Preference Construction and Evaluations of Personalized Recommendations", *Journal of Marketing Research*, 44: 224–33.

14　Franke, N., Keinz, P. & Steger, C. J.(2009) "Testing the Value of Customization: When Do Customers Really Prefer Products Tailored to Their Preferences?", *Journal of Marketing*, 73(5): 103–121.

15　Manrai, L. A., & Manrai, A. K. (1996) "Current Issues in Cross-Cultural and Cross-National Consumer Research", In Manrai, L. A. & A. K. Manrai (ed.), *Global Perspectives in Cross-Cultural and Cross-National Consumer Research*. New York: International Business Press/Haworth Press.

16　Manrai, L. A. & Manrai A. K. (2001) "Current Issues in the Cross-Cultural and Cross-National Consumer Research in the New Millennium", *Journal of East-West Business*, 7(1): 1–10.

17　De Mooij, M. & Hofstede, G. (2011) "Cross-Cultural Consumer Behavior: A Review of Research Findings", *Journal of International Consumer Marketing*, 23:181–192.

18　Ziad Swaidan (2012), "Culture and Consumer Ethics", *Journal of Business Ethics*, 108(2): 201–213.

19　Chen, Haipeng, Sharon Ng and Akshay R. Rao (2005), "Cultural Differences in Consumer Impatience", *Journal of Marketing Research*, 42(3): 291–301.

20　Sproles, George. B. and Elizabeth L. Kendall (1986), "Methodology for Profiling Consumers' Decision-Making Styles", *The Journal of Consumer Affairs*, 20(2): 267–279.

21　Walsh, G., Mitchell, V.-W. & Hennig-Thurau, T. (2001) "German Consumer Decision-Making Styles", *The Journal of Consumer Affairs*, 35(1): 73–95.

22　潇竹、余安琪（2016）《日本保险业研究报告》，信璞投资，在线资料：http://www.simplewayrm.com/images/日本保险业研究报告.pdf.

23　Chui, A. C. W., and C. C. Y. Kwok (2008) "National Culture and Life Insurance Consumption", *Journal of International Business Studies*, 39: 88–101.

24　de Mooij, M. & Hofstede, G. (2011) "Cross-Cultural Consumer Behavior: A Review of Research Findings", *Journal of International Consumer Marketing*, 23:189.

25　McCracken, Grant (1986) "Culture and Consumption: A Theoretical Account of the Structure and Movement of the Cultural Meaning of Consumer Goods," *Journal of Consumer Research*, 17: 398–411.

26　Ritzer, G., ed. (2002) *McDonaldization*. Thousand Oaks, CA: Pine Forge Press.

27　Rogers, Everett M. (1995) *Diffusion of Innovations*, 4th ed. New York: The Free Press.

28　Wansink, B. (2002) "Changing Habits on the Home Front: Lost Lessons from World War II Research." *Journal of Public Policy* & *Marketing*, 21:90-99.

29　乔纳森·锡尔弗敦，"人类饮食进化史独一无二"，世界报业辛迪加网站 2018 年 8 月 8 日文章，引自《参考消息》，2018 年 8 月 14 日第 12 版.

30　Desilver, D. & Masci, D. "World's Muslim Population More Widespread than You Might Think", Accessed on 8 August 2018: chttp://www.pewresearch.org/fact-tank/2017/01/31/worlds-muslim-population-more-widespread-than-you-might-think/.

31　World Bank, "Islamic Finance", March 31, 2015, Accessed on 8 August 2018: http://www.worldbank.org/en/topic/financialsector/brief/islamic-finance.

32　黄昭丰，"伊斯兰金融简介"，台湾证券交易所，在线资源，2014 年 3 月 11 日下载：http://www.doc88.com/p-593140768458.html.

33　Natasha Spencer, "Skin Whitening in India Gathers Pace", 11-Oct-2016, accessed on 8 August 2018: https://www.cosmeticsdesign-asia.com/Article/2016/10/11/Skin-whitening-in-India-grows.

34　Tansy Hoskins, "Skin-whitening Creams Reveal the Dark Side of the Beauty Industry", On-line source, accessed on 8 August 2018: https://www.theguardian.com/sustainable-business/blog/skin-whitening-cream-dark-side-beauty-industry.

35　Gallagher, James, "Drug that creates a 'real sun-tan' could prevent cancer", 13 June 2017, accessed on 15 June 2017: https://www.bbc.com/news/health-40260029.

36　华义，"辩证看待日本严禁网约车"，《参考消息》，2018 年 9 月 12 日第 11 版.

37　Shukla, R. & Sharma, V. "The Breakfast Cereals Market in India", online resource retrieved on 5 August 2018: http://www.technopak.com/Files/breakfast-cereals-market-in-india.pdf.

38　"Kellogg's Indian Experience: A Failed Launch", on-line source case, retrieved on 5 August 2018: http://www.icmrindia.org/free%20resources/casestudies/Marketing%20freecasestudyp1.htm.

39　"The History Of Kellogg In India", on-line source, retrieved on 5 August 2018: https://www.ukessays.com/essays/history/the-history-of-kelloggs-in-india-history-essay.php.

40　"Kellogg's Indian Experience: A Failed Launch". 2001 年发布，2018 年 8 月 2 日下载，详见：http://www.icmrindia.org/free%20resources/casetudies/Marketing%20freecasestudypl.htm

41　Shukla, R. & Sharma, V. "The Breakfast Cereals Market in India". 2018 年 8 月 2 日下载，详见：http://www.technopak.com/Files/breakfast-cereals-market-in-india.pdf.

42　"Kellogg opens China plant", Chicago Tribune, September 1, 1995. Online source, retrieved on 3 August 2018: http://articles.chicagotribune.com/1995-09-01/news/9509020162_1_smaller-buenos-aires-plant-flakes-cereal.

43　郭苏妍，"早餐'革命'"，《第一财经周刊》，2016 年 3 月 23 日，https://www.cbnweek.com/articles/magazine/12646.

44　Shapiro, Margaret (1990) "It's Not Easy, but Some American Firms Are Making It in Japan", *The Washington Post*, September 10, 1990.

45　邵蓝洁，"韩国超市易买得将全面撤出中国市场"，《北京商报》，2017 年 6 月 1 日，http://www.bbtnews.com.cn/2017/0601/195723.shtml，2018 年 8 月 2 日下载.

46　"With Profits Elusive, Wal-Mart to Exit Germany", *Wall Street Journal*, 2006-7-29, https://www.wsj.com/articles/SB115407238850420246. Accessed on 3 August 2018.

47　Reinert, Rob (2017): Why did Wal-Mart Fail in Germany? Accessed on 27 June 2018: https://www.quora.com/Why-did-Wal-Mart-fail-in-Germany.

48　Landler, Mark (2006) Wal-Mart Gives up Germany Business-International Herald Tribune. Accessed on 08 June 2018: https://www.nytimes.com/2006/07/28/business/worldbusiness/28iht-Wal-Mart.2325266.html.

49　Macaray, David (2011) Why Did Wal-Mart Leave Germany? Accessed on 27 June 2018: https://www.huffingtonpost.com/david-macaray/why-did-Wal-Mart-leave-ger_b_940542.html?guccounter=1.

50　黄若，"淘宝是如何战胜 eBay 的?"《21 世纪经济报道》，2013 年 07 月 01 日，2018 年 6 月 2 日下载于网络：http://bschool.sohu.com/20130701/n380329605.shtml.

51　淘宝网，《中国消费趋势报告 2013》.

52　Cho, B., U. Kwon, J. W. Gentry, S. Jun, and F. Kropp. (1999). Cultural Values Reflected in Theme and Execution: A Comparative Study of U.S. and Korean Television Commercials. *Journal of Advertising* 28 (4): 60–73.

53　Ou, C. X. J., Pavlou, P. A., and Davison, R. M. (2014) "Swift Guanxi in Online Marketplace: The Role of Computer-Mediated-Communication Technologies", *MIS Quarterly*, 38(1), 209–230.

54　Rugman, Alan M. & Hodgetts, Richard M. (1995) *International Business-A Strategic Management Approach* (International Edition), McGraw-Hill. P. 304.

55　Eckhardt, Giana M. (2005), "Local Branding in a Foreign Product Category in Global Markets," *Journal of International Marketing*, 13(3): 57–79.

56　Craig, C. Samuel & Douglas, Susan (2006) "Beyond National Culture: Implications of Cultural Dynamics for Consumer Research", International Marketing Review, 23 (3): 322–42.

57　Peterson, R. and Jolibert, A. (1976) "A Cross-National Investigation of Price and Brand as Determinants of Perceived Product Quality," Journal of Applied Psychology, 61 (4), 533–36.

58　Donoho, C. L. and Nelson, O. E. (1989) "The Implicit Value of Well-Known Brand Names: A Pilot Study," in Terry L. Childers et al.(eds.), Marketing Theory and Practice,. Chicago: American Marketing Association, 180–85.

59　Dodds, W., Monroe, K. & Grewal D. (1991) "Effects of Price, Brand, and Store Information on Buyers' Evaluations," *Journal of Marketing Research*, 28: 307–19.

60　Keller, Kevin Lane. 战略品牌管理 [M]. 卢泰宏，吴水龙，译 . 3 版 . 北京：中国人民大学出版社，2009.

61　Holt, D. B. (1997) "Poststructuralist Lifestyle Analysis: Conceptualizing the Social Patterning of Consumption in Postmodernity," *Journal of Consumer Research*, 23 (4), 326–50.

62　Hong, F. C. Pecotich, A., & Shultz and II, C. J., (2002) "Brand Name Translation: Language Constraints, Product Attributes, and Consumer Perceptions in East and Southeast Asia", *Journal of International Marketing*, 10(2): 29–45.

63　Parent, Tim (2009) "The 8 Most Ill-Conceived Product Names of All-Time", August 12, 2009, On-line source accessed on 12 August 2018: http://www.cracked.com/article_17686_the-8-most-ill-conceived-product-names-all-time.html.

64　Hans (2014), "The Honda That Nearly Became The Worst-Named Car - Why The Fit, Jazz Name", 16 July 2014. On-line source accessed on 12 August 2018: https://www.carlist.my/zh/news/honda-nearly-became-worst-named-car-why-fit-jazz-name/21810/.

65　Smith, Dave(2011) "Lost in Translation: Nokia Lumia, and The 5 Worst Name Oversights", on-line source accessed on 15 August 2018: https://www.ibtimes.com/lost-translation-nokia-lumia-5-worst-name-oversights-361866.

66　Brief case "Colgate's Distasteful Toothpaste" in Luthans, F. & Doh, J. P. (2009) *International Management: Culture, Strategy, and Behavior* (7th ed.).

67　陈效卫，"文化走出去，这样最'愉快'"，《人民日报》，2018 年 2 月 15 日 .

68　Hong, F. C. Pecotich, A., & Shultz and II, C. J., (2002) "Brand Name Translation: Language Constraints, Product Attributes, and Consumer Perceptions in East and Southeast Asia", *Journal of International Marketing*, 10(2): 29–45.

69　Aaker, David A. and Joachimsthaler, E. (1999) "The Lure of Global Branding", *Harvard Business Review*, 77 (November/December), 137–44.

70　Roberts, Kevin (2004) *Lovemarks: The Future Beyond Brands*. New York: Powerhouse Books.

71　Keller, Kevin L., (2009) *Strategic Brand Management*(3rd ed.).

72　Oetting, Jami, "28 Brands That Go By Different Names in Different Countries", on-line source accessed on 15 August 2018: https://blog.hubspot.com/agency/brands-different-names-different-countries-infographic.

73　Bentley, Amy. "Chapter 1", *Inventing Baby Food: Taste, Health, and the Industrialization of the American Diet*, 转引自 Wikipedia "Gerber Products Company" 词条，2018-8-18：https://en.wikipedia.org/wiki/Gerber_Products_Company.

74 McCracken, Grant (1986) "Culture and Consumption: A Theoretical Account of the Structure and Movement of the Cultural Meaning of Consumer Goods", *Journal of Consumer Research*, 17 (March): 398–411.

75 Holt, Douglas B. (2004) *How Brands Become Icons: The Principles of Cultural Branding*. Cambridge, MA: Harvard Business School Press.

76 Hopewell, Nikki (2005) "Generate Brand Passion," *Marketing News*, 39 (9): 1–10.

77 Monga, A. B. & John, D. R. (2010) "What Makes Brands Elastic? The Influence of Brand Concept and Styles of Thinking on Brand Extension Evaluation", *Journal of Marketing*, 74(3): 80–92.

78 Durgee, J. F., O'Connor, G. C. & Veryzer, R. W. (1996) "Observations: Translating Values into Product Wants", *Journal of Advertising Research*, 36(6): 90–102.

79 Trompenaars, F. and Woolliams, P. (2004) *Marketing Across Cultures*. London: Capstone John Wiley & Sons.

80 Eisingerich, Andreas B. & Rubera, Gaia (2010) "Drivers of Brand Commitment: A Cross-National Investigation", Journal of International Marketing, 18(2): 64–79.

81 Zhang, Yong and Gelb, B. D. (1996) "Matching Advertising Appeals to Culture: The Influence of Products' Use Conditions", Journal of Advertising, 25(3): 29–46.

82 Arens, William F. and Bovee, Courtland L. (1994) *Contemporary Advertising*, 5th ed., Boston: Richard D. Irwin,G-2.

83 Pollay, Richard W. and Katherine Gallagher (1990) "Advertising and Cultural Values: Reflections in the Distorted Mirror," *International Journal of Advertising*, 9, 359–372.

84 Tse, David K., Belk, Russell W. & Zhou, Nan (1989) "Becoming a Consumer Society: A Longitudinal and Cross-Cultural Content Analysis of Print Ads from Hong Kong, the People's Republic of China, and Taiwan", *Journal of Consumer Research*, 15: 457–472.

85 Hong, Jae W., Muderrisoglu, Aydin & Zinkhan, George M. (1987) "Cultural Differences and Advertising Expression: A Comparative Content Analysis of Japanese and U. S. Magazine Advertising", *Journal of Advertising*, 16 (1), 55–62.

86 Bernstein, David (1986) "The Television Commercial: An Essay," in Brian Henry(ed.), *British Television Advertising: The First 30 Years*, London: Century Benham, p.257.

87 Rouziès, Dominique and Macquin, Anne (2002) An Exploratory Investigation of the Impact of Culture on Sales Force Management Control Systems in Europe, *The Journal of Personal Selling and Sales Management*, Vol. 23, No. 1, pp. 61–72.

88 Wansink, B., Sonka, S. T.& Cheney, M. M. (2002) "A Cultural Hedonic Framework for Increasing the Consumption of Unfamiliar Foods: Soy Acceptance in Russia and Colombia", *Review of Agricultural Economics,* 24(2):353-365 pp. 361–362.

89 Miracle, G. E. (1987) "Feel-do-Learn: An Alternative Sequence Underlying Japanese Consumer Response to Television Commercials", In F. Feasley (ed.), *The Proceedings of the 1987 Conference of the American Academy of Advertising, USA*, R73–R78.

90 Roberts, S. D. & Hart, H. S. (1997) "A Comparison of Cultural Value Orientations as Reflected by Advertisements Directed at the General U.S. Market, the U.S. Hispanic Market, and the Mexican Market", *Journal of Marketing Theory and Practice*, 5(1): 91–99.

91 Weisenfeld, Gennifer (2009) "Publicity and Propaganda in 1930s Japan: Modernism as Method", *Design Issues*, 25(4): 13–28.

92 Gokhale, Rajyashree (1982) "The 'West' in Japanese Advertising", *Economic and Political Weekly*, 17(22): M57–M59.

93 Koo, Minkyung and Shavitt, Sharon (2010) "Cross-Cultural Psychology of Consumer Behavior", in Sheth, Jagdish N. & Malhotra, Naresh K.(eds.), *Wiley International Encyclopedia of Marketing*, NJ: John Wiley & Sons. P. 7.

94 曹玮, 夏雨晨, "从公共外交的视角看中国国家形象宣传片效果",《中国与国际关系学刊》, 2015 年第 2 期, 第 97–116 页.

95 Limon, Y., Kahle L. R. & Orth, U. R. (2009) "Package Design as a Communications Vehicle in Cross-Cultural Values Shopping", *Journal of International Marketing*, Vol. 17, No. 1, pp. 30–57.

96 Raine，George (2001) "Lost in the Translation / Milk Board does without its Famous Slogan when it Woos a Latino Audience"，August 25, 2001(Accessed on 20 August 2018) : https://www. sfgate.com/business/article/Lost-in-the-translation-Milk-board-does-without-2884230.php.

97 Gürhan-Canli, Z. & Maheswaran, D. (2000) "Cultural Variations in Country of Origin Effects", *Journal of Marketing Research*, 37(3): 309–317.

98 Shavitt, S., Lalwani, A.K., Zhang, J., and Torelli, C.J. (2006) The Horizontal/Vertical Distinction in Cross-Cultural Consumer Research. *Journal of Consumer Psychology*, 16 (4), 325–356.

99 De Mooij, M. & Hofstede, G. (2011) "Cross-Cultural Consumer Behavior: A Review of Research Findings"，*Journal of International Consumer Marketing*, 23:181–192.

100 Pollay, Richard W. (1983) "Measuring the Cultural Values Mani-Fest in Advertising", in James H. Leigh and Claude R. Martin, Jr.(eds.) *Current Issues and Research in Advertising*, Ann Arbor: Graduate School of Business, Division of Research, University of Michigan, 72–92.

101 Albers-Miller, N. D. & Gelb, B. D. (1996) "Business Advertising Appeals as a Mirror of Cultural Dimensions: A Study of Eleven Countries", *Journal of Advertising*, 25(4): 57–70.

102 Paek,Yu, & Bae, (2009) "Is On-Line Health Promotion Culture-Bound? Cultural Characteristics Manifested in U. S. and South Korean Antismoking Web Sites", *Journal of Advertising*, 38 (1): 35–47.

103 Monga, A.B. & John, D. R. (2007) "Cultural Differences in Brand Extension Evaluation: the Influence of Analytic Versus Holistic Thinking", *Journal of Consumer Research*, 33 (4), 529–536.

104 Monga, A. B. & John, D. R. (2008) "When does Negative Brand Publicity Hurt? The Moderating Influence of Analytic Versus Holistic Thinking", *Journal of Consumer Psychology*, 18 (4), 320–332.

105 Torelli, C. J., Özsomer, A., Carvalho, S. W., Keh, H. T., & Maehle, N. (2012) "Brand Concepts as Representations of Human Values: Do Cultural Congruity and Compatibility between Values Matter?" *Journal of Marketing*, 76(4): 92–108.

106 Peebles, D. M. (1978) "Coordinating International Advertising," *Journal of Marketing*, 42 (1): 28–34.

107 Emery, Charles & Tian, Kelly R. (2010), "China Compared with the US: Cultural Differences and the Impacts on Advertising Appeals", *International Journal of China Marketing*, 1(1): 45–59.

108 Saleem, Salman, *Examining the Reflection of Culture in Advertising: The Role of Cultural Values and Values-Practices Inconsistency*, Doctoral Dissertation, University of Vaasa, Finland.

109 我译网，"中国企业海外现状：广告牌立在街上，产品走不进内心 "，2017-09-15（引用 2018-08-20 ）: https://zhuanlan.zhihu.com/p/29370376?from_voters_page = true.

110 Boddewyn, J. J., Robin Soehl, & Jacques Picard (1986) "Standardization in International Marketing: Is Ted Levitt in Fact Right?" *Business Horizons*, 29:69–75.

111 Hovell, P. J. and P. G. Walters (1972) "International Marketing Presentation: Some Options," *European Journal of Marketing*, 6: 69–79.

112 Hada, M., Grewal, R. & Chandrashekaran, M. (2013) "MNC Subsidiary Channel Relationships as Extended Links: Implications of Global Strategies", *Journal of International Business Studies*, 44(8): 787–812.

113 Lackman, C. L., Hanson, D. P. & Lanasa, J. M. (1997) "Social Relations in Culture and Marketing", *Journal of Marketing Theory and Practice*, 5(1) [Special Issue on Multicultural Marketing]: 144–152.

114 London, T., & Hart, S. L. (2004) "Reinventing Strategies for Emerging Markets: Beyond the Transnational Model", *Journal of International Business Studies*, 35(5): 350–370.

115 Taylor, C. R., Franke, G. R. & Maynard, M. L. (2000) "Attitudes toward Direct Marketing and Its Regulation: A Comparison of the United States and Japan", *Journal of Public Policy & Marketing*, 19(2): 228–237.

116 Schumann, J. H. et al., (2010), "Cross-Cultural Differences in the Effect of Received Word-of-Mouth Referral in Relational Service Exchange", *Journal of International Marketing*, 18(3): 62–80.

117 "Vichy" : http://www.lorealusa.com/brand/active-cosmetics-division/vichy.

118 https://www.loreal.com/group/history/1984-2000.

119 Rouziès, D. & Macquin, A. (2002/2003) "An Exploratory Investigation of the Impact of Culture on Sales Force Management Control Systems in Europe", *The Journal of Personal Selling and Sales Management*, 23(1): 61–72.

120 Frazier, Gary L., Gill, James D., & Kale, Sudhir H. (1989) "Dealer Dependence Levels and Reciprocal Actions in a Channel of Distribution in a Developing Country", *Journal of Marketing*, 53: 50–69.

121 Kaie, Sudhir H., and Barnes, John W. (1992) "Understanding the Domain of Cross-national Buyer-seller Interactions." *Journal of International Business Studies* 23 (1): 101–32.

122 Reardon, K. K., & Spekman, R. F. (1994) "Starting Out Right: Negotiation Lessons for Domestic and Cross-Cultural Business Alliances", *Business Horizons*, 37: 71–78.

123 Li, Shaomin, Karande, K. & Zhou, D. (2009) "The Effect of the Governance Environment on Marketing Channel Behaviors: The Diamond Industries in the U.S., China, and Hong Kong", *Journal of Business Ethics*, 88(S3): 453–471.

124 Griffith, D. A., Hu, Michael Y. & Ryans, J. K. JR (2000) "Process Standardization across Intra- and Inter-Cultural Relationships", *Journal of International Business Studies*, 31(2): 303–324.

125 LaBahn, Douglas W. &Harich, Katrin R.(1997) "Sensitivity to National Business Culture: Effects on U.S.-Mexican Channel Relationship Performance", *Journal of International Marketing*, 5(4): 29–51.

126 Kraft, Frederic B., & Chung, Kae H. (1992) "Korean Importer Perceptions of U. S. and Japanese Industrial Goods Exporters." *International Marketing Review,* 9(2): 59–73.

127 Johnson, Jean L., Sakano, Tomoaki & Onzo, Naoto (1990) "Behavioral Relations in Across-Culture Distribution Systems: Influence, Control and Conflict in U. S.-Japanese Marketing Channels", *Journal of International Business Studies*, 21(4): 639–655.

128 Wu, F., Sinkovics, R. R., Cavusgil, S. T., & Roath, A. S. (2007) "Overcoming Export Manufacturers' Dilemma in International Expansion". *Journal of International Business Studies*, 38(2):283–302.

129 Lackman, C. L., Hanson, D. P. & Lanasa, J. M. (1997) "Social Relations in Culture and Marketing", *Journal of Marketing Theory and Practice*, 5(1) [Special Issue on Multicultural Marketing]: 144–152.

130 Lisa E. Bolton, Hean Tat Keh and Joseph W. Alba (2010) "How Do Price Fairness Perceptions Differ Across Culture?" *Journal of Marketing Research*, 47(3): 564–576.

131 McGowan, Karen M. & Sternquist, Brenda J. (1998) "Dimensions of Price as a Marketing Universal: A Comparison of Japanese and U.S. Consumers", *Journal of International Marketing*, 6(4): 49–65.

132 Veblen, Thorstein (1899) *The Theory of the Leisure Class: An Economic Study of Institutions*, New York: Macmillan.

133 Tobias Hornig, Marc Fischer & Thomas Schollmeyer (2013) "The Role of Culture for Pricing Luxury Fashion Brands", *Marketing: ZFP - Journal of Research and Management*, 35(2): 118–130.

134 Still, Richard Ralph (1981) Sales Management: Some Cross-Cultural Aspects, *The Journal of Personal Selling and Sales Management*, Vol. 1, No. 2 (Spring -Summer), pp. 6–9.

135 Tse, Davis K., Lee, Kam-hon, Ventinsky, Ilan & Wehrung, Donald A. (1988) "Does Culture Matter? A cross-Cultural Study of Executives' Choice, Decisiveness, and Risk Adjustment in International Marketing", *Journal of Marketing*, 52(4): 81–95.

136 Taylor, C. R., and S. Okazaki (2006) "Who Standardizes Advertising More Frequently, and Why do They do So? A Comparison of U. S. and Japanese Subsidiaries' Advertising Practices in the European Union", *Journal of International Marketing*, 14 (1): 98–120.

第三部分

管理文化差异

你可能永远都不会真正了解一个人，但有时你又觉得不再完全像局外人。

——马尔罗（Malraux）⊖

在第二部分中我们阐述了文化是如何影响管理实践的，以及文化又是如何对特定的组织架构、战略和人力资源管理体系、沟通与谈判，以及市场营销的有效性或移植产生约束的。在第三部分中我们将讨论个人、团队和组织如何管理这些文化差异。这里我们仍然主要聚焦国家层面的社会文化，不过我们在此所讨论的文化维度多数也都可以应用到其他的文化领域：行业、公司、职能和职业文化。正如我们在第2章中所描述的那样，在文化的不同层次——行为和器物、信仰和价值观以及背后的深层次假设，我们所诊断出的文化差异存在着普适性，在所有"文化之球"都可以见到。例如，等级秩序的重要性可以在不同的企业文化中看到，而在不同的职能文化中，如研发部门和市场销售部门的文化中，能看到不确定性规避的影子。

把文化差异视作机遇而非威胁显然有知性、情感和道德上的吸引力。实际来讲，无论在与其他同事的日常接触当中，还是在跨部门团队和跨境战略联盟的合作中，有能力管理这种文化差异是将工作做好所必需的；然而，管理文化的差异性，却是知易行难。

贯穿本书，我们重点强调了识别和应对这些文化差异，并将这些差异作为我们讨论和交流的主题。这些管理文化差异的"处方"或多或少地带有我们自己的文化偏见，我们知道在其他文化中同样的解决方案也许根本就不是正常的做事方式，比如说下面这段文字所反映的中国人的视角："在西方你们习惯于说出你们的问题，但这并不是我们的习惯……在我们国

⊖　马尔罗（1901年11月3日—1976年11月23日），法国小说家和艺术理论家，曾担任戴高乐政府文化部长（1959～1969年）。

家，我们不会太多地去剖析自己和我们的关系。"[1]

相互调整适应的过程本身也是受文化影响的，也就是说我们要学会如何以在文化上恰当的方式来应对文化差异，比如说避免过于直接（婉转一些）或通过第三方转达的方式。许多经理人，特别是美国人，遇到问题却没能得到面对面的直接讨论或者获得直接的反馈时会感到很沮丧；比如他们会抱怨在亚洲很难了解他人是如何想的，或别人对他们是如何反应的。然而，来自不同文化背景的经理人必须认识到什么可以说以及怎么说，从而能够与他人和谐共事。

第9章主要聚焦于个人如何管理文化差异。随着人们越来越多地并且无法预测地被暴露在文化多样性之中，管理者在个人层面上需要掌握哪些技能和能力？今天，在全球环境下管理企业这个概念被赋予了新的内涵，也对经理人怎样做到有效管理提出了新的要求。国际经理人现在面临着怎样的挑战？无论是在国内还是在国外，他们应如何制定策略使其能更好地与来自不同文化背景的人一起工作？拥有一个全球视野到底意味着什么？还有，随着企业不断拓展进入新的市场以及建立起了国际人才库，什么是"外派人员"以及谁才算得上是外派人员这样的概念变化得非常快，新的国际任职方式不断涌现。在这一章中我们将利用新一代外派人员的经历思考那些帮助他们跨越文化差异进行有效的管理、快速适应不同的工作方法，以及实现文化融合和从全球进行学习的议题。

第10章探讨的是不断增多的多元文化团队的问题。将跨越职能、公司和国界的专才汇聚到一起集思广益，让人憧憬可以形成更好的决策、更具创新性也更能符合不同客户的需求和更接地气及更易在各地实施的策略。但为了实现这一憧憬，多元文化团队须在融合与差别化之间保持恰当的张力，在维持丰富的差异性的前提下还能建立共同的愿景。此外，随着通信技术的快速发展，公司逐渐地以虚拟团队的方法将散布在各地的员工连接起来一起工作。对于多元文化的虚拟团队来说，要通过差异化获得更好的业绩，则需要制定恰当的策略来应对人员构成上的文化多元性和地理分布上的分散性。

这就意味着既要识别文化的相似与差异，还要解决任务导向和过程导向之间的关系问题，也就是说团队成员必须建立共识，以便如何组织他们的工作，比如说，决策如何进行？如何界定职责？如何确保成员的参与？如何解决冲突和促进相互学习？我们的目的不是中和或者包容这些文化差异，而是在融合的基础上建立新的文化。多元文化团队必须预先努力打造内聚力和内部的团结，否则这些多样性将成为企业的负债而非资产。

第11章讨论公司可以有哪些战略来管理文化的差异：不去理会差异、将文化差异最小化或者充分利用这些文化的差异。多样性如何能够创造额外的价值？我们将阐述把多样性视作一种资源而非威胁是对全球市场经济的要求做出回应的关键，也是在跨境战略联盟中收获所有益处和促进组织学习的根本。

"走向全球"指的不仅仅是在主要的贸易区域都有业务在运作，或者拥有一个全球知名的品牌。什么才是一家公司的全球理念？对一家全球化公司的真正考验是有效利用文化差异的能力。在全球竞争的时代，发挥散布在全球各地的雇员的能力已经成为竞争的必需，而不是一种多余和奢侈的空谈。

第12章将讨论作为世界公民的经理人和组织在企业伦理与企业社会责任上所扮演的角色及背后的不同认知。我们将探讨：企业社会责任究竟在多大程度上是与文化相关联的？如何在文化上对企业社会责任以及伦理道德上的两难困境达成一种共识？在成为一名合格的世界公民上有没有一种最佳途径可以遵循？

在不同的文化中，管理者和组织对于企业在社会中所扮演的角色的认识与行为是不同的。许多西方的企业认为公司的存在是为了赚取利润，是要为股东带来利益。这一思想反映了其背后的文化假设，即公司是工具、管理者是"理性的经济人"，是由个人利益驱动的（个人主义），因此可以通过激励措施使其基于股东的利益来履行职责（代理人理论）。而在另外一些国家，却认为"企业是社会之公器"，正如松下幸之助的观念："从法律上看，即使企业属于私营企业，但本质上并不仅仅归属于某个个人或股东……我们作为从社会调用人才、物品、金钱来经营事业的企业，通过其活动为社会做出贡献就是它的使命。"越来越多的企业个案表明"鱼与熊掌"是可以兼得的，企业在追求社会责任的同时，也可以获得良好的经营绩效。

什么是负责任的和有道德的行为？这在不同的国家很可能是不一样的，是一个潜在的文化雷区。

面对全球市场竞争的公司处于一个两难的处境，即如何平衡企业社会责任和伦理道德政策上全球一致性的需求，以及对当地文化规范和利益相关者期望的敏感性。

◘ 注释

1 Thubron, C. (1987) *Behind the Wall*, London: Penguin, p. 158 (as cited by Weiss, 1994).

第 9 章

"国际"经理人

真正的发现之旅不在于寻找新的风景,而是在于拥有全新的眼光。

——马塞尔·普鲁斯特(Marcel Proust) ⊖

依传统来讲,国际经理人是外派管理人员的同义词,但是随着公司制定更复杂的跨国战略,不断需要那些简单一跨就能踏出国门实施这些战略的经营管理人员。这推动了对具有国际视野的、掌握多种语言以及多才多能、能够进行跨国经营(从某种意义上类似于詹姆斯·邦德)的高级管理人才的需求,这种人也就是所谓的"全球"经理人。

在欧洲,对国际化经理人的找寻始于 20 世纪 90 年代。[1]随着欧洲统一市场这一新世界的到来,许多欧洲公司纷纷开始费尽力气寻找具备所需经验和技能的经理,并全力致力于甄选、培训和开发"欧洲经理人"。[2]然而,跨国贸易与投资显著增长、全球化产品和客户开始涌现、创新型信息技术的大量使用,以及跨国的联盟和并购以前所未有的浪潮蜂拥而起,所有这些都使得许多欧洲大公司以欧洲为中心的战略变得过时了。这就产生了对具有全球意识和文化博识、能够在全球范围经营并创造辉煌业绩的经理人的需求。

事实上,企业的快速扩张,加上具备丰富的国际经验和博识的管理人员与专业人员的稀缺,意味着全球化能力的缺乏已成为劳动力的主要挑战,是企业在新兴市场国际化的最大障碍。[3]正如美国安利公司全球领导力发展负责人拉里·卢克(Larry Looker)对《华尔街日报》所说:"我们发现了开拓新市场的时机,但没有任何有能力去开拓这些市场的人,这是真正的软肋。"[4]

在巴西、俄罗斯、印度和中国这"金砖四国",全球领导人才短缺问题非常严峻,对其需求不仅来自西方跨国公司也来自本土公司。[5]缺乏国际业务的历练、英语能力差以及文化冲突被认为是那些中国的"高潜质人才"无法应对全球化所带来的挑战的主要原因。[6]培养具有全球化管理能力的经理人已成为全世界各大公司的首要任务。

中国国际海运集装箱公司(CIMC,以下简称"中集集团")就是这方面的一个例子。中集集团已经成长为世界集装箱制造的领导者,拥有 60 000 名员工,在中国国内与国外拥有100 多家子公司。当公司总裁麦伯良先生被问及公司发展面临的最大挑战是什么时,他的回答是全球领导力发展。

中集集团目前的经营与以往相比地域范围更广、规模更大、业务更多元……我们发现应对越来越复杂的世界新形势所提出的要求真的不容易。比如说,内部培养的中国员工的起点较低,如

⊖ 马塞尔·普鲁斯特(1871—1922 年)是 20 世纪法国最伟大的小说家之一,意识流文学的先驱与大师,代表作品有《追忆逝水年华》。

果要达到我们认为与国际化相适应的工作水平，则需要比受过良好教育的人花费更长的时间。[7]

最初，"国际化经理"被认为是国际管理精英，从公司在全球各地的分部中脱颖而出，被描述为公司全球化经营的指挥官或特种部队成员，几乎以飞机为家，经常被时差所困扰。然而，有公司却发现那些通过频繁的和多地的轮岗交流培养起来的国际化经营管理精英无法和公司的主流融合；再者，那些带有"高大上想法"的人不一定有能力从事那些接地气的比较实际的专业工作。[8]因此，有关"全球化"经理人就是那些追求"无国界职业"的人，以及诸如 IBM 和宝洁等公司以公司身份认同碾压国籍身份认同等传言，其实是夸大其词了。

在任何情况下，仅仅跨出国门从事经营管理这一事实并不意味着国际经理人的思想意识已经国际化，并已在国界之间往来穿梭。有时，人们甚至质疑那些只会说英语、住在希尔顿酒店、很少与本地人交往的管理人员是否可以被贴上国际化的标签。这是一种"过客"式的国际化[9]（就像有些在欧洲找到一家麦当劳餐馆就往往能让他们大大地松口气的美国游客），这些人千方百计确保在海外遇到的所有事都与国内无甚差别，并且不厌其烦地带上所有生活必需品，就怕在国外买不到这些用品。因此，国际流动和跨国任职并不必然能提升全球化思考能力以及跨文化工作能力。[10]

过去数十来年，越来越普遍的跨国战略联盟、合资以及跨境并购不仅使得企业的经营活动更加国际化，而且更加相互依赖和全球化。每家公司都希望其员工在短时间内就能够胜任境外工作，或者成为跨领域、跨文化团队中的一员。而且，由于通信和信息技术的进步，通过电子邮件、远程电话会议系统、Skype、微信电话和钉钉网络电话会议进行联络已经变得非常普遍，所以，即便是那些很少离开自己国家的人也发现他们经常会与外国人联系，因此，传统的职责描述中"国际事务"的概念似乎界定得太狭隘了。

现在，在组织的任何层次都需要有文化敏感性。一线员工（如保安、司机、前台接待人员）是最先和外籍来访人员接触的。当外国客户或雇员不能在前门或前台得到有效的接待和帮助时，那么一家公司的自吹自擂（global pretensions）就会在瞬间被打得粉碎。正因为如此，总部位于深圳而主要面向非洲手机市场的传音控股在公司前台安排了一位来自埃塞俄比亚的员工。工作的国际化内容显然会随着公司、职能和业务的特点，以及经验水平的不同而不同，但是处理文化差异的能力越来越成为每个人工作的一部分。一项针对在西欧、亚洲和美洲企业总部里的 600 位管理人员的调查显示，2/3 的人将跨境合作与交流中的误解归因于语言和文化的差异；对此，有一半人认为他们没有得到足够的培训，有 40% 的人对如何甄选合适的人员表示担忧[11]。

由于全球化经理的形象其神话意味更胜于现实意义，也由于国际事务责任已经落到了更多的管理者头上，国际和国内经理人的差别正在变得越来越模糊。来自世界各地的人越来越频繁地必须与其他国家的人一起工作，并且有意识地管理彼此之间的文化差异，所以，公司不过多地考虑到底谁是国际化经理人，而应该考虑员工到底该有什么样的国际化的工作和责任，并创造什么样的机会让他们与国际接触，帮助他们提高跨文化的能力。

下面，我们将审视国际化经理人不断演变的特点，并探索当今全球化公司经营管理人员所面临的挑战、应对这些挑战所具有的选择，以及作为一个有效的全球化经理人所应具备的能力与技能。然后，我们将思考可以从那些过去数十年在全球各地工作的外派人员身上学到什么，哪些个人经历、性格特征或者工作经历可以使得经理人（无论国际还是国内）在从事国际事务上游刃有余？最后，我们还将讨论未来会出现哪些国际任职的新形式，以及跨国公司如何甄选、培训、支持和回派国际外派人员。

9.1　找寻全球领导者

对许多公司来说，目前面临的最大挑战就是如何甄选和培养经理人，确保他们在不断激烈的竞争环境中拥有所需要的能力和理念管理企业。用 IBM 前董事长兼 CEO 彭明盛的话来说，就是：

> 竞争的本质和创新的力量以我们从未见过的速度改变着科学、商业以及技术的边界，这就是为什么专业技能变得不是静态的和可以一劳永逸的。为了具有竞争能力，任何人和任何公司、社会或国家都不得不需要不断适应、学习新的领域和技术……我们需要能够认识到这种改变的劳动者。不过，一如既往，真正难的是文化与理念的转变。[12]

正是因为对具有全球化理念和国际经验的管理人员与专业人员的需求不断增加，因此我们需要探索成功所必需的技能和理念，以及如何开发这些全球化背景下的领导力。

目前涌现出来的关于全球领导力的研究文献提供了有关这些问题的新视角。[13] 虽然最近几年学者花费了巨大的努力试图阐明全球领导者所应具备的素质和能力，但是，迄今为止尚未出现一个严谨周密并被大家所普遍接受的关于全球领导力的定义。[14] 然而，学者普遍认同，由于国际环境在以下几个特征上的复杂性，全球领导力与本土环境下的领导力有着显著的差别：[15]

- 范围更广的多样性；
- 更加广泛地和更加频繁地跨越组织和国家的边界；
- 更加需要宽广的跨职能与跨国的知识；
- 有更多的利益相关者需要在决策时加以理解和考虑；
- 在工作内外要面对更具挑战性和竞争的压力；
- 围绕着决策与相应的结果 / 影响，有着更高的不确定性；
- 有着与全球化相关的更尖锐的伦理道德困境。

因此，对经理人来说，从单纯的国内经营转向国际经营，似乎意味着一次"量子跳跃"[16]，将对他构成巨大的挑战，需要养成一整套特别的技能和理念。

9.1.1　全球化经营管理人员所面对的挑战

管理学家摩根·麦考尔（McCall）和乔治·霍伦贝克（Hollenbeck）访谈了来自 36 个国家的为诸如 ABB 集团、壳牌集团、联合利华和强生公司这样的 15 家跨国公司工作的 101 位全球高级经营管理人员，发现"这 101 位全球管理者之间的差异与他们所从事的工作一样大"。[17] 他们得出结论，认为将"全球化"视作存在于工作之中比视其存在于管理者个体之中更合适一些。基于对这些管理人员上百次的个人经历和这些管理者自己描述的他们所经历的有关领导力的经验教训的分析，麦考尔和霍伦贝克总结出了与全球化经营管理人员这一角色相关的 6 大挑战或任务，如专栏 9-1 所示。

 专栏 9-1　全球经营管理人员所必须学会的

文化问题
- 一门外国语言
- 特殊的外国文化和这些外国文化之间的差别
- 一般性的在国外生活和工作的经验教训

运营业务
- 经营管理业务的战略
- 经营管理业务的具体细节

如何领导和管理他人……
- 建立信誉
- 选择正确的人
- 打造和维持一支高效的团队
- 做出艰难的裁人决定
- 聚焦——保持简洁、确立清晰的目标
- 使员工得到激励，尽心尽力投入工作
- 培养与发展人

处理容易导致问题的各类关系
- 直接领导和其他上司
- 各层级的总部和更高级别的组织
- 媒体

- 政府机构和政客
- 工会
- 内部政治

领导者需要具备的个人素质
- 仔细地倾听、询问、换位思考
- 开放、诚实和公正，相信他人和尊重他人
- 具有灵活性
- 风险评估
- 坚毅并能在受到责难时保持冷静
- 勇于承担责任

自我和职业生涯
- 喜欢和不喜欢什么、强项和弱项，以及偏好
- 支持着你的需求是什么，以及管理安排好家庭
- 管理你自己的职业生涯和发展

资料来源: Hollenbeck, G. P. and McCall Jr, M. W. (2001) 'What makes a successful global executive?', *Business Strategy Review*, 12(4), p. 52.

在很大程度上，专栏 9-1 所列的挑战也是所有管理人员所面对的挑战，无论是在海外还是在本土管理企业。这些高管提到最多的挑战是"经营管理业务上的具体细节"，这一点并不令人吃惊，因为经营管理业务本身就是他们工作的核心。研究中提到的其他挑战也同样：如何激励员工以让其尽心尽力？如何建立和维持一支有效的团队？如何处理容易导致问题的关系等？在国际背景下如同国内一样重要。

然而，有一项挑战让全球管理者有别于国内的同行，这一挑战需要完全不同的技能与理念。这就是能够理解不同的文化以及有效地管理跨文化所带来的挑战。全球管理者面对的与营商和管理相关的挑战只有在不同的文化背景下进行考虑才能得到理解。当需要扭转公司的经营状况，或者需要对并购之后的企业进行整合，而且这样的事要在和本国文化差别很大的场景下进行时，对管理者在经营管理上的挑战将完全不可同日而语。

另外一些研究也得出了同样的结果，例如，卡利朱里（Caligiuri）[18] 辨析出对于从事国际领导职位的经理人来说普遍而又独特的十大类任务或行为。这十大任务或行为包括制订具有战略意义的经营计划、在全球范围管理其业务风险、与来自不同国家的客户打交道、督导

来自不同国家的员工、与来自不同国家的人谈判，以及管理外国的供应商或零售商。在很大程度上，这些任务或行为需要管理者对他们业务所在的东道国的不同文化和制度有透彻的了解，并且具备跨文化或跨地域管理的能力。虽然国际经理人面临的这些任务和挑战也是我们认为所有管理者都不得不需要应对的，但是这些挑战的实质却与国内管理者所面对的挑战完全不同。

布莱克（Black）和格雷格森（Gregersen）认为全球领导力与本土领导力的区别在于全球业务中"理念的扩展"。"国内的领导者只需将他的理念限于一个国家，文化范式是有限的，政治体制也只有一种，以及只有一套劳动法，而全球领导者必须将他的思想扩展到整个世界，包括成百上千个不同国家、文化和经营环境。"[19]

由于全球管理者工作所在环境的不确定性、不可预知性以及快速的变化，似乎很难为全球领导者勾画出比前面已经提及的更具体的"岗位描述"。在这样一种环境之下，识别出与高效业绩相关的行为比具体描述与该岗位相关的日常工作更容易一些，因为这些任务往往界定得不够清晰，而且还可能经常地变化。[20]因此，我们有必要识别对成功的全球领导者必不可少的理念、个人素质和行为能力，并了解组织如何有效地培养和发展其管理者的这些特质。

9.1.2　全球领导能力

全球领导力要具备有别于本土领导力的不同技能与理念，对此我们已有广泛共识。惠而浦（Whirlpool）公司董事长兼 CEO 大卫·惠特万（David Whitlam）曾带领员工把惠而浦从一家美国本土公司发展成为全球性公司。他坦言：

> 唯有一件事能让我在半夜醒来，这不是公司的财务状况或者总体上的经济问题，而是担忧我们是否有适当的技术和能力实施我们的战略……这是一个简单而无法回避的事实，管理一家全球性公司所需的能力和技术与管理一家本土公司是不同的。[21]

自 20 世纪 90 年代以来，大量的学者开始研究成功的全球领导者，意图描述出让他们成功的关键能力。回顾这些研究文献，[22]学者提出了与有效的跨文化和全球管理相关的 50 种能力，其中有许多的重叠，或者相互之间的差异很小。图 9-1 按照金字塔的形式将最具实证支持的能力组织起来，以说明全球领导者需要具备某些最基本的知识和特性，作为打造更高层次能力的基础。

这个五层次的模型表达了一个从底部到顶端逐步积累的循序进步的过程。在底部的是对于世界的认识与理解，这主要是通过在国外的生活和工作或因求学以及其他经历而与不同背景的人接触而形成的。然后，需要一些基本的领导力特征，最显著的就是正直、谦逊、好学精神和适应力。这些是相对稳定的个性特征，很难通过学习或培养来获得，但它可以用作甄选的条件，确定谁才具有在全球竞技场上获得成功所必不可少的价值观和理念。接下来的三层构成了全球领导力的核心，包括态度、人际沟通技能和系统的技能。这些态度和技能可以划分为那些在个人或团队层面跨文化互动直接相关的能力（跨文化能力，比如正念沟通、世界主义和领导多元化团队的能力），以及那些在更为宏观的层面上的商业知识与技能（全球经营能力，比如影响关键利益相关方、穿梭国界、调校组织以使其协调一致）。下面，当分析外派成功的关键要素时，我们将更为详细地讨论跨文化能力。

图 9-1 全球领导力金字塔模型

资料来源：Bird, A. and Osland, J. S. (2004) 'Global competencies: An introduction', in H. Lane, M. L. Mazenevski, M. Mendenhall and J. McNett (eds) *Handbook of Global Management*, Oxford: Blackwell, pp.57-80; Osland, J. S. (2008)'Overview of the global leadership literatrue', in M. E. Mendenhall, J. S. Osland, A. Bird, G.R.Oddou and M. L. Maznevski (eds) *Global leadership: Research, practice, and development*, London and New York: Routledge, pp. 34-63.

9.2 来自海外的经验教训

我们现在所知的在个人层面上有关管理文化差异和培养跨文化能力的很多知识都是来自外派人员（被公司长期派往国外任职的管理人员或专业技术人员）的经验。不幸的是，许多公司对于来自外派人员的反馈意见并不是特别重视，也未注重吸取他们的经验教训。那么，从这些在海外工作的外派经历里我们能学到些什么呢？

对于许多外派人员来说，海外任职是他们职业生涯中最难忘的职业生涯经历，但并不总是美好的。当然，海外任职给个人以及职业发展提供了机会，也带来了更大的责任和挑战。然而，海外任职的高失败率揭示了适应一种新的文化是相当困难的。通常，人们以提前结束外派任职定义外派的失败。估计外派失败每年给美国企业带来 20 亿美元的损失。

有些学者怀疑这些失败率的准确度和有效性，认为国际外派的"失败"必须定义得更加宽泛一些。[23] 一方面，在有些情况下提早回国事实上是由于任职的成功（例如，该项工作比预先设定的时间提前完成了），而在另一种情况下，如果外派人员继续待下去感觉很痛苦、工作表现也差，事实上提前结束外派造成的损失更小。[24] 另一方面，假如"外派失败"的概念扩展到包括对与当地政府关系的破坏、与客户或供应商在关系上的疏远、造成当地员工士气低落和生产效率低下、对外派人员和家庭带来令人痛苦的经历，以及调回本土之后即离职等诸如此类的间接成本，则"失败"或者说难以适应的外派人员的比例可能比上述研究所报告的失败率要高得多。

哪些因素是造成这些在海外调整适应困难和表现不佳的潜在原因呢？让我们来看一下两位外派人员的经历，首先，是IBM一位德国经理在到达英国后的反应：

> 迪特·舒尔茨（Dieter Schultz）担任产品经理，他发现在大多数午饭时间后，特别是在星期五，绝大多数团队里的管理人员都会溜去酒吧，"我立刻下令禁止了这种行为，"他说，"现在，如果没有得到许可，他们不能离开公司。这使得我那时不太受欢迎，但这对工作效率没有好处。在德国我们不可能做这样的事，这是绝对不行的。"[25]

下面是一位美国经理被派往法国管理一家新近收购的企业的非常痛苦的证言：

> 在尝试了好几个月时间以消除各种障碍之后，我基本上完全放弃了与员工建立信任的所有希望。在一年左右的时间里我用尽了所有的技巧——制定明确的目标、比任何人都工作更长的时间、参与每个项目的具体工作之中、敞开办公室的大门欢迎员工的反馈、在编辑的办公室巡回（像疯子一样进行走动式管理），最终，我得到的并且在法国总是有效的建议是：一个一个单独约他们共进午餐。他们可能永远都无法放弃深植于内心的信条，即管理就是要剥削他们。[26]

如果舒尔茨被派往更远的国家，也许他对文化的差异就会有更好的预见。他的反应如此强烈表明这些差异是他没有预料到的。尽管如此，他的反应体现着他自己母国文化（也是IBM的文化）的一些特征：注重效率，强调普适的制度和流程。当时IBM对于上班时间饮酒有非常明确的规定：绝对不允许！正如他所看到的，这种差异或者问题，存在于"他人的文化"之中。

南希·阿德勒将这样一种处理文化差异的方法称作"文化凌驾"（culture dominance），即继续采用与国内同样的方法对待海外情形的做法（见图9-2）。对在海外任职的经理来说，关键是能够意识到文化差异也存在于他们自身以及他们公司内部。在大多数的跨文化环境中，管理者必须在延续自己的工作方法还是去适应他人文化的做事方式之间找到一种平衡。

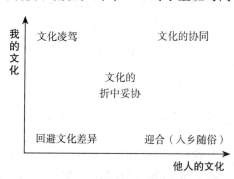

图9-2　跨文化工作的战略

资料来源：Nancy Adler (2002) *International Dimensions of Organizational Behavior* (4th ed.), Southwestern: Cincinnati, OH.

那个怒气冲天的美国经理使出了浑身解数（或锦囊妙计）克服管理法国人所遭遇的障碍，最终采取了"以其人之道"的方法，即"文化适应"（culture adaptation）策略，或者说"入乡随俗"。他的管理风格非常工具性和任务导向性：制定明确的目标，又参与具体的工作，甚至共进午餐也被看作最后不得已的选择。这种方式只会加强员工被剥削和被操控的感觉，感觉完成工作要比个人关系重要得多；"走动式管理"在那样的文化下意味着监督而不是工作上的支持，因此他无意当中实践了一把"管理就是剥削他们这一根深蒂固的信念"。

对于外派经理来说，在国外居住会给他们看待事物的视角、行为方式和如何评价事情带来持续的不可预知的挑战，使得正确地对信息进行加工处理并做出反应变得困难。这就不可避免地会犯许多文化错误,使得经理感到困惑与不适,他们会发现别人的行为难以理解。更糟的是,他们自己的行为达不到预期的效果,在母国使用得很好的工作方式在他国却无法获得好的结果。即使采用适应性策略,也就是模仿东道国的做法,也可能会被不信任和怀疑,正如上述这位在法国工作的美国经理所遭遇的境况。

确实,最经常提到的外派失败的原因是外派人员没能在文化凌驾与文化适应之间找到恰当的平衡——尽可能多地适应当地的文化以享受在东道国的生活(心理上的调整)、与当地人建立并保持良好的关系(社会关系上的调整),以及有效地完成外派的任务目标(工作上的调整),但并不需要完全像当地人那样行事。因此,理解调整适应的过程和识别文化不适的预警信号就显得特别重要了。

文化调整的过程

很多人声称,适应一种外国文化的过程遵循 U 形曲线,过程包括三个主要阶段:初始阶段非常欣喜和乐观(蜜月期),然后很快就进入一个易怒、烦躁和困惑的时期(宿醉),最后是逐渐地调整适应新的环境(从此幸福快乐)。[27] 虽然这些阶段的必然性受到质疑,但是这种情感经历的现实例子并不少见。反应的强烈程度取决于外派经理和他们的家人到国外任职的动机和预期、母国和东道国的文化距离以及在日常生活和工作中的不确定性程度。[28]

特别吸引人们注意的是"蜜月期"之后的那段时期,通常也叫作"文化休克"阶段。在这一阶段文化差异不再被看作充满魅惑,相反是令人烦恼的。在这个阶段,外派任职失败的风险最大。随着越来越多地融入新文化之中,让外派管理者意识到在人与人交往和工作行为中确实存在无法调和的差异,特别是在那些文化或经济上相似的邻近国家之间的差异会更令人吃惊。同样的情感经历在外派之后回国时也会发生,由于很少有人会对此有所准备,所以它给人们带来的冲击会表现得更加强烈。外派人员出国时会有一种"似曾相识"的感觉,但又会有回到祖国而似乎从未到过这里的一种"旧事如新"的感觉。更大的问题是,归国工作的管理人员往往像一个悄悄回家认宗归祖的私生子,而不是被视作荣归故里的英雄。[29]

"文化休克"或者被用来描述海归阶段的"逆向文化冲击"[30]这一术语事实上具有相当的误导性。它的字面意思趋向于认为这是一个单一原因所引起的突然冲击,实际上它更可能是由于一系列难以识别的细微的事件而导致的,它更像是网球运动员的手肘病而不是肩膀脱臼。文化不适症的症状从简单的难堪,到思乡,再到对自己到底是谁的身份困惑,逐渐积累最终造成全面的情绪低落。

尽管这种文化冲击是海外任职过程的一种"必经的仪式",我们还是有许多理由来欢迎它的到来。首先,它表明外派经理开始进入新的文化当中,而不是躲进外派人员圈子内。其次,它提供了一种理解和接纳文化差异的尝试,这种动力在早些时候是不存在的。当然,如果文化冲击带来的焦虑情绪太严重的话,它也会阻碍人们去进一步学习的意愿。[31]

一直以来,人们认为调整适应是通过越来越多地了解当地的文化和语言知识、与当地员工一起工作实现共同的目标而逐步演进的。如果一切正常的话,更多的跨文化的互动可以培养更多的文化相似性的认知,减弱"我们—他们"的刻板印象。更多的互动也会增加对事物产生相同认知的可能性,提供更强的可预见性和可控性的感觉。[32]这反过来又会帮助调整和适应。但是,假如跨文化互动带来的是摩擦和挫败,那么原有的刻板印象可能反而会增强,冲突开始生根固化,就会阻碍调整适应。善于社交和开放的心态虽是额外却是外派人员必不可少的素质，仅靠增加交往和接触是不够的。[33]

这表明 U 形曲线根本不具有普遍性，跨文化的调整适应能力取决于个人与东道国环境间的各种因素。大多数外派人员在外派任职国家遭遇到的文化冲击其实是警示信号，需要认真和谨慎地对待。沿时间序列的纵向研究发现，与外派任职刚开始时期（蜜月期）的兴奋状态不同，在文化休克阶段的早期通常是情感和精神压力最大的，几个月之后调整适应的困难会下降，然后随着时间的推移而逐渐改善。

加拿大国际发展局的丹尼尔·基利（Daniel Kealey）的研究也许是对 U 形曲线假设最严密的经验研究。他研究了 277 位技术支持顾问的调整模式，他们大多数被派往发展中国家工作。他发现仅有 10% 的人在调整适应过程出现 U 形模式，他所观察到的最常见的调整适应模式随时间推移稳步改善，但是他发现还存在一系列各种不同的模式，比如说，如果以在东道国生活与工作的满意度定义心理调整程度，差不多 1/3 的人持续维持在高于行前准备期的水平；同时，15% 的人一直保持在较低的水平，意味着这些人在整个外派任职过程中始终处在文化休克状态。

一些研究发现，对新文化的调整适应并不总是伴随着危机。事实上，有相当多的外派人员根本没有经历任何文化休克。这很简单，即不同的人对外国文化的调整和适应挑战的反应是不同的，取决于不同的人的不同个性、掌握东道国语言的能力、来自同事的对融入当地社会的帮助、配偶的调整适应能力，以及一些其他的因素都有可能影响到对新文化的适应与调整。

此外，还有一些外派人员、他们的家人和人力资源专业人员都普遍认同的、根植于跨文化调整适应经历之中的悖论需要考虑。例如，有研究发现，在其他欧洲国家工作的欧洲管理人员的文化互动比那些在美国或亚洲的欧洲管理者的文化互动要少，这被归因于较小的心理上的文化距离，以及欧洲人不大喜欢在社会交往中"混杂"，并可以得到更多的来自"母国"的支持。[34] 具有悖论意味的是，无论是文化还是地理上与自己国家的邻近性，似乎都可能会限制他们与东道国文化的必要接触，并潜在地影响到他们的调整和适应，所以，文化相似和文化差异对文化适应影响的假设都是需要质疑的。

一项关于"随行配偶"在海外面临的调整适应挑战的研究发现了类似的结果。人们普遍认为文化距离越远则跨文化沟通难度越大，在这一研究中，恰好相反，被派往日本的德国外派人员的配偶遇到的适应性问题比在美国工作的德国经理的配偶要轻一些；同样的情形也出现在外派人员的孩子身上。[35] 这被归因为在日本有一个规模较大、关系密切的外派人员社团，为外派人员家庭提供支持与帮助。由于文化距离与语言的障碍，大多数外派人员和他们的同伴会封闭在外派人员的小圈子内，很少暴露在东道国的文化与社会环境之下。相反，在美国，外派人员和他们的家人会努力去适应当地环境而不是躲藏在外派人员的飞地里，他们设法与当地的美国人交朋友，把孩子送到公立学校而非私立的国际学校，而且总体上与其他的外派人员待在一起的时间较少。这使得他们最初的调整适应较为困难，压力更大，但是从长远来说可能有利于他们更好地适应在异国他乡的生活与工作。

除了应对全新文化的挑战，外派经理还必须接受大量不可避免的两难困境。[36] 这种压力来自这些经理作为介于两种文化与同一个组织的两个组成部分之间的调和人这一特殊的位置。例如，外派经理要面对的一个最基本的两难困境就是他们准备在多大程度上放弃原来的处事方式，又在多大程度上愿意拥抱新的做事方式。无论是完全封闭在外派人员圈子中还是"入乡随俗"，都不是有效的解决方案。

外派经理还面临如何调和权力和责任的难题，他们肩负巨大的责任却又不得不依靠当地的管理人员和员工实现他们的目标。而且，他们还不得不在潜在的忠诚于母公司还是忠诚于其所在的海外子公司的矛盾中保持适当的平衡。布莱克和格雷格森发现外派经理承诺度的四大基本类型：[37] 自由基型、“人在曹营心在汉”型、“入乡随俗”型、同时忠诚于母公司和当地子公司的“双重忠诚”型（见图 9-3）。在数百位接受了调查的外派人员中，不到 1/3 的人能够归类于“双重忠诚”型，即同时高度忠诚于母公司和当地分支机构。这类外派人员比其他类别的外派人员更有可能成功完成外派任务，调整并适应当地的文化，并一直在公司工作直到被调任回国。其他被调查的外派人员要么难以适应东道国的环境（“人在曹营心在汉”型那一类外派人员），要么采取了截然不同的方式，与当地分支机构和当地文化建立了较强的认同（“入乡随俗”型那一类外派人员）。有趣的是。大约有 1/4 以上，几乎是 1/3 的外派人员，无论是对母公司还是对当地子公司都没有承诺感（属于自由分子型）。这些人大多是职业外派人员，随着外派经历的增加，已经丢失了对于母公司的忠诚感，但同时又没能培养起对当地分支机构的认同感，与东道国文化的接触也较少。

对当地子公司的忠诚 \ 对母公司的忠诚度	低	高
低	外派人员将自己看作 **自由基**	外派人员把心留在了家里 **“人在曹营心在汉”**
高	外派人员以当地方式行事 **“入乡随俗”**	外派人员将自己看作 **双重公民**

图 9-3 外派管理人员的双重忠诚

资料来源：布莱克和格雷格森（1992）。

由于需要面对不同的、相互冲突的需求或者相互矛盾的想法，所以需要从不同的角度看问题，以及从不同视角（双重文化的视角）分析优势和劣势。这意味着自以为是的、认为我的方法就是最佳方法的教条思想是注定要失败的。我们所该做的就是正如美国作家斯科特·菲茨杰拉德（F. Scott Fitzgerald）的名言所描述的那样：“测试一个人的智力是否上乘，只要看其脑子能否同时容纳两种相反的思想而无碍于其处世行事即可。”

9.3 影响外派管理人员成功的因素

讨论了在海外工作所面临的挑战之后，现在我们来讨论有效完成外派任务所应具备的技能和能力。外派成功受多方面因素的影响，包括外派人员的个性、年龄、人际交往和跨文化技能。[38] 在实践中，多数公司仍然使用职业和技术能力或者该经理在国内的过往业绩作为主要的选拔标准。[39] 相应的职业和技术能力当然是外派的前提条件，但是众多的趣闻和研究事实表明仅有工作相关的技能与经验并不能保证外派人员在海外获得成功。有许多的例子证明基于其在母国的工作成绩和业务能力被选拔出来的外派人员却不能胜任海外的岗位，因为他们无法适应海外的文化和工作环境。当中国工商银行刚开始启动国际化经营时，也曾认为其外派经理的业务能力是最重要的，但是真正走出国门之后，工行的领导发现对这些外派人员来说，其跨文化管理能力才是最重要的，于是他们与国际上的名校合作，在海外对中高层管理人员进行跨文化能力的培训。

下面我们将讨论影响外派人员获得成功的关键因素，不过请记住某一个人的个性的重要程度取决于外派任务的类型以及外派人员在东道国所需承担的角色。同样也要注意的是，大量并非外派人员直接拥有的特性因素可能会影响到其在东道国的调整适应与成功，比如说组织方面（如行前的准备和后勤的支持）、与工作相关的因素（如自主决策的程度）和非工作因素（如文化的新奇性）。[40] 由于本章的重点是讨论国际经理人，因此我们不想详细探讨这些因素，但是这些因素在外派人员的选拔、培训和支持上需要加以考虑。

9.3.1　人际交往能力

人际交往能力在国际任职中即使不被看作是最重要的，也会被认为是非常重要的。在对涵盖了 8 474 位外派人员的 66 项研究的数据进行统合分析后，结果发现人际交往能力是预测外派人员调整适应性和绩效的最强有力的指标。[41] 这种建立关系的能力可以帮助外派经理融入东道国的社会与文化之中，这不仅能满足友情的需要，同时还有助于知识的转移，提高协调和控制能力。建立人际关系和构建信任关系可以使外派人员获取关键信息，从而缓解困扰工作和个人生活的压力和不确定性。

虽然很多公司承认人际交往能力的重要性，但是很少有公司把它作为选拔外派人员的关键性指标。正如上面所述，外派经理主要是根据他们在国内的业绩表现被挑选出来的，也就是说，基于他们完成工作的声誉。有一些公司也会为了职业发展的目的把一些被认为"拥有杰出成长性的优秀人才"派往国外。不论是哪种情况，外派人员大多数情况下都是根据个人的技术或专业能力而不是人际交往能力被选拔出来的。

那些被置于职业提升快车道的经理在被外派海外任职时通常都迫切地想证明自己的能力，做出成绩，因此他们会非常聚焦于工作任务，努力实现由公司总部设定的目标。一项以职业发展为目的的外派往往可能只有 18 个月的任期，[42] 所以这些人必须快速推进工作以做出成绩。这可能会在他们与当地员工之间造成紧张关系，这些当地员工把他们称作"过客"，[43] 一旦新任经理到任便会离去，而下一任的到来又会带来下一任的新的偏好和政策。

时间压力和强烈的任务导向可能与建立人际关系和赢得信任的需要发生冲突。本地员工往往会觉得受到剥削，成为达成跟他们无关的组织目标的工具。这会加剧他们对总部的不信任和怨恨情绪。实际上，一些专家认为成功的外派人员事实上有必要保持较低的任务导向。[44] 更有可能的是只有在具备交际能力和文化敏感性的情况下，较强的任务导向可使外派人员有效完成外派任务的目标。总之，过度的任务导向，以及个人追求成就的雄心抱负有碍于建立有效的人际关系和团队合作，[45] 特别是在像拉丁美洲和东亚国家等关系导向的国家。

9.3.2　外语能力和之前的海外经历

无论是外语能力还是之前的国外经历，都对外派人员的成功很重要，但是它们如何起作用的机制和它们影响了哪些特定的成功要素尚不清楚。[46] 掌握东道国语言的能力非常重要，因为它有助于与当地人建立交往。当然，完全掌握另一门语言可能不容易，也可能不如培养换位思考（这样的事情对其他人意味着什么）这样的敏感性来得重要，后者可以让外派人员掌握一些"交谈的媒介"：当地的表达方式、信息和感兴趣的东西。[47]

尤其是对于短期国际外派，学会当地的语言可能更具象征意义而非实际的价值，但其影响非常深远。这代表了你迫切希望与当地人沟通与交往。拒绝学说当地语言可能会非常有害，因为它会被看作一个鄙视当地的征兆或者是在毫无理由地显摆权力，正如戴姆勒 – 克莱斯勒并购案例，一些戴姆勒 – 奔驰公司的官员与克莱斯勒的员工开会，只说德语，而且他们完全知道克莱斯勒公司的员工听不懂。[48]

这表明关键因素似乎并非语言能力而是交流的意愿，外语技能只是起到了帮助的作用。当外派人员有兴趣与当地人交流，对当地的文化抱着足够的同理心和开放态度时，那么他的跨文化调整适应过程才开始启动。换句话说，一个人可以非常流利地使用当地的语言，但只是在表面上融入当地的文化，因此在与当地人交往时还可能免不了会犯很大的文化错误或经常出现沟通上的误解。比如，华裔美国人经常被认为是派往中国的最佳人选，因为他们会说普通话或在家里从父母那儿学会的某个地方的方言；然而，在美国出生或长大意味着他们与当代中国的文化缺乏接触，并可能被当地员工所憎恨，因为与流利掌握当地语言的外派人员相比，不懂当地语言的外派人员所犯下的文化过失更易被原谅。最新的一些研究揭示了文化与语言流利程度之间的相互关系。[49]

因此，认为外语能力与外派成功存在正相关这一在直觉上很有吸引力的概念是过于简单化了。同样，之前的海外工作和生活经历也是如此。与普遍的看法相反，之前的海外经历并不必然有助于对新的外派环境的适应。有些研究发现之前的国际经历和跨文化的适应能力有一定的正相关关系，[50]但大多数研究指出，之前的海外经历不影响或者甚至负面影响外派人员的适应性和绩效。[51]

假如之前的经历是在另一个国家而不是外派要去的国家，这样的经历可能并没有用，或者甚至由于以偏概全而产生反作用。即使有东道国文化的经历也可能只是强化他之前固有的刻板印象或形成对当地文化不现实的期望。[52]另一个问题是，在过去有很多国际经历的外派人员可能对新文化的适应感到厌倦、失去热情。研究发现初次外派人员，也就是那些首次被派往境外工作的人员，表现出的社会文化调整适应水平（融入当地社会和养成与文化相适应的能力）要高于经常外派、具有多年海外工作经历的外派人员。[53]这些曾经在世界各地工作的"公司吉普赛人"可能会在某一个时刻决定不再想承受适应另一种文化的痛苦，包括学习一门新的语言、和东道国的人交朋友等，从而封闭自己，拒绝接触当地文化。

总之，这些结果表明将在某一特定文化的经历转移到新的外派环境并不容易，在境外工作岗位上"摸清门道"是每次外派都要重新开始的一个过程。这是一个对人力资源管理者在选派人员去海外任职时具有深刻意味的研究结果。大多数从事外派人员选拔的人力资源专业人士和业务经理认为存在一个持续的学习曲线，认为选择了曾经有过海外工作经历的人承担外派任务，那个人自然能适应和很好地完成外派任务，然而事实并不必然如此。

9.3.3 在海外工作和生活的积极性与就绪程度

对于考虑外派的员工来说，有一些影响因素在推动着他，比如说在本国职业生涯发展缺乏前景或是公司给予他接受国际任职的压力；也有因素在拉动着他，如对异域文化的好奇或者该工作岗位所提供的特性。[54]显然那些不满意国内个人或职业状况而想寻机离开的人很少能成为一名高绩效的外派人员。同样，如果去海外任职的目的主要是收入上的原因或者是提升在劳动力市场上的价值和职业前景，结果往往也是如此。鉴于常见的调任回国时出现的问题以及大量的证据，国际任职并不一定能够提升管理者的职业生涯发展。[55]

2007 年年底开始的全球金融危机导致了广泛的经济衰退，迫使公司控制外派成本，使得为了职业发展或收入原因而外派不再那么有吸引力。

另一个可能影响外派成功的动机因素就是"情境就绪"（situational readiness），[56] 或者说是否在心理上和现实情景上已经做好了去海外任职的准备。这会涉及诸多因素，比如他的家人对外派任职是否愿意甚至开心，以及是否能够接受海外任职，比如有没有年长的、患病的父母需要照料等。家庭的考量比如家里有接近毕业的学龄儿童或者不得不把重要的家庭成员留在国内，这些问题不仅在员工考虑外派时起着很重要的作用，而且会在境外时成为牵扯精力的一个因素，影响外派人员完成外派任务的决心与意志。[57] 因此，应该依照对另一种文化和新体验的兴趣选择外派人员以及家庭。瑞典的经理将强烈的旅行欲望看作他们去国外任职的首要动机。

9.3.4　跨文化能力与文化商

虽然以上讨论的各类因素比如人际沟通能力、外语能力和去境外生活的积极性将有助于对新文化和工作环境的调整适应，但这些因素尚不足以确保外派的成功。克里斯·厄尔利（Chris Early）将文化商（cultural intelligence）定义为"一个人与来自不同文化背景的人交往时的适应能力"。[58] 他认为，人际交往能力通常展现在与来自相同文化的人们的交往中，与之相比，文化商是一个更好的预测一位外派人员能否成功的指标。文化商研究得出的其中一个洞悉是那些有能力、具有良好的人际交往和沟通能力、在国内熟悉的环境下表现出成熟的情感的人有时却在外派任职中失败，因为他们无法调整和适应在另一种文化环境中工作与生活。[59] 在自己国家里社交上最成功的人往往最难理解其他的文化并难以被其他文化的人所接受。[60]

此外，那些对本国文化有点疏离的人则更容易去接纳另一种沟通和交往的方式，使得他们更容易调整并适应新的文化环境，因为他们习惯于作为观察者，并能有意识地努力地去适应它。

那么，这个难以捉摸的文化商到底是什么？如何测量和发展这种文化商？有较高文化商的人应该具备：

- 使他能够在新的文化环境中有效工作的认知能力；
- 调整并适应不同文化环境的动机；
- 积极参加各类适应性行为的能力。[61]

文化商因此可以被看作跨文化能力的关键决定因素。[62] 基于对外派和全球领导力领域研究文献的广泛和深入的检视，艾伦·伯德（Allan Bird）与他的同事识别出与成功的全球领导力相关的跨文化能力的三个维度：知觉管理、关系管理和自我管理（见表 9-1）。

表 9-1　全球领导力所要具有的跨文化能力

知觉管理	关系管理	自我管理
不要动辄品头论足	对关系感兴趣	乐观
好学精神	建立紧密的人际关系	自信
宽容模糊性	情感上的敏感性	自我身份认同
世界主义	自知自明	情感上的适应力
利益上的灵活性	社交上的灵活性	无精神紧张的倾向
		压力管理

全球能力清单（Global Competencies Inventory，GCI）测量了与这三个维度相关的特定能力。知觉管理维度考察人们在认知上处理文化差异的方法，评价一个人面对文化差异是灵活变通的还是僵硬死板的倾向、对文化差异持着居高临下审判态度的倾向，以及他们对付复杂性和不确定性的能力。关系管理维度包含了与发展和维护跨文化人际关系直接相关的能力，包括个人对人际关系的兴趣爱好、对培养和维护与他人关系有关的人际特征的关注、对自我概念以及其行为对他人的影响的意识。自我管理维度对应的是一个人对个人身份认同的强度和有效管理情感和压力的能力。为了在跨文化环境中有效工作，对自身有一个清楚的认识和对一个人的基本价值观有一个清晰的了解非常关键。[63]

跨文化能力的核心是以不同于他业已习以为常的观察和理解世界的视角观察和理解世界的能力。这种所谓全球心智（global mindset）的能力使得一个人能够在全新的和陌生的环境中有效地发挥作用，能够有效处理全球运营中的复杂性。

9.3.5 全球心智

全球心智可以用认知结构和过程描述：不仅是一个人想什么而且是怎么想的。[64]认知结构指的是经理人用于在全球"航行"的"地图"和文字说明；就像哥伦布，他相信世界不是平的，同样，公司总部也不是宇宙的中心。例如，它也可能包括了关于人的这样一个信念：护照并不是能力最重要的标志。文字说明提供了在不同环境下如何应对的指南，比如家喻户晓的格言"入乡随俗"，又比如如何在当地劳动力市场招聘员工等。

这些认知结构需要非常好地差异化以便理解差异，正如某一种传感器往往只能用来感知某种物质和运动；同时这些认知结构又要有很好的集成度以发现共性。因此，全球理念最关键的一个方面就是认知的复杂性，要意识到每一个情景都涉及其背后无法尽数的相互依赖的关系，而且这些关系又具有复杂和动态的特性。[65]认知的复杂性与在决策时能够同时掌握和应用数个相互竞争的诠释、容忍模糊性、平衡矛盾以及考虑另外的不同观点的能力相关。对于在跨文化环境中要有效开展工作的经理人来说，需要在理解多个层面多个地方，无论是组织内部还是外部都有整合和保持一致性的需求的同时，也拥有辨别出差异化需求的能力。

全球心智的第二个侧面就是世界主义（cosmopolitanism），即对全世界的好奇和了解。世界公民对不同的国家和文化有着天生的兴趣和好奇，并力求了解世界上或国际上正在发生的事件。[66]世界主义的另一个关键特点是开放、愿意去探索和向他人所拥有的不同视角学习，并能在熟悉与未知的世界之间协调。[67]拥有全球心智意味着要眼观世界、耳听八方，并知道问题有多种可能的解释。这代表着一种"思维方式"，即拥有"开放的思想"而不是固执于己见或教条，坚持"最佳的方法就是我自己的方法"。这意味着能够多角度看问题，从自己的角度也从别人的角度。高沙尔（Ghoshal）和巴特利（Bartlett）说：

> 不同的角色和散布在各地的企业必须靠管理理念整合在一起，这种管理理念理解运用多种战略能力的必要性、从本地和全球的视角看待问题和机会、愿意开放地和灵活地与人交往。培养全球心智不是要建立一个复杂的结构，而是要在管理者的思想意识里建立一种矩阵式思维。[68]

全球心智的两个方面——认知复杂性和世界主义——有助于管理者平衡当今困扰着跨国公司的全球一致性与当地响应性之间的矛盾。

在孟加拉国的李维斯（Levi-Strauss）公司的运营经理处理童工的案例展示了全球心智是

如何帮助该经理跨越地域、文化和法律的边界而做出正确决策的：

> 审计之后，运营经理发现有两位承包商雇用了年龄小于 14 岁的儿童。这个做法在当地是法律所允许的，但违反了国际劳工组织的标准、李维斯公司的价值观和指导方针。按照国际劳工组织和李维斯公司的标准和价值观，就需要终止这样的用工实践。然后，经过了解使用童工的原因，他发现终止这一雇用合同有可能迫使这些孩子不得不去寻找另外的工作，而且很可能情况会更糟（甚至可能卖淫），将对他们的身体、心理和情感造成更深的伤害。他同时也了解到多数孩子的收入是其家庭衣食生活的主要来源，有些甚至是唯一的挣钱养家的劳动力。终止他们的工作会危害到他们整个家庭的生活。面对如此的挑战，他提议工厂继续支付工资给这些儿童，同时李维斯公司会支付他们的教育费用以使他接受教育直到他们到达法定的工作年龄。[69]

这个案例展示了外派人员有时所面对的是难以轻易解决的道德困境。简单化地强行遵从公司的全球政策和规章制度可能反而会增加孩子及其家庭的艰难，但是坚持当地的规定继续雇用儿童也不是一个明智的选择。做出恰当的决定需要经理人在全球和当地利益相关方之间不同甚至部分冲突的愿望中协调和平衡，找到一个能够调和不同利益与视角的解决方法，这就需要全球心智。

本节讨论的决定外派任职成功与否的最后一个因素并不是外派人员本身的特点，但在外派人员的调整适应和成功履职过程中有着潜在的关键作用，这就是"随行配偶"的情况。

9.3.6　外派人员配偶和双职夫妇

国际人力资源管理领域的一些世界级顶尖专家曾被要求就国际任职的成功因素，特别是对一家荷兰建筑公司在日本的合资企业的项目经理的遴选发表他们的观点。专家被要求对 15 个遴选标准（包括配偶的支持、外语能力、人际交往技能、国际工作经历）按重要性进行排序，作为选拔的依据。这些专家毫无任何异议地一致认为：配偶的支持！配偶对接受外派任职的意愿、能力和兴奋程度以及对外派的支持是外派成功的最可靠的预测指标，特别是被派往陌生的文化环境中长期任职。[70] 一位满腔热忱的配偶在社交、情感和现实生活上的支持是无价的；此外，配偶的不开心则会成为额外的负担，也往往是外派失败的原因。

配偶的积极态度在外派任职的早期特别重要，因为在需要他与得到他真实的帮助之间往往存在一条沟壑——在境外头几个月的工作使得外派的他（多数情况外派人员还是男性）无法顾及家庭和配偶，特别当配偶和家人需要他帮助安排后勤和提供支持以安顿家庭时。[71] 不幸的是，经常不在家的外派人员和孤独无助的配偶互相怨恨的情况不断升级：由于家庭关系越来越紧张，许多外派人员越来越不愿意待在家里。有外派人员承认他们更愿意待在公司或出差，虽然工作并不需要那样做，这些人通常就是家里有一个不开心的配偶。随着配偶的情况变得更加困难，虽然外派人员知道首先是工作造成了这些问题，也觉得内疚，但还是更加不想回家。当外派失败了，经常就是因为这样的过程。

这一点与人力资源专业人员的经验是一致的。在董雪英（Rosalie Tung）教授先驱性的研究中，北美和欧洲公司的人力资源经理把"配偶没有能力适应"列为外派失败最常见的原因，即为什么外派人员在任期尚未结束时就提前回国了。[72] 这项研究是在 20 世纪 80 年代进行的，但是被重复了无数次，都得出了类似的结果。配偶或家庭是否能调整适应和支持是外派人员调整适应和工作取得成效的最重要的预测因子。[73]

下面这些也一直都是影响外派人员决定是否在任期未满时就提前回国的主要因素。在一项对在 46 个国家任职的 324 位外派人员的研究中，个人工作与家庭需求之间的相互影响以及外派人员感受到的组织对其支持的程度对于他个人留下还是离开公司的意愿存在直接的影响。[74] GMAC 全球外派服务公司是一家在伊利诺伊州的咨询公司，每年会对全球外派任职走势进行调查。据公司的总裁和 CEO 里克·施瓦茨（Rick Schwartz）介绍，孩子教育、家庭适应性和来自配偶的阻力是管理外派任职最关键的挑战。[75]

双职工问题和配偶的职业生涯发展对跨国公司来说变得越来越重要，这毫不奇怪。最新数据表明有 83% 的外派人员有配偶和同伴陪同，其中 54% 的配偶在外派前工作但外派期间终止了工作，只有 20% 的配偶在外派前和外派期间都继续工作。[76] 另有研究表明女性外派人员通常单身的比例（45%）比男性要高（25%）。[77] 女性经理人拥有同时也在工作的配偶的可能性更高，因此更易受双职工情形的限制。通常，在新的工作地点，配偶难以找到合适的工作，即使有工作机会，也可能对职业生涯的发展意义不大，这就降低了夫妇双方愿意流动的可能性。

公司如何应对这一挑战？不幸的是目前没有现成的方法或高招可以解决每一个问题，不过如专栏 9-2 所示，跨国公司可以做许多工作，来支持随行配偶和解决夫妻双方都有工作的问题。[78]

🌐 专栏 9-2　支持双职夫妇的方法

- 在计划派遣任命的区域、时间和任职时长时要考虑夫妻双方的具体情况和职业喜好
- 联系拟外派员工配偶的雇主，共同商量和准备外派计划
- 在公司内也为外派人员的配偶安排工作（这可能会导致问题）
- 为外派员工配偶在海外寻找就业机会提供咨询建议和帮助（如支付就业事务所的费用）
- 为外派人员提供按照他们的特殊需求量身定制的灵活的福利安排（例如，为分居两地的外派人员提供两地间机票补贴）
- 与其他跨国公司合作为外派人员配偶安排工作（有时候是相互安排的）
- 为外派人员配偶在海外的创业想法或者教育项目提供补贴

资料来源：Adler, N. J. and Gundersen, A. (2008) *International Dimensions of Organizational Behavior* (5th ed), Ohio：Thomson; Dowling, P. J., Festing, M. and Engle, A. D. (2008) *International Human Resource Management: Managing People in a Multinational Context* (5th ed), Melbourne: Thomson Learning; Evans, P., Pucik, V. and Bjorkman, I. (2011) *The Global Challenge: International Human Resource Management*, (2nd ed), New York, NY: McGraw-Hill.

有些工作在外派前就开始了。像 IBM、宝洁和诺华制药这样一些领先的公司会依据夫妇的特定需求在地点的选择、时间安排和外派长度上进行安排。有些公司会找到对方的雇主来共同准备外派计划或对他们的工作进行协调安排。有些公司可能设法在公司内部提供相应岗位给配偶，但这种情况在欧洲公司更普遍一些；美国公司则由于避免裙带关系方面的政策较少做这种安排。越来越多的公司常规都会做的是：除了尽力获得东道国的工作许可之外，还会为外派人员的配偶提供职业咨询和帮助寻找工作的服务（比如全球高管猎头服务）。

公司也越来越多地会应夫妇的特定要求为其量身定制一些福利安排，例如，公司为分居两地的夫妇提供额外的机票费和通信费——所谓的"维持接触费"。一些跨国公司也利用公司间的网络联系以帮助安排外派人员配偶的工作，比如安排到另外一家公司的当地供应商或合资企业，很多时候是以互利互惠的形式，即你方为我方的外派人员配偶安排一份工作，我方也同样帮助安排你方的外派人员的配偶。这种公司间网络在那些在中国经营的跨国公司间比较普遍。

最后，如果不可能为外派人员的配偶获得工作许可或找到一份适合的工作，公司可能会提供经济上的补助，补贴其配偶在国外的创业行为，或者支付配偶在国外期间维护其职业技能所需的教育费用。然而，重要的是外派人员必须知道在绝大多数公司，这些福利并不是轻易地直接就奉送上来的，而是需要他们与公司协商并努力争取，作为一揽子补偿的一部分，通常要在他们与配偶接受海外任职之前确定下来。

9.4　打造全球管理能力

正如我们在本章的前面部分所详细讨论的，培养全球能力的任务成为组织最优先考虑的问题。大约一二十年前，对《财富》杂志全球500强公司的问卷调查表明，85%的公司都在担心有能力的全球经理人供应不足，最近的调查仍然凸显这个问题。在一个对来自包括35个行业和76个国家的公司的问卷调查中，75%被调查的高级管理人员认为培养和利用全球化人才是最紧迫的问题；然而却只有50%的公司有甄别高潜质全球领导者的机制，只有39%的公司有加快培养国际化人才的计划。[79]

杰克·韦尔奇曾强调全球心智的重要性，他说："真正的挑战是全球性组织的思想意识……只有当你把思想全球化了之后，你才真正拥有一家全球化的公司。"[80]

这提出了一个问题：公司如何能够培养全球能力？下面我们将讨论培养具有全球心智和国际见识的管理干部和员工的三种方法：通过选拔那些之前对不同文化有过接触的员工、通过国际领导力的培养和发展，以及充分利用具有跨文化视野和独特技能的员工。

9.4.1　尽早接触不同的文化和语言

据说自行车的发明导致了走入婚姻殿堂的男女家乡之间平均距离的增加。如今，跨国旅行增多意味着越来越多的孩子的父母来自不同的国度，这可能意味着孩子在小时候就曾在不同的国家生活，伴随着成长过程的是在家里就讲两种或更多种语言，而且可能其中没有任何一种语言是当地语言，这有助于孩子从小就获得某种程度的对文化差异的接纳态度。就比如我们的一位朋友也是我们的同行，她本人是波兰人，她丈夫是德国人，她在日内瓦一所大学任教，家却安在与瑞士接壤的一个法国小镇，他们的两个十岁上下的孩子都能说流利的德语、法语和英语，大孩子也能说波兰语，而小的那位波兰语说得还不是太好，但也能说一些。凯瑟琳·贝特森是著名人类学家玛格丽特·米德和格雷戈里·贝特森的女儿，从小就在不同的国家成长，她说早年在其他文化中的生活经历培养了她更"宽广的视野"或看待问题的另一种视角。[81]

这样的接触不同文化差异的机会显然在世界上的某些地方比在另一些地方发生的可能性更大。与中国相比，欧洲在较小的地域范围内容纳了较多的文化差异，因此似乎可以作为未来国际经理人有效的培训基地。而在欧洲内部，由于某些国家本身存在着不同的文化和语言，像比利时和瑞士，给予了这些国家的居民先天的优势。但不幸的是这种对文化差异的熟悉可能会被鄙视，在比利时和瑞士，文化差异可能众人都知晓但不一定会得到重视。

然而，在这些国家，电视节目和电影往往有几种不同语言的版本，再加上其他语言的字幕，比如德语和法语。居住在诸如布鲁塞尔或日内瓦这样的国际化城市，学龄儿童可能发现他们的同学来自欧洲的其他国家或更远的国家。生长在像纽约、伦敦或巴黎这样的城市，人们可能会把文化差异看作习以为常的事，是最平常的日常生活的一部分。

就未来的教育而言，在大学阶段，越来越多的商务课程提供交换项目。由于文化上的差异和地域上的邻近以及欧盟鼓励学生和教师间的交流，越来越多的欧洲大学采用这样的做法。许多美国的大学和商学院也通过与当地大学结盟的方式在欧洲和亚洲进行投资，比如纽约大学斯特恩商学院就与伦敦政治经济学院和巴黎高等商学院签署了战略联盟。许多欧洲的学校也在亚洲开立分校，如在巴黎的欧洲工商管理学院（INSEAD）和法国埃塞克商学院在新加坡开设了海外校区，法国 SKEMA 商学院在中国苏州和中东的迪拜设立了海外校区，法国的里昂商学院也在上海设有海外校区。

欧洲的商学院强调其学生和教师的国际化背景，并以此作为与美国和英国同行竞争的核心竞争力。[82] 例如，欧洲工商管理学院的突出特色就是学生与教师被认为是真正多元文化的。这种文化多元性得到了学校在政策和制度上的保证，学校规定单一国籍学生的比例不得超过25%。这就意味着学生在日常学习生活中就会遭遇到文化的差异。教授也将很多作业设计成小组作业，并把来自不同国家、经历、年龄和性别的学生组成一个团队，从而将多样性最大化。事实上，课程作业的内容本身是次要的，让学生通过跨文化合作来学习的过程更重要。

从这些国际化的商学院毕业的学生特别受跨国公司和大型咨询公司的欢迎。琳达·布里姆（Linda Brimm）把这些受到非常好的教育，能说多种语言，在不同的国家生活、工作和学习过很长时间的人称作为"全球公民"（global cosmopolitans）。[83] 由于与不同文化的人一起生活和工作，这些全球公民养成了一种全球视野，比较容易在保持自身的身份认同的同时融入新的文化，所有这些使得他们较易胜任世界各地的工作。

然而，全球公民仍然面临特别的挑战。他们经常会感觉到自己的价值被低估了或在工作上不被理解，因为公司并没有充分利用他们的这些经历。他们可能会因个人身份认同的复杂问题而痛苦，布里姆将此称为"国际流动的双刃剑"，即在某种情况下他们的优势也会变成弱势。比如，灵活以及愿意适应不同文化可能会变成在表达上缺乏明确性或者不明确他们到底想要什么。愿意随时迁移也可能意味着他们不可能在一个地方待得太久而不感到厌烦。最后，他们往往缺少对家的强烈的感觉或归属感，导致他们的无根感、孤独和寂寞，因此如何管理这些"全球游牧族"也是一项挑战。

9.4.2　全球领导力开发

一个人的教育背景和经历有助于他在国际环境中生活与工作，这些技能也可以在公司内得到提升。人们认为一个人在年轻时经历的挑战和多元化的经历对国际经理人的能力培养非常重要。因此，把管理人员送到国外的想法是基于他们将学会理解和欣赏在管理方式和管理视角上的文化差异。下面是一位来自壳牌集团高管的证词。

我是学地质的，我职业生涯的最初七年都在探测石油。有一天，当我正要前往进行一个新的探测任务时，他们打电话把我叫到了伦敦，然后告诉我他们希望我到地球的另一端去负责一个有80名维修工程师的问题很多的部门。地质属于高大上的精英工作，而维修工程师在公司的价值链中介于现实世界与地狱之间。我不想接受这份工作，于是告诉他们我对维修工程一窍不通。他们说："我们不是派你去学习维修工作，而是派你去那里学习管理。"带着很多的疑问，我走马上任，并在那里干了四年多。事实上，我在那个工作岗位上学到了所有我今天所知道的管理和领导力……之后，我升迁到了一个在石油勘探领域更高的职位，但是我因为那一段经历而被完全改变了。[84]

潜在的假设是，假如管理者能够有足够多的机会在不同的地方工作，他们就能培养出全球管理能力并提升领导能力。表9-2列出了一个总结性的概况，都是成功的国际经理人认为对他们个人发展最有益的经历。我们把他们认为的重要经历分为四大类。

表 9-2　全球高管发展的经验

事　件	事件数量	事件百分比	描述事件的人的百分比
最基础的任职			
早期的工作经验	12	4	12
第一个管理岗位	7	2	7
在关键业务条线的任职			
扭亏为盈	35	11	30
打造或者发展一项业务	19	6	16
合资企业、战略联盟、合并或者收购	13	4	11
新创一家企业	10	3	10
短期的经验			
很重要的另外一个人	40	12	32
特殊项目、咨询角色、其他员工的顾问工作	27	8	24
教育和能力发展经历	29	9	23
谈判	10	3	8
在总部工作	7	2	7
改变视野的经历			
文化冲击	29	9	27
职业生涯的变换	25	8	21
与现实发生冲突	21	6	18
在范围与规模上的变化	21	6	17
在判断上的错误	12	4	10
家庭和个人面临的挑战	8	2	8
危机	7	2	7

注：斜体字的经验是这些高管描述的百分比最高的五项经验。

资料来源：*Developing global executives*：*The lessons of international experience*, Harvard Business School Press (McCall, M. W. and Hollenbeck, G. P. 2002) p. 110. 此处的引用得到了哈佛学院出版社的许可。

如表9-2所示，主要的业务条线的工作任务，特别是涉及扭亏和变革项目时，在领导力发展过程中起着非常重要的作用。同样重要的还有一些特别的项目和咨询的角色。高居清单上方的还有国际的流动和经验的转移，这两者导致了观念的深刻变化，比如，处理"文化冲突"和一些主要的职业变化。总之，人们通过充满挑战的任职和经历培养了自己，比如上面提到的壳牌集团高管被派到世界的另一端去领导一个问题重重的维修工程师部门，然后最终成长为世界上最大公司之一的首席执行官。

然而，具有挑战性的外派任务，特别是像第一次接受外派管理工作这样的变革性的任职有较大的失败风险。从他人身上学习经验能够降低风险，因此对国际经理人来说另一个获得提高的重要渠道就是一些非正式的学习交流，即向上司、公司内部的带教师傅、教练和同伴学习，然后再同帮助他们掌握新技能的正式学习与培训相结合。[85]

在管理提升发展领域，有一个被称作为 70-20-10 的原则（见图 9-4）。人力资源开发者普遍认为大部分的学习来源于在岗的经历，另外也有相当部分来源于教练的指导、辅导与反馈，而以传统的领导力发展项目等形式的正式教育和培训对领导能力的发展来说作用相对较小。当然，这并不是说课堂培训不重要。当问及 70-20-10 原则与他个人的经历是否吻合时，雷诺和日产的总裁和首席执行官卡洛斯·戈恩回答说：

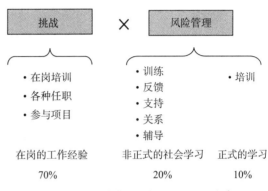

图 9-4 领导力发展的 70-20-10 原则

我从来没有参加过任何管理培训，我纯粹是在工作中学习的。我真希望我曾获得过全面的商学教育，但我从来没有时间和机会去商学院学习。所以，就我来说，可能不止 70-20-10，应该是 80-20-0。在工作中我学到了很多东西，并在不同的时期有机会一次又一次地从我信任和尊敬的老板身上学习……在工作中学习和在岗培训非常重要。你应当在一个多元文化的环境中或者在一个你需要克服文化障碍的环境中工作……但是，时不时地抽些时间出来，学会一些有用的理论分析框架与工具，有机会反思从他人的实践经验中总结出来的一些思想观念，这些都很有帮助。除了仅仅从自己的错误中吸取教训，你也可以从他人的错误中学习。这是商学院教育的价值。[86]

卡洛斯·戈恩的这段话和前面讨论的这些研究结果给了我们两个重要的启示：第一，全球领导能力是不能通过课堂教育培养出来的；第二，国际流动，无论是国际轮岗，还是在国际化团队内工作，抑或长期外派，是培养全球领导力过程中不可或缺的。[87]虽然有些重要的商业经验和跨文化技能可以在国内学习，比如通过在多元文化的团队中工作，但是在国际化的环境下工作对深刻领会国际商业准则和其他文化非常重要，其意义远比仅是简单的知识的领会要重要得多。[88]这就是为什么人力资源经理和高管相信国际外派是"塑造有效全球领导人的视野和能力的唯一而且是最有用的经历"。[89]

虽然接触国外的文化非常有必要，但并不构成发展跨文化管理技能的充分条件。被外派到海外工作的高管在思想上也可能变得更加僵化，而不是更加灵活。当这些管理人员只是负责实施总部强制要求的一些标准化政策和流程时，可能会形成殖民心态。

另外，来自业绩的压力和时间的有限可能会阻碍在当地尝试更加有效（甚至在全球范围更有效）的方法。公司给这些管理人员提供的让其对经验进行反思，让他们在与同行、教练和导师讨论交流时得到学习并将这些学到的东西融入新的行为中的机会太少了。其实，公司也丧失了通过这些经验和讨论得以学习和发展的机会。[90]

通过工作交流培养国际化能力的另外一个问题是公司花了极其大量的时间和金钱识别谁

更能胜任到海外工作，却最终发现那些人事实上不愿意变换工作地点。也许，在选拔时比是否能成为国际经理人更重要的是他们自己是否想成为国际经理人。这一点得到了 IBM 一位高管的确认，他声称："个人和家庭原因肯定是让人流动的最大阻力，尽管有时候这么说是一个借口，但很多时候这的确是真正的原因，而且这个问题随着夫妇双方都工作而变得愈加严重。"[91]

毫不奇怪，家庭问题一定是非常关键的，有 89% 被调查的公司认为家庭问题成为人们拒绝外派任职的主要原因，紧随其后的是配偶的职业问题，占 62%。与家庭有关的问题同样在提前回国情况上很重要，往往也是提前结束外派任期的主要原因。[92]

工作交流问题本身在不同的文化是有差异的。例如，在瑞典，配偶同时工作的经理的比例特别高，因此瑞典公司会将帮助配偶在当地找到工作作为其任务。西班牙人特别不愿意到国外生活，他们喜欢与家人和亲友保持紧密的接触。而英国经理更愿意到处流动，因为他们较为习惯于将孩子留在遥远的寄宿学校。

当然，除了国家文化之外，不同的公司也有不同的组织文化影响着工作流动。例如，戴姆勒和克莱斯勒在 1998 年合并，合并之后的第一个举措是双方分别互派 60 名员工到对方公司，任期为 2～5 年，负责企业合并之后的整合工作。但是，由于公司组织文化的差异，克莱斯勒发现极少有其美国管理人员愿意交流到国外工作。克莱斯勒从来就没有重视过外派任职工作，它只有 300 名员工在海外工作，相比之下，戴姆勒有 1 500 名员工在德国之外工作。[93] 这也许可以解释为什么会出现"德国人入侵"感和权力（不）均衡感，尽管正式的说法一直是"对等合并"。

除了在海外任职，经理也可以通过在多国籍人员组成的跨文化团队中工作而获得一种全球视野。通信技术和交通方式的改善意味着将散布在不同地域的人员组合成项目组和临时性的任务团队变得越来越容易，而且在战略上也非常重要。这使当地的经理直面更多的国际性问题，而无须太多的人员调动。

一个有趣的例子是国际航空运输协会（IATA）创办的跨文化接触与领导力发展项目（Intercultural Leadership Engagement and Development）。[94] 考虑到大多数管理人员来自西欧而该行业的增长却在东方，他们从东方和西方各选拔出一些杰出新秀，然后将他们集中在一起培训。他们还被组成一对对的团队，被派到不同的地区去执行项目。参与该项目的当地经理评价，这些人的文化商在这个过程中得到了明显的提高。

9.4.3　撬动跨文化的技能和视角

国际经理人不仅在国内和国外都要对不同文化进行管理，而且在他们内心也要如此。他们中许多人出生在不同的国家以及在不同的国家长大，与来自不同国家的父母和伴侣生活在一起，在不同的地方上学和工作。著名的例子包括卡洛斯·戈恩和卢英德（Indra Nooyi）。尽管他们各自经历了不同的路径而成为多元文化者，但他们都利用了其多元文化的身份领导他们所管理的企业。卡洛斯·戈恩将其巴西 – 黎巴嫩 – 法国背景转化为在日本的巨大成功，而当他前往日本时他对这个国家一无所知。卢英德利用她多元文化的身份将百事可乐公司成功地塑造成一家全球化公司。在她的带领下，百事可乐公司的海外销售突飞猛进，并开始真正体会到了多元化员工队伍带来的好处。还有一些杰出的多元文化者的例子，包括可口可乐公司的 CEO 兼董事长穆泰康（Muhtar Kent），他是一位土耳其裔美国人；还有华裔美国人钟彬娴女士（Andrea Jung）所带领的雅芳公司。可口可乐公司和雅芳公司都成功度过了全球金融危机，部分原因是其领导人的文化才能带来了它们在本土市场以外的成功。

由于多元文化的经历和背景，这些人有时会很难回答"我是谁"这样的问题。回顾自己的多元文化背景，卡洛斯·戈恩说：

> 我并不是在书本上学到多元文化的。我是巴西人和黎巴嫩人的混血儿，同时又有很长的一段时间在法国，所以人们不必把我与任何一种单一文化联系在一起……我出生在巴西，我所住的城市有好多人来自波兰、意大利和英国。我的童年是在黎巴嫩度过的，我的朋友中有犹太教徒、穆斯林和基督教徒。这是一个大熔炉，作为孩子，我可以看到这些不同文化的人之间融合的难度，但是我也能看见不同文化所创造的美和财富……当你跳出这种环境时，你会知道这些差异可以是一种威胁，也可以是一种资产，取决于你如何去管理这些差异……我的背景可能对我来说是一份巨大的财富。能够在全新的文化背景中游刃有余，而不是在陌生环境中固执己见或感到不舒服，这绝对是十分重要的。[95]

我们大多数人都有根植于不同文化的多个身份认同，例如来自加利福尼亚州的美国人、父母都是墨西哥人、已经结婚生子、年方 30、女性，还是一位软件工程师，等等，不一而足。这些不同身份中的某一个身份在某一个时刻会凸显出来，而在另一个时刻却可能黯淡无声，这取决于当时的场景和面临的问题，[96] 比如作为一名外派人员被派往西班牙或德国，或被派往一个特别工作小组解决如何在劳动力中增加女性和少数族裔员工。这些不同身份可以提供一种权力感和工作的有效感，一些身份会让你比别人更有话语权。因此作为一名有效的"全球"经理人也许需要不同的身份，这些身份多多少少很重要，让你更好地看清自己或被他人正面认同。

综上所述，显然有多种途径成为一名具有多元文化的人。除了根植于不同文化而具有多重身份之外，每个人的身份或多或少包含在图 9-5 列出的四种类型中。这不是一个穷尽了成为多元文化者所有途径的清单，但是当我们考虑多元文化背景的人可以如何为企业的成功做出贡献时，下面这四种类型还是非常有帮助的。

边缘型人是那些拥有一种以上文化的人，但又觉得与这些文化都不相关。被边缘化在心理上是充满艰难困苦的。针对 13 个国家 5 000 名移民青少年的一个大规模的问卷调查发现，那些被边缘化的移民表现最糟糕，无论是在心理方面还是在社会文化方面。[97] 然而，成为边缘人也有一定的好处，特别是被边缘化的人在选择于两种文化来说都非寻常的行动时会感到无所拘束，因为他们对他们所代表的文化有深刻的了解，但又若即若离。他们更可能在可接受的情况下做出不让人喜欢甚至痛苦的决定，比如裁员和降薪。

此外，世界公民理解和认同多种不同的文化；他们经常旅行，在不同的国家生活。像卡洛斯·戈恩这样的世界公民通常有较强的心理素质，事实也证明他们的适应能力非常强，并能用复杂的方法去思考。[98] 他们的多元身份认同使得他们在应对身份认同的威胁时特别有适应力。[99] 例如，一位有南非–荷兰–德国身份背景的人感觉到她的南非身份受到某种威胁时，她可以立即转变成为荷兰或德国的身份来应对威胁。

分离型和整合型的多元文化者事实上是相关的两种类型，因为他们都具有两种文化，尽管他们在心态上对那些文化的组织方式不同。[100] 分离型多元文化者将他们不同的文化身份隔离开来。根据情景的不同，他们用一种或另一种身份背景来对待问题，从而导致两种独特的文化价值观。整合型多元文化者将不同的文化融合在一起，形成一种新的杂交文化。研究表

明，整合型多元文化者在不同的文化中间遇到的压力较小，更容易融入当地社会，与分离型
多元文化者相比更具创造力。[101] 然而，分离型多元文化者具有更高水平的认知复杂性，因为
他们花更多的时间、用不同的文化视角思前顾后。

多元文化类型	描述	示例
边缘型 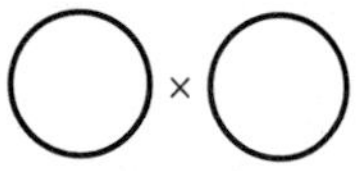	边缘人拥有一种以上文化，但又觉得与这些文化都没有关系	April Raintree，一本描述本土加拿大人小说中的米提人角色 要是一个纯种的印第安人或者是一个纯种的白种人就好了，但是作为一个混血儿，好吧，两边都不搭边。 ——*Mosionier*, 1999, p. 142; Pucik et al, 2010
分离型 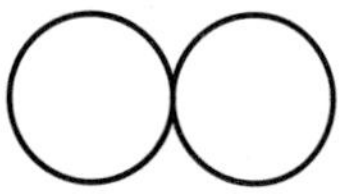	分离型多元文化者将他们不同的文化身份隔离开来，并根据情景把自己看作某种或另一种身份	钟彬娴，雅芳公司前 CEO，华裔美国人 我肯定是变得更加的坚定自信了……有着西方的或者是东方的视角的确非常关键，而且我仍然觉得我从来就不需要改变我自己。 ——Women @ Google: Andrea Jung, 2009
整合型 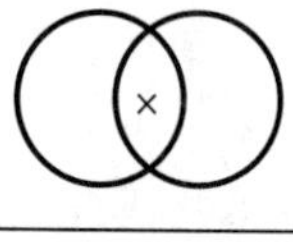	整合型多元文化者将不同的文化融合在一起，形成一种新的杂交文化	刘伯川，美国前总统克林顿演讲撰稿人，华裔美国人 在内心里我从来不会宣称自己是中国人，然而即便我不这么说，就像是默认似的，我也仅仅只是"白心"而已。我不想成为一个白人，我想成为一个融合了[两种文化]的人。 ——刘伯川，1998
世界公民型 	世界公民把自己看作是多种不同文化的人；通常是经常旅行，在不同国家生活的人	卡洛斯·戈恩，雷诺和日产汽车总裁兼 CEO，法国－巴西－黎巴嫩人 他是一位最完美的全球高管。 ——纳贾尔，2008年8月 当你是一个外人的时候，你不能将自己归类于某一种文化，这会让人们觉得你不太像会有偏见。 ——卡洛斯·戈恩，2008年8月

图 9-5　多元文化者的类型

资料来源：Fitzsimmons et al. (2012, P. 177).

　　因此，虽然多元文化并不是总能带来好的、有益的经历，但似乎具有多元文化的人拥有
与众不同的技能，从而对全球化组织做出贡献，不同类型的多元文化者会以不同的方式做出
贡献。最新研究表明，具有多元文化的员工有可能在企业的国际业务领域提供额外的价值，
比如，他们可以在国际谈判、多元文化团队和跨境联盟、并购等方面起着关键作用。当然，
唯有组织有相应的流程需要利用他们的技能时，他们才能发挥作用。[102]

　　图 9-6 给出了一些建议，公司可以按照这几个步骤来撬动多元文化员工的独特技能和视
野，包括营造一种鼓励不同的思想和视角的组织文化，雇用有多元文化背景的员工并从战略
的高度安排他们的工作，以使他们能充分发挥其独特的技能，基于组织的需要培训和开发具
有多元文化的员工进一步提升他们的技能。

　　不幸的是，只有很少一部分全球化组织真正意识到这些拥有多元文化的员工所拥有的独
特技能，甚至有一些高层管理者将这些具有多重文化身份的人看作是威胁，是问题和冲突的
潜在根源。即使那些把多元文化员工视为财富的组织也经常缺乏必要的流程来充分利用他们
的独特技能。不过，关于如何开发个人、团队和组织的全球化能力或全球理念仍然是我们面
临的挑战，我们将在第 10 章探讨这部分内容。

培训与发展

支持有多元文化背
景的人的技能，培
育一元文化背景的
人的多元文化技能

蕴意：例如指导与训练

增强组织的能力以有效地管
理多元文化的知识与技能

招聘与安排

对有多元文化背景的人员进行战略性的
安排，以获得特别的结果

蕴意：例如 雇用具有非常多元文化背景的人，识别
那些工作与团队是需要多元文化技能的

帮助塑造重视文化
多样性的组织文化

组织文化培育

打造重视多元文化价值的组织文化，使得企业能从具有
多元文化的员工那里得到益处

蕴意：例如领导者成为多元文化的典范，将多元文化确定为组织的核心
价值观，增加高管团队中具有多元文化背景的成员的人数

蕴意暗指的
步骤的次序

图 9-6 管理一个多元文化的员工队伍

资料来源：Fitzsimmons et al. (2012).

◙ 注释

1 'The elusive Euro-manager', *The Economist*, 7 November 1992, p. 81.

2 Mendenhall, M.E. and Stahl, G.K. (2002) 'The rise and demise of the "Euromanager": Lessons for the development of global leaders', in C. Scholz and J. Zentes (eds) *Strategic Euro-Management*, Wiesbaden: Gabler, pp. 305–319.

3 Evans, P., Pucik, V. and Bjorkman, I. (2011) *The Global Challenge: International Human Resource Management*, (2nd edn), New York, NY: McGraw-Hill; Stahl, G.K., Björkman, I., Farndale, E., Morris, S., Pauuwe, J., Stiles, P. and Wright, P.M. (2012) 'Leveraging your talent: Six principles of effective global talent management', *Sloan Management Review*, 53, pp. 25–42.

4 Light, J. (2010) 'Leadership training gains urgency amid stronger economy', *The Wall Street Journal*, 2 August, retrieved from: http://online.wsj.com/article/SB10001424052748703314904575399260976490670.html#.

5 Ready, D.A., Hill, L.A. and Conger, J.A. (2008) 'Winning the race for talent in emerging markets', *Harvard Business Review*, 86(11), pp. 62–70.

6 Eddy, J., Hall, S.J.D. and Robinson, S.R. (2006) 'How global organizations develop local talent', *The McKinsey Quarterly*, (3), pp. 6–8; Filou, E. (2006) 'Who is winning China's talent war?', *World Business*, May, pp. 36–43.

7 Joerss, M. and Zhang, H. (2008) 'A pioneer in Chinese globalization: An interview with CIMC's president', *The McKinsey Quarterly*, May.

8 Bartlett, C.A. and Ghoshal, S. (1992) 'What is a global manager?', *Harvard Business Review*, September–October, pp. 124–32.

9 Tyler, A. (1985) *The Accidental Tourist*, New York: Knopf.

10 Selmer, J. (2002) 'Practice makes perfect? International experience and expatriate adjustment', *Management International Review*, 42(1), pp. 71–87; Barham, K. and Oates, D. (1991) *The International Manager*, London: The Economist Books.

11 'Competing across borders' (2012) *The Economist*, February.

12 Palmisano, S. (2007) 'The globally integrated enterprise: A new model', speech given at the Global Leadership Forum, Washington DC, 25 July, in K. White and T. Rosamilia (2010) (eds) 'Developing global leadership: How IBM engages the workforce of globally integrated enterprise', white paper, IBM Global Business Services, p. 3.

13 Cf. Mendenhall, M.E., Osland, J., Bird, A., Oddou, G.R., Maznevski, M.L., Stevens, M. and Stahl, G.K. (2013) (eds), *Global Leadership: Research, Practice, and Development* (2nd edn) New York and London: Routledge.

14 Osland, J.S. (2008) 'Overview of the global leadership literature', in M.E. Mendenhall, J.S. Osland, A. Bird, G.R. Oddou and M.L. Maznevski (eds), *Global leadership: Research, practice, and development*, London and New York: Routledge, pp. 34–63.

15 Lane, H.W., Maznevski, M.L. and Mendenhall, M.E. (2004) 'Hercules meets Buddha', in H.W. Lane, M.L. Maznevski, M.E. Mendenhall and J. McNett (eds) *The handbook of global management: A guide to managing complexity*, Oxford, UK: Blackwell, pp. 3–25; Osland, J.S., Taylor, S. and Mendenhall, M. (2009) 'Global leadership: Challenges and lessons', in R. Bhagat, and R. Steers (eds) *Handbook of culture, organizations, and work,* New York: Cambridge University Press.

16 Bird, A. and Osland, J. (2004) 'Global competencies: An introduction', in H. Lane, M.L. Maznevski, M. Mendenhall and J. McNett (eds) *Handbook of global management*, Oxford: Blackwell, p. 61.

17 Hollenbeck, G.P. and McCall, M.W. (2001) 'What makes a successful global executive?', *Business Strategy Review*, 12(4), p. 52.

18 Caligiuri, P. (2004) 'Global leadership development through expatriate assignment and other international experiences', paper presented at the Symposium Expatriate Management: New Directions and Pertinent Issues at the Academy of Management Conference, New Orleans; Caligiuri, P. (2006) 'Developing global leaders', *Human Resource Management Review*, 16, pp. 219–228.

19 Black, J.S. and Gregersen, H.B. (2000) 'The right way to manage expatriates', in J.E. Garten (ed.) *World view: Global Strategies for the new economy*, Boston, MA: Harvard Business School Press, p. 174.

20 Debrah, Y.A. and Rees, C.J. (2011) 'The development of global leadership expatriates', in A-W. Harzing and A.H. Pinnington (eds) *International Human Resource Management*, (Vol. 3), Thousand Oaks: Sage.

21 Evans et al. (2011) *Op. cit.,* p. 307.

22 Bird, A., Mendenhall, M., Stevens, M.J. and Oddou, G. (2010) 'Defining the content domain of intercultural competence for global leaders', *Journal of Managerial Psychology*, 25(8), pp. 810–828; Bird & Osland (2004) *Op. cit.*; Jokinen, T. (2005) 'Global leadership competencies: A review and discussion', *Journal of European Industrial Training*, 29(3), pp. 199–216; Osland, Taylor and Mendenhall (2009) *Op. cit.*

23 Harzing, A.W. (1995) 'The persistent myth of high expatriate failure rates', *International Journal of Human Resource Management*, 6(2), pp. 457–74; Reiche, B.S. and Harzing, A. (2011) 'International assignments', in A.H. Pinnington and A. Harzing (eds) *International Human Resource Management* (3rd edn), Thousand Oaks, CA: Sage Publications, pp. 185–226.

24 Harzing, A.K. and Christensen, C. (2004) 'Expatriate failure: Time to abandon the concept?', *Career Development International*, 9(7), pp. 616–26.

25 Cope, N. (1992) 'In search of Euroman', *Management Today*, June, pp. 50–53.

26 Johnson, M. (1993) 'Doing le business', *Management Today*, February, pp. 62–5.

27 Lysgaard, S. (1955) 'Adjustment in a foreign society: Norwegian Fulbright grantees visiting the United States', *International Social Sciences Bulletin*, 7, pp. 45–51.

28 Brett, J.M., Stroh, L.K. and Reilly, A.H. (1992) 'Job transfer', in C.L. Cooper and I.T. Robinson (eds) *International Review of Industrial and Organizational Psychology*, Chichester: Wiley, pp. 93–138; Black et al., *Op. cit.*

29 Lazarova, M. and Cerdin, J. (2007) 'Revising repatriation concerns: Organizational support versus career and contextual influences', *Journal of International Business Studies*, 38, pp. 404–429; Stahl, G.K. and Mendenhall, M.E. (2012) 'Andreas Weber's reward for success in an international assignment: A return to an uncertain future', in G.K. Stahl, M.E. Mendenhall and G.R. Oddou (eds) *Readings and Cases in International Human Resource Management. and Organizational Behavior*, Vol. 5, New York, NY: Routledge, pp. 446-57; Kraimer, M.L., Shaffer, M., Harrison, D.A. and Ren, H. (2012) 'No

place like home? An identity strain perspective on repatriate turnover', *Academy of Management Journal*, 55, pp. 399–420.

30 Adler, N.J. and Gundersen, A. (2008) *International dimensions of organizational behavior*, (5th edn), Ohio: Thomson.

31 Brislin, R.W. (1981) *Cross-Cultural Encounters: Face-to-Face Interaction*, New York: Pergamon Press.

32 Triandis, H.C., Kurowski, L.L. and Gelfand, M.J. (1994) 'Workplace diversity', in H.C. Triandis, M.D. Dunnette and L.M. Hough (eds) *Handbook of Industrial and Organizational Psychology*, Vol. 4, Palo Alto: Consulting Psychologists Press, Ch. 16, pp. 769–827.

33 Caligiuri, P.M. (2000) 'Selecting expatriates for personality characteristics: A moderating effect of personality on the relationship between host national contact and cross-cultural adjustment', *Management International Review*, 40, pp. 61–80.

34 Janssens, M. (1995) 'Intercultural interaction: A burden on international managers?', *Journal of Organizational Behavior*, 16, pp. 155–67.

35 Stahl, G.K. and Caligiuri, P. (2005) 'The effectiveness of expatriate coping strategies: The moderating role of cultural distance, position level, and time on the international assignment', *Journal of Applied Psychology*, 90(4), pp. 603–615.

36 Osland, J.S. (1995) *The Adventure of Working Abroad: Hero Tales from the Global Frontier*, San Francisco: Jossey-Bass.

37 Black, J.S. and Gregersen, H.B. (1992) 'When Yankee comes home: Factors related to expatriate and spouse repatriation adjustment', *Journal of International Business Studies*, 22, pp. 671–94.

38 Bhaskar-Shrinivas, P., Harrison, D.A., Shaffer, M.A. and Luk, D.M. (2005) 'Input-based and time-based models of international adjustment: Meta-analytic evidence and theoretical extensions', *Academy of Management Journal*, 48, pp. 259–81; Mol, S.T., Born, M.P., Willemson, M.E. and Van der Molen, H. (2005) 'Predicting expatriate job performance for selection purposes: A quantitative review', *Journal of Cross-Cultural Psychology*, 36(5), pp. 590–620.

39 Franke, J. and Nicholson, N. (2002) 'Who shall we send? Cultural and other influences on the rating of selection criteria for expatriate assignments', *International Journal of Cross-Cultural Management*, 2(1), pp. 21–36; Morley, M. and M. Flynn (2003) 'Personal characteristics and competencies as correlates of intercultural transitional adjustment among U.S. and Canadian sojourners in Ireland', *International Management*, 7(2), pp. 31–46; Reiche and Harzing (2011) *Op.cit.*

40 Black, J.S., Mendenhall, M.E. and Oddou, G. (1991) 'Toward a comprehensive model of international adjustment: An integration of multiple theoretical perspectives', *Academy of Management Review*, 16, pp. 291–317; Caligiuri, P. and Tarique, I. (2012) 'Dynamic cross-cultural competencies and global leadership effectiveness', *Journal of World Business*, 47(4), pp. 612–22.

41 Bhaskar-Shrinivas et al. (2005) *Op. cit.*

42 Stahl, G.K., Chua, C.H., Caligiuri, P., Cerdin, J.L. and Taniguchi, M. (2009) 'Predictors of turnover intentions in learning-driven and demand-driven international assignments: The role of repatriation concerns, satisfaction with company support, and perceived career advancement opportunities', *Human Resource Management*, 48(1), pp. 89–109.

43 La Palombara, J. and Blank, S. (1977) *Multinational Corporations in Comparative Perspective*, New York: The Conference Board, Report 725.

44 Kohls, L.R. (1979) *Survival Kit for Overseas Living*, Yarmouth, ME: Intercultural Press.

45 Franke, J. and Nicholson, N. (2002) 'Who shall we send? Cultural and other influences on the rating of selection criteria for expatriate assignments', *International Journal of Cross-Cultural Management*, 2(1), pp. 21–36.

46 Thomas, D.C. (2008) *Cross-Cultural Management*, Vol. 2, Thousand Oaks: Sage.

47 Brein, M. and David, K.H. (1973) *Improving Cross-Cultural Training and Measurement of Cross-Cultural Learning*, Vol. 1, Denver: Center for Research and Education.

48 Yates, B. (2000) 'Daimler drives Chrysler into a ditch', *Wall Street Journal*, 8 November, p. A26.

49 Peltokorpi, V. (2010) 'Linguistic and cultural barriers of intercultural communication in foreign subsidiaries', *Scandinavian Journal of Management*, 26(2), pp. 176–88; Schneider, S.C. and Peltokorpi, V. (2009) 'Communicating across cultures: The interaction of cultural and language proficiency', European Group for Organizational Studies (EGOS), 2–4 July, Barcelona, Spain.

50　Bhaskar-Shrinivas et al. (2005) *Op. cit.*

51　Black, J.S. and Gregersen, H.B. (1991) 'The other half of the picture: Antecedents of spouse cross-cultural adjustment', *Journal of International Business Studies*, 22(3), pp. 461–77; Cui, G. and Awa, N.E. (1992) 'Measuring intercultural effectiveness: An integrating approach', *International Journal of Intercultural Relations*, 16, pp. 311–28; Selmer, J. (2002) 'Practice makes perfect? International experiences and expatriate adjustment', *Management International Review*, 42(1), pp. 71–88.

52　Caligiuri and Tarique (2012) *Op. cit.*

53　Stahl, G.K. (1998) *Internationaler Einsatz von Führungskräften*, München, Germany.

54　Brewster, C. and Suutari, V. (2005) 'Global HRM: Aspects of a research agenda', *Personnel Review*, 34(1), pp. 5–21.

55　Dowling, P.J., Festing, M. and Engle, A.D. (2008) *International Human Resource Management: Managing People in a Multinational Context* (5th edn), Melbourne: Thomson Learning; Linehan, as cited in Scullion, H. Collings, D.G. (2006) *Global Staffing*, New York: Routledge.

56　Lane H.W., Maznevski, M.L., DiStefano, J.J. and Dietz, J. (2009) *International Management Behavior: Leading with a Global Mindset*, Vol. 6, Chichester: Wiley.

57　Franke and Nicholson (2002) *Op. cit.*

58　Earley, P.C. (2002) 'Redefining interactions across cultures and organizations: Moving forward with cultural intelligence', in R.M. Kramer and B.M. Staw (eds) *Research in Organizational Behavior*, Oxford: Elsevier, p. 283.

59　Earley, P.C. and Ang, S. (2003) *Cultural intelligence: Individual interactions across cultures*, Palo Alto, CA: Stanford University Press; Thomas, D. and Inkson, K. (2009) *Cultural intelligence; Living and working globally*, San Francisco, CA: Berrett-Koehler Publishers.

60　Earley, P. and Mosakowski, E. (2004) 'Cultural intelligence', *Harvard Business Review*, October, pp. 139–46.

61　Earley & Ang (2003) *Op. cit.*

62　Johnson, J.P., Lenartowicz, T. and Apud, S. (2006) 'Cross-cultural competence in international business: Toward a definition and a model', *Journal of International Business Studies*, 37(4), pp. 525–43.

63　Mendenhall, M.E., Stevens, M.J., Bird, A. and Oddou, G. (2010) *Specification of the content domain and reliability and validity of the global competencies inventory*, St. Louis, MO: The Kozai Group.

64　See Schneider, S. and Angelmar, R. (1993) 'Cognition in organization analysis: Who's minding the store?', *Organization Studies*, 14(3).

65　Levy, O., Beechler, S., Taylor, S. and Boyacigiller, N.A. (2007) 'What we talk about when we talk about "global mindset": Managerial cognition in multinational corporations', *Journal of International Business Studies*, 38, pp. 231–58.

66　Mendenhall et al. (2010) *Op. cit.*

67　Levy et al. (2007) *Op. cit.*

68　Ghosha, S. and Barlett, C.A. (1990) 'Matrix management: Not a structure, a frame of mind', *California Management Review*, 36(3), pp. 107–123.

69　Stahl, G., Pless, N.M. and Maak, T. (2013) 'Responsible global leadership', in M.E. Mendenhall, J. Osland, A. Bird, G.R. Oddou, M.L. Maznevski, M. Stevens, & G. Stahl (eds) *Global Leadership: Research, Practice, and Development*, 2nd edn, New York and London: Routledge, pp. 240–59.

70　Franke and Nicholson (2002) *Op. cit.*

71　Adler, N.J. (2002*) International dimensions of organizational behavior*, 4th edn, Southwestern: Cincinnati, OH.

72　Tung, R.L. (1982) 'Selection and training procedures of U.S., European, and Japanese multinationals,' *California Management Review*, 25, pp. 57–71.

73　Bhaskar-Shrinivas et al. (2005) *Op. cit.*; Dowling et al. (2008) *Op. cit.*

74　Shaffer et al, (1998) Expatriates' Psychological Withdrawal from International Assignments: Work, Nonwork, and Family Influences. *Personnel Psychology*, 51: 87–118.

75　Luthans, F. and Doh, J.P. (2012) *International Management: Culture, Strategy, and Behavior,* 8th international edn, Singapore: McGraw Hill, p. 509.

76　Ibid.

77　Evans et al. (2011) *Op. cit.*, p. 155.

78　Adler and Gundersen (2008) *Op. cit.*; Dowling et al. (2008) *Op. cit.*; Evans et al. (2011) *Op. cit.*

79 Development Dimensions International, Inc. (2009) 'Global leadership forecast 2008/2009: Overcoming the shortfalls in developing leaders', http://www.ddiwirld.com (accessed 22 September 2010).

80 Rohwer, J. and Windham, L. (2000) 'GE digs into Asia', *Fortune*, 2 October.

81 Bateson, M.C. (1994) *Peripheral Vision*, New York: Harper Collins.

82 'Les MBA font un retour en force', *Le Nouvel Economiste*, 30 March 1995, pp. 66–7.

83 Brimm, L. (2010), *Global Cosmopolitans*, London, UK: Palgrave Macmillan.

84 Evans et al. (2011) *Op. cit.*, p. 313.

85 Evans et al. (2011) *Op. cit.*; McCall, M.W. (1998) *High flyers: Developing the next generation of leaders*, Boston: Harvard Business School Press.

86 Stahl, G.K. and Brannen, M.Y. (2013) 'Building cross-cultural leadership competence: An interview with Carlos Ghosn', *Academy of Management Learning & Education*, 12, pp. 494–502.

87 Evans et al. (2011) *Op. cit.*; McCall, M.W. and Hollenbeck, G.P. (2002) *Developing global executives: The lessons of international experience*, Boston, MA: Harvard Business School Press; Oddou, G.R. and Mendehall, M.E. (2013) 'Global leadership development', in M.E. Mendehall, J. Osland, A. Bird, G.R. Oddou, M.L. Maznevski, M. Stevens, & G. Stahl (eds) *Global Leadership: Research, Practice, and Development*, 2nd edn, New York and London: Routledge, pp. 215–39.

88 Bennis, W.G. and Thomas, R.J. (2002) *Geeks and geezers*, Cambridge, MA: Harvard Business School Press; Mendehall, M.E. (2013) 'Leadership and the birth of global leadership', in M.E. Mendehall, J. Osland, A. Bird, G.R. Oddou, M.L. Maznevski, M. Stevens, & G. Stahl (eds), *Global Leadership: Research, Practice, and Development* (2nd edn), New York and London: Routledge, pp. 1–20.

89 Black, J.S., Morrison, A. and Gregersen, H.B. (1999) *Global explorers: The next generation of leaders*, New York, NY: Routledge, p. 2.

90 Barham, K. and Antal, A. (1994) 'Competences for the pan-European manager', in P.S. Kirkbride (ed.) *Human Resource Management in Europe*, London: Routledge, Ch. 14, pp. 222–41.

91 Evans et al. (2011) *Op. cit.*

92 Cf. GMAC Global Relocation Services' 13th annual Global Relocation Trends Survey, cited in Luthans, F. and Doh, J.P. (2012) *International Management: Culture, Strategy, and Behavior*, 8th international edn, Singapore: McGraw Hill, p. 509.

93 Ball, J. (1999) 'DaimlerChrysler's transfer woes', *Wall Street Journal*, 24 August, p. B1.

94 Gianasso, G. (2011) 'Developing cultural intelligence: The IATA case', unpublished doctoral dissertation, HEC University of Geneva.

95 Stahl and Brannen (2013) *Op. cit.*

96 Garcia-Prieto, P., Bellard, E. and Schneider, S.C. (2003) 'Experiencing diversity, conflict and emotions in teams', *The Journal of Applied Psychology: An International Review*, 52(3), pp. 413–440.

97 Berry, J.W., Phinney, J.S., Sam, D.L. and Vedder, P. (2006) 'Immigrant youth: Acculturation, identity and adaption', *Applied Psychology: An International Review*, 55(3), pp. 303–332.

98 Tadmor, C.T., Tetlock, P.E. and Peng, K. (2009) 'Biculturalism and integrative complexity: Testing the acculturation complexity model', *Journal of Cross-Cultural Psychology*, 40, pp. 105–139.

99 Binning, K.R., Unzueta, M.M., Huo, Y.J. and Molina, L.E. (2009) 'The interpretation of multiracial status and its relation to social engagement and psychological well-being', *Journal of Social Issues*, 65(1), pp. 35–49.

100 Hong, Y-Y., Morris, M.W., Chiu, C-Y., & Benet-Martinez, V. (2000) 'Multicultural minds: A dynamic constructivist approach to culture and cognition', *American Psychologist*, 55, pp. 709–720.

101 Cheng C.Y., Sanchez-Burks, J. and Lee, F. (2008) 'Connecting the dots within: Creative performance and identity integration', *Psychological Science*, 19(11), pp. 1177–1183; Mok, A., Morris, M.W., Bennet-Martínez, V. and Karakitapoglu-Augün, Z. (2007) 'Embracing American culture: Structures of social identity and social networks among first-generation biculturals', *Journal of Cross-Cultural Psychology*, 38, pp. 629–35.

102 Brannen, M.Y. and Thomas, D.C. (2010) 'Bicultural individuals in organizations', *International Journal of Cross-Cultural Management*, pp. 5–16; Fitzsimmons, S.R., Miska, C. and Stahl, G.K. (2011) 'Multicultural employees: Global business' untapped resource', *Organizational Dynamics*, 40(3), pp. 199–206; Hong, Y. (2011) 'The dynamics of multicultural identities', in S. Wiley, T. Revenson and G. Philogène (eds) *Social categories in everyday experience*, American Psychological Association Press.

第10章

"多元文化"团队

当你拥有一个非常多样化的团队时，成员来自不同的背景、不同的文化、不同的性别、不同的年龄，你将拥有更有创造力的团队，它可能让你得到更好的解决方案，并以一种非常创新的方式实施这些方案，且少有成见。

——卡洛斯·戈恩（2008 年 4 月 11 日，跨文化领导颁奖典礼）

当今，越来越多的公司趋向于用团队的方式来应对日益复杂和动态的环境。团队被视为对外部适应性问题的解决方法，因为它在结合诸多不同视角对复杂问题做出反应的同时，鼓励人们在行为发生的第一线做出决策来应对环境的动态变化。鉴于信息和通信技术的快速进步，团队成员可以在全球任何地方、任何时间进行沟通交流。近年来，越来越多的企业将全球虚拟团队作为一种将散布在全球各地的员工连接起来共同参与某项工作的一种方法，以期降低全球协作成本，提升速度和响应能力，促进创新。[1]

然而，为了使团队更有效，能够成功地解决外部适应性问题，这些团队还需要找到内部整合问题的解决方案。这就意味着需要同时制定管理团队这一首要任务和工作流程这两方面的战略，而这一点在团队成员对团队的职能持有不同的看法时显得尤为困难。研究表明，尽管在所有文化中都有采用团队方法，但世界各地的人们对团队合作仍然有不同的定义，这一点非常明显地体现在当人们谈论团队时所使用的隐喻。[2]例如，在个人主义较强的文化中，体育竞技活动中所使用的语言（如"团队中表现最佳的一个成员"）可能容易在人们心中产生共鸣。而在更加集体主义倾向的文化中，强调严格控制、军事术语（如"动员"）或家文化的提法（如"团队中的每个成员都要相互关爱"）可能更容易在人们心中产生共鸣。这些话语背后喻示着某种预期，比如说团队应该如何架构、团队的工作流程如何展开，以及团队成员应该如何做事等。例如，在军事隐喻之下，团队成员就可能会对清晰的任务与目标以及强势的领导力等有着强烈的预期。

因此，也就毫不奇怪比较研究发现各不相同的文化会导致团队成员在如何相互合作、分解任务、解决问题、做出决策以及分配奖励上的差异。[3]对于那些想通过多样性来兑现其更好业绩之承诺的多元文化团队，需要打造合适的策略来对待这些团队工作中不同的视角和方法。管理多样性的且往往在地理上分散的团队的挑战，已经改变了全球团队的构建、人员配备、组织以及评估的方式。[4]

在解决这些外部适应和内部整合方面的问题时，团队越来越意识到需要整合公司内部和外部利益相关者的视角。当然，从其他业务部门、职能部门或其他地区、外部顾问、客户等引入成员，就团队成员的文化、职责和专业背景而言将极大地提高团队的多样性。安科纳（Ancona）和布莱森曼（Bresman）将这些新的外向型的有适应能力的团队称为 X- 团队，比传统的、关注内部的团队能更敏捷地响应在工作、技术和顾客需求方面的快速变化。[5]艾迪欧公司（IDEO）是一家位于加利福尼亚州帕洛阿尔托的产品开发咨询公司，它就是一个基于团队创新和敏捷的例子。在头脑风暴期间，来自多个行业的专家充当兼职的外部成员，提供各个不同视角的独特信息。团队成员还会更进一步，扮演类似"人类学家"的角色观察客户如何使用他们的产品以及产品可以如何得到进一步的改进。[6]

对于这样一种团队，协调的要求就成倍地增加，涉及更多的成员、更多的信息和更大的多样性。为了平衡外部适应和内部整合的需要，这些团队实际上创造了他们自己的文化。[7]随着时间的推移，团队成员开始分享或多或少与国家或企业的主流文化相一致的行为、价值观、信仰和基本假设。[8]事实上，有时候创建团队就是为了打破公司的规范，培养起一种通常被人讨厌的反文化，以便冒出新的商业点子。这可能正是史蒂夫·乔布斯脑子里所想的，他在开发新 Mac 计算机的团队上方挂起了海盗旗，希望他们跳出苹果公司常规的思维方式。

10.1　多元文化团队：挑战与机遇

越来越多的公司鼓励其员工参与为不同目的而成立的各种团队。公司组建了大量的临时性和永久性的团队：项目小组、任务团队、指导委员会、委员会和董事会等，其目的是规划或执行战略。团队成员抽调自组织内部和外部不同的职能部门、单位和层级，他们得学会在一起工作。

例如，新产品开发小组可能不仅包括来自组织内部不同职能部门的人员，也可能包括外部的顾客和供应商。公司还会收集来自不同国家的意见，以使产品更适合不同消费者的需求，从而带来市场营销上的成功，同时也希冀以此加强各地对该战略方向的认同，促进战略的实施。这一方法不仅把具有不同专长和不同视角的人带到了一起，而且还把具有不同文化，即具有不同的行为、价值观和信仰的人带到了一起，这些文化包括国家文化、职能文化和企业文化。

由于企业、行业和国家之间的界限已经被竞争压力和全球化的商业活动所打破，团队也在文化上变得越来越多元化。事实上，管理者会发现自己可能在同一时间处在多个团队、多个地方和多种不同的文化之中。这些全球团队可以为保罗·艾文斯（Paul Evans）所说的组织"黏接技术"（glue technology）做出贡献：在诸如外国子公司、不同的业务和职能部门等那些原本独立自主的部门之间建立起凝聚力。[9]全球团队也通过创建横向网络改善了子公司之间以及总部和子公司之间的沟通和信息流动。

成员构成上的多样性以及地域分布上的分散性这两个普遍的特征将全球团队与传统的团队区分开来。这两种特性对团队的有效性和绩效、给组织带来重大负面影响的同时也给它带来了机会。表 10-1 展示了这些障碍与机遇。

表 10-1　多样性与分散：克服障碍、利用机会

	障碍	机会
	导致：	有潜力：
多样性	• 不太有效的沟通 • 增加冲突 • 减少工作任务上协调一致的趋势	• 增加创造力和创新 • 获得更加完整和全面的视角 • 包容更多的利益相关者

（续）

障碍	机会
分散	难以达成和维持基本的团队状况，由于： • 沟通太少 • 无形的关系 • 后勤上的挑战	有潜力： • 获得更加完整和全面的视角 • 包容更多的利益相关者 • 获得聚焦的、客观的、均衡的沟通

资料来源：Maznevski, M.L. and Chui, C. (2013) 'Leading global teams', in M. E. Mendenhall, J. Osland, A. Bird, G. R. Oddou, M.L. Maznevski, M. Stevens, & G. Stahl（eds），*Global Leadership*: *Research Practice, and Development* (2nd ed, pp. 240-259), New York and London: Routledge.

10.1.1　文化多样性在团队中的影响

有时候，当你不得不从公司的不同部门和不同国家抽调团队成员的时候，团队的多重文化特征就是一个不可回避的结果。团队成员被挑选出来通常是因为他们的地理位置、岗位职能或者其他的专业知识。这种安排会不可避免地产生高度的多样性，比如在文化背景、语言、个性、价值观以及视野等特征上的差异。在其他情况下，多元文化团队的组建是为了改善决策，产生更多的创造和革新，多元文化团队存在的价值往往就在于改善决策的质量。

多元文化团队的益处及其内在的多样性具有很直观的吸引力。[10] 由于决策的巨大不确定和模糊性，这些文化差异提供了大量的不同视角和选择方案，营造出一种更伟大的创造和创新的机会。[11]

多元文化团队也有助于将大一统思想的风险和与众人保持一致的压力最小化，这两种情况在由太多的志同道合的人构成的团队中很常见。[12] 把具有不同文化背景的人组织在一起被认为是克服这个弊病的一个很好的对策，不过，正如一位 CEO 所说：

多样性团队并不是自然产生的，相反，人类的自然倾向是同类相聚。如果要让大家在两个候选人当中选择一个经理，其中一个是大家都熟悉其背景的本国人，而另一个是外国人，其资历看上去也怪怪的，说的语言又是那么难懂，这时，客观的评价标准就开始败下阵来。[13]

非常丰富的多样性使得团队内部的互动和演变变得非常复杂。这些差异会导致人际关系上的摩擦、不信任和交流上的困难。[14] 于是就有更多潜在的挫折和不满意，从而导致团队较高的离职率。多元文化团队也更容易遭受较大的社会压力，这种压力可能体现为争吵、冷漠、讨论时的独角戏、相互谴责以及不愿顺从团队主流规范的团队成员的退出。[15]

这些问题会因为一种被团队研究人员称作"断层"的现象而恶化。[16] 断层是团队中不同类别的多样性在融合过程中产生的裂痕。例如，跨文化团队可能由来自美国、日本和德国的两个产品制造工程师、两个营销人员和两个研发人员组成。如果工程师来自美国，营销人员来自日本，研发科学家来自德国，那么这些职能部门的特点就会和相应的国家文化相互结合，团队内部就很可能形成 3 个子群体，而这 3 个子群体之间非常难以形成合作。[17] 换一种方式，如果每个职能部门都有来自不同国家的人，子群体现象就不会那么明显，同时他们之间的差异也将更容易化解。

由于有多个人来代表每种观点，因此存在断层的团队能提供更加深入和专业的观点，然而，也存在着巨大的无法融合和充分利用团队成员不同视角的风险。[18] 另一个危害是断层创造出权力根基阻碍团队过程，因为当一个文化群体主导并垄断了讨论，而其他人感到自己被边缘化时，就会变得消极和沮丧。因此，尽管团队、多元文化看起来非常有吸引力，也合乎逻辑，有效的团队合作还是不会自发出现。团队必须积极管理其任务和进程，以避免损失时间和资源上的投资、错失机会以及令人失望的结果，正如中国古话所说"画虎不成反类犬"，或者如英语说的那样："A camel is a horse designed by a committee"。

过去的经验证明，团队工作要么会提升要么会阻碍劳动生产率，这一点在多元文化团队中表现得尤为明显。研究表明，多元文化团队比单一文化团队的绩效要么更好要么更差，取决于团队是如何管理的。[19]

为了有效管理团队的动态变化，团队成员意识到并理解团队内的文化差异很重要。对团队内部多样性的一个普遍反应是忽略或压制它，也就是说主要聚焦于共性而对差异要么视而不见要么漠视。[20]这也许有助于团队成员避免摩擦和冲突，这与困扰许多团队的破坏价值观的隐患相比，已是不错了，但这会妨碍他们以富有成效的方式利用和发挥他们的差异性。通过关注共性努力将社会凝聚力最大化的团队往往表现不佳，因为他们没有充分利用成员给团队带来的不同的经验、视野和方法。

最经典的对团队绩效的研究是梅雷迪思·贝尔宾（Meredith Belbin）在英国所做的研究，其研究结果指出，由具有不同文化背景的人组成的团队的绩效，要优于由具有类似背景的成员所组成的团队。[21]初步的证据显示，特定的文化对某种特定的角色有着偏好：法国人的创意比较多，德国人具有很强的组织能力，瑞典人最适合获取工作所需的资源。[22]因此，把具有不同背景、秉性或文化的人放到一起，能够产生更强的力量。

此外，有证据表明一个团队中可能存在过多的差异性。一项针对团队多样性研究的元分析（meta-analysis）发现，文化多样性对团队绩效的影响还取决于其他多样性因素的存在，比如性别的多样性。[23]尽管文化多样性与诸如创造力、团队成员满意度等结果变量存在着正相关，但在文化和性别多样性上都较高的团队则可能拥有较低的凝聚力和团队成员满意度。很多种不同的多样性，如文化、职能和性别，可能会积累和产生"断层"，在这样的团队中不断增加的差异性会导致四分五裂的不同的子群体。

研究也进一步证实，一旦磨好后之后，多元文化团队在"识别问题的视角"和"找到替代的解决方法"方面能比单一文化的团队表现得更好。[24]问题是"怎样才能形成跨文化团队"或者说怎样才能形成一个整体并产生合力。多样化团队不得不面临成员在态度、价值观、行为、经历、背景、期望甚至还有语言上的差异。当团队成员具有相似的文化结构时，找到一种"适合所有成员的工作方式"的麻烦就少得多。[25]

让我们来看一看下面的例子，三家著名的跨国企业——IBM、西门子和东芝，决定成立一家叫 Triad 的合资企业来共同开发一种计算机芯片：

> 西门子的科学家很惊讶地发现，东芝的同事在会议进行的过程中闭上了眼睛，似乎在睡觉（这种现象对于劳累过度的日本管理者来说是很常见的做法，尤其是当议题与他们无关时）。对于通常在大开间与很多人一起工作的日本人来说，坐在一个小的单人办公室里讲英语实在是一件痛苦的事情……IBM 的员工抱怨德国人的计划太多，而日本人则喜欢持续不断地反思和审查想法却不做明确的决定。公司内传播着小道消息，怀疑有些研究者向团队隐瞒信息。[26]

如果不能解决这些文化差异，并在战略目标和工作流程上达成一致的话，任何的团队努力都将受阻并无果而终。[27]休·坎尼·戴维森（Sue Canney Davison）把这个问题称为"过于仓促的结构"。[28] 通过对跨国团队的广泛研究,她发现大多数新组建的团队都是直接进入工作任务的具体细节的讨论,他们都没有花足够的时间考虑使工作如何得以进行的互动过程:需要什么样的沟通方式和风格、会议应该怎样安排和推进、关系应该怎样建立、决策应该怎样做,等等。如果在前期忽略了这些差异,这些有问题的团队事实上是将问题积压到未来,结果却欲速则不达!"你需要慢慢地开始,然后才可以快快地结束;如果一开始做得太快,你就可能得冒根本就不能结束任务的风险。"[29]

为了有效地解决文化差异,迪斯泰法诺和马兹内夫斯基提出了标识差异－联结融通－整合差异(map-bridge-integrate)模型,[30] 我们将这一理论展示在图 10-1 中。

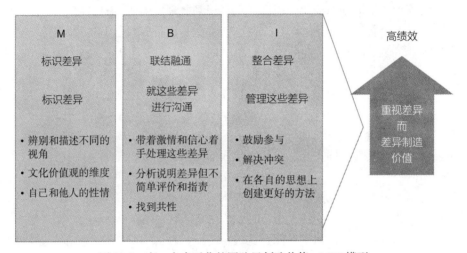

图 10-1　在一个多元化的团队里创造价值:MBI 模型

资料来源:DiStefano, J. J. and Maznevski, M. L(2000)'Creating value with diverse teams in global management', *Organizational Dynamics*, 29(19), pp. 45-63; Maznevski, M.L. and DiStefano, J.J(2004)'Synergy from individual differences: Map, bridge and integrate(MBI)', *IMD Perspectives for Managers*, 108, March, pp. 1-4.

首先是要为团队成员标识出他们之间的相似性和差异性,尤其在文化、职能、专长以及业务领域等方面。标识是指使用图表,有可能的话还使用来自个性方面的数据或者文化维度评估的数据,来建立团队差异的形象化的图谱以帮助人们理解这些差异对团队的工作流程和绩效的潜在影响。例如,团队成员之间如果出现不同的时间观时会产生什么样的影响?比如说有些人重视守时(单向度时间观)而另一些人却会拥有比较灵活的时间观(多向度时间观)。或者,团队成员之间的沟通风格不同会导致什么结果?有些人很直接并直指问题的核心(低语境文化),喜欢主导大家的讨论,而另外一些人则可能在表达上不会把话说死,喜欢间接的沟通风格(高语境文化)。

第 2 章描述的综合文化框架(integrated cultural framework)可以用来作为勾勒团队成员文化倾向的基础。这一文化分析工具曾被用来帮助印度尼西亚的一家大型银行的高级管理人员按照不同的维度来描述印度尼西亚文化和德国文化之间的区别。因为当时该银行正对其分支服务网络进行重组优化,在这过程中引进了一组德国咨询人员来帮助该银行的高级管理团队执行这一新的分行网络体系。不幸的是,印度尼西亚的高管在很短的一段时间后就拒绝与德国的咨询师合作,因为他们觉得被生硬、粗暴和对抗性的行为冒犯了。在为期两天的跨文化交流工作坊中,通过标识和描绘出文化差异、角色扮演和模拟跨文化谈判,印度尼西亚高管和德国咨询师开始领悟文化的差异,对文化差异更加敏感,并学会了如何在一起有效地工作（见图 10-2 ）。

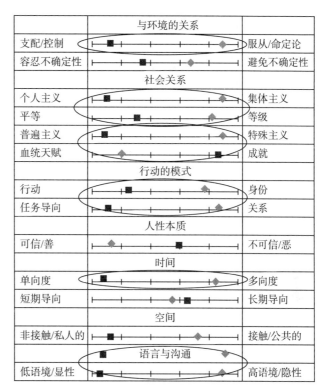

利用跨文化分析工具，标识出印度尼西亚文化与德国文化之间的差异与相似之处

◆ 印度尼西亚文化

■ 德国文化

⬭ 最显著的文化差异

	与环境的关系	
支配/控制		服从/命定论
容忍不确定性		避免不确定性
	社会关系	
个人主义		集体主义
平等		等级
普遍主义		特殊主义
血统天赋		成就
	行动的模式	
行动		身份
任务导向		关系
	人性本质	
可信/善		不可信/恶
	时间	
单向度		多向度
短期导向		长期导向
	空间	
非接触/私人的		接触/公共的
	语言与沟通	
低语境/显性		高语境/隐性

图 10-2 标识文化差异：跨文化分析工具

如果以客观、不带先入之见的方式进行，这个标识差异的过程本身有助于在团体成员以不同的视角进行探索时建立尊重和信任。团队能够识别出哪些地方容易达成一致，以及在何处大家可以以不同的方式做出贡献。研究表明，团队应该在任务和目标的制定等与任务相关的事项达成紧密的一致性；同时，围绕着如何完成这些任务和满足团队内部成员的社会需要等方面，则鼓励并尊重不同的视角。[31]

当标识出了差异之后，团队成员必须要利用有效的沟通技巧联结融通这些差异，这里，特别重要的是要有马兹内夫斯基和迪斯泰法诺所说的"去中心化"意识，即从他人的角度来谈论和倾听。比如，一个美国人可能通过标识差异意识到来自东亚的伙伴更愿意委婉地表达不同意见。因此，她可以这么说："跟我直截了当点没关系的，我习惯了直截了当的交流方式，我不会觉得被冒犯。"然而，去中心化涉及怎样提问才能使东亚人委婉地表达不同的意见。因此，她也许可以以这样的方式问队友："你觉得你办公室的人对这个决策会有什么反应？"这样的一个问题可以使团队成员将其异义当作假想中的第三者而不是自己的意见委婉地表达出来。

最后则是整合差异，这是标识差异和联结融通之后的第三步，涉及以一种协同的方式利用差异创造出新的想法和更好的决策。重要的整合技巧包括鼓励参与、解决冲突及综合各人的思想并在此基础上构建更好的想法。比如，在有效的多元文化团队中，当出现问题或矛盾时，成员之间不是相互指责，而是进行创造性的对话，尝试了解误会是由哪种类型的差异造成的。通过这种方式，高效团队把问题转化为相互学习的机会。

10.1.2　地理分布上的分散性：虚拟团队

除了要应对文化差异之外，大多数全球团队还必须应对其团队成员经常散布在不同的地理位置这一问题。这样的团队也许包括公司内部成员和外部成员，且其成员所处地区往往跨越好几个时区，他们必须有效地相互合作从而开发出新产品或更好地满足顾客的需求。这种依赖于信息和通信技术来将他们连接起来共同执行大部分工作任务的分散式团队通常被称为"虚拟团队"。虚拟团队通常定义如下：

跨越空间、时间和组织边界，通过网络通信技术进行联系，在共同的目标指引之下，各人完成各自独立的任务但又相互互动协作的一群人。[32]

散布在不同地理区域的团队成员可能不仅仅来自不同的国家，还可能来自不同的企业、职能部门和职业，因此，沟通与协调、构建信任和社会融合将是主要的挑战。此外，由于他们的分散性和流动性，成员拥有广泛的资源和网络渠道，因此，他们可以为团队提供更加丰富多样的投入，以及与利益相关者建立更好的沟通联系。

尽管虚拟协作的挑战还是一个很新的现象，但已经有很多的研究确定了其成功的因素和要避免的陷阱。[33]最初的研究在实验条件下对虚拟团队和面对面团队进行了比较，发现面对面团队的表现通常比虚拟团队的更出色。这项研究发现了由通信技术所引起的障碍以及如何去克服它们。后续研究发现虚拟团队在当今的知识型、相互联结和快速变化的世界中是不可避免的。当公司有必要将散布在不同地区的人组织到一起创建虚拟团队时，其被赋予的任务和使命往往与分配给面对面团队的任务是不一样的，如此一来，对两个团队的绩效进行比较既不可行也毫无意义。[34]此后的许多研究调查了这种虚拟团队的动态变化，并且确定了影响它们绩效的关键因素。[35]

认为虚拟团队需要彼此见面才能形成参与共同工作所必需的社会互动似乎非常正常，培养彼此之间的信任被认为是团队工作的一个重要基础，很多人坚信"信任建立在接触之上"[36]，以及"只有当两个人同处一个物理空间时才会发生真正的心理接触"[37]。也有人认为即使成员之间从没见过面，虚拟团队也可以有效地运转。他们争辩，以计算机为媒介的交流就是不一样的，心理上的亲近性是可以培育出来的，并可以弥补物理上的亲近性。[38]

在某些程度上，基于科技为媒介的交流甚至还可能改善成员的参与度，因为在虚拟的时空里社会地位和文化成见的影子较弱。[39]于是，人们更乐于分享他们的想法，也更善于接受他人的意见。例如，一项研究显示，当一组企业高管在面对面开会时，男性首先做出提议的可能性是女性的5倍；然而当同样一组人通过计算机召开网络会议时，女性最先做出提议的频率跟男性相同。[40]

另一项研究发现当团队成员是散布在各地而不是集中在一地时，文化多样性与较低水平的冲突和较高水平的社会融合即信任有关。[41]也许，冲突比较少是团队成员不在同一地点时，他们意见相左的可能性就会减少，[42]从而导致了更好的社会融合。另一种可能的解释是分散式团队的成员可能认为高效跨文化团队在工作中会遇到更多的障碍，因此他们都准备好以建设性的方式处理文化敏感性和解决冲突。无论是哪种解释，这些发现都表明虚拟性不需要为全球团队是否有效承担责任。

然而，也有人认为克服社会壁垒并非易事，[43]特别是团队绩效中有两个方面非常难以以虚拟的方式实现，而是要尽一切可能面对面地进行：建立信任与承诺关系，以及分享深层次的隐性知识。[44]

培养信任被认为是跨文化团队有效性的关键驱动因子，当这些团队是虚拟的或临时性的时候，这就变得非常具有挑战性。像任务团队这样的临时小组也许永远都不会见面，也不会有先前可以共享的经历和故事，也可能再也不会再次共事。这里的"快速信任"可以通过时间方面的压力和高度聚焦于任务绩效而获得。[45]

信任被定义为对基于共同的行为规范和价值观之上的有规律的、诚实的以及合作的行为的期望。[46] 因此，信任是虚拟世界的社会润滑剂或"胶水"。[47] 信任可以促进合作并且能使团队协调成员间的社会互动。在虚拟团队中，因为缺乏直接的监管，信任会比在面对面的团队中更为重要。[48] 然而，在散布全球的临时性的团队中，培养并维护信任并非易事。[49]

那些能够快速培养并保持信任的团队表现出乐观、热情和主动性，而这种乐观、热情和主动性反过来能增加吸引力、意见一致性以及合作。最初所交换的信息较为社交导向（介绍自己，"闲聊"），然后变得更加的综合，融入了和工作任务相关的交流。研究发现早期的和频繁的与任务相关的交流在形成对各方专业知识的最初信心和信赖中起到了至关重要的作用。[50] 如果领导者能够保持积极的基调，问题只在团队内部讨论，并且对社会互动和团队过程的最初聚焦能够逐步演进而形成强烈的任务导向，信任也会得以维持。不过，这种信任是极其脆弱的，它可能因为一个看似很小的背叛而破碎。

尽管信任在高效的团队合作中的重要性显而易见，但是信任的培养、维持及修复在跨文化交流中格外困难；因为文化背景不同，人们信任他人的习惯也不同。[51] 信任意味着脆弱性和不确定性，意味着不得不依赖于另一个人，也意味着没有能力预见或者控制这种互动，因此我们以他人的能力、善行以及正直为根据来评判他们的可信任程度。[52] 然而，这些标准本身恰又是受文化影响的。

例如，决定是否信任某人的其中一种方式涉及成本和收益分析：如果另一方趁机占便宜，其成本／利益是什么？在这里我们假设另一方将会采取（带有欺诈性质的）机会主义行为，如果对他们有利的话就会趁机占便宜。在这种（精明的、算计的）方式中，信任的培养是基于相信另一方如果欺骗的话将要付出很大的代价（威慑）这样的信仰。这种假设更容易在个人主义和男性化文化中找到，在这些文化中，关注自我（而不是团体）的利益和竞争被认为是理所应当的。[53] 来自较为个人主义和男性化文化背景的人可能不太愿意服从团体的规范和展现团结，因此也就不那么厚道，不太可能在互惠、责任以及公平的规范下行事。信任在个人主义文化中最可能通过展示能力和成就以及依赖于制度资源（规则）来建立。[54]

因此，不仅仅预测他人的行为和信任对来自不同文化的人很难，而且信任这一概念本身以及建立信任的方式也因文化而异，所有这些都使得多元文化和地理位置分散的团队极难建立深层次的、会让团队成员投入情感的信任。

再强调一次，虽然构建虚拟团队的道理很清晰、很美好，但要让它顺利运作和发挥作用，并不那么容易说清楚。而全球虚拟团队更是带来了额外的挑战，必须对其进行主动的管理。以虚拟的方式来分享深层次隐性知识即使不是不可能的，也是很难实现的。显性知识可以被写入手册、电子数据表、专利申请书等，并且可以相对容易地从一个人传递给另一个人，而隐性知识是镶嵌在情境之中的，并且没法被清晰地表达。隐性知识来自经验和深入的思考，是不可复制的，因此被认为是最有价值的知识类型，也是竞争优势的一个关键来源。[55] 隐性知识最好的传播方式是提问、对话和包含丰富的非语言沟通的面对面的互动。因此，如果一个国际团队的任务需要传递和开发高层次的隐性知识（大多数国际团队的确有此需求），那么这个团队至少必须时不时地进行面对面的交流，从而找到知识分享和整合的有效策略。

这就引出了一个问题，即一个有效的虚拟团队到底需要多少面对面的交流？一项大规模的研究比较了面对面交流的团队与通过技术手段互动的团队，发现两者都同样有效。[56] 有效性似乎取决于沟通方式（模式和时机）与工作任务本身的匹配度，即要为信息交流选择恰当的媒介。例如，高层次的决策和复杂的信息需要使用更丰富多样的渠道（面对面或者电话交流而不是书面的备忘录），以及持续时间更长的、更密集的沟通；当工作任务具有更多的相互依赖性以及当团队具有文化和职业差异时，也需要更加丰富多样的沟通媒介。密集的面对面互动有助于减少模糊性、构建预期，以及增加对合作对象反应的可预测性。

更近的一项研究调查了对于虚拟团队来说，对以计算机科技为媒介的沟通方式（比如电子邮件、电话会议和远程办公而不是面对面的互动）的依赖是否存在一个临界点。超过这个临界点，将对团队工作的有效性产生负面的影响。研究揭示了在 90% 这个标记点附近出现显著的差异，换言之，若 90% 的沟通是通过计算机技术进行的话，那么团队活力和工作成果就会受到不利影响。[57]

因此，依据工作任务的性质选择正确的沟通方式和沟通媒介对于全球虚拟团队的成功来说至关重要。如专栏 10-1 所示，到底是采取面对面的沟通还是采取以计算机为媒介的会议和协同工作，要依情形而定。[58]

 专栏 10-1　为手头的工作选择正确的沟通技术

在下列情形较为偏好面对面的会议：

- 最初期的会议以便明晰目标、培养团队身份认同和获得全心全意投入的承诺
- 离职率很高时强化团队身份认同和获得全心全意投入的承诺
- 存在高度的复杂性和模糊性
- 需要劝说成员全心全意投入某一个特定的行动
- 敏感的事务
- 复杂和微妙的谈判
- 冲突
- 庆祝成功
- 需要隐私和保密的时候

在下列情形中，基于计算机和通信技术的会议是最有用的：

- 常规性的任务和工作
- 在角色和动机已经明确建立之后
- 出现问题需要找到原因时
- 在面对面会议前收集初步的信息和观点时
- 在会议之间向成员通报信息时
- 当为在面对面会议上布置的任务一起工作时
- 为了减少让团队功能失灵的时候
- 为了节省旅费开支
- 为了在存在时区差别时增加效率

高效虚拟团队需要制定一个什么时候在一起工作、什么时候分开工作的战略和工作节奏。在一个对虚拟团队沿时间序列的纵向研究中，研究者惊奇地看到，绩效最高的虚拟团队并不一定比别的团队有更多的面对面的交流时间，但这些团队会沿着时间维度有节奏地安排其互动，包括经常性的定时的面对面的会议，中间穿插着虚拟互动。[59]

在惠康（一家英国制药公司），一个至少要运行 3 年的跨大西洋两岸的团队在刚成立的头 3 个月内见了 3 次，每次两天。第一次会议是让大家为团队创建一个愿景，第二次会议是为了确立方向和目标以及每个人应做的事情。在第三次会议上，团队成员填写了各种调查问卷，以便理解相互之间的差异，了解每一个人的能力以及能够为团队做出何种贡献，明白各个成员在特定的情况下会做出什么样的反应，了解他们可以使用何种共同语言以厘清人际关系中出现的问题。通过这些初始的启动阶段的会议，他们决定今后每个季度举行一次面对面的会议，然后在两个见面会之间每隔 6 个星期举行一次电话会议。并不一定所有会议都非常精确地如期举行，但大体的节奏是有的。[60]

对于一个虚拟团队来说，其亲身接触的节律跟人的心跳有着同样的重要性，它将赋予生命的力量灌入团队的工作之中：信任、对成员关系的恪守，以及用来建立和发展深入理解彼此背景和专业知识的时间。[61]

有一些团队会处于其成员根本无法面对面聚在一起的境地，在这种情况下，该团队必须想办法通过电话会议、网络会议或者其他媒介来创造尽可能丰富多样的接触节奏。[62] 如果连团队成立最初的面对面会议都不可能有，那么就需要额外的努力，通过"在线"的"社会交往"来"认识和熟悉彼此"：介绍你自己、你的经验和专业知识还有你的兴趣爱好，这有助于明确角色和预期。在此，也要应对个人和文化方面的问题，比如是否愿意一起合作以及对合作方式的偏好等，团队需要认识所要面对的挑战。

表现出对项目的热情与积极态度并且采取快速行动能调动团队并建立信任。持续的社会交流和涉及交流方式与交流频率的规则及程序的讨论必须一直以任务为重点，开展定期的交流模式是至关重要的。团队也要就何种情况使用何种媒介达成共识，例如，在什么时候面对面的会议和交流是不可或缺的，而在何时又可以使用电话或者视频会议。有时，由于受到权力距离或者语言问题的影响，通过电子邮件的方式进行头脑风暴式的讨论就足够了，甚至更有成效。经常性的和实质性的反馈信息很重要，一方面我们要清楚地列出项目进程上的重要里程碑；另一方面，对每一个小小的进步也要庆贺。一个重要的必要条件是借以用来沟通的技术手段的运行必须正常，也要对成员进行培训以便他们正确地使用这些设备，此外也要能够随时获得技术协助。尽管如此，团队成员也需要接受这样的现实：在某些地方这些技术设施也许还远没能达到你可能想要的理想状态。

更重要的是，文化刻板印象这一问题需要得到正视，它经常掩饰了权力问题。举例来说，在一家硅谷公司的一个虚拟团队中，印度软件开发者的贡献经常会被忽略。[63]

不同的工作场所之间所存在的地位差异放大了缺乏可见度的问题，因为它降低了处于较高地位的场所弥合差异的欲望。两个场所的地位差别给使用印度生产的代码和文件造成了问题，比如，一位美国软件开发人员辩解他没有阅读来自印度的设计文件是因为没有足够的时间："他们远在 13 000 英里之外，我不想被烦扰去读一个 5 页纸的文件。"其他一些美国的开发人员甚至认为接受来自低社会地位的人的建议会降低他们的地位："为什么要他们给我们提建议呢？他们得到工资并不是要他们提建议；我们告诉他们要做什么，这才是他们应该做的。"印度开发的源代码在很长一段时间内都没有被使用或被评价。当美国的开发人员检查来自印度的代码时，也只是为了评价和批评。最终的结果是，这个被认为可以弥合双方隔阂的手段反而使得两个场所之间的分歧变得更加明显。

那些远离总部的团队成员往往处于地位较低的分公司，也拥有更少的发言权，就像让某些身处巴西的团队成员来组织一场国际会议一样，这些成员会很容易变得不再尽心尽力，而那些"在老家（总部）"的人则会变得越来越沮丧。因此，要特别注意确保让成员感到他们的贡献得到了尊重，这点对于那些不在眼皮底下的成员来说也许更加重要。

10.2　管理多元文化团队

打造高效团队的处方很容易得到，尽管每个团队都是人、任务、过程和环境的独特组合，但高效团队还是有一些与上述组合无关的共同特征。这些所有团队都不可或缺的规则包括：创建一个共同的目的，设置明确的绩效目标，拥有合适的技能组合（技术上、问题解决上和人际关系上），具有必要的外部支持和资源，确立任务和过程战略，以及对团队绩效提供反馈。[64]

除了这些基本的条件之外，还有若干因素是在更复杂环境下高绩效团队的表征，比如，管理不同边界之间的差异和不同利益相关者的能力。[65]尽管总体来说，这些基本原则和高级的动态机制对管理团队很重要，然而当今许多团队运行所处的全球大环境对在那些团队里工作的管理者和专业人士带来了重大的额外挑战。同一种文化背景下，绝大多数人对如何在团队中工作有着几乎相同的预设和经验，因此，无视这些基本准则和条件可能不会对团队绩效造成不利影响。然而在国际背景之下，就不能将此当作是理所当然的了，甚至在达成任务和目标的一致上以及在分配角色和任务等基本条件方面，我们也都必须谨慎应对。

文化差异体现在团队目标及团队应该如何运作的不同期望之中。在这些期望中，有些与任务战略相关联，即该任务是如何组织的，角色分配或者说每个人做什么、在什么时候做，以及决策是如何制定的。而另外一些期望则与过程战略有关：团队建设、语言、参与、冲突管理方式和团队评估。无论是对于任务战略还是过程战略，团队成员都不得不对这些期望进行讨论和协商。表10-2总结了任务和过程战略、基本的文化假设以及问什么样的问题可以引出这些差异。

表 10-2　管理多元文化团队的战略

任务战略	文化影响因子
创建目标感	
团队的使命是什么	任务导向还是关系导向
使命需要多清晰和多直截了当	先赋出身还是行动成就
团队的目的和目标是什么	等级秩序
在多大程度上它们是可测量的	个人主义还是集体主义
成员都应当是谁	高语境还是低语境
团队的优先目标是什么（时间、预算、质量）	单向度还是多向度
组织安排工作	
日程安排需要结构化到何种程度	不确定性规避
"游戏规则"需要在多大程度上明确地说出来	单向度还是多向度
需要完成什么，由谁去完成	高语境还是低语境
需要如何管理时间，截止时间有多重要	
如果没有达到截止时间的要求，后果是什么	
工作应该如何分工，然后如何来整合	
什么事情可以一起来做，什么事情需要分开来做	

(续)

任务战略	文化影响因子
分配角色和责任	
谁要做什么，谁要对什么负责	个人主义还是集体主义
团队领导是指派的吗	权力与地位
基于什么样的标准，能力、人际关系技能还是级别地位	不确定性规避和控制
领导的角色是什么，进行决策、促进决策还是获取资源	任务导向还是关系导向
谁需要参加会议，什么时候	
达成决策	
应该如何做决策	个人主义还是集体主义
通过投票，还是通过达成共识，还是通过妥协折中	高语境还是低语境
希望由谁做决策，领导还是团队	等级秩序

过程战略	文化影响因子
组建团队	
如何培养信任	任务导向还是关系导向
需要花多少时间在社交活动上	单向度还是多向度
	高语境还是低语境
选择沟通方式	
工作语言是哪种语言，由谁决定	权力
如何解决成员在工作语言流利程度上的差异	个人主义还是集体主义
何种通信技术可以使用	高语境还是低语境
展示说明的有效方式是什么	单向度还是多向度时间
鼓励参与	
如何保证全体成员的参与	权力
在多大程度上我们可以给一些成员更多的可信性	个人主义还是集体主义
有些成员的贡献被疏忽了吗	
谁听谁的，谁打断了谁的话	
解决冲突	
如何解决冲突，回避还是直面	任务导向还是关系导向
谁迎合谁，有寻求合作吗	权力
我们在何种程度上妥协折中，谈判被看作输赢还是双赢	个人主义还是集体主义
评价绩效	
如何以及在何时评价绩效	高语境还是低语境
评价是一个双向的过程吗	权力
反馈意见可以有多直接	个人主义还是集体主义

　　表 10-2 的目的不是提供一份清单或解决方案，而是激发团队成员间的讨论，因为在这个过程中可能会出现未知的文化维度。后续讨论的目的是制定一个大家都认同的团队怎样在一起工作的战略。这提供了这么一个机会，让文化差异浮现出来并对它们进行讨论，而不是寄希望于忽略它们，它们就会消失。通过把文化差异摆上台面而不是藏在桌底下，可以预测和处理潜在的问题并发现潜在的机遇。

　　有些文化差异可以在文化的表征中观察到，比如，称谓中是否添加头衔、使用名字还是姓氏、是否有会议议程以及议程的形式，以及社交活动和工作任务之间如何平衡等。这些讨论所引出的信仰和价值观蕴含着某种期望，比如，领导和成员的角色以及会议的结构（期望的等级秩序和正式程度），也可以用来解释关于权力、个人主义和时间等隐含的深层次文化假设。本章的剩余部分将更详细地探讨针对这两个战略的方法和背后的基本文化假设。

10.3 任务战略

10.3.1 创建目的感

要想成为一个成功团队，最重要的因素之一就是要有"共同的目的感"。这种目的感必须在团队内部建立起来，而不论这个目的是否来自高层的命令。在很多时候，一个团队在组建之初都没有一个清晰的理由，并不是在当时它看起来像一个好主意。因此，这样的团队很快就会失去它的动力，除非它能够找到其存在的理由。建立一个共同的目标感并不是一件轻松容易的事情，特别是当成员首先得忠诚于其所在的职能部门、事业部或者国家子公司时更是如此。另外，不同的文化对团队存在的理由有不同的解释：为了共享信息和讨论问题、为了合理决策和更好地执行、为了保持接触和建立人际关系等。这将决定诸如会议和接触的频率、谁应该参加会议、会议可以通过电话会议的方式进行还是必须进行面对面的交流，以及需要事先为社交活动预留多少时间等问题。

下面来看一个例子，这是一个由法国、德国和丹麦三个国家的公司组成的跨国联盟，一个高层工作小组每个月碰面一次以将联盟意欲达到的目标具体化并付诸实践。德国和丹麦的经理希望会议协商讨论将要实施的战略决策，因此他们都非常认真地做了准备，带来了经过详细准备的计划书，以确保这个决定在会议纪要里会被恰当地提及。但是，在他们看来，其法国合作伙伴缺乏准备，在讨论时也不够聚焦，这使他们非常恼火。反过来，他们的法国同伴也对他们的认真态度感到很吃惊和困惑。对于法国人来说，这个工作聚会只是咨询性的，其目的在于分享信息和提出建议，只有公司的老板才能做最后的决策。但是，这个分歧从来没有在他们之间公开提出和讨论过，因为团队成员之间的关系一直是任务导向的，这不允许他们在这样一些敏感的事情上出现对立。两个月过去了，这些繁忙的高管感觉到这项工作仍然在原地踏步，所以他们在准备上也就不愿花费更多的精力。在经历了 9 个月的沮丧和挫折之后，合作关系最终在没有能够产生任何结果的情形下解体了。[66]

对于非正式往来比较重要的文化来说，在酒吧、咖啡馆或午餐期间所说的话在重要性上丝毫不亚于在正式会议上的发言。在这里，真正的决策是在会议室之外的场所做出的，所以会议的目的更多的是激发和评价成员实施该决策的意愿。这会让希望会议的目的是达成决定而不仅仅只是确认决策的人感到特别沮丧。这种情况对于决策权比较分散，甚至决策权可能都在团队之外的团队是常有的事。

团队理解的任务目标将决定"谁应该参与进来"。在任务导向的文化中，只有那些与任务直接相关的、有合适知识和技能的人，才会受到邀请；目标就是完成任务。在一个等级秩序较为重要的文化之中，成员被派遣到团队则是由于他们的权力和对组织的影响力，而不是基于他们的学识和专长。如果团队成员里出现权势人物则表示这个团队的重要性，以及这个团队所做决定的重要性。如果团队成员都来自同一个层级，以至于没有任何更高层级的人出头负责，这样的组建团队的方法会被认为是极其奇怪的。

在关系导向或集体主义导向的文化中，会有较多的成员被包含到团队之中，却与他们的学识和团队目前要做的工作是否相关没有关系。团队的目的在于建立成员的归属感，确认和肯定他们之间的关系，以及强化团队的身份认同。就像遭遇社会排斥一样，成员被排除在外会产生莫名的不快。

创建目标感不仅意味着赞同团队总体上期望完成的任务，还要"确立明确的绩效目的和目标"。由于对团队目标的不同预期，这些目的和目标也可能会不同。事实上，常见方法是让大家确立一致的目的，然后将其明确化和精确化为可执行和可测量的目标。不过，这样的方式对某些文化来说即便不是不可能的话，也会被认为有些天真。在高语境文化中，目标感的表述可能会更含蓄一些。把什么都说出来、把愿景清晰地勾画出来被认为会在某种程度上丧失其微妙之处和精致性。目标和愿景在很大程度上被认为是作为一种感觉来经历的，一种直觉的东西，而不是实在的可以触摸得到的东西。

有些成员希望团队的目的和目标能随时间而演变，而不是事先决定好的，最好也不要非得在一个明确的时间内确定。后一种方法被认为是对灵活性的限制，也是对创造性的窒息。这种观点反映了对时间的不同概念。在单向度时间观盛行的地方，人们想的是在一定的时间内循序依次地完成工作任务；在多向度时间观盛行的地方，工作的进程更多的是被看作不断反复和不断迭代，团队的意图和目标可以在任何时候被重新检视和修改。这就对预设方案（比如优化团队绩效五步法）构成了问题。

坚持精确的绩效目的和目标可能会被看作过于工具性和过于任务取向，以及对成员的个人需求或团队的社会需求漠不关心，没有用足够的时间让成员建立关系，培养亲善默契感，包括缺少用于社交的时间。此外，在对环境控制感很弱的文化之中，设立绩效目标会让成员感到不适，因为他们感觉是要对自己不能控制的事情负责。

此外，对于各项工作的优先秩序或者何者更重要，团队成员的看法也可能是不一样的。例如，有些成员认为遵守时间的截止要求更重要一些，而另外一些人则认为即使可能延误时限，但保证高质量才是最重要的。持续不断地提醒控制成本目标会使那些觉得为实现时间和质量目标就可能产生成本出超的人感到生气。这些差异可能源于对时间的不同假设：是有限的还是可以延展的。它也可能反映了在实用主义价值观上的差异：要一个"过得去就行"的结果还是要一个"理想"的结果。[67]

10.3.2 组织和安排工作

团队还必须决定他们将怎样组织和安排其工作：设定日程计划、什么时候以及在哪儿举行会议、什么工作需要在什么时候完成，以及谁需要做什么。

安排日程计划是一个文化差异可能会造成潜在的困惑和摩擦的方面。事实上，关于应该制定一个严格的日程计划还是让会议按照其自然的进程往前走，不同的文化有着不同的预期。德国人把 Tagesordnung 或者说日程计划看得非常重要，他们会为日程安排中的每个事项准备说明和报告，因此他们极其不愿意偏离这一日程安排。这在美-德合资企业中导致了问题，让美国人相当懊恼："……因为有太多相互关联的事情隐含在背后，而你又不能非常肯定这些问题是否会再次回来影响它们。"[68]这种懊恼是由于对消除不确定性的需求程度不同而产生的，德国人在不确定性规避上要比美国人更强烈。[69]

此外，法国经理则不太喜欢这种系统的、每次一个议题的方法。他们习惯于同时就好几个问题一起推进讨论，因为在他们看来，这些问题可能是相互关联的。这一点也可能使美国人感到懊恼，因为看着时间在流逝，而日程计划上的每一个议题都尚未有定论，坐在那里经历这种"无休止的讨论"和"绕圈子"，会让美国人坐立不安。

我们可以来看一下一家法国和美国企业合并之后两位外派经理的反应：[70]

一位美国经理被邀请参加一个为期一天的会议，这是他第一次访问巴黎。会议以一个长达 2 小时的介绍开始；其间，12 位与会者自发地分成不同的小组，就手头的议题进行了独立的、私下的、争执性的交流。偶尔，会有某个人声音很大或者其意见很有意思而使得众人都安静下来，让整个小组的人都倾听他在说些什么，但是这不会持续太久。有非常多的争论，一些人大声地反驳另一些人的观点。这个美国人被这种团队成员的粗鲁和对咨询顾问缺乏礼貌的行为所震撼。他好几次试图表达其观点，但是没有人倾听他的发言。最后，这个美国人带着非常失望和懊恼的心情离开了会场。

一位法国外派经理，在第一次参加美国式会议时根本无法相信到底发生了什么。好像时钟主宰了一切：会议在约定的时间准时开始，没有私下的交谈，会议主持者努力确保日程安排上的每个议题都得到了讨论并在规定的时间内讨论完毕。会议需要做出决策，而人们接受"要采取行动的事项"，采取行动的责任基于会议所做出的决定。在大多数场合中，都是一次只有一个人在讲话，很少有反对意见。当有人被别人打断的时候，她甚至会说："对不起，请先让我讲完！"当会议结束时，人们会一边离开会议室一边说这次会议多么有成效，但是这个法国外派经理在离开会议室时则感到非常困惑和不适。

这些反应体现了单向度和多向度时间概念的不同。在单向度时间观文化中，人们希望有条理地处理日程上的议题、做出决策、遵守时限，一次只能一个人讲话。而在多向度的文化当中，严格的会议日程安排被认为会窒息创造性，时限只是指导性的而不是刚性的，而且整体上更能接受几个人同时发言，并不会认为这是一种混乱。

这些时间观念上的差异也会导致对于会议上哪些行为是可以接受的是不同的。多向度时间观的经理可能不会指示秘书挂断电话或让未预约的来访者在门外等候，因为这样做对习惯于未经联系顺便来访的朋友或同事是非常的粗鲁和不可原谅的。同样，如果当下的讨论与他们不是直接相关，多向度时间观的经理可能会离开一会儿去打个电话或处理一些其他的文案。如果会议迟开或超时，单向度时间观的参会者会特别生气。而在法国，会议通知通常只规定了一个开始时间，而没有结束时间。

影响议事日程设定的另一个重要的文化差异是高语境还是低语境，即将事物清清楚楚明白无误地表达出来还是让人去推测。德国人经常以其组织会议的能力让人钦佩，但由于他们需要把所有的细节都详细罗列出来而经常使其他人感到懊恼。美国人也是如此，在一个在巴黎举办的国际管理学大会上，会议的美国组织者把大会的每一个场次和环节都详详细细地过了一遍，而这些内容其实都已经在会议程序中描述得很清楚了，他们甚至把与会者面对国际听众时应该如何举止也写了下来，这让他们的欧洲同行觉得既好笑又懊恼。

分配任务和责任

团队也需要决定谁来做什么，这意味着要在团队内部分派角色和相应的任务和责任。在较为个人主义的文化中，团队成员更喜欢"单干"，他们急切地希望把任务分割开来，这样每个人都能够分头做自己负责的工作。之后，这些不同的部分可以通过小组讨论或由某个人负责把它们整合在一起。

在较为集体主义的文化中，给个人指派任务和责任似乎有些奇怪，他们希望大家在一起相互合作相互帮助来完成团队的工作,每个人分头去做各自的工作不合常理。因此,一个来自集体主义文化的团队成员被指派去独立完成其任务时,他可能会在离开会场之后什么都不去做,这会让来自个人主义文化的伙伴感觉很受伤。一个被派往匈牙利的瑞典经理受挫之后抱怨说,团队的成员并没有意识到仅在会议上达成决定是不够的,在会议之间还是需要做点什么事情的。

实际上,在团队中工作的吸引力对有些人来说比较大,而对另一些人来说则未必。那些坚强的个人主义者觉得团队是一种约束,在需要努力去理解别人的观点并达成共识时他们会很不耐烦。而且,他们希望自己个人的努力得到应有的单独的回报,厌恶那些参加团队却没有发挥作用的"搭便车"者。

来自集体主义文化的人更习惯于在团队内工作,也觉得更加舒适,不计较到底谁做了什么,不愿意把自己的观点强加于别人,他们把奖励个人而不是奖励团队视作对维持工作关系所需要的和谐的破坏。对来自中国、美国和以色列的经理的研究证实,来自个人主义文化的人在独自工作时绩效更好,相反,那些来自集体主义文化的人在团队中工作的绩效更好。[71]

拥有个人主观能动性、勇担个人职责,以及对工作负责的重要性不仅在个人主义文化中,而且在认为人定胜天、人能控制环境的文化中也受到强调。就像杜鲁门总统的名言,"就让责任止于我这里吧"(The buck stops here)。如果哪里出了差错,美国人相信他们只能责备自己。所以,当他们试图让来自集体主义文化背景,特别是来自亚洲和东欧国家的经理承担个人责任以及要他们对工作负责时,经常会碰壁。对来自集体主义的人来说,为什么要为自己控制不了的事情负责呢?

当美国人欣然地接受日程计划上某项事务的责任时,对日本人来说,这意味着没有任何退路可以推诿,只有完成这项工作,无论有多困难以及环境如何变化。美国人视担负某项责任为只要尽最大的努力去做就行了,他们认为当情形不利时,是可以解除该责任的。[72]

在不同的文化当中,团队领导和成员之间的责任和义务也有很大的差异。挑选团队领导的偏好明显受到不同文化假设的影响,例如在德国,团队领导必须证明其技术能力以获得他人信任;在法国或意大利,团队领导则是根据他在组织内部的权力和政治影响力来挑选的。[73]许多美国大咖给出的选择团队领导时的标准则强调良好的人际关系技能以及能够作为一个引领者和教练,他们还特别警告那种仅仅根据团队任务涉及的专业知识和层级高低来选择团队领导的做法。[74]

在讲究等级秩序的文化中,会议会由团队领导主持,并由他做出最终决策,如拉丁欧洲人会希望会议主持人对日程安排和讨论进行强有力的控制。法国经理不觉得团队能够做决策,他们认为决策是老板的事。在较为平等的文化里,会由团队成员轮流主持会议,决策是通过获得共识而达成的,角色与责任在成员之间是均分的,例如,北欧的经理就希望主席承担引导和协调的作用。

为了与结构化的需要保持一致,德国的团队领导在主持会议时需要展示强势的一面,他要适时地注意到那些有愿望为团队做贡献的成员,记下他们的名字,然后再进入下一项议程。在一家德国和美国的合资企业里,德国参会者感到迷茫,因为领导没有对会议的进程进行控制和引导。一位学识渊博的观察者这样描述:"我观察到在美国式的会议上,领导没有起到类似于乐队指挥的角色,使得本来非常愿意表达的德国经理也变得沉默寡言了。"[75]

与团队领导这个角色存在不同的理解一样,人们对团队成员的角色也有着不同的期望。这种差异在脑力激荡式的讨论会上显得尤为突出,在这个场合人们要敞开思想说出来、挑战权威、平等地参与决策。这些行为要想在尊重长辈、职位和头衔以及权威的文化里实行是很困难的，所有成员人人平等的文化假设在那里无法立足。

10.3.3　达成决策

文化也影响着团队如何做出决策以及决策所基于的原则：少数服从多数、一致同意还是折中原则。以投票表决或少数服从多数的方式达成决策可能被看作民主决策过程的根本，在这个过程中个人意见得到了表达。投票方式的文化基础是平等主义和个人主义，即每个人的投票权都是一样的，与投票人话比较多还是沉默寡言无关，也与他的权势和影响力无关。

以询问"有赞成的吗，有反对的吗"来让大家公开表态的这种方法往往忽略了小团体的存在、随大流的意愿以及和大家保持一致的微妙压力。美国人通常认为沉默就是同意，不过这种方法在较为个人主义和强调平等的美国相对来说还较为可行。投票的方式也会导致赢者和输者，这在追求共识和关注面子的文化里可能会导致一些麻烦，不过在集体主义的文化里由投票来决定的方式也可以避免情面带来的负面影响。

人们对"共识"也有着不同的观点。有人觉得共识是综合大家的不同意见或接受某个最好的想法，不过也有人觉得共识只是维持社会和谐的方法而已，不一定对确保工作的完成有益。一位丹麦的经理抱怨道："丹麦的经理宁可要一个大家一致同意的决定，而不要一个更好的决定。我们可以所有人都同意，而且可以所有人都犯错。"

在日本，提出一个还没有得到大家普遍认同的建议简直是不可想象的。"正式"会议并不是用来讨论的，而只是用来确认意见一致而已；所有诸如征求意见、达成共识等的前期准备工作（做出恰当的安排）在会议之前就已经通过私下沟通的方式完成了，这样就避免了冲突，而一旦出现冲突，输的一方难免会丢面子。[76]

这样的习惯几乎与中国一模一样。2005 年，联想收购了 IBM 的个人计算机业务之后，新的联想将总部设在纽约威斯切斯特县玻切斯市，同时在中国北京和美国北卡罗来纳州的罗利设立两个运营中心，向消费者及投资人表明联想要超越自己的亚洲身份，成为全球企业。新联想邀请了美国 IBM 前高级副总裁兼 IBM 个人系统事业部总经理史蒂夫·沃德为联想首席执行官，而杨元庆则担任联想的董事局主席，高管团队里一半是来自老联想的中国人，另外一半则是来自原 IBM 的管理人员。[77] 一位联想集团的副总裁后来说，在高管团队就某项事务进行讨论和决策的会议上，踊跃发表意见的往往都是外国人，中国人很少发表意见。当经过广泛的讨论之后，沃德就说那就按照这样来做吧。但是往往在回到办公室后不到半小时，沃德就会收到中国高管的邮件，抱怨："我们都还没有发表意见，你怎么就做出了决策呢？"这让沃德非常吃惊和纳闷，因为对于美国人来说，你不在会议上发表意见就是表示默认，就代表了同意！

当然，达成一致意见可能很费时，并且不一定能保证通过共识得到的就是最好的解决方法。有关研究表明，好的决策是通过拥有不同的想法的团队成员进行积极广泛的辩论而得到的。[78] 在避免冲突的文化里，这种方法却很难实施。

来自美国和英国的经理更可能采取"各让一步"这种折中妥协的态度，以便每个人的个人利益都能得到满足。在这种方式下，他们更关心的是达成一种"公平的"决策，从而激发团队精神和对解决方案的认同和承诺。这也许同样会导致一种折中妥协的而不是最佳的解决方案。

法国人则认为如果能找到最好的方法为什么要采取妥协折中的方案？他们认为决策必须基于最具智慧的观点。因此，在英国文化里折中也许被看作对不同的观点来说是一种公平的解决方案，而对于法国人来说，它可能会被看成一个次佳的解决方案，甚至可能是有害的方案。"把某人放在妥协的位置上"在法国代表着一种负面的意思，对法国人来说妥协意味着对计划的危害或者让机遇遭到破坏。

在雷诺－日产联盟中，法国人如非必要绝不妥协的倾向和日本人保全"面子"并维持社会和谐的需求形成了冲突，使得卡洛斯·戈恩不得不反复提醒他的法国经理和工程师在和日产的合作项目中创造一个"双赢"局面的重要性：

> 从长远来看，人们总是记得自己失败的经历，却忘记了自己在团队关系中获胜的时刻。如果你去做有输赢的事情，一两年后就会有很多人只记得他们的每一次失败，到那时团队关系将面临崩塌……[这就是为什么] 我们规定绝不可以在一个项目中做一方会赢而另一方却输的决策。永远都不要做这样的决策，即便这样意味着项目最终以稍微缓慢的节奏完成，那也比我们强加一个让一方不得不屈服的自上而下的决定要好。[79]

所以，多元文化团队必须主动地协商以确定任务战略，以便形成一个一致的方法来一起工作。同时，他们也要对工作的过程战略进行明确的讨论，因为这个问题对成员之间互动的影响要比对工作应该怎样来组织的影响大得多。

10.4　过程战略

10.4.1　组建团队

当需要组建一个团队的时候，北美管理者倾向于较为任务导向的、机械论的观点。在他们看来，团队的组建只是把一群独立的个人放在一起，确立目标，给轮子添点润滑油（一点点社交和一些额外的资源），然后它们就能有效地运作了。如果运作不正常，那就修理一下（更换一些零部件）。团队建设的种种项目，如拓展训练，就是专门设计出来向那些强悍的个人主义者证明，为了生存必须进行合作。

一家英国公司与一家法国公司合并之后，公司高层管理团队的成员一起飞往阿拉伯沙漠腹地。到达之后，他们发现一辆吉普车、一张地图和一张总裁留给他们的便条，要他们找到路线并在一个星期之内赶到沙特首都利雅得。一起在沙漠里用一个星期的时间共同找寻生存之路被认为是为制订公司的生存计划所做的非常好的准备。第二个星期他们是在一家豪华的旅馆度过的，在那里他们制定了公司的战略。[80]

如果一个团队认为他们自己是积极地在一起做事而不只是协调信息和专长，他们就会非常努力地将他们自己和他们的工作整合到一起。[81] 不过，团队建设也许会产生一种被迫的"兄弟情义"，种种努力也许会被看作是在操纵别人，是一种对关系的工具性的利用，因而也许会产生事与愿违的不良后果。这些训练也可能会被拒，因为它超越了职业和个人关系之间的界限。所以，通过一些直截了当的方法（如通过 T 恤衫、口号等这样的器物）创建团队身份认同的意图可能会遭遇到抵制。

让我们来看看一家被通用电气公司收购的法国医疗器械制造商的例子。通用电气公司决定通过召集法国和其他欧洲国家的管理者参加一个训练研习项目来提升新员工的士气。在他们居住的旅馆客房里，公司留下了色彩斑斓的 T 恤，上面印着通用电气的口号"携手向前"（Go for One），并留言敦促经理穿上它们"以显示你是团队的一员"。法国的经理很不情愿地穿上了这些 T 恤去参加研习会，但其中一位经理后来回忆说："……强迫我们穿上制服……是一种侮辱。"[82]

团队建设的一些练习也是设计了用来建立相互信任的。研究表明，当团队暴露在中等程度的风险之中，而成员不得不学着依靠他人的支持之时，是信任发展最快速的时刻。[83] 正由于此，有些公司有时会有意地使其全球团队成员人数不足，这样迫使成员间相互协作以填补那个缺失的成员所要做的工作。

虽然，信任的重要性被认为具有普遍性，但是建立和维持信任却有许多不同的方法。美国人倾向于先相信，直到被证明这种信任是错误的为止，而德国人的做法正好与此相反。美国人做事的原则是"给予人们善意，除非你有理由收回信任"；相反，德国人信奉的是"买主购物自行小心"的原则："不能无缘无故地信任他人，直到你有理由相信该人。"[84] 美国人通过展示友好和非正式的方式来建立信任，德国人建立信任是通过证明你的能力和展示技术专长来实现的。这就使得德国人要创造出各种各样的"试验"来测试对方的可信任度，一位美－德合资公司的美国项目负责人是这样描述的：

现在，一个有趣的现象是我们有七八个问题，所有这些问题 [被他们看作] 是往前推进工作的障碍，不过在后面一次会议上再也没人提及了…… [这是一个] 打量我们的过程。[在以后的会议上] 有超过半打的我称之为"打岔的测试"突然冒出来，其中大约一半我已经知道答案，而且知道……它们根本就不是什么问题。[85]

在德国，信任基于一个人的正直和可预期性：说到做到、诚实、可靠、守时。如果一项任务在答应的期限内没有完成，那么必须提前重新协商截止日期以让每个人都做好安排，这反映了高度的任务导向。在更加关系导向的文化里，重要的是一个人在同其他人的交往中的正直与可预期性：照顾、关心和支持他人。此外，没能满足截止日期的要求并不会被看作一个严重的问题，也不会导致失去信用，因为这是一个时间弹性较大（多向度）的文化。由于高语境文化，人们对言论和描述也不太会严格按照字面的意思去理解，或者说不会去抠字眼。

当存在跨文化沟通的问题时，建立信任会被进一步复杂化。在信任度较低的情形下，误解更会经常发生，分歧和猜疑也许会被完全不成比例地放大，其实，误解可以作为缺乏信赖的额外的证据。怀疑不会带来任何益处，但当缺乏信任时，人们会执着于某一个词语，然后不断地放大，最终演变成一个巨大的事件，并逐渐成为各种不正常的挫折和愤怒的焦点。这有点像由于不盖牙膏帽而引起家庭成员之间的争吵。[86]

10.4.2　选择沟通方式

团队的交流方式揭示并影响团队的动态变化。安妮·唐纳隆（Anne Donnelon）在一家美国公司里进行的关于跨职能部门团队的研究中，用社会语言学的视角来识别和诠释团队的动态变化机制。[87] 她声称，团队通过语言来进行工作，他们所做的工作在本质上就是对话。团队"交谈"的方式创造了思想和感觉，加强或者阻碍了相互之间的关系、问题的解决，以及学习。"团队交谈"也揭示了团队如何管理诸如身份认同、相互独立性、权力、社会距离、冲突和协商等问题。所以，如果能够理解语言和交流方式，对于协商团队共同工作的战略是极其重要的。

要达成一致的第一个事项是工作语言。对语言的选择也许会引起摩擦，特别是当团队由两种不同文化的人群所组成的时候，比如说合资企业或者是跨国购并后的公司。一个由法国人和瑞典人组成的团队决定使用英语作为他们的工作语言，虽然这看起来似乎是一个比较合理的折中，但是法国人对英语的掌握程度明显不如瑞典人，因此，法国人感到自己处于一种劣势。

由于语言的主导地位往往是权力和影响力的同义词，所以语言的选择也会导致"赢者和输者"。[88]

这个故事说的是一个美国人，他的公司被收购了，他第一次参加战略委员会的会议，一个董事会成员提议大家都说英语以表示对客人的礼貌，首席执行官（CEO）提出了不同意见，说："先生们，我们的会议将以意大利语进行。"这真是一次糟糕透顶的经历，那个人应该是几乎什么都没听懂……"错！"另一位听这个故事的经理说道，"他明白他已经被收购了。"[89]

团队必须要防范将所有的权力都交予来自母国和母公司的经理，或者是给予说同一种母语的成员。不过，关于权力的假设是非常难以直接处理的，不管有意还是无意，语言的使用是维持权力的一种方法。即使权力分享的话语成为主流文化，往往也会受到精致的殖民主义或帝国主义世界观⊖的影响。只要是使用英语，谈论授权或谈论问题的公开化就会比较容易。英语已经变成了国际通用的商务语言这一事实又强化了这一权力问题。最可能极力鼓吹授权或脑力激荡的人是那些母语是英语的人，他们往往主导了团队的讨论而疏忽其他人的意见，事实上，如图 10-3 所示，英语表达能力的不同在此创造了一个不平等的竞技场。

在给定的团队构成和影响力的情况下，可以通过坚持不为某个派系选择语言，而只是因为这种语言是最佳的选择，这样可以把工作语言的选择问题的情绪化因素降至最小。至少，要小心谨慎地建立一个流程来修正由语言因素的影响所造成的任何不平衡问题。[90]

一家法－美合资制药公司的全球培训与发展小组的经理提出了以下建议：

"唯，这里每个人都喜欢香草，对吧？那我们就从这里开始吧！"

图 10-3 我们都说英语，对吗

资料来源：漫画家与作家联合会，作者：P. Steiner。版权所有：CartoonArts International/The New York Times Syndicate。

我们对参培人员制定了一些规则：讲话的语速要慢一点，在任何时候都可以要求再解释和澄清，如果有人在用英语表达其观点时困难较大，他可以转换成用自己的母语，然后会由某人翻译。虽然很少使用，但这个"母语安全阀"制度还是在好几个场合都被证明有很大的助益。其实，即使没人来翻译，转换成自己的母语也缓解了压力和挫折感，而且其他成员也有机会了解到一些这个人的"真实个性"。当一个人转换成用母语说话时，通常在形体语言、语调、面部表情和自信方面都有惊人的转变。[91]

对讨论进行总结、对一些词句进行释意和保留视频记录也是很有用的方法。通常，多元文化团队的负责人必须学会用多种方式来对问题进行改述或重新措辞，以持续地监控是否每个人对所说的和所赞同的东西有着一致的理解。一个较为低语境的方法也许是必需的，因为

⊖ 指表面上没有殖民地国家或者落后国家在种族和文化上落后的心态，但是在内心深处仍然抱有这样的心态。

不会再有人想着要从字里行间读出话外音，或者去理解其他文化的言外之意和隐喻。

　　甚至，也许团队领导需要做出一些象征性的姿态，比如像放弃母语这样一些对自己来说很珍贵的东西。不过，要这么做还是非常难的，特别是要放弃权力的主要来源和具有重要意义的能力时。这在某些文化中明显要比在其他文化中更加困难，例如英国和法国，因为这些地方高度重视语言的精致和优美程度，并视其为能力的象征。

　　除了语言的流利程度之外，语言的形式也存在不同。例如，尽管有着"沉默是金"这样的格言，但美国人不喜欢沉默。这种差异在一次国际管理培训课程上得到明显的确认，这一培训课程把来自5个国家的高管集中到一起进行为期5周的学习。在初期的会议上，美国人喜欢马上就站出来并取得控制权，而日本人则更愿意等待和聆听。[92]

　　后来，美国人发现日本人有一种说法："在会上先发言的人是蠢驴。"这一说法让美国人冷静了下来，美国人决定通过引入两秒钟规则来给日本人更多的发言机会，即当某人结束讲话之后，停两秒钟，给别人一个说话的机会。此外，当觉得语言过于难以理解时，日本人采取了体育比赛中的暂停信号，要求停顿一下以便得到解释。

　　语言的流利程度以及人们感觉有多大程度的束缚来说出自己的想法和打断别人的讲话，极大地影响着人们的参与程度。日本的经理人珍视沉默，在说出每一句话之前都会仔细掂量。就像一位来自日本的MBA学生说的那样："西方的沟通方式有些像打网球比赛，而日本的沟通方式则像是打保龄球，打保龄球的人不需要面对对手，而且能够选择他们自己的节奏。"[93]

　　语言和非语言沟通中微妙的差异，例如交谈中的重叠，也可能影响团队成员的能力和激励他们参与的积极性。在东亚和斯堪的纳维亚文化里，通行的规范是不要打断别人的说话，甚至都不会在别人发言的间隙表达无声的赞赏，打断别人被认为是一种粗鲁的行为。对日本人、美国人和巴西人在谈判中的行为的研究发现，巴西人打断别人说话的次数是美国人或日本人的两倍。[94]在日本，当其他人正在说话时，一个人通常是不会讲话的，否则会被认为不礼貌，这也是为什么两个人对话时切换的那一刻会有一瞬间的沉默。与之相反，巴西人经常会七嘴八舌同时开口并相互打断对方的发言。这在日本人看来是非常无礼的，但在巴西文化中被认为是极其正常和无可厚非的事。

　　近年来，团队成员之间的交流越来越多地使用了互联网信息技术，如Skype、电话会议、视频电话、QQ、微信以及钉钉等。这些技术极大地方便了位于不同地理位置的团队成员之间的交流，使得团队成员不必面对面地聚集在一起也可以进行集思广益的头脑风暴，或许还可以让大家更积极主动地参与进来，并且可以克服由团队压力导致的相关问题和语言障碍。电子邮件让时区差异不再成为问题，而电话会议几乎可以达到接近于面对面开会的效果。不过，这些技术尚不可能捕获所有完整的感官信息、情绪和情景。一位产品开发部门的高级经理说："把所有的事情都考虑到之后，最有效的交流，特别是在一个项目的初始阶段，还是需要桌前的握手来建立相互之间的信任和信心。然后，也只有在这之后，电子技术才可能真正发挥作用。"[95]

　　另外，这些工具也不能被认为是文化中性的，我们会碰到不同的文化对这些技术的接受程度不同的现象。例如，电子邮件使得交流变得直接（低语境）和不带个人色彩，没有外交辞令以及社会地位的表征，而这些在有些文化里却是必需的。一位英国的高级经理曾抱怨说：

　　我讨厌电子邮件，我认为它让人烦扰，它让我的情绪变坏。我有一点点在意社会地位，而电子邮件却是如此该死地显示着平等。我怀疑这也是因为我的姓以 T 开头,我通常要在名单的底部才能找到自己,这使我非常恼火。它是如此的缺乏人情味,它不会说:"亲爱的彼特……致以问候!如此等等。"它在开头吐出一串代码,而在末尾,又吐出一串代码。

根植在使用电话会议背后的是关于信任和真理的文化假设,就像一位对这项技术具有丰富使用经验的德国工程师所说的那样:

> 我从来都不敢肯定我的同事在另一端是否会把我的话录下来,然后用我自己的话来对付我。我知道这很可笑,因为我并不怕被电话录音,但是视频会议要比电话能让人更加正式和更加投入。[96]

为了能够真正起作用,这些技术必须为全体团队成员所接受。因此,多元文化团队必须讨论和协商应该用哪一种技术以及什么时候和怎样使用;同时,考虑到交流中的文化差异,也要提供足够多的灵活性。

卡尔斯腾·琼森,一位全球虚拟团队方面的专家,坚称有两条通用指导原则可以帮助团队更明智地交流:让技术和信息相匹配,让沟通频率和任务的类型以及任务所处的阶段相匹配。[97] 这个想法就是在适当的时机通过适当的方式进行适度的沟通。为当前的任务选择现有的适当的技术对于团队的成功是至关重要的。让技术和信息相匹配的简单规则是对较为复杂的信息沟通采用更丰富多样的技术手段(见图 10-4)。请记住,当信息本身在某种程度上较为复杂时,就会使得信息的发送者和接受者在某个议题上出现不同的看法。这种情况会经常在跨文化虚拟团队中出现。一种更加高级和丰富多样的技术可以有更多社交上的互动和反馈,因此能更好地传达复杂的信息。[98] 高绩效团队会从技术选项单中进行选择,并非常清晰地认识到任务的复杂性、团队成员的文化取向、技巧和个人喜好会影响沟通的过程。

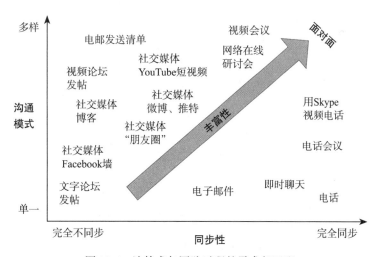

图 10-4 让技术与团队过程的需求相匹配

资料来源:Jonsen et al.(2012)*Handbook of Research in International Human Resource Management*, p. 387.

此外,虽然目前的信息和通信技术可以将位于不同地点的人无缝地连接起来,但是对于一个成员横跨多个时区的全球虚拟团队来说,选择会议的时间也会成为一个问题。上面提到过的那位联想集团的副总裁曾说,在联想集团收购了 IBM 的个人计算机业务之后,由于在美国的团队与在中国的团队成员在很多项目上需要密集的沟通,他们选择了电话会议的方式。开始时,电话会议的时间都选择在美国东部的早晨开始上班的时间,但是,由于美国东海岸时间要比北京时间迟 13 个小时，这意味着在中国的成员为了参加电话会议，需要在公司里留到深夜。这样的电话会议持续了一段时间之后，中方的成员开始抗议。最后，协商确定今后的电话会议这一次在北京时间的白天上班时间召开，后一次就在美国东部时间的白天召开，轮流进行，使得对双方成员都比较公平。

10.4.3　鼓励参与

由于团队成员在语言使用上的差异，特别是对某种工作语言掌握程度上的差异，使得需要对引导成员参与到团队的工作给予特别的重视。除非做出有意识的努力去整合这些多种多样、形形色色、来自各个成员的贡献，否则多样性的存在理由就会被削弱，而导致所有的经验都只会强化多样性不会带来附加价值的信念。因此，团队需要对占据优势的强势成员进行某种约束，而对沉默寡言的成员则要进行鼓励。较为隐蔽却又有很大危害的是"敷衍的"外国人，如图 10-5 所示，他们只是在听，但从来都不发声。

"那是一个非常好的建议，崔格丝小姐，也许在座的那位男士也想要提这样的建议。"

图 10-5　请把你的想法说出来
资料来源：*Punch*, 8 January 1988；作者：Duncan。在此使用得到了 Punch 有限公司 www.punch.uk 的许可。

要确保所有的成员都在发声、他们的观点得到了正确的传递和考虑，这需要敏感性和勇气。辨析和直面那些隐含地将某些成员排除在外的差异和偏见并不是一件易事。这不仅仅意味着要去倾听，而且要承认他们的贡献。外国人（无论是一群法国经理人中唯一的亚洲人还是一群英国人中唯一的法国经理）经常会感到被忽视了。因此，不同的身份要变得更加的显著，并且要给予或多或少同样的"发声"的机会。

有些时候文化差异会被诠释为"个性问题"。比如，在参与讨论时，来自不同文化背景的人一般会遵循很不一样的文化规范。当一个人只是按照其本身的不同的规范举止时，也许他只是习惯性地沉默寡言或是极力地为自己的观点争辩，但都有可能会被认为是难弄的人或是在蓄意阻挠团队的工作。然后，这个人就会被视为行为异常的人而不被理睬，或者被迫与大家保持一致，这其实意味着团队失去了他潜在的贡献。此外，在责备某人时，人们往往忘了对情景进行评判，有可能是因为一种文化凌驾于另一种文化之上或者是因为互动的性质让人泄气，阻碍了一个人积极参与的意愿。

一家美国大银行的一个多元文化的高层管理团队正在评估他们的决策，其中一位韩国血统的女性成员紧张地清了清嗓子然后举起了她的手：

你们当中没有一个人能理解对我来说在会议上与你们交谈是一件多么困难的事情。我必须把所有想说的内容在脑子里反复演练 15 次，我的喉咙发紧，我觉得我都要吼叫了。我需要不停地告诉自己，无论看上去有多不对劲，你们都不会觉得我很粗鲁。多半时候，当我陈述我的观点时，你们认为你们都已经走在这前面了，我的信息不会被你们考虑，说完话之后的几分钟，所有的话语都无法进入我的脑子里。我已经学会了应对，因此你们不会了解我内心所经历的一切，但是，你们认为我在那种情况下还能进行正确的思考吗？最令我沮丧的是团队没有真正考虑我的最好的想法，而这些想法有可能对公司有着决定性的作用。[99]

通过调整团队成员参与的规范，给予每个人时间来表达自己的想法，团队能激发出更多的不同想法供决策时选择。

有意义的参与并不是指每个人都有同样的时间来发声，有的人可能只是偶尔说一句却产生了非常重要的作用。有意义的参与意味着每个人都在用他们自己的方式帮助团队前进。实际上，团队可以事先确定"最有意义的参与"的意义以及怎样去保证这种参与。多元文化团队不能陷入强制成员做出贡献的陷阱，有些团队成员在一对一的方式下进行讨论可能会觉得更舒服一些，而不是把他们硬推到团队会议中。[100]

例如，在芬兰，许多事情是在桑拿浴场而不是在正式的会议上讨论的。这也许意味着需要对会议进行组织和安排，从而让人们有相互交流的机会，或者是当人们在大庭广众之下表态觉得不舒服的情况下，让人们在较为私下的场合为团队做贡献。那种认为只有在会议上产出的成果才有用的假设，忽略了社交场合或走廊里的交谈，丢失了很有价值的贡献。

有时候，使用像头脑风暴法或电话会议这样的技术鼓励参与可能效果适得其反。头脑风暴法不适合于那些语言不够流利的或者是那些在参与方式上有着不同文化规范的人。面对面地了解其他团队成员就已经不容易，电话会议只会使情况变得更糟。互动可以一个接着一个按秩序进行，这样两种文化规范可以共同存在。无论是使用电子邮件进行投票，还是采用非正式会议，抑或是给一些团队成员分配任务让他们将那些比较沉默的成员的看法带到团队中，重要的是依照人们喜好的方式做出自己的贡献。[101]

10.4.4 解决冲突

为了使团队有效地行使其职能，需要建立一套解决冲突的机制和方法。由于管理冲突的规范不同，这会给多元文化团队带来问题。冲突解决的模式可以根据自信和合作的程度来分类：竞争、合作、折中、迎合、回避。[102] 我们需要按照不同的情景决定采取何种模式，比如说涉及的利害关系和权力的重要性将决定自信和坚持己见的程度，而关系的本质和利益将决定合作，如图10-6所示。[103]

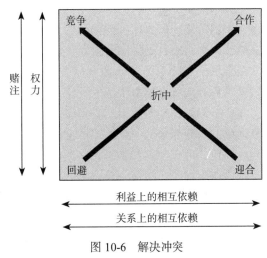

图 10-6 解决冲突

资料来源：T. N. Gladwin and I. Walter（1979）*Multinationals under Fire*, New York: John Wilcy.

这些模型指出了个人风格的差异和现实情景的需要，但疏忽了文化的模式。在对待权力的态度上、个人还是双方都获利，以及什么（利害关系）会被认为是重要的，这些是与文化维度相关的。例如，在像法国这样个人主义盛行的国家里权力的分配是不平等的，冲突很可能是以回避的方式（指矛盾上交）来处理的，然后是对峙或者是武力冲突。这通常会激起暴力性反应和反作用力，比如罢工。一个法国人力资源总监坚决要求不要把"冲突"这个词用在管理跨职能部门团队的研讨会当中，因为"一旦你进入冲突阶段，就不可能回头，所有的一切都完了"。在瑞典这样的国家，权力通常是平均分配的，人们更关心良好的关系和双方共同获益，冲突更多的是以合作的方式来解决的。

迎合对方的方式较为可能发生在注重关系以及视利益为互惠的文化里。另外，当权力距离较小时，下级没有必要（或者被期望）服从上级。迎合的方式也是建立在相互依赖和互惠互利概念之上的，即利益相关方需要相互关照，就像日本的买卖双方的关系一样，买方有责任照顾卖方。

回避冲突的方式较为可能在权力距离较大、重视互惠互利或者看重关系的文化中出现。回避也是一种强有力的战术，在谈判时，日本的经理知道如果他们保持足够长时间的沉默，美国人最终就会同意他们的立场。不管怎样，回避的方法在保住面子和维持关系极端重要的国家也是比较常见的。日本人避免在公众场合发生冲突是为了维持关系，也是为了在满足互惠互利的责任上维持最大的灵活性。[104] 一位中国人在阿联酋的迪拜购买了几套房产，他委托一位在阿联酋的中国朋友出租已经收到的两套房产，每月的房租应该足够支付银行按揭。然而他那位朋友经常会将他的房租挪作他用，在过去数年间虽然没有不支付按揭的情形，但也有多次是延迟支付的。由于开发商的原因，他购买的两套房子迟迟未能建好，因此可以解除购房合同，退还购房款，银行也正在为他办理相关的手续，等手续办妥之后，银行还应该退还给他已经支付的 100 多万元人民币。在这样的情况下，这个中国人认为那家阿联酋的银行应该知道他不会付不出按揭款。然而，当有一个月按揭款支付拖延之后，那家银行的工作人员给这个中国人发了好多封电邮，在月底前的那天打了 20 来个电话，但由于这个中国人英语不是特别好，害怕自己解释不清楚，就没有接听她的电话。我们可以看到这个中国人采取了回避的策略，但是这种回避的方法激怒了那位阿联酋的银行工作人员，并给他下了最后的通牒，说再不准时支付按揭款就要到法院起诉他。

采取回避而不是直面冲突的方式也许能维护团队的和睦和领导的权威。一位来自印度的团队负责人解释说由于他的文化，他可以容忍更多的模糊性，也不会感觉到需要在会上解决每件事情。这种做法不会受到团队成员中美国人和英国人的欢迎，因为他们需要清晰性和方向感。无论如何，印度人都不希望让冲突公开化，然后澄清不同的观点并积极地去解决差异，在他的文化中这样做是不礼貌的。他抱怨两位美国人（均是妇女）都相当好斗，容忍不下别人的观点，企图使问题两极化，然后"决出胜负"。他也厌烦盎格鲁人对任何事都要投票表决的想法。对他而言，模糊性可以用来缓和冲突，也是以后再来决策的一种方法。这在他之前在印度和墨西哥的任职中都很有效，在那里人们接受权力的差异。

显然，未得到解决的文化差异会导致冲突，并由于关闭了交流的渠道而对团队的效能产生严重的负面影响、浪费团队的精力并导致过高的离职率。但是，矛盾太少也不一定是一个好现象，它也许意味着文化差异正在被疏忽，或者是文化差异受到压制而不是被开发利用，或者是少数派的意见屈从于多数派的意见。这可能导致自满或不恰当地使用习惯性的常规方法来解决新问题。因此，一定数量的"建设性的张力"还是值得拥有的。

有人争辩说不同类型的多样性会导致不同类型的冲突。例如，年龄、性别和种族等有形差异被认为会导致关系上的冲突进而影响团队的绩效；相对而言，教育、职能或经验上的差别则可能带来工作（认知）上的冲突，而这被认为是有利于团队绩效的。[105]

然而，对 30 项研究的元分析显示，无论是工作还是关系冲突，对满意度均有负面影响，并且都只有小比例的工作和关系冲突会带来绩效的提升。[106] 因此，管理冲突仍然是保证团队绩效最重大的挑战之一，尤其是对于多元文化团队。

10.4.5 业绩评估

为了保证效能，团队不得不持续地对他们工作的进展进行评估，包括任务和过程两个方面。此外，提供机会让团队能够反思和学习也是非常有必要的。[107] 这就需要腾出一定的时间来评估团队及其成员工作得怎么样、讨论团队内部的动态变化机制并寻求解决存在的差异。尽管在任何一种文化中做这项工作都不容易，但还是有一些文化比另外一些文化更愿意给出和接受反馈信息，这使得评估绩效的过程成为一个潜在的危机四伏的文化雷区。

当一个小组或团队的成员遇到问题时，美国的经理喜欢直接干预。他们觉得，通过设计好流程和组织一个讨论会让每个人都清楚地表达其需求、清晰其期望和解决他们的差异，问题就可以得到解决。由于其文化的异质性，美国人认为需要通过直面差异来处理它们和找到解决这些差异的方法。这种方法，顺便提一句，往往是我们自己的偏爱，虽然没有直接言明，但或多或少贯穿本书。在日本，由于其文化的同质性，差异往往会被抚平，以此来维持和谐。在日本，不一样是一种威胁，而在美国，这是一种"上帝"的安排，只是需要去管理和克服的事情。

许多跨国公司采用 360 度反馈作为绩效评估的工具，在这一方法中即使老板也期望甚至请求下属或同级人员给予建设性的反馈。在亚洲、拉丁美洲或拉丁欧洲这种较为讲究等级秩序的国家，团队给领导反馈意见，然后领导接受这些反馈信息的想法是很难想象的。

英国的沟通方式远不如美国那么直接，关键的反馈意见可能会比较含蓄或者会以幽默暗含真意[108]。因此，在多元文化情景下，真意可能迷失在表象和掩饰之中。在许多亚洲国家，意见反馈会更加委婉和含蓄，而且很可能在非工作场所出现，总之肯定不会在团队会议上发生。不同意见会被私下处理，很多情况下是通过非正式的人际网络。在日本，团队成员也许在下班后一起喝酒的过程中把问题给解决了。

所以，团队必须要对反馈和团队互动讨论的方式在事先达成一致。例如，一个团队采用三种简单的学习模式：红色（行为导向）、绿色（人员导向）和蓝色（想法导向）。这样一来就可以建议某位团队成员可能要少点绿色而多点红色。对一个中国人来说，这样不会让他丢面子，也就使他容易接受建议。[109]

多元文化团队必须找到一种既不会对个人构成威胁和不快，又可以描述差异并让这种差异浮现出来的方式。了解与团队工作相关的文化维度，可以为团队成员提供共同的语言来讨论他们之间的差异，也为理解团队内部重大的意外事件提供了工具。

例如，一个 MBA 学生小组刚刚学习了我们在前面曾讨论过的单向度和多向度时间概念，他们就嘲笑一位在后一场活动中迟到的意大利学生是"多向度时间"观念。这样既指出了他"违反"了团队的规范，又不至于对他个人形成攻击。他的小伙伴并没有指责他本人，而是给了他"无罪推定"，将他的迟到归因于文化背景。但是，我们也必须注意文化差异不能用来作为改变一个人自己或他人行为的借口，也不能用来作为差异是不可改变的借口。

10.5 重新织补差异：约瑟夫的彩衣

多元文化团队现在已经是组织生活无法回避的一部分，与其担心一个多元文化团队是否能比单一文化团队表现更好，还不如将重心放在这些多元化的团队怎样才能在一起以最好的状态工作、承认相互间的差异、协商互动过程、修补差异，就像约瑟夫一样，再造"一件多彩的外衣"。

但是，讨论文化差异对团队来说是一项高风险的活动，因为所有的形形色色的承载了价值观的偏好和偏见都会被暴露无遗。这要求团队有高度的敏感性、信任和融合成一体的真正意愿。我们需要将差异进行辨识、讨论和疏导，而不是去迎合、吸收或忽略他人的文化。根据一个法－美合资公司人力资源经理的观点，这些差异真的被统一到一起之后，这意味着最终每个人都会感觉到有一丝丝的不舒服，因为他们不得不放弃一些他们认为理所当然的假设。高绩效跨国团队面临着辨识差异来创建更错综复杂和更加丰富多彩的互动模式的风险。

问题是，文化差异并不总是显而易见的或者是易于被人所接受的。例如，虽然容易承认并接受制造和市场营销有着不同的视角，然而组织成员之间由于国籍、民族或者是性别的不同而导致差异却往往不是那么明显和易于被接受；人们会觉得"毕竟我们都在同一家公司里工作"，有这些差异吗？[110] 此外，文化差异也许会被观察到，但可能被错误地诠释。例如，多向度时间的行为（同时谈论或做好几件事），如果不了解，就会被认为是"粗鲁的"。正如我们在第 7 章里曾经描述过的，那家在杭州的香港公司的分厂厂长向作者抱怨"意大利 CEO 不尊重他"，因为意大利人从来都不让他把话说完！

多元文化团队必须有意愿去辨识和协商其在任务战略和互动过程中的差异，目的不是中和这些差异，而是在此基础上建立新的战略和方法。拥抱多样化与包含多样化完全是两码事。如果差异没有被发现或被讨论，它们就无法被重视和利用；当我们假装它们不存在时，它们就会成为障碍。多元文化团队获得成功的关键在于对差异的利用，而不仅仅是与之共处。

当团队里的成员有着共同的文化（如国家、企业或职业）时，问题的解决方案的浮现也许比成员来自不同文化的情况更加的自发，不需要太多刻意的努力。有些人认为，跨职能团队要比跨国团队更加难于管理，或者说合资企业内的问题更多的是来自企业文化而不是国家文化。无论是哪种文化差异在起作用，不同成员基于其自身文化衍生出的解决方法就是该团队文化传统的一部分。

团队文化需要的是保持而不是同质化差异以便收获差异所带来的益处。为了赢得专长和视角上的差异而把不同背景的人组织到一起，然后又努力使每个人的所看、所想、所说和所做都一样，这样就毫无意义了。这是把企业文化或职业文化凌驾于文化差异之上的真正冒险，所以，关键之处并不是国家文化的差异是否比职能文化的差异更重要，而是要理解这些差异是什么，并在此基础上创建新的团队文化。

唐纳隆从她对跨职能团队的研究中得出如下结论：

> 当他们要努力解决如何整合他们的差异这一困境时，团队工作的张力会在团队内部产生；当他们努力调整自己以成为团体成员时，张力会在成员身上产生；当他们四处挪腾以证明团队为专业工作的一种新形式并要求为它腾出空间时，张力会在组织内产生。[111]

管理这种张力要求创造安全和挑战这两方面的条件。[112] 安全条件是指要让成员感觉到可以放心地表达自己的想法和观点，以及挑战他人的想法和观点。这可以通过承认差异、尊重独特性、识别能力、确认双方的目标和确保双方的身份地位来实现。

此外，挑战条件需要一系列不同的努力，目的是激起多样性，包括积极寻找非传统的观点、建立一套批评的程序并确保每个成员都会以有意义的方式参与进来。存在意见分歧的团队需要用更多的时间去建立工作关系，获得对决策过程的信任。鼓励支持性的环境对于建设性的论战是非常必要的。

达到这一目标的一个极为重要的工具就是幽默。幽默既能培育出一种归属感，同时也提供了一个渠道，使得个人可以挑战团队的规范而又不会严重地威胁到团队的凝聚力。幽默可以成为一种方法，让我们把文化差异放到"桌面上"来，并使其变得可讨论。所以，在一个小组内对幽默的接受程度可以用来作为团队统一性的晴雨表。大家在一起欢笑时意味着团队已经打造出了自己的身份认同，或者说那些独立的个体已经变成了一个团队。团队的独立存在可以以它所创造的自己的笑话、讲笑话的人和外部的"傻瓜"为标志。

团队通过他们所嘲笑的事或对象来强化自己的行为规范和价值观。嘲笑公司里的繁文缛节和官僚作风或者他们手头缺乏资源等是团队塑造共同的目标感的一种方式。成员把共同的经历和磨难变成笑话，并成为团队独有的财富。这种形式的幽默对外人来说可能并不好笑，但是对于团队内的人来说很有力量，因为这种幽默源自那个时刻在那个场景里的人之间的特殊的关系。事实上，它只对他们有意义，这就产生了一种社群意识。"如果团队成员获得了高水平的情感安全，在完成工作的同时能够一起欢笑、相互开玩笑、相互质疑和故意唱反调，那么他们就已经做得很棒了。"[113]

成功的多元文化团队是那些已经找到了整合成员贡献的方法，以及已经学会了找到应对多样化（而不是尽管存在着多样性）而使得其价值增加的团队。他们也学会了玩耍作乐，学会了把发现文化差异的经历当作惊喜、学习和一起哄笑的机会。

■ 注释

1 Jonsen, K., Maznevski, M. and Canney Davison, S. (2012) *Handbook of research in international human resource management*, Cheltenham: Elgar; Heller, R., Laurito, A., Johnson, K., Martin, M., Fitzpatrick, R. and Sundin, K. (2010) *Global teams: trends, challenges, and solutions*, Center for Advanced Human Resource Studies, Cornell University, New York, NY.

2 Gibson, C.B. and Zellmer-Bruhn, M.E. (2001) 'Metaphors and meaning: An intercultural analysis of the concept of teamwork', *Administrative Science Quarterly*, 46, pp. 274–303.

3 For a recent review see: Zhou, W. and Shi, X. (2011) 'Special review article: Culture in groups and teams: A review of three decades of research', *International Journal of Cross-Cultural Management*, 11(1), pp. 5–34.

4 Ancona, D.G. and Bresman, H. (2007) *X-teams: How to build teams that lead, innovate and succeed*, Boston, MA: Harvard Business School Press; Heller et al. (2010) *Op. cit.*; Nemiro, J., Beyerlein, M., Bradley, L. and Beyerlein, S. (2008) *The handbook of high-performance virtual teams: A toolkit for collaborating across boundaries*, San Francisco, CA: Jossey-Bass.

5 Ancona and Bresman (2007) *Op. cit.*

6 Ancona, D., Bresman, H. and Kaeufer, K. (2002) 'The comparative advantage of X-teams', *Sloan Management Review*, 43(3), pp. 33–40.

7 Earley, P.C. and Gibson, C.B. (2002) *Multinational work teams*, Mahwah, NJ: Erlbaum.

8 Kara, A. and Zellmer-Bruhn, M. (2011) 'The role of organizational culture in the success of globally distributed teams', in N.M. Askanasy, C.P.M. Widerom and M.F. Peterson (eds), *Handbook of Organizational Culture and Climate*, (2nd edn), Thousand Oaks: Sage Publications.

9 Evans, P. (1992) 'Management development as glue technology', *Human Resource Planning*, 15(1), pp. 85–106.

10 McLeod, P.L. and Lobel, S.A. (1992) 'The effects of ethnic diversity on idea generation in small groups', *Proceedings of the Annual Academy of Management Meetings*, pp. 227–31; Maznevski, M.L. (1994) 'Understanding our differences: Performance in decision making groups with diverse mem-

bers', *Human Relations*, 47(5), pp. 531–52; Kirchmeyer, C. and McLellan, J. (1991) 'Capitalizing on ethnic diversity: An approach to managing the diverse workgroups of the 1990s', *Canadian Journal of Administrative Sciences*, 8(2), pp. 72–78.

11　Jackson, S.E. and Joshi, A. (2011) 'Work team diversity', in S. Zedeck (ed.) *APA Handbook of Industrial and Organizational Psychology*, 1, pp. 651–86, Washington DC: APA.

12　Janis, I.L. (1971) *Victims of Groupthink*, Boston, MA: Houghton Mifflin.

13　Barnevik, P. (1994) 'Making local heroes international', *Financial Times*, 17 January, p. 8.

14　Cox, T. (1991) 'The multicultural organisation', *Academy of Management Executive*, 5(2), pp. 34–47; Brett, J. Behfar, K. and Kern, M.C. (2006) 'Managing multicultural teams', *Harvard Business Review*, 84(11), pp. 1–8.

15　Adler, N.J. and Gundersen, A. (2008) *International dimensions of organizational behavior*, (5th edn), Ohio: Thomson.

16　Lau, D. and Murnighan, K. (1998) 'Demographic diversity and faultlines: The compositional dynamics of organizational groups', *Academy of Management Review*, 23, pp. 325–40.

17　Maznevski, M.L. and Chui, C. (2013) 'Leading global Teams', in M.E. Mendenhall, J. Osland, A. Bird, G.R. Oddou, M.L. Maznevski, M. Stevens, & G. Stahl (eds) *Global Leadership: Research, Practice, and Development* (2nd edn), pp. 240–59, New York and London: Routledge.

18　Lane, H.W., Maznevski, M.L., DiStefano, J.J. and Dietz, J. (2009) *International management behavior: Leading with a global mindset*, (6th edn) Oxford: Blackwell Publishers.

19　Staples, D.S. and Zhao, L. (2006) 'The effects of cultural diversity in virtual teams versus face-to-face teams', *Group Decision and Negotiation*, 15(4), pp. 389–406.

20　Maznevski, M. and DiStefano, J.J. (2000) 'Global leaders are team players: Developing global leaders through membership on global teams', *Human Resource Management*, 39, pp. 195–208; Richard, O.C. and Johnson, N.B. (2001) 'Strategic human resource management effectiveness and firm performance', *International Journal of Human Resource Management*, 12(2), pp. 299–310.

21　Belbin, R.M. (1981) *Management Teams*, London: Heinemann.

22　Haberstrom, N., INSEAD presentation.

23　Stahl, G.K., Maznevski, M.L., Jonsen. K. and Voigt, A. (2006) 'Unraveling the diversity-performance link in multicultural teams', *Academy of Management Conference*, Atlanta, 11–15 August.

24　Watson, W.E., Kumar, K. and Michaelsen, L.K. (1993) 'Cultural diversity's impact on interaction process and performance: Comparing homogeneous and diverse task groups', *The Academy of Management Journal*, 36(3), pp. 590–602.

25　Belbin (1981) *Op. cit.*

26　Browning, E.S. (1994) 'Side by side . . .', *Wall Street Journal*, 3 May.

27　Gersick, C.G. (1988) 'Time and transition in work groups: Towards a new map of group development', *Academy of Management Journal*, 31(1), pp. 9–41.

28　Snow, C.C., Canney Davison, S., Hambrick, D.C. and Snell, S.A. (1993) *Transnational Teams – A Learning Resource Guide*, ICEDR Report, 30.

29　Canney Davison, S., Snow, C., Snell, S. and Hambrick, D. (1993) *Creating High Performing Transnational Teams: Processes, Phases and Pitfalls*, ICEDR Report, 122.

30　DiStefano, J.J. and Maznevski, M.L (2000) 'Creating value with diverse teams in Global Management', *Organizational Dynamics*, 29(19), pp. 45–63; Maznevski, M.L. and DiStefano, J.J (2004) 'Synergy from Individual differences: Map, bridge and integrate (MBI)', *IMD Perspectives for Managers*, 108, March, pp. 1–4.

31　Maznevski and Chui (2013) *Op. cit.*

32　Lipnack, J. and Stamps, J. (1997) *Virtual Teams: Reaching Across Space, Time, and Organizations with Technology*, New York: John Wiley.

33　For a recent review see Jonsen et al. (2012) *Op. cit.*

34　Maznevski and Chui (2013) *Op. cit.*

35　Carte, T. and Chidambaram, L. (2004) 'A capabilities-based theory of technology deployment in diverse teams: Leapfrogging the pitfalls of diversity and leveraging its potential with collaborative technology', *Journal of the Association for Information Systems*, 5, pp. 448–471; Heller et al. (2010) *Op. cit.*

36　Handy, C. (1995) 'Trust and the virtual organization', *Harvard Business Review*, 73(3), pp. 40–50.

37 Hallowell, E.M. (1999) 'The human moment at work', *Harvard Business Review*, January/February, pp. 58–66.

38 Walther, J.B. (1997) 'Group and interpersonal effects in international computer-mediated collaborations', *Human Communication Research*, 23(3), pp. 342–69; Armstrong, D. and Cole, P. (1995) 'Managing distances and differences in geographically distributed work groups', in S. Jackson and M. Ruderman (eds) *Diversity in Work Teams*, Washington, DC: American Psychological Association.

39 Lea, M.T. and Spears, R. (1992) 'Paralanguage and social perception in computer-mediated communication', *Journal of Organizational Computing*, 2, pp. 321–41.

40 Sproull, L. and Kiesler, S. (1993) *Connections: New Ways of Working in the Networked Organizations*, Cambridge: MIT Press.

41 Stahl, G.K., Maznevski, M.L., Voigt, A. and Jonsen, K. (2010) 'Unraveling the effects of cultural diversity in teams: A meta-analysis of research on multicultural work groups', *Journal of International Business Studies*, 41, pp. 690–709.

42 Hinds, P.J. and Mortensen, M. (2005) 'Understanding conflict in geographically distributed teams: The moderating effects of shared identity, shared context, and spontaneous communication', *Organization Science*, 16(3), pp. 290–307.

43 Montovani, G. (1994) 'Is computer mediated communication intrinsically apt to enhance democracy in organizations?', *Human Relations*, 47(1), pp. 45–62.

44 Maznevski and Chui (2013) *Op. cit.*

45 Meyerson, D., Weick, K.E. and Kramer, R.M. (1996) 'Swift trust and temporary groups', in R. Kramer and T.R. Tyler (eds) *Trust in Organizations: Frontiers of Theory and Research*, pp. 166–95, Thousand Oaks, CA: Sage Publications.

46 Fukuyama, F. (1995) *Trust: The Social Virtues and the Creation of Prosperity*, New York: Free Press.

47 O'Hara-Devereaux, M. and Johansen, R. (1994) Global Work: Bridging distance, culture & time, San Francisco, CA: Jossey-Bass.

48 Canney Davison, S. and Ekelund, B.Z. (2004) 'Effective team process for global teams', in H.W. Lane, M.L. Maznevski, M.E. Mendenhall and J. McNett (eds), *The Blackwell handbook of global management: A guide to managing complexity*, (pp. 227–49), Oxford: Blackwell.

49 Jarvenpaa, S.L. and Leidner, D.E. (1999) 'Communication and trust in global virtual teams', *Organization Science*, 10(6), pp. 791–815.

50 Kanawattanachai, P. and Yoo, Y. (2007) 'The impact of knowledge coordination on virtual team performance over time', *MIS Quarterly*, 31(4), pp. 783–808.

51 Whitener, E. and Stahl, G.K. (2004) 'Creating and building trust', in H.W. Lane, M.L. Mazneveski, M.E. Mendenhall and J. McNett (eds) *The Blackwell Handbook of Global Management: A Guide to Managing Complexity* (pp. 109–20), Malden, MA: Blackwell.

52 Mayer, R.C., Davis, J.R. and Schoorman, F.D. (1995) 'An integrative model of organizational trust', *Academy of Management Review*, 20(3), pp. 709–34.

53 Doney, P.M., Cannon, J.P. and Mullen, M.R. (1998) 'Understanding the influence of national culture on the development of trust', *Academy of Management Review*, 23(3), pp. 601–20.

54 Ibid.

55 Javidan, M., Stahl, G., Brodbeck, F. and Wilderom, C.P.M. (2005) 'Cross-border transfer of knowledge: Cultural lessons from Project GLOBE', *Academy of Management Executive*, 19(2), pp. 59–76.

56 Maznevski, M.L. and Chudoba, K.M. (2000) 'Bridging space over time: Global virtual team dynamics and effectiveness', *Organization Science*, 11(5) pp. 473–92.

57 Johnson, S.K., Bettenhausen, K. and Gibbons, E. (2009) 'Realities of working in virtual teams: Affective and attitudinal outcomes of using computer-mediated communication', *Small Group Research*, 40, pp. 623–649

58 Caproni, P.J. (2001) *The Practical Coach*, Upper Saddle River: Prentice Hall, pp. 270–71.

59 Maznevski, M.L. and Chudoba, K.M. (2000) 'Bridging space over time: Global virtual-team dynam and effectiveness', *Organization Science*, 11, pp. 473–492.

60 Canney Davison, S. and Ward, K. (1999) *Leading International Teams*. London: McGraw-Hill, p. 156

61 Maznevski, M.L. and Chudoba, K.M. (2000) 'Bridging Space Over Time: Global Virtual Team Dynam and Effectiveness', *Organization Science*, 11(5), pp. 473–492.

62 Jonsen et al. (2012) *Op. cit.*

63　Meitu, A. (2000) 'Faraway, so close: Code ownership over innovative work in the global software industry', unpublished dissertation, The Wharton School, University of Pennsylvania.

64　Hackman, J.R. (1987) 'The design of work teams', in J.W. Lorsch (ed.) *Handbook of Organizational Behavior*, New York: Prentice Hall, pp. 315–41; Gladstein, D.L. (1984) 'Groups in context: A model of task group effectiveness', *Administrative Science Quarterly*, 29, pp. 499–517; Lane et al. (2009) *Op. cit.*

65　Ancona and Bresman (2007) *Op. cit.*; Heller et al. (2010) *Op. cit.*

66　Evans, P.A.L. (1993) 'Dosing the glue: Applying human resource technology to build the global organization', in *Research in Personnel and Human Resources Management*, Supplement 3, Greenwich, CT: JAI Press, pp. 21–54.

67　Orleman, P., personal communication.

68　Meyer, H-D. (1993) 'The cultural gap in long-term international work groups: A German–American case study', *European Management Journal*, 11(1), pp. 93–101.

69　Ibid.

70　Orleman, P.A. (1992) 'The global corporation: Managing across cultures', Masters thesis, University of Pennsylvania.

71　Earley, P.C. (1993) 'East meets West meets Mideast: Further explorations of collectivistic and individualistic Work Groups', *Academy of Management Journal*, (36)2, pp. 319–48.

72　'Doing business in Japan', video produced by the Japan Society: New York.

73　Canney Davison et al., *Op. cit.*, p. 125.

74　Altier, W.J. (1986) 'Task forces: An effective management tool', *Sloan Management Review*, Spring, pp. 69–76.

75　Meyer, *Op. cit.*, p. 100.

76　Black, J.S. and Mendenhall, M. (1993) 'Resolving conflicts with the Japanese: Mission impossible?', *Sloan Management Review*, Spring, pp. 49–59.

77　翁天成．"联想在美国建总部"，《环球时报》，2005 年 5 月 4 日第 12 版．

78　Schweiger, D.M., Sandberg, W.R. and Rechner, P.L. (1989) 'Experiential effects of dialectical inquiry, devil's advocacy, and consensus approaches to strategic decision making', *Academy of Management Journal*, 32, pp. 745–72.

79　Stahl, G.K. and Brannen, M.Y. (2013) 'Building cross-cultural leadership competence: An interview with Carlos Ghosn, *Academy of Management Learning & Education* 12, pp. 494–502.

80　Evans, *Op. cit.*

81　Canney Davison et al., *Op. cit.*

82　Nelson, M. and Browning, E.S. (1990) 'GE's culture turns sour at French unit', *Wall Street Journal*, 31 July, p. 4.

83　Snow et al., *Op. cit.*, p. 22.

84　Meyer, *Op. cit.*, p. 98.

85　Ibid., p. 96.

86　Irene Rodgers, personal communication.

87　Donnelon, A. (1996) *Team Talk*, Boston, MA: Harvard Business School Press.

88　Canney Davison, S. (1994) 'Creating a high performance international team', *Journal of Management Development*, 13(2), pp. 81–90.

89　Botti, H. (1992) 'The internationalization paradox in Parodi: A research tale', *Scandinavian Journal of Management*, 8(2), pp. 85–112, p. 106.

90　Canney Davison (1994) *Op. cit.*

91　Orleman, *Op. cit.*, p. 30.

92　Main, J. (1989) 'How 21 men got global in 35 days', *Fortune*, 11 June, pp. 57–60.

93　Yasuyuki Inoue, 'Searching for synergy effects from cultural diversity', INSEAD MBA thesis, 9.

94　Graham, J.L. (1985) 'The influence of culture on business negotiations', *Journal of International Business Studies*, XVI(1), pp. 81–96.

95　De Meyer, A. (1991) 'Tech talk: How managers are stimulating global R&D communication', *Sloan Management Review*, Spring, pp. 49–58.

96 De Meyer, *Op. cit.*, p. 56.

97 Jonsen et al. (2012) *Op. cit.*

98 Montoya, M.M., Massey, A.P., Hung, Y.-T.C. and Crisp, C.B. (2009) 'Can you hear me now? Communication in virtual product development teams', *Journal of Product Innovation Management*, 26(2), pp. 139–55.

99 DiStefano and Maznevski (2000) *Op. cit.*, p. 55.

100 Canney Davison, S., personal communication.

101 Maznevski, M. and Zander, L. (2001) 'Leading global teams: Overcoming the challenge of power paradoxes', in M. Mendenhall, T. Kuehlmann and G. Stahl (eds) *Developing Global Business Leaders: Policies, Processes, and Innovations*, Westport, CT: Quorum Books.

102 Thomas, K. (1976) 'Conflict and conflict management' in M. Dunnette (ed.) *Handbook of Industrial and Organizational Psychology*, pp. 889–935, Chicago: Rand McNally.

103 Gladwin, T.N. and Walter, I. (1980) *Multinationals Under Fire*, New York: John Wiley.

104 Black and Mendenhall, *Op. cit.*

105 Jehn, K.A. (1997) 'A qualitative analysis of conflict types and dimensions in organizational groups', *Administrative Science Quarterly*, 42(3), pp. 530–57.

106 De Dreu, C.K. and Weingart, L.R. (2003) 'Task versus relationship conflict, team performance, and team member satisfaction: A meta-analysis', *Journal of Applied Psychology*, 88(4), pp. 741–49.

107 Canney Davison et al. (1993) *Op. cit.*

108 Barsoux, J-L. (1993) *Funny Business: Humour, Management, and Business Culture*, London: Cassell.

109 Canney Davison (1994) *Op. cit.*, p. 133.

110 Maznevski, *Op. cit.*

111 Donnelon, *Op. cit.*

112 Kirchmeyer and McLellan, *Op. cit.*

113 Canney Davison et al. (1993) *Op. cit.*, p. 135.

第 11 章

"全球"组织

由于 80% 的销售收入和 80% 的员工在德国之外，因此我们正在变成一家真正的全球公司……我觉得那展示和强调了在汉高公司内部，文化扮演着一个多少重要的角色。从作业平台一直到股东委员会，我们把文化带到了我们的议事日程里并对它进行讨论，因为我们打心底里相信是它让我们成为一家更有竞争力的公司。[1]

——罗思德（Kasper Rorsted），德国汉高公司前 CEO

迄今为止，在本书的第三部分中，我们主要探讨了个人和团队如何管理文化差异，在第 9 章中我们曾经提出这样几个问题：管理者个人对文化差异会做出什么样的反应？无论在本土还是海外，哪些因素使得他成为一个卓有成效的国际经理人？在哪里可以找到这些能力？以及可以怎样培养这些能力？

在第 10 章中我们分析了多元文化团队存在的理由，并且深入探究了由处于不同地点和不同文化的成员所组成的团队要面对的挑战。我们描述了文化差异无论是在任务战略还是在过程战略方面都会影响团队的运营。然后，我们就如何管理文化差异提出了一些建议，使得团队可以捕捉不同的视角和观点，以实现更好地解决问题的承诺，以及实现更大的创新和创造。

现在我们要应对的问题是组织如何来管理文化上的差异？最好的战略是什么？是什么让它成为一个国际化的或者说真正的全球化公司？组织实际上是如何去做的？我们从跨国公司经常用来管理全球一体化和当地响应性这一对矛盾的基本方法开始：全球组织、多国组织、国际组织以及跨国组织。然后，我们为管理文化差异提出三个组织层面上的战略：忽略、最小化或利用差异。这些策略，或多或少地都被国际管理学者明确地讨论过，内嵌在总部和子公司之间关系的本质之中，而这又往往与国际化的不同阶段相对应。

11.1 从民族中心到全球中心：走向全球化

早些时候，希南（Heenan）和珀尔马特（Perlmutter）将跨国公司总部和子公司之间的关系分成下面四类：民族中心型（ethnocentric）、多国中心型（polycentric）、区域中心型（regiocentric）和全球中心型（geocentric）。[2] 如果集团总部和子公司之间的关系是以总公司所在地的民族为中心的，公司里所有的政策和流程都由最高层发布（即总部决定做什么和怎么做），则是民族中心型的结构；多国中心型则意味着总部与子公司之间的双边关系是多中心的，政策和流程的执行更多的由地方子公司决定（即总部决定做什么，而子公司决定怎么做）；在区域中心型情况下，区域总部充当缓冲器，在总部和特定区域的东道国子公司之间进行协调和沟通，这些特定的区域可以是东北亚、拉丁美洲和中东欧。在全球中心型关系较为普遍的地方，公司的政策和流程，即做什么和怎么做，是由集团总部和子公司或者是各个子公司之间一起参与而制定出来的。

这四种不同的方法随着时间的推移和跨国公司海外业务的拓展而逐渐演变。许多公司最初用民族中心型的方法，而当它们发现其所在海外市场在产品标准、市场需求或者游戏规则等方面都非常不一样时便改用多国中心型方法；区域中心型方法的出现则是为了使在某一特定区域的几个国家的业务合理化或者达成更好的协作；当今许多公司采用全球中心型的方法，即建立全球产品分部或全球业务单元结构，以期达到更高的全球一体化经营的水平。然而矛盾的是，建立全球业务分部或全球产品分部的方法似乎是回到了民族中心型的方法，尤其是当其全球业务分部被迁回母公司所在的国家时。

基于这一框架，沃顿商学院的史蒂夫·科布兰（Steve Kobrin）教授开发了一个以人力资源管理政策（比如第三国员工的比例、非美国人高管比例，以及地域范围（国外销售额比例以及国外员工比例））为基础的全球中心"思维模式"的测量方法。[3]他在 20 多年前对 65 家美国《财富》500 强公司的调查中发现，采用全球中心型方法的公司非常重视文化适应性以及管理文化多样性的能力，并将此作为选聘人员的标准。这些公司往往可能涉及信息密集型的行业和活动，比如研发和广告。

这些总部和分公司之间关系的不同模式驱动着跨国公司管理开发标准化的产品和政策（全球一体化）还是回应东道国当地的消费品位和需求（当地响应性）这一经常相互冲突的需求，管理学家普拉哈拉德（Prahalad）和多斯（Doz）[4]以及巴特利特（Bartlett）和高沙尔（Ghoshal）[5]都曾经探讨过这一问题。此外，在管理这些相互冲突的需求的同时，跨国公司必须寻找方法来激励创新和学习：从全球到当地（在总部开发，然后散播到各地的子公司），或者是当地对当地（由子公司为本地市场而开发），或者是从当地到全球（在某地为本土开发的产品或政策扩展到组织内所有其他地域），或者是"反向创新"。鉴于存在这些可能的选项，总公司和子公司之间的关系能够更好地差异化，事实上，我们可能需要重新考虑总公司和子公司的角色了。

11.2 平衡全球一体化与当地响应性

在全球市场中竞争的公司必须平衡两股力量之间的张力：推动全球一体化和标准化的力量，以及为应对当地市场所需的响应性和灵活性的压力，如图 11-1 所示。

这被称为"全球化–本土化窘境"。重要的商业决策是否应该集中在总部进行？为了实现规模经济效益或者帮助打造一个全球品牌，公司的营销战略、生产系统和管理实践应该在全球规范进行标准化或协调吗？还是应该在本土进行关键的决策来迎合不同市场的客户的需要或者充分利用当地的资源？很明显，这些战略定位之间存在着张力，因为同时实现高度标准化和当地响应性的可能性并不是一直存在的。举例来说，规模经济效益的获得往往需要进行大规模的重组并关闭当地的某些运营部门。

正如巴特利特和高沙尔在他们对跨国公司的经典研究中所证明的，尽管一家公司必须应对这些力量的程度在很大程度上取决于其所在行业的经营特点，但所有进行跨境经营的公司都要受到全球一体化和本土响应性压力的影响。[6]基于他们对这些相互竞争的需求的回应方式，公司可以被划分为全球公司、多国公司、国际公司或者跨国公司，如图 11-2 所示。

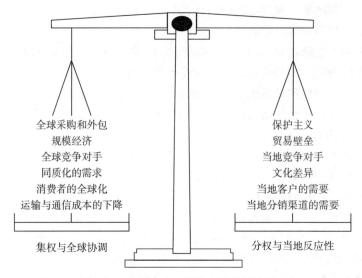

图 11-1　平衡全球一体化与当地响应性

资料来源：*The Global Challenge*: *Building the New Worldwide Enterprise*, McGraw-Hill(Moran, R.T. amd Riesenberger, J. R. 1995) © 1995 The McGraw-Hill Companies, Inc.

　　一个遵循全球战略进行发展的公司高度依赖于其很多价值链活动的整合和协调。例如，口味上的趋同（汉堡包或者比萨）为麦当劳或者必胜客那样的跨国公司的全球一体化战略提供了支持。然而，消费者口味的趋同并不一定表明其"同质化"，即每样东西无论在哪里都应是一样的。例如，在某些国家，去麦当劳吃饭被视为一种高档的用餐体验，而在另一些国家，它只是一种家庭外出时的简便选择或者是对孩子需求的迁就。虽然某些时候德国人与英国人可能喝更多的葡萄酒，而法国人与意大利人则喝更多的啤酒，但他们之间的消费模式还是截然不同的：平均而言，每个德国人消费的啤酒

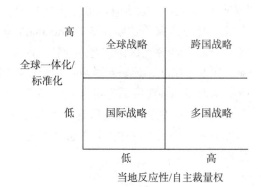

图 11-2　国际战略选择

资料来源：Barlett, C. A. & Ghoshal, S.(1989) *Managing Across Borders* : *The Transnational Solution*, Boston, MA; Harvard Business School Press.

是意大利人的 6 倍，而每个法国人消费的葡萄酒是英国人的 6 倍。

　　今天，在本土响应性和总部集中控制之间找到恰当的平衡是跨国公司正在面临的窘境，并不是所有的公司都能保持合适的平衡，有时候公司可能从一个极端滑到另一个极端，可口可乐公司就曾经是这样的一个例子。根据《华尔街日报》的报道，虽然可口可乐公司前首席执行官郭思达（Roberto Goizueta）确信可口可乐将销往世界各地，可消费者还是在本地饮料上消费得更多，并变得对价格更加敏感和更具民粹思想。他们自以为拥有全世界最伟大的品牌，这使得可口可乐公司变得过于自大。过去，这一心态导致他们疏忽了当地的口味偏好，对产品质量危机（比利时）的反应也不够迅速，还失去了收购国外公司的机会，如法国汽水公司法奇那（Orangina）和吉百利史威士（Cadbury Schweppes）的海外业务。这些问题的发生可以归结于前首席执行官道格拉斯·英凡斯特（Douglas Invester）对可口可乐作为全球公

司运营所处的政治和文化现状一窍不通，随后他便因此而被撤职。[7] 杜达富（Douglas Daft）接掌首席执行官大权后，开展了一场激进的变革，走向权力的分散化，第一个信号是他宣布负责亚洲和欧洲地区的高管可以常驻各自所管辖的区域，而不用生活在美国的亚特兰大（可口可乐公司总部所在地）。市场营销的权力也开始下放，因此可口可乐更关注当地的口味偏好，也希望本土品牌能承担比过去更加重要的作用。[8]

今天，可口可乐（软饮料）的标志性红色商标和标志性风格在世界大部分地方都随处可见。但今天，可口可乐公司在世界各地拥有几百个品牌（500 个饮料品牌和 15 个价值十几亿美元的独立品牌），为不同地区不同口味偏好的顾客量身定制产品，客户服务也迎合了特定市场的需要（例如日本的自动贩卖机渠道）。因此，虽然可口可乐公司是一家非常一体化和高度集权的公司，但它也是一家能很好地迎合特定市场需求的公司，成为巴特利特和高沙尔所说的"跨国公司"。尽管非常注重当地的需求，可口可乐公司仍然是具有普遍吸引力的全球品牌，正如首席执行官穆泰康所说：

> 可口可乐已经远不仅仅只是一个产品，它代表着一种普遍意义上的清爽饮品和焕发的精神，代表着欢乐的时光。我曾在内蒙古自治区的呼和浩特参加一个工厂的剪彩仪式，整场仪式更像是一场狂欢：可口可乐要来了！对所有人来说，这似乎都意味着更美好的未来。并不是说可口可乐代表着美国，它是一种乐观主义精神的独特体现。[9]

随着可口可乐品牌在印度和泰国的提升，2012 年可口可乐公司的销售收入达到了 480 亿美元，这无疑与公司到 2020 年将销量翻一番的愿景相一致。

研究表明，许多跨国公司似乎也在朝着这一方向前进。例如，关于全球最佳实践的大规模研究发现，样本中的大部分公司（北美、欧洲和亚洲的一流的跨国公司）虽然感受到了需要适应它们所在市场的当地情况的压力，但仍朝着更强的全球一体化方向在发展。[10] 以普华永道（PriceWaterhouseCoopers）和毕马威（KPMG）这样的全球会计师事务所为例，在过去这几年里，这些事务所在审计和会计中越来越多地采用了全球标准，但它们仍然需要考虑并且遵守当地的法律和规则。显然，无论是可口可乐公司还是毕马威，如今大多数公司面对的一个重大挑战是在全球化的同时也需要本土化，即"全球本土化"（glocal）。

在把公司划分为"全球""多国"或者"跨国"公司的时候，重要的是在脑子里要记得每家公司都是由产业价值链里的许多经营活动所组成的，无论其行业是什么，有些经营活动需要全球一体化集中经营，有些则需要在全球层面进行协调但在运行上是分散和独立的，而还有一些则需要去中心化，最好不要通盘考虑协调。[11] 例如，可口可乐公司的某一些活动（如可口可乐品牌）可能要在全球集中的基础上才能进行最好的管理，另外一些需要跨国协调进行管理（如人才管理），而还有一些则最好去中心化，由本地进行管理（例如在该市场引入哪些种类的饮料来形成产品组合或者如何管理与零售商之间的关系）。公司运营中的一些零碎环节可以外包出去并通过正式合同整合到整个价值链活动之中，像苹果公司甚至将整个制造环节外包给了富士康。[12]

当跨国公司在平衡全球一体化的需求和当地响应性之间的张力之时，也必须重新考虑总部与子公司在促进创新和学习中所承担的角色。这意味着公司需要创建一个复杂的包含各种选择及可能性的菜单，并能够识别地域上分散的业务单元之间的协同性联系，以及在这些单元之间传递和分享知识。这在公司的许多有着众多多样性特别是文化多样性的区域之间建立起了复杂的相互依赖关系，为管理者带来了跨文化的挑战。

11.3　管理文化差异的策略

隐含在管理全球一体化和当地响应性这对矛盾背后的还有追求组织的创新和学习，这些不同方法背后是管理文化差异的不同战略：忽略、最小化和利用。内嵌在这些战略之中的是不同的文化假设：文化与经营是不相干的，文化被看作一个问题或一种威胁，文化是一个学习的机会甚至是竞争优势的源泉。我们将这些文化假设与相应的经营活动的特点列在表 11-1 中。

表 11-1　管理文化差异的战略

	忽略	最小化	利用
假设：文化是	不相关的	问题或者威胁	机会和竞争优势的来源
总部/子公司之间的关系	民族中心型	多国中心型/区域中心型	全球中心型
预期的收益	标准化 全球一体化	当地化 当地响应性	创新和学习
评价绩效的标准	效率	适应性	协同
沟通	从上往下	从上往下 从下往上汇报	所有的渠道
主要的挑战	获得认可	实现连贯性	发挥差异的杠杆作用
主要的担忧	不灵活 错失机会	碎片化 重复劳动 失去潜在的协同	混乱 摩擦

当许多公司同时运用多种战略的时候，思考一下在多大程度上实现了国际化的战略并实现了"真正全球化"的抱负，这一点对于公司来说非常重要。通过弄清用来管理文化差异的隐含的战略，公司可以对自己进行质疑和反思，以至于不会丢失创造竞争优势的机会。尽管今天许多公司都在"谈论全球化"并拥护"多样性的价值"，但就利用文化差异而言，仍然是说的比做的要多。

11.3.1　忽略文化差异：生意就是生意

当跨国公司选择忽略文化差异时，支持他们这么做的出发点是：生意就是生意，全世界所有的经理、工程师和银行家都是一样的。他们认为，由于经济和技术的发展、对现代化的普遍渴望，以及通过管理学教育和管理咨询所带来的专业知识的普及，管理实践越来越趋同。

对这些跨国公司而言，在公司所在的母国决定的政策和实践是可以轻而易举地移植到其他地方的，那些在东道国的子公司只要不折不扣地执行就行了。它们争辩，为了保证产品的质量、坚持客户服务水平和技术标准、保证企业的价值观能够被世界各地的员工所分享，这样做是很有必要的。这类公司甚至可能建立自己的培训中心或企业大学，向员工反复灌输必要的管理知识和实践技能，以及期望的行为和价值观。尽管从表面上看，行为、价值观和信仰似乎得到了尊崇，但并没有证据表明所有员工都真正地共同拥有和分享那些隐含的基本文化假设。[13]

美国的跨国公司如迪士尼提供了这种管理文化差异的战略的最佳例子。在表象和行为层面上，我们可以看到他们严格坚持必须穿制服这样的着装规范以及标准化的流程。例如，迪士尼的管理人员在踏上法国的土地之后就要求员工遵循其在美国和日本一样的着装规范：淡妆而不能浓妆艳抹，不留长指甲也不涂有色指甲油，女性耳环不超过 1 欧元硬币的大小（男性不能戴耳环），每只手上最多只能有一个戒指，女性不可以穿深色丝袜，男性不可以留长发和蓄须，所有这些规定都详细地列在了一份长达 9 页的文件之中。迪士尼甚至将淋浴场景放在招聘新成员的视频之中，用来传递巴黎迪士尼乐园的演艺成员必须表现得"每一天都干净清新"以维护迪士尼"一尘不染"的形象。[14] 但这么做在法国员工中引发了不小的骚动，并将不悦告上了法庭。人们可以理解在"舞台"上（乐园内）的演职人员应注意个人仪表和着装规范，但这些政策也要包括管理人员在内的全体办公室职员遵守（其实在这里我们也看到了一些美国人强调普遍主义的影子）。

即使是乐园里的消费者（"客人"）也被要求举止得体，许多告示牌时刻提醒着游客不能在排队等待节目时吃东西，也不能将食物带入公园内，即使气温高达 40 摄氏度也必须穿着衬衫等。管理游客的责任不仅由不引人注目的保安，也由打扫卫生的清洁工来承担。迪士尼控制了整个"演员队伍"，而这些"演员"反过来控制了"游客"。[15] 其对言语（"演员""舞台"和"客人"）煞费苦心的关注也是一个标志，指示着对这些表象和行为的尊崇所要达到的程度。而员工要在乐园边上的迪士尼大学接受大量密集的培训，严格遵循剧本的描述进行培训。

将流程标准化也被看作一件神圣的事情。麦当劳的汉堡包大学将烤制汉堡肉饼时翻动的时间和服务提供的时间精确到秒以下，并且以竞赛的方式来鼓励这种精确的精神。环境的清洁标准必须不折不扣地执行，用于炸薯条的马铃薯的味道和大小都要符合一定的要求以保证产品的质量标准。因此，由于本地出产的马铃薯个头太小，最初在俄罗斯的麦当劳不得不从美国购买马铃薯，直到他们能够从相对"临近"的荷兰找到合适的马铃薯为止。[16] 现在，在大多数地方，原料都是当地出产的，这也为当地的经济发展做出了贡献。

当许多顾客对麦当劳在世界各地的产品质量、服务水平和环境洁净的一致性表示赞赏的同时，它的本地化适应也正在变得越来越明显。麦当劳位于慕尼黑的一家食品工厂正努力为40 多个欧洲国家的不同口味开发新的菜品。[17] 它还推出了更健康的食物和产品以迎合当地口味，比如沙拉、在印度的无牛肉馅饼汉堡、在中东地区的皮塔饼包裹的"McArabia"三明治（见图 11-3）。在亚洲，一些麦当劳餐厅根据"风水"的原则进行了重新的设计，而且还提供本土食物，例如鸡肉饭。[18] 在有些国家，如印度和韩国，你甚至可以享受送货上门服务。大部分改变看起来似乎都很微小，依旧存在的问题是：在麦当劳变得不再是麦当劳之前，你能有多少可以调整？

虽然这些公司可以为了满足顾客的需要而做出让步，但他们很少愿意为雇员做同样的事情。当地适应性改造只是在情势所迫的情况下才不得不为之，总部对子公司盛行的态度是"普遍主义"（即总存在一个最佳的方法，且是放之四海而皆准的）和"民族中心主义"（即在公司所在的母国经过尝试和测试的做法也一定能在其他地方取得预期的成效）。

也许，有另外一些很成功的跨国公司的例子，它们并没有对文化差异进行过多的关注。在这些公司中，经理没有看到许多证据证明文化会导致经营上的差异，至少不必为此担忧。事实上，竞争优势被认为是源自以标准化的方式在全世界各地运营，这在某些工程技术驱动的行业似乎特别正确，比如说石油或建筑业，或者是通信这样的高科技行业，或者是经营依赖于遵循某些国际标准（如 ISO 9000）的行业。事实上，许多跨国公司都设法聘请会计事务所，而这些事务所承诺在全球各地都采用同样的标准和流程。来自麦肯锡或埃森哲等公司的咨询顾问则将他们企业文化（即便不是美国国家文化的话）的强烈印记带到了世界各地。其实，竞争优势也可来自提供一种与本地的产品和服务不同的方案。例如，当花旗银行的私人银行部门在日本刊登广告，指明只为富裕人群服务时，被日本当地的银行指责为歧视。在一个 90% 以上的人都认为自己是中产阶级的国家，银行通常都步调一致地提供"一刀切"的无差异化的金融产品。在日本，比较式广告被认为是粗俗的，大家都有意避开，所有公司都试图打造一种邻家朋友的形象：平实和可靠。花旗银行这种反其道而行之的做法相当成功，能成为花旗银行的客户让人自认为是社会的精英，因此吸引了很多的客户。[19]

图 11-3　麦当劳为适应当地文化而推出的产品

资料来源：https://www.telegraph.co.uk/business/2016/02/11/revealed-the-secret-menu-items-you-didnt-know-you-could-order-at/the-mcarabia-served-in-mcdonalds-branches-in-the-middle-east/.

保护品牌形象与满足顾客的期望和需求可能是忽视文化差异的另一个原因。例如，星巴克在欧洲面临的最大挑战之一是被认为需要去迎合当地的口味。然而，为了更好地了解咖啡爱好者不同的想法和需求，星巴克欧洲市场首席运营官米歇尔·盖斯（Michelle Gass）访问了欧洲，然后她说：

在有根深蒂固的咖啡馆文化的市场中，像巴黎或维也纳，我期待听到更多的 [口味] 要像他们一样的要求……但我听到了完全相反的话：人们想要真正的星巴克体验。[20]

存在着"一个最佳方法"的假设意味着管理实践只需要微调以达到最佳的效能就可以了。一项对美国公司的 8 个海外并购交易的研究发现，尽管文化差异很容易被识别出来，但似乎并没有对运营产生重要的影响。问题会轻而易举地被归因于情景、结构和政治因素。只有当它们能够改善相互的尊重和沟通时，对文化差异的敏感性和解决相关问题的愿望才会被认为是重要的。这一发现使得人们建议要遵循的黄金法则[○]是：找到正确的战略和结构、适当的人际关系敏感性和沟通、限制公司政治，以及保持管理上的自主权。[21]

在另外一些方面，文化差异又可能成为廉价的借口，为失败背锅。很典型的就是文化

○　黄金法则（golden rule）指的是为了获得成功所需要遵守的一个基本原则。

问题被用来解释跨国合并的失败，而事实上，合并的优点可能在一开始就是被人怀疑的，或者交易破灭的真正原因是双方的首席执行官在权力分享的安排上没能达成协议。用文化因素来解释企业合并的失败就像是用志趣不合来解释婚姻的失败一样。因此，我们应该要透过表象看本质，要更深入地挖掘和揭示隐含的问题，去发现文化因素可能如何在其中起着某种作用。当我们在海外执行政策和流程时，如果没能考虑到文化差异带来的潜在影响，可能会付出昂贵的代价。

因此，尽管关于巴黎迪士尼乐园最初的问题是文化问题还是战略问题，抑或是财务问题的争论还在继续，一位迪士尼高管说，如果他们在建立之前而不是之后考虑文化上的差异，公司应该能够节省下数百万美元。这是曾经被派往国外拓展业务的管理者常有的哀叹。某些麦当劳产品的成分，如"牛肉味"薯条，导致在西雅图的印度教徒提起诉讼并在印度引发了打砸麦当劳的行为。这个例子显示了文化被漠视时所遭遇到的危险。尽管有人会质疑前面讨论的做法中的文化敏感性，但无论是迪士尼还是麦当劳的不折不扣的"美国"文化使它们很容易成为反美和反全球化的抵制运动和攻击的目标。因此，忽视文化差异或者在把"我们的做事方式"强加给他人时，我们应该认真地考虑其潜在后果。

11.3.2　把文化差异最小化

管理文化差异的另一种战略是设法将其带来的影响最小化。这种方法承认文化差异的重要性，但本质上认为它带来的主要是问题，是对运营效率和有效性的威胁。设法将文化差异最小化意味着要找到某种方法将差异同质化来创建同一性或者是将各种文化孤立开来，使其相互隔离，从而减少潜在的冲突。这可以通过建立"全球一致的"企业文化或在严格的财务控制和报告体系基础上允许海外子公司在管理方面实施自治来达到。

这些公司认为，强有力的公司文化可以充当一个大熔炉，减弱不同的国家文化带来的影响，或者觉得只要子公司能够达成业绩，母公司就可以允许它们"做自己想做的事情"（多元中心模式）。然而，无论是标准化的制度和流程还是全球一致的企业文化，很难不受总部所在国家的管理实践和文化的影响，这就使其看上去像民族中心主义模式了。正因为如此，将公司管理实践、制度和价值观标准化的努力往往受到抵制。

1. 创建一个全球一致的企业文化——大熔炉

通用电气是一家致力于建立全球一致的文化以确保其在全球范围内成功的公司。

> 通用电气"……正在努力把自己打造成一家真正全球化的公司。通用电气的方法就是：采取一种共同的企业文化，将它移植到许许多多当地的土壤中，然后通过培育当地人才，使它成长，去适应当地的条件"。不过在少数几个方面，通用电气是高度集权的，这些方面包括：核心价值观、财务目标、关于员工选聘和培养的详尽流程以及某些举措，如"六西格玛"质量计划……每一个区域的经理都被要求在这些全球标准范围内运营其业务，那些核心价值观是不可讨价还价的……通用电气最有力的全球武器之一是其所谓的跨境杠杆作用——更有效地利用人员、流程和产品来提升在其他国家的业务。在过去几年里，通用电气将其在海外的一半美国员工派回美国。这被认为是全球化的一个巨大好处。[22]

有些公司倾向于选择从母公司派遣高级管理人员来领导当地的子公司，因为这些被派遣的人已被充分"社会化"，可以充当文化传递的代理人，或者说是总公司文化的正式传播者和守护人。[23] 这通常是欧洲公司采用的方法，更加依赖于规范的（基于公共的标准和价值观）行为控制而不是通过汇报控制，后者被认为更具算计性和强制性。[24] 母公司的高管可能经常访问子公司，与当地管理人员见面讨论公司近况，使用人际交往的方式来解决问题或帮助让事情回到正常的轨道。当地管理者也可能被邀请"回家"，去总部度过一段时间，熟悉母公司的政策和流程并使他们全身心地融入公司期望的行为和价值理念之中。

许多日本公司就试图把地方文化差异带来的影响最小化，他们采用的方法是：一方面总部和外派的日籍员工之间密集地互动，另一方面对当地员工进行强有力的社会化。子公司领导人绝大多数是日籍的，与母公司保持着密切的接触，经常（很多时候每个月）回总部，因为获得即时的信息和保持人际关系网络对于完成工作是至关重要的。当地的员工则经过仔细的筛选以确保他们能够吻合公司的价值观和行为规范。当地员工将接受密集的培训，培训不仅涵盖工作技能，而且还包含哲学思想，然后还经常会被派到日本去直接观察和体验日本的做事方法。然而，对于许多非日籍经理，即便是那些可以说一口流利日语的经理，根据他们的日本同事的说法，仍然没有足够丰富的经历来建立起必要的关系网，而且不可能真正理解日本的做事方法。[25]

根据布莱克（Black）和莫里森（Morrison）的观点，[26] 20世纪90年代日本跨国公司取得成功的原因可能是对"做事方式的专心投入"，这也许可以从另一个角度解释日本跨国公司近年来的问题。那些做事方式在日本本部提供了目的和动机、管理关系的规则、期待的行为等，并使其最初在海外取得了成功；因此，许多日本的高管认为在海外获得成功的关键是在他们的海外分支机构复制这些做事方式。他们不去雇用对当地市场有经验的经理，而是外派了大量的日籍雇员去展示"做事方式"，并招募遵循这一做事方式的当地管理者。这可能是东芝、日本电气和松下等几家公司的手机部门失败的部分原因，因为他们没有寻求或听从本土的真知灼见。只有索尼成功了，但它是与爱立信建立了合资企业。这为中国（海尔）和印度（信实工业）等来自新兴市场的跨国公司提供了警示，由于相对封闭的国内市场、温顺的劳动力和同质化的高层管理团队，他们的做事方式可能会在其国内运作良好，但是在国外，就可能构成失败的风险。[27]

尽管这些方式可能会将国家文化的差异考虑进去，他们的目的是要把这些差异消化吸收到凌驾于一切之上的企业文化之中。这种为了减少文化差异而建立强有力的企业文化的努力往往会遇到阻力，因为母公司的文化仍然起着主导作用，而它通常是嵌入国家文化之中的，这使本地的经理感觉在自己国家里自己还像是少数民族似的。即使在大熔炉里调制企业文化，国家文化差异也只是倾向于被吸收而不是被加以利用，因此，文化差异或许类似于增添了一些香料，但存在丢失原有的特殊风味的危险。

2. 独立且平等——文化隔离

另外一种把文化差异影响最小化的方法是把不同的文化隔离开来，从而避免冲突的发生。这种方法反映了母公司和子公司之间多元文化共存的关系，只要能达成业绩目标，每个地方的公司都有自主权对本地的运营做出决策，做他们自己认为合适的事。换句话说，母公司决定应该做什么，而子公司可以自由裁量如何做；因此，战略的制定是集中的，而战略的执行却由当地去决定。如果由于历史或战略的原因使得该地的业务很重要的话，那么公司往往就会采用这种方法。接近客户可以具有灵活性以适应其需求，而接近当地政府则可以提供持续性。

我们可以看看雀巢的案例。雀巢的许多品牌都是全球化的,但在许多国家,雀巢往往也被认为是一家本土的公司。雀巢在全世界拥有 8 000 个不同的品牌,只有 750 个在一个以上的国家注册。雀巢的运营是基于不存在一个全世界通行的标准口味这一假设,因此,产品配方在国与国之间,甚至在一国之内也可能有很大的变化。[28] 前首席执行官包必达主张,由于人们有基于独特文化和传统的本土口味,那么决策的制定就需要下移:"我们无法从沃韦Θ的办公室与远在越南的消费者建立情感联系。"[29]

雀巢现任首席执行官保罗·薄凯(Paul Bulcke)维持着雀巢的核心价值观——分权:

> 总部的工作就是成为塑造、界定和思考的平台,沃韦(公司总部)这里没有合同谈判,这些全都由不同市场来处理。我们的工作就是确保所有的能量都是协调一致的,并为前进的方向提供指导。

因此,雀巢赋予其"市场首脑"(国家经理)在与顾客打交道时拥有高度自主权。在某些较小的国家,国家经理"几乎有着类似于大使的官方地位"。[30] 经理在远离总部的地方实现他们的职业生涯,在不同的区域工作 4 ~ 5 年,区域经理要在发达国家与发展中国家之间不断轮换。在很早的时候,雀巢前任首席执行官赫尔穆特·毛赫尔(Helmut Maucher)坚持认为"培养一批能够跨国经营的亚洲管理者远比派遣美国或者欧洲管理者去那儿重要得多……他们永远不可能比当地人更了解当地文化"。

雀巢的合作及并购方式也体现了雀巢对本地价值理念的尊重。举例来说,2012 年,雀巢与中国一家拥有 2.4 万名员工的糖果公司建立了合作关系,首席执行官保罗·薄凯保证说:"我们会在公司创始人家族的帮助下将公司持续地经营下去。我们将以开放的心态向我们的中国合作伙伴学习,毕竟,他们比任何外人所能做到的都更加了解他们的本土市场。"[31]

雀巢经营的工厂将近一半都是在发展中国家,与其他公司不同的是,雀巢的目的并不是要以低成本制造并将这些产品卖到价格高昂的地方,而是为当地市场制造产品。比如说,雀巢在中国生产的产品 90% 都是在中国出售的。同样地,雀巢也从当地市场购买农产品,通常是直接向农民购买,而不是在全球市场上采购。[32]

2000 年年中,雀巢启动了全球卓越经营(GLOBE)项目,这是一套旨在用相同的技术构架将雀巢所有的业务连接在一起的综合性信息系统。首席执行官保罗·薄凯认为全球卓越经营系统对于发现和跨地域分享最佳实践来说是十分重要的。因此,一些人认为"雀巢是一家主要依靠本土品牌而生存的全球性企业,该公司更喜欢品牌的本土化和人员的区域化,只有技术是被应用于全球各地的。可以将其称为市场营销的罗马帝国学校"。[33]

美国跨国公司即便允许地方公司自治,也常常依赖标准化的和复杂的汇报流程以及信息系统对子公司进行控制并实现它们之间的整合。事实上,欧洲的跨国公司才是"多国公司"(多中心)的最好例子,这一方面是由于历史的原因(特别是两次世界大战和数次经济衰退),另一方面也是由于不同国家的技术标准和市场需求不同。就像雀巢那样,有些公司直到最近都还在采用多国中心型战略和结构,允许当地在运营上拥有高度的自主裁量权,然而现在开始意识到过多的本土自主权也可能会妨碍其全球战略。

贝塔斯曼就是这样一个例子。[34] 尽管它是欧洲最大的媒体公司,但在其本土德国之外该公司并不为太多人所知晓。贝塔斯曼的创始人莱茵哈德·莫恩(Reinhard Mohn)创造了分权

Θ 沃韦(Vevey)是雀巢公司在瑞士的总部,是一个位于日内瓦湖东北岸的城镇,离洛桑不远,人口 17 000 多。

型的企业结构，因为他认为经理们在获得负责其部门的全权时会工作得更棒。该公司在欧洲的子公司，如德国的格鲁纳 & 雅尔（Gruner & Jahr）、西班牙的雅内大厦（Plaza y Janés）或欧洲广播行业的 RTL，均远比其母公司出名。即使是 Geo 或 Gala 这样的杂志，在数个欧洲国家发行，但其内容并不完全相同。在音乐方面也是如此，在 53 个国家里总共拥有 200 家唱片公司，其营收的大部分都来源于本土艺术家，而不是国际艺术家。该公司不断成长壮大是基于分权的原则和创业精神，以及基于其产品应迎合各特定市场需要的理念。然而，这样的完全分权也导致了一些贝塔斯曼的出版公司在全球招标项目中自相竞争。[35]

这样的战略姿态使得公司能够对当地的机遇做出快速的回应。例如，随着柏林墙的倒塌，中东欧国家开始向外国公司开放，贝塔斯曼通过进入日报业务很快就在这些新市场占据了强有力的地位。然而今天，在不得不面对来自电子商务的威胁时，贝塔斯曼陷入了严重的困难之中。

当亚马逊开启网上书店业务的时候，很快就给贝塔斯曼的书籍和音乐俱乐部带来了麻烦，但贝塔斯曼花了两年时间才对该威胁做出反应。而到了那个时候，亚马逊已经将自己建设成网上零售书店的佼佼者了。贝塔斯曼开始时的反应迟缓，在很大程度上归因于其充分授权型的组织结构。一些人责备总部所在的居特斯洛这个乡下小城的迂腐守旧使得贝塔斯曼未能察觉到互联网将如何影响其业务。根据其纽约雇员的说法，在总部有人对此予以关注之前的 18 个月，美国子公司就一直在警告居特斯洛有关来自亚马逊的危险，但是总部并没认真倾听来自本地经理的声音。

尽管是世界第三大媒体集团，贝塔斯曼并不像其竞争者时代华纳和迪士尼那样享有盛名。[36] 分析人士认为这是由于该公司所保持的低姿态及其充分授权型政策，这也使贝塔斯曼集团很难规划出一个全面的互联网战略。

首席执行官托马斯·米德尔霍夫（Thomas Middelhoff）试图对不同地区的公司进行更强的控制以加快决策制定的速度，确保更高的运营有效性，并将公司从私人持有转为公共上市公司，成为在互联网革命前沿的全球领先的企业。然而，这些政策并未被莫恩家族所接受，最终以米德尔霍夫被解雇而告终。在其离开后，贝塔斯曼返回到了分权制组织结构并清除了米德尔霍夫引入的集中化运营和控制体系。分析人士认为尽管公司所有人莫恩家族不喜欢"米德尔霍夫型的全球化举措"，但贝塔斯曼 70% 以上的营业收入来自德国之外，这使得它不得不面对其业务的全球化问题。

现任首席执行官托马斯·拉贝（Thomas Rabe）认为公司不同业务部门之间需要更好地协调。[37] 他表明这并不意味着反对由创始人所确立的授权和分权的原则，因为各地的业务仍将独立地由当地自主管理，然而他确信"当我们必须面对 Facebook 这种非分权型的强劲对手时，我们需要问一问自己，在某些领域更加紧密地一起工作是不是更好一些？"[38]

这一案例透露出一些当地响应性策略的局限性。如果过于放任，对当地情况的敏感性会阻碍公司内部的协作，并造成沟通的困难。还会造成其他低效率的情形，例如重复做功（做无用功）、不必要的差异化，以及对外部意见或建议的抵制。此外，与当地政府过度密切的关系会对公司的公众形象产生负面影响，尤其是在被认为和腐败政府相勾结时更会如此，正如壳牌集团在尼日利亚的案例。

多国中心法承认文化的差异，并充分授权当地子公司以自己的方式去做事，鼓励多元化，但许多公司发现这种方式的成本非常昂贵，发现十分有必要在大的区域层面上对营运进行整合与合理化。在面对欧洲日渐统一的单一市场和货币时更是如此，因为在欧盟成员国之间，产品、资本和人员流动变得越来越广泛。实际上，越来越多曾独立运营的地方（国家）子公司已经被拉入区域一体化的网络。

3. 建立缓冲

为了在全球一体化的需求和对当地具体情况保持敏感性之间达到一种平衡，许多跨国公司设立了区域总部（区域中心法）。区域总部用来提升国家分公司之间的协调，同时寻找它们之间潜在的协同作用。此外，区域总部还通过在地方特色条件和来自总部的全球战略指令之间进行斡旋，从而帮助调和当地响应性和全球一体化之间的关系，其想法是在国家分公司和总部文化之间建立一个缓冲。像市场营销和人力资源管理这类职能，对当地的敏感性往往被认为较为重要，也许可以将权力授权到区域总部这一层面，而像财务和研发这类职能，则通常将权力集中于集团总部。

许多美国公司在欧洲设立了区域总部，通常负责欧洲、中东和非洲（EMEA）地区的事务。不过当今的方向却是向东方去，许多公司正在将区域总部设在中国和印度。

本田汽车公司在世界各地设立了六个区域总部（RHQ）：日本、北美、拉美、欧洲/中东/非洲、亚洲/大洋洲及中国，然后公司总部给每个区域总部都指派了一名总代表，主要负责产品线的开发、定价策略以及沟通和公关事宜。[39] 本田的整体目标是在全球一体化和当地响应性之间达到一个恰当的平衡。除了达到全球市场覆盖这一目标之外，本田还努力在组织内部保持日本文化。因此，大部分高管均是日本人，并且组织内部的沟通更喜欢使用日语。本田的日式方式经常与区域总部的当地文化发生冲撞，从而导致冲突和误会，其中一个特别敏感的地方是如何对待女性。在多起案例中，日本公司发现其在美国被迫陷入性别歧视的诉讼，而在另外一些案例中，他们也许不得不做类似于为女性开门这样的事情。本田汽车有限公司董事会主席青木哲（Satoshi Aoki）说："日本管理者不会在意门是怎么开的，因此，我们只是把门打开然后走出去。"而在欧美，当人们推开门走过时，总要回头看看是否有人紧跟在其后，如果有人在后面，则要扶一把门，直到后人的手触到了门为止。这是为了防止回弹的门撞到紧跟在后面的人，因此只顾自己推门走过而不管后面来人的行为往往被认为非常粗鲁、缺乏礼貌。

尽管区域总部模式的目的是平衡本地响应性和全球一体化的不同要求，而事实证明这是件很费力的事，会引发紧张和两难境地。区域总部的建立往往被视作构建全球化产品或企业集团途中的一个步骤，换句话说，即朝着成为一个以全球为中心的或全球组织的目标前进。

11.3.3 利用差异：全球本土化协同

无论公司的口号是"全球化思维，本土化执行"（ABB 前首席执行官珀西·巴内维克（Percy Barnevik）的名言），还是像雀巢的"全球化执行，本土化思维"，甚至是如贝塔斯曼似的"本土化思维，本土化执行"，公司都不得不同时顾及全球一体化整合和当地灵活性的需要。许多跨国公司正努力通过发展全球一体化的业务领域或产品线来提升国家层面子公司之间的整合。国家层面的组织正与这些全球业务或产品线形成矩阵结构，这就造成了一个双重汇报结构：既要向国家经理汇报，又要向业务/产品经理汇报。国家子公司的领导人被认为对保持当地响应性非常重要，而业务或产品部门的领导则负责优化全球一体化。在此我们再多啰嗦一句，在一个权力导向很强而任务导向较弱的文化里，矩阵结构能够成功的可能性非常之小。另外，来自当地的阻力会很大，因为曾经权力很大的国家公司的总经理发现自己的权力和自主权在被削弱。

郭士纳发现这是其在拯救 IBM 时所面临的最大挑战之一，他回忆道：

我最优先的当务之急之一即是转变 IBM 内部最根本的权力基础……我向地理上的封建领地宣战，我决定围绕全球行业团队来组织公司……为了让组织拥抱这一新的方向，这是一个痛苦的有时甚至是喧嚣混乱的过程……国家分公司管理者的反应迅速也是可预见的：“它是行不通的”以及“你会毁了这家公司”！

我永远都不会忘记与强大的欧洲、中东和非洲公司领导的争吵。在一次前往欧洲的访问期间，我偶然地发现欧洲员工没有接收到所有我给全公司员工发出的邮件……当问他为什么时，他只是简单地回答道，“这些信息不适合我的员工”以及“它们很难翻译”。次日，我召见了他，我跟他解释说他并没有员工，所有员工都属于 IBM，并且从那天起，他再不得干涉由我办公室发出的信息。他的脸都有些扭曲了，点点头，闷闷不乐地走出门去。他从未适应新的全球组织，几个月后，他离开了公司。尽管我们实施了新的行业结构，但这在之后的至少三年内，从来就没有被完全接受。区域负责人固守旧制，有时候是出于反抗，但更多的时候是出于传统。[40]

除非本土的管理人员具有全球的视野，否则，实现全球一体化的努力必然会受到刻意阻挠。因此，我们必须让子公司的经理参与到全球计划的制订中来，也要让他们参与到公司的全球运营中来，扩大他们的影响范围，这也许包括给予他们更多协调的责任，或者是在他们所在地区之外的职业生涯发展的机会。不要等到他们已经 45 岁之后再来做这件事，而是要尽早让他们在岗位上接触国际管理方面的经验。

为了确保文化差异可以得到最好的利用，来自不同国家的经理必须掌握跨国运营的技能，诸如文化和语言技能；还要具有能让这些成为现实的基础设施，如信息和会计系统、组织结构和激励措施等。他们也需要理解诸如创建各子公司之间的相互依赖关系来对全球客户的需求做出反应，以及在更大的组织内承担一个更重要的角色。[41]

公司可以将互相依赖导入其结构，然而，根据埃森哲在 2011 年进行的一项研究，95% 的高级管理人员怀疑这一运营模式是否正确。他们感觉到公司正在试图将全球运营硬塞到现有的结构中，而且高层管理团队缺乏新兴市场的经验也限制了公司在这些市场的投入。因此，在宝洁和联合利华，其中国和印度的经理直接向首席执行官报告，以便迅速为他们走向高层领导职位做准备。[42]

全球策略的成功执行依赖于高层管理人员的领导能力，他们需要调动在所有文化下的员工朝着共同目标前进。[43] 让我们来看看杰克·布朗（Jack Brown）的例子，他是一家全球性公司下一个大事业部的首席执行官，其董事会决定将该业务部门的总部从英国搬迁到新加坡，以反映亚洲对公司全球策略目标的重要性，而这也是将以国家为重点的业务转向全球业务线的重组计划中的一部分。

思考着正在等待着他的挑战，布朗认为要让区域经理相信全球业务线的好处将是一场艰苦而漫长的战斗。尽管新的经营模式毫无疑问会给公司带来巨大的竞争优势，但是这种改变并不必然能让区域经理直接受益。事实上，他们甚至会将其视作对其权力的蚕食。他觉得自己在这个艰难的过渡时期的关键角色就是沟通公司和全球业务线的新愿景，并指导其实施过程。他很清楚地认识到，与其明确地告诉区域经理如何去做，不如鼓励他们改变其运营方式，使之与公司的全球战略目标相一致。[44]

为了支持这一过程，布朗通过成立多元文化团队和任务小组，为其他地区的管理者和员工转移到设在新加坡的新总部提供搬家服务，以及鼓励在子公司之间进行调任来为交互培养创造机会。为了帮助实现这一目的，他安装了一套沟通系统，用来定期并经常性地更新公司在世界各地的事件及其结果的信息，并且创建了一个不同单位的管理者之间定期举行会议的机制。

他也任命了曾经经历过一系列的重组、兼并和收购的子公司管理者作为"变革大使"，鼓励他们帮助具有较少变革经验或来自具有较高不确定性规避文化的管理者更好地应对变革。最后，他为员工创造机会，让他们互相学习彼此的文化，包括短期的访问和出差、跨国轮岗和跨文化沟通的工作坊。这些活动为成功地过渡到全球业务线结构打下了良好的基础。

这个例子表明，为了实现全球一体化和各本地化业务之间的协同，高管需要明了怎样将公司整体战略和愿景传达给来自很多个国家而且文化各不相同的全体员工，以及怎样在当地实施战略并实现愿景。他们需要技巧去领导并激励具有不同文化背景的人，并寻找创造性的方法来发挥多样性的杠杆作用，从而获得更高的组织效能。在一个跨文化的情景中管理关系需要文化敏感性和高度的技巧，以适应不同人的不同风格；此外，还要明了在不同文化中是什么让人们心动，以及在多大程度上评价有效领导的标准是普遍的还是因文化而异的。

"走向全球"和发挥文化差异作用的战略逐渐成为重大的挑战，因为"国外"市场尤其是新兴市场在为西方企业最终利润做出的贡献中变得越来越重要，但是，全球化的含义和模式因国家的不同而不同。对于美国人来说，全球化意味着规模经济，意味着在技术的支持下对生产进行标准化和规范化。"任何客户都可以将汽车涂成任何他想要的颜色，只要它是黑色的"（Any customer can have a car painted any color that he wants so long as it is black）。通过只生产一种颜色的汽车，福特公司简化了生产管理，达到了提高质量和生产效率的目的。亨利·福特的这一逻辑在"世界"车"蒙迪欧"中得到彰显。相反，丰田摒弃了"世界"车的理念，而是选择了在世界各地复制其组织或流程。日本公司认为全球化模式是一种作业链，该链条上的环节是可以非本土化的。[45]

这些差异也许在某种程度上是由于文化的原因而造成的。在美国公司向海外特别是向欧洲扩张时，倾向于采用多国中心型方式，这部分是由于对欧洲各种不同文化缺乏了解，这是造成美国公司目前在欧洲的子公司具有地区中心倾向的原因之一。许多美国公司一直以来或多或少地将欧洲当作一个国家来对待，这是错误的，尽管今天有人认为这可能是一种竞争优势的体现。此外，美国人对标准化的嗜好也许来自其接受外国人但又希望他们遵从美国当地的做法而成为美国人这一历史有关。这意味着，规则与流程对所有人都适用，那就是美国人所渴望的普遍主义。[46]这也许可以解释为什么他们会采用"民族中心型"性质的管理方式。

同样的"民族中心型"的方式也可以在日本的跨国公司那里看到，但是日本人采用这一方法的原因与美国人不一样。在日本，每位员工都被期望要融入群体之中、必须服从于集体并和大家保持一致。这构成了一种社会压力，与众不同被认为是羞耻的，而外来者几乎不可能完全融入进去，这使得日本的跨国公司无法吸引或保留当地的优秀人才，也不能从外界学到东西。还有，日本公司更喜欢在国际投资上保持尽可能多的控制，因此它们更喜欢绿地投资来新建企业而不是去收购当地的企业。人们认为日本跨国公司在新兴市场中没能处于领先地位的其中一个原因就是它们憎恶并购，不愿意在有较少控制感的地方进行投资和布置人才。[47]

在亚洲金融危机之后以及由于接踵而来的日本经济的恶化，日本企业对外国人变得更加开放，且不得不从海外学习。当然，最好的例子是卡洛斯·戈恩，他被法国雷诺公司派到了日产公司，当时极少有人看好他，特别是当他宣布计划裁员 21 000 人、关闭 5 家工厂，并将日产公司供应商减少 50% 之时，因为所有这些都和终身雇用及与供应商之间历史悠久的良好合作等日本式传统相矛盾。一位匿名的日产公司高管说，这个非常合理的战略很有可能会"踩到很多人的脚趾头"，包括那些在日产汽车中仍旧很有影响力的前任董事长和高管。当然，他补充道，"戈恩先生是一个外国人，所以这也许会容易一些，但是他几乎要遭遇到日产内部和外部都反感他的危险"。[48] 从国外聘来领导日本公司的其他首席执行官，如索尼的哈罗德·斯特林格（Harold Stringer）和奥林巴斯的迈克尔·伍德福德（Michael C. Woodford），则都未能成功地撼动日本企业根深蒂固的文化。当然，戈恩成功地迅速扭转了日产公司的经营状况也是由于他采取了正确的方法和工具，他自己说："如果试图简单地从上方强加这些变革的话，我也许早就失败了。"[49] 他组织了 9 个跨职能团队，每个团队由 10 位中层管理人员组成，如果需要的话，这些跨职能团队的成员还可以再吸收基层管理人员和专业人员组建子团队，由这些跨职能的团队来对扭亏为盈和未来的增长所需要的变革提出具体的方案，然后由一个 9 人高层管理委员会来进行决策。这样的方法既让变革的必要性渗透到了组织的各个部分，也避免了让本土的管理者以"这是外来和尚念的经"为借口抵制变革。

　　但像松下这样的公司则从本土化中学习。1978 年，时任中国国务院副总理的邓小平访问日本，其间他会见了松下创始人松下幸之助。这使得松下电器于 1987 年在北京首次创建了他们的合资企业，由于低成本优势，该企业最终成为全球制造中心。大部分的产品都是被设计用来出口的，其产品开发在日本进行。今天，松下公司在中国已经设立了 58 家制造型企业和 5 家研发中心。[⊖]之所以能够获得如此的发展，主要是由于松下电器把下列 6 个方面作为公司经营的指导思想。[50]

（1）开办受中国当地欢迎的事业；

（2）开展符合中国国家方针的事业；

（3）生产具有国际竞争力的产品；

（4）促进技术转让；

（5）独立自主经营；

（6）培养中国当地企业管理、技术人才。

　　但在 2002 年，松下电器的首次亏损导致了一次重大的重组，许多员工在这次重组中被裁，也有许多管理层在这次重组中被撤。此外，他们在白色家电的市场份额也输给了海尔这样的中国公司。为了深化本土知识，松下将决策权本土化，于 2003 年在北京设立了中国松下公司，且于 2005 年在上海设立了中国生活研究中心。通过将市场研究人员布置在上海、把工程师布置在杭州以及业务部门经理待在日本，松下学会了怎样在聚焦于满足当地客户需求的同时整合全球的业务运营。这些中心之间更好的协调和沟通使得提升当地自主权和在母国总部实现更好的跨部门整合成为可能。

　　松下发现更深层次的本地化带来了更大的全球一体化整合，而这又反过来促进了本地化。2012 年，松下设立了全球消费品市场营销组织，通过其区域营销部门在全球范围促进和分享其最佳实践并加强其对外形象。如今，松下认为自己是全球性公司，而非日本公司……"通过利用跨境一体化整合和本土适应性之间的张力，而非忽视或者容忍它，来创造竞争优

　　⊖　这些数据来自松下中国的官网：http://panasonic.cn/。

势。"[51] 需要从他们的经历中学习的经验教训是全球一体化整合需要合作和一致性,而本土适应性需要独立和多样性,尤其在新兴市场。[52]

然而,近年来松下电器在中国市场遭遇到了越来越多的挑战,尤其在白色家电领域,其在中国市场的占有率不断下滑。这被认为是:"不用中国本土化人才,是松下电器在华的一个致命缺陷——事实证明,中国职场已经涌现出一批熟知中国本土特点的优秀职业经理人,但在日资企业里,很难有中国本土职业经理人,即使有,也对其信任度不高,给予他们的发展空间不大。"[53] 这似乎表明松下公司在中国市场的本土化仍然存在不足。

平衡总公司和子公司之间的不同需求会导致一种张力,在试图管理这种张力时,有时需要退后一步来思考如何在全球基础上达到最佳有效性(全球中心方式)。这意味着寻找商业经营活动的新组合,重新定义总部和子公司的角色和意义,发现组织创新和学习的机会。

1. 创造附加价值

尽管国际竞争优势可能依赖于激励创新的国内条件,但是越来越明显,竞争优势也事关创造性地利用诸如人力资本和研发等跨境资产。跨国公司正不得不跨出国门去寻找,以充分发挥其本身的能力。这意味着将各职能、产品和运营总部设置在该业务所需的资源最容易获取的国家。由于这个原因,许多公司(如英特尔和微软)将其全球研发中心设在印度的班加罗尔,这里是人均拥有软件工程师数量最多的地方之一。例如,位于班加罗尔的通用电气的杰克·韦尔奇技术中心(Jack F. Welch Technology Centre)具有计算机建模的全球顶尖能力。这些运营单元可以通过正式的协调渠道来整合,比如,指派一些员工担当整合的角色、将某些员工派遣到某个单元或者将某些员工安排在一起,以及开通直接的沟通渠道,等等。这也意味着要像对待位于隔壁大楼里的团队一样对待远在千里之外的团队,并且说着同样的语言,尽管不一定是英语。在通用电气,来自世界各地的研发中心的设计工程师有效地合作,因为,正如通用电气在班加罗尔的一名高级经理所说的那样:"我们都说六西格玛这种语言。"[54] 研发实验室可以设立在任何一个有好的大学或者充裕的政府研究拨款等条件的地方,比如新加坡,因为这些条件有希望促进技术创新。瑞士的诺华制药在上海建立了一个热带疾病研究机构,而瑞典的阿斯利康(Astra Zeneca)在班加罗尔设立了研究中心,拜耳和通用电气则将其卫生保健部门的研发移到了北京。[55]

一些跨国公司事实上已经朝此方向采取行动。喜达屋酒店将其总部从美国纽约州白原市搬到了中国上海,并且打算每年都会变换总部基地一个月,以便更靠近快速增长的市场。通用汽车的全球采购部门从底特律搬迁到了北京。这种举动背后的理由是无论全球战略在何处制定、核心的研发在哪儿进行、大批量的精良生产的产地在哪儿,产品或企业集团应该有一个母国基地。[56] 这一想法是希冀从最有利国家的竞争力中受益,而没必要同公司的创始国家捆绑在一起。[57]

这是多国公司或跨国公司的一种新模式的特点,在这一模式里,各个专业化的业务单元相互协调而成为一体化网络,[58] 而不是成为每个业务单元都为总部的收入做出单独贡献的半独立的业务单元的简单聚集。跨国公司变成了拥有很多中心的非等级制结构,这些中心在战略的规划和实施过程中扮演着重要的战略角色。这将促进更宽广的战略思维,并鼓励全体员工拥有一种全球的思想意识。公司变得类似于一张全息图,整体的信息包含在每一个部分之中。[59]

这些方法为组织的创新和从各方面学习提供了机会。它们鼓励人们去仔细思考哪些本地的创新可以在其他国家应用甚至推广到全球。它们迫使公司思考"从本土到全球"的组织学习或从子公司的"最佳实践"向总部转移，其机会、动机或收益是什么。[60]

我们可以从宝洁公司在印度的案例中看到其从本土化思维获益，以及挖掘多元性和多样性的根源促进创新的能力。通过在产品定位上充分利用消费者对于天然本草制品（源于印度古老的传统医学阿育吠陀）的偏好以及法律规定，宝洁公司赢得了较大的市场份额。尽管成功的关键可能是对本土的激情、自豪及对品牌的拥有，但本土的管理者也要切记去拥抱"全球化的思维"，要力图拓展具有潜在全球性吸引力的本地见解。在总部，博采他处的思想并使它们适应新环境需要谦逊、灵活和开放的心态。毕竟，作为跨国公司的好处就是拥有在全球各地的人才，他们都在为共同的产品和品牌寻求机会并解决遇到的问题。

大多数跨国公司将总部设立在公司创建之初的所在国，然后将其子公司散布到全世界各地。有些跨国公司更擅长于俘获存在于不同子公司内部的知识，且能够将创新实践进行全方位的推广：从高层向基层、从底层向高层，以及横向进行推广。为了充分利用新兴市场中的创新能量，往往还需要一个"全球架桥人"来确保本土的见解在总部可以被听到。为此，通用电气设立了明确的创新搜寻战略，创建了一个全球增长和运营部门，旨在将注意力和资源聚焦在那些"一直存在但因为没有足够'响亮的'声音而未开花结果"的想法上。[61]

然而，少数公司实际上是通过集合全世界的专业知识来创立及发展的，这就是"超国家化"（metanational）的情况：

> 超国家化公司的竞争优势不是从其母国获取的，甚至也不是从一系列的国家子公司那里汲取而来的。超国家化公司将世界视为一块全球的画布，上面点缀着技术、市场情报以及能力的宝藏……通过感知这些零散的知识并使其流动起来，它们就能比其竞争对手更有效地进行创新……
>
> 超国家化公司将通过找出和开发利用独特性而茁壮成长，它们重视地理和文化差异。因为它们在全球范围捕捉知识，所以它们很可能会比其他任何跨国公司的总部、国家分公司或卓越中心创造更为新颖和更佳的能力。[62]

所以，跨国公司面临的挑战就是如何从文化差异中发掘出对公司有用的方面，而不是仅仅将其影响最小化。但为了利用这一文化差异，公司必须要实实在在地评估一下自己到底有多全球化，因为只有很少一部分公司真正达到了它们的管理者自认的全球化水平。

2. 全球化程度并没我们想象的那么高

在所有这些关于走向全球化的讨论之后，也许值得我们来想一想真正的全球化程度这个问题。根据纽约大学商学院教授潘卡吉·盖马沃特（Pankaj Ghemawat）的观点，当今世界最多只是"半全球化"。尽管跨境一体化整合的水平在提升，跨国公司仍然只占据了全球经济活动的一小部分。他坚持认为大多数成功的公司是高度区域化而非全球化的，即它们只扩张到它们能够驾驭得了其距离的市场。的确，85%的印度IT产品都出口到了说英语的国家。大多数公司都深深地根植于它们的母国，顾客、员工、投资者和供应商无不是如此；也很少有人脱离他们出生的国家或者通过非本国的渠道来获取新闻消息。[63]

"我们到底有多国际化？"回答这个问题也许需要一些痛苦的自我反省。对那些所谓的全球公司进行更深入的了解之后，让我们产生类似的疑问。"走向全球化"不仅仅意味着在许多国家运营，或是将其产品销售到世界各地，它应该还有更多的意思。无论是拥有诸如苹果手机和肯德基炸鸡这样的全球化的产品，还是在世界的天涯海角都拥有销售公司和银行分支机构，抑或是拥有 200 多年的从事跨国经营的历史，都不能表明一定具有全球的心智。公司总部和绝大多数职能部门与产品或业务部门的总裁往往仍然牢固地扎根在母国。对一个全球化公司的真正检验是其战略思想在多大程度上得益于文化的多样性。管理委员会成员中有多少不是来自同一个国家？最高层的 200 名管理人员中又有多少不是来自同一个国家？大部分的高层管理团队和董事会仍然紧密关联，因此不仅是管理者而且他们的公司也需要发展一种全球的思维模式或心智。

全球心智（global mindset）是指"拥有欣赏来自不同地区和文化的个人和组织的信仰、价值观、行为及商业实践的能力"。专栏 11-1 列出了公认的个人和组织的全球心智。

🌐 **专栏 11-1　辨识全球心智**

评价个人

1. 在和他人互动时，其国家来源是否会影响到你公平地给他们布置任务？

2. 你认为你自己对来自其他国家和文化的观点是否与来自你自己国家的观点和想法同样开明？

3. 当你发现自己在一个新的文化之中时，你是兴奋、害怕还是焦虑？

4. 当你在另外一个文化之中时，你是否对文化差异具有敏感性并且不会被这些文化差异所束缚？

5. 当你和来自其他文化的人互动时，你认为哪一个更重要：把他们当作个人来理解还是把他们看作他们国家文化的代表？

6. 你认为你的价值观来自一种文化还是多种文化价值观？

评价组织

1. 你公司在所在的行业内在发现或者追求世界新兴市场的机会上是领先者还是落后者？

2. 你觉得所有客户，无论他们生活在世界的哪个地方，都与你自己国内市场的客户一样重要吗？

3. 你从全世界范围吸引人才成为你的雇员吗？

4. 每一个国籍的雇员都有同等的机会在职业的阶梯上往上走直到最高层吗？

5. 当你在搜寻竞争对手时，你会核查世界上所有的区域吗？

6. 在选择每一个经营活动的位置时，你会按照全球化的要求做最优选择吗？

7. 你把全球竞技场不仅仅看作"运动场"（例如，一个需要开发的市场），而且也是一所"学校"（例如，是新的思想和技术的来源）吗？

8. 你将你们公司看作是一个有很多个家的全球公民还是有一个很强的国家身份在背后？

资料来源：Gupta, A. K. and Govindarajan, V. (2002)'Cultivating a Global Mindset', *Academy of Management Executive*, 16 (1). pp.116-126, P.119.

公司可以通过反思以上这些以及其他一些评价标准来评估其全球心智，我们将其他的评价标准列在专栏 11-2 之中。

🌐 **专栏 11-2　评价公司的全球心智**

- 我们公司的高管有全球观
- 高层管理团队有一个在全球竞争和

全球市场概念下的全方位的变革意识和知识

- 高层管理团队在内部会议和管理内部委员会上花费了大部分的时间和精力 [64]
- 高层管理团队鼓励跨国家的知识分享和合作
- 高层管理团队促进与具有战略重要性的客户和供应商的合作 [65]
- 在下一个 10 年，我预期公司会有一个非本国人的 CEO
- 在我的公司，在为管理职位选择人员时，国籍是不重要的 [66]

随着公司的全球化，我相信（或者很重要）我最熟悉的国家子公司的运营将：

- 拥有为一个或更多个产品在全球进行营销的责任
- 为全球市场生产一个或更多的产品

- 当地开发的产品推向全球
- 领导全球产品开发进程
- 影响全球产品开发流程
- 对当地经济展现显见的益处
- 拥有应对当地情况的灵活性
- 在公司的产品和经营活动与当地国家政府的政策之间达成和谐
- 调整现有的产品以适应当地的市场 [67]

资料来源：Excerpts taken from questionnaires by Taylor, S., Boyacigiller, N., Levy, O. and Beechler, S. (2001)'The darker side of MNCs: Is it globalization or poor management?', Presented at the Academy of Management Meetings, Washington, DC; Murtha, T. P., Lenway, S. A. and Kimmel, S. K.(1994) 'Mind over matrix: Measuring individual potential for transna-tional thought', *Proceedings of Annual Academy of Management Meetings*, pp. 148-52.

尽管走向全球已是流行话语，高层管理团队还是趋向于由拥有有限国际经验的母国国民组成，这在新兴市场尤为如此。经常被提及的典范，诸如联合利华，它在荷兰鹿特丹和英国伦敦设有平行的双总部；还有像皇家荷兰壳牌集团，其在伦敦的双总部被迁回至荷兰的海牙；与其说它们是全球的，还不如说它们是双国（荷兰／英国）的更加合适一些，只要我们看看那些在公司金字塔塔尖的首席执行官就可以知道了，他们要么是英国人要么是荷兰人。ABB 公司曾经在 20 世纪 90 年代被称颂为真正的全球化公司，而在首席执行官珀西·巴内维克领导下的高层管理团队大多数人仍是北欧人：瑞典人和瑞士人，这是瑞典阿西亚公司（Asea）和瑞士布朗勃法瑞公司（Brown Boveri）合并（ABB 集团）所留下的遗产。的确，《财富》全球 500 强中首席执行官是母国之外的外国人的比例不到 15%。[68] 无论是美国公司还是其他国家全球公司的董事会几乎仍然只是本国人的事情，在亚洲国家的公司里，"国外董事会成员如英国的相扑运动员一样稀少"，[69] 这也同样可以用来形容在欧美公司董事会里亚洲人的数量。

一项在法国、德国、英国和瑞士进行的高层管理团队的比较研究发现，瑞士公司是最为国际化的，它拥有 64% 的外国高级管理者，相比之下，该数字在法国为 22%，德国为 27%，英国为 46%。并且，尽管国际经验对于国际任职而言变得越来越重要，但是对于 50% 的法国和德国高级管理者而言并非如此。[70]

即使在跨国公司中，有一位副总裁或董事会成员由法国人、巴西人、中国人或女性来担任，但主流文化的潜流往往往强大到足以让其他声音悄然无息。虽然在高层管理团队、董事会或者海外机构的职能部门（组织结构上的一体化）中我们都可以看到外国人的身影，但是更能揭露真相的往往是，在何种程度上这些外国管理者能被融入非正式的网络、社交活动或者说非正式的融合（informal integration）之中。[71]

法国的情况是，"典型的高级管理团队仍与过去非常相似：非常法国、非常男性化并且非常精英化"。几乎半数的法国大型公司由两所学校的毕业生在经营：法国国家行政学院（ENA），以及培养国家顶级工程师的巴黎综合理工学院（école Polytechnique），其结果是产生了与普通民众脱离的一小群相互关联、联系紧密的自成圈子的领导人。[72] 外人如果能够"嵌入"，与他们相处融洽，也可能会被接受。

例如，"通过看起来不太美国化的方式"，杜德恒（Brady Dougan）成为瑞士信贷银行的首席执行官。纽约大学教授罗伊·史密斯（Roy Smith）说："瑞士人忍受这种激进的、爱出风头的美国风格就只能到此为止了。他以某种方式说服他们，自己并非那些使他们精神紧张的美国人中的一员。他尽量以瑞士人的方式行事来获得他们的信任。"[73] 因此，许多跨国公司在高管的全球代表性与其全球抱负之间还存在着差距。

真正的全球公司的标志并非是其在海外经营的传统，也非在世界各地都受欢迎的产品，而是体现在参与制订战略而不是仅仅执行战略的高级和资深管理人员中的不同文化和不同国家国民的数量。问题的核心是在多大程度上利用了国家的长处和文化的差异来创建全球协同效应。

让我们来看一下联想公司的案例。随着 2005 年 IBM 个人电脑业务被中国联想收购，其在北京和北卡罗来纳州设立了双总部。高层管理团队由来自 7 个不同国家的 14 位高管组成，更由于在巴西和德国的收购，其制造和研发覆盖了全球。[74] 但这家双国公司（美国和中国）在何种程度才成为"真正全球化"的公司仍有待观察。

3. 寻求全球协同

也许利用文化差异的最佳模式可以从通过战略联盟和合资企业来创建全球协同的努力中看到。考虑到本国化与全球化之间相互竞争的利益关系，公司很可能以类似于政治上的联邦制那样的形式运行，这时每家公司仍旧保持所有权和管理权的本地化，但是寻求建立一种联盟来完成困难的或者是成本较高的任务。在这种情况下，公司仍然保持独立性，避免反托拉斯法规；还维持原先的国民身份不变，保持着政治关系和融资的便利性。

虽然管理是一件棘手的事，但是跨境战略联盟和合资企业依旧是企业在全球扩张和市场进入时很受欢迎的一种策略，尤其是在新兴市场。例如，美国咖啡巨头星巴克与印度的塔塔集团（Tata Group）建立了合资公司，进入到人们并不习惯去喝咖啡而更喜欢喝茶的印度市场。[75] 借助与塔塔集团的合作，星巴克能够利用很多不同的渠道，包括隶属于塔塔集团的泰姬酒店（Taj Hotels），来销售其产品。[76] 2012 年 10 月，星巴克在印度开出了第一家咖啡零售店，人们为买一杯星巴克咖啡可能要花一小时去排队。[77]

行业间和国家间的界线正明显地变得越来越模糊。公司可以与全世界的公司，有时甚至可以和竞争对手，组建合资企业或者战略联盟。在不同的市场或业务领域，企业之间也许会有截然不同的关系；它们在某个场合可能是合作伙伴，而在另一场合可能是竞争对手，抑或在第三个场合是供应商和客户的关系。合作、分手和再合作也都不是不可能的。

比如，在与法国雷诺公司的合作以失败告终之后，瑞典沃尔沃公司首席执行官将其旗下的汽车业务部门卖给了美国福特汽车公司，后来沃尔沃汽车又被卖给了中国的吉利汽车。另一家美国汽车公司克莱斯勒，在与美国政府合作（紧急救助）之后，又与德国公司戴姆勒－奔驰牵手，这次牵手被认为是对等合并。不过这次合并最终也以失败告终，之后，克莱斯勒被意大利公司菲亚特所并购。

航空业的合作伙伴关系提供了另外一个多少可以说是成功的合作和结盟的案例。1989 年，荷兰皇家航空公司（KLM）获得了美国西北航空 20% 的股份以便使自己能在美国市场上立足并促进其跨大西洋航线的销售。[78] 从 1991 年开始航班的代码共享，到 1993 年，西北航空的业务已完全被整合到荷兰皇家航空公司。2004 年，荷兰皇家航空公司与法国航空公司合并，且与美国达美航空公司、意大利航空公司、大韩航空公司、捷克航空公司及墨西哥航空公司建立了战略联盟。2008 年，荷兰皇家 – 法国航空公司与达美航空公司建立伙伴关系并收购了荷兰马丁航空公司。一年后，荷兰皇家 – 法国航空公司收购了意大利航空公司的股份。[79] 荷兰皇家航空公司的案例是一个通过调整和合理化相同的业务、建立合作伙伴关系以及通过并购活动，将跨境竞争转变成双赢的良好例子。

在航空工业领域，这样的联盟在刚起步时可能会困难重重。以空中客车为例，它是一个由法国、德国、英国和西班牙政府支持的欧洲联合体。起初，它被视为高新技术跨国合作的典范。据其时任法国首席执行官所言："航空工程师倾向于超越国界去思考……我们是一个国际兄弟会，我们已经发明了我们自己的系统。"[80] 然而，其他人认为，将来自四种独立的有时甚至是敌对文化的专家撮合到一起去制造和营销复杂机械装置的想法是非常愚蠢的。据战略规划部总监回忆："老实说，我们中没有一个人认为这个项目有成功的可能性"。事实上，许多问题都对联盟的成功甚至生存构成了严重的威胁。

由于文化摩擦和权力争斗，首席执行官的职位多次变换。克里斯蒂安·斯特雷夫（Christian Streiff）在担任首席执行官仅 100 天以后就辞职了，成为空中客车公司的母公司欧洲宇航防务集团（EADS）长期以来法德纷争的受害者。[81] 一个在航空史上抱负最为宏大的项目几度处在崩溃的边缘，持续的工程问题使得在交付已经预订的空客 A380 上不得不延误多年，这使公司付出了数百亿美元的代价。[82]

语言障碍和文化差异是其中一些问题的原因。正如一位空客法国工人所注意到的："我们经常大声喊叫、斥责和怒骂。一开始，德国人对我们的工作方式感到很惊讶。这是一种橄榄球运动的管理方式。"同样，德国人的工作方式和解决问题的方式对于法国人来说都挺新鲜："他们要把所有事情都用笔写下来。我们只是按照自己的方式去把事情给做出来。"[83] 在各个管理层面，甚至在政府层面上，法国人和德国人都在争斗，在这一法德联盟建立数十年后文化摩擦依然困扰着他们。

随后，由于国家利益间的竞争，与英国航空航天系统公司（BAE）合并的尝试被放弃了，正如其联合声明所说的："政府官员们无法就那些使得合并后的业务以正常的商业方式进行运作的所有权及产业结构达成共识。"在一位分析师看来："要协调好投资者和政府的利益，并将国有企业、私有企业及准国有企业撮合到一起，将被证明是一项极其艰巨的任务。"[84]

无论是寻求发挥杠杆作用以把本土的创新推向全球，还是与国外竞争者合作，其中的道理都是一样的。在关注组织边界内外共同利益的同时，企业必须能够看到内嵌在每一项合作之中的附加价值。虽然上面不少例子显示了在创建全球化公司的过程中通过俘获战略和组织的差异能得到利益，但也证明了存在的困难。我们尚未回答的问题是如何利用文化差异来确保竞争优势。

11.4　让多元文化成为竞争优势的来源

我们可以将一个真正的全球化的组织定义为：重视和利用文化的差异，而不仅仅是包含这些差异的组织。[85] 利用文化差异的战略能够产生竞争优势，所以，与其让一种文化凌驾于另一种之上，或是妥协折中以找到不会让任何一方不悦的"安全"的解决方案，不如找到一种以创造性的方式来融合文化差异的方法，从而使得总体大于部分之和。[86] 这就是将来自不同背景、具有不同期望、处于不同生活阶段的人们聚合到一起，并利用他们的能量驱动公司走向成功。[87]

考克斯（Cox）和布莱克（Blake）认为，竞争优势来源于文化的多样性，如同专栏 11-3 所列示的那样。[88]

🌐 专栏 11-3 文化多样性带来的优势

1. 市场营销的角度：增强对当地市场的文化偏好做出回应的能力。

2. 资源获取的角度：增加招募具有不同国家背景的员工和东道国精英分子的能力。

3. 成本的角度：减少非母国管理人员流失引起的成本。

4. 问题解决的角度：通过更宽广的视角和更彻底的批判性分析改善决策。

5. 创造力的角度：通过多样化的视角和较少强调与大家保持一致提升创造力。

6. 制度灵活性角度：提升组织对不同的需求和不断变化的环境的灵活性和响应能力。

资料来源：Adapted from T. H. Cox and S. Blake (1991)'Managing cultural diversity: Implications for organisational competitiveness', *Academy of Management Executive*, 5(3), pp. 45-56.

利用文化差异的最显而易见的理由是对不同市场能够拥有更高的敏感性，以及与不同的利益相关者相连接。如果由来自不同文化的人来组成产品开发团队，则他们更有可能开发出适合各种不同口味消费者的产品。本土劳动力市场会提供丰富的潜在的员工来源。正如我们在前面的章节里所讨论的，贯穿整个组织，多样性还可以提升解决问题的能力、创新能力和创造能力。

高层管理团队在进行战略规划时需要不同的视角来反映在全球竞技场运作的复杂性以及跨国战略联盟所面对的挑战，不仅仅要意识到国家和区域的文化差异，还要意识到行业及企业文化的差异，同时为整合这些不同的视角提供讨论的场所。针对高层管理团队的研究确实表明不同类别的差异会导致不同类别的战略和不同的绩效结果。这并不令人吃惊，研究表明如果在高层管理团队里存在拥有国际工作背景的成员，则更有可能制定出国际化的战略，而如果有熟悉新兴市场的成员，则更可能在资源上增加投资。[89]

另外一个创建多样性的理由是为了能够吸引或留住本地高级人才。事实上，我们从为外国跨国公司工作的管理人员中听到的最普遍的抱怨是他们总有被当作外人的感觉，没有资格加入公司内部的核心圈子之中。与此同时，这些跨国公司也抱怨说它们无法获得当地的精英分子，或者在付出诸如培训和发展等大量投资后，还是失去了这些有价值的本地的经理。就像我们在前面曾提到过的，无论是在欧洲、亚洲还是美洲，绝大多数跨国公司仍旧将高层管理者的职位留给母国的国民，感觉职业发展机会受限是许多优秀的经理人纷纷跳槽的主要原因。

另外一个有关利用文化多样性的好处的观点是它可以提高组织体系的灵活性。鉴于当前企业面临的商务环境非常复杂，需要组织在内部就能适应这种多样性，具有所谓的"必要的多样性"。[90]除了环境的复杂性之外，环境变化的节奏也需要组织拥有容忍模糊甚至混乱，并在此之上蓬勃发展的能力，从而让组织拥有最大的灵活性和适应性。多元文化组织促进了员工多视角思考的思维方式和管理模糊性的经验。认为理所应当的事情已经不多，而且也不再有关于完成某项工作存在一个最优方案的想法。

此外，有证据显示，非西方人、非白人和非男性（亚洲人、非洲人、妇女）拥有不同的认知模式，他们看问题时更多的是采用"两者－都"而非"或者－或者"的思考方法，事物之间的联系更多的是被看作关系模式而不是等级模式（"合作"还是"控制"文化），而且对论证中较为感性的部分更加敏感。[91]此外，研究还发现讲两种语言的人具有更高水平的发散性思维和认知灵活性。[92]由于商业范式需要不断被质疑，因此，另外一种观察和思考的方法或许特别有用。安德烈·劳伦特曾经提出："正是文化多样性的丰富多彩使其成为国际性公司的宝贵资产，每种文化都有一些特殊和独到的见解，当然同时也存在一些独特的盲点。"[93]

这些理由得到了对《财富》杂志100强企业的人力资源总监所进行的一个调查的验证。当询问他们对多样性进行管理的主要原因是什么时，他们的回答如下：更好地利用人才，更好地了解市场，增强对管理人员更广泛的了解，提升创造力，以及提高团队解决问题的质量。[94]

但是，也有其他一些研究表明，大多数公司并不认为文化差异是竞争优势的来源。一项针对英国公司的多样性负责人的调查显示，只有17%的受访者认为多样性的商业案例会促使其组织采取多样性的管理实践。[95]总体上，他们认为缺少高层管理的支持且没有做太多的努力将多样性融入诸如营销、产品开发和客户服务这样的实际操作中。

的确，对于多样性，高层管理团队往往只是嘴上说说而已，因为他们从来没有真正地把多样性看成一个对利润水平有着重要影响的战略性问题。[96]

组织内部的某些职能部门可能会坚信文化差异的附加价值，例如人力资源和营销，而其他像财务和制造这样的职能部门就没有那么相信了，而且很多可能从多样化政策获益的人可能会担心被视为能力不足而抵制多样性。[97]

另一项面向全球《财富》500强企业的大型调查显示"参加调查的公司中，只有50%的公司在制定多样化战略时会考虑全球利益相关者，仅有39%的公司为所有员工提供大量的多元文化培训，更只有27%的公司会定期评估其在多样化目标上的进展。"[98]

这种对文化多样性缺乏战略重要性或它与经营绩效关系不大的认识，在某种程度上可以从多样性管理这一概念的起源中得到解释。其起源可以追溯到人权运动和积极区别对待政策，即对因种族、性别等原因遭歧视的群体在就业等方面给予特别照顾。在美国，积极区别对待政策和平等就业机会法规让组织机构在种族、性别和其他方面更加多样化。然而，人们主要是透过法律和道德这个视角去看待多样性，而没有把它看作一种竞争优势的来源。

相反，多样性管理的目标是提高组织对文化差异的认识，培养识别、接受和重视多样化的能力，让那些非主流员工所经历的不平等模式最小化，以及改善组织文化和领导力实践。[99]多样性管理也许和当代的组织更为相关，因为它倡导一种包容性的方法，这种方法超出了法律层面的考虑以及组织或国家的边界。[100]哈佛大学教授罗宾·埃利（Robin Ely）和戴夫·托马斯（Dave Thomas）[101]关于专业服务公司的研究揭示了不同的"多样性视角"，他们将此定义为"……团队成员关于文化多样性的规范性信念和期望及其在工作团队中所扮演的角色"。[102]这些不同视角（歧视与公平、机会权力和合法性、学习与有效性）影响个人的表达和管理与多样性有关的各种张力，少数派群体成员感觉到被尊重和被重视的程度，以及他们如何诠释其身份的含义，这些反过来又会影响团队层面的功能。[103]

达斯（Dass）和帕克（Parker）对组织如何管理多样性进行了研究，[104] 总结出了四个不同的视角，这些视角背后潜在的文化假设、期望结果、战略响应以及高层管理的承诺方面是不同的。我们将这些不同的视角总结在表 11-2 之中。

表 11-2　多样化视角和相关的应对战略

多样化视角	假设	药方	期望的结果	应对战略
抵制视角	多样性是无关的话题或威胁	维持同一性	保护现状	被动反应型
歧视与公平视角	差异产生问题	将个体同化	少数派员工公平的竞争环境	防卫型
机会权力与合法性视角	差异创造机会	赞美差异	切入消费者和员工的机会	迎合型
学习视角	差异和相似性提供机会也承担代价	融入文化/创造多元文化	以长期效应为目标的个人和组织学习	主动型

资料来源：Dass, P. and Parker, B. (1999) 'Strategies for managing human resource diversity: From resistance to learning', *Academy of Management Executive*, 13, pp. 68-80.

在某些组织中，多样性被视为无足轻重的事情或者是威胁：多样性引发的问题被当作无关紧要之事而被忽视，或者管理者有意地避免冲突，比如，通过不雇用或不晋升少数族裔员工的方法。抵制视角在一些组织中盛行。许多公司在世界各地面临着来自移民、少数民族群体、男女同性恋者、年老员工、女性员工和其他少数派员工所发起的歧视声索。例如，对于许多韩国和日本的公司来讲，多样性仍被视为无足轻重之事，并且有些公司还在积极地抵制多样性。例如，公司高管基于男性员工不会接受一个女性上司的假设，可能会拒绝提拔女性到高层职位。

歧视与公平视角背后的假设是，偏见使某些群体成员（非裔美国人、女性等）被排除在组织之外，或者限制了他们到达更高层次职位的机会。结果，强调的是在法律框架之下的同等就业机会和公平对待。在此视角下，多样性被看作一个有待解决的问题，例如通过强制性的配额。少数族群成员会被接纳，但是会被要求融入主流文化。一些国家，比如挪威，现在要求监事会 40% 的成员必须是女性；这个倡议正在被欧盟采纳，然而真正做起来并没那么简单。

相比之下，采纳了机会权力与合法性视角的公司鼓励甚至颂扬多样性，这是基于差异创造机会的假设。赞同这一视角的高管认为差异是经营活动所必需的，而且他们趋向于强调利润为促进多样性的根本原因。例如，许多银行高管信奉，顾客看到银行内部的员工都是跟他们自己一样的人这点很重要，所以他们设法确保全体员工的组成反映了社会的多样性。然而在这里，多样性引起的潜在问题在很大程度上被忽略了。

学习视角为多样性提供了一个更为包容的视角，意识到差异可以为交流想法、丰富解决问题的思路和创新提供机会，这样就可以成为组织的竞争优势的源泉。但是它也可能在全体员工中引起问题和紧张。因此，组织必须主动地去管理多样性，并使其与商业战略相匹配。重点是识别重要的相似之处和不同之处，并为了协同创造和长期学习的益处而去管理它们。

例如，法国公司索迪斯（Sodexo）首席执行官米歇尔·朗德尔（Michel Landel）在接受欧洲工商管理学院（INSEAD）"2008 年度多样性和企业社会责任（CRS）最佳实践首席执行官领导力奖"时强调，对于像索迪斯集团这样的公司，多样性是经营所必需的，也是高层管理需要优先考虑的事。同时，他承认管理多样化的员工是极具挑战性的，因此公司需要拥有正确的制度、政策和方案。对于索迪斯来说，这包括致力于在索迪斯业务所在国增加女性和少数民族员工比例等雄心勃勃的目标。

很多关于管理多样性的研究都是关于美国公司将女性和少数族裔融入其雇员队伍的努

力，但管理多样性的经验教训还可以来自一些欧洲公司，比如说壳牌集团。

壳牌集团是一个涵盖能源和石化行业的全球性集团，在 80 多个国家雇用了约 10 万名员工。壳牌集团的总部位于荷兰海牙，而集团的母公司皇家荷兰壳牌集团则是在英格兰和威尔士注册的。在壳牌集团，多样性和包容性（简称 D & I）被视为在与公司的利益相关者建立良好关系上至关重要，并被融入了公司的文化、结构和流程之中。[105]

多样性被定义为人们可以与他人不一样的各种各样的特征，包括年龄、性别、种族和外貌等可见差异，以及有关做事风格、宗教信仰、性取向、国籍和学历等隐含的差异。然而，仅仅在组织内部拥有不同特征的人是不够的，真正的包容性意味着这些差异得到了重视，并且不同的人都有机会得到技能和才干上的培养从而为公司的目标做出贡献，而这些又都是内嵌在公司的价值观和商业目标之中的。这就要求公司创造一个富集思想和赋能的工作环境，使得不同的思想、背景和视角能相互碰撞而创造商业价值。[106] 壳牌集团首席人力资源和行政官休·米切尔（Hugh Mitchell）对于多样性和包容性（D & I）的看法是：

> 我把多样性和包容性看作一条贯穿我们战略组成部分的水平线。这是我们招聘人才和培养发展活动的主要组成部分，因为这不仅仅只是说说我们要为现在和将来储备人才，我们需要能适应我们所在的不同环境的具有恰当背景的合适人才。如果我们正在哈萨克斯坦投资 200 亿美元，而我们有许多尼日利亚人却没有哈萨克斯坦人，那就毫无意义了。提升个人及组织的绩效也是我们立场的一部分，因为多样性和包容性就是要让每个人的声音都能被听到。[107]

因此，在壳牌集团，多样性和包容性不仅被视为一项人力资源计划，同时也体现在公司的经营核心之中。公司在面临危机时依然关注多样性和包容性，这体现了对多样化的承诺。2009 年，由于全球经济疲软，需求下降，油价下跌，与 2008 年相比，壳牌集团的年度利润下降了 69%。[108] 公司被迫降低资本支出，同时节省开支，2009 年 7 月接过舵手位置的彼得·傅赛（Peter Voser）启动了"转折 2009"的计划，对公司很多部门进行了重组。[109] 在这一动荡时期，傅赛重申了他对多样性和包容性的承诺，表达了他将多样性和包容性嵌入重组阶段的意图，包括修订多样性和包容性的培训材料，为人才管理经理推出一项多样性和包容性检查工具以在某些部门及地区执行性别与国籍检查，以及支持员工网络倡议。结果，尽管有 5 000 名资深管理人员离职，壳牌集团还是成功地提高了高层管理职位中女性的比例，并将本国人占据当地半数以上高层职位的国家的比例提高了。[110]

虽然多样性在其全球运营中都得到了提升，壳牌集团发现，为了对不同地区的需求和法律要求做出反应，多样性管理实践要适应当地的情况，这很重要。

> 壳牌集团的全球目标是那些高层人员。从组织的层级一路而下，不同层级的业务会制定对其所在环境有意义的目标。同样，不同的国家也有不同的要求。经济合作与发展组织的成员国往往在性别和种族多样性上的要求更为突出。比起性别上的多样性，发展中国家更关注人才的本地化。有些国家面临特定挑战，像南非或美国，少数族裔问题非常重要。[111]

其他公司也同样发现，多样性项目需要根据当地的需要和环境条件来定制。当埃森哲启动"女性工作的好地方"的倡议时，其政策和实践就是按照在每一个特定地区所察觉到的员工需求而制定的，以确保该项目能够在尽可能多的地区被实施。例如，奥地利、瑞士和德国的埃森哲雇员可以在缩减工资的情况下全职工作，但是这些员工可以积攒工作时间以在需要的时候交换假期，而意大利埃森哲给其员工提供现场日托设施。虽然这个倡议对男女皆适用，但实践证明此项目对女性更有利，以前女性通常在有了孩子后只能辞掉工作，而不是远离孩子继续上班。埃森哲在斯堪的纳维亚的公司则为休产假和育婴假的男女员工提供超出政府规定的额外福利。再者，就意大利而言，尽管男性和女性都从该项目中获益，但这被女性看来更有用，因为按照传统，她们承担着照料者的角色。这表明使多样性计划对当地有意义很重要。虽然董事会成员里没有女性或者本国国民也许会相当醒目，但不会一目了然而更为重要的也许是这里有太多的工程师，因为这对一家试图变得更加市场导向的公司来说会是个生理缺陷。

因此，当用一个更广泛的方式呈现时，多样性的观点能被更好地理解与接受。例如，对一家总部设于苏黎世（德语区）的瑞士银行来说，重要的是要意识到它可能会失去优秀的讲法语的瑞士员工，因为这些人会觉得在自己国家却像是少数民族。德意志银行前联席首席执行官于尔根·费琛（Jürgen Fitschen）和安舒·简（Anshu Jain）在一份声明中强调了对于多样性的需求：

> 我们渴望成为全球领先的以客户为中心的全能型银行。为了实现那个目标，我们需要正确的人才组合，建立一个有活力、适应性强、贤人治理的平台。多样化的资产组合每次总是完胜集中式的组合——2008 年的金融危机提醒了我们这一点。[112]

赞成文化多样性的观点显然有道德的寓意在其中，这是一种必须坚持机会平等、谴责文化帝国主义的观点，因此也使它带有一些乌托邦的色彩，但这不应该遮蔽其坚实的实践基础。无论如何，人口统计数据表明，未来劳动力的主要组成部分将不再是白种男性，也将不再是来自北半球、西方的白种男人主宰跨国公司的高层管理团队。所以，利用文化差异的能力可以给公司提供竞争优势。

有关管理文化差异的药方都不可避免地会带有文化的偏向性。即使是我们自己的偏好：强调增加差异性、让差异面对面，并利用这些差异，实际上也在指向我们自己的文化程序（套用一下霍夫斯泰德的"文化是一种集体精神程序"这个概念）：直截了当的（低语境）、平等的（低权力距离）和工具性的（行动而不是依赖于家庭背景）。尽管如此，我们仍需要开始采取行动，从而能够从文化差异中繁衍出竞争优势。

从高层开始行动

公司领导的国籍是什么？百事公司、万事达、麦肯锡和花旗银行的总裁与首席执行官现在是或不久前曾是印度人；雅芳的领导人是一位中加美混血女性。非母国管理者出现在公司的高层传递出了这样一种信号，即重要的是能力而非国籍。在遴选、提拔甚至辅导高管时将其他国籍的管理者包含进来是至关重要的。

百事公司的前首席执行官史蒂夫·雷蒙德（Steve Reinemund）欣然接受多样性作为竞争优势来源的思想，无论是在营销上还是在人才管理上。在 2001 ～ 2006 年，他充当这一想法的先锋，成为在多样化上的全球领导者。百事公司在他的领导下，营业收入从 2001 年的 234 亿美元增长到 2005 年的近 326 亿美元，每股净收益增长了 53%，使得公司的市值超过了 1 000 亿美元，在历史上首次超过了可口可乐公司。雷蒙德对于多样化的关注在为印度裔女性卢英德成为百事公司首席执行官铺平道路上起了决定性的作用。[113] 轮到她时，她负责的一个由 12 位高管组成的团队包含了其他 3 名女性。2011 年，在所有的 15 382 名管理者中，36% 是女性，27% 是有色人种。[114]

越来越多的证据表明，支持多样化努力的是多样性能够影响利润。一项麦肯锡的研究显示，以高层领导团队成员的国籍和性别作为多样性的指标，处于该指标最高四分位的公司的资产收益率（ROE）比那些处于最低四分位的公司高 53%。[115] 针对法国公司的一项调查研究显示，那些有更多女性在管理岗位上的公司在金融危机中绩效表现更好。[116]

但是在欧洲，在高管职位的女性仍然只有区区的 8%：英国是 11%、法国是 8%、瑞士是 4.5%，而在德国只有 1 位女性高管。因此，尽管国际化越来越深入，母国模式依旧存在，而关于国籍和性别的多样化仍然任重而道远。[117]

11.5　创造相互学习的机会

跨文化的交流学习意味着自我意识的开放、乐于分析自己文化中存在的包袱和累赘。同时它意味着有能力评价自己的观点和其他的文化，评价不同文化之间互动的有效性，以及制定战略来应对文化的差异。总之，跨文化的学习意味着持续地去了解文化。专题培训研讨会为不同国籍的员工之间面对面的交流提供了机会，而且为提高多元文化团队解决问题的技能提供了机会。

跨文化培训项目的目标，更准确地说，包括培养观察和访谈的技能，能够识别跨文化互动中情绪和价值观的作用并避免敏感的事件，以及能够实时地界定问题和收集信息。[118]

把脉

公司需要对员工进行问卷调查以检查员工对公司应对文化多样性的态度和认知、不同层级的外国员工的代表性，以及他们的职业经历。公司要审计人力资源系统以确保招聘、绩效评价、薪酬以及职业发展路线不会削弱甚至破坏吸引并留住优秀外国人才的努力。比如，在某些文化中，像在美国，它鼓励你去"推销"或兜售自己，然而在其他文化中，如北欧文化，人们更期望你周密慎重。这可能会导致在工作申请中或者在绩效评估或职业发展机会的讨论中，一些人会认为某些人的自我评价过度自夸和言过其实。[119]

当惠普（欧洲）的多样性总监尝试着在欧洲招募更多的女性工程师时，她被告知，那里就是没有足够的女性工程师。深入研究揭示，女性工程师在阅读招聘广告中的岗位资质要求时，只有当她们符合 10 条中的 7 条时才会去申请，而男性如果达到 10 条标准中的 3 条就会申请。这一发现促使他们更改了岗位空缺告示的方式，结果就出现了很多的女性申请者。

问题是我们要认识到这些偏见到底有多根深蒂固。例如，为了鼓励更多女性进入到管理序列中，女性基金会（Ms. Foundation）组织了"带我们的女儿去工作"的全国纪念日，在那里，女性青少年可以参与到"现实的"管理活动中，同时也可以熟悉公司的环境。9 年后，这个活动已经变得十分受欢迎，且得到了美国 30% 的公司的赞助，包括如微软、美林银行和 IBM 这样的公司。然而，如图 11-4 所示，这些女孩学到的更多是歧视而不是机会。在工作的世界里沉浸了一天之后，当被问起是否享受"工作初尝试"的一天，以及她长大后想成为什么时，她的回答是"想当男孩"！

此外，我们也要对公司文化是否存在偏见进行检查。在一个注重"露面时间"、要在办公室呆很长时间，且能在周末陪同客户娱乐的企业文化中，那些来自更加注重与家人在一起以及重视将工作与个人生活区分开来的文化价值观的人会处于不利地位。而且，鉴于这些要求，他们也许就不会申请此份工作，也不会接受这样的工作机会。

一个组织真正的文化多元化程度可以用问卷调查反馈的存在的偏见和歧视以及基于民族或文化差异的群体间冲突的程度来评价。[120] 一个更大的民族混杂会通过消除内部人和外人之间的差别来提高对公司的身份认同，并减少基于国籍之上的"他们和我们"心态。

让我们思考一下下面这个"小小的建议"。[121] 设想有一个世界，那里每个人的身高都是1.50米。当我们在矮个子的地盘上招募高个子（1.8米）的人时，我们有几种选择：①教他们如何像我们一样生活；②为那些不能调整适应的人创造一些要求不太高的岗位（如将他们安排在不需要经常走动的工作岗位上，这样他们就不会把头撞到门框上了）；③创造一种更友好的环境（更高的天花板、更大的椅子）。也

图11-4 长大成为男孩！

资料来源：The artist, Wazem.

许一种更加聪明的方法是为他们提供能发挥他们身高优势的工作：分配到仓库管理存货，或者是为个子高的人开发一条新的生产线，或者把他们派到荷兰这样的人们的个子都高的国家。尽管这个例子看起来有点傻，事实上这都是那些由于某种原因而"与众不同"的人的经历。因此，我们需要创建一个详细的脚本来描述这家公司将会是什么样子，如果它真的以一种有意义的方式去整合差异的话。

11.6 挑战：全球竞争的复杂性

挑战就是找到将文化差异资本化的方法或者说把文化差异变现的方法，利用文化差异获取竞争优势。但要做到这一点，我们首先必须承认和接受差异的存在是正当合理的。这意味着这些差异要被公开地讨论，必须将它们视为机会而不是对效率、现存权力基础以及和谐的威胁。要去控制和主宰很容易，去断言我们自己的方法更好、更有效率、更有效果也很容易，毕竟，在过去它一直运作良好。

我们在心里面往往很难承认或许还存在着一个更好的方法，一个由很多来自不同国家、种族、宗教信仰和性别的人共同想出来的方法。承认差异也许会威胁到个人的身份认同（我们是如何不同的？），或者是威胁到团队的凝聚力（一个快乐的大家庭）。承认差异会增加冲突的可能性，而这也许会搅乱和谐。然而，忽视或否认差异的存在意味着失去蕴含在多样性里面的丰富多彩的内涵。

跨国公司已经意识到，要想发展成为全球性的公司，变革是必需的，许多公司正在对其战略、组织结构和制度进行相应的调整。但是全球化也还必须发生在人们的思想观念里，'我

们的方法是最好的"这种民族中心论的思想必须改变，多种范式的思维方式是必需的。要想从跨文化的互动中获得益处，我们需要向非传统的另一类视角敞开心智，并且愿意去接受它们，而不是抱住我们原来千篇一律的思想和做法不放。保留每一个文化独特性的文化马赛克，而不是融化合并而失去了其独特性的大熔炉，更能够创造多种多样的模式，从而能更好地反映和回应在全球竞技场上运营的复杂性。

这是对管理者、组织和民族国家的挑战。除了尽快接受这一挑战之外，没有其他更好的方法可以让我们向前迈进。否则，我们将深陷于今天看到的环绕着我们的混乱之中，在那里一种文化总是试图将它的思想理念和处事方法强加给其他文化，在那里势力范围的争夺持续不断地增加，在那里不要说全球的文明，即便是经济和政治一体化的希望也都化为泡影。

◻ 注释

1 Kasper Rorsted interviewed by Peter Lorange (2007), featured on IMD's Corporate Learning Network webcast series 'Wednesday Webcast', 16 July.

2 Heenan, D.A. and Perlmutter, H.V. (1979) *Multinational Organizational Development,* Reading, MA: Addison-Wesley.

3 Kobrin, S.J. (1994) 'Is there a relationship between a geocentric mind-set and multi-national strategy?', *Journal of International Business Studies,* 25(3), pp. 494–512.

4 Prahalad, C.K. and Doz, Y. (1987) *The Multinational Mission: Balancing Local Demands and Global Vision,* New York: Free Press.

5 Bartlett, C.A. and Ghoshal, S. (1989) *Managing Across Borders: The Transnational Solution,* Boston, MA: Harvard Business School Press.

6 Barlett, C.A. and Ghoshal, S. (1989) *Managing Across Borders: The Transnational Solution,* Boston, MA: Harvard Business School Press.

7 McKay, B., Deogun, N. and Lublin, J. (1999) 'Tone deaf: Ivester had all skills of a CEO but one – ear for political nuance', *The Wall Street Journal,* 17 December: A, 1:6.

8 Hays, C.L. (2000) 'Coke's plan: Fitting in overseas', *International Herald Tribune,* 20 January.

9 Ignatius, A. (2011) 'Shaking things up at Coca Cola: An interview with Muhtar Kent', *Harvard Business Review,* October, pp. 94–99, p. 98.

10 Stahl, G.K., Björkman, I., Farndale, E., Morris, S., Pauuwe, J., Stiles, P. and Wright, P.M. (2012) 'Leveraging your talent: Six principles of effective global talent management', *Sloan Management Review,* 53, pp. 25–42.

11 Gupta, A.K., Govindarajan, V. and Wang, H. (2008) *The quest for global dominance: transforming global presence into global competitive advantage,* 2nd edn.

12 Santos, J.F.P. (2013), June, personal communication.

13 Sathe, V. (1983) 'Implications of corporate culture: A manager's guide to action', *Organizational Dynamics,* Autumn, pp. 5–23.

14 Nehrer, J. (1991) 'France amazed, amused by Disney dress code', *International Herald Tribune,* 26 December.

15 See Van Maanen, J. (1991) 'The smile factory: Work at Disneyland', in P.J. Frost, L.F. Moore, M.R. Louis, C.C. Lundberg and J. Martin (eds) *Reframing Organizational Culture,* Newbury Park, CA: Sage, pp. 58–76; Van Maanen, J. and Laurent, A. (1993) 'The flow of culture: Some notes on globalization and the multinational corporation', in S. Ghoshal and D.E. Westney (eds) *Organization Theory and the Multinational Corporation,* New York: St Martin's Press, pp. 275–312.

16 Presentation at INSEAD by George Cohn, CEO McDonald's Canada, with Video of McDonald's in Russia.

17 Werdigier, J. (2007) 'To woo Europeans, McDonald's goes upscale', *The New York Times,* 25 August.

18 Watson, J.L. (2006) *Golden Arches East: McDonald's in East Asia,* Vol. 2, Palo Alto: Stanford University Press.

19 Belson, K. (2002) 'Citigroup wins favor with Japan's cautious rich,' *International Herald Tribune,* 5 March, p. 10.

20 Alderman, L. (2012) 'Starbucks tries once again to win Europeans over', *International Herald Tribune,* 31 March, pp. 1, 11.

21 Kanter, R.M. and Corn, R.I. (1994) 'Do cultural differences make a business difference?', *Journal of Management Development,* 13(2), pp. 5–23.

22 Rohwer, J. (2000) 'GE Asia', *Fortune,* 2 October, pp. 51–60.

23 Edstrom, A. and Galbraith, J. (1977) 'Transfer of managers as a coordination and control strategy in multinational organizations', *Administrative Science Quarterly,* 22, pp. 248–63.

24 Doz, Y. and Prahalad, C.K. (1984) 'Patterns of strategic control within multinational corporations', *Journal of International Business Studies,* 15(2), pp. 55–72; Baliga, B.R. and Jaeger, A.M. (1984) 'Multinational corporations: Control systems and delegation issues', *Journal of International Business Studies,* 15(2), pp. 25–40; Etzioni, A. (1988) *The Moral Dimension,* New York: Free Press.

25 Lightfoot, R.W. (1992) 'Philips and Matsushita: A portrait of two evolving companies', Harvard Business School.

26 Black, J.S. and Morrison, A.J. (2010) 'A cautionary tale for emerging market giants: How leadership failures in corporate Japan knocked its companies off the world stage', *Harvard Business Review,* September, pp. 99–103.

27 Ibid.

28 Rapoport, C. (1994) 'Nestlé's brand building machine', *Fortune,* 19 September, pp. 129–133.

29 Wetlaufer, S. (2001) 'The business case against revolution: An interview with Nestlé's Peter Brabeck', *Harvard Business Review,* February, pp. 113–19.

30 Bell, D.E. and Shelman, M. (2008, revised 2012) 'Nestlé', Harvard Business School.

31 'The focus' (2013) Leadership interview, *The focus,* 15(1), retrieved from: http://www.egonzehnder.com/global/focus/topics/article/id/85700331.

32 Bell and Shelman (2008) *Op. cit.*

33 Ibid.

34 Radhika, N. (2003) 'Bertelsmann – Before, during, and after Middelhoff', ICMR Center for Management Research.

35 SPIEGEL-Interview mit Bertelsmann-Chef Thomas Rabe (2012), retrieved from: http://www.buchreport.de/nachrichten/verlage/verlage_nachricht/datum/2012/02/13/auch-facebook-ist-nicht-dezentral-aufgestellt.htm.

36 Radhika (2003) *Op. cit.*

37 Frankfurter Allgemeine Wirtschaft (2012), Interview with CEO Thomas Rabe, retrieved from: http://m.faz.net/aktuell/wirtschaft/bertelsmann-chef-thomas-rabe-bertelsmann-braucht-eigenkapital-in-milliardenhoehe-11888958.html.

38 SPIEGEL-Interview mit Bertelsmann-Chef Thomas Rabe (2012) *Op. cit.*

39 Kovacikovam, T. (2007) 'Regional strategies and structures within the automotive industry', Master Thesis WU Vienna.

40 Gerstner, L.V. (2003) *'Who says elephants can't dance? Inside IBM's historic turnaround',* London: HarperCollins.

41 Blackwell, N., Bizet, J.P., Child, P. and Hensely, D. (1992) 'Creating European organizations that work', *The McKinsey Quarterly,* No. 2, pp. 31–43.

42 Kumar, N. and Puranam, P. (2011) 'Have you restructured for global success?', *Harvard Business Review,* October, pp. 123–28.

43 Evans, P., Pucik, V. and Bjorkman, I. (2011) *The Global Challange: International Human Resource Management,* (2nd edn), New York, NY: McGraw-Hill.

44 Javidan, M., Stahl, G.K. and House, R.J. (2004) 'Leadership in global organizations: A cross-cultural perspective' in H. Gatignon and J. Kimberly (eds) *The INSEAD-Wharton Alliance on globalizing: Strategies for building successful global businesses,* Cambridge: Cambridge University Press, p. 79.

45 Ruigrok, W. and van Tulder, R. (1995) *The Logic on International Restructuring,* London and New York: Routledge.

46 Hampden-Turner, C. and Trompenaars, F. (1994) *The Seven Cultures of Capitalism,* London: Piatkus.

47 Ichii, S. Hattori, S. and Michael, D. (2012) 'How to win in emerging markets: Lessons from Japan', *Harvard Business Review,* May, 126–30.

48 Shirouzu, N. (1999) 'Nissan's plan for jump-start faces challenge', *Asian Wall Street Journal,* 18 October, p. 3.

49 Carlos Ghosn (2002) 'Saving the Business without Losing the Company', *Harvard Business Review,* January 2002.

50 来自 MBA 百科的"松下公司"条目：http://wiki.mbalib.com/wiki/%E6%9D%BE%E4%B8%8B%E5%85%AC%E5%8F%B8.

51 Wakayama, T., Shintaku, J. and Amano, T. (2012) 'What Panasonic learned in China', *Harvard Business Review,* December, p. 110.

52 Wakayama et al. (2012) *Op. cit.,* pp. 109–13.

53 曾高飞."松下电器在华陷中国式困局：变卖家产也难有希望"，新浪新闻，2017 年 8 月 8 日，详见：http://tech.sina.com.cn/it/2017-08-09/doc-ifyitayr9873111.shtml.

54 Kumar and Puranam (2011) *Op. cit.,* p. 127.

55 Kumar and Puranam (2011) *Op. cit.,* pp. 123–28.

56 'A conversation with Michael Porter', *European Management Journal,* (1991), 9(4), pp. 355–59.

57 Kumar and Puranam (2011) *Op. cit.,* pp. 123–28.

58 Ghoshal, S. and Bartlett, C.A. (1990) 'The multinational corporation as an interorganizational network', *Academy of Management Review,* 15(4), pp. 603–25.

59 Hedlund, G. (1986) 'The hypermodern MNC: A heterarchy?', *Human Resource Management,* 25, pp. 9–35.

60 Bartlett and Ghoshal (1989), *Op. cit.*

61 Washburn, N.T. and Hunsaker, B.T. (2011) 'Finding great ideas in emerging markets', *Harvard Business Review,* September, p. 120.

62 Doz, Y., Santos, J. and Williamson, P. (2001) *From Global to Metanational,* Boston, MA: Harvard Business School Press, p. 5.

63 Ghemawat, P. (2011), 'The cosmopolitan corporation', *Harvard Business Review,* May, pp. 93–99.

64 Askenas, R., Ulrich, D., Jick, J. and Kerr, S. (1995) *The Boundaryless Organization,* San Francisco: Jossey-Bass, pp. 290–2.

65 Ibid.

66 Kobrin, S.J. (1994) 'Is there a relationship between a geocentric mind-set and multinational strategy?', *Journal of International Business Studies,* 25(3), pp. 494–512.

67 Murtha et al., *Op. cit.*

68 Kumar and Puranam (2011) *Op. cit.,* pp. 123–28.

69 Farnham, A. (1994) 'Global – or just globaloney', *Fortune,* 27 June, pp. 49–51.

70 Davoine, E. and Ravasi, C. (2012) 'The relative stability of national career patterns in European top management careers in the age of globalization: A comparative study in France/Germany/Great Britain and Switzerland', *European Management Journal,* forthcoming.

71 Cox, T. (1991) 'The multinational organization', *Academy of Management Executive,* 5(2), pp. 34–47.

72 Benhold, K. (2012) 'Class war returns in new guises', *International Herald Tribune,* 27 April, p. 2.

73 Harper, C. (2007) 'American chief is "Swiss enough"', *International Herald Tribune,* 22 February.

74 Helft, M. (2013) 'Can Lenovo do it?', *Fortune,* 10 June, pp. 44–53.

75 Crabtree, J., Fontanella-Khan, J., and Jopson, B. (2012) 'Starbucks plans $80m Indian joint venture', *Financial Times,* 30 January, retrieved from: http://www.ft.com/intl/cms/s/0/901708e0-4b55-11e1-88a3-00144feabdc0.html#axzz2Klx9pay4.

76 *Knowledge@Wharton* (2012) 'Starbucks comes to India, selling coffee and atmosphere', 1 February, retrieved from: http://knowledgetoday.wharton.upenn.edu/2012/02/starbucks-comes-to-india-selling-coffee-and-atmosphere/.

77 Asokan, S. (2012) 'India's first Starbucks branches draw long queues', *The Guardian,* 29 October, retrieved from: http://www.guardian.co.uk/world/2012/oct/29/india-first-starbucks-long-queues.

78 Wahyuni, S. and Luchien, K. (2006) 'How successful will the KLM-Air France partnership become? Lessons learned from the KLM-Northwest Alliance', *Problems and Perspectives in Management,* 1, pp. 111–122.

79 KLM, History: Milestones in KLM's history (2013), available from: http://www.klm.com/corporate/en/about-klm/history/index.html.

80 Labich, K. (1992) 'Airbus takes off', *Fortune,* 1 June, pp. 26–30.

81 Robertson, D. and Sage, A. (2006) 'Political battle forces Airbus chief's departure', *The Times,* 10 October, retrieved from: http://www.thetimes.co.uk/tto/business/industries/engineering/article2170430.ece.

82 Hollinger, O. and Wiesmann, G. (2008) 'Airbus is hampered by cultural differences', *Financial Times,* 15 July, retrieved from: http://www.ft.com/intl/cms/s/0/8f238d88-5297-11dd-9ba7-000077b07658.html#axzz2JeXiSbIF.

83 Ibid.

84 Clark, N. (2012) 'Merger deal by aerospace giants is abandoned', *International Herald Tribune,* 11 October, p.1, 15.

85 Cox (1991) *Op. cit.*

86 Adler, N.J. (1980) 'Cultural synergy: The management of cross-cultural organizations', in W.W. Burke and L.D. Goodstein (eds) *Trends and Issues in OD: Current Theory and Practice,* San Diego: University Associates, pp. 163–84.

87 Noble, B.P. (1994) '"Diversity" fails to catch on', *International Herald Tribune,* 10 November, p. 9.

88 Cox, T.H. and Blake, S. (1991) 'Managing cultural diversity: Implications for organizational competitiveness', *Academy of Management Executive,* 5(3), pp. 45–56.

89 See Hambrick, D.C., Cho, T.S. and Chen, M.-J. (1996) 'The influence of top management team heterogeneity on firms' competitive moves', *Administrative Science Quarterly,* 41, pp. 659–84; Elron, E. (1997) 'Top management teams within multinational corporations: Effects of cultural heterogeneity', *Leadership Quarterly,* 8, pp. 393–412; Nielsen, B.B. and Nielsen, S. (2013) 'Top management team nationality diversity and firm performance: A multilevel study', *Strategic Management Journal,* 34, pp. 373–82.

90 Ashby, W.R. (1956) *Introduction to Cybernetics,* London: Chapman & Hall.

91 Noble, B.P. (1993) 'On women's "difference": Companies are listening', *International Herald Tribune,* 18 August, pp. 9, 11; see also Tannen, D. (1994) *Talking From 9 to 5,* New York: William Morrow.

92 Cox and Blake (1991) *Op. cit.*

93 Laurent, A. (1987) 'Vive la différence!', *Strategic Direction,* 18 March.

94 Dechant (1995) *Fortune.*

95 CIPD (2007) *Diversity in Business: A Focus for Progress,* London: Chartered Institute of Personnel and Development.

96 Jonsen, K., Schneider, S.C. and Maznevski, M.L. (2011) 'Diversity as a strategic issue: Reality or rhetoric?', in S. Gröschl and J. Takagi (eds) *Diversity,* Farnham: Gower Publications.

97 Schneider, S.C., Garcia-Prieto, P. and Tran, V. (2012) '"Some like it hot!": Interpreting and responding to diversity issues and initiatives: Implications for global leaders', in W. Mobley et al. (eds) *Advances in Global Leadership,* Vol. 7, Bingley: Emerald Group Publishing, pp. 125–53.

98 Dunavant, B.M. and Heiss, B. (2005) *Global Diversity 2005,* Washington DC: Diversity Best Practices.

99 Cox, T.H. Jr. (1993) *Cultural Diversity in Organizations: Theory, Research, and Practice,* San Francisco: Berrett-Koehler.

100 Cooke, F.L. (2011) 'Managing gender diversity in Asia: A research companion', *Personnel Review,* 40(3), pp. 398–400; Mor Barak, M.E. (2005) *Managing diversity: Toward a globally inclusive workplace,* Thousand Oaks, CA: Sage.

101 Ely, R.J. and Thomas, D.A. (2001) 'Cultural diversity at work: The effects of diversity perspectives on work group processes and outcomes', *Administrative Science Quarterly,* 46(2), pp. 229–73.

102 Ibid, p. 243.

103 Ely and Thomas (2001) *Op. cit.*; Thomas, D. and Ely, R. (1996) 'Making differences matter: A new paradigm for managing diversity', *Harvard Business Review,* September–October, pp. 79–90.

104 Dass, P. and Parker, B. (1999) 'Strategies for managing human resource diversity: From resistance to learning', *Academy of Management Executive,* 13, pp. 68–80.

105 Shell (2013) 'Shell at a glance', retrieved 20 January 2013 from: http://www.shell.com/global/aboutshell/at-a-glance.html.

106 Bell, M.P. (2012) *Diversity in Organizations* (2nd edn), Mason, OH: South-Western.

107 Sucher, S.J. and Corsi, E. (2012) 'Global diversity and inclusion at Royal Dutch Shell (A)', *Harvard Business School,* p. 5.

108 Sucher, S.J. and Beyersdorfer, D. (2012) 'Global diversity and inclusion at Royal Dutch Shell (B): The impact of restructuring', *Harvard Business School.* p. 1.

109 Ibid.

110 Ibid.

111 Sucher and Corsi (2012) *Op. cit.*

112 Deutsche Bank (2013) 'Diversity is very Deutsche', retrieved 20 January 2013 from:http://diversity.db.com/.

113 Thomas, D.A. and Creary, S.J. (2009) 'Meeting the diversity challenge at PepsiCo: The Steve Reinemund era', *Harvard Business School,* p. 1.

114 PepsiCo (2013) 'PepsiCo Values and Principles', retrieved 23 January 2013 from: http://www.pepsico.com/annual11/corporate/pepsico-values-and-principles.html.

115 Barta, T., Kleiner, M. and Neuman, T. (2012) 'Is there a pay-off from top team diversity?', *McKinsey Quarterly,* 15(2), pp. 13–15.

116 Ferrary, M. (2011) 'Specialized organizations and ambidextrous clusters in the open innovation paradigm', *European Management Journal,* 29(3), pp. 181–92.

117 Davoine and Ravasi (2012) *Op. cit.*

118 Lobel, S.A. (1990) 'Global leadership competencies: Managing to a different drumbeat', *Human Resource Management,* 29(1), pp. 39–47.

119 Bjorkman, I. and Lu, Y. (1999) 'The management of human resources in Chinese–Western joint ventures', *Journal of World Business,* 34(3), pp. 306–24.

120 Cox (1991) *Op. cit.*

121 Meyerson, D.E. and Fletcher, J.K. (2000) 'A modest manifesto for shattering the glass ceiling', *Harvard Business Review,* January–February, pp. 126–36.

第 12 章

世界公民：商业伦理与社会责任

作为实业家，我们深知我们的责任，我们将通过我们的业务活动，致力于社会的进步和发展以及人们的福祉。

——松下幸之助（松下电器创始人）

我们正投资于在环境上更加洁净的技术，因为我们相信这会增加我们的收入、价值和利润……而不是因为时髦或道德。

——杰夫·伊梅尔特（通用电气 CEO）

现在，我们已经接近旅途的尾声。我们已渐渐意识到了文化在国际商海中航行所具有的强大力量：它可以使我们原本很好的想法，乃至所有努力都付之东流，也可以帮助我们成就一番事业。我们使用了一张"文化地图"作为向导，其上标注了文化的地形或者说主要的维度，同时我们也提出了可资利用的发现文化的方法：观测、询问和诠释。这张"文化地图"也可以用来揭示不同的文化之球（区域文化、行业文化和企业文化），以及这些不同文化之间相互作用的结果。然后，我们讨论了文化为什么以及如何影响公司的经营和管理活动，包括沟通、营销、公司组织架构和流程的设计、战略规划以及人力资源管理实践等方面。最后，我们揭示了作为国际经理人，或是跨文化团队和全球化的组织，应该如何去管理这些文化差异，潜在的问题和需要关注的地方又都是什么。

贯穿着这一旅程，我们一直在展示文化在世界范围内对管理实践的影响和冲击。在这总结性的最后一章中，我们将讨论作为世界公民的经理人和组织所扮演的角色。我们提出这样一些问题：企业社会责任究竟在多大程度上是与文化相关联的？我们是否有希望在文化上对企业社会责任以及伦理道德上的两难困境达成一种共识？在成为一名合格的世界公民上有没有一种最佳路径可以遵循？

我们将从具有悠久历史的公司理论中所揭示的关于企业在社会中作用的不同假设开始，公司理论探讨的是"公司因何而存在"的问题。这些不同的假设引发了关于"责任和利润"的争议，它们是如影随形携手并进的？还是在本质上存在着互相对立、此消彼长的关系？姑且抛开这些争论不管，负责任的行为被普遍认为对于确保可持续发展和在全球范围进行经营活动是必不可少的。然而，试图建立一种"公平的竞争环境"的努力已经在全球范围内引起了一股文化冲击波，因为在不同的文化中，管理者和组织对于企业在社会中所扮演的角色的认识与行为是不同的；此外我们也思考并探讨了导致趋同和趋异的原因。我们需要质疑，到底是"入乡随俗"按照当地的规则来行事好呢？还是甘冒被指控为"文化帝国主义"的风险，将母国或者母公司的可持续经营政策强加于人更好？在处理这些问题的过程中，管理者和公司可以更好地把它们所扮演的角色定位为世界公民，并制定指南以使其在走向全球文明的持续的旅程中能一直保持在正确的轨道之上。

12.1　企业因何而存在

"公司为何而存在"的真正原因，或者说公司理论，在极大的程度上受到文化的影响。许多西方的商学院把利润最大化作为企业追求的最终目标，它们倡导这样的理念，即公司的存在是为了赚取利润，从而为股东带来利益。这些概念反映了其背后的基本假设，即公司是工具，管理者是"理性的经济人"，是由个人利益驱动的（个人主义），因此需要激励措施使其基于股东的利益来履行职责（代理人理论）。股东权利活动家日益增长的作用证明了这一观点，尤其是在高管薪酬方面。

与此相反，公司存在是为社会增加福祉（社会责任）这种观点反映的是这样一些假设：把公司看作是"关系的体系"，管理者是"家长"，是由对"集体"（多方利益相关者）的关心而驱动的。这些观点可以从越来越多的公司的使命陈述中找到。下面是摘录自松下公司的信条与哲学：

> 贯彻产业人的本分，谋求社会生活的改善和提高，以期为世界文化的发展做贡献。
>
> 企业的目标是大量生产丰富的质优价廉的产品贡献社会，使人们摆脱贫困，营造更为丰富美满的生活。利润是为社会做出了贡献而得到的补偿……是结果而不是目的。[1]

"企业是社会之公器"是松下幸之助确立的经营观。他认为："从法律上看，即使企业属于私营企业，但本质上并不仅仅归属于某个人或股东……我们作为从社会调用人才、物品、金钱来经营事业的企业，通过其活动为社会做出贡献就是它的使命。"[2]

欧洲工商管理学院的教授的最新研究发现，不同国家和地区的企业领导人在关于公司存在的目的上持有完全不同的观点。[3]这些差异对领导者的伦理道德起着非常重要的作用，因为它们影响到企业领导对诸如股东、客户、员工和更大范围的社会等利益相关者群体合法性的认识。例如，来自韩国和中国香港的高管都相信慈善的重要性，而日本的企业领导人则更强调公司必须为社会做出更广泛的贡献。德国管理者强调生产的社会价值，社会从公司提供的产品和服务中获益；美国的高管则一致认为关心社会是第二位的，要放在股东利益之后；于是，利润与责任也就成了文化差异要讨论的问题。创造利润在所有以上五个国家和地区都是重要的动机，但是出于不同的原因，例如韩国公司把利润主要看作是为社会和慈善做出贡献的一种能力，而美国管理者把利润看作为实现股东价值最大化这一主要目标的手段，因此利润和责任在不同的文化中有着不同的诠释。

当美国公司简单粗暴地关停工厂、解雇工人以及忽视其社会责任时，常被很多欧洲人（无论是东欧还是西欧）和亚洲人看作是不道德的。当《读者文摘》在日本连续经营了24年却只有11年盈利而决定退出日本市场时，被日本的评论家指责为这种行为"类似于遗弃儿童"；受到影响的员工工会更在《纽约时报》上刊登广告，宣称公司的行为是"不公平、不道德和不负责任的"。[4]大多数日本的大公司即便在经营困难的情况下，仍然不愿意大规模裁员。当日本索尼宣布有史以来最大亏损（5 200亿元日元）以及打算辞退10 000名员工时，它被认为是违背了其社会契约，因为日本拥有严格的劳动法和一直以来根深蒂固的终生雇用的心理预期。[5]

　　在东欧和中国，企业避免裁员有意识形态的传统在里面，同时也反映了家长制（等级制）和集体主义的价值观，这就使得在经济下行时期裁员的想法很难被接受和实施，裁员的难度也往往因当地的法律而进一步被强化。[6]同样，许多中国公司也以所创造的就业岗位的数量以及在经济不景气时没有裁员来显示它们的社会责任。[7]

　　在欧洲，许多中小企业是家族所有的并与当地社区紧密结合在一起，这也使得裁员难以想象。在法国，避免裁员的努力导致人们发出了拒绝外国公司投资和将外国企业国有化的威胁，这也导致人们担心法国是否具有维持其国家竞争优势的能力。

　　当境外投资者特别是来自新兴市场国家的企业开始投资欧洲公司时，人们对劳动岗位转移到发展中国家的担忧就愈加严重。[8]然而，面对经济衰退和越来越激烈的竞争，许多欧洲和日本公司不得不进行重组或削减规模，导致了人们由于心理和社会契约的破灭产生极度的道德上的愤怒。因为在欧洲和日本，传统的心理和社会契约是：员工以其对企业和工作的忠诚换取公司对员工的终生雇用以及对福利的承诺，当地政府给予公司各种激励措施，希望公司能反哺社会提供就业岗位和保持经济的持续发展，因此裁员往往引起公众的抗议和政治上的不良影响。这正是德国医药公司默克集团（Merck）在瑞士所碰到的情形，它在收购了雪兰诺公司（Serono）之后关闭了它在日内瓦的总部，并声称将关停附近的诺华消费品生产工厂。即便称不上是不道德的剥削，这种缺乏社会良知的行为也被认为是"野蛮的资本主义"。而且正当一边在宣布裁员消息，一边又有消息披露公司高管得到了高额的薪酬和丰厚的福利，这让情形变得更糟。类似的事件在美国和欧洲激起了公众的极度愤慨，促使欧盟提议限制 CEO 的薪酬，"占领华尔街"示威行动蔓延至全球许多城市就是这种愤怒的明证。

　　若干年前法国民众对食品业巨头达能公司进行了强烈抗议，让其暴露于聚光灯之下，因为达能公司在宣布对管理人员裁员 10% 的同时宣布公司实现了 18 亿欧元的净利润以及 5% 的红利增长。达能公司的股票在巴黎证券交易所一天内上涨了 6%，而其 CEO 却在媒体上被戏谑为"恶棍老板"（patron voyou），这些新闻还触发了大规模的示威抗议活动，人们呼吁立法制约所谓的"股市裁员"（licenciements boursiers）⊖行为。[9]

　　关于潜在的企业存在目的的不同假设——到底是经济的还是社会的——导致了关于利润和社会责任之间关系的争论。盈利代表了其最终目的抑或只是创造更美好社会的手段？社会责任是符合经济逻辑的抑或只是一种道德上的责任？虽然一些管理者可能对这种讨论持怀疑态度，但是企业的社会角色和责任已经不能再被回避了，尤其是对于全球化组织来说。

12.2　追求经济利益还是高尚道德

　　在商业经营活动中，什么是负责任的行为以及到底是什么在驱动着这样的行为仍然是一个悬而未决的问题，对这个问题的回答是建立在关于企业在社会中扮演何种角色的不同假设之上的。在诺贝尔经济学奖获得者米尔顿·弗里德曼（Milton Friedman）所代表的新古典主义经济学那里，企业的唯一责任就是为股东创造盈利，为社会提供产品、服务和就业，[10]他

　　⊖　这是一个由法国左派政治家阿兰·博凯（Alain Bocquet）在 2001 年提出的概念，即其实企业经营盈利状况良好，但企业为了满足投资者和股市的期望，还是积极主动地裁员，以节约成本，扩大利润，从而推高其股价。禁止这种行为的法案于 2012 年 7 月 24 日提交到了法国国民议会，即国会的下议院。

认为任何超出这一范围的其他要求都是拦路抢劫或者是额外的敲竹杠。关心和解决社会问题应该是政府需要做的事情，因为公司已经支付了税收，再为社会和环境问题做额外贡献属于"双重纳税"；因此，假如管理者想要关心这些问题，他们可以捐赠自己私人的时间和金钱，但不能拿股东的时间与金钱来做这些事。

另外一些人则争辩说好企业就会带来好生意，或者说公司可以通过"做好事"而"经营良好"（赚取利润）。哈佛大学战略管理大师迈克尔·波特认为公司可以利用其核心能力解决社会和环境的问题，除了慈善之外，公司还能够创造共享的价值观。[11] 正是因为对企业的终极目的只是追求利润还是同时也要承担社会责任以及对员工负责，导致了人们对管理行为的不同评价，意大利菲亚特汽车公司的 CEO 马尔基翁内（Sergio Marchionne）就因为这个原因，成为一位非常有争议的管理者。一方面，在不到两年的时间内他就让病入膏肓的菲亚特公司重整旗鼓，成为增长最快的汽车公司；另一方面，2009 年与濒临破产的克莱斯勒汽车合并，又在不到两年的时间里让该公司扭亏为盈，并还清所有的政府援助贷款，这让他享誉全球管理界。但是，意大利人认为："在他的管理风格里有很多来自美国人的东西，他唯一关心的就是结果。如果你不能够很好地完成工作，那你马上就会出局。他相当残酷无情。"[12]

有些人声称，成为一个负责任的企业不是看你"做"什么，而是你"是"什么样的人，就像 IBM 这样的公司所说的那样"这早已融入我们的基因之中"。阿妮塔·罗迪克（Anita Roddick）的美体小铺（Body Shop）在很多年前就给出了这样一个例子。这是一家销售肥皂和化妆品的公司，通过销售"天然"产品而发展壮大。公司的做法迎合了消费者的良知：回收再利用包装瓶、从热带雨林和其他奇异的地方采购天然的原料，以及在"要贸易而不要援助（trade not aid）"的口号之下在发展中国家开展经营活动以促进当地的发展。[13] 尽管这反映的是公司创始人的价值观，但他们的很多做法现在已经成为很多行业的标准。

另一个例子就是成立于 1978 年的本-杰里（Ben & Jerry's）冰激凌公司，因其关心人而非利润赢得了良好的声誉。他们于 2006 年在世界上首次引入公平贸易香草冰激凌，公司的合伙人杰里·格林菲尔德（Jerry Greenfield）说"没有人会愿意购买靠剥削别人而做出来的东西"。本-杰里承认："自从被联合利华收购之后，靠社会价值观驱动的商业模式来维持公司一直很困难，不过联合利华也说从我们这里学到了很多。"[14]

这些不同的基本假设在两位知名管理学者之间关于如何界定对社会负责任的领导人的辩论中显而易见。唐纳德·西格尔（Donald Siegel）是一位科班出身的经济学家，他声称有关公司参与到企业社会责任的决定应该被视作一种投资决策，可以像任何其他的投资机会一样用理性的计算的方式来评估。这与已故的米尔顿·弗里德曼的观点非常相像，他认为一个负责任的领导人只有当参加企业社会责任活动可以增加公司盈利以及提升股东价值时才可以采取这些行为。对他来说，上市公司的 CEO 可能依照他们自己的价值观和伦理道德原则来做企业社会责任的决策让他感到"非常紧张"，因为这为各种滥用公司资源的行为打开了大门。相反，领导力领域的学者大卫·瓦尔德曼（David Waldman）认为我们真正应该担心的不是这些按照自己的价值观和道德观来行事的商界领导者，而是那些只一心一意关注盈利能力和股东价值最大化的高管。他表示有许多的例子证实，由于 CEO 恣意追求利润而使他们的公司和各种利益相关者包括股东陷入困境。[15]

在经济学家和人文主义者之间，或者是在企业管理一线的财务部门和人力资源部门之间，关于利润和社会责任二者之间的关系注定是一场永无休止的争论。问题在于盈利和做一家负责任的企业是否注定要相互排斥？做一家负责任的企业是否同时具有良好的商业意义？

或者这仅仅只是一种道德上的义务？

　　欧盟将企业责任定义为"公司在商业活动中以及在与公司利益相关者的关系中自愿地把对社会和环境的关心结合进去"。它一直都和另外一些标签，如企业公民[16]、企业社会责任[17]、可持续性和可持续发展，在交互着使用。企业社会责任这一概念坚持认为企业要生存就必须关注"三重底线"——利润、地球与人。[18]

　　不过，在很多情况下鱼与熊掌不可兼得，以经营绩效为中心与以人为本往往是一对矛盾，就如作者一位在某公司工作的 MBA 学生所写的："夸张点说，我们公司看似光鲜的业绩和利润，就是靠一个个 KPI 换来的，站在管理者角度，KPI 的确高效，但是员工真的压力很大、很辛苦……企业文化并没有真正做到以人为本，而是把人当作企业谋求利润和企业追求卓越发展的手段。"○因此，领导艺术的真正内涵就是在矛盾之间妥协、折中、包容，找到最大公约数。

　　虽然许多管理者认为利润与社会责任之间存在着内在的水火不相容的关系，然而研究却表明公司的财务绩效和企业的社会绩效之间还是可以携手并进的。[19] 据 2005 年毕马威的一项国际性企业社会责任调查结果，74% 的公司认为经济的原因是他们承担社会责任的主要动机，53% 的公司选择了伦理原因和创新与学习。毕马威在 2011 年针对全球 34 个国家的 3400 多家公司的一项研究发现，社会责任已成为企业经营活动中事实上的行事准则，被认为是企业的重中之重，其财务绩效被认为来自直接的成本节约和声誉的提升（见图 12-1）。

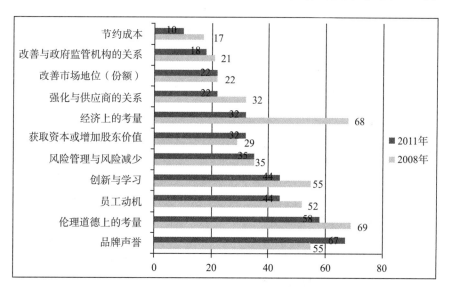

图 12-1　毕马威 2011 年和 2008 年问卷调查

资料来源：毕马威 2011 年企业责任全球问卷调查报告。

　　2011 年麦肯锡在对 3 000 多名管理人员的调查中也发现了同样的结果：可持续性被认为是企业势在必行之事，改善运营效率和降低成本是比声誉更重要的动机。而且，94% 的公司表示已经将社会责任整合到了企业的战略规划之中。[20] 事实上，实施可持续商业实践的公司数量增长得非常迅速。

　　此外，对投资"有伦理道德的"公司的兴趣和"伦理"投资基金的数量一直在增加。第

○　来自作者张刚峰的一位学生在 2017 年 6 月递交的一份课程论文。

一只伦理基金 Pax World 基金[⊖]是由两位卫理公会牧师于 1971 年在美国创建的，这些基金在选择投资对象时会将道德伦理的考量作为前提，比如说它们不会投资生产酒精饮品和烟草的公司，或者生产军火的国防承包商。在挪威，3 000 亿美元的石油基金（政府养老基金）只能投资于那些被认为有伦理道德的公司，当沃尔玛因其供应商工厂出现违反人权的行为而从该名单上被剔除时，曾引起一场轩然大波。[21] 还有一些基金是被设计用来解决某些特定的问题，比如能源和环境。最近一项对 5 000 名投资者的调查发现，投资者偏好那些在整体上展现了积极的社会和环境政策的企业，而不是只根据产品或战略来挑选或排除企业。[22]

许多银行目前也将这类基金加入它们的产品之中。社会责任投资（SRI）被越来越多的主流机构投资者所青睐。[23] 这些基金的支持者认为关注利益相关者以及股东的意愿，从长远来看可以通过激励员工、发展与社区的亲善关系和避免罚款得以提高利润。越来越多的人认识到，在公司内部和外部考虑更广泛的利益相关者对公司的长期成功和生存至关重要。[24] 这些基金在证券市场上会被英国的富时社会责任指数（FTSE4Good）、苏黎世的可持续资产管理（SAM）和美国道琼斯可持续性企业集团指数跟踪。多年来，多米尼社会权益指数（DS 400）的表现与标准普尔 500 指数在相似的水平上。[25] 由注重社会责任的投资者组成的企业阳光工作小组正在迫使美国证券交易委员会要求公司披露更多的与社会责任相关的"活动"的信息。

此外，强大的利益相关者（包括国际非政府组织）日益增长的行动主义要求企业及其领导人与各利益相关者进行对话，对社会需求做出反应。[26] 由欧盟资助的由数家商学院和企业联合实施的"回应"（RESPONSE）项目对 20 家公司进行了深入的研究，结果表明如果公司管理层对其企业社会责任的理解与公司利益相关者的期望相一致，企业社会责任绩效的排名就较高；在更具活力的环境中的公司和市场驱动型的行业似乎对利益相关方的期望有更好的理解；再者，企业社会责任绩效排名较高的公司往往会将这些企业社会责任的活动视作学习和成长的机会。[27]

虽然为了应对公司的社会和环境足迹而对公司业务模式进行大幅改革在 20 世纪 90 年代还只是个案，但在今天我们发现公司对全球变暖、环境威胁以及保护自然环境的意识越来越高。20 世纪 90 年代初，沃尔玛决定减少使用除臭剂包装盒的数量，让公司节省了超过 1 000万美元的开支，并让美国在拯救树木和减少垃圾填埋上节约了数亿美元。[28] 后来，沃尔玛决定进行"绿色圣战"，[29] 并承诺到 2012 年公司将要求供应商在所提供的产品中至少有 95% 来自在环境实践审计中获得最高评级的工厂。公司首席执行官李·斯科特（Lee Scott）表示"满足社会和环境标准是我们必须的选择"。[30]

美国英特菲斯公司（Interface Inc）是世界最大的商用地板和地毯生产商，让我们来看看它在环境保护上的彻底转变。20 世纪 90 年代后期，该公司当时的 CEO、现在的董事会主席雷·安德森（Ray Anderson）对公司经营进行了一次最引人注目的变革，造就了全球最大、最清洁、最盈利的工业地毯制造商。1994 年，英特菲斯公司每年使用 5 亿多磅的原材料，产生 9 亿多吨的排放物和 20 亿升的废水。面临的挑战是找到节省资源的途径，克服技术障碍，让供应商提供对环境友善的原材料，调动员工参与的积极性，并让股东相信这一过程是有利可图的。这个在安德森带领下的变革倡议的目标是在 2020 年前实现零排放，在这过程中安德森也意识到"可持续性倡议对业务有着惊人的益处"。因此，最初以"中期改造"开始的变革现在变成了引领公司全面变革的"新产业革命"，以创造完全可持续发展的企业。[31]

⊖　Pax 是拉丁语，意为"和平"。

最近，通用电气公司重新定位了其经营模式，重点放在快速增长的以应对社会与环境的挑战同时也贡献利润的产品和服务。这一定位以两个主要战略举措的形式出现：一是"绿色创想"，利用创新来提高全球能源效率；二是"健康创想"，这是一项价值 60 亿美元的医疗创新承诺，旨在以更低的成本向更多的人提供更好的医疗保健服务。通过这两项举措，通用电气公司不仅致力于解决两个最紧迫的全球性问题——能源和医疗，同时也为自己和客户节约了大量的成本。通用电气公司估计，自 2005 年以来绿色创想计划已经使公司成本降低了 1 亿多美元，而这一项目也已经成为一个 80 亿美元的业务。[32]

这种企业社会责任和可持续经营战略方针在那些努力寻求经营活动与各利益相关者的期望相一致的公司中变得越来越普遍，并积极主动地为"三重底线"做出贡献，即同时考虑社会、环境和经济的可持续发展。越来越多的研究在检视了企业社会责任的企业案例之后发现，公司能够在做"善"事的同时也经营得很好，尽管通过做善事使得企业能够经营好的证据还不是很确定。[33] 投资于企业社会责任和可持续发展也许是盈利的结果而不是原因，公司在发展顺利的时候容易慷慨大度一些。

最新的元分析似乎说明经营得好与做"善"事之间的关系是双向的，于是形成一个良性循环。加利福尼亚伯克利大学的大卫·沃格尔（David Vogel）教授认为，许多出现在伦理基金名单上的公司同样也出现在《财富》500 强的名单上，由于使用不同的指标使得很难辨别出明确的关系。[34] 他也指出，真正的考验是当需要在按照伦理道德行事和赚取利润之间必须做选择的时候。有时候，伦理道德是有代价或成本的，因此做出执行道德行为的决策远不是微不足道的，而要涉及谨慎地权衡和道德选择。[35] 他认为"伦理道德会带来回报，做一个有道德的人是明智的"这样的概念反而在暗中损害了它自己的良好意图："把伦理道德基于自身的经济利益之上是不道德的。"

虽然作为家族企业无须担心股东的想法，但李维斯公司拥有坚守核心价值观的悠久传统，他们将此称作愿望和抱负，在家族几代人中一直都被推崇。[36] 我们在第 9 章中曾提及李维斯公司的经理设法解决了孟加拉国供应商的童工问题，为孩子支付学费，供他们上学。[37] 这反映了公司长期以来发展业务的同时也为社会做贡献的承诺。

苹果手机降频事件揭示了企业在坚守良好价值观上的困难。很久以来，苹果手机的用户就怀疑苹果公司利用软件升级减慢手机的运营速度来促进销售。一位消费者说：

自从 iOS 8 推出，家里的一台 iPhone4s 和两台 iPad2 都纷纷响应大势从 iOS 7 升级到 iOS 8，可是这一升级不要紧，原本运行流畅的 iPhone4s、iPad2 都有如患上了老年痴呆症，反应迟钝让人想摔机，莫非是苹果公司的战术，用软件升级逼用户升级硬件？

目前的苹果手机和平板电脑，基本上两年一个大的升级换代，那么也就意味着苹果的设备使用两年就会被淘汰，无论从资源环保的角度还是从用户经济投入的角度都是巨大的浪费，难道苹果公司就是这样一家只想赚钱不想负责的公司？[38]

但是，这种怀疑一直没有得到证实，也没有得到苹果公司的回应，直到美国跑分系统 Geekbench 4 软件的开发者和 Primate Labs 的创始人约翰·普尔（John Poole）针对 iPhone 6s、iPhone 7 等设备，分别对其在 iOS 10.2、iOS 10.2.1 以及 iOS 11.2 版本下进行测试，用数据说明了 iPhone 电池的衰退和处理器的性能一定有关联，并且苹果通过每次改变 iOS 系统来限制处理器的速度。普尔认为，苹果是故意通过掩盖电池性能让用户误以为是自己的手机应该换了，他们不会想到电池才是触发手机性能下降和意外关机的主因。[39] 这才迫使苹果公司在 2017 年 12 月 28 日发布声明，就其备受争议的降低老款手机速度以保护电池稳定性的决定致歉，但仍然坚称"我们从未——未来也不会——做任何故意缩短任意一款苹果产品寿命的事情，或是降低用户体验来推动产品的升级换代"。

更多的口头鼓吹者认为伦理道德行为为自由社会和自由经济提供了道德基础。但是关于究竟什么是道德和负责任的概念不一定可以简单地从一个国家移植到另外一个国家，比如不久前在亚洲和欧洲由于恶劣的工作条件而导致的火灾和自杀所引出的"人权"这个概念。在一些发展中国家，高速的经济增长同时也带来了巨大的环境问题，"环境的可持续性"这一概念如何落实？中国政府目前正努力解决污染、环境的可持续和腐败问题。2006 年，中国政府制定了法律，要求在深圳证券交易所上市的企业必须要遵循企业社会责任。自 2010 年以来，所有的国有企业都要出具企业社会责任报告，120 家中国企业已经签订了全球社会责任契约。[40] 在许多国家，由于薄弱的监管和缺乏制裁，报告的合规性和准确性经常很难得到保证。

12.3　全球化带来的当务之急

企业经营活动的全球化要求一个"公平的竞技场"，在那里各种游戏规则是透明的并适用于所有的人。显然，隐含在这一要求背后的假设是普遍主义（即规则就是规则，所有人都应该以相同的方式遵循这些规则）、低语境（政策的表述是明确和不含糊的）和公平性。在这种情况下，"公平"意味着提供平等的机会和市场准入，不玩偏心，也不保护自家人利益，换句话说就是"按规则比赛"。这也意味着分配正义，即每个人所应该得到的"公平份额"是由他们的绩效决定的。然而，这样的观点要被更加关系导向的、倚重人脉的文化所接受并非易事，在这样的文化中归属感比业绩更重要，等级地位意味着拥有优先权。毕竟，在家庭场景中或更具体地说在父母与其孩子之间，"机会平等"和"公平竞争"又意味着什么呢？

傅高义教授在 1979 年解释日本与美国的经济发展和文化的差异时说，西方人关注"公平竞争"，东方人关注"公平分享"。[41] 所谓"公平竞争"，换句话说就是"按规则比赛"，它非常完美地体现在体育比赛中：先设定比赛规则，然后大家按照规则来竞赛，赢者收获成果。在"公平分享"的文化里，游戏规则是可以在游戏的过程中修改的，关键是要保证所有的游戏参与者都或多或少可以收获成果，赢者多得一些，但输者往往也可以分得一些成果。

随着经济的持续全球化，必须解决跨国公司以及其境外机构在建立和遵守一套共同的商务实践上的角色问题。也就是说，一个企业的根本的目的是建立一个更美好的世界，还是仅仅为了降低个人或者公司进行跨国经营或者在国内经营的责任和风险？什么是负责任的和有道德的行为？这在不同的国家很可能是不一样的，是一个潜在的文化雷区。

巨人的倾覆

在许多国家，公司的总裁和高层管理者正领悟到跨国经营所带来的一些棘手问题，就像一位法国大企业集团的首席执行官无意中把自己送进了比利时的一家监狱。实际上，许多高管还面临着一些在成为全球经营者之后出乎意料的局面，甚至使得他们在自己的国家身陷囹圄。[42]

全球一体化的规则，即对所有的参与者都采用相同的游戏规则，在金融行业里的影响表现得尤为显著。在美国，那些有问题的做法所造成的影响不仅导致了雷曼兄弟的倒闭，成千上万的小微个人投资者损失了他们一生的积蓄，而且导致全球许多银行和公司倒闭或几乎倒闭，不得不依靠政府来拯救。这些事件给人们的警示是这些企业领导者是不负责任的。曾经被认为楷模的那些银行，像花旗银行、瑞银集团、美林公司，是次贷危机的最大输家，自2007 年以来亏损了 409 亿美元，导致全球银行遭受重大损失。高盛集团、JP 摩根大通、瑞士信贷银行和瑞银集团现在也由于各种交易丑闻与诸如操纵伦敦同业拆借利率（LIBOR）这样一些有问题的做法，亏损了数十亿美元，而引火上身。但往往这些引发危机的始作俑者"大到不能倒"，使得政府不得不用纳税人的钱来拯救这些公司；此外，这些引发灾难的高管个人却因为其不计后果的行为赚得盆满钵满，这就不得不让民众感到极度愤慨。

近年来，不仅西方领导人，非西方国家的高层管理者同样也因欺诈、贪婪和不道德的商业行为而遭到曝光。由于制度和文化因素而加剧的管理渎职行为被指责为韩国公司丑闻背后的原因。[43] 人们指控那些最大的企业集团长期以来一直贿赂政客，并将管理控制权非法转移给子裔，例如，三星董事长在 2008 年因涉嫌欺诈和逃税罪被起诉。然而，人们认为当局太软弱，这些调查也只是隔靴搔痒。[44]

在日本，当奥林巴斯（Olympus）公司新任英国首席执行官要求调查在以 19 亿美元收购英国 Gyrus 集团时所支付的 6.87 亿美元的咨询费（通常咨询费是交易金额的 2% 而不是36%），以及另外一些没有多大战略价值而之后又被核销的收购案时，他立即被董事会全票罢免。随后的丑闻暴露了"日本企业之间的关系过于紧密，以及任人唯亲的本质；因为是内部人在控制了企业，他们从中获利，而不是股东"。[45] 进一步的调查揭露了该公司在 20 世纪 90年代隐藏了数十亿日元的亏损。在日本"飛ばし"或者说"簿外债务"被认为是很寻常的做法，通常是将亏损的资产卖给其他公司（一般是僵尸企业），然后将来再重购回来，以这样的方法来隐藏资产的损失。[46]

全球化对许多国家的企业经营的本质和文化观念提出了挑战。很多造成了经济和政治上的浩劫却在过去被认为是"正常"的做法，正开始不断地受到公众的严格审视。在世界各地，由此引起的公众抗议挑战了长期存在的社会权力结构，导致对更高透明度和对公共利益负责的需求不断增长。当然，在企业经营管理的透明度和反腐败方面，互联网特别是社交媒体起到了很重要的作用。事实上，实现"全球文明"的希望取决于是否能够就什么是负责任或有伦理道德的行为建立一种共识。

12.4　什么是腐败

国家间的差异也能在腐败的普遍性和腐败的程度上看到。透明国际把腐败定义为"因为私人利益而以非法和 / 或不道德的行为滥用公共权力"，[47] 包括诸如"贿赂、裙带关系、敲诈勒索、贪污，以及为了个人的私利而使用不属于自己的资源和设施"等行为。性骚扰也被列入其中，因为它被认为是一种对职权的滥用。

当腐败成为一种普遍现象，就会成为民主的绊脚石，阻碍经济的发展与繁荣，最终破坏社会的秩序、和平与稳定。[48] 世界银行将腐败列为经济和社会发展的最大障碍。专栏 12-1 列出了腐败所带来的一些负面结果的概貌。

┌───┐
│ 🌐 **专栏 12-1　腐败导致的结果**   │
│   │
│ ● 政府丧失收入   ● 成为外国投资者的威慑因素   │
│ ● 助长不公平的竞争   ● 削弱了发展的进程   │
│ ● 增加产品的价格   ● 导致政治的不稳定   │
│ ● 规章制度变得过于弹性可变   ● 弱化社会的道德肌理   │
│ ● 让不愿意这么做的人灰心丧气   *资料来源*：Henri-Claude de Bettignies, INSEAD, │
│ ● 鼓励资本的逃逸   2004.   │
└───┘

　　透明国际使用基于来自十几个不同机构的调查和评估汇总而来的腐败感知指数（CPI）进行持续的监测，将 174 个国家和地区按照腐败感知指数进行了排名，100 表示非常清廉，0 表示高度腐败，我们可以看到国家和地区间存在着很大的差异。表 12-1 显示了 2012 年度部分国家的排名和得分情况，被认为腐败程度最低的国家是丹麦、芬兰、新西兰、瑞典、新加坡和瑞士。

表 12-1　透明国际的腐败感知指数

排名	国家	分值	排名	国家	分值
1	丹麦	90	69	巴西	43
1	芬兰	90	94	印度	36
1	新西兰	90	133	俄罗斯	28
4	瑞典	88	170	乌兹别克斯坦	17
5	新加坡	87	172	缅甸	15
6	瑞士	86	173	苏丹	13
13	德国	79	174	阿富汗	8
17	英国	74	174	朝鲜	8
19	美国	73	174	索马里	8

资料来源：http://www.transparency.org；© 透明国际保留所有版权。

　　某些行为（如贿赂）有时被认为是在某些国家开展业务的唯一途径，透明国际的贿赂支付者指数（Bribe Payers Index）评价了腐败的供应方——世界工业化国家的企业在国外贿赂的可能性，分值显示一些世界上最富裕国家也对腐败睁一只眼闭一只眼。[49] 据透明国际组织称，"来自最富裕国家的公司一般列在行贿者指数的前半部分，但仍然常规性地进行行贿，特别是在发展中国家。"[50] 事实上，发生在法国的阿尔斯通、美国的哈里伯顿、德国的西门子，以及其他一些来自发达国家的跨国公司的腐败丑闻都凸显下面这一事实，即管理人员不断参与行贿，特别是当他们在那些执法不严的国家经营业务时。

　　此外，当地不同的商业行为也对国际经理人提出了重大的挑战，比如说他们需要向当地政府官员提供"通融费"，尽管这样的做法在他们本国被认为是腐败行为。1977 年，由于 ITT 公司涉嫌参与了在智利试图推翻时任总统阿连德的行动，并向洛克希德公司行贿，这促使美国国会通过了一项《海外腐败行为法案》（Foreign Corrupt Practices Act），规定在国外发生的违反伦理道德的行为同样要受到与在国内违法时相同的惩罚。这一法案不仅适用于美国公司，也同样适用于在美国证券交易所挂牌的其他国家的公司。一些欧洲公司也被美国政府起诉，总共支付了 32 亿美元和解金，例如德国西门子公司被认定为了取得在阿根廷的 10 亿美元合同而行贿 1 亿美元，因此被判决需要支付 8 亿美元罚款给美国和另外 8 亿美元给德国，另外，还对 8 位涉案的前高管提起刑事指控。据西门子法律总顾问彼得·索姆森（Peter Y. Solmssen）介绍："欧洲公司现在才意识到该法律也适用于它们……许多北欧国家的公司都有这样的文化传统，即它们需要那样做来获取业务。"[51] 许多公司不得不选择其他方法，或者选择离开，例如瑞典宜家公司宣布由于腐败和被要求提供贿赂而决定推迟在俄罗斯的进一步投资。[52]

许多美国的跨国公司会要求其国际经理签署道德承诺书，宣誓遵守《海外腐败行为法案》和公司的道德规范。在有些公司，经理经常会被突袭进行审计，并雇用当地的"看门狗"来监督员工的生活方式。[53] 然而，签署承诺谴责有问题的做法也可能制造出一些问题，例如在法国签署这样的承诺书是违法的，这导源于在二战期间人们对纳粹要求举报邻居的做法是违法的。[54]

因此，来自不同国家的管理人员在面对这些情况时，可能会表现出不同的态度。过去的研究发现，在不同的文化里，人们在贿赂和其他形式的不道德行为的意愿方面存在着显著的差异。[55] 例如，研究发现等级秩序和集体主义与腐败[56]、会计师的伦理行为[57]，以及为道德上存在疑虑的行为辩解的意愿[58] 等存在着关联。尽管有众多研究确认了文化在塑造伦理决策中的重要性，但这些证据并没有表明哪一些文化要比另一些文化具有更高的伦理水准。[59] 由于文化经常与诸如 GDP 这样的社会经济影响因子相关联，很难确定到底是哪一个国家层面的因素在驱动着腐败行为。

纵观历史，哲学家一直在对决定伦理道德行为的恰当标准进行争论，如边沁（Bentham）和穆勒（Mill）的功利主义、康德（Kant）和洛克（Locke）的权利，以及亚里士多德的公正和孔子的德。所有这些标准都清晰地反映了隐含的文化假设，功利主义（为最多数人谋取最大的利益）意味着一种工具性的、功能性的方法；权利，那又是靠什么呢？靠官僚等级还是如迪力巴尔（D'Iribarne）所说的那样在法国是靠身份、在美国是靠合约，而在荷兰是靠共识？[60] 是否真如 17 世纪法国哲学家和数学家帕斯卡（Blaise Pascal）所宣称的那样，真理在比利牛斯山的两侧是不一样的？或者在大西洋和太平洋的两岸是否也如此？

为了解决这个问题，我们需要考虑什么是共享的和普遍的（客位的视角），什么是文化特定的（主位的视角），⊖ 也许更根本的是为什么我们会发现相似之处和差异，只有这样我们才有可能对一些问题（比如腐败）达成共识，以及对这些问题做出相同的反应，或者建立商定的行为准则。再强调一次，我们希望能找到利用不同文化假设的方法，从而成为真正的全球公民，而不是把自己的标准强加于其他人身上。考虑到这一目标，我们首先来考察一下各国对道德和社会责任问题的态度和对此做出反应的差异与相似之处的研究证据，然后我们再来寻找相关的隐含的文化和组织方面的原因。

在对企业社会责任的理解上和实施企业社会责任的各种各样的方法上，人们发现了国家文化之间的差异。我们至今已经讨论过了美国与欧洲之间的差异，并将这种差异归咎于制度

⊖ 主位（emic）与客位（etic）是人类学研究中的两个术语，最早由肯尼思·派克（Kenneth Pike）在 1954 年提出。主位研究是指研究者不凭自己的主观认识，尽可能地从当地人的视角去理解文化，通过听取当地提供情况的人所反映的当地人对事物的认识与观点进行整理和分析的研究方法。客位研究是研究者以文化外来观察者的角度来理解文化，以现有的科学认识对其行为的原因和结果进行解释，用比较的和历史的观点去看待民族志提供的材料。

环境，比如，政府的角色、市场的结构和企业的结构与所有权结构（国有的还是私有的）。[61] 在欧洲，人们认为社会福利应该主要由国家来承担责任，而在美国，则是由经济上的成功来为社会的财富与和谐提供保障。[62] 这种差异在欧美医保制度上表现得淋漓尽致，欧洲国家实行的是全民医保，而美国推行的是企业和私人医疗保险制度，它坚定地认为全民医保必将被滥用，并导致纳税人的钱被浪费。美国总统特朗普在推特上说：“民主党人正在力推全民医疗保障，但成千上万的英国人正在走上街头游行，因为他们的全民医保破产了，没法运转了。”这招致了英国官员的愤怒回应：英国花费了美国一半的费用（人均政府开支加上私人开支占人均 GDP 的百分比）为所有的英国人提供了医疗保障，没有一个人被落下；美国花费了比英国多 1 倍的费用，却有 2 800 万居民没有任何医疗保险。无论是从婴儿的死亡率还是预期寿命来看，英国都要比美国好。[63]

此外，在欧洲，中小企业和家族企业占据主导地位，这往往使得企业需要以家长式的方式关心员工和当地社区，而建立在协调而非自由市场竞争形态的资本主义和较为社会导向的政治体制基础上的经营体系都更可能鼓励企业承担社会责任。[64] 由于这些原因，企业的社会责任会更多地以隐性方式融合在欧洲企业的经营活动中，相反，在美国则需要更加直接明了地将它表达出来。[65] 然而，企业社会责任“运动”被认为更多的是根植于美国文化之中，然后再在欧洲流传开来，特别是通过社会责任评价实践的移植而渐渐地被接受。[66]

除此之外，宗教的作用不仅可以帮助我们解释美国与欧洲的不同，也能解释欧洲内部之间的差异。沃格尔[67]指出：“在中世纪，天主教思想认为赚钱在道德上是令人怀疑的……”利润应属于集体的利益而非个人。新教改革把个人的利润看作服务上帝的手段，而清教徒的工作伦理被认为是资本主义兴起和经济繁荣的根源。[68] 研究表明，世俗的程度与经济发展水平有关，[69] 如同某些宗教信仰一样。[70]

国家之间的差异也可以从消费者对企业社会责任的感知上 [71]、从公司首席执行官对于环境和社会责任以及利益相关者的重要性的认识上 [72]、从行动的偏好上 [73] 找到。比较美国和欧洲公司的网站，就能在它们公开宣称的动机和企业社会责任活动的类型中发现差异。[74] 有 60% 的美国公司认为参与企业社会责任的行为是受价值观驱动的，而仅有 20% 的欧洲公司持有相同的认识。欧洲公司的动机更加工具性，反映的是对绩效和形象的关心。关于企业社会责任活动，美国公司更喜欢参加慈善活动和志愿服务活动，以及解决生活质量和教育的问题，而对客户和员工的关注则比较少。欧洲公司提得较多的是环境保护，法国公司倾向于注重质量问题（生产导向），而荷兰公司则更关注项目的赞助（形象提升导向）。

一项针对 133 家公司（平均每家 3 500 位员工）的研究探讨了企业公民与市场、人本和竞争导向的组织文化之间的关系。研究发现市场导向与企业公民之间存在着正相关，而竞争导向的文化没有任何正面和负面的影响，而促进“……同事之间形成和谐与合作的价值观”的人本导向的文化被发现有助于成为更好的经济公民，与经营绩效（投资回报率、利润增长、资产回报率）有正相关关系，但似乎并不会鼓励组织决策者高度关注利益相关者的需求。[75]

研究发现，负责任的行为与文化价值观存在着联系，如普遍主义和仁慈 [76] 与关心环境 [77]、世俗思想和自我表现（北欧人）与积极参与政治活动 [78] 存在着正相关，而集体主义则与参与志愿活动组织和政治活动存在着负相关。[79]

研究发现，霍夫斯泰德的男性化维度阻碍着助人为乐的行为 [80]，也不愿与人合作 [81]，并且与腐败有正相关，特别是在集体主义和权力距离较大的国家。[82] 霍夫斯泰德认为女性化的文化更关心社会福祉、工作与生活的平衡，以及融洽的人际关系，而不是利润的最大化。事实上，女性被认为更加重视普遍主义、仁慈（养育、关怀、诚实）以及和谐（和平、天人合一、保护环境）的价值观。[83]

实际上，在北美、欧洲和亚洲的 500 家企业中进行的研究发现，性别平等主义和人本主义价值观（以 GLOBE 的量表进行测量）与 Innovest 的社会责任评级（IVA）存在着显著的相关性。此外，平等、和谐和自主（以 Schwartz 的方法进行测定）的价值观也被认为与所有 Innovest 所用的社会排名评价标准——可持续的公司治理、人力资本、利益相关者资本和环境——有着显著的关联。[84] 鉴于不同文化在态度和行为上的差异，我们怎样才能达成关于如何成为全球公民的共同愿景和共同理解呢？

12.5 呼唤全球公民

呼唤有道德和负责任的领导不仅是对近来发生的商业丑闻的响应，也是对更具道德的管理行为的呼唤，同时也是对全球市场变化和新需求所做出的反应，比如前面所描述的不断增多的来自利益相关方的行动和监督。鉴于世界各地日益严峻的社会政治和环境挑战，来自利益相关者（包括政府、当地社区、非政府组织和消费者）的压力越来越大，企业及其领导者不得不自律，并作为全球公民发挥更积极的作用。例如，联合国全球契约要求其成员利用其公司在各自的能力范围内帮助寻找解决全球面临的紧迫问题的方案，如贫困、环境恶化和人权问题（见专栏 12-2）。自 2000 年 7 月 26 日启动以来至 2013 年，联合国全球契约倡议已经发展成为拥有 10 000 名会员的组织，包括分布在全球 145 个国家和地区的 7 000 家公司。

专栏 12-2　联合国全球契约的十大原则

人权

1. 对于国际公认的人权的保护，企业应当给予支持和尊重。

2. 确保企业之间不会沆瀣一气，侵害人权。

劳工

3. 企业应当支持劳工结社的自由，并真实认可集体谈判的权利。

4. 根除一切形式的强制性劳动。

5. 有效废止童工。

6. 根除就业和职业歧视。

环境

7. 针对环境的挑战，企业应当扶持预防性的措施。

8. 采取主动行动以提升更宽广的环境责任。

9. 鼓励环境友好型技术的开发和扩散。

反腐败

10. 企业应当反对各种形式的腐败，包括敲诈勒索和行贿受贿。

资料来源：联合国全球契约，http://www.unglobalcompact.org/.

全球公民身份讨论的另一个里程碑是号召公司和领导者加入"全球负责任领导"项目，这是欧洲管理发展基金会（EFMD）在 2005 年发起的倡议，是商学院和国际性公司共同合作的结果。该项目旨在通过建立一整套关于负责任的管理知识并鼓励公司在全球各地将此应用于实践，来促进全球负责任的领导。[85] 实质上，这些呼吁和举措意味着企业运营的力量和影响力都在增加，也要求企业领导者"以担负全球责任和可持续的方式为经济发展及社会进步做出贡献的[86]，或者更进一步，成为"世界利益的代理人"。[87]

随着联合国全球契约成员公司的增长，以及诸如全球报告倡议、世界企业永续发展委员会的明天领导小组，及全球艾滋病毒／艾滋病企业联盟等社会创新和企业社会责任倡议的兴旺繁荣，表明越来越多的商业领袖认识到他们作为全球公民，拥有更加重大的义务和责任来帮助寻找紧迫的全球性问题的解决方法。[88] 例如，这些社会创新活动包括：社会企业格莱岷－达能食品公司（Grameen Danone Foods），该公司在孟加拉国通过以低价提供强化乳制品来解决儿童的营养不良问题，从而减少贫困。印度利华公司的沙克提（Shakti）[⊖]计划支持印度妇女在缺乏物流基础设施的农村地区作为小微企业主销售联合利华公司的小包装产品。

诸如 AA1000[⊖]这样的认证评价体系致力于对企业的社会和道德表现进行监控与报告，对前 100 强公司进行评价和排名，衡量这些公司在多大程度上把负责任的行为融入它们的商业活动之中，以及它们的行动对所有利益相关方的影响（战略意图、治理和管理、经营绩效和利益相关者的参与）。欧洲公司的排名整体上处在亚洲和美国同行之间。[89]

对企业社会责任和道德行为的关心促进了组织内部各个层级在该领域的活动。2012 年的一项研究发现，美国和欧洲的一些大公司在高管团队里有专门负责企业社会责任和伦理道德的职位。此外，伦理道德官员不仅被授权为执法者，而且还担任道德决策的教练。[90] 公司为员工开设了热线，以倾听员工的建议和接受对非道德行为的举报。许多公司进行社会审计，以确保其海外工厂没有对工人进行剥削。在孟加拉国服装厂大火之后，像瑞典 H&M 这样的公司就与供货商签订了合约，要求他们购买和安装防火安全设施与改善厂房建筑。[91]

诺华公司首席执行官魏思乐是第一位在联合国全球契约上签名的人，他还主持了国际制药企业协会联合会（IFPMA）的市场营销与促销行为准则的制定。在公司内部，魏思乐博士倡导企业公民文化，将与企业公民相关的重要角色分派给高级管理人员，并将企业公民活动及其成果纳入年度报告。健康、安全和环境标准适用于所有业务，无论在哪个国家。业绩考评不仅关注结果还关注道德行为表现，并启动了专门的与伦理学有关的在线培训。然而，该公司因为试图保护其药物专利而与印度政府发生争执，也因为动物试验以及魏思乐博士的薪酬待遇是所有瑞士 CEO 中最高的而饱受大众的指责。[92]

壳牌集团由于其对尼日利亚军政府侵犯人权问题的处理方法而遭受了批评，特别是在反对派政治家肯·萨洛－维瓦（Saro-Wiwa）被杀这个案例上，最终壳牌集团拿出 1 550 万美元给受害人以显示其人道主义的姿态；这一事件也导致公司对其经营原则重新进行了审视，增加了支持人权和可持续发展的承诺。自 2000 年以来，壳牌集团就在其业务经营所在的人权记录较差的国家里开展大量密集的培训，例如，它曾与丹麦人权研究所合作在尼日利亚培训了 5 900 多位员工和承包商，以帮助他们管理和应对诸如如何应对当地社区冲突这样的复杂情形。[93]

然而，实施培训计划可能会被嘲笑为避免惩罚的手段，而不是正念的经营方式。事实上，没有任何一种伦理道德培训项目可以使公司免疫，像花旗银行和安然公司这样的很多肇事企业也都有这样的项目，问题是这些行为准则可能并不涉及有可能将公司诚信置于风险之中的最根本的经营方式。

　⊖　沙克提是印度教中的女神，是性力派（Saktism）的崇拜对象。性力派是印度教的一大派别，该派与湿婆派相反，它不崇拜男性生殖力而崇拜女性生殖力。

　⊖　AA1000 是英国社会和伦理责任研究所（Institute of Social and Ethical Accountability）在 1996 年建立的评价标准，作为审计认证和管理企业社会责任的工具。

12.5.1　行为准则

行为准则为管理人员和员工的行为提供指导原则，它是在公司内部制定出来的，也可以是几个国家的公司在一起制定的。行为准则被定义为："一份声明，它写下了公司的基本原则、伦理道德规范、行为规则、行为准则，或者是关于对员工、股东、消费者、环境或公司外部世界任何其他方面所承担的责任的公司哲学。"

例如，通用电气有一套名叫"我们的心灵与我们的诺言"的行为准则，涵盖了商业行为的道德规范、健康、安全、环境保护和平等就业机会等。这一行为准则的基本原则如图 12-2 所示。员工必须签订保证书，承诺他们将遵守这些原则与规定。通用电气 CEO 伊梅尔特在该准则的导言中写道：

125 年来，通用电气已经证明了其在追求经营绩效的同时坚定不移地坚持操守的承诺。同时，我们还已经扩展到新的业务和新的地区，建立了持续增长的良好纪录，由于遵纪守法和伦理道德行为，我们在全球赢得了声誉。这个声誉从未如此强大，在面向各公司 CEO 的数次问卷调查中，通用电气都被评为全球最值得尊敬和崇拜的公司，在正直和公司治理上，我们排名第一。

但是，假如我们每个人都不能做出正确的决定并采取正确的行动，那么这些都不可能达到。在许多人比以往任何时候都在经营上更加关心个人私利的时候，通用电气必须力求每天都获得这种高度的信任，通过每一个员工的行为和努力。

这就是为什么我要求每一位通用电气的员工都做出个人的承诺，遵守这一行为准则。通用电气这一整套关于诚信正直问题的政策将指导我们坚守道德承诺。所有通用电气的员工不仅仅要在口头上，更要在灵魂上遵从这些政策……

通用电气的行为准则

遵守一切适用的、指导我们公司全球业务经营活动的法律和法规

……

处理所有通用电气业务活动和业务关系时，要诚实、公正和可靠

……

避免任何公私利益冲突

……

培育公司内部人人机会平等的氛围

……

致力于保障工作安全，保护环境

……

通过各级领导的努力，建立并维护一个人人认同、推崇正直行为并身体力行的公司文化

图 12-2　通用电气公司行为准则里的一些原则

资料来源：US Securities and Exchange Commission, http://www.sec.gov/Archives/edgar/data/1262449/000119312508061906/dex142.htm.

这些行为准则源自美国，以应对外国腐败行为法案以及拥有这样的准则就可以减少处罚的激励措施。1991 年的一项研究发现，相对于 75% 的美国公司，只有 41% 的欧洲公司制定了行为准则。[94] 十多年以后对 200 家最大的跨国公司的研究显示了类似的结果，59 家北美跨国公司中有 68% 制定了这样的行为准则，而只有 45% 的德国和法国公司、38% 的日本公司有类似的行为准则。[95] 最新的一份毕马威的研究报告表明，《财富》200 强公司中 86% 的公

司有自己的行为准则，而在 1990 年时还只有 14%，这意味着 6 倍的增长。在样本中所有的美国公司都有它们的行为准则，而欧洲就只有 80%，亚洲公司更是仅有 52%。据这份报告，各公司制定和实施行为准则的主要原因如下：遵守法律的要求，创建共享的企业文化，以及提升和保护公司的声誉。[96] 事实上，拥有行为准则是否就意味着一定比没有制定类似准则的企业在社会责任和合乎伦理道德的行为上做得更好呢？如果一个国家的文化（如中国和日本）已经包含了很强烈的正直诚信、与自然和谐共处、宽厚仁慈地对待员工的价值观，或者一个国家的社会制度已经较多地包含了企业在经营中需要遵从的行为（如欧洲大陆国家），那么这些企业制定行为准则也许就没有多大的意义了，因为这些价值观早已经内化在所有管理者和员工的心灵之中了，就像下面将要提到的那位法国经理所说的那样。

以往的研究发现行为准则的内容也体现了文化的差异。[97] 虽然所有欧洲公司的行为准则都涉及员工行为问题（相比之下，美国企业只有 55%），但在意思上还是有差别的。比如说，对美国公司来说，它意味着"公平和平等"地对待员工，确保机会的平等；但法国和英国的行为准则强调员工对于企业的重要性，强调员工的归属感和共同目标；在德国，行为准则强调的则是共同决议和责任分担的权利，以及公司对员工的具体期望：可靠性和忠诚度。因此，欧洲公司的行为准则关注的是员工对待公司（集体）的态度和行为，而在美国焦点是落在公司对待员工（个人）的政策上。这些差异可能与法律环境（监管与执法）以及文化环境（等级秩序和集体主义）有关。不过，近年来各个国家和各个行业在行为准则的采纳上与内容上都呈现出实质性的趋同现象。[98] 依据对全球 500 强和《财富》500 强名单上 157 家公司的道德准则的研究，作者总结得出：

横跨不同的国家和行业，道德准则正变得越来越普遍。事实上，不同行业的伦理道德准则在数量和内容上都缺少显著的差异，这可能意味着公司普遍感到"以全球视野来思考"和广泛传播的利益相关方的概念及其相关影响领域的压力，而与其在哪个行业无关。[99]

近年来，我们明显看到许多欧洲公司以及越来越多的亚洲公司在制定行为准则方面缩小了与美国公司之间的差距，然而，它们在多大程度上遵守这些准则并不总是很清楚。例如，一项英国行业协会组织的问卷调查揭示了企业高管在所说与他们实际所做之间存在着显著的差异。[100]

合规程度也可能受制度和文化差异的约束。巴迈耶（Barmeyer）和达瓦因（Davoine）深入研究了美国中西部地区的跨国公司在其德国和法国分公司实施行为准则的情况。[101] 在这两个国家，这些准则的合法性受到质疑，因为这些"内部规定"必须通过与其他利益相关方（如工作委员会或当地员工代表）协商来达成。此外，鉴于历史背景（纳粹占领法国以及秘密警察在东德曾扮演的角色），对违反准则的行为进行公开的谴责在法国是非法的，而在德国也是有问题的。另外，有关员工私生活的那部分内容也被认为是不适当的[102] 或者是过于道学的[103]。法国人对"天真的"性骚扰例子嗤之以鼻。此外，有一些职能部门或专业人员群体（比如销售）对这些准则相对来说抵触更强烈一些。

12.5.2 差异依然存在

前面的讨论表明，如何界定、思量和判断商业道德在不同国家之间一直存在着本质性的差异，这是由于独特的制度、法律、社会和文化背景而造成的。例如，美国的道德观念更具法律性和普适性，它是建立在可以适用于每个人的规章制度之上的。这些行为准则或原则通常会非常直接明了地（低语境）以书面的方式表达出来，非常自豪地在整个公司里展现，或制成钱包大小的卡片方便携带。这一做法曾使一位被美国人收购的法国公司经理感到恼怒：

> 我讨厌将正确和错误概念列入核对清单的做法。我来自一个有着数百年伦理道德传统的国家，其价值观已经通过教会和我的家庭深深地植入了我的心灵，根本不需要那些美国律师来告诉我在经营活动中应该怎么做。[104]

在美国，伦理决策被认为主要与决策者个人的信仰有关，道德判断需要个人的责任和担当；相反，在欧洲和亚洲，道德标准更多地被认为是所有人都"一致同意的"。"对公司的合理合法的道德期望是由社区的规范塑造的，而不是由个人价值观或个人的反思来塑造的。"[105]因此，伦理道德具有特殊性，其适用性取决于具体情况，受到个人的社会关系和义务责任性质的强烈影响，[106]而不是普适的。相应地，关注的重点也被放在非正式的和社会的控制上。

在许多亚洲国家，孔子的教诲被奉为道德准绳，它强调权威和集体的重要性，而集体则表达为明确的角色关系。这往往意味着道德的含义更多的是从他人的角度、从彼此依赖而不是彼此独立的角度来定义的。[107]默里·塞尔（Murray Sayle）是一位研究日本的专家，他提出了一个从历史因素来解释这种社会团结的理论。他认为日本的组织是把耕种水稻的文化价值观与武士的服务精神结合在了一起，保护自己的员工、相互服务、接受自己在组织中的位置、依靠整个体系是其主要特征。[108]例如，日本母亲在哄她们的孩子多吃蔬菜时，总是让他们想想农民种菜过程的艰辛，恰如中国的父母常对孩子念叨的："谁知盘中餐，粒粒皆辛苦。"

互惠互利的概念导致了送礼和人情交换、保全面子和给别人面子这些做法的盛行。羞耻成为社会管理中最强有力的方式，不履行义务会被认为是不可信赖的，可能导致被排斥。在日本，履行个人的责任有着更为严肃的意义，环境的不确定因素不能作为减轻职责的借口。也许正是由于这样的文化，使得日本航空公司的 CEO 在 1985 年 JAL123 航班空难之后引咎辞职，而具体负责的资深维修经理则更是以自杀谢罪，尽管这是一个非常极端的例子。

相反，美国的新教传统鼓励个人的道德审查和自我批评（如果不是自以为是的话）："伦理道德被认为是个人对事情正当与否的思量，是个人及其良知之间的秘密事宜。"[109]与日本人的耻感文化不同，美国人是一种罪感文化，有无罪感取决于其行为是否与已经内化于心的理想或信念相一致，而不是来自外部期望（社会压力）。因此，道德只与你本人有关，而与他人无关。

因此，坚持个人主义需要普遍主义，即同样的道德或规章制度适用于每个人，这导致了美国在伦理道德上坚守法规的观念。对个人主义的强调导致将伦理道德行为的责任归咎于首席执行官，而往往低估组织文化的作用；事实上，如果没有相应的组织文化的支持，这种行为也许没有发生的可能性。不过，坚守法规的做法也可能导致强调行为上的遵守（行动）而不是鼓励内心本质上的诚信（存在）。[110]

1. 制度因素

有些制度因素可能与政府、法律、媒体和其他利益相关者所扮演的角色有关。例如在美国，人们如此大声地表达出对于伦理道德的关切，也许与美国政府较严格的法律披露和更为主动积极的执法、与更加激进的新闻披露（像在英国，较少害怕被告诽谤）和商业媒体的"最佳公司"排名，以及与股东行动主义（shareholder activism）⊖和顾客的抵制所带来的巨大风险有关。

⊖ 股东行动主义可以溯源到 17 世纪的荷兰，但在 20 世纪 80 年代以来变得较为普遍。与消极被动的态度相反，股东活动家寻求积极主动地影响公司的决策，这些决策往往涉及环境、政治敏感地区、劳工权利等。

2. 所有权因素

沃格尔认为在美国，企业社会责任和慈善事业的主要驱动力是私营企业而非国有企业。[111] 相反，在欧洲，企业一般是国有的或家族所有的，大多是小型而非大型私有企业，因此企业社会责任的范围规定得比较窄，人们认为主要应该是政府为经济发展和社会福利承担责任。因此，在美国的伦理道德中有更强的"管家"意识和"回馈"社会的意识。[112]

在法律环境、监管本质以及执法的认真程度等方面的差异也起着重要的作用，例如，德国严格的环保法律使得环保问题显得格外突出，但在公司层面反贿赂和反回扣方面的法律很少。[113] 在法国，"证券交易委员会"是非常强有力的监管部门，但是在英国，执法一直时有时无。在亚洲国家，比如韩国对三星公司的调查，被认为只是摆个样子，粉饰一下门面而已。然而在美国，诉讼费用和经济处罚在过去 30 年中急剧增加，[114] 使得公司不得不认真对待经营活动中的伦理道德问题。2007 年，默克公司（Merck）支付了 48.5 亿美元，以对 27 000 起对公司的诉讼达成和解，这些诉讼宣称他们或他们的亲戚由于服用了止痛药万络（Vioxx）而受到伤害或死亡。2011 年默克公司同意支付 3.21 亿美元的罚款，并对销售该止痛药的指控认罪。默克公司还向联邦政府支付了 4.26 亿美元和向各州医疗补助机构支付了 2.02 亿美元。[115]

3. 媒体的作用

由于传媒对公司伦理道德行为的日益关注，违反伦理道德的事件往往会成为头条新闻，使得公众对公司的行为进行严密的审视成为可能。由于最近接连发生的丑闻和对企业缺乏社会责任的担忧，无论在美国还是在欧洲，公众对企业的信任都处于有史以来最低的水平。

2013 年度的埃德曼信任度晴雨表显示（见图 12-3）："不到 1/5 的公众相信商界领导和政府官员在遭遇到难题时会告知真相。"媒体工作者于是逐渐成为公司道德行为的监督者，这导致了给管理者的忠告："不要做任何你不愿见报的事情。"

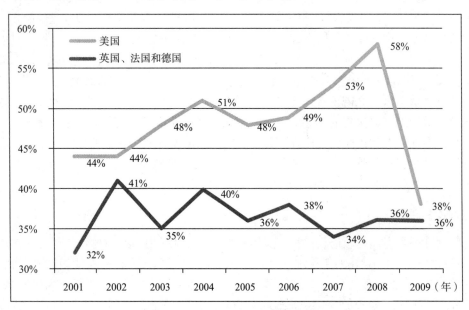

图 12-3　埃德曼信任度晴雨表

资料来源：*International Management：Culture, Strategy, and Behavior*, 8th International ed, McGraw Hill (Luthans, F. and Doh, J. P. 2012.) p. 72©2012, The McGraw-Hill Companies, Inc.

媒体的关注可以促进企业的"良好行为"。公司已经意识到广为传播的伦理道德行为可以在几乎完全透明的时代提供竞争优势。社交媒体在这方面起到了越来越重要的作用，随着过去十多年来社交媒体的大量涌现，企业发现已经很难再将负面报道和不道德的行为隐藏或掩盖起来。由于网络信息传播方式的持续发展和普及，许多公司选择拥抱这种现象，用其沟通媒介来传播正直诚信的信息。例如，星巴克就通过网络向公众展示其在环境和社会责任方面的新举措，不仅在顾客中也在其内部员工中提升公司的形象。许多公司的 CEO、媒体主编和组织的负责人都开设了推特账户，直接把他们自己与机构的账号连在一起。

4. 公司的利益相关者

当地社区、顾客、雇员、非营利性组织以及股东在监督负责任的行为方面发挥着越来越重要的作用。社交媒体的兴起以及信息透明度日益提高使得这些利益相关者能够充分了解公司的做法。工人通过罢工抗议工厂被关闭，或者如总部在美国的亚马逊的德国后勤人员罢工要求增加工资，并抗议所谓苛刻对待工人的行为。[116] 员工也可能对不道德的行为"吹哨子"，著名的案例有凯伦·丝克伍（Karen Silkwood）揭露了俄克拉荷马州克尔麦吉核燃料棒生产厂的安全措施所存在的隐患，杰弗里·维甘德（Jeffrey Wigand）揭露了大烟草公司刻意隐瞒烟草有上瘾与致癌危险，以及莎朗·沃特金斯（Sherron Watkins）举报安然的会计造假等。相反，当本田公司的一位日本工程师举报该公司的安全措施存在隐患时，在日本引起了很大的震动，因为在日本企业内部员工出来吹哨子几乎闻所未闻，类似于非常严重的叛变。[117] 事实上，在三星有人在内部吹哨子也被认为是非常出乎意料的。

在中国，当地社区在环境保护方面也变得更加积极主动。客户抵制那些存在有争议行为的企业，比如拒绝购买那些存在剥削工人的企业生产的产品或购买带有"Max Havelaar"公平贸易标章的、保证在整个生产和贸易过程不会有不正当行为的产品。像苹果公司那样在全球非常成功的公司也需要不断地应对抵制其产品的威胁，比如说其代工厂富士康就曾被指责为血汗工厂。[118] 国家沙文主义、意识形态、宗教、文化仇恨都有可能导致发生类似的抵制行为。例如，在 2001 年埃及医药辛迪加呼吁消费者抵制美国礼来公司（Eli Lilly）的产品，因为该公司向以色列大屠杀幸存者免费提供药品而让他们愤怒。[119]

要求公司董事会更加有担当的压力也正在增加。在美国，公司董事会成员被要求对公司的行为承担更多的个人责任，甚至面临牢狱之灾或支付巨额罚款的风险。股东对高管的行为更加警惕，也拥有更多的话语权对他们的行为提出质疑。这也导致了一些美国和欧洲公司的CEO 因为利用公司的资源谋取私利而被迫辞职。在瑞士有两位前任 CEO 被要求退还过高的薪酬福利，诺华公司前任 CEO 兼董事长魏思乐迫于压力不得不放弃 7 200 万瑞士法郎的离职补偿金。

一些观察家将非营利组织作为抗衡全球资本主义利用发展中国家较低的劳工权利以及环境和安全标准谋取额外利益的重要砝码。人权观察组织、大赦国际、拯救儿童和世界野生动物基金会等强大的非营利组织正在全球大力促进对社会负责任的和环境友好的做法，给公司治理和管理带来显著的变化。例如，由于受到来自热带雨林行动网络（Rainforest Action Network）的压力，花旗银行中止了对新兴市场某些项目的融资，热带雨林行动网络认为这些项目会对环境造成破坏。不过，热带雨林行动网络也花费了数年的时间积极游说，吸引电影明星、歌星和其他社会名流参加到这项事业中，呼吁消费者停止使用花旗银行的信用卡，封锁花旗银行的营业网点，最终才取得这样的结果。[120]

　　除了上述讨论的由文化和制度导致的在伦理道德与负责任的行为上的相似及差异之外，问题依然存在：个人的价值观、母公司或者母国的价值观和规章制度在多大程度上可以适用？总部试图在外国子公司坚持符合其伦理道德的做法，或者实施符合其伦理道德的项目，这也许会被视为一种文化帝国主义的象征，这种努力甚至有可能被贬斥为道德上的伪善。再者，美国人经常被认为过于自以为是，更糟糕的是他们甚至带着传教士的狂热。换个角度说，我们是否应该遵照当地的规章制度来行事？或者是否可能找到更好的办法？

12.6　实施企业社会责任的策略

　　虽然全球化已经冲击了世界各国最根本的文化和商业理念，但是许多似乎令人讨厌的做法仍然在东道国根深蒂固地存在着。人们需要决定是把母公司或母国的做事规则强加于东道国，还是遵照当地的规则来行事。

　　面对全球市场竞争的公司处于一个两难的处境：如何平衡企业社会责任和伦理道德政策上全球一致性的需求，以及保持对当地文化规范和利益相关者期望的敏感性。近年来的研究确认了企业在实施全球企业社会责任战略时应对全球化－本土化困境的三种可能的选择。[121]图12-4列明了这三种做法，突出了企业在全球一体化和本地化适应这样的社会责任战略之间的矛盾与可能的得失。

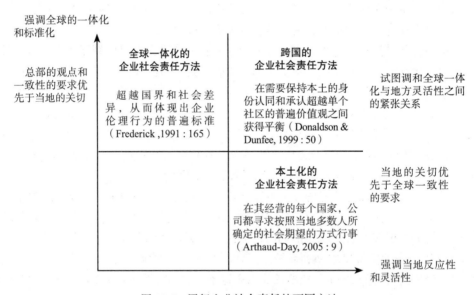

图 12-4　履行企业社会责任的不同方法

资料来源：Stahl, G., Pless, N. M. and Maak, T. (2013) 'Responsible Global Leadership', in M. E. Mendenhall, J. Osland, A. Bird, G. R. Oddou, M. L. Maznevski, M. Stevens and G. Stahl (eds) *Global Leadership : Research, Practice, and Development*, Vol. 2, p. 251, New York and London : Routledge.

12.6.1　全球一体化方法

　　追求全球一体化和协调一致的公司往往制定普遍性的行为准则或规范，并将其应用于其经营的每个国家和文化，这就意味着总部的视角和观点以及对全球一致性的要求胜过对当地的关切。这一做法的可行性建立在这样一种假设之上：负责任行为存在着普遍性标准，这种普遍性超越了特定社会的价值观与行为规范。[122] 联合国全球契约（例如，支持和尊重国际人权保护）或联合国千年发展目标（包括确保环境的可持续性）等就是这样一些全球普遍一致的价值观与行为规范的例子。

这种做法有许多潜在的益处，最明显的是制定了清晰的行为准则，增强对公司领导和控制机制的信任，促进全球组织内部的责任感文化，确保管理决策和行为的全球一致性。这一做法背后的文化假设是存在着共同的价值观。然而，全球一致性是有代价的，因为它会导致文化傲慢，致使管理人员在不同的地方都一成不变地执行总部的做法。这也使得管理者更有可能利用其公司的全球政策将有损当地利益相关者权益的行为合法化，比如壳牌集团尼日利亚公司的做法，管理层对尼日利亚军政府践踏人权的做法视而不见，认为公司是非政治的、私营的组织，而且他们的行为完全符合壳牌集团的全球行为准则——不干预当地政治。壳牌集团处理这种情况的方式给人造成了一种它纵容侵犯人权行为的印象，这严重损害了壳牌集团的声誉。[123]

12.6.2 本土化方法

以本土为导向的企业社会责任方法在某种程度与全球统一的方法刚好相反，它强调在不同环境下开展经营活动时需要对当地条件具有敏感性，"入乡随俗"是这种方法的指导方针。在企业社会责任方面实行本土化方式的公司的管理者力求以当地社会所期望的方式行事，即以营运所在的东道国当地多数人对行为的期望为原则。[124]

虽然这种做法有着一定的优点，比如说对当地利益相关者的诉求和所关切的事情有较好的回应，但是它可能会促进"入乡一定要随俗"这样一种天真的伦理相对主义的思想。20 世纪 90 年代意大利兴起名为"净手运动"（mani puliti）的反腐运动就曾使多名其他国家公司的高管锒铛入狱，表明这些外国人在意大利也是"入乡随俗"了。

沃顿商学院法律研究与商业伦理教授唐纳森（Thomas Donaldson）指出："文化相对主义是道德上的盲人。"[125] 假如行为本身不存在对错，就可能导致没有共同的标准来确定什么是道德上正确的或可接受的，再加上如果跨国公司运营所在的国家制度薄弱、规章制度不恰当以及执法不力，那么在企业社会责任上本地化的做法可能会给利益相关者带来灾难性的后果。这里最常见的是发达国家的企业在发展中国家经营时降低产品和员工劳动保护的标准，因此，在制定影响整个组织和更广大利益相关者的关键决策时，全球高管必须小心，不要陷入狭隘的地方思维。

12.6.3 跨国方法

跨国方式是在企业社会责任和道德准则上努力在全球一致性需求和对本土响应性需求之间进行平衡。它所基于的假设是：在许多情况下，经济需求、政治压力和利益相关者的期望要求企业对全球统一一致的问题与当地的关切能同时做出回应。[126] 实质上，这种方法要求企业为企业社会责任行为制定全球"模板"，以指导管理决策，确保整个组织的一致性，但允许本地子公司的高管根据具体需求和情况对该模板进行适应性调整。因此，全球性的政策和行为准则可能会以不同的方式实施，这种不同是由于当地的行为规范和敏感性。

比如说，IBM 特别强调差异性，公司在一些亚洲国家并没有像在美国那样，有关于男女同性恋和双性人的政策规定。IBM 高管说，与性取向有关的问题在许多亚洲国家尚未被公众所接受或者说是可以公开谈论的话题，这使得公司的这些政策规定很难在亚洲国家得以实施。然而，其他一些与多元化有关的政策和计划（如性别多样性）则被认为是"不可讨价还价的"，在全世界各地统一实施，即便有的话，也只有非常少的部分按当地情况进行了适当的调整。所以，尽管 IBM 内部已经在需要公平对待员工和充分利用多样性员工的才能方面达成了共识，但这并不排斥对当地规范和习俗的敏感性。

虽然跨国方法并非完全没有问题，特别是在全球一致性和当地适应性之间取得适当的平衡往往很难，但这种方法似乎最能帮助企业协调其全球企业社会责任活动，并指导管理决策和行为。事实上，最近的一项研究发现，大多数跨国公司正朝这个方向发展。[127]

如表 12-2 所示，不同的企业社会责任战略需要具有不同能力、视野和经验的不同类型的管理人员才能成功实施。实施企业社会责任的跨国方法所需要的管理和领导技能似乎是最高的，因为它要求管理者调和全球整体利益和当地利益相关方之间不同而且经常相互冲突的期望。在所有其他要求中，跨国方法还要求管理者拥有如斯图尔特·布莱克（Stewart Black）和哈尔·格雷格森（Hal Gregersen）称之为"双重公民身份"的能力，即一种识别和理解本土与全球现实、观点及要求的能力，并能调和潜在的冲突和矛盾。这在本质上揭示了全球管理者需要拥有一种全球心智。[128]

表 12-2　全球性公司对待企业社会责任的方法：所需要的关键能力

全球一体化的企业社会责任方法	本土化的企业社会责任方法	跨国的企业社会责任方法
● 对总部的坚定承诺 ● 了解全球利益相关者的需求 ● 宏大图景的思维 ● 从上而下的鸟瞰视角 ● 了解普遍的伦理道德标准 ● 整体性和行为的一致性	● 对本地子公司的坚定承诺 ● 了解本地利益相关者的需求 ● 避免做简单性的道德评判并对不同观点持开放的态度 ● 跨文化的敏感性和站在他人立场看问题的技能 ● 适应性和行为的灵活性	全球一体化和本土化社会责任方法所需的能力，再加上…… ● 双重公民身份 ● 全球心智 ● 平衡矛盾和两难境况的能力 ● 宽容不确定性 ● 多元文化身份认同 ● 道德想象力

资料来源：Stahl, G., Pless, N. M. and Maak, T. (2013) 'Responsible Global Leadership', in M. E. Mendenhall, J. Osland, A. Bird, G. R. Oddou, M. L. Maznevski, M. Stevens and G. Stahl (eds) *Global Leadership*: *Research, Practice, and Development*, Vol. 2, p. 254, New York and London: Routledge.

12.7　成为世界公民：管理者和公司的角色

管理者不仅要对自己个人的文化和道德修养进行盘查，也要对他所从事的职业、所在公司、行业或者东道国的文化与伦理道德特点进行详细的审视，从而评价这些不同种类的文化都会对伦理道德行为产生何种影响，这点非常重要。虽然人们需要很好地确立自己的道德立场，恰如西方的名言所说的那样要"做真实的自我"（to thine own self be true），不过人们也必须认识到这些外部压力尽管非常细微但也可能影响我们的判断。在这个意义上，道德既是个人的事，也是集体的事。

在 2006 年进行的一项涵盖美国和加拿大的 110 个 MBA 项目的问卷调查中，有 2 000 多名学生（占参加调查学生的 81%）赞同企业在经营过程中应该努力改善民生考虑社会问题，但只有 18% 的调查学生认为目前企业是在这么做的。另外，有 89% 的学生认为，企业界的专业人士在进行决策时应该把对社会和环境的影响考虑在内。[129]

在针对哈佛大学 MBA 毕业生的一项研究中，大多数接受调查者回答说使用"睡眠测试"来解决伦理困境，家人的意见经常是道德智慧的主要来源。被调查者还列举了以下一些来自公司的可能促成不道德行为的压力：业绩就是一切——达到数字目标非常重要，忠诚于公司，具备团队精神，不违反法律，不要在伦理行为中做过多的"投资"。[130]

在为不道德的行为进行辩解时，通常有四种说辞：这并非真的不合法或不道德；这符合个人或公司的最大利益；这是安全的，因为永远不会被发现或被公开；这些行为有益于公司，因此应该得到宽恕和保护。[131]

这些说辞反映了心理上本能的防御体系（拒绝）。根据精神分析学家和哈佛商学院教授亚伯拉罕·扎莱兹尼克（Abraham Zaleznik）的观点，这种思维来自一种权利的自恋感，而它会削弱人的良知。此外，不只是贪婪，还有与危险共舞那种战栗的兴奋感和获得一连串的胜利所带来的高度幸福感相似，这代表着狂妄自大或者是在掩盖抑郁和沮丧。[132]德国曾进行过一项有关白领犯罪的研究，对象是在 14 个监狱中的 76 位男性因犯，平均年龄 46.8 岁，平均收入 66 000 欧元，造成的损失是 1 888 842 欧元。研究发现他们的犯罪与个性有着某种关联：享乐主义（寻求快乐）、自恋倾向、自控能力差、较强的自觉性，以及高度关注社会期望。[133]

这种对自己的观点所做的合理化解释也反映了伦理道德发展的不同阶段。根据科尔伯格（Kohlberg）的观点，一个人的道德意识是在其成长的过程中建立的。他认为人们自孩童期到成人，道德伦理意识的发展经历三个层次、六个阶段，这六个阶段具有普遍性，我们把科尔伯格的道德发展阶段的理论列在表 12-3 中。[134]研究发现大多数管理者对伦理道德的判断处于对名誉关心和对普遍原则的关注之间。基于对 5 家公司的 650 名管理者的调查发现，推理和判断是基于对道德与名誉的关注，自我超越的价值观和道德情感与避免伤害和努力做正确事情的决策存在着相关性。[135]

表 12-3 科尔伯格的道德发展阶段

A 层次： **前习俗道德水平** 9 岁之前	第一阶段：惩罚与服从阶段
	第二阶段：工具主义阶段
B 层次： **习俗道德水平** 基本上是青少年时期，也包括成年	第三阶段：乖孩子阶段
	第四阶段：遵守法律与秩序阶段
C 层次： **后习俗道德水平** 10% ~ 15% 已经成年	第五阶段：社会契约阶段
	第六阶段：普世道德原则阶段

资料来源：Kohlberg, L. (1981) *Essays on Moral Development*, San Francisco: Harper & Row; Duska, R. & Mariellen, W. (1975), *Moral Development: A Guide to Piaget and Kohlberg*, New York: Paulist.

虽然现有的关于行为伦理学和责任的领导力方面的研究在预测或解释道德与不道德的行为时，过分强调了管理者的个人特征（他们的性格、价值观和道德的发展等），然而，社会心理学研究表明行为不仅仅是个人特质的函数，同样也是所处情景的函数。社会心理学家通过在实验中操控社会环境，可以使得普通人变得特别温顺或具有极强的破坏性，这些现象极好地展现在诸如阿希（Solomon Asch）所做的与大家保持一致的经典实验、[136]斯坦利·米尔格兰姆（Stanley Milgram）关于服从于权威的研究，[137]以及菲利普·津巴多（Philip Zimbardo）揭示出囚徒困境的监狱实验[138]等研究之中。

因此，任何试图解释道德与非道德行为原因的尝试都必须将个人的性格和环境的因素考虑进去。例如，在安然这个案例中，高层管理人员过度膨胀的自我和个人野心可能起到很重要的作用，所有人都认为杰弗里·斯基林（Jeff Skilling）和肯尼斯·雷（Kenneth Lay）是性格上有严重缺陷的人：才华横溢却自恋、傲慢和贪婪；但是内控制度的缺失、期权方案设计上的缺陷和鼓励过度冒险的企业文化都对安然最终的灾难负有责任。[139] 同样的理由也在英国巴林银行（Barings Bank）、法国兴业银行（Societé Generale）集团和瑞士银行所经历的流氓交易员事件中得到了淋漓尽致的体现。

对于管理者所犯下的错误，谁应该承担责任？社会又对这样的行为抱有多大的宽容？文化在其中扮演的角色在陈久霖的中航油事件中是一个非常值得玩味的案例。北京大学毕业的陈久霖在担任持续亏损的中国航油（新加坡）股份有限公司（简称"中航油"）总裁之后，迅速将其扭亏为盈，将中航油净资产从 1997 年的 21.9 万美元增加到 2003 年的 1 亿美元。2003年下半年，中航油开始进入石油期权交易，从开始的小赢到后来的大亏，再到不断地加码，直到 2004 年 11 月末，总计亏损 5.5 亿美元，严重资不抵债，不得不向新加坡法院申请破产保护。随后，陈久霖被新加坡法院判处四年零三个月的监禁。2009 年陈久霖出狱之后回到中国，2010 年，陈久霖又被任命为葛洲坝集团国际工程有限公司副总经理。[140] 对于陈久霖的复出，有人认为，对于犯过错误的人，不是说永远不能再起用，最关键是看他们犯的是什么错误。如果是因为贪污受贿这种个人品德方面的错误而被判刑，将他们继续放在权力岗位上就有问题了。如果是由于工作责任事故，就应该区别对待给以机会。另外，工作原因也分主观和客观。是客观上失职失察，还是主观上为了追求个人利益？[141] 陈久霖酿成大错的原因，以新加坡主审法官的话来说是由于"过分的野心"，以一位和陈久霖打过多次交道的中国香港商人的话来说是"鲁莽的行事"。[142]

如表 12-4 所示，我们也可以把科尔伯格的道德发展六阶段模型应用到公司上。[143] 不道德的组织的行动理念是"为了成功可以不顾一切"，贪婪和短期导向是其驱动力，它们对待伦理道德的态度是"我们不会被抓住"的侥幸心理。遵守法规的组织的行为由对经济绩效的担忧所驱动，它们的态度是被动反应型的，即"不要做任何可能产生危害的事情"，不折不扣地遵从法律。它们避免把道德行为准则写下来，因为这也许会在以后带来法律上的麻烦。敏捷的公司正越来越关心利润和伦理道德之间的平衡以及公司的利益相关者，然而，尽管如此，它们的行为多少还是有些见利忘义的韵味在其中，因为它们的出发点是合乎伦理道德的行为会带来回报。在第四阶段中，正在兴起的伦理型组织表现出对伦理道德的积极主动的做法：为伦理道德行为提供支持和帮助、鼓励人们做"正确的"事、建立关于伦理道德行为的共同价值观。最后，伦理型组织把伦理道德行为全面地融入组织的发展战略和使命之中，借此来解决组织的诚信正直中最根本的问题：公司到底是什么而不是它做什么。

表 12-4　道德发展的不同阶段

道德发展的阶段	管理态度与方法	企业文化中伦理道德的方面	公司的道德表征
阶段 1：不道德的组织	尽你所能逃脱；只要没有被抓住，就是道德的；当被抓住了，对道德的违背被认为只是经营中的一个代价	违法的文化；活得草率；咒骂风险；得到你能得到的然后离开	没有有意义的伦理道德准则或其他类似的文件；除了贪婪之外没有其他的价值观
阶段 2：遵纪守法的组织	在法律规则之内行事；与影响经济结果的变化战斗；当发生社会问题时，通过公共关系进行损害控制；对组织因社会问题而造成损害存在着反应性的关切	只要合法就行；在灰色地带行事；保护漏洞，不会不经过争斗就放弃地盘；财务绩效主导评估和奖励	伦理道德准则（如果存在）只是内部文件；"不做任何有害组织的事情"；"做一个好的企业公民"

（续）

道德发展的阶段	管理态度与方法	企业文化中伦理道德的方面	公司的道德表征
阶段3：对伦理事件做出回应的组织	管理层理解不完全依法行事的价值，尽管他们相信不会有法律上的麻烦；管理层仍然拥有被动反应型的心态；越来越多地考虑利润和道德之间的平衡，尽管基本前提仍然是具有讽刺意味的"伦理会带来回报"；管理层开始测试并从更多的对伦理事件的反应中学习	对企业主之外的其他利益相关者的关注越来越多；文化开始接受更加"负责任的公民"的态度	伦理道德准则更加面向外部，反映出对其他公众的关注；其他道德媒介尚未很好地发展起来
阶段4：正在涌现的合乎道德的组织	对道德成果表现出积极关注的第一个阶段；"我们想做'正确的'事情"；高管层价值观成为组织的价值观；道德观念开始聚焦但尚缺乏组织和长期规划；伦理道德管理的特点是以成败论英雄	伦理道德成为文化的一部分；这些核心价值观在某些情形下为行为提供指导，但在另外一些情形下仍存在问题；这种文化在社会问题发生时被动反应较少，而更加的积极主动	伦理道德准则成为行动纲领；准则上的条目反映了组织的核心价值观；有时会使用手册、政策声明、委员会、监察员
阶段5：合乎道德的组织	对道德和经济结果的关注更为均衡；在制订使命和战略计划时充分地结合了道德分析；SWOT（优势、劣势、机会、威胁）分析用于预测问题并分析其他可能的结果	完整的伦理道德形象；精心挑选的核心价值观反映了这一形象，主导了文化；伦理道德是企业文化构建和管理的核心；招聘、培训、开除和奖励员工都反映了道德规范	公司文件聚焦于道德总貌和核心价值观；公司文件的所有阶段都反映了这一特点

资料来源：R. E. Reidenbach & D. P. Robin (1991)'A Conceptual Model of Corporate Model Development', *Journal of Business Ethics*, 10, p. 282.

公司可以采取若干措施来促进诚信正直与企业的社会公民意识。也许最重要的是培养一种对社会负责任的企业文化，在这方面，强生公司的信条也许可以算其中一个最著名的例子，这也被认为是它迅速地做出了招回泰诺这一决策背后的原因（见图 12-5）。

我们的信条

我们相信我们首先要对医生、护士和病人，对父母亲以及所有使用我们的产品和接受我们的服务的人负责。为了满足他们的需求，我们所做的一切都必须是高质量的。我们必须不断地致力于降低成本，以保持合理的价格。客户的订货必须迅速而准确地供应。我们的供应商和经销商应该有机会获得合理的利润。

我们要对世界各地和我们一起共事的男女同仁负责。每一位同仁都应视为独立的个体。我们必须维护他们的尊严，赞赏他们的优点。要使他们对其工作有一种安全感。薪酬必须公平合理，工作环境必须清洁、整齐和安全。我们必须设法帮助员工履行他们对家庭的责任。必须让员工在提出建议和申诉时畅所欲言。对于合格的人必须给予平等的聘用、发展和升迁的机会。我们必须具备称职的管理人员，他们的行为必须公正并符合道德。

我们要对我们所生活和工作的社会，对整个世界负责。我们必须做好公民——支持对社会有益的活动和慈善事业，缴纳我们应付的税款。我们必须鼓励全民进步，促进健康和教育事业。我们必须很好地维护我们所使用的财产，保护环境和自然资源。

最后，我们要对全体股东负责。企业经营必须获得可靠的利润。我们必须尝试新的构想。必须坚持研究工作，开发革新项目，承担错误的代价并加以改正。必须购置新设备，提供新设施，推出新产品。必须设立储备金，以备不时之需。如果我们依照这些原则进行经营，股东就会获得合理的回报。

Johnson & Johnson

图 12-5 强生公司的信条

资料来源：强生公司中文官网，http://www.jnj.com.cn/our-company/our-credo-values.

此外，确保人力资源实践与伦理道德准则密切地协调一致至关重要。例如，公司可能会使用个性测试和诚信测试来帮助确定哪些员工更有可能在工作中采取符合伦理道德的做事方式。绩效评估和晋升也应反映企业的价值观，而不仅仅只是基于业绩表现。高层管理人员还可以通过模范带头作用，严格执行政策和行为准则，实施绩效管理和奖励制度，鼓励负责任的行为，摒弃不道德行为，使管理人员对不道德行为担负责任。[144] 像壳牌集团、毕马威和诺华公司都积极促进建立一种注重社会伦理的企业文化，不仅重视短期的经济效益，同时也关注无形的长期导向的价值观的塑造；既强调关键的业绩目标，也强调共同价值观的培养，比如信任、正直和可持续性。[145]

　　培训和发展活动有助于确保管理人员和员工负责任地行事。例如，培训项目可以聚焦于受贿行贿或性骚扰等方面的认识，从而提高员工和公司对这方面风险的认识与理解。[146] 最近流行的采用"服务型学习"⊖项目来帮助管理人员应对可能面临的社会、生态和道德问题的做法是令人鼓舞的。[147]

　　研究表明国际性服务型学习计划，如美国普华永道的尤里西斯项目（见图 12-6），能够提升全球公民意识和伦理道德。尤里西斯项目包括了将高级管理人员派往发展中国家，去帮助和支持非政府组织、社会企业家和政府组织来解决诸如贫穷、艾滋病与环境恶化等紧迫问题。一项评估研究发现该培训项目让参与者在一系列关键领域都得到了学习，比如在跨文化的技能、全球心智，以及涵盖道德意识、道德决策和服务取向的道德素养等方面。[148] 越来越多的公司包括 IBM、诺和诺德（Novo Nordisk）、葛兰素史克（GlaxoSmithKline）和联合利华等都已经启动类似的项目，以支持它们的全球企业社会责任策略，以及促进组织内部的伦理行为。[149]

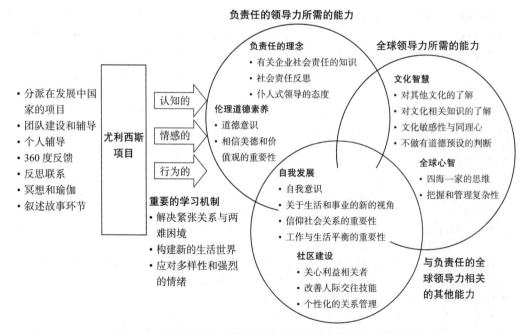

图 12-6　国际性服务型学习项目：普华永道的尤里西斯项目

资料来源：Pless, N. M., Maak, T. and Stahl, G. K. (2011) 'Developing Responsible Global Leaders through International Service-learning Programs：The Ulysses experience', *Academy of Management Learning & Education*, 10 (2), p. 249.

⊖　服务型学习是美国高校领导力教育的重要方式与方法之一，它通过要求学生参与社区服务等方式，将社会公民价值观融入教育之中。

一项名叫"回应"（RESPONSE）的研究探究了不同的培训方式对伦理决策的影响，研究涉及 4 家公司的 100 多位管理人员，有些管理人员参加了为期一天的、在课堂上进行的有关企业社会责任的高管培训课程，另外一些人则参加了总长六周、每周两次的瑜伽和冥想练习。在培训之前和之后使用问卷调查对道德伦理两难境地的情景、道德推理的方法（认知）、价值观以及影响进行了测量，结果发现不同的培训方法会产生不同的影响。课堂说教型的高管教育效果不大，在某些情景下甚至还可能有些许负面的影响；放松和冥想带来不同的影响。瑜伽带来的放松似乎对决策时的伦理道德标准（"这在道德上是正确的"）和诸如"社会正义"和"保护环境"这样的价值观有着正面的作用。冥想对"决策的容易程度"和情绪（减少悲观情绪，增加幸福感、启发灵感和勇气）有较强的影响。然而，研究表明社会企业责任行为可以通过"深思熟虑"（价值观引导）和"率性而为"（或者是乔纳森·海特（Jonathan Haidt）所说的道德本能）这两种途径来培养。[150]

12.8 走向全球文明

是否存在 13 世纪哲学家托马斯·阿奎纳所说的那种超越国界的、包含了"包括维护人命、促进家庭生活、有秩序的社会生活和追求知识"的"自然法则"？这一问题依然无法得到确切的回答。从上面的讨论我们看到某些伦理道德标准是普适的，如诚实、正直、保护社会、客户和雇员；另一些则可能因文化的不同而不同，如互利互惠（体现在送礼上）、揭发举报、利润最大化、社会福祉、专利保护、价格操控等。这反映了不同文化有着不同的侧重点：是更注重集体利益抑或更注重个人利益；是强调贡献还是强调出身；是强调社会和谐或者强调严格地遵守抽象的原则。

关键是要认识到哪里存在着相似之处哪里又有差异，这些差异背后的文化或制度原因是什么，以及如何达成共同的解决办法。其中一个建议就是"识别出各种不同的道德规范并将其显性化，以某些普遍而又最少的道德原则为参照物对这些伦理道德规范进行评估"。[151] 这与唐纳森（Thomas Donaldson）和邓菲（Thomas W. Dunfee）提出的"超规范"（hypernorms）概念是一致的，包括了最根本的和近乎普适的原则如尊重人的生命与人权，如戒除欺骗、撒谎和伤害别人。当地社区的行为规范在诸如"世界人权宣言"这样的超规范的范畴内得到了体现。[152]

如图 12-7 所示，这一被称作为"综合社会契约理论"（integrative social contracts theory, ISCT）的方法试图找到一种不强制决策者在伦理相对主义与伦理普遍主义两个极端之间进行选择的道德立场。它给予各个国家和社区充足的自由度以形成各自独特的社会规范与公平理念，但又对公然忽视核心的人权和价值观划下了一条不可逾越的底线。它旨在为国际经理人提供一个框架，以应对跨国公司总部所在的母国与运营所在的东道国之间在显而易见的道德价值观与道德原则上的巨大差距。

也许经济的全球化最终将使得商业经营活动的规则和制度趋于一致，甚至伦理道德规范也将如此。然而，经济和政治一体化包括全球化概念背后的假设，尽管深入人心（或接近人心），我们仍然需要对它们进行确认和严肃认真地拷问。自由市场、民主、机会平等这些概念事实上也代表着某种意识形态，背负着伦理道德的包袱，我们也往往把它们当作是理所当然的来加以接受。由于对自己的世界观缺乏质疑，导致了美国人要在"保卫世界民主安全"的使命中扮演"道德警察"的认知。

理论	立场
极端的相对主义	没有任何伦理道德观念，无论来自何方和以何为基础，会比其他的伦理观更优越
文化相对主义	没有哪一种文化的伦理观会比另外一种文化的伦理观更优越
综合社会契约理论（多元主义）	存在着可供不同社区与文化选择的很多种伦理观；存在着不同社区之间冲突的道德立场同样有效的可能性，然而，由于具有普遍约束力的道德观念或另一种文化或社区的观点具有优先性，某一特定文化的观点将可能无效
修正的普遍主义	存在着一系列的以许多不同伦理语言表达出来的格言，体现着具有普遍道德约束力的格言并且抓住了许多具有全球伦理意义的问题；这些格言排除了不同文化中两个矛盾的伦理立场同样有效的可能性
极端的普遍主义	存在着以单一伦理语言表达出来的一套格言，体现着具有普遍道德约束力的格言并且抓住了所有具有全球伦理意义的问题；这些格言排除了不同文化中两个矛盾的伦理立场同样有效的可能性

图 12-7　综合社会契约理论

资料来源：Donaldson T. and Dunfee T. W. (1999) *Ties that Bind*: *A Social Contracts Approach to Business Ethics*, Harvard Business Review Press.

当然，有一些基本原则也许没有必要去质疑。在道德观和伦理行为规范上达成一致的观点是可能的，就像为达成《赫尔辛基协定》（反对酷刑和谋杀）所做的努力一样。要达到这样的全球社会公民的标准，需要承认和利用文化差异，使我们能够从更广泛的选项中选择合适的价值观。美国人推崇的价值观是：生命、自由、对幸福的追求；法国人则是：自由、平等、博爱；儒家思想提倡：孝道、节俭、勤奋；基督教思想宣扬：你希望别人怎样对待你，你就应怎样去对待别人。对于亚里士多德来说，"道德"只是意味着"实际"，因此他主张"美德"，这意味着坚韧，是尽可能人性地去"做必要的事情的意愿"。美德还包括勇敢、公正、善解人意、坚持、诚实和优雅。[153]

现在，我们的旅程已接近尾声，虽然并没有找到一个"地球村"，但我们发现了另外一条道路。这条路（不论是铺着黄色砖块还是真正的金砖）有希望引导我们到达"全球文明"，通过卓有成效的差异共存和基本价值观的共享，这个目的地向我们承诺了更大的财富。沃顿商学院的国际商务教授哈罗德·佩尔穆特（Harold Perlmutter）这么说：

关于全球文明，我们指的是一个具有共同价值观、行事方式和结构的世界秩序，在那里：①民族和文化更容易受到相互之间的影响；②不同群体、不同种族、不同宗教信仰的人们的身份认同和多样性得到了承认；③不同意识形态、不同价值观的人们既相互合作又相互竞争，但没有任何一种意识形态凌驾于其他意识形态之上；④在整体意义上全球文明是独一无二的，同时它又仍然是多元化的，其特性是异质的；⑤越来越多的这些价值观被认为是人类共同的，尽管有不同的诠释，例如我们目前看到的开放、人权、自由和民主等价值观。[154]

因此，管理人员不是企业战士，被公司派到商业战场去发动经济战争，而是要成为全球公民，通过经济发展，致力于使世界变得更加美好。

◘ 注释

1 Ghoshal, S. and Bartlett, C.A. (1987) 'Matsushita Electric Industrial (MEI) in 1987', Harvard Business School case.

2 详见松下公司的官网：http://panasonic.cn/about/corporate/philosophy/.

3 Witt, M.A. and Redding, G. (2012) 'The spirits of corporate social responsibility: senior executive perspectives of the role of the firm in society in Germany, Hong Kong, Japan, South Korea and the USA', *Socio-Economic Review*, 10(1), pp. 109–34.

4 Grundling, E. (1991) 'Ethics and working with the Japanese', *California Management Review*, Spring, pp. 25–39, p. 33.

5 Tabuchi, H. (2012) 'Sony loss expected to be biggest ever', *International Herald Tribune*, 1 April, p. 15.

6 Santos, J.P., International executive and professor of management, UniversidadeCatolica Portuguesa, personal communication.

7 N.N. (2012) 'Emerging best practices of Chinese globalizers', *World Economic Forum & BCG report*, retrieved from: http://www3.weforum.org/docs/WEF_EmergingBestPracticesChineseGlobalizers_IndustryAgenda_2012.pdf.

8 cf. http://www.arte.tv/fr/la-chine-investit-doucement-mais-surement-en-europe/6907544,CmC=6921840.html.

9 Damgé, M. (2013) 'Loi contre les licenciements boursiers', *Le Monde*, 21 January, p. 17.

10 Friedman, M. (1970) 'The social responsibility of business is to increase its profits', *The New York Times Magazine*, 13 September, p. 6.

11 Porter, M.E. and Kramer, M.R. (2002) 'The competitive advantage of corporate philanthropy', *Harvard Business Review*, 80(12), pp. 56–68.

12 Javier Espinoza (2009). "Can Sergio Marchionne Save Chrysler?" *Forbes*, 14 April 2009.

13 Bartlett, C. (1993) 'The Body Shop International', Harvard Business School case, No. 9, 392–032.

14 Roberts, G.(November 17, 2010) 'Ben & Jerry's builds on its social-values approach', *International Herald Tribune*.

15 Waldman, D.W. and Siegel, D.S. (2008) 'Defining the socially responsible leader', *The Leadership Quarterly*, 19(1), pp. 117–31.

16 Waddock, S. (2002) *Leading corporate citizens: vision, values, value added*, New York: McGraw-Hill.

17 Carroll, A.B. (1998) 'The four faces of corporate citizenship', *Business and Society Review: Journal of the Center for Business Ethics at Bentley College*, 100–101, pp. 1–7.

18 Elkington, J. (1997) *Cannibals with forks: the triple bottom line of 21st century business*, Oxford: Capstone.

19 Orlitzky, M., Schmidt, F.L. and Rynes, S.L. (2003) 'Corporate social and financial performance: A meta-analysis', *Organization Studies*, 24(3), pp. 103–441; Allouche, J. and Laroche, P. (2005) 'A meta-analytical investigation of the relationship between corporate social and financial performance', *Revue de Gestion des Resources Humaines*, 57, pp. 18–41.

20 'McKinsey sustainability survey' (2011) McKinsey Analysis.

21 Landler, M. (2007) 'Norway puts wealth in service of ethics', *International Herald Tribune*, 3 May, p. 1, 13.

22 Berry, T. and Junkus, J. (2013) 'Socially responsible investing: An investor perspective', *Journal of Business Ethics*, 112(4), pp. 707–720.

23 Sparkes, R. and Cowton, C.J. (2004) 'The maturing of socially responsible investment: A review of the developing link with corporate social responsibility', *Journal of Business Ethics*, 52(1), pp. 45–57.

24 Phillips, R., Freeman, R.E. and Wicks, A.C. (2003) 'What stakeholder theory is not', *Business Ethics Quarterly*, 13(4), pp. 479–502; Waldman, D.A. Galvin, B.M. (2008) 'Alternative perspectives of responsible Leadership', *Organizational Dynamics* 37, pp. 327–41.

25 Laville, J. (2011) Ethos foundation presentation, Université de Genève.

26 Guay, T., Doh, J.P. and Sinclair, G. (2004) 'Non-governmental organizations, shareholder activism, and socially responsible investments: Ethical, strategic, and governance implications', *Journal of Business Ethics*, 52(1), pp. 125–139.

27 RESPONSE project, Zollo, M., Minoja, M., Casanova, L., Hockerts, K., Neergaard, P., Schneider, S. and Tencati, A. (2009) 'Towards an internal change management perspective of CSR: Evidence from project RESPONSE on the sources of cognitive alignment between managers and their stakeholders and the implications for social performance', *Corporate Governance*, 9(4), pp. 355–72.

28 Fishman, C. (2006) 'The Wal-Mart effect and a decent society: Who knew shopping was so important?', *Academy of Management Perspectives*, pp. 6–25.

29 Gunther, M. (2006)The Green Machine, *Fortune*, 7 August, pp. 34–42.

30 Rosenbloom, S. (2008) 'Wal-Mart to adopt new standards. Suppliers asked to meet tighter ethics and environment rules', *International Herald Tribune*, 3 October.

31 Maak, T. and Pless, N.M. (2008) 'Responsible leadership in a globalized world: A cosmopolitan perspective', in A.G. Scherer and G. Palazzo (eds) *Handbook of Research on Global Corporate Citizenship*, pp. 430–53, Cheltenham: Edward Elgar.

32 Luthans, F. and Doh, J.P. (2012) *International Management: Culture, Strategy, and Behavior*, 8th international edn, Singapore: McGraw Hill, pp. 61–2; http://www.ecomagination.com/; http://healthymagination.com/.

33 Devinney, T.M. (2009) 'Is the socially responsible corporation a myth? The good, the bad, and the ugly of corporate social responsibility', *Academy of Management Perspectives*, 23(2), pp. 44–56; Margolis, J.D., and Elfenbein, H.A. (2008) 'Do well by doing good? Don't count on it', *Harvard Business Review*, 86(1), pp. 19–20; McWilliams, A., Siegel, D. and Wright, P. (2006) 'Corporate social responsibility: Strategic implications', *Journal of Management Studies*, 43, pp. 1–18.

34 'Can ethics be taught? Harvard gives it the old college try', *Business Week*, 6 April, 1992, p. 36.

35 Vogel, D. (1988) 'Ethics and profits don't always go hand in hand', *Los Angeles Times*, 28 December, p. 7.

36 'Managing by values: Is Levi Strauss' approach visionary – or flaky?', *Business Week*, 12 September, 1994, pp. 38–43.

37 Pless, N.M. and Maak, T. (2012) 'Levi Strauss & Co.: Addressing child labour in Bangladesh', in G.K. Stahl, M.E. Mendenhall and G.R. Oddou (eds) *Readings and Cases in International Human Resource Management and Organizational Behavior*, Vol. 5, pp. 446–57, New York, NY: Routledge.

38 " iPhone4s 和 iPad2 升级 iOS8 卡顿，苹果用软件逼你硬件升级吗？" https://www.zhihu.com/question/26094587，2018 年 1 月 4 日.

39 "苹果降频事件有回应将降低电池的更换价格"，http://www.anruan.com/news/34148.html，2018 年 1 月 4 日。

40 'Emerging best practices of Chinese globalizers', (2002) World Economic Forum & BCG report, retrieved from: http://www3.weforum.org/docs/WEF_EmergingBestPracticesChineseGlobalizers_IndustryAgenda_2012.pdf.

41 Vogel, Ezra (1999), *Japan as Number 1: lessons for America*, iUniverse.

42 'Something's rotten in France, Spain . . .', *Business Week*, 20 June, 1994, pp. 16–18.

43 Choi, S. and Aguilera, R.V. (2009) 'A comparative analysis of CSR in Japan and Korea from a multiple stakeholders' perspective', in C. Mallin (ed.), *Corporate Social Responsibility: A Case Study Approach*, pp. 123–47, New York: Edward Elgar Publishing Ltd.

44 Sang-Hun, C. (2008) 'Chairman of Samsung indicted for tax evasion', *International Herald Tribune*, 18 April, pp. 11–12.

45 Davidoff, S.M. (2011) 'Remember talk of Japan's ascendancy?', *International Herald Tribune*, 2 November.

46 Tabuchi, H. (2011) 'Olympus casts a shadow over corporate Japan', *International Herald Tribune*, 11 November.

47 Harrison, A. and Sidwell, M. (2010) 'Transparency International Annual Report' available from: http://archive.transparency.org/publications/publications/annual_reports/annual_report_2010.

48 Aguilera, R.V. and Vadera, A.K. (2008) 'The dark side of authority: Antecedents, mechanisms, and outcomes of organizational corruption', *Journal of Business Ethics*, 77, pp. 431–49; Kaufmann, D. and Kraay, A. (2002) 'Growth without governance', *World Bank*, Working Paper No. 2928.

49 cf. http://bpi.transparency.org/bpi2011/results/.

50 cf. http://www.transparency.org/research/bpi/bpi_2006.

51 Wayne, L. (2012) 'Global firms get caught in U.S. fight against bribes', *International Herald Tribune*, 5 September, p. 14.

52 Kramer, A.E. (2009) 'Citing graft, Ikea curtails plans in Russia', *International Herald Tribune*, p. 1, 20.

53 Worthy, F.S. (1989) 'When somebody wants a payoff', *Fortune*, Pacific Rim, pp. 91–93.

54 Barmeyer, C. and Davonoine, E. (2011) 'The intercultural challenges of the transfer of codes of conduct from the USA to Europe', in H. Primecz, L. Romani and S. Sackmann (eds) *Cross cultural Management in Practice: Culture and negotiated meanings*, pp. 53–63, Cheltenham: Edward Elgar Publishing.

55 Jing, R. and Graham, J.L. (2008) 'Values versus regulations: How culture plays its role', *Journal of Business Ethics*, 80(4), pp. 791–806; Martin, K., Cullen, J., Johnson, J. and Parboteeah, P. (2007) 'Deciding to bribe: A cross-level analysis of firm and home country influences on bribery activities'; *Academy of Management Journal*, 50(6); pp. 1401–1422; Seleim, A. and Bontis, N. (2009) 'The relationship between culture and corruption: A cross national study', *Journal of Intellectual Capital*, 10, pp. 166–84.

56 Husted, B. (1999) 'Wealth, culture, and corruption', *Journal of International Business Studies*, 30(2), pp. 339–60.

57 Cohen J.R., Pant, L.W. and Sharp, D.J. (1992) 'Cultural and socioeconomic constraints on international codes of ethics: Lessons from accounting', *Journal of Business Ethics*, 11, pp. 687–700.

58 Parboteeah, K.P., Bronson, J.W. and Cullen, J.B. (2005) 'Does national culture affect willingness to justify ethically suspect behaviors? A focus on the GLOBE national culture scheme', *International Journal of Cross Cultural Management*, 5(2), pp. 123–138.

59 O'Fallon, M.J. and Butterfield, K.D. (2005) 'A Review of the empirical ethical decision-making literature: 1996–2003', *Journal of Business Ethics*, 59(4), pp. 375–413.

60 D'Iribarne, P. (1989) *La Logique de L'Honneur*, Paris: Seuil.

61 Vogel, E.F. (1992) *The Four Little Dragons: The Spread of Industrialization in East Asia*, Cambridge, MA: Harvard University Press; Habisch, A., Jonker, J., Wegner, M. and Schmidpeter, R. (2004) *Corporate social responsibility across Europe*, Berlin: Springer-Verlag; Campbell, J.L. (2005) 'Why would corporations behave in socially responsible ways? An institutional theory of corporate social responsibility', presented at the annual meeting of the American Sociological Association, Philadelphia.

62 Maignan, I. and Ferrell, O.C. (2001) 'Antecedents and benefits of corporate citizenship: An investigation of French businesses', *Journal of Business Research*, 51(1), pp. 37–51.

63 Reality Check team (2018) 'Does UK spend half as much on health as US?', BBC News, 6 February 2018, 详见：http://www.bbc.com/news/uk-42950587.

64 Chapple W., Gond J.P. and Louche C. (2006) 'Exploring variations of corporate social responsibilities across varieties of capitalism', *2006 Annual Meeting of the Academy of Management*, 11–16 August 2006, Atlanta, Georgia.

65 Matten, D. and Moon, J. (2004) 'Corporate Social Responsibility Education in Europe', *Journal of Business Ethics*, 54, pp. 323–37.

66 Dejean, F., Gond, J-P. and Leca, B. (2004) 'Measuring the unmeasured: An institutional entrepreneur strategy in an emerging industry', *Human Relations*, 57(6), pp. 741–64.

67 Vogel, D. (1992) 'The globalizations of business ethics: Why America remains distinctive', *California Management Review*, Fall, pp. 30–49.

68 Weber, M. (1905) *Die protestantische Ethik und der "Geist" des Kapitalismus*, Archiv für Sozialwissenschaft und Sozialpolitik, Vol. 20–21, Tübingen: Mohr.

69 Inglehart, R. and Baker, W. (2000) 'Modernization, cultural change and the persistence of traditional values', *American Sociological Review*, (February), pp 19–51.

70 Barro, R.J. and McCleary, R.M. (2003) 'Religion and economic growth across countries', *American Sociological Review*, 68(5), pp. 760–81.

71 Maignan, I. and Ferrell, O.C. (2001) 'Corporate citizenship as a marketing instrument – concepts, evidence, and research directions', *European Journal of Marketing*, 35(3/4), pp. 457–84.

72 Egri, C.P. and Herman, S. (2000) 'Leadership in the North American environmental sector: Values, leadership styles, and contexts of environmental leaders and their organizations', *Academy of Management Journal*, 43, pp. 571–604.

73 Allouche, J. and Laroche, P. (2005) 'A meta-analytical investigation of the relationship between corporate social and financial performance', *Revue de Gestion des Resources Humaines*, 57, pp. 18–41.

74 Maignan, I. and Ralston, D.A. (2002) 'Corporate social responsibility in Europe and the U.S.: Insights from businesses' self-presentations', *Journal of International Business Studies*, 33, pp. 497–514.

75 Maignan and Ferrell, (2001) *Op. cit.*, p. 45.

76 Schwartz, S.H. (1994) 'Beyond individualism/collectivism: New cultural dimensions of values', in U. Kim, H.C. Triandis, C. Kagitcibasi, S.C. Choi and G. Yoon (eds) *Individualism and Collectivism: Theory, Method, and Applications*, pp. 85–119, Thousand Oaks, CA: Sage.

77 Egri, C.P. and Herman, S. (2000)'Leadership in the North American environmental sector: Values, leadership styles, and contexts of environmental leaders and their organizations', *Academy of Management Journal*, 43, pp. 571–604.

78 Inglehart, R. and Baker, W.E. (2000) 'Modernization, culture change, and the persistence of traditional values', *American Sociological Review*, 65, pp. 19–51.

79 Schwartz (1994) *Op. cit.*

80 Tice, D.M. and Baumeister, R.F. (1985) 'Self-handicapping as a self-presentational response to success and failure: The role of self-esteem', *Paper presented at the meeting of the Midwestern Psychological Association*, Chicago.

81 Steensma, K., Marino, L. and Weaver, K. (2000) 'Attitudes toward cooperative strategies: A cross-cultural analysis of entrepreneurs', *Journal of International Business Studies*, 31(4), pp. 591–609.

82 Husted (1990) *Op. cit.*

83 Schwartz, S.H. and Rubel, T. (2005) 'Sex differences in value priorities: Cross-cultural and multimethod studies', *Journal of Personality and Social Psychology*, 89(6), pp. 1010–1028.

84 Ringov, D., Zollo, M. and Schneider, S. (2007) 'The cultural roots of corporate responsibility', Presented at the Academy of Management Meeting, Philadelphia, August.

85 'The globally responsible leader: A call for action', (2008) available from: http://www.grli.org/images/stories/grli/documents/Manifesto_GLOBAL.pdf.

86 EFMD (2005) 'Globally responsible leadership: A call for engagement', accessed 18 October 2005 from: http://www.efmd.org/html/Responsibility/cont_detail.asp?id=041207trlvandaid=051012qnisandtid=1andref=ind.

87 Pless, N. and Maak, T. (2009) 'Responsible leaders as agents of world benefit: Learnings from Project Ulysses', *Journal of Business Ethics*, 85, pp. 59–71.

88 Pless and Maak (2009) *Op. cit.*

89 cf. www.accountabilityratings.com (Fortune, 2008).

90 Strand, R. (2013) 'The chief officer of corporate social responsibility: A study of its presence in top management teams', *Journal of Business Ethics*, 112, pp. 721–34.

91 Greenhouse, S. and Yardley, J. (2013) 'Big retailers agree to plan on safety in Bangladesh', *International Herald Tribune*, 14 May, pp. 1, 7.

92 Cramer, V. and Schneider, S.C. (2009) 'Novartis: On the road to corporate citizenship', *Case ECCH*, 710-027-1.

93 cf. http://www.shell.com/global/environment-society/society/human-rights/training-tools-guidelines.html; accessed 22 April, 2013.

94 Langlois, C. and Schlegelmilch, B. (1991) 'Do corporate codes of ethics reflect national character? Evidence from Europe and the US', *Journal of International Business Studies*, 4, pp. 519–39.

95 Kaptein, M. (2004) 'Business codes of multinational firms: What do they say?', *Journal of Business Ethics*, 50, pp. 13–31.

96 KPMG (2008) *Op. cit.*

97 Langlosis, C.C. and Schlegelmilch, B.B. (1990) 'Do corporate codes of ethics reflect national character? Evidence from Europe and the United States', *Journal of International Business Studies*, Fourth quarter, pp. 519–39.

98 Carasco, E.F. and Singh, J.B. (2003) 'The content and focus of the codes of ethics of the world's largest transnational corporations', *Business and Society Review*, 108(1), pp. 71–94; Stohl, C., Stohl, M. and Popova, L. (2009) 'A new generation of corporate codes of ethics', *Journal of Business Ethics*, 90(4), pp. 607–622.

99　Stohl et al. (2009) ibid.

100　Trapp, R. (1996) 'When bosses fall into the ethics gap', *Independent*, 5 September, p. 23.

101　Barmeyer and Davoine (2011) *Op. cit.*

102　Schreiber et al. (2006) *Op. cit.*

103　D'Iribarne, P. (2002) *Op. cit.*

104　Vogel (1992) *Op. cit.*

105　Ibid., pp. 44–5.

106　De Bettignies, H-C. (1991) 'Ethics and international business: A European perspective', presented at the Tokyo Conference on the Ethics of Business in a Global Economy, Kashiwa-shi, Japan.

107　Markus, H.R. and Kitayama, S. (1991) 'Culture and the self: Implications for cognition, emotion, and motivation', *Psychological Review*, 98(2), pp. 224–53.

108　Sayle M., cited in Morgan, G. (2006) *Images of Organization*, Thousand Oaks, CA: Sage, p. 118.

109　Vogel (1992) *Op. cit.*

110　Paine, L.S. (1994) 'Managing for organizational integrity', *Harvard Business Review*, March–April, pp. 106–117.

111　Vogel (1992) *Op. cit.*

112　Matten, D. and Moon, J. (2008) '"Implicit" and "Explicit" CSR: A conceptual framework for a comparative understanding of corporate social responsibility', *Academy of Management Review*, 33, p. 408.

113　Nash, N.C. (1995) 'Germans look to their corporate ethics', *International Herald Tribune*, 21 July, pp. 1, 10.

114　Arnott, R.D.(2004) 'Ethics and unintended consequences', *Financial Analysts Journal*, 60(3), pp. 6–8.

115　Wilson, D. (2011) 'Merck to pay $950 million over vioxx', *The New York Times*, 22 November, retrieved from: http://www.nytimes.com/2011/11/23/business/merck-agrees-to-pay-950-million-in-vioxx-case.html?_r=1&.

116　'Amazon Under Fire Over Alleged Worker Abuse in Germany', *Bloomberg Businessweek*, 19 February, 2013.

117　Weiser, B. (1996) 'An ex-employee as hostile witness: Honda faces unusual critic', *International Herald Tribune*, 6 March, pp. 13, 17.

118　'Apple hit by boycott call over worker abuses in China', *The Observer*, 29 January, 2012.

119　Knudsen, K., Aggarwal, P. and Maamoun, A. (2011) 'The burden of identity: Responding to product boycott in the Middle East', *Journal of Business & Economics Research*, 6(11), pp. 17–26.

120　'Environmentalists Get Citigroup Pledge', *The New York Times*, 22 January, 2004.

121　Arthaud-Day, M.L. (2005) 'Transnational corporate social responsibility: A tri-dimensional approach to international CSR research', *Business Ethics Quarterly*, 15(1), pp. 1–22; Stahl, G., Pless, N.M. and Maak, T. (2013) 'Responsible global leadership', in M.E. Mendenhall, J. Osland, A. Bird, G.R. Oddou, M.L. Maznevski, M. Stevens& G. Stahl (eds) *Global Leadership: Research, Practice, and Development*, 2nd edn, New York and London: Routledge, pp. 240–259.

122　Arthaud-Day (2005) *Op. cit.*; Donaldson T. and Dunfee T.W. (1999) *Ties that bind: A social contracts approach to business ethics*, Harvard Business Review Press.

123　Stahl et al. (2013) *Op. cit.*

124　Arthaud-Day (2005) *Op. cit.*

125　Donaldson, T. (1996) 'Values in tension: Ethics away from home', *Harvard Business Review*, September–October, p. 49.

126　Arthaud-Day (2005) *Op. cit.*; Husted, B. and Allen, D. (2006) 'Corporate social responsibility in the multinational enterprise: Strategic and institutional approaches', *Journal of International Business Studies*, 37(6), pp. 838–49.

127　Filatotchev, I. and Stahl, G.K. (2013) 'Corporate governance and CSR approaches of multinational companies: An integrated perspective', unpublished working paper.

128　Levy, O., Beechler, S., Taylor, S. and Boyacigiller, N.A. (2007) 'What we talk about when we talk about 'global mindset': Managerial cognition in multinational corporations', *Journal of International Business Studies*, 38, pp. 231–58; Miska, C., Stahl, G. and Mendenhall, M.E. (2013) 'Intercultural competencies as antecedents of responsible global leadership', *European Journal of International Management*, forthcoming.

129 www.greenbiz.com.

130 Badaracco, J.L. and Webb, A.P. (1995) 'Business ethics: A view from the trenches', *California Management Review*, 37(2), pp. 8–28.

131 Labisch, K. (1992) 'The new crisis in business ethics', *Fortune*, 8 December, pp. 65–72.

132 Magnet, M. (1986) 'The decline and fall of business ethics', *Fortune*, 8 December, pp. 65–72.

133 Blickle G., Schlegel A., Fassbender, P. and Klein U. (2006). 'Some personality correlates of business white-collar crime', *Applied Psychology: An International Review*, 55(2), pp. 220–33.

134 Kohlberg, L. (1981) *Essays on Moral Development*, San Francisco: Harper & Row; Trevino, L.K. (1986) 'Ethical decision-making in organizations: A person-situation interactionist model', *Academy of Management Review*, 11(3), pp. 601–617.

135 Crilly, D., Schneider, S.C. and Zollo, M. (2008) 'Psychological antecedents to socially responsible behavior', *European Management Review*, 5, pp. 175–90.

136 Asch, S.E. (1951) 'Effects of group pressure upon the modification and distortion of judgment', *Groups Leadership and Men*, 27(3), pp. 177–90.

137 Milgram, S. (1974) *Obedience to Authority*, New York, NY: Harper & Row.

138 Zimbardo, P.G. (1972) *The psychology of imprisonment: Privation, power and pathology*, Stanford University.

139 McLean, B. and Elkind, P. (2003) *The smartest guys in the room*, London: Penguin Books.

140 "成败陈久霖 揭开中航油事件内幕",《财经》，2004 年 12 月 13 日；谢鹏、丁婕，"'央企罪人' 陈久霖悄然复出",《南方周末》，2010 年 7 月 1 日，详见：http://infzm.com/content/46981.

141 谢鹏、丁婕，"'央企罪人' 陈久霖悄然复出",《南方周末》，2010 年 7 月 1 日.

142 陈亭桦，"一位港商眼中的陈久霖：我旁听了陈久霖庭审",《中国经济周刊》，2006 年 4 月 17 日.

143 Drummond, J. (1994) 'Management: Saints and sinners – How to achieve an ethical balance in business operations', *Financial Times*, 23 March, p. 12.

144 Cohen, E. (2010) *CSR for HR: A Necessary Partnership for Advising Responsible Business Practice*, Sheffield: Greenleaf-Publishing; Crane, A. and Matten, D. (2007) *Business ethics – managing corporate citizenship and sustainability in the age of globalisation*, New York: Oxford University Press.

145 Stahl, G.K., Björkman, I., Farndale, E., Morris, S., Pauuwe, J., Stiles, P. and Wright, P.M. (2012) 'Leveraging your talent: Six principles of effective global talent management', *Sloan Management Review*, 53, pp. 25–42.

146 Pierce, C.A., Broberg, B.J., McClure, J.R. and Aguinis, H. (2004) 'Responding to sexual harassment complaints: Effects of a dissolved workplace romance on decision-making standards', *Organizational Behavior and Human Decision Processes*, 95 (1), pp. 66–82.

147 Mirvis, P.H. (2008) 'Executive development through consciousness raising experiences', *Academy of Management Learning & Education*, 7(2), pp. 173–88; Pless, N.M., Maak T. and Stahl, G.K. (2011) 'Developing responsible global leaders through international service-learning programs: The Ulysses experience', *Academy of Management Learning & Education*, 10(2), pp. 237–60.

148 Pless et al. (2011) ibid.

149 Caligiuri, P., Mencin, A. and Jiang, K. (2013) 'Win–win–win: The influence of company-sponsored volunteerism programs on employees, NGOs, and business units', *Personnel Psychology*, forthcoming; Googins, B., Mirvis, P.H. and Rochlin, S. (2007) *Beyond good company: Next generation corporate citizenship*, New York: Palgrave Macmillan.

150 Schneider, S.C., Zollo, M. and Manocha, R. (2010) 'Developing socially responsible behavior in managers: Experimental evidence of the effectiveness of different approaches to management education', *Journal of Corporate Citizenship*, 39, pp. 21– 41.

151 Stark, A. (1993) 'What's the matter with business ethics?', *Harvard Business Review*, May–June, pp. 38–48.

152 http://www.un.org/en/documents/udhr/index.shtml.

153 Stark (1993) *Op. cit.*

154 Perlmutter, H.V. (1991) 'On the rocky road to the first global civilization', *Human Relations*, 44(9), pp. 897–920, p. 898.